PORT-ROYAL

PAR

C.-A. SAINTE-BEUVE

TROISIÈME ÉDITION

TOME QUATRIÈME

PARIS
LIBRAIRIE DE L. HACHETTE ET Cie
BOULEVARD SAINT-GERMAIN, N° 77

1867
Tous droits réservés

PORT-ROYAL

IMPRIMERIE GÉNÉRALE DE CH. LAHURE
Rue de Fleurus, 9, à Paris

> Le tome quatrième, publié, ainsi que le cinquième,
> en 1859,
> portait la préface suivante [1].

Je n'ai qu'un très-court avertissement à placer en tête de ces deux derniers volumes. S'il fallait m'excuser du retard involontaire que j'ai mis à les publier, je dirais que quand je donnais le tome troisième en 1848, je ne prévoyais pas que les événements, en dérangeant ma vie, me conduiraient à écrire bientôt quatorze volumes de critique sur toutes sortes de sujets (treize de *Causeries du Lundi* et l'*Étude sur Virgile*) : c'est là une parenthèse, ce me semble, qui explique tout.

Comme pourtant je ne cessais dans les rares intervalles, et en chaque rencontre qui y touchait de près ou de loin, de songer au sujet qui m'était cher, et au canevas déjà tout dressé qui me réclamait, je

---

1. Je ferai observer ici, comme je l'ai fait précédemment, que la division des tomes ne tombant plus exactement comme dans la première édition, la place naturelle de l'Avertissement qu'on va lire ne devrait être qu'après le livre IVᵉ dont le volume actuel contient la fin, et en tête du livre Vᵉ intitulé : *La seconde génération de Port-Royal*; c'est-à-dire plus loin, à la page 107.

recueillais chemin faisant, et même lorsque je semblais m'écarter, bien des notes et des indications nouvelles ; je grossissais mes dossiers port-royalistes : de là deux volumes, au lieu d'un seul que j'avais promis.

Je n'ai rien eu à changer, d'ailleurs, à l'ordonnance première du sujet, tel que je l'avais établi en 1838 : la distribution et l'architecture (si je puis employer ce grand mot) sont restées les mêmes ; seulement, à mesure qu'on avance, les chambres y sont de plus en plus remplies.

Septembre 1858.

LIVRE QUATRIÈME

ÉCOLES

DE PORT-ROYAL

(SUITE)

V

Type du parfait élève : M. de Tillemont. — Son enfance ; sa vocation. — Ce que c'est que les *orages* de sa jeunesse. — Séjour à Beauvais. — Retour à Paris ; — au vallon des Champs ; — à sa terre de Tillemont. — Régime de vie. — Traits distinctifs. — Tendresse d'âme et sensibilité. — Ses Écrits ; leur caractère. — Éloge par Gibbon. — Encore De Maistre. — L'étude chrétienne.

Pour revenir aux vrais élèves de Port-Royal, à ceux qui le sont non par raccroc, mais en ligne directe, ce qui les caractérise, c'est la marque profonde que cette éducation leur laisse, l'attache constante à leurs maîtres, et, même à travers les dispersions orageuses du monde, le câble de retour à la foi. Quiconque avait passé par les mains de ces excellents instituteurs et avait été réellement atteint, revenait à eux et à leur esprit, du moins en vieillissant. Celui qui s'écarta avec le plus d'éclat est Racine ; et l'on sait quels repentirs ! Racine est le plus cité des élèves de Port-Royal, comme gloire ; mais ces Messieurs ne parlèrent jamais de lui que depuis sa conversion. Du Fossé et Fontaine ne le nomment même pas, si j'ai bonne mémoire. Il est beaucoup moins considérable au milieu de Port-Royal qu'on ne se le figure, et qu'il ne le devint tout à la fin[1]. Aussi n'est-ce pas Racine que je choisirai comme le modèle à offrir du parfait élève selon nos maîtres. Et puis il a trop de génie naturel, il a trop d'art; il en a eu sans Port-Royal, et malgré Port-Royal. Nous avons une autre figure, bien admirable à sa manière, et que je voudrais tâcher de graver dans l'esprit de ceux qui me lisent, à côté de celles de Lancelot, de M. de Saci, de M. Le Maître, de M. de Saint-Cyran, en attendant celles de M. Hamon et de Du Guet : c'est M. de Tillemont. Voilà l'élève de Port-Royal tout trouvé, dans toute sa pureté, son intégrité et sa constance; illustre aussi d'ailleurs par ses travaux, mais surtout l'Élève en droiture, et qui n'a pas dévié (*Sancte educatus, sancte vixit,* dit son Épitaphe); celui même dont on peut dire jusqu'au bout, avec saint Grégoire cité par Coustel : « Un jeune homme, qui aura porté dès sa jeunesse le joug du Seigneur, sera assis comme dans une agréable solitude, parce qu'il ne ressentira pas l'agitation tumultueuse de ses cupidités et de ses passions [2]. ».

M. de Tillemont, voilà notre *Émile*. Considéré de près, il nous en dira plus sur les Écoles et sur leur es-

---

1. En y regardant de près, ce qui me frappe, c'est comme Racine tient peu de place dans le Port-Royal proprement dit. On le trouve à peine nommé. Je cherche en vain quelque mention de lui dans toutes ces correspondances manuscrites. Voici pourtant à grand'-peine un mot de M. de Pontchâteau, dans une lettre écrite de l'abbaye d'Orval à mademoiselle Galier, le 25 septembre 1685 : « Au reste il faut que je devienne un peu bête, et que je perde le goût des belles choses; car les vers de M. Racine ne m'ont point plu (il s'agit de l'*Idylle sur la Paix*), et j'y ai trouvé quelque chose qui me semble assez profane. On y parle d'un Dieu qui a renvoyé la Discorde aux Enfers, et ce Dieu est le Roi. Je vous assure que je ne me mets pas trop en peine de n'aimer plus tout cela. Vanité des vanités, et tout n'est que vanité. » — Ce n'est qu'au dix-huitième siècle que le Jansénisme est devenu si fier de Racine.

2. *Les Règles de l'Éducation des Enfants,* par Coustel, tome I, page 13.

prit que tout ce qui précède, et qui semble peut-être assez abondant ; mais dans ces choses de Port-Royal, où rien ne brille, nous avons affaire à des traits qui n'ont toute leur signification que quand on y repasse souvent.

Sébastien Le Nain de Tillemont, fils de Jean Le Nain, maître des Requêtes, et de dame Marie Le Ragois, naquit à Paris le 30 novembre 1637. Son père, ami particulier de M. de Bernières, était comme lui un serviteur zélé de Port-Royal ; et, au fort de la Fronde, on les avait vus tous deux en robe de palais conduire et protéger devant le peuple la procession des religieuses, depuis leur sortie du faubourg Saint-Jacques jusque dans la rue Saint-André-des-Arcs, où elles allaient pour un temps s'abriter [1]. Dès l'âge de neuf ou dix ans, le jeune Tillemont fut mis avec son frère (Pierre Le Nain, depuis trappiste) aux Petites Écoles ; il y contracta une amitié particulière avec le fils de M. de Bernières, et aussi avec Du Fossé, qui parle de lui comme d'un frère.

« Je l'ai connu lorsqu'il étoit encore enfant, nous dit Fontaine que nous retrouvons ici avec bonheur : il avoit dans ses tendres années l'innocence qu'on peut se figurer que lui avoit conservée la maison d'un père chrétien ; mais à cette innocence il joignoit une gravité et une sagesse qui surprenoient. Lorsqu'il croissoit en âge sous nos yeux et notre conduite, il apprenoit les langues, qui lui donnoient alors l'éloignement des jeux innocens. Pendant que les autres enfants qui étoient avec lui donnoient quelque relâche à leur esprit, aux jours destinés à cela, et se livroient tout entiers à leurs petits divertissements, il s'enfermoit lui seul dans sa chambre. Voyant l'histoire et la géographie, il réduisoit par

---

1. Précédemment, tome II, page 307. — On a de M. Le Nain une lettre à Arnauld, du 16 mars 1663, pour lui exprimer vivement combien il lui donne tort dans son refus de se prêter à l'accommodement négocié par l'Évêque de Comminges. Cette lettre respire la franchise du cœur et le désir de la paix. (*OEuvres d'Arnauld*, in-4°, tome I, page 309.)

alphabets tous les noms marqués dans une carte, et jetoit ainsi, dès l'âge de neuf à dix ans, les fondemens de cette science historique, où il a fait voir son extrême pénétration et son incroyable exactitude. »

Il est aussi question, parmi les jeux tels que *billard, dames, tric-trac, échecs*, qui variaient les récréations au Chesnai, d'un certain jeu de *cartes :* sur ces *cartes* on avait renfermé tout ce qui concerne l'histoire des *six premiers siècles*, c'est-à-dire le lieu et le temps auquel se sont tenus les principaux Conciles ; auquel ont vécu les Papes, les Empereurs, les grands Saints, les auteurs profanes. Nos Écoliers, tout en jouant, s'imprimaient ces choses dans l'esprit. Si M. de Tillemont joua jamais à un jeu d'écolier, ce fut à celui-là ; et au besoin il l'aurait inventé.

Entre les auteurs latins, Tite-Live fut celui qui lui plut davantage. Et déjà, dans ces tables méthodiques, dans ces *alphabets* de noms qu'on a vu dresser à l'enfant, nous avons retrouvé comme les *barres* et les *ronds* de Pascal. L'annaliste, le chronologiste naissant s'essaye à classer ses objets. Les *Décades* furent son Euclide ; ce que *Théagène et Chariclée* étaient pour Racine ; ce qu'avaient été pour Montaigne enfant les *Métamorphoses* d'Ovide. A peine pouvait-il se résoudre à lire moins d'un livre entier du grand historien romain, chaque fois qu'il l'avait ouvert [1].

J'aime à saisir le premier éveil d'une vocation, le déchiffrement de l'instinct. Il y en a qui ont nié ce jeu de la faculté première : « Mon ami sir Josué Reynolds, dit « Gibbon (dont le nom se lie par plus d'un rapport à « celui de Tillemont), — Reynolds, d'après son oracle

---

1. *La Vie et l'Esprit de M. de Tillemont*, par M. Tronchai : j'emprunterai continuellement à cet excellent volume sans en avertir.

« le docteur Johnson, nie qu'il existe un génie prétendu
« naturel, une disposition de l'esprit reçue de la nature
« pour un art ou une science plutôt que pour une autre.
« Sans m'engager dans une dispute métaphysique ou
« plutôt de mots, je *sais* par expérience que, dès ma
« première jeunesse, j'aspirai à la qualité d'historien.... »
Comment un critique-biographe comme Johnson, et un
peintre de portraits comme Reynolds, ont-ils pu nier
cette diversité originelle qui désigne chaque individu
marquant, et qui est l'âme de chaque physionomie?
Malebranche, qui avait commencé par s'appliquer à l'histoire ecclésiastique, et qui n'y avait que du dégoût, ouvre
un jour par hasard le livre *de l'Homme* de Descartes, et
ne le quitte plus : le voilà métaphysicien pour la vie. Il
ne se peut concevoir de tour de génie plus nettement
inverse de celui de Malebranche que la vocation de Tillemont.

Un très-fin biographe, qui savait tenir compte en tout
de la physique, Fontenelle, ayant à faire l'Éloge d'un
savant janséniste dont la vie avait été empreinte d'un
singulier caractère d'uniformité, a dit : « La religion
seule fait quelquefois des conversions surprenantes, mais
elle ne fait guère toute une vie égale et uniforme, si elle
n'est entée sur un naturel philosophe [1]. » Cette remarque
doit nous être présente dès le seuil de la vie de Tillemont; elle pourrait s'inscrire au frontispice. Tout le
contraire des Le Maître et des Pontchâteau, de ces naturels ardents, il met posément le pied dans sa voie, et
n'en sort plus. Il lui est échappé de dire, dans sa préface de l'*Histoire des Empereurs :* « Nous voyons dans
Caïus, dans Néron, dans Commode, et dans leurs semblables, *ce que nous serions tous*, si Dieu n'arrêtoit le
penchant que la cupidité nous donne à toutes sortes de

---

1. *Éloge de Des Billettes.*

crimes. » En parlant ainsi, Tillemont s'exagérait à lui-même cette malice qu'il n'eut jamais. Sans nier certes tout ce qu'il dut de précieux et d'accompli à cette suite d'heureuses inspirations et à cette seconde nature qui s'appelle la Grâce, on sent foncièrement et primitivement qu'on a affaire en lui à un *naturel philosophe*[1].

Comme ses maîtres ne suivaient pas la méthode des Colléges, qui consistait à ne se servir que de dictées et de cahiers, ils le mirent tout d'abord aux sources, et lui firent étudier l'éloquence chez Quintilien, Cicéron et les grands orateurs anciens. Il apprit de même la logique dans l'*Art de penser*, que M. Nicole lui expliqua durant environ deux mois, une heure seulement par jour. On lui fit lire ensuite quelques ouvrages des philosophes modernes, sur lesquels il faisait des réflexions.

Cette habitude réfléchie était tout naturellement la sienne. La lecture des Annales ecclésiastiques de Baronius, qu'il commença dès ses premières années, lui donnait lieu d'adresser tous les jours mille questions à M. Nicole. Celui-ci crut dans le principe qu'il suffisait de répondre en deux mots, comme à un écolier; mais les instances de M. de Tillemont lui montrèrent bientôt qu'il fallait quelque chose de plus pour satisfaire un si solide esprit. Tout instruit en histoire ecclésiastique qu'était Nicole, il s'y trouva plus d'une fois embarrassé; et il disait lui-même agréablement qu'il ne voyait point venir M. de Tillemont, en ce temps-là, sans trembler de crainte de se trouver pris au dépourvu.

Bien des années après, les choses étaient remises à

---

1. Son Épitaphe par Tronchai accuse à merveille cette disposition, ce tempérament fondamental : « *Vitæ innocentia, simplicitate, æquabilitate, inter paucos laudabilis, a puero usque ad vitæ finem unus semper ac sibi constans, quotidie repetiit quod quotidie fecit....* »

leur place, et les rôles mieux observés. Quand l'habile controversiste Nicole, aux prises avec quelque ministre calviniste, avait besoin d'être prémuni à fond sur quelque point délicat de l'histoire ecclésiastique, c'était à M. de Tillemont qu'il s'adressait; et celui-ci se mettait aussitôt en devoir de lui fournir de bons fondements par une de ces lettres de quatre pages, toute de faits et de discussion, de sa fine écriture serrée et distincte : « Si vous avez besoin de moi en quelque autre chose, je suis tout à vous et à l'Église que vous défendez[1]. »

M. de Tillemont disait un jour à mademoiselle Marguerite Périer que, depuis l'âge de quatorze ans, il n'avait jamais rien lu ni étudié (hors ce qu'il lisait pour son édification) que par rapport à l'Histoire ecclésiastique, à laquelle il s'était proposé de travailler.

A la lecture de Baronius il joignit durant quelque temps, nous dit-on, l'étude de la théologie d'Estius. De cette étude il passa à une autre, qui était la plus agréable pour lui parce qu'elle était la source même : il se mit à étudier l'Écriture-Sainte et les Pères.

Dans cette lecture, qu'il commença avec régularité vers l'âge de dix-huit ans, il lui vint en pensée de recueillir tout ce qu'il rencontrerait sur les Apôtres, et de le ranger à peu près suivant la méthode d'Usserius dans ses Annales sacrées, c'est-à-dire en dressant une contexture des faits dans l'ordre chronologique, au fur et à mesure qu'ils sortent des témoignages originaux. Il montra cette ébauche à ses maîtres, lesquels y découvrant « un génie tout propre à l'histoire, et un talent tout particulier pour en bien éclaircir les difficultés, »

---

1. C'est la conclusion d'une longue lettre de Tillemont à Nicole, qui roule sur le plus ou moins de continence des Évêques et des Saints dans l'Église primitive, et qui est datée du 24 juillet 1683. (Manuscrits de la Bibliothèque Mazarine, T. 2297.)

lui conseillèrent de continuer le même travail sur le commencement de l'histoire de l'Église. En effet, dit Du Fossé, « l'exactitude d'une critique très-judicieuse qui lui étoit comme naturelle[1], la justesse d'un discernement très-fin, la fidélité d'une mémoire à laquelle rien n'échappoit, une incroyable facilité pour le travail, un style noble et *serré*[2], et par-dessus tout un amour ardent pour la vérité, » tant de qualités réunies le rendaient très-capable de pousser cette entreprise. Mais il n'eut longtemps d'autre but, en continuant son travail, que l'utile occupation de son esprit dans la retraite, son instruction particulière, et tout au plus celle de quelques amis; il ne songeait aucunement à s'adresser au public. L'étude désintéressée, tel est le caractère littéraire de Tillemont. Savoir sans autre but que de savoir, sans vouloir en faire ensuite œuvre d'art et monument, sans s'inquiéter même de paraître savoir en publiant, c'est là aussi une vocation propre et une tournure de certains esprits. Cet ordre d'étude est à merveille représenté de nos jours par des noms comme ceux de Raynouard ou de Fauriel. Pourtant, à cette application purement et uniquement studieuse Tillemont ajoute ce qui en est le sens, ce qui en est l'âme et le rayon dans l'ombre, la vraie lampe durant la veille : il pratique l'étude désintéressée en vue de Dieu[3].

1. Entendez une critique *relative*. Tillemont ne mettra jamais en doute l'autorité d'un saint Père ; mais il examinera et discutera, s'il le faut, toute question de détail compatible avec ce fonds de soumission première.
2. Entendez-le aussi *relativement* aux autres styles de Port-Royal.
3. Il y a sur l'étude désintéressée, sur sa douceur austère et durable, de belles pages dans la préface des *Dix Ans d'Études historiques* de M. Augustin Thierry. Les Mémoires de Du Fossé nous offrent un endroit qui les rappelle. C'est quand Du Fossé va des Granges à Paris faire un petit séjour pour examiner les manuscrits de saint Jean Climaque avec les Commentaires d'Élie de Crète, qui

A la fin de son Cours, il fut assez longtemps avant de se décider pour un état, pour un genre de vie; et on le regardait même comme trop indéterminé là-dessus, « parce que, comme dit son frère le trappiste, on aime d'ordinaire à savoir bientôt ce que les gens veulent devenir. Mais son retardement en ce point, ajoute-t-il, ne venoit pas d'irrésolution et d'indolence : l'unique raison qui l'empêchoit de prendre un parti, c'est qu'il n'apercevoit de tous côtés que dangers. » Nous voyons dans cette indécision même la balance propre à l'esprit du critique, qui pèse toutes les parties d'une question, et n'incline qu'avec lenteur.

D'ailleurs le choix de Tillemont était tout fait : rester dans le même état et marcher dans la même voie où il se trouvait dès l'âge de dix-huit ans, y persévérer jusqu'à soixante, en se maintenant libre de tout engagement trop particulier, voilà sa carrière, — ce qu'elle eût été surtout, si on l'eût laissé se la choisir seul; et quand, plus tard, il se résigna à entrer dans le saint ministère plus avant qu'il n'aurait osé, ce fut pour obéir.

En 1656, lorsqu'il y eut ordre de sortir de Port-

se trouvaient dans la Bibliothèque du Chancelier Seguier, et dont M. Le Maître avait besoin : « Ce fut une vraie fatigue pour moi, dit-il; car je partois le matin de chez M. de Bernières, où je demeurois, avec un petit pain dans ma poche; et je passois la plus grande partie du jour dans la Bibliothèque, m'en revenant souper le soir chez mon hôte, qui n'étoit pas peu étonné de cette étude si cachée et si laborieuse pour un jeune homme. Mais le plaisir que j'avois de celui que je donnerois à M. Le Maître en lui portant ces Commentaires, qu'il désiroit avec ardeur, me rendoit douce cette fatigue. » Ici ce n'est pas l'étude pour l'étude, ni pour l'art qu'on en tirera; il y a plus de désintéressement et de joie encore : c'est l'étude pour Dieu et pour M. Le Maître, pour *un ami en Dieu*. — A ceux qui aiment à se compléter et à faire collection de pensées sur chaque sujet, j'indiquerai encore un article inséré au tome XIII des *Causeries du Lundi* et intitulé : *Guillaume Favre de Genève, ou l'Étude pour l'Étude*.

Royal des Champs, M. de Tillemont avec Du Fossé alla demeurer dans une petite maison de la rue des Postes, en compagnie d'un ecclésiastique (M. Akakia du Mont) et de son frère (M. Akakia du Lac), que leur associa M. Singlin; car les deux amis étaient un peu jeunes. M. de Tillemont fit là ce qu'on le verra faire toujours, il étudia. Trois ou quatre ans après, il alla au château de Saint-Jean-des-Trous, alors vide par suite de la mort de M. de Bagnols et du renvoi de ses enfants à Lyon; il y continua ses études ecclésiastiques (1660-1661) avec le curé du lieu, M. Burlugai, docteur de Navarre et fort habile homme. Du Fossé en était aussi[1]; il suivait le même sillon que son ami, mais avec un peu plus d'inégalité. Il se permettait même quelques distractions. Ainsi il nous raconte que, durant les premiers mois de cette retraite au château des Trous, le Roi et la nouvelle Reine firent leur entrée solennelle à Paris (26 août 1660) : M. de Tillemont n'eut pas même l'idée de bouger, mais Du Fossé se donna le spectacle de cette cérémonie; et comme, dans son admiration innocente, au retour il en parlait à M. de Saci avec un reste d'éblouissement, ce dernier lui répondit en souriant que toutes ces splendeurs d'habits et de pierreries

---

1. M. Burlugai était savant en histoire ecclésiastique; M. de Tillemont et lui, et même Du Fossé, faisaient chacun en particulier des remarques sur les difficultés qui se présentaient, et ils se les communiquaient ensuite. Toutes ces remarques restèrent entre les mains de M. de Tillemont, à qui elles servirent pour son Histoire. On ne saurait concevoir une absence plus entière d'*amour-propre* et d'*esprit de propriété* dans le travail intellectuel. Du Fossé se met à l'œuvre pour M. Le Maître, lequel se borne lui-même à revoir et à corriger les traductions dites de d'Andilly. Tillemont livrera plus tard tous ses Recueils sur saint Louis à M. de Saci, puis à M. de La Chaise; et à son tour il nous représente sous son nom, le seul aujourd'hui célèbre, ces autres noms obscurs et si estimables de son ami Du Fossé, de M. Burlugai.

lui paraissaient, après tout, peu de chose, en comparaison de *deux diamants qu'il se figurait aussi gros que les tours de Notre-Dame.* Par cette sorte d'admiration en bloc et une fois pour toutes, M. de Saci se dispensait ingénieusement de toutes les petites admirations de détail. Et il ne faut pas s'étonner, ajoute Du Fossé, s'il tenait un tel langage, ayant appris de saint Jean, dans la description de la Céleste Jérusalem, qu'elle était d'or pur, que sa muraille était de jaspe, et qu'elle avait douze portes qui étaient faites de douze perles. M. de Tillemont aurait bien pu répondre à Du Fossé comme M. de Saci.

Voilà donc les plus grands orages de la jeunesse de M. de Tillemont : de la solitude des Granges à la maison solitaire de la rue des Postes, de celle-ci au château désert de Saint-Jean-des-Trous, étudiant et priant toujours.

Il alla pourtant encore, en ces années de persécution croissante, chercher un abri à Beauvais dans le Séminaire du digne évêque M. de Buzanval. On l'y reçut avec des marques extraordinaires d'estime. Tout jeune qu'il était (il avait 24 ans), on le considérait déjà comme très-habile dans l'histoire. M. Hermant, M. Haslé qui enseignait la théologie au Séminaire, ces gens de mérite que nous connaissons à titre de maîtres ou de collègues de M. de Beaupuis, s'accordaient pour indiquer M. de Tillemont aux jeunes gens qui voulaient approfondir l'histoire de l'Église, et ils le consultaient eux-mêmes dans leurs doutes sur les points embarrassants. Cette considération dont on l'environnait parut à l'humble Tillemont un écueil. Il en écrivit à M. de Saci, son directeur, et lui demanda si ce n'était pas une raison pour quitter Beauvais et chercher *une retraite plus sûre.* Sur un conseil que lui donna M. de Saci, et qu'il interpréta trop à la rigueur, il voulut pousser la réserve jusqu'à s'excuser de répondre à M. Hermant et à M. Haslé lorqu'ils lui demandaient un éclaircissement. M. de Saci, en y revenant, tempéra ses craintes, et le régla.

Mais le modeste scrupule, apaisé d'un côté, renaissait toujours. L'évêque de Beauvais, après l'avoir déterminé, non sans peine, à recevoir la tonsure, disait volontiers et assez haut qu'il n'aurait point eu au monde de plus grande consolation que d'espérer de l'avoir pour successeur. Et en effet, si l'on met de côté l'obstacle du Jansénisme, Tillemont, par sa famille, aurait pu prétendre à tout dans l'Église. Ces honorables paroles de l'évêque étaient pour l'humilité du jeune homme une nouvelle et sensible blessure. Ces blessures-là lui arrivaient de tous les côtés. Son père, digne magistrat, qui devait atteindre l'âge de patriarche et avoir enfin la douleur de lui survivre, son père trouvait tant de plaisir et d'utilité aux lettres de ce cher fils, qu'il l'obligeait toujours à y insérer quelques paroles d'édification. M. de Tillemont, dans ses réponses, se plaint avec respect de cet ordre que lui donnaient monsieur et madame Le Nain; mais, tout en s'en plaignant, il s'y rendait, et comblait par des insinuations bien ménagées le désir paternel.

Du Séminaire, il alla passer (toujours à Beauvais) cinq ou six ans dans la maison de M. Hermant : les Vies des quatre Pères et Docteurs de l'Église grecque, publiées par M. Hermant et en son nom [1], ont certai-

---

1. La première qui parut en 1664, la Vie de saint Jean Chrysostome, fut donnée sous le nom du sieur *Ménart* (anagramme d'*Ermant*) : c'est celle à laquelle Tillemont dut contribuer le moins. Les Vies de saint Athanase, de saint Basile, etc., publiées ensuite, parurent sous le nom avoué de M. Godefroy Hermant. « Je voudrois ici, dit-il dans la préface du *saint Athanase*, pouvoir témoigner ma reconnoissance à ceux qui m'ont fait cette faveur (de m'instruire par leurs lumières), mais leur modestie est un obstacle à cette déclara-

nement profité de cette communication habituelle et intime, où Tillemont voulut disparaître. Cependant les égards et les témoignages persévérants de l'évêque, qui le suivaient hors du Séminaire, décidèrent Tillemont à prier son père de lui permettre de quitter tout à fait la ville de Beauvais ; il n'eut pas d'autre raison à donner, sinon que M. de Beauvais le considérait trop, et qu'il craignait que *les suites pour lui n'en fussent dangereuses.* Il semblait qu'à force de vivre dans les premiers siècles de l'Église, il craignît quelqu'une de ces saintes violences par lesquelles tout un peuple et les prêtres d'une ville se saisissaient d'un humble particulier, et le faisaient évêque.

De retour à Paris à la Paix de l'Église (1669), il demeura encore deux années environ avec Du Fossé, et aussi avec M. Le Tourneux, bientôt célèbre comme prédicateur ; ils avaient loué une maison solitaire rue Saint-Victor, au faubourg Saint-Marceau. De cette nouvelle communauté d'études sortit l'Histoire de Tertullien et d'Origène, publiée par Du Fossé seul[1]. C'était le

---

tion, et m'empêche de dire ici tout ce que je souhaiterois touchant le secours que j'en ai reçu. » — Au reste, M. Hermant, plus contentieux parfois qu'on ne le voudrait, se retrouvait lui-même de cette race de Port-Royal en humilité et en abnégation littéraire. Le Premier Président de Lamoignon, dont il fut de tout temps l'ami, l'ayant informé que la Gazette avait dit du bien de son Chrysostome, il s'en montra plus attristé que satisfait. Comme c'était en un temps où la persécution frappait et diffamait tous ses amis, cette louange lui devenait comme une ironie cruelle et une amertume. L'aimable Premier Président avait beau lui annoncer que *des Jésuites eux-mêmes avaient fait l'éloge du livre chez lui,* M. Hermant ne donnait point dans ces douceurs, et il se refusait à aller jouir des ombrages de Bâville, tandis qu'on avait dispersé dans les carrefours les *pierres du Sanctuaire :* c'est ainsi qu'il appelait les religieuses de Port-Royal. — Décidément nos amis, depuis le premier jusqu'au dernier, étaient de parfaits originaux au regard du monde. Je crains que la race n'en soit perdue.

1. Sous le nom du *sieur de La Motte.* Du Fossé lui-même ne pré-

besoin et la religion de M. de Tillemont d'être ainsi utile sans le paraître, de s'effacer en servant l'Église par les autres. Tel on l'entrevoit dans le secret de sa conduite et de son procédé, soit envers M. Hermant, je l'ai dit, soit envers le traducteur et l'historien de saint Cyprien (M. Lombert), envers tous ceux enfin qu'il pouvait obliger[1]. Il avait joie de se décharger entre les mains d'autrui de son travail accumulé; toute la grâce qu'il demandait était qu'on ne le donnât point lui-même à connaître. Quelque facilité pourtant qu'il eût à faire ainsi abandon de ses ouvrages aux autres, il discernait (car le discernement, qu'on le sache bien, ne le quittait jamais) ceux à qui il se communiquait avec cette confiance. Travaillant à étouffer en lui-même tout sentiment de vanité, il ne croyait pas devoir contribuer à celle des autres : il ne se serait pas anéanti de la sorte pour porter tribut à l'idole de quelque écrivain glorieux; mais quand il reconnaissait des vues pures, un labeur désintéressé, entrepris et poursuivi en idée de Dieu, il n'avait rien de réservé.

C'était le temps de la Paix de l'Église : M. de Tillemont ne se trouvant pas encore assez séparé du monde dans sa rue Saint-Victor, et attiré sans doute par les chants recommençants et les cloches réjouies du saint monastère, alla demeurer à la campagne (1672), dans la paroisse de Saint-Lambert, entre Chevreuse et Port-Royal des Champs. M. de Saci, usant de son autorité, lui fit recevoir successivement les différents Ordres (car

tendait pas en tirer honneur. — L'abbé de Longuerue, parlant de cet ouvrage avec éloge, ajoutait que Du Fossé, qui avait été quelque temps avec M. de Tillemont, *ne put s'accorder avec lui.* Où a-t-il été prendre cela?

1. Les savantes notes dont M. Du Bois accompagna ses traductions de saint Augustin sont de M. de Tillemont. C'est d'Olivet, dans sa notice sur Du Bois, qui nous l'apprend.

l'humble clerc n'avait que la tonsure), et il put enfin lui conférer la prêtrise aux quatre-temps du Carême de 1676[1]. Il le destinait même à être son successeur dans la conduite des âmes, de ces âmes qu'on allait, hélas! leur interdire; et c'est pourquoi il lui appliquait cette sainte violence que lui-même avait subie de M. Singlin, et que M. Singlin avait subie de M. de Saint-Cyran. M. de Tillemont avait quarante ans. Dans cette vue prochaine de M. de Saci, à laquelle il se soumettait sans trop la sonder, il fit bâtir sur la cour même de l'abbaye, devant l'église, un petit logement[2], où il ha-

1. Le *Journal* de Port-Royal a noté comme dignes de mémoire toutes les circonstances de la première messe de M. de Tillemont :

« Le mardi 25ème (août 1676), jour de Saint Louis, M. de Tillemont dit sa première messe aux Jacobins. M. Arnauld et M. de Saci furent à Paris pour y assister. Cette messe fut basse et sans cérémonie, réservant à dire céans (à Port-Royal) sa première chantée....

« Le vendredi 28ème, jour de Saint Augustin, il chanta solennellement la messe d'après tierces. Ce fut M. de Saci qui lui aida, revêtu de chappe ; M. Bourgeois et M. Hermant lui servirent de diacre et sous-diacre. La messe fut chantée du Saint, à deux chantres, et avec l'ornement blanc des grandes fêtes. On la sonna aux deux cloches. Auparavant que de la commencer, on dit *Veni Creator*, qu'il commença lui-même en chant, et après lequel il dit l'oraison : *Deus qui corda fidelium*, etc.

« A la dernière bénédiction de cette messe, on ouvrit la grille pour le recevoir ; et après le dernier Évangile, il imposa les mains à tout le monde ici dedans, aux professes, novices, postulantes, enfants, séculières ; et de même au dehors.

« Après Vêpres, il fit l'adoration. »

— Les amis de Port-Royal qui devenaient prêtres aimaient ainsi à dire leur première messe, au moins leur première messe solennelle et chantée, dans l'église du monastère. Cette dévotion dura jusqu'à la fin, jusqu'à l'heure de la destruction.

2. On a tout et on sait tout de Port-Royal ; bon gré, mal gré, quand on y habite et qu'on y pénètre comme nous faisons, on est informé de tout. On a l'*acte* passé avec le *maçon* et avec les autres corps de métier pour la construction du logis de M. de Tillemont. Celui-ci paya les trois quarts du bâtiment, et l'abbaye paya le dernier quart, s'étant réservé le rez-de-chaussée. L'acte a été dressé et signé le 18 mai 1676, par M. de Luzanci qui était chargé de cet office du ménage et de cette intendance domestique; et en *post-scriptum*, on lit : « Je lui ai donné pour vin du marché un

bita deux années; mais la persécution de 1679 l'en fit sortir. Tout le crédit de son père et de ses parents, qu'il mit en action pour obtenir de retourner en cette patrie de Port-Royal, demeura inutile. Il se retira alors à la terre de Tillemont même, dont il portait le nom, à une lieue de Vincennes, près Montreuil; et, à part un voyage en Hollande [1], il n'en sortit plus jusqu'à sa mort que pour de courtes visites qu'il faisait chaque année, au temps des vacances, chez ses amis.

M. Tronchai, qui passa auprès de lui comme secrétaire les huit dernières années, nous a laissé *la Vie et l'Esprit* de M. de Tillemont. Éditeur des *Mémoires* de Fontaine, M. Tronchai nous a paru sévère dans le jugement qu'il en a porté [2]; mais lui-même, avec plus de précision et plus de critique, n'a-t-il pas été comme le Fontaine de son pieux et docte maître ? Il mérite en effet cette louange, plus grande dans notre bouche qu'il n'eût pu le supposer. J'ai déjà emprunté beaucoup à son excellent portrait de Tillemont, et je continue d'en tirer un à un les meilleurs traits, tant il y a, selon moi, de finesse et de nuance dans l'aplomb même et l'uniformité de cette sainte figure.

M. de Tillemont avait pour maxime que « l'esprit de l'homme, naturellement inconstant, a besoin d'être arrêté par une suite d'actions fixes, afin que, sachant ce qu'il a à faire, il ne soit pas emporté par sa propre légèreté. » Depuis quatre heures du matin en Carême, et quatre heures et demie dans le cours ordinaire de l'année, jus-

---

écu blanc. » — Et c'est dans les Papiers du ministre secrétaire d'État, M. de Pomponne, frère de M. de Luzanci, qu'on est tout étonné de rencontrer ces comptes et mémoires d'ouvriers de la maison des Champs.

1. Il y alla pour visiter M. Arnauld qui y était réfugié, et M. de Neercassel, évêque de Castorie (et réellement archevêque d'Utrecht), le grand auxiliaire de Port-Royal en ce pays.

2. Tome II, page 245.

qu'à neuf heures et demie du soir, sa vie était réglée, le premier jour comme tous les jours. Il était enfermé tout ce temps, hors deux heures de relâche après son dîner, qu'il employait ordinairement à marcher. — Il était exact à dire chaque Office à son heure propre ; et, dès que cette heure sonnait, il quittait l'étude, fût-ce même à regret, ce qu'il se reprochait parfois ; mais il croyait qu'on devait en cette exactitude suivre l'esprit de l'Église, qui est de se renouveler ainsi de temps en temps, et d'arroser son ouvrage par des prières.

Il aimait extrêmement le chant d'Église, qu'il avait appris de lui-même dès sa plus tendre jeunesse ; et il le savait si parfaitement, qu'il le composait très-bien. Quand il n'allait pas à sa paroisse pour Vêpres, il les chantait lui-même dans sa chapelle domestique : c'était son luxe et sa fête.

Sa parole était concise. Rarement il prévenait en parlant le premier, et il attendait qu'on l'interrogeât. Il n'a jamais parlé en public, excepté peut-être dans les premiers temps de sa prêtrise, pour faire des instructions à la campagne. Il s'était accoutumé de bonne heure dans son Histoire à ne pas s'étendre, à ne prendre d'un sujet que l'essentiel ; mais cet essentiel, il le disait avec une vive plénitude, avec une onction particulière, et ceux qui l'avaient entendu, même les plus simples, s'en ressouvenaient toujours.

Dans ses promenades, ou même ses voyages, qu'il faisait toujours à pied, un bâton à la main, comme un simple prêtre de campagne, — comme Mabillon, — sa bonté le rendait affable avec les petits soit d'âge, soit de condition. Il les saluait tous quand il les rencontrait, et leur parlait comme à ses frères. Un certain air de sainteté transpirant sur son visage ajoutait à l'accent de ses paroles. Il disait des domestiques : « Ils sont aussi nobles que nous, et un homme ne doit rien à un homme que l'amitié. » A l'égard des enfants, une charité particulière le rabaissait jusqu'à eux avec une simplicité admirable. Il leur rendait raison de tout, même aux plus petits ; il ne leur imposait jamais par autorité. Mais écoutons ici, sans en rien perdre, son biographe lui-même :

« Il leur disoit toujours quelque chose d'instructif, quand l'occasion s'en présentoit. Il s'appliquoit surtout à leur donner une idée de leur âme, pour leur faire concevoir quelque chose de spirituel, et les élever par là à Dieu. Il tiroit des raisons et des comparaisons de tout ce qui se présentoit. Il demandoit quelquefois à de jeunes enfants qui gardoient des vaches, comment de si gros animaux se laissoient conduire par eux qui étoient si petits. Il tâchoit ensuite de leur faire comprendre par là qu'il falloit donc qu'il y eût en eux quelque chose de plus noble et de plus élevé qu'en ces bêtes, et que c'étoit leur âme ; qu'*elle étoit plus excellente que le Soleil* et que tout ce qu'il y a de plus beau au monde ; mais que le péché la défiguroit, et la rendoit plus difforme que les plus horribles bêtes : par où il cherchoit à leur inspirer de l'horreur du péché. Et pour leur apprendre en partie ce que c'étoit, il leur disoit, en un mot, que *c'étoit ce qu'ils n'osoient faire devant les personnes qu'ils craignoient.* — Il aimoit leur simplicité, et révéroit en quelque sorte leur innocence. »

Cette idée de l'enfance, d'après Tillemont, n'est pas contradictoire avec celle que M. de Saint-Cyran nous a montrée, non moins charitable, mais d'aspect plus sévère ; c'en est le correctif et le complément. Osons entrer plus avant dans ces détails, qui rappellent chez Tillemont l'aimable tendresse de saint François de Sales et celle des anciens Pères des déserts :

« Il étoit bien aise, nous apprend son biographe, qu'on apportât les plus petits à la Messe, et il n'appréhendoit pas tant qu'on fait d'ordinaire, de les y entendre pleurer : « Leurs cris, disait-il après un saint Père, sont leurs prières, et des prières auxquelles Dieu n'est point insensible. » — Il auroit volontiers dit à ceux qui ne les peuvent souffrir, ce que saint Pemen, abbé en Égypte, disoit à ses Frères, qui vouloient quitter leur retraite parce qu'ils y entendoient les pleurs des enfants : « C'est donc à cause des voix des Anges que vous voulez quitter ce lieu? » — Il croyoit que leur assistance à l'Office divin étoit avantageuse à l'Église, dont ils sont, dans la corruption présente du siècle, la plus saine portion ; que leur présence contribuoit à faire exaucer les prières qu'on adressoit à Dieu, et qu'elle leur étoit utile à eux-mêmes, comme étant les moins opposés aux impressions de la Grâce que les Mystères confirmoient en eux. »

Nous avançons et pénétrons, ce me semble, dans l'étude de cette figure, dans l'intelligence de cette âme de Tillemont. Humble, lent, monotone, attentif à se dérober dans le sillon qu'il creuse, nous l'avons suivi, et nous nous sommes peu à peu élevés (ou enfoncés, dirai-je?), jusqu'à des accents qui viennent de nous toucher, j'espère, par leur profondeur et leur tendresse, par une sorte d'angélique beauté.

Oui, l'idée de M. de Saint-Cyran et celle de Tillemont sur l'enfance, à les bien entendre, sont inséparables. C'est parce que l'un adorait si fort l'*Ange* dans l'enfant baptisé que l'autre y redoutait si fort l'*Adam* prêt à renaître ; et c'est parce qu'il avait une si effrayante idée de la corruption présente de la masse des hommes, que M. de Tillemont se rejetait si amoureusement vers l'enfant encore tout pur du baptême.

Et à qui mieux qu'à lui convenait-il d'avoir cette révérence et cette confiance pour l'enfance chrétienne, lui dont on peut dire que toute sa vie fut une sainte, une sage, judicieuse et vénérable enfance; lui qui resta l'enfant du baptême durant ses soixante années ? Saisissons bien les deux extrêmes qu'il assemble et qu'il concilie : esprit d'exacte critique dès l'enfance, ingénuité d'enfant conservée au cœur de cette critique et de ce continuel examen, voilà l'*entre-deux* que Tillemont sut remplir (pour parler avec Pascal), et ce qui le fait vraiment grand.

Il fut en tout, jusqu'à son dernier jour et déjà vieillard, soumis à son père avec la docilité de ses premières années ; il l'honorait comme son seigneur et maître, et ne faisait pas la moindre chose sans sa permission. Quand il eut donné au public son premier volume de l'*Histoire des Empereurs* (1690), le *Journal des Savants* en parla d'une manière fort avantageuse [1]. M. Le Nain, son père, voulut lui faire lire cet article ; mais M. de Tillemont (il avait 53 ans) le pria de l'en dispenser, et répondit, avec la pudeur de l'enfance, qu'il n'avait pas besoin de nourrir son orgueil du détail de ces louanges ; qu'il lui était plus que suffisant déjà de savoir qu'on n'était pas entièrement mécontent de ce qu'il faisait, et qu'il ne travaillait pas en vain : car, est-il dit, « les louanges faisoient à peu près la même impression sur lui que les injures et les mépris font sur les autres hommes. On voyoit sensiblement qu'il souffroit dans ces occasions. L'air qu'il prenoit et la rougeur de son visage le marquoit assez, sans qu'il le témoignât par ses paroles. Souvent il n'y répondoit point, afin de laisser plus tôt tomber de pareils discours, qu'il auroit entretenus ou prolongés par ses réponses.... » Quant à son père vénérable, patriarche de près de 90 ans, qui ne lui survécut dans sa douleur que de peu de jours [2], M. de Tillemont, âgé de 60 ans, mourut l'ayant près de son lit, et en présence aussi de M. Walon de Beaupuis, son vénérable maître : — toujours l'élève soumis, l'élève-vieillard, et jusqu'au bout l'enfant de ces deux pères.

Sa charité était grande. Quand il avait reçu un quar-

---

1. A la date du 10 juillet 1690. Le *Journal des Savants* était dirigé à cette époque par le Président Cousin.

2. M. de Tillemont étant mort le 10 janvier, M. Le Nain mourut le 9 février suivant (1698).

tier de sa pension (car il n'eut jamais d'autre bien), il commençait par prélever la part des pauvres ; il avait lui-même ses pensionnaires de chaque mois. Pour provoquer les autres aux bonnes œuvres et leur insinuer son vif scrupule de charité, il trouvait toutes sortes de raisons ingénieuses, presque subtiles, bien solides pourtant auprès des Chrétiens. Par exemple, s'il voyait mourir quelque enfant (nous dit son biographe) dont les parents fussent un peu à leur aise, il leur représentait que Jésus-Christ, s'étant chargé de pourvoir cet enfant et de le doter d'un riche héritage, leur demandait en retour de prendre soin de ses membres, qui sont les pauvres, et de lui attribuer en leur personne la part même qui était destinée à cet enfant de la maison ; que les frères et sœurs ne pouvaient légitimement s'en plaindre ; qu'ils auraient bien plutôt à s'en féliciter comme d'une source de bénédictions rejaillissantes, et que le mort, bienheureux ailleurs, avait droit d'attendre d'ici-bas cette marque de l'affection et de la tendresse paternelle.

Nous savons ses pensées divines sur l'enfance ; il les étendait et les diversifiait d'une manière adorable, et dont nous aurons à nous ressouvenir quand nous parlerons de M. Hamon :

« C'étoit de ces petits innocents, dit Tronchai, *dont* il eût voulu honorer davantage les funérailles : il eût souhaité qu'on leur eût donné une place particulière pour leur sépulture, comme étant dignes de n'être pas mêlés avec la foule des pécheurs. Il disoit qu'il n'y avoit presque plus qu'eux dont on pût assurer le salut [1] : encore n'avoit-il l'assurance d'une béatitude présente que pour ceux qui n'avoient pas eu l'usage de leur raison ; et il n'en fixoit pas le temps à l'âge

---

1. Je le crois bien. Ces enfants dont Tillemont, déjà vieux, entoure le berceau de tant de chastes craintes, sont ceux qui, s'ils vivent, deviendront les hommes de la Régence et de cette entrée dissolue du dix-huitième siècle.

de sept ans, comme fait le commun du monde. Il y a des enfants qui, connoissant plus tôt le mal, sont capables de le commettre avant cet âge. Il est vrai que, comme les passions ne sont pas encore bien vives, il n'y a pas à appréhender de si grands maux. Mais si leurs fautes ne sont pas telles qu'elles les fassent tomber dans la damnation, il jugeoit par l'exemple de Dinocrate, frère de sainte Perpétue [1], qu'elles peuvent au moins différer leur bonheur : c'est pourquoi il prioit, mais avec confiance, pour ceux qui avoient eu quelque usage de raison. »

Ces pages de Tillemont complètent et achèvent d'exprimer, ce me semble, tout ce que nous pouvons rendre de l'idée grave, profonde, à la fois terrible et, j'ose dire, chrétiennement clémente, de l'*enfance*, telle qu'elle est empreinte dès l'origine dans l'institution des Écoles de Port-Royal, et telle qu'elle en ressort fidèlement.

M. de Tillemont, cet enfant de Port-Royal si irrécusable et si authentique, dans la circoncision générale de cœur et d'esprit dont toute sa vie offre l'exemple, semble fait en même temps pour adoucir, sur plus d'un point, et pour modérer ce que certaines de nos teintes ont pu présenter de trop sévère et de trop antipathique à la nature. Si son père vénérable lui survécut de quelques jours, il eut à ensevelir sa mère. Il venait à Paris pour la voir ; et, en entrant au logis où il croyait la trouver vivante, il apprit qu'elle était morte. Frappé de ce coup soudain, lui qui avait l'âme fort tendre, il se contint pourtant. Il accepta même l'offre que lui fit le curé de la paroisse de dire la grand'messe funèbre, et il se trouva de force à célébrer jusqu'au bout la cérémonie de la sépulture. Nous reconnaissons là l'élève et le successeur

---

1. Le petit Dinocrate, mort à l'âge de sept ans, apparut à sa sœur comme étant dans les peines de l'autre vie, et il en fut délivré par les prières de la Sainte. (Tillemont, *Mémoires pour servir à l'Histoire Ecclésiastique*, tome III, page 148, seconde édition.)

désigné de M. de Saci. Mais, écrivant à son frère le trappiste sur cette mort, il s'épanche ; ses larmes coulent, et il ne s'en défend plus :

« Bien loin, écrit-il à Dom Le Nain, de blâmer les larmes que vous avez répandues pour elle, j'espère que c'est Dieu qui vous les aura fait répandre.... Le détachement que la piété nous ordonne d'avoir pour nos proches, ne diminue rien de l'amour que nous leur portons : il le purifie et l'augmente encore. La charité est bien éloignée de l'insensibilité, pour ne pas dire de la dureté et de la stupidité dont les Stoïciens faisoient le comble de leur vertu. *La vraie piété ne sèche point du tout les larmes, mais elle les fait couler où il faut* [1]. »

Telle était la tendresse d'âme que ce grand critique avait conservée au milieu de ses travaux épineux, d'un genre dont l'aridité gagne souvent jusqu'à l'esprit. Il convient de dire quelques mots, du moins, de ses im-

1. Tillemont officiant pour les funérailles de sa mère, et Saci faisant de même à l'enterrement de la sienne, qu'il avait assistée dans l'agonie (tome II, page 330), tous deux attendant la fin des devoirs sacrés pour laisser déborder leur douleur, se rappelaient sans doute le grand exemple de saint Bernard à la mort de son frère Gérard ; et, après lui, ils auraient pu répéter ces belles paroles : « Sed feci vim animo, ac dissimulavi usque huc, ne affectus fidem vincere videretur. Denique, plorantibus aliis, ego (ut advertere potuistis) siccis oculis secutus sum invisum funus, siccis oculis steti ad tumulum, quousque cuncta peracta sunt exsequiarum sollemnia. Indutus sacerdotalibus, solitas in eum orationes proprio ore complevi, terram meis manibus ex more jeci super dilecti corpus, terram mox futurum. Qui me intuebantur flebant, et mirabantur quod non flerem ipse.... ». Ces touchantes paroles de saint Bernard se peuvent lire au XXVI° de ses sermons sur *le Cantique des Cantiques*, lorsqu'au lieu de continuer l'explication du saint texte devant ses religieux, il n'essaye plus de se contenir, et qu'il entre tout d'un coup dans sa douleur : *Quousque enim dissimulo?*... Mais c'est nous qui faisons cet entier rapprochement d'eux avec le grand Saint ; les pieux disciples, dans leur humilité, n'osaient se le permettre que de bien loin.

menses ouvrages, pour en bien déterminer le mérite et le caractère. Lorsque son grand corps d'Histoire ecclésiastique fut assez avancé, ses amis le pressèrent de commencer à publier. Pour obéir à leurs instances, il mit le premier volume entre les mains d'un Censeur qu'on lui donna; mais il ne put s'entendre avec lui sur certaines petites difficultés qui ne tenaient ni de près ni de loin à la foi, et que ce Censeur ne voulait point lui passer. Le théologien puriste ne pouvait souffrir, par exemple, que M. de Tillemont dît qu'*il n'y avait peut-être ni bœuf ni âne dans l'étable où Notre-Seigneur prit naissance; que les Mages ne vinrent apparemment l'adorer qu'après la Purification;* que *Marie, femme de Cléophas, pouvait être véritablement sœur de la Sainte-Vierge;* et autres choses de cette nature. M. de Tillemont, si soumis, si humble, si peu attaché à son propre sens (nous venons assez de nous en faire idée dans l'habitude de sa vie), était un historien pourtant, un vrai critique; et, à ce titre, il avait aussi ses devoirs. Il ne céda point sur ces moindres détails; car il s'y croyait autorisé historiquement, et il ne jugeait pas « que l'on pût contraindre un historien dans ses sentiments sur ces sortes de matières, ni l'obliger à combattre ou à taire ce qui lui paroissoit de plus vraisemblable. » Peu empressé d'ailleurs de se livrer au grand jour, il retira son ouvrage, et continua d'y travailler, avec d'autant plus de paix, disait-il, qu'il ne songeait plus à le produire.

Cette chicane du premier Censeur amena un changement non dans le fond du travail, mais dans l'ordre et la distribution. M. de Tillemont voulait d'abord ne faire qu'un seul corps de l'Histoire des Empereurs et de celle de l'Église : ses amis lui conseillèrent alors de les séparer; et comme l'Histoire des Empereurs n'avait pas besoin d'un censeur théologien, on l'engagea à commencer de ce côté l'impression, et à pressentir par là le goût du public. Il donna donc, en 1690, son premier volume de l'*Histoire des Empereurs*, qui fut suivi de cinq autres (en tout 6 volumes in-4°); les quatre premiers parurent du vivant de l'auteur (1690-1697); le sixième ne fut publié que quarante ans après sa mort (1738). Le succès des premiers volumes fit désirer de plus en plus l'Histoire ecclésiastique ; le Chancelier de France Boucherat témoigna vouloir y prêter la main : on choisit exprès un nouveau Censeur, et les *Mémoires pour servir à l'Histoire ecclésiastique des six premiers Siècles* purent paraître.

Avant la publication, on pressa fort M. de Tillemont de mettre cet ouvrage *par annales*, et de réduire les différents titres, sous lesquels il est divisé, en une même suite et un même corps d'histoire : l'inconvénient, en effet, de ces sortes de biographies séparées, c'est qu'on y revient plus d'une fois sur les mêmes événements; la vie d'un saint se reproduit en partie dans celle d'un autre, et l'on retrouve chez saint Paul plus d'un point qu'on a déjà rencontré chez saint Pierre. Quelque fondement qu'il y eût à certains égards dans ce conseil, quelque déférence qu'il se sentît pour ceux qui le lui donnaient, M. de Tillemont ne put toutefois se résoudre à ce remaniement tout nouveau d'une matière qu'il avait tant de fois retouchée; mais il offrit d'abandonner tous ses manuscrits à qui voudrait l'entreprendre, pourvu que ce fût quelqu'un de capable. On conçoit que personne ne se soit présenté.

Les *Mémoires pour servir....* parurent successivement, à dater de 1693, en 16 volumes in-4°. M. de Tillemont ne donna par lui-même que les quatre ou cinq premiers. M. Tronchai, son biographe, qui avait été initié à ses travaux et à sa méthode durant les huit dernières années, mit les volumes restants en état de paraître, et en surveilla l'impression avec un zèle érudit et pieux (1698-1712)[1].

L'objet de M. de Tillemont en ses travaux a été proprement d'étudier l'histoire de l'Église et des Saints, et, à cette occasion, celle des Princes et Puissants du siècle, qui s'y trouvent mêlés, — de l'étudier, d'après les seules sources et dans les textes originaux, pour y chercher la vérité pure, et dégagée de toutes les préventions que donnent souvent les nouveaux auteurs. De ce qu'il a ainsi recueilli d'original sur chaque point, il compose un texte continu, bout à bout, prenant de chaque auteur ce qu'il a de particulier, abrégeant aux endroits où le fait n'est rapporté que par un seul auteur, s'attachant dans tous les cas à reproduire les expressions mêmes de l'original quand elles ont quelque chose de grand, de singulier, ou qui marque quelque usage ancien. « *Voulant*, nous dit Du Fossé, *donner à l'Église les titres originaux de son histoire*, il a eu soin de ne confondre jamais ce qu'il dit lui-même avec ce qu'ont dit tous les anciens. » De scrupuleux *crochets*,

---

[1]. On lui doit même quelque chose de plus par rapport au sixième et dernier volume de l'*Histoire des Empereurs* : M. Tronchai y avait mis la dernière main dès l'an 1725 ou 1726, bien que ce volume n'ait paru qu'en 1738. C'est Dom Clémencet qui m'apprend ce détail (*Histoire littéraire* manuscrite *de Port-Royal*); car M. Tronchai, qui a été jusqu'ici notre guide, cesse de l'être du moment qu'il s'agit des bons offices que lui-même a pu rendre à M. de Tillemont. A Port-Royal, ce ne sont pas seulement les auteurs; ce sont les éditeurs aussi qui sont modestes. — Un des amis particuliers de M. de Tillemont, et qui l'aidait non moins diligemment dans la révision du manuscrit et du texte, avant et pendant l'impression, était M. Vuillart; je lis dans une de ses lettres écrite au lendemain de la mort de M. de Tillemont : « On a imprimé son cinquième volume des Mémoires sur l'Histoire de l'Église. Nous avions relu ensemble peu à peu, durant sa langueur, la matière du sixième. Il y a pour plus de dix volumes encore de besogne toute prête, et où il n'y a plus que la lime douce à passer. »

dans le courant du récit, marquent la séparation. Le lecteur studieux s'y oriente et s'y dirige : l'œil vulgaire s'y accroche un peu. C'est, du reste, bien moins au public même qu'aux gens du métier, que Tillemont offre le résultat de son travail :

« La première vue de l'auteur dans ses études a été, dit-il, de s'instruire lui-même. Il y en a joint ensuite une seconde, qui a été de pouvoir aider ceux à qui Dieu auroit donné la grâce et la volonté de travailler à une véritable Histoire de l'Église, ou aux Vies des Saints. Il a voulu les décharger de la peine de rechercher la vérité des faits, et d'examiner les difficultés de la chronologie. Ces deux choses sont le fondement de l'histoire. Il arrive souvent, néanmoins, que les génies les plus beaux et les plus élevés sont les moins capables de se rabaisser jusque-là. Ils ont trop de peine d'arrêter le feu qui les anime, pour s'amuser à ces discussions ennuyeuses, plus propres à des esprits médiocres. »

Quel soin, dès l'abord, de se diminuer et de se rabaisser lui-même[1] ! quelle charité toute respectueuse et nullement ironique pour les *beaux génies !* Nous verrons tout à l'heure comment quelques-uns d'entre eux vont le lui rendre. Ainsi, tandis que les savants, même ceux qui sont le plus voués à l'étude désintéressée, veulent vivre et subsister, sinon pour le gros du public, du moins au regard des autres savants leurs confrères, Tillemont

---

1. C'est la remarque que fait en commençant l'auteur de l'extrait du *Journal des Savants* (10 juillet 1690) : « Il est rare qu'un auteur estime son ouvrage moins qu'il ne vaut, et qu'il en donne une basse idée. C'est pourtant ce que fait M. de Tillemont, à qui il ne tiendra pas que son livre (l'*Histoire des Empereurs*) ne soit regardé comme la production d'un esprit médiocre, qui n'a de l'exactitude que parce qu'il manque d'élévation, et qui ne s'est uniquement attaché à faire connoître la vérité que parce qu'il ne s'est pas trouvé capable de l'embellir. Le public lui doit la justice qu'il se refuse.... »

n'a de désir que de s'anéantir en eux; le *Sic vos non vobis* est son vœu, sa vocation. Il est arrivé, par un jeu bizarre et comme par une moquerie des choses, que ces matériaux, qu'il préparait avec tant de patience et de religion en vue d'un futur historien de l'Église, ont surtout servi à l'historien de l'Empire romain, au philosophe Gibbon, qui en a fait usage dans un dessein assez différent. Gibbon pourtant n'eut jamais le tort de méconnaître ses obligations envers le grand critique ecclésiastique : « Je me servis, dit-il en ses *Mémoires*, des Recueils de Tillemont, *dont l'inimitable exactitude prend le caractère presque du génie.* » Et ailleurs, il déclare préférable la lecture d'une *si savante et si exacte compilation* à celle des originaux pour certaines parties de l'Histoire Auguste. Ces compilations de Tillemont, dit-il encore, le dispensent d'une trop longue et trop ingrate recherche à travers l'océan des controverses théologiques ; car « elles peuvent, à elles seules, être considérées comme un immense répertoire de vérité et de fable, de presque tout ce que les Pères ont transmis, ou inventé ou cru [1]. » Au lieu de rappeler ces éloges si pleins de respect, M. de Maistre a mieux aimé citer un mot familier de Gibbon sur Tillemont : « C'est le mulet des Alpes ; il pose le pied sûrement, et ne bronche point. » Et, commentant l'éloge, il s'empresse d'ajouter : « A la bonne heure ! Cependant le cheval de race fait une autre figure dans le monde [2]. »

Je doute que M. de Tillemont, soit quand il amassait dans le silence de toute sa vie, avec une application religieuse et une sincérité que rien ne rebutait, tous les faits de cette immense recherche qui semblait à ses amis

---

1. *Miscellaneous Works of Edward Gibbon* (1796), au tome II, pages 596 et 80.
2. *De l'Église gallicane*, livre I, chap. v.

une rude pénitence, et dont il offrait volontiers aux autres le produit et l'emploi, comme s'il n'en avait aimé que la peine ; soit quand, aux rares moments de distraction, il faisait à pied, son bâton de pèlerin à la main, quelque pieuse visite à La Trappe ou à Marmoutiers, ou dans tout autre de ces lieux célèbres par la dévotion des peuples (pourvu que ce fût une dévotion bien fondée), — je doute que M. de Tillemont, quand dans ces voyages même, à travers un paysage çà et là tout consacré, tout animé et peuplé pour lui des Reliques des Saints, il observait sa vie de prière, et que, pour s'entretenir plus longuement des louanges de Dieu, il allait *chantant dans sa marche les petites Heures*, — je doute qu'il s'inquiétât beaucoup de ce que M. de Maistre appelle *faire la figure d'un cheval de race* dans le monde.

On reconnaît là toujours le patricien en M. de Maistre, toujours l'esprit de qualité.

Montesquieu, parlant de Rollin, me touche quand, lui, l'historien philosophe de la Grandeur et de la Décadence romaine, il nous dit : « Un honnête homme a, par ses Ouvrages d'histoire, enchanté le public. C'est le cœur qui parle au cœur. On sent une secrète satisfaction d'entendre parler la vertu : c'est l'abeille de la France. » Un tel éloge, dans la bouche de Montesquieu, à l'égard de Rollin, ressemble à une noble et bonne action, et mouille vraiment les yeux de larmes. Je passe à Gibbon son éloge de Tillemont, bon *mulet* qui l'a porté ; il ne le dit pas à mauvaise fin, et il a racheté ce mot par d'autres éloges plus graves ; mais je ne passe pas à M. de Maistre l'abus insolent qu'il en fait. Qui donc est plus charitable, plus équitable, plus chrétien en ce moment, de M. de Maistre ou de Montesquieu [1] ?

---

1. On pense bien que je n'ai nullement prétendu rapprocher Rollin de Tillemont. Rien de plus différent que le mode de compilation de

Le grand *digeste* historique de Tillemont ne s'adresse donc particulièrement qu'aux savants ; il est à regretter peut-être que Fleury (autre abeille), qui, de son côté, commençait à donner son Histoire ecclésiastique si agréable et si docte à la fois, n'ait pas été chargé de cette mise en Annales des Mémoires de Tillemont; ou plutôt rien n'est à regretter : on a Fleury, on a Tillemont ; et toutes les fois qu'on veut approfondir, discuter au net ces événements des premiers siècles de l'Église, celui-ci est l'indispensable.

Comme historien, Fleury doit se dire assurément supérieur par la composition, par l'étendue du point de vue qu'il embrasse dans ses Discours généraux, par l'honorable indépendance de jugement qui combine une certaine philosophie avec la religion, par le mélange de solidité et de douceur qui résulte de tout cela. Comme critique, Tillemont, dans une voie plus ardue et plus aride, recherchant et fouillant sans cesse, puis construisant avec ses textes authentiques un sol ferme et continu, reste, je le crois, plus original à sa manière, et véritablement unique[1].

---

chacun. Rollin n'y apporte presque aucune critique, aucune originalité d'examen : il se borne à traduire en gros les Anciens; mais une saveur de morale et d'honnêteté répand de la douceur sur ses pages. Voltaire, qui a bien parlé de Rollin dans le *Temple du Goût*, se montre dur et injuste dans une lettre à Helvétius, du 24 mars 1740 : « Le janséniste Rollin continue-t-il toujours à mettre en d'autres mots ce que tant d'autres ont écrit avant lui? et son parti préconise-t-il toujours comme un grand homme ce prolixe et inutile compilateur? » Voilà l'esprit *méprisant* qui reparaît, et c'est Montesquieu décidément qui est humain et bon.

1. Tillemont découvre des matériaux et des sources là où on ne s'avisait pas d'en chercher auparavant : il y a de l'invention dans ce qu'il recueille. Grosley, dans la Vie des frères Pithou, parlant de leurs travaux sur le Droit romain, a dit : « Personne avant eux
« n'avoit osé considérer les Loix ecclésiastiques et civiles sous un
« point de vue aussi étendu, parce que personne n'avoit poussé

Moi aussi, puisqu'on a risqué des comparaisons sur Tillemont, je dirai de lui et de sa lenteur, de sa sûreté critique, de son sillon en tous sens, dès l'aurore, dans le champ sacré, — je dirai sans offense : C'est le bœuf sage, le bœuf de saint Luc, le bœuf de la Crèche (quoiqu'il ait dit qu'il n'y en eût point).

Nul savant n'eut la curiosité moins que lui ; il me représente l'étude incessante sans la curiosité, sans la *concupiscence des yeux*, autant qu'il est donné à l'homme de se l'interdire. Qu'on le compare sur ce point à d'autres illustres personnages ecclésiastiques du siècle, à Huet, par exemple, lequel était tout à l'avidité du savoir, et l'on sentira la différence ; de même que, pour la sûreté de sa critique et la droite application de ses connaissances, on le peut opposer à d'autres savants d'entre les Jésuites, plus vastes que sûrs, soit Sirmond, soit Hardouin, ou encore à l'Oratorien Thomassin. Sobriété et parfait dégagement d'esprit jusqu'au fort de l'immense étude, ce sont autant de caractères propres de Port-Royal qui se dessinent en lui. Je ne le trouve à comparer dignement qu'à Mabillon.

Si maître qu'il ait été de bonne heure dans la modération de sa curiosité, il ne se trouvait jamais assez mortifié à son gré. Il n'obtenait pas ce qui nous semble lui avoir été si naturel, sans un soin de chaque jour et sans combat. C'est là le secret des cœurs les plus simples : ouvrez-les, et vous y voyez la lutte, vous y assistez à l'achat toujours pénible, et toujours marchandé, de ce que nous en admirons. On a les *Pensées* du grand Haller,

---

« aussi loin l'étude de l'Histoire et de tous les détails qu'elle « embrasse. Après eux, M. de Tillemont est le seul qui ait assez « possédé l'Histoire pour s'engager dans la même carrière. Il a tiré « des Loix, pour l'Histoire, les secours que messieurs Pithou avoient « tirés de l'Histoire pour les Loix. » Je me plais à semer, chemin faisant, tous ces témoignages.

et on y lit les angoisses intérieures, dans lesquelles sans cesse il se repent et se gourmande. Tillemont s'inquiétait lui-même devant Dieu, avec d'autant plus de scrupule qu'ayant été purement élevé, il croyait qu'il lui était demandé d'aimer davantage; les tiédeurs lui paraissaient plus graves, à qui devait n'avoir qu'une plus ardente reconnaissance :

« Notre cœur, se disait-il (dans les *Réflexions chrétiennes* qu'on a de lui), notre cœur ne peut être sans aimer; et quand il le pourroit, il ne le devroit pas vouloir, puisqu'être sans amour, c'est être sans chaleur, sans ardeur, sans action, sans mouvement, en un mot sans vie; c'est n'être pas un homme, mais une pierre. Il faut donc aimer, et nous ne pouvons aimer que le Créateur ou la créature.... Nous concevons aisément que c'est une vanité aux Philosophes de s'appliquer à considérer simplement les créatures, à en chercher les secrets, à examiner comment toutes les choses se font.... Mais n'est-ce pas tomber dans la même vanité de travailler beaucoup pour connoître les choses saintes, les actions des Saints, l'histoire de l'Église, sa discipline, sa doctrine même et sur les mystères et sur les mœurs, si l'on s'arrête à cette connoissance sans passer au fruit?... Mon Dieu, plus je me sens foible à éviter cet abus, plus j'ai recours à votre miséricorde toute-puissante. Éloignez de moi l'esprit de curiosité.... Que les désirs de mon cœur ne tendent qu'à vous; et s'il faut que mon esprit s'applique à d'autres choses, parce qu'il est trop foible pour ne s'occuper que de vous, que je me plaigne et que je m'humilie de mon malheur, *comme un homme à qui le Prince donneroit le soin de ses bâtiments, parce qu'il ne seroit pas capable des affaires plus importantes de l'État*. Que je m'occupe donc à mon travail avec humilité, ou plutôt avec confusion, comme à la pénitence que j'ai méritée!... Si je ne m'appliquois à l'étude qu'en cette manière, elle n'enfleroit point mon esprit, elle ne sècheroit point mon cœur; je serois toujours disposé à la quitter pour prendre des lectures encore plus saintes, et pour me présenter devant vous dans la prière; *je n'étendrois point insensiblement et sous divers prétextes le temps de l'étude, pour diminuer par dégoût le temps dû à d'autres emplois.*

Si je ne travaillois que pour satisfaire à l'ordre où vous me mettez, je n'aurois point de chagrin lorsque vous changez cet ordre par les diverses circonstances que vous faites naitre. »

Dans cette lutte secrète avec son étude chérie, à laquelle il se livre tout en le regrettant, il voudrait trouver de l'appui contre lui-même auprès des Directeurs spirituels qui lui sont donnés ; mais ceux-ci usent à leur tour de condescendance envers cette vocation pure, et Tillemont s'en plaint doucement à Dieu :

« Il me semble assez souvent que si vos Serviteurs m'ordonnoient en détail et avec autorité ce que je devrois faire, il me semble, dis-je, que cela m'aideroit, et me feroit faire plus que je ne fais. Mais ils voyent peut-être dans votre lumière que ma foiblesse est trop grande, et qu'en m'ordonnant ce que je n'accomplirois pas avec assez de fidélité, votre Loi sainte ne serviroit qu'à me rendre plus coupable en me rendant prévaricateur. Ainsi ils sont réduits à me représenter les règles générales de votre Évangile, en attendant que votre Grâce m'en fasse tirer les conséquences particulières, ou qu'au moins je leur dise, avec une entière plénitude de cœur : *Domine, quid me vis facere?* Faites-moi donc, Seigneur, cette grande grâce : donnez-moi et l'ardeur et la simplicité pour vous obéir en la personne de vos Serviteurs; et inspirez-leur en même temps de m'ordonner ce que vous savez m'être utile. *Suscipiant montes pacem populo, et colles justitiam* [1]. (Que les montagnes reçoivent la paix pour votre peuple, et que les collines lui portent la justice!) »

C'est au prix de ce soin, et comme de cet équilibre de chaque instant, que M. de Tillemont conquérait sa paix et sa stabilité ; car il la faut toujours conquérir.

Il se répétait souvent le mot de l'Écriture : *Celui qui méprise les petites choses tombera peu à peu.*

La publication des Histoires de M. de Tillemont sou-

---

[1]. Psaume LXXI, 3.

leva quelques discussions. Par exemple, il avait combattu une opinion du Père Lami de l'Oratoire, lequel, se fondant sur un calcul de la Pâque des Juifs et sur le jour où elle devait tomber en l'an 33, avait avancé, dans son Harmonie évangélique, que Jésus-Christ n'avait point fait cette Pâque le jeudi veille de sa mort. Dans son amour de l'antiquité et de la tradition, il avait paru important à M. de Tillemont de maintenir cette dernière Cène transmise par les Évangélistes, dans laquelle Notre-Seigneur avait mangé l'Agneau et célébré l'ancienne Pâque avant d'instituer la nouvelle. Il porta les égards dans cette dissidence jusqu'à communiquer sa note au Père Lami, avant de la publier. Celui-ci répliqua dans son traité de l'ancienne Pâque des Juifs, et M. de Tillemont se crut obligé de réfuter cette réponse par une Lettre qui se lit à la fin du second tome de l'Histoire ecclésiastique. Il y paraît si humble de ton, que Bossuet, à qui il communiqua le manuscrit, y trouva quelque excès. Ce grand homme lui dit même agréablement qu'il le priait « de ne pas demeurer toujours à genoux devant le Père Lami, et de se relever quelquefois. » M. de Meaux s'entendait à se tenir droit dans la lutte, et il avait peu d'effort à faire pour garder le port de tête et la majesté de l'évêque. M. de Tillemont, la tête baissée, cheminait pas à pas, en déclinant le titre trop honorable d'*historien*, de même que si on le saluait, sans le connaître, du titre d'*abbé*, il ne le pouvait souffrir: « Je n'ai point, disait-il, cette qualité, et je ne la veux point usurper. »

Tillemont trouva un moment son Zoïle dans l'abbé Faidit, esprit inquiet, léger, et à qui il est arrivé de mêler par hasard quelques vérités dans beaucoup d'impertinences. Ce critique pétulant, qui n'a ménagé ni Fénelon ni Bossuet, ni personne, publia un premier pamphlet sous ce titre : *Mémoires contre les Mémoires de*

M. de Tillemont; il promettait d'en donner autant tous les quinze jours ; *mais on lui imposa silence.* Cela veut dire probablement que le Chancelier et autres personnes considérables, qui s'intéressaient à l'ouvrage attaqué, firent conseiller au méchant esprit de se tenir tranquille, s'il ne voulait avoir affaire à l'autorité. Ce qui est bien certain, c'est que M. de Tillemont ne contribua en rien à cette défense, que des amis zélés prirent sur eux. L'abbé Faidit, dérangé dans ses visées premières, et trop jaloux des productions de son génie pour les supprimer aisément, essaya de revenir à la charge par un détour, et donna un nouveau pamphlet intitulé : *Éclaircissements sur les deux premiers Siècles de l'Église.* « Cette attaque, disent nos biographes, ne fut pas plus heureuse que la première ; et l'auteur, étant forcé définitivement de se taire, prit son essor d'un autre côté, et travailla sur Virgile et sur Homère [1]. ».

C'est sur un tout autre ton que plus tard Dom Liron, dans ses dissertations recueillies sous le titre d'*Aménités de la Critique,* discuta avec respect et avec convenance un assez grand nombre d'opinions particulières à Tillemont, et se permit de prendre parti dans un autre sens. Rien ne prouve mieux combien le doute est souvent le résultat le plus net et le plus sensé de la recherche historique la plus approfondie. Et puis il arrive, malgré tout, à Tillemont lui-même de se tromper quelquefois. La Bléterie a dit là-dessus assez agréablement : « Les premières fois que je le trouvois en faute, je me sentois

---

1. Dom Clémencet, Vie manuscrite de M. de Tillemont. — Veut-on un échantillon de la justesse des remarques de l'abbé Faidit ? « Je lui passe les répétitions, disait-il, mais je ne puis excuser les *falsifications* (M. de Tillemont un falsificateur !).... Ce nombre innombrable d'auteurs d'où M. de T. a tiré son texte et ses notes, et dont il fait *le pompeux étalage* à la tête de chaque tome, me paroît plus rempli *d'ostentation* que d'utilité.... » et il ne voit dans ces tables qu'un INDEX *de vanité.*

dans un embarras approchant de celui de ces jeunes hommes qui, rencontrant Caton pris de vin, furent plus déconcertés que si Caton les avoit eux-mêmes surpris dans la débauche. » C'est au sujet de l'Empereur Julien que La Bléterie fait cette remarque; et il ajoute qu'en général M. de Tillemont paraît *un peu peiné* des bonnes qualités des Païens, surtout de celles de cet Empereur : « Il ne dissimule point les faits, dit-il ; mais il aimeroit mieux ne les pas trouver [1]. » — Je pourrais multiplier encore les témoignages concernant notre historien; Bayle le loue sans restriction sur le corps de l'histoire et l'assemblage des faits, il ne trouve à redire qu'à son style trop simple et trop sec [2]. Le *Journal de Trévoux* daigne reconnaître que M. de Tillemont écrit *avec assez d'exactitude et peu d'agrément*[3]. Parmi les modernes, M. Daunou a rendu aussi hommage à sa parfaite sincérité [4]. Les Allemands l'ont honoré pour son érudition scrupuleuse, et l'ont préféré, à ce titre, à tous nos savants [5]. Mais qu'avons-nous besoin de tous ces à-peu-près et de toutes ces redites? Nous avons entendu le mot de Gibbon, du rival et du juge vraiment compétent : *M. de Tillemont, dont l'inimitable exactitude prend le caractère presque du génie.* Un tel témoignage dispense de tous les autres :

1. Remarques à la suite de la traduction du *Misopogon*.
2. *Continuation des Pensées diverses* sur la Comète, II.
3. Septembre 1703.
4. *Cours d'Études historiques*, tome I, page 379.
5. Ainsi J.-M. Gesner a dit : « Hic (Tillemontius) habet hoc peculiare præ reliquis Gallis, quod non solum verbum ponit, quin afferat auctoritatem ex antiquis libris, quoties historicum aliquid dicendum est. Est solidum opus et accuratissimum, habetque commodum hoc, quod ubique apponuntur testimonia. Hoc certa ratione prætulerim ipsi Rollino : nam forte ipso etiam est paulo accuratior. » (Dans l'ouvrage intitulé : *Primæ lineæ isagoges in Eruditionem universalem.* — *Esquisse d'une introduction à l'Érudition universelle*, tome I, page 420, 2ᵉ édition, 1784.)

c'est le dernier mot, le jugement original et classique, et qui restera.

Depuis la mort de M. de Tillemont, on publia contre son intention, et certainement contre ce qu'on devait à sa mémoire, une Lettre toute confidentielle qu'il avait adressée à l'abbé de La Trappe, M. de Rancé, au sujet de l'affaire de M. de Beaupuis[1]. De quelque manière qu'elle nous soit parvenue, cette Lettre pourtant nous demeure acquise. M. de Tillemont nous menant droit à l'abbé de Rancé, c'est une occasion qu'il nous faut accueillir, pour marquer quelques traits de cette figure austère du grand Saint dans sa relation avec Port-Royal.

1. Précédemment, tome III, page 571.

VI

Rancé en face de Port-Royal. — Son caractère propre. — L'idée d'Éternité en elle-même. — Retraite de Véretz. — Originalité de La Trappe. — Discussion de Rancé avec M. Le Roi. — Caractère honorable de ce dernier. — Lettre foudroyante de Rancé. — Bossuet arbitre. — Débats sur les Études monastiques. — Mabillon ; Nicole. — Lettre du Père Quesnel.

Nous avons vu à Port-Royal bien des grands pénitents : M. de Rancé les égale, les surpasse encore. Comme j'ai à le montrer ici par un côté excessif, où il a eu tort en apparence, j'aurai hâte de le couvrir dans son ensemble des hautes paroles de Bossuet, qui ne parlait jamais de lui sans être saisi d'une admiration sainte. Défenseur de Port-Royal, en ce moment, par goût comme aussi par obligation d'ami, je me garderai pourtant, le plus qu'il sera en moi, d'imiter ces Jansénistes *disciples*, qui n'ont jamais cru pouvoir maintenir la gloire et l'intégrité chrétienne des leurs, sans rabaisser et presque dénigrer les saint François de Sales, les saint Vincent de Paul, et M. de Rancé. Il est vrai qu'on a étrangement abusé de ces puissantes autorités contre Port-Royal ; qu'après la mort de ces hommes vénérables, on a produit d'eux, tant qu'on a pu, des témoignages, des paroles, des lettres plus ou moins authentiques, dont on s'est fait une arme perfide contre les persécutés. Je n'ai pas craint de toucher avec mesure ce qui m'a paru l'endroit faible de saint Vincent de Paul et même de saint François de Sales, tout en les honorant : ainsi je ferai pour M. de Rancé.

Mais Bossuet d'abord, parlant de lui en maint passage de ses Lettres, nous trace la voie dont nous ne devons pour rien nous écarter. Après les hommages décernés en toute rencontre au saint abbé vivant, il porte ce jugement de lui mort :

« Je dirai mon sentiment sur La Trappe avec beaucoup de franchise, comme un homme qui n'ai d'autre vue que celle que Dieu soit glorifié dans la plus sainte Maison qui soit dans l'Église, et dans la vie du plus parfait Directeur des âmes, dans la vie monastique, qu'on ait connu depuis saint Bernard. Si l'histoire du saint personnage n'est écrite de main habile, et par une tête qui soit au-dessus de toutes vues humaines, autant que le Ciel est au-dessus de la terre, tout ira mal. En des endroits on voudra faire un peu de cour aux Bénédictins, en d'autres aux Jésuites, en d'autres aux Religieux en général.... Tous les partis voudront tirer à soi le saint Abbé.... Si celui qui entreprendra un si grand ouvrage ne se sent pas assez fort pour ne point avoir besoin de conseil, le mélange sera à craindre, et par ce mélange une espèce de dégradation dans l'ouvrage. La simplicité en doit être le seul ornement. J'aimerois mieux un simple narré, tel que le pouvoit faire Dom Le Nain, que l'éloquence affectée [1].... »

Bossuet a dit là ce qu'il ne fallait pas faire, et ce qu'on a fait de nos jours. On lui avait proposé à lui-même de se charger d'écrire cette Vie. Lui seul alors était l'homme à tenir haut la balance, et à la tenir sans considération humaine et sans incliner d'aucun côté. « Mais qui char-

---

[1]. Lettre à M. de Saint-André, curé de Vareddes, du 28 janvier 1701.

ger ? disait-il encore ; il faut penser. J'approuve fort de faire tout ce qu'il faudra pour empêcher *certaine sorte de gens* de travailler à la chose, de crainte qu'ils ne la tournent trop à leur avantage. » Ne soyons pas du moins de cette *sorte de gens*, et sachons envisager toute grandeur en elle-même. Si j'avais à définir M. de Rancé dans des termes qui nous sont familiers, je dirais : M. de Rancé était un M. Le Maître, non pas seulement un M. Le Maître pénitent, mais aussi directeur et fondateur ; un M. Le Maître qui aurait porté en lui son Saint-Cyran, sinon pour toute la doctrine, du moins pour le souverain esprit de direction. M. de Rancé, c'était encore (j'oserai achever ma pensée sans croire amplifier ni diminuer personne), c'était comme qui dirait la mère Angélique qui se serait servie de directeur à elle-même.

Mais tout cela, il le fut sans idée d'imitation et par une grâce propre. Il y a un beau mot de l'évêque d'Aleth (Pavillon) : « Nous ne savions rien avant que de connoître les Messieurs de Port-Royal, et nous ne pouvons assez louer Dieu de ce qu'il nous les a fait connoître. » Ce mot s'appliquerait à tout le monde dans le siècle plutôt qu'à l'abbé de Rancé. Son illumination lui vint de la source même, de son cœur et du rayon d'en haut, en présence de l'idée éternelle. J'aime à saluer tout d'abord en lui ce caractère original. « *Il ne faut pas croire*, a dit un grand Saint, *que le soleil ne luise que dans notre cellule* [1]. »

Né en janvier 1626, Armand-Jean Le Bouthillier de Rancé était plus jeune que nos premiers solitaires de Port-Royal. Fils d'un Président en la Chambre des Comptes, il tenait à une famille considérable, et de toutes parts puissamment ancrée dans l'État. Neveu d'un Surintendant des finances (Claude Le Bouthillier) ; de l'é-

---

1. Cité par Lancelot, *Relation d'un Voyage fait à Aleth*, XLII.

vêque d'Aire (Sébastien Le Bouthillier), que nous avons vu l'ami particulier de M. de Saint-Cyran ; neveu d'un autre prélat (Victor Le Bouthillier), archevêque de Tours ; cousin germain du secrétaire d'État Chavigny, il avait eu pour parrain le cardinal de Richelieu. Tonsuré encore enfant, et chargé de bénéfices, on le destinait à l'héritage ecclésiastique de son oncle l'archevêque. En attendant, on le mit aux études tant sacrées que profanes, qu'il mena de front sous d'habiles précepteurs ; il en eut jusqu'à trois ensemble, qui se relayaient auprès de lui pour le pousser plus rapidement. On a trop parlé de l'édition d'Anacréon qu'il donna dès l'âge de 12 ans, avec de petites scholies en grec de sa façon ; le contraste est piquant avec La Trappe future, mais il ne faut pas attacher aux choses plus d'importance qu'elles n'en eurent réellement dans la vie des personnes. Rancé n'était pas de ces esprits qui s'amusent longtemps à la bagatelle. Ardent, actif, positif, il allait en avant et ne se retournait pas. Je ne repasserai point l'histoire de sa vie en ces années turbulentes et mondaines [1]. Ce qu'on peut dire, c'est que tant qu'il fut dans le monde, comme plus tard quand il fut dehors, il ne fit rien à demi. Chasse, sermons, plaisirs, affaires, intrigues, il suffisait à tout. Étroitement lié avec Retz, le plus remuant des chefs de parti, tendrement lié avec madame de Montbazon, la plus belle femme du temps, et non pas la plus rêveuse, il faisait hardiment son métier d'abbé homme du monde et de galant homme. C'est alors que nous l'avons aperçu, dans une ou deux rencontres, se mêlant avec nos amis les Jansénistes : soit qu'il aidât avec la société de l'hôtel Guénegaud au succès des *Petites Lettres;* soit qu'il se

---

[1]. J'ai déjà parlé deux fois de Rancé et fort en détail, à propos de sa Vie par Chateaubriand (*Portraits contemporains*, 1846, tome I, pages 36-59), et à l'occasion de ses *Lettres* publiées par M. Gonod (*Derniers Portraits littéraires*, 1852, pages 414-426).

refusât dans l'Assemblée du Clergé de 1656 à signer la Censure d'Arnauld, et qu'il méritât d'être compté, par l'abbé de Pontchâteau et par M. de Saint-Gilles, au nombre des personnes de confiance devant qui on ne se gênait pas. Au reste, l'on se tromperait fort si on essayait de faire de l'abbé de Rancé en ce temps-là un Janséniste, ou rien qui en approchât dans le sens sérieux. Opposé à la Cour sur de certains points qui tenaient plutôt à la politique et qui touchaient aux intérêts de Retz, il n'avait aucun avis sur le fond des matières théologiques en litige, et il n'entrait pas dans la subtilité des doctrines. C'est alors que la mort soudaine de madame de Montbazon (1657) le vint frapper d'un grand coup. La mort de Gaston, duc d'Orléans, dont il était premier aumônier, s'y joignit bientôt (1660), pour achever de lui imprimer dans l'esprit le néant de l'homme, et la seule vérité subsistante de l'Éternité. Toutes les petites raisons qu'on a essayé de donner dans le temps et encore de nos jours, pour rabaisser dans son principe la haute résolution du pénitent, s'évanouissent devant cette idée d'Éternité bien comprise ; là, où les ressorts secrets et où les motifs secondaires échappent, il convient de ne s'arrêter qu'à l'inspiration dominante et manifeste.

Cette inspiration s'élève et résulte de toute la vie et de toute l'âme de Rancé ; et c'est se faire tort à soi-même que de n'y pas atteindre en le considérant. Port-Royal nous a accoutumés aux miracles de vigueur morale que produit la pensée de la Fin suprême chez les esprits tournés aux aspects sévères. — « Qu'avez-vous fait durant ces quarante ans ? » demandait-on à un Chartreux, à l'heure de la mort. — « *Cogitavi dies antiquos, et annos œternos in mente habui*, répondit-il. J'ai eu dans ma pensée les années éternelles. » — Voilà l'objet de Rancé, son occupation puissante dès le premier jour du réveil, le but infini qui l'enhardissait et l'attirait de plus en plus dans les sentiers escarpés de la pénitence. Cette idée de l'Éternité (qu'on y songe bien) est telle, que si on l'envisageait fixement, et sans aucune lueur finale immortelle, il n'y aurait par moments qu'à se précipiter avec vertige dans l'abîme, et à se tuer de désespoir. Qu'a fait le poëte Lucrèce, nous dit-on, en son délire? Qu'a fait Empédocle sur l'Etna? Qu'aurait fait Pascal peut-être, s'il s'était mis à considérer comme il faisait, mais à considérer sans résultat « la petite durée de sa vie absorbée dans l'Éternité précédant et suivant, » et à mesurer avec effroi ces deux infinis, sans rien croire ni rien espérer? Un Ancien, qui avait fini par le suicide, parle ainsi dans une Épitaphe qui nous a été transmise :

« Infini, ô Homme, était le temps avant que tu vinsses au rivage de l'Aurore; infini aussi sera le temps après que tu auras disparu dans l'Érèbe. Quelle portion d'existence t'est laissée, si ce n'est un point, ou s'il est quelque chose encore au-dessous d'un point? Et cette existence que tu as si petite, elle est comme écrasée : elle n'a rien en elle-même d'agréable, mais elle est plus triste que l'odieuse mort. Dérobe-toi donc à une vie pleine d'orages, et regagne le port, comme moi-même Phidon, fils de Critus, qui ai fui dans le Ténare [1]. »

Ainsi conclut l'épicurien qui applique sérieusement sa pensée au petit espace de sa vie comparé à la durée sans terme. Le zélé Chrétien, en un sens, conclut de même : lui aussi, il n'a d'autre souci que d'échapper aux flots du chétif et orageux détroit; il n'a de hâte que pour regagner le port, et il nous y exhorte : mais ce port pour lui n'est point la nuit immense et noire, et ce n'est point à l'aveugle qu'il s'y précipite : il ne se croit pas en droit de se délivrer [2]?

---

1. Léonidas de Tarente, épigramme LXX, au tome I, page 238, des *Analecta* de Brunck.
2. Sans se croire en droit de se délivrer, le Chrétien se tient tout

Avant d'embrasser l'entière pénitence, et dans le premier moment de sa fuite du monde, Rancé, pour se recueillir, chercha un abri dans sa belle terre de Véretz en Touraine (1657-1662) : ce fut comme sa première station sur la colline, avant de gravir plus haut et de s'enfoncer dans les gorges du désert : « Il cherche d'abord une retraite, nous dit un de ses biographes [1], dans sa maison de Véretz, d'où, comme de cette hauteur sur laquelle saint Cyprien vouloit conduire son cher Donat, il voyoit de loin sans prévention la vanité et la corruption du monde. » Et le même biographe compare encore Rancé, en cet état de demi-solitude et comme sur la lisière des deux mondes, à saint Bernard dans sa petite retraite de Châtillon, délibérant sur le choix de la vie qu'il devait embrasser, et sur le degré de règle austère. Cet intervalle de Véretz est celui qui sourirait le plus dans la vie de Rancé, si telle chose que l'imagination avait le droit de s'ingérer dans un exemple pareil. Il est âgé de trente et un à trente-six ans durant le laps de temps qu'il y passe : c'est l'heure où la vie se partage, et où la jeunesse, si on l'a vivement employée, nous fait ses véritables adieux [2]. Rancé a senti le vide profond et

prêt pour la délivrance; et à cette fin il se dépouille, il use ses liens; il se mortifie, il s'exténue. C'est là une forme de suicide aussi, mais de suicide mystique : « Je vous assure, Monsieur, écrivait Rancé à l'abbé Favier, que depuis que l'on veut être entièrement à Dieu et dans la séparation des hommes, *la vie n'est plus bonne que pour être détruite*; et nous ne devons nous considérer que *tanquam oves occisionis.* » (Lettre du 24 janvier 1670.)

1. M. de Maupeou, curé de Nonancour.
2. Et, comme l'a dit le poëte qui a le mieux exprimé ces harmonies naturelles des âges,

> C'est l'heure où, sous l'ombre inclinée,
> Le laboureur dans le vallon
> Suspend un moment sa journée,
> Et s'assied au bord du sillon ;
> C'est l'heure où, près d'une fontaine,
> Le voyageur reprend haleine

le dégoût; âme forte, il veut se reprendre ailleurs, il cherche par delà : une lueur de ce qu'on appelle la Grâce lui est apparue. Mais saura-t-il s'y diriger? Il se recueille, il médite ; il s'adresse aux guides d'alors les plus éclairés, il converse et correspond avec eux ; il fait de bonnes lectures et s'accoutume à les goûter; il prie surtout, il pratique, et l'œuvre nouvelle en lui s'accomplit : « Mes pensées d'abord n'allèrent pas, dit-il, plus avant qu'à mener une vie innocente dans une maison de campagne que j'avois choisie pour ma retraite : mais Dieu me fit connoître qu'il en falloit davantage, et qu'un état doux et paisible, tel que je me le figurois, ne convenoit pas à un homme qui avoit passé sa jeunesse dans l'esprit, les égarements et les maximes du monde. »

Rancé, dans son redoublement de zèle, avait raison : car, prenez garde ! ce Véretz avec ses ombrages, avec son mélange d'étude, de conversation grave et de pieux désir, qu'est-ce autre chose que de méditer toujours la régénération, et de ne l'accomplir jamais ? Qu'est-ce, sinon vouloir concilier l'exil d'ici-bas et le grand rivage, les douceurs de la traversée et la hâte d'arriver au port ? Prolongez un peu cette situation, faites un établissement de ce qui ne devait être que le prélude, et vous avez un Tibur chrétien, tel que les Atticus de toutes les doctrines se le choisiront. Vous pouvez être un homme heureux et un homme sage : vous n'êtes plus le généreux athlète moral, le grand cœur brûlant et immolé.

Tout cœur humain, saisi de repentir, à une certaine heure a plus ou moins ce que j'appelle son Véretz, son premier moment sur la colline. Mais ce n'est pas tout.

> Après sa course du matin ;
> Et c'est l'heure où l'âme qui pense
> Se retourne, et voit l'Espérance
> Qui l'abandonne en son chemin.
>
> (Secondes Méditations, *Le Passé*.)

S'arrêter à Véretz, s'y asseoir et s'y oublier, c'est faire de la première étape le but du pèlerinage, c'est risquer souvent de redescendre. Oh! qu'il a bien plutôt hâte de gravir, celui qui se croit fermement en marche pour voir se lever le grand soleil de l'Éternité !

Tel était Rancé : à peine assis, il avait l'inquiétude et l'attrait d'au-delà. C'est dans ces années de Véretz que trouvent place ses consultations successives et multipliées avec l'évêque de Châlons, M. Vialart, ami de Port-Royal et des Jansénistes ; avec l'évêque de Comminges, M. de Choiseul, également ami des nôtres ; et enfin avec le saint évêque d'Aleth, Pavillon, qui devint bientôt une des colonnes extérieures de la *vraie doctrine*, mais qui, à cette époque, n'avait pas pris encore de parti. On a publié dans ces derniers temps des lettres de Rancé à M. d'Andilly qui datent aussi de ces années, et desquelles il résulte qu'après avoir beaucoup connu M. d'Andilly dans le monde, l'apprenti solitaire le tenait au courant de ses dispositions nouvelles, lui demandait comme à un plus ancien quelques conseils, et les accueillait dans une parfaite mesure de politesse, d'affection et d'humilité[1]. Quoi qu'il en soit de ces communications diverses, la conversion de M. de Rancé ne saurait être attribuée à personne, ni la première, ni la seconde conversion ; ni le coup de la Grâce qui le jeta d'abord à Véretz, ni le second coup qui l'en fit sortir après cinq ans, pour le pousser sans retour dans les hauts sentiers de la perfection monastique. Quand tous lui conseillaient plus de modération et de lenteur, il obéit à un mouvement irrésistible, et passa outre. Je crois l'avoir dit ailleurs : si

---

1. On peut voir l'ouvrage de M. Varin, intitulé : *La Vérité sur les Arnauld*, au tome 1, pages 158-175. — J'ai d'ailleurs le regret de ne pouvoir être d'accord avec l'éditeur et commentateur très-érudit, sur l'interprétation, selon moi forcée, qu'il donne à ces lettres, non plus que sur le jugement qu'il porte des personnages.

le signe de la Grâce pure est quelque part évident, c'est en lui ; sur ce front l'éclair seul a parlé par ses marques. La réforme de La Trappe, bien qu'entamée en 1662 seulement, ne se modela sur aucune autre du siècle ; elle fut œuvre originale. Port-Royal n'a que faire là pour en rien revendiquer.

Et remarquez bien qu'il n'en revendiqua jamais rien ; que jamais Rancé ne se considéra comme engagé ni *lié* le moins du monde avec Messieurs de Port-Royal, et que jamais ces Messieurs (je parle des chefs et des vrais témoins) ne le considérèrent comme ayant eu des relations de parti ni de doctrine singulière avec eux [1].

Sur quelques points peut-être, il aurait mieux valu que Port-Royal influât sur La Trappe, pour plus de justesse. Cela semble du moins d'après trois circonstances principales, dans lesquelles M. de Rancé et ceux de notre bord se touchèrent : nous tâcherons de tout exposer impartialement.

La première de ces affaires est la contestation de M. de Rancé et de M. Le Roi. — M. Le Roi, abbé de Haute-Fontaine [2], cousin de l'abbé de Choisy, et très-bien apparenté en Cour, était un ami de Port-Royal, d'Arnauld et de tous ces Messieurs, un janséniste modéré, éclairé, quelque peu *bénéficier*, plus même qu'il n'eût convenu à un Port-Royaliste austère. D'abord chanoine de Notre-Dame de Paris, on le voit acheter une

---

1. Je publie à la fin du présent volume (*Appendice*) une pièce confidentielle provenant de La Trappe, laquelle, ajoutée à tout ce qu'on savait déjà, achèvera de fixer avec précision les rapports de Rancé avec le parti janséniste. J'y renvoie le lecteur qui veut approfondir. — Je renvoie également à la lettre du duc de Saint-Simon, publiée dans le tome I, page 453, des *Mémoires* du duc de Luines, et aux réflexions qu'elle a suggérées à M. Chéruel (pages 29-34, de son *Saint-Simon considéré comme historien de Louis XIV*).

2. Haute-Fontaine était une abbaye de la filiation de Clairvaux, dans le diocèse de Châlons en Champagne.

belle maison de campagne appelée *Mérentais*, sur la paroisse de Magny-Lessart, dans le voisinage de Port-Royal des Champs[1] : là, entouré de ses livres, ayant sa chapelle, accueillant des hôtes à qui il faisait les honneurs de cet ermitage poli, il méditait de mener une vie mi-partie d'étude et de piété; il allait avoir son Véretz. Vers la même époque cependant (1653), poussé par le désir d'une plus grande solitude, il permuta son canonicat de Notre-Dame contre l'abbaye de Haute-Fontaine, et ce fut avec M. d'Aubigny, si bien connu de nous, que se fit cette permutation. M. d'Aubigny devint ainsi chanoine de Notre-Dame, et M. Le Roi obtint Haute-Fontaine, où il n'alla point d'ailleurs s'établir avant 1661. Au temps de la persécution, l'abbé Le Roi suivit le conseil et la ligne de son évêque M. Vialart, prélat également instruit, pieux, ami de Port-Royal, nous le savons, mais pacifique, politique même, et *d'une soumission assez facile aux Puissances*. Sur son conseil, il crut pouvoir signer le Formulaire, moyennant une déclaration un peu vague et évasive. Ce furent là (avec la pluralité des bénéfices) ses légères faiblesses, qu'on lui pardonna. Il n'avait pas de plus grande joie, depuis la Paix rétablie, que de recevoir ses illustres amis dans cette belle abbaye de Haute-Fontaine qu'il ne quittait plus, au milieu de la bibliothèque fort riche qu'il y avait fait transporter, bibliothèque en partie formée des livres de Peiresc. Ami et compatriote du docte Huet, l'abbé Le Roi nous représente à Haute-Fontaine quelque chose des loisirs d'Aulnai. S'il avait pris dans les ouvrages de saint Bernard, comme on nous le dit, un grand amour de la solitude, c'était donc l'amour d'une solitude mitigée et assez embellie. Quand il tra-

---

1. Ses amis, dit-on, trouvant ce nom de *Mérentais* trop triste (*Mœrentes*) le changèrent en celui de Mérency, qui était le nom d'un étang voisin. On voit que le sourire avait place dans les entretiens de l'abbé Le Roi, et qu'on n'y voulait pas trop de tristesse.

duisait les traités des Pères sur la retraite chrétienne, il n'avait garde d'oublier tout à fait le succès littéraire ; les lettres manuscrites de Conrart, de Chapelain, attestent le prix que mettait M. Le Roi aux suffrages des lettrés et des académiciens. On n'a pas oublié qu'on lui fit, à un moment, l'insigne honneur de lui attribuer les *Provinciales :* ce seul soupçon est pour nous sa plus grande gloire. Tel était l'homme instruit, l'homme honorable et modéré qui eut affaire à M. de La Trappe, dans la rencontre que voici.

Il connaissait de longue main M. de Rancé, tous deux ayant été ensemble autrefois chanoines de Paris : il l'avait visité à Véretz ; il le visita à La Trappe. Or étant allé, dans l'été de 1671, étudier cette sainte maison sur laquelle il prétendait plus ou moins modeler la sienne, il apprit, par les entretiens qu'il eut avec le Père Abbé et avec Dom Rigobert (ci-devant prieur de Haute-Fontaine), que ces religieux avaient un grand zèle de se conformer aux mortifications et *humiliations* recommandées dans les Pères de l'Orient, particulièrement dans saint Jean Climaque, et qu'ils en regardaient la pratique comme capitale pour le perfectionnement de l'esprit monastique [1]. La piété raisonnable de l'abbé Le Roi s'a-

---

1. Ces *humiliations* étaient, dans certains cas, appelées *fictions*, en style ascétique : c'étaient des espèces de fautes supposées ou plutôt *présumées*, pour lesquelles le Supérieur humiliait le religieux, qui se soumettait et n'avait garde de se justifier par aucune parole. Je choisis l'exemple le plus simple : un religieux lit au réfectoire; il s'acquitte de cela avec plus de gravité, plus d'emphase, plus de distinction, d'un ton de voix plus élevé que ses Frères : cela peut être très-pur en soi et très-innocent, et ne partir d'aucun mauvais principe. Cependant le Supérieur croit devoir en prendre occasion de l'interrompre, de l'humilier devant tous, de lui dire qu'il lit comme un présomptueux, comme un superbe : « Oubliez-vous que vous êtes dans un cloître? et vous croyez-vous dans une Académie? » — M. Le Roi et l'abbé de Rancé ne purent d'ailleurs s'entendre complétement sur la définition des termes : M. Le Roi

larma de ce qu'il considérait comme un excès. Dans un voyage qu'il fit à Port-Royal, il en parla à la mère Angélique de Saint-Jean ; il en entretint à Paris M. Nicole, et la conclusion de celui-ci fut : « Je ne sais si le temps n'est point venu de dire à M. de La Trappe ce que l'on pense là-dessus. »

M. Le Roi avait bien déjà fait, dans le premier moment, quelques objections au saint Abbé et à Dom Rigobert ; ceux-ci, en lui répondant, lui avaient paru désirer qu'il écrivît ses pensées là-dessus. Ce qui est plus certain, c'est que le questionneur curieux avait manifesté beaucoup d'ardeur de les entendre s'expliquer à fond sur cette matière. Encouragé par tant de motifs et surtout par son zèle d'abbé érudit[1], M. Le Roi écrivit donc une Dissertation sur le sujet des *humiliations* et autres pratiques qui en dépendent ; il l'adressa sous forme de Lettre à M. de La Trappe, qui le prit assez mal, et comme si on l'avait accusé d'aimer les mensonges et les équivoques.

Il faut tout dire : avant d'avoir reçu la Dissertation, et d'après une première lettre de M. Le Roi, l'abbé de Rancé lui avait écrit pour le détromper, et pour l'assurer qu'il n'y avait rien qui fût moins en usage à La Trappe que

combattait à la fois les *humiliations* et les *fictions* ; et M. de Rancé, en maintenant les *humiliations*, nia qu'à La Trappe on eût jamais recours aux *fictions* proprement dites.

1. C'est ce même zèle qui, peu d'années auparavant (1667), l'avait fait presser Lancelot d'écrire sa Dissertation sur l'*Hémine*, ou mesure de vin que saint Benoît prescrit pour chaque jour aux religieux de son Ordre. Dans une traduction qu'il avait faite d'une *Règle* du neuvième siècle, M. Le Roi avait rendu le mot *hémine* par *demi-setier*, et cette évaluation avait été contestée. Il s'ensuivit toute une série d'écrits, comme au sujet des *fictions*. On voit avec quelle diligence et curiosité M. Le Roi s'enquérait des vieilles coutumes monastiques : mais c'était pour les savoir peut-être plus encore que pour les pratiquer. « Ce sont des minuties, écrivait Rancé à l'abbé Nicaise, qui ne méritent pas l'application de gens dont la vie doit être pleine d'occupations importantes. »

les *fictions :* il n'est besoin en effet de rien feindre pour qu'il y ait lieu de reprendre avec une sorte de fondement des personnes même de vertu, et d'une piété régulière :

« Je vous dirai simplement, ajoutait M. de Rancé, que je ne m'applique jamais à considérer les actions de nos Religieux, je dis les meilleurs et les plus édifiants, que je n'y remarque des défauts ; et comme ils sont obligés par leur état de tendre incessamment à la perfection, cela me donne lieu de les reprendre et de les humilier. Que s'il arrivoit que leurs actions fussent exemptes de défauts, il s'y trouve toujours des circonstances auxquelles on peut donner une explication désavantageuse. Vous me direz peut-être, Monsieur, qu'il faut toujours interpréter les choses dans un sens favorable. Je vous dirai à cela que ce qui oblige d'en user ainsi, c'est la charité ; et quand il se trouve qu'il y a plus de charité à les interpréter contre ceux qui les font, et que cette interprétation tourne à leur avantage et au bien des autres, non-seulement il n'y a nul inconvénient de le faire, mais même c'est une conduite pleine de charité d'en user de la sorte.... L'humiliation que l'on fait souffrir à celui que l'on reprend, empêche qu'il ne tombe dans ces complaisances qui naissent dans les meilleures actions et en détruisent ou au moins en diminuent le mérite devant Dieu [1]. »

Pour être juste, il ne faut point appliquer à tout ceci la raison ordinaire, car cette raison mènerait à supprimer la vie ascétique elle-même : il convient de se placer au point de vue du sujet. L'abbé Le Roi était *gallican* en fait de doctrine monastique, c'est-à-dire sensé, mais borné et un peu faible : Rancé remontait aux hautes sources. Continuons le récit du différend.

La lettre de M. de Rancé croisa la Dissertation de M. Le Roi qui était en route, et qui arriva à La Trappe peu de jours après.

Lorsqu'il eut reçu cette Dissertation, M. de Rancé fut plus bref et plus sec dans ses lettres. Il se contenta

---

1. Lettre du 11 juillet 1672.

de marquer ses réserves, sans entrer dans la discussion qu'on aurait désirée. Il en résulta pendant plusieurs années une espèce de correspondance boiteuse entre lui et M. Le Roi, celui-ci se répandant en lettres abondantes, protestant de son respect, de sa vénération pour le grand Abbé, de son pur zèle en cette affaire, où il n'était entré, disait-il, qu'avec un cœur simple et sincère, *in simplicitate cordis et sinceritate Dei*, et se plaignant avec douleur d'avoir perdu ou refroidi une amitié si précieuse, et dont il se tenait si fort honoré : M. de Rancé ou ne répondait pas, ou ne répondait qu'en ne touchant pas la corde essentielle. Nous ne sommes point dans le secret de son jugement : peut-être il jugea que M. Le Roi était de ces gens qui méditent toujours la grande réforme, et qui n'en finissent jamais. Et puis il avait pris un parti qui est le plus sûr pour apaiser ses propres pensées : il avait déchargé sur le papier ses raisons et réponses, afin de n'avoir plus à s'en occuper dorénavant. Cette Réponse confidentielle de M. de Rancé avait été envoyée, pour en finir, à l'évêque de Châlons, et depuis lors le résolu solitaire ne voulait plus entendre parler d'aucune reprise à ce sujet. M. Le Roi sentait amèrement cette résistance : il aurait souhaité qu'on vidât à fond la blessure, en se disant tout de part et d'autre, ou même en prenant pour arbitres des amis communs. M. de Rancé était sourd, et trouvait que, pour des hommes d'austérité et de silence, on avait déjà perdu trop de temps à une telle affaire. Cependant, de proche en proche, la querelle s'ébruita.

Mais voilà qu'en 1677, par l'indiscrétion de quelque ami, la réponse de M. de Rancé à la Dissertation de M. Le Roi fut livrée toute vive à l'impression [1], et le

---

1. Sous ce titre : *Lettre d'un Abbé régulier sur le sujet des Humiliations et autres Pratiques de Religion* (Paris, 1677).

procès éclata devant le public. Pour se bien figurer l'effet que dut produire cet Écrit dans le monde ecclésiastique d'alors, il faut se représenter la grande réputation où était l'abbé de La Trappe, et l'attente extrême qu'inspirait tout ce qu'on annonçait de lui. Il n'eut pas plus tôt appris l'impression de sa Lettre, qu'il écrivit à M. Le Roi pour lui en témoigner son chagrin, l'assurant qu'il n'y avait d'autre faute de sa part que d'avoir communiqué la pièce à une personne qui n'avait pas été fidèle [1]. Il eut beau dire, l'abbé Le Roi ne s'en consola pas ; et l'on ne saurait, en effet, s'empêcher de plaindre cet honnête homme, sur qui, au moment où il y pensait le moins, la grande parole du nouveau Jérôme tombait d'en haut retentissante, comme les cataractes du désert.

Le genre admis, et une fois qu'on se prête à entrer dans l'ordre des idées monastiques, la Réponse de Rancé est admirable, d'une vigueur mâle et d'une austère beauté. Il commence par établir que la vie et la profession monastique, telle que les Saints l'ont proposée, doit être regardée comme *un crucifiement continuel,* comme un engagement à imiter la perfection des

---

[1]. Dans une lettre du 5 mars 1678, adressée à l'abbé Favier, son ancien précepteur, Rancé parle de l'affaire en ces termes : « La « Réponse, que je vous fis voir ici, à la Dissertation qui attaquoit « les humiliations, a fait un grand bruit. Comme j'en avois « donné quelques copies, on les a fait courir par le monde ; et une « personne de nos amis ayant vu qu'elles étoient pleines de fautes « grossières, et craignant que quelqu'un ne s'avisât de les faire « imprimer, toutes défectueuses qu'elles étoient, on a fait faire « l'impression lui-même sur une copie correcte. L'auteur de la « Dissertation s'est extrêmement récrié contre moi, quoiqu'il fût « persuadé que je n'eusse aucune part à la publication de la Ré- « ponse. Si jamais je puis vous parler, je vous dirai le détail de « tout ce qui seroit trop long à vous écrire. Je vous en envoie un « exemplaire. » On entrevoit pourtant par là que Rancé prenait très-bien son parti de cette publication indiscrète, et que même il n'en voulait pas trop à l'indiscret.

Apôtres, et comme *une image et un retracement de celle des Anges :*

« En vérité, s'écrie-t-il, on ne manquera pas de sujet pour humilier et pour confondre des Moines, tant qu'ils n'auront ni la mortification d'un Crucifié, ni la sainteté des Apôtres, ni la pureté des Anges; et il ne sera nullement besoin pour cela de recourir aux fictions et aux mensonges. »

Les pages suivantes sont, selon moi, trop belles, trop empreintes d'une science morale profonde, trop pénétrées du vivant esprit de la vie religieuse, pour ne pas être données avec étendue ; car bien peu de lecteurs iraient les chercher dans la Dissertation même. On y sent le grand médecin intérieur, l'homme du monde qui en a savouré tous les dégoûts, le pénitent touché qui est arrivé au port, et qui, du sein de ces cavernes du désert et de ces gorges profondes dont j'ai parlé, a vu plus à nu l'azur du ciel. Le ton est partout celui d'un maître ; Rancé, comme Bossuet, ne pouvait s'exprimer qu'en maître, du moment qu'il parlait :

« On me dira que les personnes qui sont dans le monde ont d'autres moyens pour devenir humbles que ceux des mortifications, et qu'il s'ensuit de là qu'elles ne sont pas nécessaires. J'avoue que les gens qui sont dans le siècle acquièrent l'humilité par d'autres voies que par celle des mortifications religieuses, et qu'elle n'est point en eux l'effet de ces sortes d'exercices. Mais il faut demeurer d'accord que lorsque Dieu les veut sanctifier, et leur donner cette vertu fondamentale de la vie évangélique, sans laquelle personne, à ce que dit l'Apôtre, ne le verra dans l'Éternité, il prend un soin particulier de les exercer par mille autres sortes de mortifications proportionnées à leur état, par des affaires factieuses, des pertes de biens, des embarras domestiques, des revers de fortune, par l'infidélité de leurs amis, par l'ingratitude de ceux qu'ils ont comblés de bienfaits, par des injures, par des outrages; enfin les hommes avec lesquels ils passent leur vie sont des instrumens dont Dieu se sert pour les humilier, et ils ont souvent plus de mortifications à souffrir dans le milieu du monde, et dans un seul instant, qu'il n'en peut arriver à un Moine dans la retraite pendant tout le cours de sa vie. Les Monastères sont des abris et des ports : comme on y est séparé de tout commerce, et que l'on n'y a nulle communication avec les gens du monde, on ne peut être exposé aux accidens qui leur arrivent. Les différens événemens qui traversent leur vie ne regardent point les Solitaires; ils vivent à couvert des tempêtes et des agitations du siècle. La séparation même qu'ils gardent entre eux, par l'exactitude du silence, empêche jusques aux moindres émotions, et fait que leur tranquillité n'est jamais troublée.

« Ils n'ont donc rien à souffrir, ni de la part du monde, ni de la part de leurs Frères, avec lesquels, comme dit saint Basile, ils conservent une parfaite intelligence. De quelque côté que vous les regardiez, vous les trouverez également exempts de contradictions, et rien ne se présente à eux qui leur puisse faire la moindre peine. Ainsi leur condition seroit bien malheureuse, si un Supérieur, par une disposition charitable, n'avoit une application particulière à leur procurer, par toutes les voies de mortification et d'humiliation qu'il juge les plus utiles et les plus convenables, ce que Dieu opère dans les gens du monde par les diverses rencontres que nous venons de remarquer.

« Le cœur de tous les hommes est un champ d'une fécondité surprenante pour les mauvaises choses[1]. L'orgueil y a jeté de profondes racines; elles s'y trouvent presque partout, quoique souvent elles soient imperceptibles; quelque

---

1. Admirable passage. Abstraction faite de l'explication religieuse, le Christianisme, en tant que doctrine morale, connaissait bien la nature humaine et son vice ; il s'en rendait compte, à beaucoup d'égards, bien mieux que la philosophie qui a succédé, et dont le défaut capital, sous prétexte d'honorer l'homme, a été de le flatter et de le flagorner en masse. De cette méconnaissance du sujet est résultée l'absence de toute précaution morale et sociale : et c'est ainsi que l'ancienne société a péri. Tel moine chrétien en savait plus long sur les vrais ressorts de l'humanité que beaucoup de nos prétendus politiques.

bonne que soit la semence que vous ayez jetée, ne vous y fiez pas : pour peu que celui qui doit cultiver ce champ lui refuse son travail et le secours de sa main, il ne sera pas longtemps à se couvrir de ronces et d'épines; et il arrivera qu'un Solitaire, dont la vie n'aura point été exercée par ces saintes pratiques de mortification, la passera tout entière dans une fausse sécurité, et sera dans sa cellule, selon les paroles d'un grand Saint, *bouffi d'orgueil et de présomption, comme un Dragon enflé de son venin dans sa caverne*[1].

« Enfin, Monsieur, l'orgueil, qui est justement ce qu'il y a de plus opposé à la condition d'un Moine, est une enflure qui ne guérit point, si elle n'est piquée; et comme la matière n'en tarit jamais entièrement, il se forme incessamment de nouvelles tumeurs, auxquelles, quoi que l'on puisse dire, on ne peut guères remédier qu'en se servant de la pointe des humiliations. Mais ce qui fait qu'elles sont presque toujours nécessaires, c'est que le mal renait dans tous les temps et dans tous les âges, et que, bien loin d'épargner ni la vieillesse ni la vertu, il n'est jamais plus à craindre que lorsqu'elle est plus parfaite; et c'est pour cela que *le Démon de l'orgueil se réjouit lorsqu'il voit multiplier les vertus.*

« Cet usage est donc très-saint, très-utile et très-nécessaire.... Il n'y a rien qui soit plus selon les règles de l'Évangile que de trouver des voies saintes et innocentes d'humilier les hommes.... Je suppose toujours que le fer de la mortification doit être conduit par une main prudente et charitable, avec distinction des temps, des choses et des personnes. »

Poussant plus avant, Rancé montre à son adversaire ce qu'il y a de ruineux dans la brèche une fois ouverte à cette pratique du cloître: « Vous attaquez, sans y penser, la vie monastique dans ses fondements. » Et il le prouve d'abord par la manière légère, et presque mépri-

---

1. Et n'est-ce point Platon qui a dit aussi ce beau mot, que « l'orgueil est compagnon de la solitude ? » Ce qui est vrai en deux sens: car s'il arrive d'ordinaire que l'orgueil, par son peu d'attrait, isole les hommes, l'isolement ou la solitude, à son tour, a pour effet de nourrir et de fomenter l'orgueil.

sante, avec laquelle l'adversaire a rejeté l'autorité des fondateurs, des Saints Pères de l'Orient. Dans son culte absolu de l'antiquité, il remet à sa place le téméraire et débile moderne qui a osé se prendre à ces *personnes sacrées*, tellement supérieures *à tout ce qui peut présentement attaquer leur mémoire*. C'est à ce moment que, ne pouvant se contenir, il lance cette éloquente parole, qui perça de douleur le cœur estimable qui en était l'objet :

« En vérité, vous renversez Sinaï de fond en comble, vous ravagez toute la sainteté de la Thébaïde, et vous faites plus de désordre dans Nitrie et dans Scété[1] par quatre traits de plume, que les Barbares par toutes leurs incursions. »

J'ai sous les yeux les petites remarques ou *apostilles* manuscrites que M. Le Roi s'était permis d'opposer, pour toute réponse, à la Lettre de Rancé[2]. A ce formidable endroit, il a écrit en marge ces paroles: « Dieu me « garde d'avoir fait ce crime ! Et il est impossible que « j'y sois tombé, m'étant précisément borné à ne com-« battre que les *fictions*, et que ce qui seroit des actions « violentes de colère sans aucun sujet. » Il est sous la serre de l'aigle chrétienne, et il essaye à peine de se débattre.

Cependant, indépendamment de ces modestes apostilles, et pour parer un peu à l'éclat de la publication, M. Le Roi, sur le conseil de M. de Pontchâteau, crut devoir donner un *Éclaircissement*, un petit récit de toute cette affaire (1677), lequel fut communiqué aux amis, à M. de La Trappe lui-même, et qui courut sans être imprimé. La plupart des personnes qui le lurent firent dire

1. Solitudes fameuses de la Basse-Égypte.
2. Il avait fait ces *apostilles* dès 1673, sur la lecture d'une copie de la Lettre de Rancé qui lui avait été communiquée par l'évêque de Châlons. Depuis l'impression de la Lettre de Rancé en 1677, on reporta ces apostilles à la main dans un certain nombre d'exemplaires interfoliés, et on les répandit parmi les amis.

à l'honnête homme mortifié *combien elles en étaient satisfaites*. Ce fut tout un chapelet de condoléances : M. Arnauld, M. Nicole, madame de Longueville, mademoiselle de Vertus, le duc de Montausier, Jacques Boileau, doyen de Sens et frère du poëte...; on n'en finirait pas, si l'on voulait énumérer tous les témoignages. Fléchier, qui n'était pas encore évêque, écrivant à M. Le Roi, lui parle ainsi:

« Je penche fort de votre côté avant que de vous avoir entendu; mais je vous avoue que je n'ai pas été trop édifié de la manière dont il (M. de La Trappe) soutient sa cause. Son zèle a quelque degré de chaleur plus qu'il ne faudroit; et j'aurois désiré, si je l'ose dire, plus de douceur dans un solitaire de sa vertu et de sa réputation [1]. »

On ne pouvait guère attendre un autre jugement de l'esprit modéré, tolérant, poli (*amœnus*), un peu précieux, de Fléchier, aussi opposé à celui de Rancé qu'il était possible, et qui nous a laissé un si fin portrait de lui-même, tracé dans les nuances de l'Hôtel de Rambouillet avec une pointe de pinceau à la Fontenelle, et adressé à une femme poëte [2].

Mais Bossuet, à son tour, survient dans la querelle

1. Lettre du 18 juin 1677. — Je ne trouve point cette lettre dans les Œuvres de Fléchier, où il s'en rencontre d'autres adressées à M. Le Roi. J'ai pour guide sûr, dans tout le détail de ce récit, Dom Clémencet (*Histoire littéraire* manuscrite *de Port-Royal*, article de *M. Le Roi*).

2. Cette femme poëte, on le sait aujourd'hui, était mademoiselle Des Houlières. C'est à la même que dans une lettre du 30 juillet 1680, Fléchier, alors en tournée et suivant la Cour, écrivait : « Nous avons passé toute la journée à voir des églises de cette ville (Ypres). Après avoir fait nos dévotions devant l'autel de saint Ignace, nous sommes allés prier Dieu sur le tombeau de Jansénius : ainsi tout le monde a sujet d'être content de nous. Si vous l'êtes de moi, Mademoiselle, j'achèverai mon voyage agréablement... » M. Vuillart, ancien secrétaire de M. Le Roi, parlant de Fléchier alors évêque de Nîmes, écrivait à M. de Préfontaine, le 23 juillet 1699 :

entre M. Le Roi et Rancé. Quand tous ceux qui se piquent de bon sens s'accordent plus ou moins à blâmer le procédé et la doctrine de ce dernier, il le soutient seul ; seul, il prend en main le grand côté de la cause ; il apparaît comme l'arbitre véritable, et ses paroles, qui semblent avoir été acceptées des deux parties, sont aussi pour nous la conclusion souveraine. « Tout ce que vous écrivez, Monseigneur, sont des décisions. » C'est Rancé qui disait cela dans une autre occasion à Bossuet, et Bossuet va le lui rendre.

« Monsieur, écrit-il à l'abbé Le Roi [1], je ne sais par quel accident il est arrivé que j'aie reçu votre Écrit [2] sur la Lettre de M. l'Abbé de La Trappe plus tard que vous ne l'aviez ordonné. Il m'a enfin été remis ; et j'ai été fort édifié des sentimens d'humilité, de charité et de modestie que Dieu vous a inspirés en cette occasion.

« Je reconnois avec vous qu'on ne peut vous condamner sans avoir vu la Dissertation qui a donné lieu à la Lettre [3];

« Je connois M. l'évêque de Nîmes dès le temps qu'il étoit précepteur de M. votre parent (M. de Caumartin). Il ne m'a jamais oublié depuis. La dernière fois qu'il vint à Paris, il voulut me donner à dîner deux fois et m'honora d'une visite, et de la belle édition in-4° de ses *Panégyriques*.... Il faut avouer que c'est un bel esprit, et s'il avoit été élevé par un homme à principes comme M. Arnauld, il eût été bien plus loin que par l'éducation qu'il avoit reçue d'un homme seulement éloquent comme l'étoit le fameux Père Hercule, ami de Balzac, et qui étoit général des Pères de la Doctrine chrétienne, et oncle du prélat dont il s'agit. » — Je crois que M. Vuillart s'abusait en croyant qu'une autre éducation eût fait de Fléchier un janséniste ou un augustinien déclaré. Fléchier était, par tempérament, modéré et neutre, résolu de rester à égale distance (comme il vient de nous le marquer en souriant) de saint Ignace et de Jansénius.

1. Lettre du 10 août 1677.
2. L'*Éclaircissement* ou récit dont M. Le Roi faisait parvenir des copies aux personnes qu'il tenait à éclairer sur cette affaire.
3. Il s'agit de la Dissertation première de M. Le Roi, à laquelle Rancé répondait si vertement, et qui était restée manuscrite. M. Le Roi se défendait surtout en disant que l'illustre Abbé l'accusait pour des erreurs qui n'y étaient pas.

et ceux qui ne l'ont pas vue, n'ayant aucune raison de vous blâmer, doivent présumer pour votre innocence.

« Sans juger ce qu'il y a ici de personnel, il y a sujet de louer Dieu de ce que vous et M. l'Abbé êtes d'accord dans le fond, puisqu'il convient que les corrections fondées sur le mensonge n'ont point de lieu parmi les Chrétiens, et que vous avouez aussi qu'on ne peut avec raison rejeter celles qui se fondent sur des fautes présumées par quelque apparence.

« Ainsi la vérité ne souffre point dans votre contestation, et il me semble aussi, Monsieur, jusqu'ici que la charité n'y est point blessée.

« Si M. l'Abbé de La Trappe vous a imputé, comme vous le dites, un sentiment que vous n'avez pas, vous-même vous ne croyez pas qu'il l'ait fait dans le dessein de vous nuire ; et tout au plus il se pourroit faire qu'il auroit mal pris votre pensée : erreur qui, après tout, est fort excusable.

« Les paroles fortes et rudes dont il se sert dans sa Lettre ne tombent donc pas sur vous, mais sur une opinion que vous jugez fausse et dangereuse aussi bien que lui.

« Quant à l'impression, vous croyez sur sa parole qu'il n'y a point eu de part ; et je puis vous assurer que l'affaire s'est engagée par des conjonctures dont il n'a pas été le maître. (Et il entre dans quelque détail)....

« Une chose qui s'est faite sans dessein, et par un accident qui ne pouvoit être ni prévu ni empêché, n'a pas dû offenser un homme aussi équitable que vous, et aussi solidement chrétien.

« Et en effet votre Écrit, plein de sentiments charitables, ne montre en vous, Monsieur, aucune aigreur ; mais il me semble seulement que vous croyez trop que M. l'Abbé a tort.

« Ce que je viens de dire en toute sincérité, et avec une certaine connoissance, vous doit persuader qu'il n'en a aucun. Et pour moi, je crois, Monsieur, que Dieu a permis la publication de cet Écrit, afin que l'Église fût édifiée par un Discours où *toute la sainteté, toute la vigueur et toute la sévérité de l'ancienne discipline monastique est ramassée*[1].

---

1. Ces louanges de Bossuet ne rendent-elles pas admirablement l'impression qu'ont faite sur nous les pages précédemment citées de l'Écrit de Rancé ? Notre gloire ici est d'enregistrer et de mettre ces grandes paroles en présence.

« J'ai lu et relu cette sainte Lettre ; et toutes les fois que je l'ai lue, il m'a semblé, Monsieur, que je voyois revivre en nos jours l'esprit de ces anciens Moines dont le monde n'étoit pas digne, et cette prudence céleste des anciens Abbés, ennemie de la prudence de la Chair, qui traite par des principes et avec une méthode si sûre les maux de la nature humaine.

« Laissez donc courir cette Lettre, puisque Dieu a permis qu'elle vit le jour. Il arrivera, sans doute, qu'elle donnera occasion de blâmer et vous et M. l'abbé de La Trappe : vous, qu'on verra accusé par un si saint homme ; et lui, pour avoir accusé si sévèrement un ami, dont le nom est grand parmi les gens de piété et de savoir [1].

« Mais si vous demeurez tous deux en repos, et que vous, Monsieur, en particulier, qui êtes ici l'attaqué, méprisiez les discours des hommes en l'honneur de Celui qui, étant la sagesse même, n'a pas dédaigné d'être l'objet de leur moquerie, ces blâmes se tourneront en louanges et en édification, et même bientôt. »

Comme tout cela est chrétien, et en même temps généreux ! c'est l'honneur dans la charité. — L'abbé Le Roi suivit le conseil de Bossuet ; il promit entre ses mains de ne point faire imprimer la Dissertation, et d'observer dorénavant le silence. La plupart des amis particuliers de M. Le Roi, M. Arnauld, M. Nicole, M. Varet, M. de Pontchâteau, avaient pensé de même, quoiqu'ils ne jugeassent pas si favorablement du procédé de M. de La Trappe. M. de Pontchâteau écrivait, avec bien de l'humilité d'ailleurs et en s'attribuant le moins possible le droit de juger :

« ... J'aurois bien des choses à dire, ce me semble, sur la

---

1. Quelle souveraine et parfaite mesure de paroles et d'estime entre les deux ! quelle délicatesse dans l'inégalité, le moins bien partagé ne pouvant que se croire trop honoré encore ! Il n'y a que les vrais puissants pour avoir un pareil tact, quand ils s'en mêlent. Il fallait faire entendre à M. Le Roi qu'il aurait tort de paraître même avoir raison en face d'un homme comme Rancé.

matière des *fictions*, quoique je demeure d'accord que je puis bien me tromper parce que je suis très-ignorant dans la vie spirituelle et que je ne sais ce que c'est qu'humilité et mortification....

« Je me doutois bien qu'on s'attaqueroit à quelques endroits de votre Dissertation qui pouvoient donner prise, comme, par exemple, ce que vous dites des prosternements; la manière dont vous parlez de la douceur des supérieurs, quoiqu'assurément ils soient quelquefois obligés de mêler le vin avec l'huile.... Dans le fond je suis sûr que vous n'êtes point opposé aux mortifications raisonnables, sérieuses et qui sont fondées sur quelque faute. Les plus parfaits en font toujours assez pour trouver des sujets de les humilier. Tous les inconvénients que vous remarquez sont à craindre, et beaucoup d'autres encore; et je ne saurois comprendre l'usage des fictions non plus que celui des proclamations. J'aurois encore souhaité que vous eussiez plus loué saint Jean Climaque qui, à la réserve de cet article sur lequel on pourroit peut-être néanmoins l'excuser, est un homme admirable.

« Mais que vous dirai-je de la réponse qu'on y a faite? *Tantæne animis cœlestibus iræ!* Vous avez passé (laissé échapper?) quelques endroits où il y avoit lieu à plusieurs réflexions: mais de vous accuser de *ravager la Thébaïde* et le reste des éloges qu'on vous donne, c'est ce que j'ai eu peine à digérer, je vous l'avoue, et il m'a semblé que l'auteur qui vous a répondu l'eût pu faire plus doucement.... Il ne m'a pas convaincu. Mais je n'en ai parlé qu'à une seule personne et à vous. Il ne m'appartient pas de dire mes pensées sur des choses de cette nature.... Et qui peut connoître jusqu'où il faut baisser, ou bien quelle fermeté il faut avoir, pour se maintenir dans le milieu marqué par ces paroles de saint Grégoire : *Sit vigor, sed non exasperans; sit amor, sed non emolliens*[1]? »

---

[1]. Une dernière remarque que j'aurais pu faire plus tôt, c'est que M. Le Roi n'était qu'un abbé commendataire, un séculier non régulier, un moine amateur et hors du froc. De quoi se mêlait-il d'aller s'attaquer au chef des vrais moines, lui qui n'était de la milice que de nom? C'est (sauf respect) comme si un général de la Garde nationale avait voulu en remontrer à un Davout sur la façon de mener les troupes et de les aguerrir au feu.

Ce rôle d'arbitre auquel M. de Pontchâteau se sentait et se disait incapable d'atteindre, Bossuet le prenait comme naturellement et le tenait.

La seconde espèce de discussion dans laquelle M. de Rancé se sépara de Messieurs de Port-Royal fut au sujet des *Études monastiques*. C'est encore une de ces affaires où il ne faut point prétendre juger à simple vue, ni sur la première apparence ; car enfin il s'agit de se reporter au véritable et antique esprit de saint Benoît, ce qui ne nous est pas très-facile. Rancé avait publié en 1683 son Traité, *De la Sainteté et des Devoirs de la Vie monastique*, ou plutôt c'était Bossuet qui avait pris sur lui cette impression. Il avait reçu l'ouvrage manuscrit pendant la tenue de l'Assemblée de 1682, tandis qu'il était en train d'examiner les Propositions de la morale relâchée ; aussitôt libre, il s'était mis à le lire : « J'avoue, disait-il, qu'en sortant des relâchements honteux et des ordures des Casuistes, il me falloit consoler par ces idées célestes de la vie des Solitaires et des Cénobites [1]. » Sans s'arrêter aux inclinations et aux résistances de son ami, il avait voulu que l'ouvrage devînt public. Or, dans le chapitre XIX, qui traitait *du travail des mains*, l'auteur ayant posé la question : *S'il ne seroit pas plus utile à des Religieux d'employer leur temps à la lecture et dans l'étude que de travailler,* avait répondu nettement « que les Moines n'ont point été destinés pour l'étude, mais pour la pénitence, que leur condition est de pleurer, et non pas d'instruire ; et que le dessein de Dieu, en suscitant des Solitaires dans son Église, n'a pas été de former des Docteurs, mais des Pénitents. » L'érudition chez un religieux lui paraissait l'effet d'une vocation toute singulière, et

---

1. Lettre à Rancé, du 8 juillet 1682.

qui ne devait point être proposée en exemple. Les Bénédictins de Saint-Maur se crurent attaqués ; quelques-uns prirent feu. Dom Mabillon, à son retour du voyage d'Italie, répondit méthodiquement par un savant traité. Il y eut réplique de part et d'autre [1]. Les avantages de la modération, et ceux de l'érudition peut-être (quoique ce dernier point ne soit pas aussi évident qu'on le croirait), furent du côté de Mabillon : Rancé eut pour lui la simplicité, la hauteur, la droiture du but, la sainte intelligence de l'antique esprit, et ce ferme langage qu'il prenait d'autorité, sachant que *les manières languissantes ne persuadent point*. Nicole, dans une telle question, et du tempérament qu'il était, ne pouvait hésiter entre les deux : il exprima son avis en conversation assez ouvertement ; et M. de La Trappe, qui le sut, cessa depuis ce temps, dit-on, de lui envoyer ses ouvrages, comme il faisait auparavant. C'est Goujet, dans sa *Vie de Nicole*, qui raconte cela. La dernière publication des Lettres de Rancé [2] présente les choses sous un jour plus vrai : Rancé n'y laisse voir aucune amertume. S'il se montre inébranlable dans son premier sentiment, c'est qu'il le croit fondé à la tradition même. Il sait d'ailleurs que Nicole *a corrigé avec beaucoup de soin et d'application* la Réplique du Père Mabillon (1692), et il ne témoigne nullement lui en vouloir. Il y a plus : au lendemain de la dispute (si on peut employer ce mot), vers la fin de mai 1693, Mabillon vint à La Trappe pour y visiter l'illustre adversaire qui lui avait toujours conservé une grande estime ; et ce ne fut pas une simple visite de

---

1. L'ensemble des Écrits de Rancé et de Mabillon sur cette matière forme six volumes in-4°, dont quatre de Rancé. Ces derniers renferment d'admirables parties. Dom Thuillier, dans l'édition des *Ouvrages posthumes* de Mabillon (tome I, page 365), a donné l'histoire de cette Contestation, mais en homme qui ne perd pas de vue un seul instant l'honneur de son clocher.

2. Par M. Gonod, 1846.

cérémonie, mais bien une entrevue toute charitable et cordiale : « Le principal, écrivait Rancé, est que la *sincérité* a eu dans cette occasion toute la part qu'on pouvoit souhaiter. Il faut convenir qu'il est malaisé de trouver tout ensemble plus d'humilité et plus d'érudition qu'il y en a dans ce bon Père [1]. » Cette réserve faite (et nous la devions à l'équité), il nous sera permis de reconnaître que Nicole, au point de vue du sens commun, a trois fois raison quand il fait remarquer que M. de Rancé, en ayant l'air de s'attaquer aux Études monastiques, oubliait que le danger pour les Cloîtres n'était pas alors de ce côté; que le relâchement n'était certes nullement à craindre par cet excès-là ; que dans la Congrégation de Saint-Maur il n'y avait point quarante religieux en tout qui menaient une vie d'étude, et que ceux-là étaient les plus réguliers et les plus exemplaires sur le reste des devoirs [2]. Rancé reprenait les choses de bien haut; il remontait aux sources et aux origines de l'Ordre, il y voulait retremper un Corps usé et dissolu. Mais il avait fini lui-même par le reconnaître, le temps des grands Moines était passé. Il en fut comme le dernier, et l'on peut dire que son siècle, ce siècle réputé

1. Lettre à l'abbé Nicaise, du 4 juin 1693.
2. *Vie de Nicole*, 2ᵉ partie, page 234. — Arnauld semble avoir été plus favorable au livre de Rancé, que ne l'était Nicole : « Voici, écrivait-il à M. de Neercassel, le jugement que j'en fais. C'est un livre très-bien écrit, plein de lumière, qui donne une grande idée de la vie religieuse, et qui porte beaucoup à Dieu. Il peut quelquefois être excessif en regardant comme nécessaire ce qui n'est peut-être que d'une plus grande perfection.... Je voudrois qu'on eût ôté la dernière question, ou au moins qu'on eût tourné d'une autre sorte quantité de bonnes choses qui y sont : car il paroît que tout ce qu'il y dit regarde principalement les Congrégations de Saint-Vanne et de Saint-Maur, et la manière dont il en parle, va beaucoup à les décrier.... Il auroit été à souhaiter que ce saint Abbé eût un peu tempéré son zèle, et eût évité de représenter comme nécessaire à la vie monastique ce qui fait seulement qu'elle est plus parfaite. » (Juin 1683.)

pourtant si chrétien et si éclairé, l'admira plus encore qu'il ne le comprit.

Quesnel, pour qui Rancé avait beaucoup d'estime, ne le jugeait pas très-différemment de ce que faisait Nicole; et voici, à ce propos, une lettre assez agréable, qu'on est tout surpris de voir adressée par un théologien à un théologien :

« ... Vous avez connu le monde, écrivait Quesnel au Père Du Breuil [1]; il est encore aujourd'hui tel que vous l'avez laissé il y a dix ans : la terre toujours le théâtre des passions des hommes, toujours couverte des funestes effets de ces passions; toujours des guerres entre les princes, toujours des disputes entre les savants, toujours des procès entre les enfants d'Adam, toujours des contestations même entre les personnes qui semblent le plus dépourvues de tout ce qui fait naître la division et les dissensions entre les hommes. Oui, les Religieux de La Trappe, qui font profession de la plus étroite pauvreté et du plus parfait renoncement, ne laissent pas de plaider, au moins leur Abbé pour eux. Il ne s'agit ni de leurs priviléges, ni de leurs exemptions, ni de la mesure de leur capuchon, ni du domaine et de l'usage de leur pain et de leurs légumes : il est question de la nourriture de l'esprit, qui est la science. Les Cordeliers, comme on sait, vouloient bien autrefois avoir l'usage de leur pain et de leur vin, mais ils n'en vouloient avoir ni la propriété ni le domaine. L'Abbé de La Trappe, qui aspire à une plus grande pauvreté spirituelle que les Moines à l'égard de leur

---

1. Manuscrits de la Bibliothèque du Roi, Rés. S. Germ., paq. 30, n° 3. — La lettre est du 9 juillet 1692, peu de jours après la prise de Namur. Quesnel était alors dans les Pays-Bas auprès d'Arnauld, et on a par lui le ton de la maison sur Rancé. La première partie de la lettre, que je ne donne pas, offre d'ailleurs un caractère d'élévation et d'onction : elle a trait aux tribulations du Père Du Breuil, de celui qu'on y appelle *le prisonnier de Jésus-Christ*, et qui, après plus de dix ans de captivité et d'exil, venait d'être transféré à Alais, sa dernière station, où il mourut. Le conquérant de Namur est mis en regard du persécuté d'Alais : chacun a sa couronne. Puis viennent les agréables diversions de la fin. Ces exilés et martyrs port-royalistes restaient gens d'esprit à travers tout.

pauvreté matérielle, ne veut avoir ni la propriété, ni le domaine, ni l'usage même de la science ; et il a fait un grand livre contre le Père Mabillon, qui est l'avocat de l'adverse partie, pour prouver que les Moines non-seulement n'en doivent point faire, mais ne doivent pas être en état d'en faire, étant obligés à s'interdire l'étude et la science, hors celle de l'Écriture. Le Père Mabillon, à ce qu'on dit, va faire paroître une Réfutation du livre de l'Abbé de La Trappe, qui lui-même a réfuté celui de ce Père, *Des Études monastiques;* et cet Abbé, déjà auteur de 5 grands volumes in-4°, outre les petits, fera tant par ses livres, que dans le monde on aura peine à se persuader qu'il soit si ennemi de la science qu'il semble le vouloir être. Après cela vous ne vous étonnerez plus qu'il y ait des disputes entre les Jansénistes et les Molinistes sur la Grâce, entre les antiquaires et les *médallistes* sur les médailles et les inscriptions anciennes, entre les historiens et les critiques sur les livres et les auteurs.... »

Et c'est le Père Quesnel qui parle ainsi en vrai philosophe et en sage, lui l'auteur de la plus grosse pomme de discorde théologique qui agita le dix-huitième siècle ! O naïveté humaine ! naïveté surtout des cœurs sérieux !

Au reste, dans le parfait désintéressement où nous sommes aujourd'hui sur ces questions autrefois si vives, il nous est peut-être plus aisé d'être entièrement justes qu'aux hommes d'alors, plus rapprochés et plus divisés tout ensemble. Nous nous expliquons très-bien le rôle de chacun par la différence des points de départ et des milieux.

Rancé, le grand réformateur, qui rompt en plein avec l'âge du monde, et qui ne remonte pas moins qu'à l'Orient, va prendre la source au haut du rocher, au cœur du désert : l'étude ne lui paraît pas liée de sa nature avec la pénitence ; elle lui paraît quelquefois contraire.

Mabillon, entré jeune dans une branche réformée

de l'Ordre, branche toute gallicane et surtout dévouée aux Saintes Lettres; Mabillon, accoutumé à honorer, à révérer la science comme un instrument d'édification, sent violer en lui cette dévotion modeste, et qui est pour lui la tradition même, quand il l'entend accuser comme un péril et comme un principe de déréglement.

Les Oratoriens Quesnel et Du Breuil n'ont pas de peine à être de l'avis de Mabillon contre Rancé; ils sortent d'une Congrégation non pénitente, mais enseignante, libre, lettrée, mêlée au monde; et ceux même qui, comme eux, ont encore la piété si réelle, ne font que précéder de peu ceux qui, au sein de l'Institution, cultiveront la philosophie facile.

Nicole, enfin, est fidèle à l'esprit de Port-Royal, tel que nous l'avons vu jusqu'ici s'appliquer à toute chose : esprit qui admettait une part de science et d'étude dans la chambre du solitaire, le livre ouvert à côté de la bêche et du hoyau, un coin de bon sens et de justesse (si l'on peut ainsi parler) jusque dans la pénitence.

Cependant Rancé a de plus qu'eux tous un sommet par lequel il les surpasse, et qu'ils n'ont pas bien mesuré.

Mais j'en viens à la troisième discussion de Rancé avec Port-Royal, à celle qui est la plus directe, le moins à son avantage, j'en ai peur, et que soutint contre lui notre humble M. de Tillemont.[1].

---

1. J'ai dit dans ce chapitre, j'ai indiqué le mieux que j'ai pu avec les paroles des maîtres les grandeurs de l'état monastique ; mais la vérité, la réalité tout entière, ne l'oublions jamais ; nous qui n'avons point de parti pris, voyons les deux faces de tout, les deux extrêmes : et pour l'autre extrême du cloître, je veux indiquer aux curieux, non pas l'abbaye où la Dame des Belles-Cousines

va s'ébattre dans le roman du *Petit Jehan de Saintré*, non pas l'abbaye de Thélème (ils savent tout cela de reste), mais quelques pages singulières et très-précises sur la Chartreuse du Val-Saint-Pierre-en-Thiérarche et sur la vie, d'ailleurs régulière, qu'on y menait quelques années avant la Révolution : on les trouvera où l'on ne s'aviserait pas de les chercher, dans la *Vie et Correspondance de Merlin de Thionville*, 1860 (p. 167-172). Elles m'ont laissé une impression profonde, que le tableau même des plus saints cloîtres ne saurait désormais effacer. — (Voir aussi, à l'*Appendice* du présent volume, une note sur l'abbé et l'abbaye de Sept-Fonts.)

VII

Suite des démêlés de Rancé. — Sa contestation avec M. de Tillemont. — Lettre de ce dernier. — Projet de réponse de Rancé. — Fin de M. de Tillemont. — Ses funérailles. — Esprit survivant des livres et méthodes de Port-Royal. — Les derniers maîtres. — Les derniers élèves.

On est étonné tout d'abord de voir un homme aussi habituellement doux, soumis et, ce semble, timide, que l'était M. de Tillemont, — ce même homme qui se tenait toujours *à genoux* devant le Père Lami, comme lui disait Bossuet, — parler si franc et si ferme quand il a affaire au rude Abbé. Mais il n'est rien tel que ces doux et ces humbles pour aller droit et haut, quand ils sont une fois émus dans la défense de ce qu'ils jugent l'équité et la vérité.

Je rappellerai en deux mots le fait principal : dans l'été de 1696, M. Walon de Beaupuis, âgé de 75 ans, avait fait à pied le voyage de Beauvais à La Trappe, en compagnie d'un jeune ecclésiastique son parent, dans le désir et l'espoir d'y embrasser une dernière fois le sous-prieur Dom Pierre Le Nain, son ancien élève. Le digne pèlerin arriva un samedi sur les dix heures du matin, et déclara aussitôt le sujet de son voyage, en demandant à saluer le Révérend Père Abbé, et à voir Dom Le Nain. On ne lui donna réponse qu'assez avant dans l'après-dîner, en lui marquant beaucoup de difficultés pour ce qui était du Père Abbé, et en ne disant rien que de très-vague et d'évasif par rapport au sous-prieur : M. de Beaupuis n'insista plus que pour obtenir d'embrasser ce dernier, offrant même de le faire en présence de qui l'on voudrait, et sans se permettre aucune parole si on l'exigeait ainsi. Le secrétaire du Père Abbé, M. Maine, remit au lendemain pour rapporter la réponse. Le lendemain, qui était un dimanche, la matinée se passa presque toute à l'église ; après quoi on admit M. de Beaupuis et son compagnon à dîner au réfectoire avec la Communauté : à cette époque le Père Abbé, fort infirme, n'y paraissait plus guère. Après le dîner on reconduisit les deux hôtes dans une des salles du dehors, et on semblait les y avoir oubliés, quand M. de Beaupuis, ayant aperçu M. Maine qui passait près de la salle, l'appela, et apprit de lui que ce qu'il désirait ne pouvait lui être accordé, et cela pour des raisons essentielles. Ces raisons, on ne se croyait pas en droit de les lui dire, à moins qu'il ne s'engageât sous serment au secret. Cette idée de serment effraya le digne prêtre ; il s'y refusa et serait sorti de la maison sur-le-champ, s'il n'eût point été trop tard ; mais il en partit le lendemain avec le jour. Le cœur gros de douleur, il s'en était venu raconter toute l'histoire à ses amis de Port-Royal et au frère de Dom Le Nain, M. de Tillemont. Celui-ci, dans une visite qu'il avait faite à La Trappe deux mois après, s'était plaint du procédé à M. de Rancé, qui avait répondu en se rejetant sur des ordres supérieurs : il avait reçu jusqu'à trois lettres de la Cour, par lesquelles on lui mandait, de la part du Roi, de ne point donner l'entrée de son monastère à M. de Beaupuis. Cette réponse roula ensuite dans l'esprit de M. de Tillemont, et lui revint avec l'ensemble de la conduite du Père Abbé à l'égard des Jansénistes. Cette conduite peut se résumer toute en ces termes : Rancé n'est pas janséniste, et n'est pas ennemi ; il ne veut pas connaître de ces querelles théologiques qui font bruit alentour, il ne veut pas qu'on l'y mêle, lui et son œuvre ; et plus on le pourrait confondre avec les Jansénistes par la sévérité de sa réforme et de sa morale, plus il tient à se séparer d'eux par sa soumission absolue aux chefs de l'Église, et par son silence.

C'est en ce sens et dans ce but qu'il avait écrit, en novembre 1678, sa fameuse Lettre au maréchal de Bellefonds, espèce de profession faite pour être montrée, et par laquelle cette ligne de conduite s'était dessinée manifestement. Tout en y maintenant la voie étroite du salut et la morale sévère, il rejetait bien loin de lui tout soupçon de sentiment particulier quant au dogme, déclarant avoir signé le Formulaire *sans restriction et sans réserve*, et témoignant sa douleur de fils de l'Église d'avoir vu *le sein et les entrailles de cette Mère déchirés par ses propres enfants*. Le parti janséniste, contre qui la persécution recommençait à la date de 1678, avait pris cette dernière parole comme une imputation cruelle. Mais ç'avait été bien pis lorsque seize ans plus tard, à la nouvelle de la mort d'Arnauld, Rancé avait écrit à l'abbé Nicaise pour toute oraison funèbre cette simple phrase, qui, grâce à l'indiscret correspondant, courut à l'instant le monde :

« ... Enfin voilà M. Arnauld mort. Après avoir poussé sa carrière le plus loin qu'il a pu, il a fallu qu'elle se soit terminée. Quoi qu'on en dise, voilà bien des questions finies : son érudition et son autorité étoient d'un grand poids pour le parti. Heureux qui n'en a point d'autre que celui de Jésus-Christ !... »

L'abbé Nicaise, que La Monnoie appelle spirituellement *le facteur du Parnasse*[1], ayant divulgué ce passage de la lettre à lui adressée, il s'ensuivit un éclat terrible. On cria d'abord à l'injure; on la grossit en la répétant; le blâme, les attaques, même les menaces anonymes, fondirent de toutes parts sur l'abbé de La Trappe. Quesnel, que nous avons vu, dans une circonstance récente, si spirituel et en apparence si dégagé au sujet des disputes des hommes, Quesnel en feu lui écrivit une lettre de la plus grande violence. « Il prétend me prouver, disait à ce propos Rancé qui ne s'étonnait de rien, que j'ai flétri le nom de M. Arnauld; que *je lui ai donné un coup de poignard après sa mort*, et que *j'ai fait, autant qu'il étoit en mon pouvoir, une plaie mortelle à sa mémoire....* Si j'avois mis le feu au Port-Royal, ou que je l'eusse renversé de fond en comble, il ne m'en diroit pas davantage. Je vous dis cela, Monsieur, pour vous marquer le caractère des esprits[2]. » M. de Tillemont lui-même, bien qu'avec un esprit plus doux, s'était plaint verbalement au saint Abbé de ces quatre lignes *un*

---

1. Il faut voir son Épitaphe burlesque par La Monnoie :

  Ci-gît monsieur l'abbé Nicaise,
  Qui, la plume en main, dans sa chaise,
  Mettoit, lui seul, en mouvement
  Toscan, François, Belge, Allemand.
  . . . .
  Falloit-il écrire au Bureau
  Sur un phénomène nouveau ?
  Annoncer l'heureuse trouvaille
  D'un manuscrit, d'une médaille ?
  S'ériger en solliciteur
  De louanges pour un auteur ?
  D'Arnauld mort avertir La Trappe ?
  Féliciter un nouveau Pape ?
  L'habile et fidèle écrivain
  N'avoit pas la crampe à la main.
  C'étoit le Facteur du Parnasse, etc.

2. Lettre à l'abbé Nicaise, du 12 janvier 1695.

peu déchirantes. Rancé n'était pas resté sans répondre, mais il l'avait fait en termes brefs, selon son usage [1].

1. La vérité est que Rancé, au premier vent qu'il eut de cet orage suscité au nom d'Arnauld, ne se rappelait plus bien les termes de sa lettre à l'abbé Nicaise : « Cependant je vous supplie, lui récrivait-il, de me mander précisément ce que je vous en ai dit; je crois qu'il n'y a pas plus d'une ligne sur ce sujet-là. » Quant à ses vrais sentiments sur le fond de cette affaire, je les trouve dans la suite même de sa Correspondance, et je me plais à en relever ici quelques belles paroles qui me paraissent composer sa plus solide réponse, aux yeux de ceux qui entrent un peu avant dans l'esprit chrétien :

« Plus je considère les hommes, moins je les trouve excusables de s'arrêter sur ce qui n'a ni durée ni consistance.

« Je ne vous dirai rien sur le sujet de M. Arnauld, si ce n'est que quand les hommes une fois sont entêtés et qu'ils sont prévenus d'un sentiment, ils ne le quittent jamais ; il faut les laisser dans leur opiniâtreté ; les choses tombent d'elles-mêmes après s'être soutenues un certain temps.

« Il faut faire de ces œuvres et de ces actions qui subsistent indépendamment des passions différentes des hommes.

« Je ne vous dirai rien davantage des bruits qui se sont excités contre moi, sinon qu'ils durent toujours, et que, quoi qu'on puisse faire, on ne m'ôtera du cœur ni la charité ni la paix.

« J'entre dans toutes vos pensées, Monsieur, touchant la prévention des hommes et la facilité avec laquelle ils se portent à juger des personnes dont ils ne connoissent ni le fort ni le foible : c'est une liberté qui est plus grande dans nos jours qu'elle n'étoit dans les temps passés.

« Ce que je puis vous dire, Monsieur, c'est qu'il y a longtemps que les hommes parlent de moi comme il leur plaît ; cependant ils ne sont pas venus à bout de changer la couleur d'un seul de mes cheveux.

« La calomnie ne m'a fait aucun mal jusqu'ici ; j'en ai avalé le calice, où, dans la vérité, je n'ai point trouvé l'amertume que l'on pourroit croire.... Avaler le calice tout pur, sans une goutte d'eau et avec plaisir, c'est un bien qu'on ne sauroit trop estimer ; c'est ce que la nature ne connoit point et ne veut point connoître : il n'y a que Dieu qui en donne le pouvoir à ceux qui sont à lui.

« Dans la vérité, si les hommes me prennent par des endroits par où je ne suis pas tel qu'ils me croient, il y a en moi des maux et des iniquités presque infinies qui ne sont connues de personne, et sur lesquelles on ne me dit mot.

« Il n'y a rien de plus puissant pour faire que Dieu nous juge dans sa bonté et dans sa clémence, que d'être jugé des hommes sans compassion et sans justice. »

— Quand on vit dans cet ordre d'idées et de sentiments, un pied déjà sur le seuil éternel, il est permis de vouloir rester neutre, même dans la querelle de M. Arnauld.

Or, toutes ces choses ayant repassé après coup dans l'esprit de M. de Tillemont, à la suite de l'aventure de M. de Beaupuis, et les raisons à opposer lui étant aussi revenues avec plus d'abondance, il se décida à écrire à Rancé une longue Lettre, dont il nous faut citer les principaux endroits :

« Mon très-Révérend Père,

« Ce que vous me dîtes, lorsque j'eus l'honneur de vous parler de la personne (M. de Beaupuis) qui vous étoit venue voir, m'est extrêmement demeuré dans l'esprit; et je ne puis m'empêcher, après avoir longtemps différé, de vous exposer une partie des pensées qui me sont venues sur ce sujet. La bonté que vous m'avez témoignée, mon Père, dans cette dernière visite aussi bien que dans les autres, et la confiance que j'ai que vous êtes entièrement persuadé du respect extrême que j'ai pour vous, me font prendre cette liberté.

« Je ne le fais effectivement que par ce respect même, et par le désir que j'ai de voir continuer et augmenter encore, s'il se peut, le bien que vous avez établi dans votre Maison. Ce renouvellement d'esprit et de l'amour de la pénitence, que Dieu a mis par vous dans La Trappe, est un des plus grands miracles que sa Grâce ait fait en nos jours. C'est elle qui l'a fait, je n'en puis douter : elle seule peut faire une chose si fort au-dessus de la nature; et les conversions toutes miraculeuses qui s'y sont opérées ne permettent point de douter que Dieu ne soit chez vous, et dans vous en particulier, mon Père, qui avez été l'instrument de cette grande miséricorde.

« Je suis en cela l'exemple de M. Arnauld, qui ayant sujet, comme vous ne l'ignorez pas, de parler de vous d'une autre manière qu'il n'a fait, et en étant sollicité par diverses personnes, a toujours déclaré qu'il ne le feroit jamais, parce qu'il aimoit et honoroit trop l'œuvre de Dieu en vous. Et M. Nicole a écrit à un de ses amis qu'*il aimeroit mieux que l'on lui coupât le bras droit, que de rien écrire de désavantageux à votre personne et à votre ouvrage* [1].

---

1. C'est à l'occasion de la Lettre de Rancé au maréchal de Belle-

« Ce n'est point l'homme assurément qui a fait La Trappe, et ce n'est point l'homme aussi qui pourra la conserver. Dieu seul peut l'un et l'autre; et ceux qui l'aiment doivent songer uniquement à lui attirer la grâce et la bénédiction du Ciel. Ce n'est pas qu'on ne puisse et qu'on ne doive même user des moyens humains qu'il nous présente; mais ce n'est qu'après avoir considéré s'ils sont véritablement dans son ordre, et en n'en attendant le succès que de lui seul. Qui sera dans cette disposition ne songera jamais à s'acquérir ou à se conserver la faveur des hommes par rien qui blesse son devoir en la moindre chose, et évitera cette tentation si dangereuse à ceux qui ont entrepris quelque chose, de songer plus à la faire réussir qu'à prendre garde de ne se servir pour cela d'aucune voie qui ne soit sainte. On aime ce qu'on fait; on l'aime d'autant plus que l'ouvrage est plus grand et plus de Dieu, et il est aisé de croire aussi que tout ce qui peut favoriser notre ouvrage est innocent, saint, et dans l'ordre de Dieu : *Væ prægnantibus et nutrientibus*[1]! Quoique ce que je fais ne soit rien en comparaison de La Trappe, je sens cependant combien j'ai à craindre ce malheur et dans la composition de l'ouvrage et dans toutes ses suites. J'en vois des exemples dans les Saints mêmes. Pardonnez-moi, mon Père, si je le crains aussi pour vous, parce que les plus grands Saints sont toujours hommes tant qu'ils vivent dans ce lieu de tentation.

« Pourquoi vous déclarer contre des personnes que le monde n'aime pas, et ajouter de nouvelles douleurs à leurs plaies? Quand ils seroient coupables de quelques fautes légères, l'humanité seule ne veut-elle pas qu'on tâche d'adoucir leurs peines en leur témoignant de la compassion,

---

fonds que furent dites ces généreuses paroles de Nicole et d'Arnauld. — Il y a une lettre d'Arnauld, du 9 janvier 1682, qui marque bien la nuance de son jugement sur Rancé en cette occasion.

1. « Malheur aux femmes qui seront grosses ou nourrices en ce temps-là! » (Saint Matthieu, XXIV, 19.) — On appliquait ce mot à Rancé, fondateur et chef d'Ordre, dans le même sens où Bacon disait que l'homme qui a des enfants *donne des otages à la fortune*. Cela nuit à l'indépendance. — Ce qui suit sur les scrupules de Tillemont, par rapport à son propre ouvrage de l'*Histoire ecclésiastique*, qu'il craint de trop aimer, est touchant.

au lieu de persécuter ceux que Dieu frappe? Quel air cela a-t-il, je ne dis pas parmi les Saints, mais parmi ceux qui ont de l'honneur? Est-ce que vous croyez tout de bon que ces personnes aient des erreurs, qu'ils forment un parti contre Jésus-Christ, contre l'Église, contre l'État, et les autres niaiseries que débitent ceux qui font profession de croire qu'il est permis de mentir et de calomnier? Je ferois tort, non-seulement à votre piété, mais à la lumière de votre esprit, si j'avois de vous cette pensée.

« Tout le crime de ces personnes étoit, il y a trente ans, de ne vouloir pas signer, de peur que l'on ne prît leur Signature pour une marque qu'ils croyoient ce qu'ils ne croyoient pas effectivement, et ce que tout le monde avouoit qu'ils n'étoient pas obligés de croire, et qu'ainsi Dieu et les hommes n'eussent un juste sujet de les accuser de parjure. S'ils se trompoient en cela, ce n'étoit toujours qu'un scrupule et une tendresse de conscience fort pardonnable à des Chrétiens ; et ceux qui les persécutoient pour ce sujet, quand même ils eussent eu raison dans le fond, étoient assurément plus coupables qu'eux.

« Il ne s'agit plus même aujourd'hui de Signature ; tout se réduit à un esprit de *cabale*. Et qu'est-ce que cette cabale? C'est qu'on tâche de s'unir ensemble dans l'esprit de charité pour aimer la vérité ; pour la soutenir quand on le peut ; pour gémir au moins quand on la viole, si l'on ne peut pas faire davantage ; pour sentir de même tous les maux et tous les scandales de l'Église. Ainsi ce parti, cette *cabale*, c'est ce que Jésus-Christ est venu faire dans le monde ; c'est le crime des premiers Chrétiens, à qui les Païens reprochoient aussi qu'ils s'aimoient les uns les autres. C'est le crime des Athanase, des Chrysostome, de tous leurs partisans, et de tous ceux qui se sont trouvés unis dans la défense de la Foi, de la discipline et de la morale de l'Église contre les personnes plus puissantes qu'eux dans le siècle.

« Plût à Dieu qu'un tel esprit de cabale fût plus véritable et plus répandu qu'il n'est! Jamais homme ne l'eut davantage que M. Arnauld ; car jamais personne ne fut plus sensible à tous les biens et à tous les maux de l'Église, qui que ce soit qu'ils regardassent, connus ou inconnus. Il n'a pas moins été en cela que sur la Grâce un vrai disciple de saint Paul, de saint Augustin et de saint Bernard. Pour ce qui est de former des intrigues, madame de Longueville avoit accoutumé de dire de lui, que « si, pour être sauvé, il falloit « savoir intriguer et cabaler, elle désespéroit de son salut. » Vous avez connu M. l'Évêque d'Aleth ; vous avez vu cet homme apostolique, et les autres Évêques qui lui étoient unis dans l'affaire du Formulaire.... Quand ce saint Évêque, quand M. Arnauld ou ses amis seroient tombés dans quelques fautes d'imprudence (car à qui cela n'arrive-t-il pas?), la charité couvre bien de ces sortes de fautes. Quand même quelqu'un de ceux qui avoient quelque liaison avec M. Arnauld auroit eu un zèle moins saint, plus humain, et même plus amer, cela rend-il coupables ceux qui n'aiment que la vérité et la morale de l'Église? Pensez-vous, mon Père, que cela ne se rencontre pas dans ceux qui sont liés ensemble d'un amour particulier pour vous et pour votre Maison? Car c'est encore une *cabale* aussi réelle que l'autre, et dont j'avoue que je suis aussi.

« Je ne sais pourquoi je m'étends sur cela ; car je sais par vous-même l'estime que vous faites de M. Arnauld[1]. Vous ne sauriez que vous n'estimiez de même ceux de ses amis que vous connoissez : et pour ceux que vous ne connoissez pas, vous vous jugeriez assurément vous-même coupable, si vous les condamniez sur le rapport des autres, qui peuvent au moins ne les pas connoître assez.

« Pourquoi donc, mon Père, pardonnez-le-moi si je vous le dis, pourquoi vous déclarer contre eux d'une manière aussi publique que si c'étoit par des écrits imprimés? Car vous savez trop le monde pour ne pas juger de l'effet qu'y feroient vos lettres. Elles ont réjoui les uns, attristé les autres ; et j'ose vous dire qu'elles ont attristé ceux qui vous aiment véritablement, et qui méritent le mieux que vous les aimiez. Plaise à l'Esprit saint qui est en vous, qu'elles ne l'aient pas aussi attristé!

« Quelle a pu être, mon Père, la cause de cette conduite qui a surpris tout le monde? Je n'en veux point juger ; mais

---

1. Ce sentiment de respect et de révérence pour Arnauld, qui revient à tout instant sous la plume de Tillemont, respire aussi avec bien de la vérité dans une lettre de Tillemont à Arnauld (du 18 juin 1694), qui se trouve imprimée au tome III des *Mélanges publiés par la Société des Bibliophiles français.*

je sais bien qu'on a cru généralement que vous craignez trop les hommes, et que le désir de conserver votre Maison vous avoit porté à vouloir flatter les Puissants du siècle, aux dépens de ceux qui avoient le malheur de leur déplaire. Mais, mon Père, permettez-moi encore ce mot, n'est-ce point aux dépens, je ne dis pas de votre honneur, mais de votre conscience? n'est-ce point aux dépens de votre Maison même, sur qui cette foiblesse n'a garde d'attirer la bénédiction de Dieu? Et sans cette bénédiction, que pourra toute la faveur des hommes, sinon y éteindre la piété et l'humilité? Aussi je sais que des personnes très-saintes et très-éclairées craignent beaucoup que la Grâce et l'Esprit de Dieu ne s'en retirent bientôt pour ce sujet. Dieu vous garde de ce malheur! Mais je vous avoue, mon Père, que plus j'aime votre Maison, plus je crains que ces sortes de voies ne lui fassent tort, et que Dieu ne permette que ce que l'on auroit voulu conserver par des moyens qui ne sont pas de lui, ne soit détruit par ceux mêmes en la protection de qui on auroit eu plus de confiance qu'en la sienne. »

Il est certes difficile d'être plus véhément avec douceur, et de pénétrer plus au vif sans blesser un adversaire respecté. Tillemont aurait mille fois raison contre Rancé, si tous les Jansénistes lui ressemblaient, et s'il n'y avait point eu en effet parmi eux une génération politique, remuante, une vraie *cabale*, que l'ancien ami de Retz avait connue dans le monde, et avec laquelle il avait eu affaire depuis. C'est ainsi que nous avons entendu M. d'Aubigny, qui l'avait vu également à l'œuvre, définir le parti : à ce compte, M. de Beaupuis et M. de Tillemont n'en étaient pas. Port-Royal, à dater d'une certaine heure, offre véritablement deux aspects, l'un tourné vers le monde et l'autre qui regarde le désert : il y a des Jansénistes éminents qui n'ont bien vu qu'un seul de ces aspects.

Dans la suite de sa Lettre, en venant à l'affaire particulière de M. de Beaupuis, et au refus qu'on avait fait de le recevoir, M. de Tillemont, de ce même ton humble et ferme, énumérait les principaux Saints qui ont mérité la grâce du martyre en recevant chez eux des Chrétiens persécutés :

« Vous m'avez demandé, mon Père, où étoit l'histoire d'un Abbé d'Angleterre qui avoit mieux aimé s'exposer à tout, que de jurer qu'il n'avoit point envoyé d'argent à saint Thomas de Cantorbéry, quoique effectivement il ne lui en eût point envoyé : c'est saint Gilbert, non simple Abbé, mais Fondateur d'un Ordre prêt à être renversé à cette occasion, et que Dieu soutint néanmoins. »

Tillemont rappelle au nouveau Fondateur que « c'est l'effet de la plus haute vertu de se déclarer pour la vérité, quand elle est haïe des hommes. » Il trouve qu'il y a excès à se croire ainsi engagé dans le moindre détail aux Puissances de la terre, à cause des obligations qu'on leur a ; « car, après tout, vous êtes encore plus obligé à Celui qui vous les a rendues favorables. » Que si l'on s'était plaint après cela que M. de Rancé reçût chez lui des personnes suspectes, combien il lui était aisé de répondre qu'il n'attirait personne, mais qu'il ne pouvait aussi refuser l'hospitalité à ceux en qui il ne reconnaissait rien de mal !

« Que vous auriez fait profiter, mon Père, le talent et la créance que Dieu vous a donnée dans l'esprit des hommes, si vous vous fussiez servi de cette occasion que la Providence vous offroit, pour faire sentir combien il est injuste et dangereux de condamner des personnes sur des accusations vagues et non prouvées, sans donner aux accusés pour le moins autant de lieu de se défendre qu'à leurs ennemis de les accuser ! Vous auriez pu dire mille belles choses sur cela.... »

Il s'abuse pourtant, et prouve qu'il connaît moins les hommes que ne les connaissait celui à qui il s'adresse quand il s'imagine qu'il eût suffi peut-être d'une seule lettre de ce dernier *pour apaiser tous les troubles de l'Église !* Mais il a complétement raison en ce qui est de M. de Beaupuis : car s'il y avait à son égard plus de précautions à prendre à cause des ordres exprès qu'on avait reçus, pourquoi ne pas dire à ce digne homme, en toute simplicité, l'état des choses ? Pourquoi exiger de lui ce secret sous la forme du serment ?

« Si donc on en eût usé de la sorte à l'égard de cette personne, comme c'est un homme fort sage, je crois qu'il se seroit retiré aussitôt. Que s'il eût insisté à demander d'embrasser en votre présence (car il ne demandoit que cela) celui que vous aimez l'un et l'autre comme votre fils commun, et à qui c'eût été une consolation sensible, il faudroit que l'on fût bien injuste pour vous en faire un crime ; et il vous auroit au moins été bien aisé de vous en justifier, en représentant que vous n'aviez pu refuser à un Prêtre qui, à l'âge de 75 ans, avoit fait pour cela à pied près de 60 lieues, une si petite satisfaction, qui ne pouvoit avoir aucune suite, comme vous en pouviez répondre, ayant été présent à tout. Vous auriez même eu sur cela une belle occasion de rendre témoignage de ce que vous connoissez de cet Ecclésiastique, le plus éloigné qui fut jamais de toute cabale et de toute intrigue ; et peut-être que cela auroit dissipé les impressions si injustes que l'on a données de lui, à moins qu'il ne soit criminel parce qu'il est saint. Que si, après tout cela, il vous en fût arrivé quelque peine de la part des hommes, n'auriez-vous pas été heureux de souffrir pour la charité, qui n'est pas moindre que la justice, ou plutôt qui n'est en Dieu que la même chose ? »

Après quelques considérations encore et quelque digression dans le même sens (car les écrivains port-royalistes ne sont jamais pressés de finir), M. de Tillemont conclut en disant :

« Voilà, mon Père, une partie de ce qui me roule quelquefois dans l'esprit, et que je ne vous dirois pas, si je ne me croyois obligé d'user de la bonté que vous avez pour moi, comme d'un talent que Dieu m'a mis entre les mains et dont il me demandera compte, et si j'avois moins de zèle que je n'en ai pour votre vraie gloire et pour la sainteté de la Maison de Dieu que vous avez établie. Je vous puis protester que toute autre considération n'y a aucune part. Personne ne saura ce que je vous écris, hors un homme sage et qui vous honore très-particulièrement, de qui j'ai cru être obligé de prendre conseil, pour ne me pas suivre moi-même ; et celui dont la foiblesse de mes yeux m'oblige d'emprunter la main sait qu'il est obligé au secret que je lui ai demandé[1]. »

L'abbé de Rancé, au reçu de cette lettre, fit à M. de Tillemont une brève réponse, qui coupait court à tout ; il y disait que, tout bien pesé devant Dieu, il n'éprouvait aucun scrupule sur ce qu'il avait fait, et que « sa conscience, après l'avoir consultée, ne lui avoit dit autre chose par tous ses mouvements, sinon qu'il devoit persévérer dans cette conduite jusqu'à sa mort. » — L'affaire en resta là entre eux, et l'affection mutuelle n'en parut pas altérée. Mais après la mort de l'un et de l'autre, sans égard pour le respect dû à leur volonté et à leur mémoire, on publia un Projet de réponse, fort développé, qui s'était trouvé dans les papiers de Rancé. Les Jansénistes maltraités s'en émurent, et publièrent à leur tour la Lettre de M. de Tillemont, la brève et unique Réponse qu'il avait reçue, dans le temps, de M. de Rancé ; et, en reproduisant le Projet de plus ample réponse, ils l'accompagnèrent de Remarques et de réfutations fort aigres [2]. Ce Projet de réponse, quoiqu'on ait essayé de dire, a bien le cachet de Rancé ;

---

1. M. Tronchai, le secrétaire de M. de Tillemont. — Il se crut sans doute plus tard dégagé du secret, quand les adversaires l'eurent rompu.

2. *Lettre de M. Le Nain de Tillemont au R. P. Armand-Jean Bouthillier de Rancé, abbé de La Trappe, et les Réponses de cet Abbé*, etc...; à Nancy, 1705.

il a dû l'écrire ; mais, pour ne pas rentrer dans une discussion qui lui était insupportable, et où il se sentait peut-être plus impatient qu'il ne fallait, il l'aura supprimé. Au point où nous sommes arrivés, je n'en citerai qu'un ou deux endroits, mais assez pour indiquer la vigueur de ton, et aussi le sens général des réponses :

« Vous dites, Monsieur, que l'on a cru que je craignois trop les hommes, et que le désir de conserver notre Maison m'avoit porté à les flatter. Comme ceux qui ont ces pensées-là ne me connoissent pas, et qu'ils jugent de moi par la relation de gens qui ne me connoissent pas non plus qu'eux, ils ne méritent pas qu'on leur donne aucune créance. Et pour moi, il y a longtemps que je compte pour rien les jugements des hommes; car comme d'ordinaire leurs connoissances ne sont point assurées, aussi leurs jugements sont toujours faux ou téméraires.

« Il y a plus de vingt-cinq années que chacun parle de moi selon sa fantaisie, selon son caprice, selon son envie, ou selon les mouvements de son humeur. Tout cela ne m'a point empêché d'aller mon chemin ordinaire, et je ne m'en suis détourné ni d'un pas ni d'un moment; et comme j'ai toujours été persuadé que je n'ai rien fait en cela qui ne soit dans l'ordre de Dieu, malgré les affaires que le monde a essayé de me susciter, je me suis conservé dans la paix, sans que rien ait été capable de la troubler. Tout ce que vous me dites sur cela, Monsieur, est une règle générale dont l'application ne me convient point. Je suis en repos sur le témoignage de ma conscience, et sur le sentiment des personnes dont la piété, la doctrine et la religion n'ont jamais été soupçonnées.

« Entre beaucoup de raisons qui m'ont empêché de prendre aucunes liaisons avec les Jansénistes, outre mes propres lumières qui m'en ont toujours éloigné, je vous dirai que, demandant un jour à un Ecclésiastique de mes amis, considérable par l'emploi qu'il avoit dans l'Église, et qui avoit été des plus attachés à leurs intérêts, pourquoi il s'en étoit séparé, il me répondit : Que ceux qui vouloient être la règle des autres devoient être constants et invariables, et que, si on examinoit d'où ils étoient partis et où ils étoient alors, on trouveroit entre l'un et l'autre une distance infinie ; que *dans les commencements ils avoient été remplis de desseins et de pensées de réformer le monde, et d'en changer toute la face; et qu'ayant rencontré des oppositions auxquelles ils ne s'attendoient pas, ils avoient pris des voies toutes nouvelles et toutes différentes;* et qu'un homme sage et désintéressé n'avoit garde d'épouser leurs caprices et de s'attacher à leurs imaginations »

De toutes les accusations produites contre les Jansénistes, celle-ci, qui est la plus générale, me paraît la moins contestable aussi : elle se rapporte exactement à une remarque que nous avons eu souvent l'occasion de faire sur la déviation très-prompte de l'esprit du premier Port-Royal, du Port-Royal de Saint-Cyran.

En ce qui est de l'affaire du bon M. de Beaupuis, d'où toute cette discussion avait pris cours, le Projet de réponse ne contient que ce paragraphe fort sec :

« Pour ce qui est de M. de Beaupuis, je suis persuadé que j'ai fait ce que j'ai dû faire. Le Roi me fait écrire que c'est un homme qui manque au respect qu'il lui doit, et qu'il ne trouve pas bon que je lui donne l'entrée de notre Monastère : mon sentiment est que je fais en cela la volonté de Dieu, quand j'obéis à celle du Roi et que je ne veux point avoir de commerce avec lui. J'ai trop d'obligation au Roi pour avoir sur cela d'autres dispositions. »

Ceux qui voudraient chercher une explication et une excuse à ce ton de sécheresse, pourront remarquer que l'abbé de Rancé, à cette date, était dans un redoublement d'infirmités et de maux, et, de plus, engagé déjà dans ses cruelles épreuves intestines avec Dom Gervaise : Saint-Simon nous y a complétement initiés. M. de Rancé commençait cette vie de souffrance, lorsqu'il eut à entrer dans la discussion soulevée par M. de Tillemont [1]. Au-

---

1. La visite de M. de Beaupuis est de l'été de 1696. M. de Tillemont vint à La Trappe à la fin de cet été, ou au commencement de

tant il peut paraître décisif et dur dans ces choses du dehors, autant il était occupé alors à se mater, à se contenir à l'égard de la persécution du dedans. Il avait son ver rongeur qu'il dissimulait avec charité ; et, pour tout dire, quand il dictait son Projet de lettre en réponse à celle du tranquille et ferme Tillemont, quoi d'étonnant que son geste nous paraisse parfois impatient et brusque ? L'homme de Dieu était *dans la fournaise*.

Tel se dessine, dans sa relation avec Port-Royal, le célèbre réformateur de La Trappe, le seul maître d'alors qui rivalise avec nos solitaires dans la haute profession de la pénitence, et qui les surpasse encore, s'il est possible, en austérité primitive et en rigueur. Si l'on joint aux diverses contestations précédentes un petit démêlé particulier qu'il eut avec M. Floriot[1], on aura épuisé

l'automne. La lettre qu'il écrivit au retour de là ne dut pas arriver à La Trappe avant la fin de l'année, et le Projet de réponse de Rancé ne peut être que de l'année 1697. Or, Dom Gervaise était béni abbé dès octobre 1696, et il se démasqua aussitôt après.

1. M. Floriot, que nous avons déjà eu occasion de nommer, avait été quelque temps préfet des études aux Granges, et il était chargé aussi de l'instruction des domestiques du dehors, ce qui donna lieu à son livre intitulé *la Morale du* Pater : c'était un Cours de morale chrétienne rapportée aux paroles de Jésus-Christ dans l'Oraison dominicale. M. Floriot avait avancé, en un endroit, « qu'un enfant ne peut se consacrer à Dieu ni embrasser la vie religieuse, ou doit différer son entrée en religion, si son père est pauvre et a besoin du travail de ce fils pour le soutien de sa vie. » Il ajoutait de plus, selon l'avis de plusieurs grands théologiens, que « même quand il auroit fait profession, ce fils devroit, sur le conseil et avec la permission de son Supérieur, quitter quelque temps son monastère (sans pourtant quitter les devoirs de la Règle autant que possible) pour procurer à son père le soulagement et la nourriture nécessaire, au cas où il n'y auroit pas moyen pour le père caduc ou infirme de se la procurer par lui-même. » Cette proposition déplut à l'abbé de Rancé, qui en parla en ce sens à M. Arnauld et à Nicole, dans un voyage que ces Messieurs firent à La Trappe peu après la publication de la *Morale chrétienne*, vers 1673. Plus tard, Rancé en écrivit à Nicole une lettre qui, ayant été montrée à

tous les points de conflit où M. de Rancé et les nôtres se rencontrèrent. En somme, ce fut une relation, comme on le dirait aujourd'hui, moins de sympathie que d'estime. Mais, ce qui est essentiel et ce que je tenais à établir, cette estime survécut de part et d'autre à tous les différends. Arnauld et Nicole l'ont témoigné par d'assez belles paroles. Quesnel lui-même, qui prit feu si vivement dans le temps de la mort d'Arnauld, retrouva plus tard de la modération en parlant de l'abbé de Rancé. Dans la masse de ses papiers, saisis en 1703, se trouvait un Mémoire concernant les relations de Messieurs de Port-Royal avec l'illustre Abbé. Quesnel crut devoir donner, depuis, quelque explication à ce sujet :

« L'on peut bien s'assurer, dit-il, que l'on n'auroit rien trouvé dans cet Écrit qui pût blesser la mémoire de ce *grand Religieux*, qui me sera toujours vénérable par beaucoup d'endroits. Il m'a honoré de son amitié, et m'a donné des marques de sa confiance durant deux ans que j'ai demeuré avec lui à l'Institution de l'Oratoire [1]. Il m'a fait l'honneur de m'écrire, même depuis ma retraite aux Pays-Bas ; et si

M. Floriot, fit faire à celui-ci une réponse détaillée, modérée et respectueuse. M. de Rancé, selon son habitude, répondit net et court : *Amandus genitor, sed præponendus Creator*. Il y mêlait d'ailleurs des paroles de grande estime pour le livre de M. Floriot. Ce dernier ne se tint pas pour battu, et soutint sa proposition dans une nouvelle lettre développée. Au fond, c'était le pur Évangile et le précepte d'honorer son père et sa mère, aux prises avec saint Jérôme et son mot terrible : *Per calcatum perge patrem, et ad vexillum Crucis advola*. — Mais on voit que c'est toujours le même rôle des deux côtés, Rancé tenant le bout extrême, et Port-Royal un certain milieu tempéré. Si nous n'avions pas étudié Rancé, nous n'aurions pas les limites de Port-Royal dans cette carrière de la pénitence.

1. Dans les années 1661-1663. Ce ne fut pas un séjour continu qu'y fit l'abbé de Rancé ; mais il y venait souvent et y passa plusieurs mois, dans le temps où il vendait Véretz et où il se recueillait pour La Trappe. Je n'ai point distingué précédemment cette pause à l'Oratoire de ce que j'ai appelé pour plus de simplicité *les années de Véretz*.

nous nous sommes un peu brouillés dans les dernières années, à l'occasion de sa Lettre à M. l'abbé Nicaise sur la mort de M. Arnauld, *ce différend n'a point passé jusqu'au cœur.* Tout ce qu'il a dit de la Signature du Formulaire... étoit, de sa part, une suite des sentiments qu'il avoit pris à l'Assemblée de 1656, où il étoit député. Autant il étoit contraire aux inclinations de la Cour sur certains articles, autant les suivoit-il sur celui du Formulaire; et certes il n'étoit guères alors en état d'approfondir ces matières, qu'il n'a jamais assez étudiées ni en ce temps ni depuis....

« Quoi qu'il en soit du point de la Signature, je sais que cet Abbé a fort estimé Messieurs de Port-Royal, même depuis qu'il fut devenu abbé régulier; et je me souviens très-distinctement que dans un voyage que je fis à La Trappe vers l'année 1670 ou 1672, comme nous parlions ensemble dans sa Bibliothèque des calomnies dont les ennemis de ces Messieurs les noircissoient, surtout en les traitant d'hérétiques, il releva avec force cette parole : « *Comment? hérétiques!* me dit-il; *des personnes qui sont la lumière de l'Église!* » Si depuis il n'a pas soutenu aussi fortement ce langage, j'ose dire que c'est qu'il a trop prêté l'oreille à celui de quelques personnes de la Cour, qui lui ont inspiré des vues de politique spiritualisée, sous prétexte de mettre son œuvre à couvert de la calomnie, et de lui procurer une puissante protection. J'avoue que, par cet endroit, cet Abbé ne me paroît pas un Jean dans le désert. »

On a maintenant tous les aspects. Mais qu'on ne se figure point pourtant avec Quesnel que Rancé ait manqué d'étude sur ces questions. C'est le faible des Jansénistes de croire qu'il n'y a qu'eux qui les aient approfondies, et qui les possèdent bien. Le fait est que Rancé veut rester *neutre,* voilà tout son crime ; et c'en est un aux yeux des ardents. Dans une lettre que lui écrivait l'évêque de Grenoble, M. Le Camus, autre saint homme, je lis des choses fort belles, et qui s'appliquent à tous deux[1]:

---

1. Manuscrits de la Bibliothèque Mazarine, T. 2297. On y peut lire cette lettre de l'évêque de Grenoble à l'abbé de La Trappe, datée du 12 novembre 1680.

« Prenne parti qui voudra, s'écrie Le Camus : *Ego autem Christi :* je ne prendrai jamais que celui de la vérité et de l'Église ; et quand les deux partis me devroient opprimer, je ne changerai point de sentiment. » Et encore : « Si j'étois persuadé qu'on eût condamné injustement quelqu'un, je le représenterois au Pape, et j'en dirois mon avis avec sincérité ; et j'acquiescerois après au jugement de l'Église : *car, après tout, il faut que les affaires finissent, et jamais Dieu ne punira une personne pour s'être soumise aux décisions de son Épouse.* » Il ajoutait : « Si les Jansénistes manquent d'humilité et de soumission, disons que les Molinistes manquent beaucoup de charité et de compassion ; » et il leur appliquait ce qu'écrivait autrefois Sulpice Sévère au sujet des Ithaciens poursuivant les Priscillianistes : « *Quorum studium et diligentiam in extirpandis hæresibus*[1] *non reprehenderem, si non studio vincendi plus quam oportuit certassent. Ac mea quidem sententia est, mihi tam reos quam accusatores displicere....* (Je ne veux épouser la cause ni des accusateurs ni des accusés.) »

Cette ligne de conduite que suivait le cardinal Le Camus, et dont Arnauld l'aurait voulu voir se départir[2], fut à plus forte raison celle de Rancé. Elle ne l'empêcha pas d'avoir de l'estime pour les hommes, et sans doute de la charité et des prières pour les victimes. Dans une lettre de lui, adressée à mademoiselle de Vertus, qui le consultait sur sa conscience (1682-1692) jusque du fond

---

1. Le texte de Sulpice Sévère porte : *in expugnandis hæreticis.*
2. On avait accusé Le Camus, comme Rancé, de Jansénisme ; Arnauld en triomphe : « M. le cardinal Le Camus auroit moins donné de prise à ses ennemis, s'il avoit pris plus de soin de détruire dans l'esprit du Roi le *fantôme* dont on s'est servi pour le rendre suspect. C'est ce que doivent craindre tous ceux qui se contentent de dire qu'ils ne sont pas Jansénistes, sans oser dire qu'il n'y en a point. » (Lettre à M. Du Vaucel, du 28 octobre 1689. — Voir à l'*Appendice* toute une notice très-particulière sur M. Le Camus.)

du vallon des Champs, on lit ces mots qui terminent : « Je prends plus de part que je ne vous le puis dire à l'état auquel vous me mandez que se trouvent les religieuses du Port-Royal des Champs, et je prie Dieu qu'il leur donne toutes les consolations qui leur sont nécessaires. » — Cet ensemble de témoignages, ainsi rapprochés de toutes parts, se balance, se complète, et ne laisse rien, ce semble, à désirer.

Nous n'avons plus qu'à finir doucement avec M. de Tillemont. Bossuet, qui le considérait fort, lui avait envoyé son Instruction de 1695 contre la nouvelle Spiritualité des Quiétistes. On a la lettre de Tillemont en réponse à cet envoi ; elle est faite pour ajouter encore à l'idée que nous avons de sa solidité modeste et aussi de son ingénieuse finesse, qui n'est pas sans garder sa pointe sous la modestie. Le raffinement de l'amour de Dieu, selon les mystiques, y est parfaitement démêlé dans sa chimère, et poursuivi jusque dans son dernier repli.

Ce n'était pas faute de savoir s'élever dans les pures régions de la vie spirituelle que Tillemont répugnait à ces doctrines subtiles. Plus il allait cheminant dans la douceur et la piété constante, plus il atteignait, à sa manière, et sans se croire arrivé, les sommets sublimes. Il a écrit une merveilleuse pensée, qui est comme l'hymne finale, l'hymne insensiblement montante de sa vie, en vue de l'Éternité. Après avoir redit avec saint Cyprien que « ce n'est pas nos voix que Dieu entend, mais que c'est nos cœurs, » il entre dans le développement de cette véritable piété intérieure, qui est l'adoration toute vive et continue d'une âme unie à son Dieu : une telle adoration ne saurait être parfaite ici-bas ; elle ne s'achève que dans le Ciel :

« C'est là, s'écrie-t-il, qu'étant remplis de Dieu même et jouissant de sa vérité par une contemplation pleine de lumière et d'ardeur, nous chanterons ses louanges, non par des syllabes qui passent avant qu'on les ait entendues, et par des paroles aussi imparfaites que la foi qui les produit est obscure, mais *dans un silence digne de sa grandeur.* Toutes les passions qui nous déchirent maintenant par tant de différens désirs, tous les différens objets des créatures qui nous donnent tant de distractions dans la prière, tant d'imaginations et de pensées que nous cause la mobilité et la légèreté de notre esprit, tout cela se taira alors : *rien n'interrompra notre silence;* et notre âme toute réunie en elle-même, ou plutôt en Dieu, par un bonheur opposé à ces ténèbres extérieures dont Jésus-Christ menace ses ennemis, ne verra plus que Dieu, n'entendra plus que Dieu, ne goûtera plus que Dieu, enfin n'aimera plus que Dieu. Voilà le bonheur que Dieu nous promet; voilà le secret et le silence après lequel la foi fait soupirer une âme qu'elle anime, et qu'elle lui fait comme anticiper par de continuels gémissements du cœur. »

Jamais la réalité du Paradis chrétien n'a été rendue plus présente aux yeux purs de l'esprit. Cette hymne éternelle et tout intérieure, tellement pressentie et exprimée, c'est le signal de l'âme qui déjà y arrive; c'est le *chant de cygne* de M. de Tillemont : un *Magnificat* sans fin et tout de silence !

Neuf ou dix mois environ avant sa mort, il lui prit une petite toux sèche, qui annonça le commencement de son mal, et qui ne le quitta plus. Il la négligea d'abord; mais vers la fin de septembre (1697) il vit que c'était plus grave qu'il n'avait cru, et qu'il fallait peut-être venir de Tillemont à Paris pour se mettre entre les mains des médecins. Craignant pourtant de se trop écouter en cela, et que la désoccupation ne lui fût nuisible, il n'en voulut rien faire sans avoir pris conseil par écrit (docilité touchante!) de M. de Beaupuis, ce vénérable maître, qu'il regardait comme son vrai père en Dieu.

Il vint donc alors seulement à Paris, et continua,

aussi longtemps qu'il put, ses fonctions de prêtre.
Quand il dut renoncer à l'autel par trop de défaillance,
il se fit conduire du moins à l'église, et il y communia
encore le jour même de l'Épiphanie, c'est-à-dire quatre
jours seulement avant sa fin. Toute sa journée était
remplie par la récitation de son Office, par des lectures
de piété (principalement sur la préparation finale), et
par une dernière lecture du cinquième volume de son
Histoire ecclésiastique, à quoi il travailla jusqu'à la sur-
veille de sa mort. M. de Beaupuis, qu'il avait souhaité
revoir encore, arriva de Beauvais à temps pour l'assister.
On essaya par lui d'obtenir que M. de Tillemont se
laissât peindre; car on n'avait pas alors ce portrait
qu'Édelinck a gravé depuis, et qui nous rend si bien cette
figure longue, douce et fine, reposée et prudente. Il
résista jusqu'au bout par modestie, malgré son regret
de n'être pas en tout agréable à ceux qu'il aimait :
« Après ma mort, dit-il, on fera de moi ce qu'on voudra;
je n'en serai plus responsable. » — Il mourut le vendredi matin 10 janvier (1698), dans un effort pour se
lever de son lit et pour marcher du côté du feu ; il *fondit*
entre les bras des amis qui le soutenaient, « et passa
ainsi, dit M. Tronchai, sans donner plus aucun signe
de vie qu'un *petit soupir* qu'il poussa encore, après que
nous l'eûmes remis sur son lit. Telle fut la fin d'une
vie si paisible et si tranquille. »

On mit son corps en dépôt, le samedi soir, dans
l'église Saint-André-des-Arcs, sa paroisse. Le lendemain, on le prit pour le porter à Port-Royal des Champs,
où il avait souhaité d'être enterré ; il le demandait dans
son testament par les termes les plus humbles, et comme
un fils reconnaissant :

« Les Révérendes Mères de Port-Royal des Champs, disait-
il, m'ayant accordé l'honneur de me recevoir comme Clerc

de leur Église, j'espère qu'elles ne me refuseront pas la grâce de la sépulture et les prières ardentes qu'elles ont accoutumé de faire pour ceux que Dieu a unis avec elles. Il y a longtemps que j'ai inclination que mon corps soit mis auprès de celui du fils aîné de M. de Bernières, avec qui Dieu m'avoit uni, en me tirant de la maison de mon père, *pour me donner une éducation dont je le bénis de tout mon cœur ; et j'espère de sa miséricorde que je l'en bénirai dans toute l'Éternité*[1]. Je soumets néanmoins cette disposition au jugement des Révérendes Mères de Port-Royal. »

Il n'ambitionnait d'autre place que d'être enterré à la porte de l'église, dans une aile ; mais les Religieuses, qu'il avait laissées juges de la disposition, souhaitèrent avoir ce précieux dépôt *au dedans de leur clôture*. Elles firent donc faire la fosse au bas-côté gauche de leur chœur, devant la grille de la chapelle de la Vierge : digne lieu choisi pour cette chaste dépouille. Je ne puis mieux continuer le récit des funérailles qu'avec les paroles du fidèle Élisée :

« Nous n'arrivâmes à Port-Royal, dit M. Tronchai, qu'à la fin du troisième jour de sa mort ; et il ne devoit être enterré que le quatrième jour. C'est pourquoi, quand on me demanda si on ne pouvoit pas le découvrir pendant le Service, comme on a coutume de découvrir les Prêtres, je répondis que je ne le croyois pas en état qu'on pût le faire avec bienséance.... On ne reçut point ces raisons ; et le désir qu'on avoit de voir encore une fois ce grand Serviteur de Dieu, et de lui rendre tous les respects que l'on rend en ce lieu à ceux de son mérite et de son caractère, fit que, le soir, on tenta dans le secret, après que tout le monde fut sorti de l'église, si l'on ne pourroit point avoir cette satisfaction. On prit des précautions contre ce qu'il y avoit à

---

1. Ce texte des dernières volontés de Tillemont, que je donne d'après Tronchai, a ici quelque chose de moins que ce qu'on a lu précédemment, tome III, page 572, et qui provenait de la *Vie de M. de Beaupuis*. Le texte le plus long doit être le vrai.

appréhender, et cela fort inutilement : on le trouva sans la moindre marque de corruption, sans aucune mauvaise odeur. Ce qui nous surprit bien plus, c'est que la couleur de son visage et le rouge de ses joues étoient revenus dans leur naturel. Sa bouche (qui s'étoit assez ouverte après sa mort) s'étoit entièrement refermée d'elle-même. Son corps étoit aussi flexible que celui d'un homme qui dort. On faisoit faire avec facilité à ses bras tel mouvement qu'on vouloit. On le leva par trois fois sur son séant, pour le revêtir des ornements sacerdotaux. On lui entrelaça les doigts des deux mains les uns dans les autres, pour lui faire tenir un Crucifix qu'il soutint sans être lié. Son visage avoit une gravité et une majesté tout extraordinaire. Cela surprit tous ceux qui le virent et augmenta beaucoup la vénération qu'ils avoient pour ce grand homme [1]. »

Je voudrais que Port-Royal ne nous eût jamais transmis d'autres miracles sur ses grands hommes morts, que ce qu'on nous raconte ici de M. de Tillemont. S'il y a quelque détail de superstition encore, c'est d'une superstition touchante du moins et bien permise ; tout y reste discret et décent comme le personnage. Ces funérailles de Tillemont ressemblent à une page détachée des Actes de l'Église primitive (*Acta sincera*), aux funérailles d'une vierge.

Ainsi l'Élève fidèle, l'Élève-vieillard, et toujours en robe de lin, s'en revint comme dormir en son berceau.

Fontaine, tout à la fin de ses *Mémoires*, parlant de cette mort de M. de Tillemont, a des paroles abondantes, et ce désordre d'effusion qu'on aime : le portrait qui s'en détache est charmant ; j'y recourrais, si je ne craignais déjà d'en avoir trop dit. Le pieux auteur conclut, de cette perte et de tant d'autres, au désir de

1. Les divers Nécrologes ne manquent pas d'insister sur ces circonstances des funérailles (voir le *Nécrologe* in-4°, page 21 ; et le *Supplément,* in-4°, *au Nécrologe,* page 302).

rejoindre lui-même, dès qu'il plaira à Dieu, ses amis morts. Je crois entendre le poëte :

> Mais une voix, qui sort du vallon solitaire,
> Me dit : Viens, tes amis ne sont plus sur la terre [1].

Pauvres hommes ! toujours les mêmes sous tous les souffles ! Heureux quand cette voix de mort, qui sort de la terre, a sa réponse de vie aux Cieux !

Du Fossé, à son tour, termine et clot ses *Mémoires* sur ce deuil de M. de Tillemont ; il mourut cette même année (4 novembre 1698), dix mois seulement après son plus ancien et intime ami. Presque tout ce qu'il y a de parfaitement pur et sincère dans la lignée de Port-Royal disparaît avec cette fin du siècle [2].

---

1. Marie-Joseph Chénier, *la Promenade.*
2. Un des amis les plus fidèles et les plus tendres de M. de Tillemont, M. Vuillart, a encore parlé de lui dans ses lettres inédites et en des termes qu'on ne saurait omettre, dût-on y rencontrer quelques répétitions : ce sont des concordances. Une grave indisposition l'avait empêché d'accompagner à Port-Royal les restes de ce précieux et incomparable ami ; mais ses lettres des mois de janvier et de février 1698 sont remplies de détails qui le concernent, et qui ont le charme de la sincérité la plus exacte et la plus pure : ce sont les seules couleurs qui conviennent au portrait de M. de Tillemont. Ainsi, à la date du 28 janvier :

« Je ne vous avois point écrit sa maladie, disoit M. Vuillart à M. de Préfontaine, parce qu'elle nous occupoit fort auprès de lui et laissoit peu de loisir aux amis qui, comme moi, lui étoient le plus attachés, et que nous nous flattions que ce n'étoit qu'une langueur qui venoit de trop de travail et de trop d'austérité, que la patience et le retour du soleil guériroit peu à peu avec les soins que l'on prenoit de réparer l'épuisement. Il n'y a rien que n'ait fait avec deux autres M. Dodart qui auroit donné de son sang pour un tel ami. Mais Dieu le vouloit récompenser sans délai. On est certain par les personnes qui ont pris soin de son âme depuis l'âge de dix ans et qui l'ont vu dans tous les temps jusqu'à sa mort, qu'il avoit joint à la grâce du baptême bien conservée une vie très-pénitente. On lui a trouvé dans une cache à la ruelle de son lit, à Tillemont, une ceinture de plaques de fer-blanc percées en râpe et attachées sur une grosse toile. Il étoit d'une fidélité si exacte à travailler à l'œuvre qu'il étoit persuadé que Dieu lui avoit donné à faire, que nulle nouveauté ne le détournoit si elle n'avoit rapport à son dessein. Ainsi c'étoit, pour lui, continuer de travailler que ne

J'ai fini avec M. de Tillemont. Malgré cette longue étude que nous en avons faite, il y aurait encore, si on le voulait, à disserter sur ses travaux; car il vient d'avoir, de nos jours, une sorte de renaissance. Ses Recueils manuscrits sur *la Vie de saint Louis*, qui avaient servi

> se détourner de son travail qu'en cette manière. Il étoit d'une piété et d'une attention à Dieu si rare que le voir se recueillir pour commencer quelque chose de l'Office aux heures prescrites pendant son travail, comme il y étoit exact, inspiroit nécessairement le désir de l'imiter. Son air naturel et simple dans ce saint exercice étoit plus persuasif que n'auroit été le discours le plus vif et le plus animé. »

Et dans une autre lettre du 27 février :

> « Ce saint homme est regretté de tous côtés, parce que de tous côtés on l'honoroit comme un vrai savant. Un homme qui ne l'est pas médiocrement disoit ces jours passés à un autre qui est en commerce avec les savants d'Italie, d'Allemagne, de Hollande, d'Angleterre : Ah ! monsieur, que le savant que nous venons de perdre (il entendoit M. de Tillemont) condamnera d'autres savants ! Je crois, ajoutoit-il, que Dieu l'avoit donné à son Église pour apprendre aux Ecclésiastiques à n'étudier et à ne faire usage de l'étude que par rapport au bien de l'Église et à retrancher de l'étude toutes les inutilités dont les hommes chargent ordinairement leur esprit et leur mémoire. La science des faits curieux, extraordinaires, peu connus du commun des hommes, est ce qui flatte davantage les gens de lettres, parce qu'ils regardent ces connoissances comme des moyens de se distinguer des autres, de s'élever au-dessus de ceux qui les recherchent comme eux et de se faire un nom dans le monde. Je crois, poursuivoit-il, qu'il n'y a guère eu d'homme dans le siècle, dans plusieurs siècles, qui ait eu plus de faits dans la tête que le savant dont je parle, et jamais homme n'en a eu l'esprit moins gâté ni le cœur moins enflé. Il ne l'a point eu du tout, pour mieux dire. Dieu l'avoit appelé à éclaircir et à mettre en un ordre tout particulier l'histoire de l'Église. Il s'y est appliqué comme à l'œuvre que Dieu demandoit de lui, et il n'a eu en vue que d'obéir à la volonté de Dieu et de rendre ce service à l'Église, dont Dieu lui avoit donné un amour très-vif et très-ardent : et parmi une étude qui est si sèche et qui souvent dessèche la piété, il a toujours conservé l'onction de l'Esprit de Dieu qui reluisoit dans sa modestie, son humilité, sa douceur, sa charité, sa sainte et éclairée simplicité, qui lui faisoit trouver la vérité plus souvent qu'à beaucoup d'autres, parce qu'il la cherchoit uniquement sans dessein de fortune, d'honneur, de réputation, mais plutôt avec un extrême éloignement de ces vaines idoles de la plupart des savants. C'est ce qui lui a fait aimer la retraite et la prière, et ce qui a entretenu dans son cœur cette tranquillité et cette paix qui se faisoit sentir à tous ceux qui l'approchoient. »

Nous récoltons pieusement les témoignages. Toutes les éloquences académiques réunies ne sauraient suppléer à de tels accents.

d'abord à M. de Saci, puis à M. de La Chaise, ont paru composer à eux seuls, par leur ampleur et leur exactitude, une histoire digne d'être publiée, et que personne ne serait en état de refaire aujourd'hui[1]. Voilà donc l'historien ecclésiastique qui reparaît inopinément avec ses qualités, appliquées au plus beau siècle du Moyen-Age. Mais ces applications diverses de la même méthode et du même esprit, et dans le cas présent (pour dire le vrai) cette application parfaitement sèche, n'ajouteraient rien à l'idée que nous avons voulu donner de la personne. C'est l'Élève accompli des Écoles de Port-Royal qu'il s'agissait pour nous de suivre pas à pas et de démontrer en Tillemont ; et ce modèle vivant, chacun désormais l'a sous les yeux et le possède.

L'esprit de l'enseignement de Port-Royal survécut par les livres à la ruine des Écoles ; et jusqu'à un certain point la race elle-même des maîtres et des élèves se perpétua. Loin de moi la prétention de resserrer et

---

1. Le *Moreri*, et Dreux du Radier (*Bibliothèque du Poitou*, tome IV, article *Filleau de La Chaise*), nous disent que Tillemont avait entrepris ces Recueils par ordre de la Cour. On voulait, dans la Vie de saint Louis, présenter un modèle au Dauphin. M. de Montausier désigna M. de Saci pour être l'historien. Il est à croire que ce fut dans les premières années de la Paix de l'Église que vint cette idée d'employer Messieurs de Port-Royal à une œuvre si méritoire, et de les concilier utilement à la monarchie. On reprit même peut-être en cela une ancienne idée de M. Le Maître et de M. d'Andilly. Quoi qu'il en soit, l'exact Tillemont fit sa tâche ; mais, en ce qui était des metteurs en œuvre, l'exécution traîna. Saci mourut ; et quand M. de La Chaise publia son *Histoire de saint Louis*, en 1688, Monseigneur était déjà tout formé. Le Jansénisme d'ailleurs avait eu le temps de redevenir plus suspect que jamais, et l'auteur put s'en apercevoir aux chicanes qu'on lui fit pour l'impression. — La *Vie de saint Louis*, par Tillemont, publiée pour la Société de l'Histoire de France par les soins de M. de Gaulle, ne forme pas moins de 6 volumes in-8°. Ce ne sont que des faits pressés et serrés bout à bout : M. de La Chaise avait fait là-dessus des périodes.

de confisquer au profit du seul Port-Royal un mouvement qui, en peu d'années, trouva de plusieurs côtés des instruments et des auteurs diversement recommandables! Que ce soit le Père Jouvanci dans son livre, *Ratio discendi et docendi*, l'abbé Fleury dans son *Traité du Choix et de la Méthode des Études*, le Père Lami de l'Oratoire dans ses *Entretiens sur les Sciences* (que lisait et goûtait Jean-Jacques vers le temps de son séjour aux Charmettes); qu'enfin ce soit Rollin et son *Traité des Études*, je les admets chacun pour sa part et les vénère tous. Seulement Port-Royal a précédé : son influence sur tous ces traités plus ou moins postérieurs est évidente. Il y aurait, pour qui aimerait ce genre d'observation, un grand parallèle à établir : quel était, durant la seconde moitié du dix-septième siècle, l'enseignement chez les Jésuites; quel au sein de l'Oratoire; quel au sein de l'Université? On comparerait ce triple enseignement avec celui de Port-Royal, et on trouverait immanquablement que ce dernier influa bien vite, d'une manière indirecte ou avouée, sur ces Écoles rivales. Il serait piquant toutefois de marquer les distinctions essentielles qui persistèrent. Brienne, par exemple, qui sortait de l'Oratoire, ayant à parler en un endroit des Petites Écoles, les désigne sous le nom d'*Académie de Port-Royal*. C'est de sa part une confusion et presque un contre-sens. Il y avait dans les Colléges de l'Oratoire quelque chose de libre, de varié, d'orné et d'un peu paré, d'*académique* enfin, que le sobre Port-Royal n'admettait pas [1].

---

1. Voir la *Notice sur le Collége de Juilly*, par Adry (1807). — On lit en un endroit : « Nous avons dit que Juilly était une Aca« démie; cette dénomination n'était pas un vain titre. Tous les « mois, et plus souvent encore, les meilleurs écoliers de rhéto« rique, de seconde et de troisième, y ont toujours tenu une « séance académique, où, en présence de tous les professeurs, des

L'enseignement de l'Oratoire se rapprochait de celui de Port-Royal par l'introduction de l'histoire, de la géographie, des mathématiques ; il avait moins de solidité pourtant que de superficie, et s'étendait en divers sens plutôt qu'il n'y appuyait. On en a vu sortir non pas des savants ni des saints, du moins en général des élèves *honnêtes gens*, des hommes distingués, applicables en bien des genres. Le cachet de l'Oratoire se reconnaît et a son prix ; mais ce n'est déjà plus la marque de nos Messieurs [1].

L'Université elle-même, en profitant de Port-Royal, n'en usa jamais qu'à demi. Pour apprécier le rapport avec une entière précision, il faudrait qu'on sût bien l'histoire de l'Université depuis Richer jusqu'à Rollin, c'est-à-dire durant tout le dix-septième siècle ; cette histoire n'est pas écrite encore. Le *Règlement des Études dans les Lettres humaines* par Arnauld, et en général les Écrits de ce dernier sur les Belles-Lettres et l'Éloquence, que Boileau estimait « ce qui s'étoit fait en notre langue de plus beau et de plus fort sur les matières de Rhétorique, » durent agir beaucoup sur les excellents professeurs du Collége de Beauvais, et en particulier sur Rollin. Celui-ci, averti de la sorte, introduisit dans l'usage des Colléges toute une part de la méthode de Port-Royal adoucie, corrigée et un peu trop fleurie peut-être par un reste du goût traditionnel

---

« écoliers des trois premières classes supérieures ou même de toutes « les classes, et quelquefois d'un grand nombre d'étrangers, ils « font la lecture de plusieurs pièces de leur composition, soit en « prose, soit en vers français ou latins. » — Il est à regretter que le *Traité des Études* du Père Houbigant soit resté manuscrit : le parallèle que nous ne faisons qu'indiquer entre les différentes méthodes d'éducation y aurait paru dans tout son développement.

1. Veut-on des noms propres qui expriment assez bien les types ? Port-Royal, comme coup d'essai, forme les Bignon : l'Oratoire, comme bouquet, produit les Chabrol.

de M. Hersan. Ce ne fut d'ailleurs qu'une partie de la réforme littéraire de Port-Royal qui s'introduisit, et non pas la méthode vraiment philosophique. A cet égard, l'ancienne Université garda ses errements jusqu'à la fin ; elle s'affaiblit, et ne se régénéra pas.

A côté et à la suite de Rollin, comme maîtres de la lignée de Port-Royal, il convient de ranger Coffin et Mésenguy : ce dernier surtout, mort simple *acolyte* à 85 ans, paisible, solide, instruit, persécuté ; offrant le même esprit de fermeté dans la douceur, et d'humble joie dans l'austérité, que nous venons de remarquer et d'aimer chez les Beaupuis et les Tillemont [1]. — On découvrirait sans doute encore quelques autres maîtres de cette famille, mais que leur modestie a dérobés. J'en nommerai un seul, et des plus dignes, qu'il m'a été donné de reconnaître, l'abbé Herluison [2].

1. Le principal ouvrage de Mésenguy est son *Exposition de la Doctrine chrétienne* (1744, 6 vol. in-12), « excellent livre, disait M. Royer-Collard, bien écrit, mais un livre pourtant du second ou du troisième ordre. » Car il ne faut pas nous le dissimuler, les horizons baissent ; nous sommes au déclin.

2. Grégoire-Pierre Herluison, né au faubourg de Saint-Martin de Troyes le 4 novembre 1759, et mort dans cette ville le 19 janvier 1811, à l'âge de 51 ans, fut un des derniers maîtres de la postérité de Lancelot, de Mésenguy et de Rollin. Fils d'honnêtes marchands, il suivit ses études au Collège de sa ville natale, et se disposa à la prêtrise, aidé de la protection de l'évêque M. de Barral. Ordonné prêtre à l'âge de 23 ans, il fut vicaire pendant trois années environ ; après quoi, par délicatesse de conscience (signe distinctif de la petite Église janséniste), il s'abstint jusqu'à la mort d'exercer les fonctions du ministère. Retiré dès l'âge de 26 à 27 ans dans le sein de sa famille, habitant une pauvre chambre carrelée *beaucoup plus basse que le sol, et dans laquelle il ne faisait point de feu*, il s'y livra tout entier à l'étude de la religion, apprit le grec et l'hébreu sans le secours d'aucun maître, et ne fut troublé dans sa pieuse solitude que par la Révolution, qui l'obligea d'abord à se cacher, et qui ensuite le produisit en lumière. En 1796, la place de bibliothécaire de l'École centrale du Département ayant été mise au concours, M. Herluison se présenta, et fut

Daguesseau pourrait être considéré, en un certain sens, comme un élève de Port-Royal, non pas un élève direct et formé de la main des maîtres, mais un élève libre et un peu vague des ouvrages et des méthodes de ces Messieurs, — l'élève *éclectique* en quelque sorte, offrant la transition de Port-Royal au dix-huitième siècle. Il y aurait à faire, dans cette vue, une étude assez délicate sur ce personnage plus gallican que janséniste, sur ce caractère honorable mais un peu timide, sur cet esprit sage, modéré, peu profond, qui ne serrait déjà plus de près les vrais ressorts, et qui se laissait prendre, plus qu'il n'était conséquent chez un Chrétien, au *decorum* de la nature humaine. On y verrait pourtant, dans un noble et riche exemple, ce que devinrent les méthodes logiques et littéraires de Port-Royal appliquées librement à la seconde génération, et ce qu'elles produisirent de mieux en fait de culture *intellectuelle*.

Un exemple encore, et bien meilleur que celui de Daguesseau, pour montrer l'élève, non des Écoles et des livres, mais de l'esprit de Port-Royal, ce serait M. Royer-Collard. Le cachet primitif sur cette forte

---

nommé. Après diverses vicissitudes où son talent et sa vertu se manifestèrent avec éclat, et où cet homme modeste, mais éloquent, fit rougir et pâlir en face les suppôts de terreur, il fut encore nommé, en 1804, à la place de professeur de rhétorique au Collége de la ville. Son *Cours d'études* comme professeur, ses travaux comme bibliothécaire, ont laissé un vif et profond souvenir. La persécution pourtant ne lui manqua point, et l'injure eut accès jusque sur sa tombe. Aussitôt que les séminaristes qui avaient fait leur rhétorique sous M. Herluison eurent appris sa mort, ils témoignèrent le désir d'assister à ses funérailles ; mais M. de Boulogne, alors évêque de Troyes (un homme d'esprit, sans gravité, sans mœurs), qui leur avait permis de suivre les leçons du maître vivant, leur refusa d'aller prier sur son cercueil, attendu que M. Herluison *passait pour avoir été janséniste.* — Je n'ai fait qu'ébaucher cette figure rare, digne des meilleurs temps du Nécrologe : c'est à Troyes, au cœur des souvenirs encore vivants, qu'il la faut étudier.

nature avait marqué si avant, que, même en étant le plus mondain et le plus émancipé des Port-Royalistes, il s'est aisément trouvé l'homme le plus grave et le plus autorisé de son temps. Toute une souche de vieux Chrétiens et de braves esprits reparaissait à l'improviste en sa personne. Parlant de cette sainte race à laquelle il tenait surtout par sa mère, de cette génération de gens de bien dévoués à la *vérité*, il ajoutait excellemment, en leur rapportant l'honneur de sa vertu : « *De n'avoir pas pensé à moi dans ma vie publique, cela me vient d'eux.* » Cet homme, qui fut un monument, n'est plus ; et nous sommes tombés à un temps où personne n'a plus le droit de dire de soi de telles paroles.

J'ai mené à fin ces considérations et dissertations inévitables sur Pascal et sur les Écoles, qui formaient le centre principal de notre étude ; j'ai doublé ce que j'appelle les deux *caps* de mon sujet : il n'y a plus qu'à reprendre le récit, et à suivre désormais un courant plus facile.

FIN DU QUATRIÈME LIVRE.

LIVRE CINQUIÈME

LA SECONDE GÉNÉRATION
DE PORT-ROYAL

I

Reprise de la persécution contre le monastère. — Sortie des pensionnaires et des novices. — Mademoiselle de Montglat; Mesdemoiselles de Luines. — M. Bail à la place de M. Singlin. — *Visite de la maison de Paris et de celle des Champs.* — Interrogatoire de la sœur Angélique de Saint-Jean, et de la sœur Jacqueline de Sainte-Euphémie. — Guérison miraculeuse de la fille du peintre Champagne; tableau commémoratif.—Mort de la mère Angélique.

La destruction des petites Écoles, consommée en mars 1660, n'était que le signal : la persécution recommençait, et elle n'allait plus cesser durant les huit années qui suivirent. La formule de la profession de foi, ou, comme on disait, le Formulaire qui avait été délibéré et dressé dans la dernière Assemblée générale du Clergé de 1657, et qui était depuis comme tombé en désuétude, fut repris et remis en vigueur par l'Assemblée de 1660-1661. Cette dernière, qui se tenait d'abord à Pontoise, avait été transférée à Paris. Le lundi 13 décembre (1660) au matin, le jeune roi manda aux présidents, ou, comme nous dirions, au bureau de l'Assemblée, de le venir trouver au Louvre chez le cardinal Mazarin, où il s'était rendu de bonne heure; car il désirait que leur rapport pût être fait à l'Assemblée dans la matinée même. « Il les attendit jusqu'à dix heures, dit un narrateur bien informé [1], ces présidents ne s'étant pas pressés de venir plus tôt, parce qu'ils ne croyoient pas qu'on voulût faire tant de diligence. Étant entrés dans la chambre, ils y trouvèrent plusieurs ministres d'État, qui, s'étant tous retirés, les laissèrent seuls avec le roi et le cardinal Mazarin, qui étoit au lit.

« Sa Majesté leur parla avec assez de civilité, mais néanmoins d'un air qui témoignoit quelque fierté affectée ; il leur dit que si M. le Cardinal n'eût point été indisposé, il ne leur auroit pas donné la peine de venir, mais qu'il l'auroit prié de se transporter à l'Assemblée pour leur faire savoir son intention, qui étoit d'exterminer entièrement le Jansénisme et de mettre fin à cette affaire ; que trois raisons l'y obligeoient : la première, sa conscience ; la seconde, son honneur ; et la troisième, le bien de son État...; qu'il les prioit donc d'aviser aux moyens les plus propres pour vider entièrement cette affaire, et qu'il leur promettoit de les aider pour l'exécution de ce qu'ils auroient résolu.... »

Le Cardinal prit ensuite la parole ; il dit que Dieu avait inspiré au roi cette résolution, et s'étendit sur tout ce qui s'était passé dans cette affaire, depuis le commencement, insistant plus au long sur les points que le roi avait touchés. Il parla près de cinq quarts d'heure, et le roi l'interrompit plus d'une fois pour témoigner l'affection avec laquelle il appuyait ses paroles.

« Après que le Cardinal eut achevé, M. de Rouen (le président) répondit au roi que cette résolution n'étoit pas seulement celle d'un roi très-chrétien, mais d'un roi saint ; que le Clergé répondroit aux intentions de Sa Majesté, et qu'il espéroit que chacun se mettroit en

---

1. Hermant, *Mémoires manuscrits*.

peine de faire, de son côté, ce qui étoit de son devoir pour les suivre. » Cet archevêque de Rouen était M. de Harlai de Champvalon, le futur archevêque de Paris, et l'homme qui servit le plus efficacement Louis XIV, pendant la plus grande partie de son règne, dans le gouvernement du Clergé et dans sa politique ecclésiastique. Bossuet donnait les théories et les doctrines : M. de Harlai avait la connaissance pratique des hommes et du maniement des assemblées.

Un historien janséniste, Dom Clémencet, citant quelques-unes des paroles de Louis XIV, adressées aux évêques, ajoute : « C'est ainsi qu'on *faisoit parler ce grand prince*, dont on avoit surpris la religion. » On n'avait par surpris la religion de Louis XIV : elle s'était formée telle en lui dès l'enfance, et il parlait en cela selon son jugement et selon son cœur. « Ce jour-là même, 13 décembre, dit le narrateur janséniste déjà cité[1], M. le Prince (le grand Condé) étant venu rendre visite au cardinal Mazarin, Son Éminence lui fit récit de tout ce qui s'étoit passé le matin; comment le roi avoit parlé de lui-même aux présidents de l'Assemblée, et sans avoir été inspiré ni de lui ni de la reine; de sorte qu'il pouvoit dire que Sa Majesté avoit fait paroître sa capacité dans une occasion où les choses qu'il avoit à dire, étant d'une matière purement ecclésiastique, sembloient le porter à se faire entendre par quelqu'un de ses ministres. »

Quelle fut précisément la cause de cette recrudescence d'animosité, toute dirigée contre Port-Royal? Une lettre du cardinal de Retz, archevêque de Paris, toujours en titre et toujours errant, courut alors et mécontenta la Cour : le cardinal de Retz, qui, au fond, ne demandait pas mieux que de se démettre de son archevêché, mar-

---

1. Hermant.

chandait pourtant afin d'avoir des conditions meilleures. Cette lettre qui courut en son nom, et qui maintenait son droit, fut attribuée pour la rédaction aux Jansénistes et à M. Arnauld en particulier. Arnauld le niant, il faut l'en croire; elle n'est point de lui; mais il paraît bien, d'après les Mémoires de Joly, qu'elle sortait en effet de plumes jansénistes. Au reste, peu importeront désormais ces accusations de détail. On accusera, l'année d'après, Arnauld d'être l'auteur des écrits en beau style qui se publieront pour la défense de M. Fouquet; on l'avait bien accusé autrefois d'entretenir une correspondance avec Cromwell. Il n'aura pas de peine à se justifier chaque fois de chacune de ces imputations mensongères qui se succèdent, mais l'habitude du soupçon restera toujours. A dire le vrai, ce n'est pas tel ou tel acte qu'on veut atteindre et incriminer, c'est la tendance janséniste elle-même qu'on veut anéantir, et les faits particuliers ne seront plus que l'occasion ou le prétexte. Pour répondre aux intentions formellement exprimées du roi et du cardinal Mazarin, les résolutions de l'Assemblée de 1661 furent donc aussi rigoureuses qu'il se pouvait, et telles qu'on les jugea le plus propres à éteindre entièrement la secte, « à exterminer absolument et bannir bien loin de la France les dogmes de Jansénius. » On décida que le Formulaire devrait être signé non-seulement de tous les ecclésiastiques, mais des religieux et religieuses, et même des principaux de collége, régents et maîtres d'école. Quinze jours après ces décisions prises, le cardinal Mazarin mourut (9 mars 1661) : les Jansénistes, s'ils crurent y gagner quelque chose, se trompèrent; ils furent désormais poussés plus vivement, et n'eurent plus, çà et là, que des trêves. Louis XIV régnait.

Bien loin, en effet, d'avoir besoin d'être inspiré ou excité par d'autres dans cette recherche qu'il faisait du

Jansénisme, Louis XIV, je l'ai dit, n'eut qu'à suivre ses propres impressions conçues de bonne heure et ses instincts de roi : « Je m'appliquai, écrit-il en ses Mémoires et Instructions dressés pour son fils, à détruire le Jansénisme, et à dissiper les Communautés où se formoit cet esprit de nouveauté, bien intentionnées peut-être, mais qui ignoroient ou vouloient ignorer les dangereuses suites qu'il pourroit avoir. » C'était le roi très-chrétien, c'était aussi purement et simplement le roi ayant le goût du pouvoir absolu, et de l'entière unité dans les choses de son royaume, qui pensait de la sorte. Il s'était accoutumé à voir dans le Jansénisme une de ces productions suspectes, qui grandissent et se développent pendant les régences et sous les Frondes, et qu'un bon régime abolit. Politiquement il n'en faisait pas grande différence d'avec le Protestantisme : extirper l'un comme l'autre entrait dans son plan d'une monarchie bien ordonnée. On peut dire qu'à part un très-court intervalle de temps qui suivit la signature de la paix de l'Église, les Jansénistes eurent toujours Louis XIV déclaré contre eux. A un seul moment, vers cette époque de 1669 où la plénitude de l'ambition et des plaisirs se rencontrait en lui, où il agitait de vastes projets de conquête, passait des La Vallière aux Montespan, et laissait jouer le *Tartufe*, à ce moment qu'on peut dire le moins jésuitique, et même le moins ecclésiastique de son règne, ils parurent obtenir répit et grâce dans son esprit, mais ce ne fut qu'alors. La prévention, combinée à la pensée d'État, le reprit vite et alla croissant. La Paix, dite de l'Église, c'est-à-dire la trêve accordée au parti, était rompue dans l'esprit de Louis XIV, bien avant la rupture de 1679. Passé cette heure, les Jansénistes, et en particulier Port-Royal, ne traînèrent encore et n'échappèrent qu'à la faveur des divisions si longues entre le Pape et le roi dans l'affaire de la Régale et des Libertés gallicanes; mais, dès que Rome et Versailles tombèrent d'accord, ils furent écrasés.

La signature du Formulaire n'était si évidemment qu'un prétexte et un moyen, qu'avant même de la réclamer des religieuses de Port-Royal, on sévit provisoirement contre le monastère. En avril 1661, le lieutenant civil Daubray apporta l'ordre du roi de faire sortir, tant de la maison de Paris, que de celle des Champs, les pensionnaires, les postulantes et les novices, avec défense d'en recevoir à l'avenir. Il y a de la sortie de ces jeunes filles de grands récits pathétiques, écrits par les religieuses mêmes, et reproduits par les historiens; on a la liste de leurs noms, on a presque le dénombrement de leurs sanglots. Il est des douleurs domestiques qu'on ne devrait pas ainsi étaler dans le détail, sous peine de provoquer le sourire des moqueurs, ou même l'impatience des mâles esprits. Mademoiselle Marguerite Périer, la miraculée de la Sainte-Épine, et qui était postulante à Port-Royal de Paris, nous a montré dans une lettre la naïve exaltation de ses compagnes. Quelques personnes du dehors étant venues voir leurs parentes qui étaient religieuses, et ayant dit au parloir : « *Voilà une grande persécution qui s'élève dans l'Église,* » une de ces religieuses, croyant que c'était une persécution comme celle de Dioclétien, alla trouver la Mère abbesse, alors la mère Agnès, et lui dit en toute simplicité : « Ma Mère, voilà une grande persécution : je vous prie de me dire, quand les bourreaux viendront nous prendre pour nous mener au martyre, ne faudra-t-il pas que nous prenions nos grands voiles? » Elles avaient coutume de les prendre quand elles paraissaient devant des hommes. Mademoiselle Périer en conclut qu'on ne dissertait pas au dedans de Port-Royal pour dresser les religieuses sur ces matières débattues, comme c'était l'accusation du dehors. Elle peut conclure très-juste, du moins en ce qui était de la plupart et de la généralité du troupeau ; mais pourtant, et l'entière innocence admise, ce qui me gâte tous ces récits, c'est l'exagération manifeste et un excès de naïveté dans l'opiniâtreté, une disproportion du ton aux objets, à laquelle on a peine à se faire ; c'est *un pathétique impayable*, dit M. de Maistre, dont le dédain triomphe ; c'est, pour tout dire, un point de vue de *nonnes* (là même où elles semblent se mettre au-dessus et en sortir), qui est beaucoup moins conforme à celui de la mère Angélique qu'on ne le croirait ; car celle-ci était bien autrement forte et mâle, et sobre de paroles, comme nous le savons, et comme nous le verrons encore une fois tout à l'heure, à l'article de sa mort.

Certes l'éducation qu'on donnait au dedans de Port-Royal aux jeunes filles avait en son genre autant d'excellence que l'éducation donnée au dehors aux jeunes garçons. Racine a raison de dire de ces femmes de qualité, autrefois élevées à Port-Royal, et qui en gardaient intérieurement la marque : « On sait avec quels sentiments d'admiration et de reconnoissance elles ont toujours parlé de l'éducation qu'elles y avoient reçue ; et il y en a encore qui conservent au milieu du monde et de la Cour, pour les restes de cette maison affligée, le même amour que les anciens Juifs conservoient dans leur captivité pour les ruines de Jérusalem. » Et cette image, sous sa plume, nous prouve qu'il pensait à Port-Royal presque autant qu'à Saint-Cyr, lorsqu'il faisait parler *la Piété* dans le Prologue d'Esther, ou lorsqu'il faisait dire à Élise, voyant entrer le chœur :

> Prospérez, cher espoir d'une nation sainte !
> Puissent jusques au Ciel vos soupirs innocens
> Monter comme l'odeur d'un agréable encens !

Boileau rendait à son tour un dernier hommage à cette solide éducation de Port-Royal, qui déjà, depuis près de quinze ans, avait de nouveau et définitivement cessé, lorsque, dans sa Satire des *Femmes*, en 1693, il disait à Alcippe :

> L'épouse que tu prends, sans tache en sa conduite,
> Aux vertus, m'a-t-on dit, dans Port-Royal instruite,
> Aux lois de son devoir règle tous ses désirs.

Si j'osais soupçonner un seul défaut à cette éducation de Port-Royal, appliquée aux femmes, ce serait de les avoir trop directement poussées vers la vie religieuse, pour peu qu'elles eussent en elles l'étincelle sacrée; car alors, et entourées de la sorte, il était difficile qu'elles prissent une juste idée de la vie sociale; elles devaient considérer l'état de mariage comme très-inférieur, s'en détourner presque comme d'un écueil, et dans cette voie parfaite, à l'exemple de leurs guides, elles devaient toutes désirer d'atteindre l'extrême but. Un signe extérieur semble exprimer cette confusion, ou du moins ce trop de rapprochement entre les degrés : les pensionnaires n'avaient d'autre habit qu'un petit habit blanc, pareil à celui des novices. Mais nous n'avons pas tous les éléments précis pour juger de cet enseignement particulier, comme on les a depuis peu pour Saint-Cyr.

M. Daubray vint donc au monastère de Paris, le 23 avril (1661), le samedi d'après Pâques, accompagné du procureur du roi au Châtelet, et il se fit donner les noms des pensionnaires, tant celles de Paris que des Champs : sur quoi, le procureur du roi signifia l'ordre de renvoyer, dans trois jours, toutes ces pensionnaires, avec défense d'en recevoir aucune à l'avenir, soit pour y être élevées, soit pour y devenir religieuses. Il y avait doute dans le cas actuel pour quelques-unes qui n'étaient plus pensionnaires, qui étaient postulantes et à la veille de recevoir l'habit de novice, ne l'ayant pu prendre jusque-là à cause du Carême. On crut pouvoir passer outre à l'égard de celles-ci, et, les deux jours suivants, on fit prendre l'habit à sept d'entre elles, en diminuant un peu de la solennité d'usage et en abrégeant; car on craignait un contre-ordre. Cependant un commissaire du roi au Châtelet allait porter le 24 au monastère des Champs le même ordre de renvoyer les pensionnaires [1], et dans les deux maisons la désolation était à son comble. A Paris, la sœur Angélique de Saint-Jean, maîtresse des enfants, ne pouvait plus entrer dans la chambre où ils étaient, sans qu'ils vinssent se jeter dix ou douze sur elle, en pleurant et la conjurant de les prendre en pitié. Quelques-unes lui disaient : « Ma sœur, vous savez que je me perdrai si je retourne dans le monde. » D'autres demandaient l'habit de converses, afin d'être par là exemptées de sortir. Des petites de douze ou treize ans priaient qu'on les mît au noviciat. Il y en eut une entre autres, qui, n'ayant point encore déclaré sa volonté touchant la religion, s'écria : « Oh! il est temps de se découvrir; jusqu'à présent

---

1. Ce commissaire fut annoncé et précédé par une lettre de M. Daubray à M. d'Andilly, écrite le 23, et conçue en des termes si remarquablement polis qu'ils ont mérité d'être conservés :

« Monsieur,

« J'avois ordre de vous aller visiter à Port-Royal, mais toutes mes démarches ont été si malheureuses que j'ai cru vous devoir épargner celle-ci. Je n'ai pas eu le courage de vous aller embrasser et vous porter de mauvaises nouvelles en même temps. Madame l'abbesse de Port-Royal de Paris m'a donné occasion de me défaire d'une partie de ma commission, et pour le surplus, qui n'est qu'une formalité, de m'en décharger sur le commissaire Picart qui signifiera, avec votre permission, à la mère prieure et autres officières de la maison, mon ordonnance transcrite sur la volonté du roi. Il le fera avec tout le respect qui est dû à une Communauté si sainte; et, vous demandant pardon de la nécessité que j'ai d'obéir, je demeure, Monsieur,

« Votre très-humble et très-obéissant serviteur,

« DAUBRAY. »

ma disposition ni mon âge ne me l'avoient pas permis; mais, à cette heure, je le dis nettement, je veux être religieuse. » Elle s'offrit en même temps à prendre l'habit gris, afin de se cacher dessous, et par là de se sauver du naufrage[1].

« Il faudroit avoir un cœur de tigre, écrivait à ce sujet M. Arnauld, pour n'être pas touché des larmes de tant de pauvres enfants, qui se jettent aux pieds des religieuses qu'elles rencontrent, en les conjurant de ne les pas renvoyer. » — « Depuis ce jour (du 23 avril), dit une Relation, la maison devint une maison de larmes, et tout retentissoit des cris et des pleurs de trente-trois enfants et de plusieurs filles déjà reçues au noviciat, et qui attendoient, comme l'arrêt de leur mort, qu'on les contraignît à sortir.... » A toutes les heures du jour les scènes se renouvelaient « à mesure que l'on venoit enlever, les uns après les autres, ces pauvres petits agneaux, qui ne se taisoient pas, mais qui jetoient des cris jusqu'au ciel. » N'entrons pas trop complaisamment dans le détail, de peur de tomber nous-même dans le larmoyant.

Une jeune fille pourtant dont le nom mérite d'être conservé, et qui se rattache dans notre idée, par ses parents, à des souvenirs tout autrement mondains, mademoiselle de Montglat, âgée pour lors de quatorze ans au plus et qui venait d'être guérie, les jours précédents, d'un mal déjà ancien, qui la rendait boiteuse (ce qui avait eu lieu après neuvaine, et par l'intercession de saint Bernard, on n'en doutait pas), crut ne pouvoir remercier Dieu qu'en lui consacrant sa personne tout entière, et demanda le voile avec ardeur. Ayant fait

---

1. *Relation de ce qui s'est passé à Port-Royal depuis le commencement d'avril* 1661 *jusqu'au* 29 *d'avril* 1662, dans le volume intitulé: *Histoire des Persécutions des Religieuses de Port-Royal, écrite par elles-mêmes* (1753).

assembler le 24 la Communauté pour prendre son avis sur ce cas d'exception, la mère Agnès proposa le dessein de la jeune enfant, représenta la sincérité et la ferveur de son désir, exprimé par elle plus d'une fois; qu'on l'avait toujours ajournée et remise à cause de son âge, mais que les circonstances permettaient de ne plus différer, et que le moment était venu d'imiter ce qui se pratiquait dans la primitive Église, lorsque, à l'approche d'une persécution, on abrégeait le temps de ceux qui étaient en pénitence, et qu'on les admettait avant le terme à la sainte Communion. L'image d'une piété si vive dans un âge encore si tendre tira des larmes de tous les yeux, et la postulante obtint de revêtir l'habit le jour suivant.

Disons, en deux mots, que mademoiselle de Montglat, fille du marquis de Montglat, dont on a de si utiles et si judicieux Mémoires, et de cette madame de Montglat, trop connue par ses légèretés et par sa liaison avec Bussy, avait été élevée à Port-Royal auprès de sa tante maternelle la marquise d'Aumont (née de Chiverny), à qui sa mère l'avait comme donnée. Sous les yeux de cette pieuse bienfaitrice du monastère, elle avait grandi, nourrissant de bonne heure et embrassant l'idéal de la vie intérieure et régulière sans partage. Elle était d'ailleurs d'un esprit ferme, élevé autant qu'orné; le latin, et jusqu'à un certain point les Lettres, étaient entrés dans son éducation. Forcée de sortir de Port-Royal malgré son habit de novice, elle obtint de son père de se retirer à l'abbaye de Gif, où elle avait une tante prieure. On la retrouve pourtant à Paris en 1664-1665, au moment de la captivité des principales sœurs de Port-Royal, et leur rendant de bons offices avec l'agrément de l'archevêque. On la voit même présente le 3 juillet 1665, le jour de la translation et de la réunion des religieuses au monastère des Champs. Mais n'ayant pu obtenir de rentrer parmi elles, elle retourna à Gif, où elle fit profession deux ans après. Elle y exerça successivement les principales charges sous sa tante, alors abbesse; et elle-même, avec les années, y devint abbesse à son tour : exacte, austère, réformatrice, fidèle en tout temps à l'esprit de Port-Royal, et se dirigeant par les conseils d'hommes excellents, qui participaient aux traditions de cette génération pure. Elle abdiqua humblement avant la fin, et mourut en 1701. Si Port-Royal avait subsisté, ou n'avait pas été irrévocablement muré pour celles qui se regardaient au dehors comme en exil, c'est dans son sein qu'elle aurait certainement développé ses mérites et appliqué ses vertus. Est-ce à nous de trouver ces vertus excessives? Dès 1661, cette fille de quatorze ans ne payait-elle pas pour sa fragile mère, qui avait eu le tort d'inspirer, l'année précédente, à Bussy la chronique galante et scandaleuse, connue sous le titre d'*Histoire amoureuse des Gaules* (1660); car il ne l'écrivit, dit-on, que pour amuser madame de Montglat et pour lui complaire? Mais, furieux bientôt de n'être plus aimé d'elle, ce vilain homme d'esprit fit tout pour la compromettre devant le monde et la diffamer; il poussa la vengeance de la fatuité jusqu'à faire peindre dans le grand salon du château de Bussy des tableaux emblématiques avec devises, où il insultait à l'inconstance de celle qu'il appelait de mille noms, et qu'il enrageait tout bas d'aimer toujours. Malgré cet éclat de Bussy, les grâces et les qualités de madame de Montglat lui conservèrent les amitiés les plus honorables : et cependant sa fille, qui sans doute ignorait beaucoup de ces tristes choses, sentait en elle, comme par une compensation mystérieuse, l'ardent désir d'être deux fois honnête, deux fois pure devant Dieu, et de s'exercer sans relâche dans les voies du perfectionnement chrétien et de la pénitence. Si nous rencontrons dans les pratiques quelque petitesse, sachons nous reporter, pour être justes envers ces âmes intérieures, au principe et au but suprême de leur vertu, à cette haute pensée d'Éternité qui leur était à jamais présente.

Une autre personne d'un nom plus connu, mademoiselle de Luines, fit instamment alors la même demande que mademoiselle de Montglat. Il y avait à Port-Royal, en ce moment, trois filles du duc de Luines et de sa première et si pieuse épouse : l'aînée, qu'on appelle ordinairement *madame* de Luines ; la cadette, *madame* d'Albert, et mademoiselle de Chars, qui depuis se maria : les deux premières restèrent vouées à la vie religieuse. L'aînée, mademoiselle de Luines, était particulièrement chère à la mère Angélique, lui ayant été confiée presque dès le berceau par ses parents pour être dignement préparée au service de Dieu. Elle vint se présenter le 24 devant toute la Communauté et pria qu'on lui fît la faveur de la joindre à mademoiselle de Montglat, pour prendre l'habit le lendemain. Elle avait écrit dans le même sens à son père, qui arriva en toute hâte au monastère, mais qui ne voulut consentir à rien sans avoir consulté madame de Chevreuse. Cette dernière étant allée, à l'heure même, trouver la reine-mère, apprit d'elle que les novices sortiraient de Port-Royal aussi bien que les autres, et qu'il ne servirait de rien à sa petite-fille de revêtir l'habit si précipitamment. Madame de Chevreuse, alors dans sa haute dévotion finale, vint elle-même, quelques jours après (le 5 mai), recevoir à la grille ses petites-filles éplorées. La mère Angélique, malade et près de sa fin, et qui était arrivée depuis peu du monastère des Champs, trouva la force de conduire jusqu'à la porte sa chère victime qu'elle ne devait plus revoir, et qui s'arrachait d'elle avec déchirement. Madame de Chevreuse ayant fait compliment à la vénérable Mère sur sa fermeté : « Madame, lui répondit-elle, quand il n'y aura plus de Dieu, je perdrai courage ; mais tant que Dieu sera Dieu, j'espérerai en lui. » Et embrassant mademoiselle de Luines, que madame de Chevreuse la priait de consoler : « Allez, lui dit-elle, ma fille, espérez en Dieu, confiez-vous de tout votre cœur en sa bonté infinie, et ne vous laissez point abattre : nous nous reverrons ailleurs, où les hommes n'auront plus le pouvoir de nous séparer. »

Madame de Luines resta fidèle toute sa vie à ces dernières paroles de la mère Angélique. Nous la connaissons par la Correspondance de Bossuet, qui entretenait surtout une grave et tendre liaison spirituelle avec sa sœur cadette, madame d'Albert. Toutes deux devinrent religieuses dans l'abbaye de Jouarre, qui était dans le diocèse de Meaux. En 1670, au moment de ce qu'on appela la Paix de l'Église, et quand Port-Royal refleurissait, elles renouèrent alliance avec leur berceau en rétractant par écrit la signature du Formulaire qu'elles avaient faite dans l'intervalle, et en témoignant de leur repentir. Cette rétractation envoyée par elles à leur évêque d'alors, M. de Ligny, qui s'était rattaché à Port-Royal, fut enregistrée dans les archives du monastère et nous a été conservée avec beaucoup d'autres pareilles du même temps. Elles y vinrent toutes deux pour s'y retremper à la source pendant quelques jours [1]. Ces dames de Luines étaient à Jouarre quand Bossuet succéda en 1682 à M. de Ligny. Ce ne fut que bien plus tard, en 1696, que Louis XIV consentit à nommer l'aînée prieure de Torcy, et son inséparable

---

1. « Le mercredi 2 septembre 1676, madame d'Albert, religieuse de Jouarre, vint céans avec madame de Luines ; elle s'en retourna, le dimanche suivant, avec une sœur converse qu'elle avoit amenée avec elle. » (Journal de Port-Royal.)

sœur l'y accompagna. La tache originelle d'avoir été élevées à Port-Royal leur était demeurée comme indélébile et les avait fait exclure des grâces auxquelles leur naissance les destinait : « J'ai toujours ouï dire, écrivait Bossuet à madame d'Albert (le 3 décembre 1694) que votre éducation de toutes deux à Port-Royal avait fait une mauvaise impression, que monsieur votre frère même (le duc de Chevreuse) avait eu bien de la peine à lever par rapport à sa personne : j'ai dit ce que je devais là-dessus et au Père de La Chaise et au roi même, je n'en sais pas davantage. » — « Il est vrai qu'on a dit au roi ce que vous avez su, écrivait-il encore (20 décembre 1695)...; ce sont de vieilles impressions de Port-Royal, dont on a peine à revenir, mais qui, Dieu merci ! ne font aucun mal, si ce n'est de retarder le cours des grâces de la Cour, ce qui est souvent un avancement de celles de Dieu. » Madame de Luines paraît ne s'être jamais ouverte aussi complétement avec Bossuet qu'elle l'aurait pu, et il avait besoin de la rassurer de temps en temps en lui confirmant les témoignages de son estime et de son amitié. C'est pour elle qu'il fit son admirable traité de *la Vie cachée*, comme pour la consoler d'avoir manqué plus d'une fois les abbayes auxquelles elle semblait près d'atteindre, et pour l'encourager aux sacrifices ou aux refus : « Heureuse encore une fois, lui écrivait-il à propos d'un de ces mécomptes, trois et quatre fois heureuse, et plus heureuse que si l'on vous donnoit les plus belles crosses, de posséder votre âme en retraite et en solitude, sans être chargée de celle des autres ! C'est ce que Dieu demande de vous, et il me le fait sentir plus que jamais (23 octobre 1695). » — Il paraît que madame de Luines, toute fille de la mère Angélique qu'elle était, avait peine, non pas à se soumettre à ces exclusions (elle s'y montrait soumise), mais à renoncer de cœur, et une bonne fois, à toutes ces grandes places et dignités. Elle n'y voyait peut-être qu'un degré d'indépendance à acquérir pour mieux faire, et le moyen de se conformer plus étroitement à son premier idéal chéri.

Quant à madame d'Albert, c'est une figure touchante, timide, tourmentée, et qui s'attache à Bossuet comme sa vraie fille spirituelle, ce qu'elle était bien en effet; car c'était lui qui, en 1664, avait prononcé le sermon pour sa vêture. Elle a cependant beaucoup gardé de Port-Royal et de cette éducation mortifiante, de même qu'elle a beaucoup de son frère, le duc de Chevreuse, pour les raisonnements subtils et à l'infini. Elle questionne, elle raffine; elle s'inquiète et s'accuse; elle s'analyse dans ses peines et ne s'en croit jamais assez guérie. Elle a, comme Job, de cette tristesse « qui nous fait voir un Dieu armé contre nous, » — « un Dieu toujours irrité. » Bossuet est bon et patient avec elle; il lui répond en détail et entre dans ses scrupules, autant qu'il faut pour y couper court :

« Je sais mieux ce qu'il vous faut que vous-même, lui dit-il sans cesse…. Vous faites de grands efforts pour vaincre vos peines, et puis vous en revenez à la même chose…. Vous vous tendez des pièges à vous-même, et vous êtes ingénieuse à vous chercher des embarras…. Vous vous repliez trop sur vous-même, et vous devriez suivre plus directement le trait du cœur qui veut s'unir à Dieu…. Si vous y prenez bien garde, ce n'est toujours que la même peine qui revient sous d'autres couleurs…. Mettez-vous bien dans l'esprit ce que je vous ai dit, qu'attaquer directement ces peines, c'est les émouvoir et les fortifier, et qu'il n'y a qu'à les laisser s'écouler, et ne se point tourmenter de ces vains fantômes…. C'est dans l'acte d'abandon que se trouve le seul remède à vos maux…. Ne cherchons point d'explication avec Dieu dans la manière dont il agit en nous; il la sait, et c'est assez…. Il sait cacher son ouvrage, et il n'y a point d'adresse pareille à la sienne pour agir à couvert…. Confiance, dilatation, délectation en Dieu par Jésus-Christ, c'est tout ce que Dieu demande. »

Il cherche ainsi, par tous les moyens, à calmer une âme que la nature avait faite tremblante comme la colombe, et en qui Port-Royal avait cultivé dès l'enfance ce principe de gémissement et d'effroi. Il a même, en lui parlant, de ces chants soudains, merveilleux, de ces rayons dont le discours s'illumine, et qui manquent par trop à nos directeurs Port-Royalistes monotones et austères :

« Aimable plante, s'écrie-t-il tout d'un coup et sans préparation en finissant une lettre, olivier fécond et fructifiant, arbre chéri de Celui qui l'a planté dans sa maison; qu'il regarde continuellement avec des yeux de complaisance; qu'il enracine par l'humilité, qu'il rend fécond par ses regards favorables, comme un soleil bienfaisant; dont il prend les fleurs et les fruits pour en faire une couronne à sa tête; croissez à l'ombre de sa bonté, et ouvrez-vous à ses bénignes influences! »

Et à un autre endroit où il parle de la règle du silence, et comme pour en adoucir l'impression austère, pour la rendre aimable plutôt qu'effrayante, il a, au milieu d'une lettre, ce verset inattendu :

« Que j'aime le silence! que j'en aime l'humilité, la tranquillité, le sérieux, le recueillement, la douceur! qu'il est propre à attirer Dieu dans une âme, et à y faire durer sa sainte et douce présence! »

Et aux approches de Noël (1695) :

« Je vous verrai assurément après la fête, s'il plaît à Dieu. Je souhaite que vous la passiez saintement. Dans quelle troupe des adorateurs voulez-vous que je vous mette, de celle des Anges ou de celle des Bergers?... »

L'âme angoisseuse à laquelle il s'adressait devait se

prendre à ces heureux endroits comme à une parole de fête, et s'en réjouir pour longtemps. En un mot, Bossuet, dans cette Correspondance avec madame d'Albert, lui est constamment un très-sage, un aussi doux, et plus prudent Fénelon [1].

Il lui permettait d'ailleurs bien des choses, des lectures d'exception, et même des études : « Je n'improuve pas que vous composiez en latin; mais pour le grec, je crois cette étude peu nécessaire pour vous. » Il lui permettait, à elle en particulier, la lecture des Lettres de M. de Saint-Cyran : « Je ne change rien à la permission que je vous ai donnée, de continuer la lecture des Lettres de M. de Saint-Cyran : je ne le permettrois pas si aisément à quelqu'un qui ne l'auroit pas lu, ou que je ne croirois pas capable d'en profiter. La concession ou refus de telles permissions sont relatives aux dispositions des personnes. Ainsi vous pouvez continuer, et me marquer les endroits excellemment beaux. » Et comme elle craignait toujours d'outre-passer et d'enfreindre quelque défense dont il y avait bruit autour d'elle: « Cependant, allez votre train, lui disait-il, et ne vous émouvez jamais de ce que j'écris pour les autres, puisque je me réserve toujours une oreille pour les raisons particulières. »

J'ai tenu à montrer une des pensionnaires du Port-Royal d'alors, qui en avait beaucoup emporté et gardé

---

[1]. On se rend mieux compte, par ces passages, du caractère d'onction qui était propre aux discours de Bossuet et qui est attesté par l'abbé Le Dieu, dans ses Mémoires: « De saintes religieuses et de grand mérite, dit-il, mesdames de Luines et d'Albert, sensibles à cette impression ordinaire de ses discours, lui disoient dans leur transport: « Comment faites-vous donc, Monseigneur, « pour vous rendre si touchant ? Vous nous tournez comme il vous « plaît, et nous ne pouvons résister aux charmes de vos paroles. » La Correspondance de Bossuet avec madame d'Albert a gardé de ces tendres et charitables élancements de son éloquence pastorale.

en d'autres maisons. Dans madame d'Albert, nous avons jusqu'au bout une élève timide, comme dans mademoiselle de Montglat une élève forte et une âme vaillante.

Entre les pensionnaires, dites postulantes et destinées au noviciat, qui sortirent à ce même moment de 1661, il y avait encore deux demoiselles Périer et mademoiselle de Bagnols. Celle-ci, comme mademoiselle de Luines, était une fille particulière et tendre de la mère Angélique, à qui elle avait été remise dès l'âge de cinq ans [1]. Obligée de renoncer à devenir religieuse à Port-Royal, elle ne voulut pas l'être ailleurs, mais elle se considéra comme liée par ce premier vœu, ferma l'oreille à toutes les paroles de mariage qui vinrent la tenter, et continua de vivre au dehors, en conservant exactement l'esprit de la maison. Elle demanda à être enterrée au monastère des Champs. C'est aussi dans ce même esprit de fidélité inviolable que vécurent les deux demoiselles Périer, Jacqueline, morte la première, et Marguerite, la plus connue, et si recommandable pour nous, moins encore pour le miracle de la Sainte-Épine que par le soin avec lequel elle recueillit les traditions de sa famille, et aida à transmettre tant de pièces précieuses pour l'histoire de Port-Royal et de ces Messieurs [2]. Mademoiselle de Bagnols et mesdemoiselles Périer sont l'exemple de parfaites élèves de Port-Royal et de vierges chrétiennes, arrêtées par un obstacle au seuil du cloître, mais n'en perdant jamais la vue ni la pensée, et se considérant, par le vœu intérieur, comme à jamais consacrées à Dieu.

Je n'ai rien à noter d'intéressant sur les autres noms.

---

1. Se rappeler ce qui a été dit précédemment sur son père M. de Bagnols, au tome II, p. 296.
2. Précédemment, tome III, p. 197.

On rencontre parmi les pensionnaires de la maison des Champs une Hélène de Muskry, Irlandaise, et dont la famille figure dans les Mémoires du chevalier de Grammont. Mademoiselle Hamilton, la future madame de Grammont, était sortie de Port-Royal à cette date et occupait déjà le monde : nous la retrouverons un jour. En tout il y avait une soixantaine de pensionnaires, tant à la maison de Paris qu'aux Champs, trente au plus dans chaque maison ; il n'y en eut jamais plus à Port-Royal, de même que le monastère au complet se composait de cent vingt filles religieuses.

L'habit qu'on avait précipitamment donné aux novices à la suite de la première visite du lieutenant civil fut mal interprété en Cour, et ce magistrat revint le 4 mai porteur d'une lettre du roi dans laquelle il était fait à l'abbesse une réprimande à ce sujet avec ordre de faire à l'instant quitter l'habit à ces novices et de les renvoyer, ainsi que quelques pensionnaires qui, par suite de l'absence des parents, étaient demeurées encore. Ces dernières furent conduites et remises comme en dépôt au couvent des Ursulines de la rue Saint-Jacques. Pareille visite du lieutenant civil, pour le même objet, eut lieu le lendemain 5 mai au monastère des Champs. La mère Agnès s'empressa d'écrire au roi une lettre de respect et d'humble remontrance, où elle se plaignait du dessein qui se manifestait trop bien par ce nouvel ordre applicable aux novices mêmes, et qui n'allait à rien moins qu'à « éteindre une des plus anciennes abbayes du royaume; » elle représentait sur ce point au roi très-chrétien ses scrupules comme abbesse, et ses peines de voir arracher de sa maison tant de filles que Dieu y avait unies déjà et conjointes à lui et à leur Communauté[1].

« Le roi (selon la Relation) reçut fort bien cette lettre

---

1. Sept novices et huit postulantes, en tout quinze personnes.

et la lut avec grande attention. Madame la comtesse de Brienne la mère a dit depuis à M. d'Andilly, que s'étant trouvée le matin au lever de la reine-mère, le roi entra et dit à Sa Majesté : « Madame, je viens de recevoir la plus belle lettre du monde de l'abbesse de Port-Royal. Elle me mande qu'elle ne peut en conscience dévoiler ses novices à qui on lui ordonne d'ôter le voile, mais que pour ce qui est du reste, si je continue à vouloir user de mon autorité, elle m'obéira avec respect. »

Je ne sais si le roi dit en effet de telles paroles, auxquelles les effets répondirent peu : mais l'amour-propre de Port-Royal, trop à l'image de celui de M. d'Andilly, se payait souvent de ces vaines louanges.

Le 8 mai, M. Singlin, qui avait la charge de supérieur des deux monastères, dut se retirer en toute hâte pour se dérober à une lettre de cachet datée du même jour, qui l'exilait à Quimper en Bretagne. Le nouveau supérieur imposé par les grands vicaires, et qu'eux-mêmes eurent à choisir sur une liste de sept noms envoyés par M. Le Tellier, fut un M. Bail plein de préventions, qui n'était pas un méchant homme, mais sans mesure et sans tact, un théologien de la plus commune espèce et dont le langage nous semblera grossier à côté de celui de ces Messieurs.

Le 13 mai, le lieutenant civil revint pour la troisième fois, accompagné du procureur du roi et aussi du chevalier du guet. Ce dernier avait commandement d'arrêter M. Singlin qui ne s'y trouvait plus. Une lettre impérative du roi, et contre-signée Le Tellier, enjoignait à l'abbesse d'ôter l'habit sans délai aux dernières novices reçues et de les renvoyer toutes, ainsi que le restant des postulantes. On promettait de rendre la faculté d'en recevoir à l'avenir, lorsqu'un supérieur non suspect aurait remis la maison en bon crédit. L'abbesse se soumit, et ne pouvait que se soumettre, en ce qui était du renvoi; mais ôter l'habit à qui l'avait reçu était une énormité ecclésiastique dans laquelle sa religion était intéressée. Elle se borna à déclarer aux novices qu'elle les laissait libres de le quitter ou non. Ces pauvres filles se trouvèrent sur cela dans une grande perplexité, ne sachant quel parti prendre entre leur devoir envers Dieu et l'ordre si précis du roi. On leur présenta même leur habit séculier pour qu'elles eussent toute liberté d'en changer à l'instant, mais pas une ne put s'y résoudre. « Enfin, dit la Relation, M. d'Andilly (qui dans les grandes circonstances s'improvisait comme un supérieur laïque et volontaire, et qui faisait ici l'intérim de M. Singlin) se trouva là pour les encourager à demeurer fermes et constantes dans la condition où Dieu les avoit mises, quoi qu'il en pût arriver. Elles n'y étoient déjà que trop portées, mais elles se sentirent tellement fortifiées, qu'elles se résolurent de se laisser mettre en pièces, ainsi que dirent quelques-unes d'entr'elles, plutôt que d'abandonner leur voile et leur habit, si on ne le leur arrachoit de force ou de violence. » Personne ne songeait à en venir à cette extrémité. Elles sortirent donc le 14 mai dans l'habit qu'elles avaient : cependant, par respect pour l'ordre du roi, on leur mit des écharpes sur la tête, et l'on sauva ainsi l'apparence.

Les grands vicaires vinrent le 17 mai pour faire exécuter les ordres qu'ils avaient reçus; ils amenèrent M. Bail afin de l'installer comme supérieur. L'abbesse résista sous prétexte que l'archevêque, c'est-à-dire le cardinal de Retz, ayant donné M. Singlin pour supérieur, on ne pouvait en conscience en recevoir un autre tant que l'autorité légitime ne l'avait pas dépossédé régulièrement : auquel cas les religieuses avaient par leurs Constitutions le droit d'en présenter un. C'était un privilége qu'elles tenaient encore du cardinal de Retz. Il fut convenu, après bien des pourparlers, que M. Bail serait reçu comme « envoyé et commis de la part des grands vicaires. » Ces derniers, et à leur tête M. de Contes, doyen de Notre-Dame, étaient assez favorables à Port-Royal et auraient voulu lui épargner les rigueurs. M. de Contes était un ecclésiastique poli, homme du monde, bienveillant dans les rapports de son office ; mais il n'était pas du bord de ces Messieurs comme on l'entendait ; il n'était pas de l'étoffe dont se font les ermites et les martyrs. M. de Pontchâteau, dans son zèle étroit, l'a jugé avec une rigueur qui tient du fanatisme, lorsque, apprenant sa mort dix-huit ans après, il en écrivait (4 août 1679) :

« Vous aurez peut-être appris la triste mort de M. de Contes, doyen de Notre-Dame. Il est mort riche de 400 000 livres, dont on en a trouvé 200 000 en or et en argent dans ses coffres. Il avoit des provisions d'habits et de meubles qui ont surpris tout le monde. Mais surtout il avoit ses chambres pleines de sucre et de confitures, moisies, gâtées et demi-mangées par les rats. Avec tout cela il a partagé ses bénéfices à ses neveux et ses autres biens avec toute la sagesse humaine possible, et il s'est bien gardé de rien donner aux pauvres. Je me souviens que cet homme a fait autrefois une assez bonne action : c'est son premier Mandement ; mais il n'étoit pas digne d'y persévérer et de contribuer par là à la paix de l'Église : c'est ce qui l'obligea bientôt à le rétracter ; car le moyen qu'un homme qui aimoit tant le monde n'obéît point au monde ? »

Aux yeux de Port-Royal M. de Contes ne fit donc, en sa vie, qu'une assez bonne action ; il concerta avec quelques-uns de ces Messieurs, et probablement avec Pascal, un Mandement donné le 8 juin (1661), dont les termes, à la rigueur, permettaient de signer. Les religieuses de Port-Royal de Paris le signèrent non sans difficulté le 23 juin ; j'ai dit ailleurs[1] les peines qu'il

---

1. Tome III, p. 345-352.

causa au monastère des Champs, où l'on était moins bien informé, et les douloureuses angoisses, l'agonie de conscience de la sœur de Sainte-Euphémie (Pascal), qui mourut à la suite de cette lutte intérieure. Mais bientôt le Mandement ambigu fut révoqué par un Arrêt du Conseil d'État à la date du 9 juillet : le Pape ayant aussi témoigné sa désapprobation, par un bref où il taxait de fausseté et de *mensonge* l'interprétation des grands vicaires, ceux-ci effrayés firent un second Mandement (31 octobre 1661) qui ne laissait plus l'ombre d'un doute, et dans lequel les propositions qualifiées hérétiques étaient présentées non-seulement comme devant être condamnées en elles-mêmes, mais encore comme étant extraites du livre de Jansénius et condamnées au sens de cet auteur. La question de la signature se posait dans toute sa netteté.

Pour les ecclésiastiques et docteurs, ne pas signer, c'était faire acte de libre examen, marquer que sur un point de fait on tenait à son propre sens et qu'on y tenait publiquement, au risque même, en ayant raison là-dessus, de laisser se grossir et s'éterniser une querelle toujours périlleuse. Mais enfin cela était du ressort des docteurs.

Pour des religieuses comme celles de Port-Royal, refuser la signature, c'était marquer que sur ces points de doctrine on avait un avis ou du moins une prévention fondamentale, et qu'entre les différentes autorités extérieures qui étaient en opposition et en conflit, il y avait des autorités particulières, intimes et voisines du cœur, qui balançaient pour le moins, dans l'opinion qu'on s'en formait, la grande autorité publique du Saint-Siége et des puissances régulières. C'était pour des filles faire acte plus ou moins de docteur, et décidément prendre fait et cause pour certains docteurs.

On le savait bien, et tout le vif de l'insistance d'un côté, et de la résistance de l'autre, était là.

La mère Angélique mourante écrivit le 25 mai à la reine-mère une lettre de justification dans laquelle on lisait ces mots :

« Quant à ce qui regarde, Madame, les erreurs contre la foi dont on dit que cette Maison a depuis été infectée, je déclare devant Dieu à Votre Majesté que nos directeurs ont eu, au contraire, un soin si particulier de ne nous entretenir jamais, et de ne permettre point qu'on nous entretint de ces matières contestées qui sont si fort au-dessus de notre sexe et de notre profession, que bien loin de nous en donner connoissance, ils nous ont toujours éloignées de tout ce qui avoit quelque apparence de contention, et que pour cette seule raison *on ne nous a jamais fait lire aucun des livres même dont le sujet est plus édifiant, comme entr'autres celui* de la-Fréquente Communion. »

Certes quand une personne, comme elle, parle ainsi, il faut la croire. Pourtant sa digne sœur la mère Agnès avait gardé un coin de curiosité à la d'Andilly pour les choses de l'esprit jusque dans la dévotion; plus d'une avait pu l'imiter, et dans tous les cas, si jusqu'à ce moment les religieuses étaient restées étrangères à ces questions du dehors, il devient trop évident qu'on répara avec elles le temps perdu. La sœur Angélique de Saint-Jean, grand esprit et qui fut l'âme de Port-Royal en ces nouvelles épreuves, savait tout ce qu'on en pouvait savoir et l'apprit vite aux autres. Elle ne s'occupait pas seulement du dedans, elle correspondait avec les amis et les tenait au courant de l'état des choses, de la disposition des esprits; elle sollicitait des secours spirituels et des appuis soit de l'évêque d'Angers son oncle, soit de l'évêque d'Aleth M. Pavillon, et, sous air de rechercher et de révérer leur avis, elle les exhortait et leur traçait leur voie : elle était fille à en remontrer aux évêques eux-mêmes.

Le premier soin de M. Bail, en prenant possession de la supériorité qui lui avait été commise, fut d'éloigner les confesseurs ordinaires, en fonction sous M. Singlin, et qui étaient de la maison même, gens de bien, modestes et tout pratiques, tout cachés en Dieu, M. de Rebours, le plus âgé, qui en mourut de douleur deux mois après, M. d'Allençon, M. Akakia du Mont. On ne pouvait croire que les religieuses fussent sans communication habituelle avec les chefs du parti; on ne s'expliquait que de la sorte leur résistance prolongée, et très-extraordinaire chez des personnes de leur état. Un lundi, 25 juillet, le lieutenant civil et le procureur du roi vinrent, dès six heures et demie du matin, à pied, ayant laissé leur carrosse à quelque distance, pour examiner à l'improviste tous les dehors de la maison et s'assurer s'il n'y avait pas quelque porte de derrière. Ayant mis la main sur le portier et sur une des tourières, ils se firent conduire chez toutes les personnes qui avaient un logement sur la cour, entrèrent chez madame de Sablé, qui était encore au lit et qu'ils firent éveiller[1], chez M. de Sévigné, chez mademoiselle d'Atri, chez mademoiselle Gadeau (une ancienne demoiselle de compagnie de la marquise d'Aumont). Ils montèrent à une échelle pour regarder par-dessus les murs du jar-

---

1. C'est à l'occasion de cette visite ou de quelque autre du même genre qui se fit en ces années, que mademoiselle de Vertus écrivait à madame de Sablé : « Je fus bien mortifiée de ne vous point entretenir sur la visite que vous avez reçue. Nous sommes dans un temps où on est à la merci de gens si passionnés qu'en vérité on passe par-dessus toutes les sortes d'égards et de bienséances. Il en faut bénir Dieu ; on mérite bien tout cela. Mais quand je sus qu'on avoit été chez vous, mon cœur s'enfla terriblement. Il est très-fâcheux qu'il n'y ait pas un seul homme de qualité dans le Conseil de conscience. »

din. « Cette visite, a dit un historien janséniste[1], étoit une espèce de circonvallation du monastère en attendant le grand siége. » N'ayant pu entrer dans le logis de madame de Guemené absente, ils revinrent le 1ᵉʳ août, après en avoir fait demander les clefs. Une porte sous un escalier, qui donnait dans le monastère, mais qui était condamnée et murée depuis le temps de la Fronde, fut matière à explication. Ils ordonnèrent de faire murer la porte du logis de M. de Sévigné qui donnait sur la cour, celle de madame de Sablé également, et une autre porte qu'elle avait sur l'intérieur du monastère, et aussi de faire hausser les murs des jardins nouveaux. Le lieutenant civil revint le 18 août et ordonna, de la part du roi, de faire boucher la grille ou tribune de madame de Guemené qui donnait sur l'église de dehors, et particulièrement celle de madame de Sablé qui répondait au chœur. Pour cette dernière ouverture, on eut beau représenter « l'incommodité de madame la marquise; qu'elle avoit obtenu cette permission du présent évêque de Toul (M. du Saussay), alors grand vicaire et supérieur de Port-Royal, et que de plus elle ne la faisoit jamais ouvrir que pour elle seule ou pour des personnes qui avoient droit d'entrer dans le monastère comme Mademoiselle (la grande Mademoiselle), pour qui elle l'avoit fait ouvrir deux fois, et pour madame de Longueville, ce qu'elle n'avoit pas même fait sans la permission de l'abbesse; » à tout cela on répliqua que c'était là une chose bien particulière : l'ordre précis de faire murer cette grille fut réitéré et mis à exécution[2]. On avait toujours dans l'idée qu'il se tenait des assemblées nocturnes, des conciliabules où les amis

---

1. Hermant.
2. J'aurai occasion de revenir sur cette grille, sur cette porte de communication de madame de Sablé. Si on en avait l'histoire complète, on saurait bien des secrets.

et les docteurs du dehors venaient exhorter les principales religieuses et ravitailler l'esprit du dedans. Mais cet esprit se riait des murailles et des clôtures ; il vivait dans les cœurs, il s'y était logé depuis des années et y avait pris racine de façon à résister ensuite à toutes les privations et à toutes les disettes, et à n'avoir plus besoin d'aliment quotidien. La persécution, la contradiction était un stimulant désormais suffisant pour l'entretenir. On s'entendait à distance, et le souffle invisible continuait de passer des uns aux autres et de se faire sentir nonobstant les captivités et les retraites cachées.

En lisant le curieux recueil des Actes et Relations dressés par les religieuses mêmes de Port-Royal durant cette persécution de 1661 à 1665, bien des pensées contraires se partagent un esprit impartial et de bonne foi, et il y a quelque travail à faire avec soi-même pour les démêler.

L'impatience, je l'avouerai, est un de ces premiers sentiments. On a peine à pardonner à ces pieuses filles un entêtement si absolu sur un point accessoire et qui paraît si peu considérable. Elles disent qu'elles ne peuvent pas signer que Jansénius a été coupable de certaines hérésies, parce qu'elles sont ignorantes et incapables de lire le gros livre latin où ces hérésies auraient été articulées. Mais, catholiques, et vouées particulièrement à l'obéissance comme religieuses, elles s'en rapportaient aux autorités compétentes sur bien d'autres points essentiels et sur bien des faits qu'elles étaient hors d'état de vérifier. On a besoin, pour se rendre compte ici d'un arrêt d'esprit si insurmontable, de se dire que lorsqu'elles résistent si fort au sujet de Jansénius, c'est qu'elles savent qu'il a été l'ami le plus intime de M. de Saint-Cyran leur père, leur réformateur, et elles le défendent dès lors à ce principal titre comme un de leurs auteurs propres, un peu comme les Dominicains feraient saint Dominique, les Bénédictins saint Benoît, comme elles-mêmes feraient pour saint Bernard lui-même, si on l'attaquait : qu'on aille au fond, c'est là leur pensée, et tous les faux-fuyants, les airs d'humilité et d'ignorance dont elles s'efforcent de l'envelopper et de la couvrir, ne sont que pour la forme et pour le prétexte.

Mais cette pensée même, bien que si peu d'accord avec leur condition soumise qui devait les tenir éloignées de toute contention, est une pensée honorable, une fidélité à l'ami de nos amis. Dans un des intervalles de la longue crise où nous entrons, les religieuses firent une espèce de Requête ou de vœu adressé à saint Joseph (15 mars 1662), et elles y marquèrent leurs intentions en plusieurs articles; par l'un des articles on est informé qu'elles font ce vœu « pour *six personnes* dont l'état est connu à Dieu, afin qu'il leur donne, s'il lui plaît, ce qui leur est nécessaire pour leur salut, auquel nous devons prendre, disent-elles, un intérêt particulier par reconnoissance de nos obligations envers elles. » — Ces six personnes qui ne sont pas nommées, et pour lesquelles on prie à Port-Royal, quelles sont-elles ? C'est Arnauld, Nicole, M. Singlin, M. de Saci, M. de Sainte-Marthe, et un autre encore, soit M. d'Andilly, soit Pascal, soit simplement peut-être un des pieux confesseurs tel que M. Akakia (M. de Rebours étant déjà mort). Il y a, ce me semble, dans cette mention de six absents, auxquels on est si étroitement lié par la reconnaissance chrétienne, toute la clef de la résistance des religieuses de Port-Royal sur le fait de Jansénius. Jansénius aussi, l'ami le plus cher de M. de Saint-Cyran, était un des persécutés; il l'était dans sa mémoire et après sa mort, et ces religieuses qui le croyaient fermement innocent, puisqu'il l'était aux yeux de leurs six amis, se faisaient un cas de conscience, ou, comme nous dirions humainement, un point de générosité et d'honneur, de ne pas céder, de ne pas le reconnaître coupable et de ne consentir en rien à sa flétrissure. Elles s'exposaient à toutes les rigueurs ecclésiastiques et séculières plutôt que de souscrire à un article si particulier, mais dans lequel elles avaient mis leur religion, M. d'Ypres étant pour elles, je le répète, le représentant de la sainte doctrine et signifiant la même chose qu'Arnauld ou M. de Saint-Cyran. Il y a là un côté respectable au milieu de toutes les petitesses, et on hésite en définitive à condamner absolument une fermeté invincible, qui fait ses preuves par tant de sacrifices. Telle est la pensée morale qu'on dégage, non sans effort et sans peine, de cet amas de procès-verbaux, de paroles et d'écritures.

Et puis, comme étude du cœur humain au sein d'un groupe religieux, rien n'est plus curieux à suivre que cette force d'organisation imprimée de longue main par quelques directeurs et par de mâles abbesses à un couvent de filles, force de cohésion telle que rien ne pourra le démembrer ni l'entamer; que de ce nombre de plus de cent professes, une douzaine au plus, et des moindres, des plus chétives, se détacheront; que le reste demeurera uni, ferme, parlant, agissant, se dévouant comme un seul homme, comme une seule femme, et que cet esprit indestructible perpétué jusqu'à la fin dans le monastère n'expirera qu'avec la dernière professe et ne pourra s'éteindre dans la ruine même des pierres. Qu'on dise qu'il y a eu là de l'esprit de secte, mais l'exemple est mémorable, et tout nous atteste dans cette École de Jésus-Christ, comme on l'entendait de ce côté, une singulière vigueur ressaisie quelque part aux sources, et la puissance originelle du lien.

M. Bail commença une visite régulière à Port-Royal de Paris, qu'il termina en allant au monastère des Champs; il s'agissait d'un examen complet des deux maisons et d'une revue de toute la Communauté. Il y mit près de deux mois (12 juillet-2 septembre 1661). M. de Contes, doyen de Notre-Dame, présida à l'opération, au moins au commencement et à la fin. On a le détail de tous les interrogatoires. J'y insisterai peu parce qu'on aura comme une nouvelle et plus solennelle représentation de cette visite dans celle que fera l'archevêque Hardouin de Péréfixe trois ans plus tard. M. de Contes fit l'ouverture par un discours modéré, indulgent et doux ; il semblait s'excuser de prendre part à des mesures de rigueur ou de méfiance. M. Bail, qui n'était que son assistant, parla ensuite, mais d'une manière qui parut tout à fait injurieuse et qui était en effet brutale. Il disait par exemple :

« Mes très-chères Sœurs en la charité de Notre-Seigneur Jésus-Christ, ayant été choisi par messieurs les grands vicaires de ce diocèse, et particulièrement par monsieur le Doyen que voilà ici présent... pour prendre connoissance de cette maison, j'ai accepté cette charge...; car je pensois de deux choses l'une, ou que s'il s'étoit glissé quelque erreur parmi vous, nous le pourrions réformer, ou que s'il n'y en avoit point, ce qui est beaucoup plus souhaitable et désirable, nous lèverions la diffamation publique et le scandale qui s'en est répandu partout. »

Il insistait sur l'ancienneté des visites qui sont, disait-il, une coutume ordinaire dans l'Église. Remontant pour cela jusqu'à la Création après laquelle Dieu regarda et considéra tous ses ouvrages et vit qu'ils étaient grandement bons, il passa ensuite au Déluge :

« Et lorsque les hommes eurent élevé cette tour de Babel après le Déluge, Dieu qui sait connoître toutes choses descendit pour voir cet ouvrage de vanité : *Descendam et videbo*, je descendrai et je verrai. Et devant que de punir les villes abominables de Sodome et de Gomorrhe qu'il vouloit détruire pour le péché de luxure, il voulut, lui qui connoît éternellement toutes choses et dont la science est infinie, il voulut, dis-je, le voir et en être témoin, et il dit encore : *Descendam et videbo.* »

Joseph envoyé par Jacob et interrogé sur ce qu'il cherchait répondait : *Fratres meos quæro*, je cherche mes frères. — « Ainsi, s'écriait M. Bail, si l'on me demande quel est mon dessein dans cette visite, à quoi je tends, *à quoi je bute*, je répondrai : *Sorores quæro*, je cherche mes sœurs. »

M. Bail, on le voit, n'avait guère profité de la manière d'écrire de M. Arnauld. Il parla ensuite de la concupiscence, des déréglements qui se glissent surtout dans les monastères : « Car les diables d'Enfer, disait-il, ont une rage particulière contre les personnes vouées à Dieu, et contre les grandes épouses de Jésus-Christ; il n'y a rien qu'il (le Diable par excellence) ne fasse pour les perdre, et lorsqu'il en attrape quelqu'une, vous ne sauriez croire combien il triomphe, il piaffe : car c'est son mets délicieux et sa viande choisie, *Esca ejus electa.* » Il en venait aux démoniaques proprement dites, aux possédées dont il citait un récent exemple en Bourgogne, mais surtout il insistait sur la damnable hérésie qui était la contagion régnante, et sur la nécessité de s'en enquérir :

« Car le bruit court, depuis plusieurs années, que vous en êtes infectées, disait-il, et il seroit bien merveilleux que cela fût faux, ayant été entourées et environnées depuis longtemps de personnes suspectes; je n'en veux pas dire davantage, je ne blesse pas leur réputation, elles sont suspectes à toute la France et avec raison. Il y a déjà plusieurs années que des personnes prévenues de ces erreurs ont fait des assemblées dans votre maison de Port-Royal des Champs et avoient imbu même plusieurs enfants de cette mauvaise doctrine; et depuis vous avez toujours été conduites par de semblables personnes. »

On sent quel effet devait produire un tel langage sur

des religieuses instruites et pures, habituées à une conduite régulière, discrète, à des enseignements simples et évangéliques, et à suivre comme directeurs des hommes tels que M. de Saci et M. Singlin. Elles en eurent le cœur outré, et elles purent se dire : « En quelles mains sommes-nous tombées ? »

Ces mains n'étaient que grossières et non malfaisantes. Dans l'interrogatoire des sœurs une à une, M. Bail renouvelait continuellement les mêmes questions conformes aux préjugés répandus contre le Jansénisme, ou bien c'était M. de Contes qui les posait devant lui pour le satisfaire :

« Vous a-t-on jamais dit que Jésus-Christ n'étoit pas mort pour tous les hommes? » —

« Croyez-vous que tout le monde soit sauvé? » —

« Croyez-vous que Dieu refuse sa grâce à quelques personnes? » —

« Dieu a-t-il fait des commandements impossibles? » —

« La Communauté communie-t-elle ? — n'est-on point quelquefois trois mois sans communier? »

Les réponses furent uniformes et telles qu'on les pouvait attendre d'un christianisme pratique et sensé. M. de Contes en paraissait heureux, et M. Bail n'en était pas fâché. Lorsqu'il en fut à interroger des filles d'esprit et notamment la sœur Angélique de Saint-Jean, je laisse à penser lequel des deux passait son examen. Avec cette sœur Angélique, bien connue comme l'aînée des filles de M. d'Andilly et dont la réputation s'étendait déjà, M. Bail voulut être agréable. Cet interrogatoire, qui est le douzième et de la rédaction de la sœur Angélique, est une petite scène digne des *Provinciales*. Le propos en étant venu sur ce qu'on avait entendu le matin dans le discours de M. Bail, et M. de Contes ayant dit assez finement à la sœur Angélique et pour lui donner occasion de s'expliquer : « Vous avez ouï ce qu'on vous a dit ce matin ; quelle est votre pensée sur cela? »

— « Je vous assure, Monsieur, répondit-elle, qu'un coup de tonnerre sur ma tête, à l'heure que je m'y attendrois le moins, ne m'auroit pas tant surprise.... En vérité, Monsieur, nous en sommes toutes étourdies, jamais nous n'entendîmes de pareilles choses, et tout notre Noviciat que je viens de quitter en est si effrayé, que je ne sais si elles pourront parler quand il faudra qu'elles comparoissent ici. »

Monsieur le Doyen : — « Hé! pourquoi, pourquoi donc? »

La Sœur Angélique : — « Hé! Monsieur, qu'y a-t-il de plus surprenant à des filles qui vivoient ici dans une profonde paix et un oubli général du monde, ne pensant plus qu'à jouir du repos où Dieu les avoit mises dans leur retraite, et à se préparer pour entrer dans un autre repos éternel quand Dieu les y appelleroit? et tout d'un coup on leur vient parler d'anathèmes, on leur fait voir qu'elles sont sur le bord ou déjà dans le précipice de l'hérésie : qui est-ce qui n'auroit pas peur? on les compare à Sodome et à Gomorrhe, à des magiciennes, aux possédées d'Auxonne, cela n'est-il pas capable de surprendre? Tout de bon, nous ne savons où nous en sommes. »

M. Bail : — « Ho! mais cela ne se dit pas par comparaison; j'ai voulu seulement vous faire voir comme quoi le Diable tâche par tous moyens de perdre les personnes religieuses. »

La Sœur Angélique : — « Je vous ai fort bien compris, mais cela n'empêche pas que cela ne nous ait été dit à nous et à notre sujet, et qu'il ne soit très-vrai que l'hérésie dont on nous accuse soit un crime plus grand que tous ceux-là. C'est pourquoi vous n'eussiez pas eu tort de faire la comparaison, s'il étoit vrai que nous fussions coupables. »

M. Bail : — « Il est quelquefois besoin d'étonner au commencement afin d'émouvoir. »

La Sœur Angélique : — « Oui, Monsieur, mais les remèdes qui n'ont point d'autre effet que d'émouvoir, sont très-souvent dangereux. »

Cet interrogatoire qui se prolongea ainsi en conversation s'assaisonna de sourires et se termina par un com-

pliment de M. Bail, qui le tourna bien agréablement
« autant qu'il le put faire. » La femme d'esprit l'avait
tout à fait gagné.

Au monastère des Champs, quand M. de Contes et
M. Bail s'y transportèrent (22 août), on procéda de
même. M. Bail fit un discours d'ouverture également
inconvenant, suivi d'une visite également satisfaisante.
On a l'interrogatoire de la sœur Jacqueline de Sainte-
Euphémie (Pascal) qui vivait encore, et rédigé par elle-
même. M. Bail interrogea cette noble fille sans bien savoir à qui il avait affaire. Elle le fit sourire à un moment
en lui récitant deux vers français. Sur une de ses questions
habituelles qu'il lui adressa : « Si Jésus-Christ est mort
pour tous les hommes, d'où vient donc qu'il y en a tant
qui se perdent éternellement ? » elle lui répondit :

« Je vous avoue, Monsieur, que cela me met souvent en
peine, et que d'ordinaire quand je suis à la prière, et particulièrement devant un Crucifix, cela me vient à l'esprit, et je
dis à Notre-Seigneur en moi-même : Mon Dieu, comment
se peut-il faire, après tout ce que vous avez fait pour nous,
que tant de personnes périssent misérablement? Mais quand
ces pensées-là me viennent, je les rejette parce que je ne
crois pas que je doive sonder les secrets de Dieu. C'est
pourquoi je me contente de prier pour les pécheurs. » — Il
répliqua : « Cela est fort bien, ma fille. Quels livres lisez-
vous ? etc. »

L'interrogatoire de la sœur de Sainte-Euphémie a un
caractère de simplicité et de sérieux qui touche, quand
on songe à la fin prochaine de cette noble fille à moins
de six semaines de là. Elle ne s'y permet pas la légère
pointe de raillerie qu'on aurait pu attendre d'une sœur
de Pascal et que la sœur Angélique s'est accordée plus
librement. Elle est déjà dans le pressentiment et sous
l'impression sévère des approches de la mort.

Mais ce n'était pas tout pour le monastère d'avoir sa

justification authentique de mœurs et de doctrine dans l'Acte de visite que dressèrent M. de Contes et M. Bail; il restait toujours cette signature du Formulaire, que les gens du monde et de Cour ne s'expliquaient pas qu'on refusât si obstinément de donner. Le nouveau Mandement des grands vicaires l'exigeait nettement et sans subterfuge. Le monastère en discuta toute une journée, après y avoir réfléchi pendant huit jours dans la prière. La mère Agnès avait, dès le principe de la délibération, exposé la difficulté du cas et les divers partis à prendre dans un discours qui, sous sa forme prudente, était ce qu'on appellerait en d'autres matières un beau discours d'opposition. On en passa après mûr examen par son avis, qui était de ne signer qu'avec un *en-tête* qui signifiait au fond qu'on se soumettait en ce qui était de la foi, mais qu'on demeurait sur la réserve pour le reste. Sauf l'enveloppe et la circonspection des termes, c'était le sens. Cette signature, qui est du 28 novembre 1661, est la dernière limite et la plus extrême, où la conscience des religieuses leur permettait d'aller dans ce qu'elles considéraient comme une voie de concession : *Rien au delà* fut désormais leur devise, et Bossuet pas plus qu'un autre, s'il les avait vues et chapitrées, et s'il leur avait adressé les lettres et discours qu'on sait qu'il prépara deux ou trois ans plus tard et qu'on lit dans ses Œuvres, n'y aurait rien gagné. Un Ange qui serait descendu exprès du Ciel pour les convaincre n'y aurait pas réussi (elles en conviennent) et leur aurait paru un faux Ange, les exhortant à violer la loi de Dieu ; elles auraient fait selon le précepte de saint Paul, elles lui auraient dit *anathème*. L'honnête et bienveillant M. de Contes ne fut pas sans leur dire e leur redire la seule chose sensée, c'est « que jamais leur signature, si elles la donnoient pure et simple, ne seroit prise pour une marque de leur créance, mais seulement de leur respect, parce qu'il n'y avoit personne qui ne sût bien qu'un fait ne pouvoit être un article de foi. » Rien n'y faisait, la position était prise. Paraître consentir au jugement de ceux qui condamnaient M. d'Ypres, c'était témoigner contre leur créance intérieure, c'était tromper l'Église et faire un mensonge. Plutôt souffrir mille morts que de mentir une seule fois. C'est par cet angle unique qu'elles envisageaient fixement l'affaire, sans biais possible, sans voie d'accommodement. L'esprit des Arnauld se retrouvait là dans son immuabilité et son impossibilité de jamais céder, esprit irréductible dans ses points d'arrêt et irramenable. Et ici cet esprit s'était logé dans un couvent de femmes, ce qui ne le rendait pas plus facile.

« Il me semble, dit à ce sujet la Relation, qu'en considérant ce qui se passe maintenant sur ce sujet, on peut faire une allusion, qui n'est pas désagréable, à l'histoire de l'*ânesse de Balaam*, qui ne se remuoit point pour les coups dont ce prophète la chargeoit, quoique sans doute elle sentit de la douleur, parce que l'Ange du Seigneur lui paroissoit l'épée à la main pour l'empêcher de passer, et, par son regard tout brillant de lumière et de feu, la rendoit capable de suivre la volonté de Dieu, quoique son maître ne la pût connoître. »

Je ne sais si la comparaison est aussi agréable qu'elle le paraît à la plume janséniste qui s'y complaît, l'image du moins est expressive ; je ne me la serais pas permise de moi-même, mais je la donne comme je la rencontre.

Les miracles à Port-Royal ne manquent jamais, et ils viennent à temps. On sait ce qu'il en fut de celui de la Sainte-Épine qui, il y avait quelques années, était survenu si à point pour suspendre la persécution imminente. Un nouveau miracle se fit à ce moment dans les premiers jours de janvier 1662. Une des religieuses, la sœur Catherine de Sainte-Suzanne, fille du peintre Champagne, et qui ne pouvait marcher depuis quatorze mois, étant affligée d'un mal nerveux ou rhumatismal du côté droit et de la cuisse droite, se trouva guérie subitement et en état de marcher à la suite d'une neuvaine commencée pour elle par la mère Agnès. En telle matière on ne saurait mieux faire que de donner le témoignage de la miraculée elle-même :

« Le jour des Rois que la neuvaine devoit finir, écrit la sœur de Sainte-Suzanne, on m'avoit portée le matin à l'église pour communier, et l'après-midi j'entendis vêpres dans une tribune qui est proche de la chambre où je demeure. La mère Agnès, au sortir des vêpres, me trouva là et s'approcha de moi pour faire sa prière ; mais, en la commençant, il lui vint un mouvement d'espérance de ma guérison, qu'elle n'avoit point eu pendant toute la neuvaine, n'ayant pas même eu intention expresse de la demander.

« La prière étant achevée, je voulus essayer si je n'aurois pas plus de liberté pour marcher ; mais je me trouvai dans toute la même impuissance, et je commençai quasi à perdre l'espérance que j'avois eue que Dieu exauceroit peut-être cette fois-là les prières qu'on lui faisoit pour moi ; ce qui me fit dire sur l'heure que si je n'étois pas guérie le lendemain, je ne guérirois jamais. Le soir en allant me coucher, je voulus m'essayer encore, et il me sembla que je sentois un peu plus de liberté dans la jambe ; mais j'avois une douleur sous le pied qui m'empêchoit de m'y appuyer en aucune manière. Étant au lit j'eus plus de douleur et d'inquiétude que de coutume, et la fièvre fut aussi plus forte ; je ne reposai presque point ; on me leva dès le matin (7 janvier 1662), dans une chaise à mon ordinaire, environ sur les huit heures.

« Sur les neuf heures, une sœur qui me faisoit la charité de dire l'office avec moi, étant venue pour dire tierce, me demanda si je n'étois point guérie. Je lui répondis tristement que non, et que j'avois même été plus mal cette dernière nuit que les autres. Elle me quitta pour aller à la grand'messe et je demeurai seule. Comme on étoit à la Préface de la messe que j'entendois chanter du lieu où j'étois, il me vint tout d'un coup en pensée de me lever et d'essayer encore à marcher. Je me levai à l'heure même sans aide, au lieu que c'étoit auparavant tout ce que pouvoit faire une personne de m'aider à me soulever, et je commençai à marcher en m'appuyant d'abord aux meubles et aux murailles ; mais aussitôt je sentis que je marchois avec liberté et je fus jusqu'au bout de la chambre sans oser néanmoins sortir, parce que l'étonnement où j'étois me causa un si grand battement de cœur et un si grand froid par tout le corps, que je ne savois ce que j'allois devenir. Je me mis à genoux sans peine, pour remercier Dieu et adorer le Saint-Sacrement, parce qu'on sonna en même temps l'élévation de la grand'messe, et je me relevai de même sans difficulté.

« Sur cela une sœur étant entrée dans la chambre pour chercher quelqu'un, je la priai de dire à la sœur qui avoit soin de moi, qu'elle prit la peine de venir, sans lui en dire le sujet. Aussitôt qu'elle fut venue, je me levai et lui dis l'état où je me trouvois ; et à l'heure même, après avoir adoré le Saint-Sacrement dans la tribune, j'allai de mon pied trouver dans sa chambre la mère Agnès qui ne savoit rien de cette merveille. Je fus ensuite entendre la messe avec elle où je demeurai presque toujours à genoux, et de là je descendis un degré de quarante marches pour aller à l'avant-chœur devant le Saint-Sacrement et devant la crèche rendre grâce à Jésus-Christ. Toute la Communauté m'y vit avec étonnement et chanta une antienne d'action de grâces d'une faveur si extraordinaire et qui nous est, en ce temps-ci, une preuve si sensible de la miséricorde de Dieu sur cette Maison qu'il daigne consoler lui-même dans toutes ses afflictions. »

Les amis extérieurs de Port-Royal auraient bien voulu donner à ce qui leur paraissait un pur miracle le même éclat et la même solennité de consécration qu'avait eus celui de la Sainte-Épine ; ils espérèrent, dans le premier moment, qu'il en serait ainsi. M. Hermant écrivait, de Beauvais, à M. d'Andilly, le 13 janvier :

« Je ne puis, Monsieur, retenir l'impétuosité de ma joie, et je crois vous devoir des marques de la part que je prends aux consolations toutes divines que Dieu verse dans le cœur des saintes filles pour qui le monde n'a que des menaces et qu'une extrême injustice. La voix des miracles se fait entendre plus loin que celle des hommes, et sans que vous m'ayez écrit, j'ai appris la guérison de la fille de M. Champagne, qui est au-dessus de la nature, et qui peut affermir celles de nos sœurs que la vaine terreur des enfants du siècle veut affoiblir dans la plus juste de toutes les causes; c'est la conduite de Dieu d'en user ainsi dans les nécessités de son Église.... Ayons pitié de ceux à qui ces prodiges ne seront qu'une matière d'endurcissement et de prévarication.... »

Mais le miracle n'eut qu'assez peu de retentissement, à ce qu'il semble, hors du cercle de Port-Royal, et cette fois, l'Art seul le devait immortaliser.

Le père de la malade, le peintre Champagne, par reconnaissance pour cette guérison et pour en consacrer la mémoire, fit ce beau tableau, qui fut longtemps au Chapitre de Port-Royal, et où il a peint sa fille et la mère Agnès en la même posture où elles étaient l'une et l'autre en faisant la neuvaine qui eut une si salutaire issue. L'une est étendue et demi-couchée, l'autre est à genoux; toutes deux ont les mains jointes et prient Dieu avec ardeur et componction.

Peinture simple, sérieuse, solide, fervente, assez pareille au style de ces Messieurs, avec l'éclat intérieur de plus. A force de vérité et de ressemblance dans les attitudes et dans les figures, le peintre au pinceau probe et fidèle est arrivé cette fois à une sorte d'expression idéale, qui vient toute du dedans. Un rayon d'espérance, une douce lueur de consolation, comme un Lesueur sait la peindre, se fait sentir sous ces chairs mortifiées et sur ces visages contrits. Le Ciel a souri sous son nuage. La mère Agnès en est prévenue dans sa ferveur attendrie.

La peinture de Champagne est le seul luxe d'art que

se permissent les religieuses de Port-Royal. La musique, bien que le plus angélique des arts, était négligée chez elles et absente; elles n'avaient pas d'orgues dans leur église et n'y voulaient que le chant grave et simple en l'honneur de Dieu. Pas de bouquets non plus ni de fleurs sur l'autel, pas de travail curieux des mains. « Il y en avoit assez sans cela, pensaient-elles, pour exciter la piété, *qui n'a pas besoin de choses qui attachent trop les sens pour transporter son cœur dans les plaies de Jésus-Christ.* » Mais la peinture de Champagne faisait exception et semblait au monastère comme une décoration domestique et naturelle. Elle était en accord avec le ton et l'esprit du lieu. Tout en est sincère; peintre et modèles, ce sont tous des *amis de la vérité.*

Lorsqu'elle accomplissait cette neuvaine, la mère Agnès n'était plus abbesse, elle venait d'être remplacée par la mère Madeleine de Sainte-Agnès de Ligny, régulièrement élue et confirmée (décembre 1661), personne de bonne naissance, fille d'un maître des requêtes, nièce et sœur d'évêques de Meaux, nièce du chancelier Seguier, patiente, sage, ayant la dignité convenable; qui n'était pas d'un esprit transcendant, mais toute formée des mains de la mère Angélique et de la mère Agnès, et qui sut tenir son rôle dans les difficultés étranges où elle se trouva. On pouvait croire que l'orage éclaterait dès le lendemain de son entrée en charge. Au mois de février 1662, le roi avait dit, en s'informant si les filles de Port-Royal avaient signé le papier qu'on leur avait donné, et en apprenant leur désobéissance : « Oh! bien, cela n'en demeurera pas là. » Madame de Guemené, qui était allée voir dans le même temps M. Le Tellier pour tâcher de l'adoucir en faveur de Port-Royal, le trouvant ferme et net sur les intentions déclarées du roi, lui dit : « Enfin, Monsieur, le roi fait tout ce qu'il veut, il fait des princes du sang, il fait des archevêques et des évêques, et il fera aussi des martyrs. » Cette idée de martyre, loin d'être un effroi, commençait même à devenir un attrait et une tentation pour les filles de Port-Royal. On arrivait à cette disposition périlleuse où l'on désire l'excès du mal pour en tirer un sujet de mérite ou de gloire et un nouvel éclat. On entrait dans la période d'exaltation qui, une fois en plein cours, ne peut s'épuiser que d'elle-même, et ne se laisse plus couper par des raisons. Les amis du dehors favorisaient imprudemment cette disposition des religieuses et leur écrivaient des lettres « pour les enflammer dans l'amour de la souffrance. » — « Quelques-uns même, dit la Relation, par un mouvement d'une jalousie dont la foi seule est capable, ne désiroient point notre délivrance, souhaitant pour notre bien que nous fussions immolées en sacrifice pour la défense de la vérité, et n'ayant de la tristesse et de la compassion que pour eux-mêmes, dans la crainte qu'ils avoient de ne point souffrir pour la vérité et de demeurer dans un repos honteux à leur zéle et à leur piété. »

Ne le voyez-vous pas? il y a amphithéâtre et spectateurs : la sainte lutte avec défi est engagée, il n'y a plus moyen de céder ni de se dédire. Toutefois, au moment où les choses étaient sur le point de se précipiter, et où le refus de signer purement et simplement semblait avoir amené l'affaire au dernier terme, un répit nouveau fut accordé et au monastère et à ceux qui étaient de la même communion spirituelle. Diverses circonstances y contribuèrent et détournèrent quelque temps la pensée du roi. Par suite de la démission enfin réglée du cardinal de Retz, M. de Marca venait d'être nommé archevêque de Paris. On attendait qu'il fût en place pour achever d'agir, et l'on comptait sur son habileté pour ramener les réfractaires et résoudre peut-être le cas par la douceur; il semblait y compter lui-même, lorsqu'il mourut trois jours après avoir reçu les bulles de Rome

(29 juin 1662)[1]. Messire Hardouin de Beaumont de Péréfixe, évêque de Rhodez et ancien précepteur du roi, fut aussitôt nommé pour lui succéder ; mais on dut attendre encore, et l'on attendit longtemps : ses bulles n'arrivèrent que près de deux ans après. Il était survenu une complication grave, l'affaire des Corses (20 août 1662). Cette insulte faite à l'ambassadeur de France à Rome, le duc de Créqui, et pour laquelle Alexandre VII refusa de donner satisfaction, amena entre le Pape et le roi une rupture qui profita naturellement à ceux qu'on poursuivait au nom du Saint-Siége[2]. Deux thèses en

---

1. Rien n'égale la joie injurieuse (j'ai regret de le dire) dont les amis de Port-Royal saluèrent cette mort de M. de Marca venue si à contre-temps pour lui. Ils y virent un jugement et une exécution manifeste de la Providence sur sa personne ; ils le considéraient, en effet, comme couvert des plus grands crimes, coupable de *polygamie spirituelle* pour avoir cumulé, ne fût-ce qu'un instant, le titre d'archevêque de Toulouse avec celui, tant convoité, d'archevêque de Paris ; coupable d'usurpation ou, pour mieux dire, de *meurtre* et d'*adultère spirituel* pour avoir pris l'Église de Paris, cette épouse légitime du cardinal de Retz, un si chaste archevêque comme on sait, lequel se trouvait, par cette dépossession, frappé de mort ecclésiastique. « *Occidisti, non possedisti*, disait un docteur d'alors, en triomphant de cette fin de M. de Marca ; tu as tué, mais tu n'as pas profité de ton crime. » Je tire toutes ces aménités d'un chapitre de M. Hermant, qui de plus écrivait au docteur Taignier sur la première nouvelle de cette mort : « Quel jugement effroyable que cette mort de *Photius* dans toutes ces circonstances ! Falloit-il donc faire tant d'intrigues pour n'acquérir que six ou sept pieds de terre, après les avoir achetés de vingt mille écus, etc., etc. ? L'horrible fracas que cette mort doit faire dans toute l'Europe sera pour couvrir de confusion les ambitieux qui vendent leur âme pour acquérir un peu de fumée, etc., etc. » — Honnêtes gens que l'esprit de parti entête et rend forcenés !

2. Les choses furent poussées si avant, qu'on permit à Loret, dans sa Gazette burlesque, de s'en égayer. Voici de ses vers qui se rapportent à la fin de l'année 1662, et qui semblent faire quelque allusion à la querelle janséniste elle-même :

> Je n'aurois cru jamais être homme
> A pouvoir pester contre Rome :
> Depuis deux ou trois mois entiers,

faveur de l'infaillibilité du Pape, qui se risquèrent en Sorbonne et au collége des Bernardins en 1663, provoquèrent une déclaration de la Faculté de théologie de Paris et une harangue de l'avocat général Talon, toute une levée de boucliers dans le sens des libertés gallicanes. Les Jésuites, partisans de la doctrine avancée dans ces thèses, eurent leurs propres affaires à soutenir et durent ralentir leur zèle. Le Formulaire qui impliquait quelque chose de cette infaillibilité, eut tort pendant quelque temps, et on le laissa sommeiller.

Ce n'était qu'une trêve forcée, un retard accidentel : on le sentait à Port-Royal, et on mit à profit le temps; comme dans une place de guerre qui s'attend de jour en jour à être assiégée. Les supérieures et les intelligences d'élite qui avaient jusqu'alors gardé pour elles le secret de ces affaires contentieuses les expliquèrent à la Communauté, et mirent chaque sœur au fait de la question, autant qu'il le fallait pour la résistance; la mère Agnès rédigea un corps d'instructions, concerté sans doute de point en point avec la sœur Angélique de Saint-Jean, et revu et approuvé par M. Arnauld : *Avis donnés aux Religieuses de Port-Royal sur la conduite qu'elles devoient garder au cas qu'il arrivât du changement dans le gouvernement de la Maison* (juin 1663). On y voit ce qu'il faut faire si on enlève l'abbesse; si le roi en nomme une autre; si l'on met des religieuses étrangères pour gouverner la maison; comment on doit se conduire à

> Je l'ai pourtant fait volontiers.
> Mais ce seroit un cas inique
> De m'en juger moins catholique :
> Grâce à Dieu, je sais quant à moi
> Distinguer le fait de la foi.
> Le fait est une chose humaine
> Bien souvent trompeuse, incertaine;
> Mais la foi n'a rien de douteux,
> Et l'Église et Rome sont deux.

Ces vers de Loret coururent dans le monde janséniste.

l'égard des confesseurs imposés, etc. Tous les cas sont prévus, toutes les mesures possibles de résistance sont indiquées, c'est un traité complet de tactique en cas d'invasion et d'intrusion. On y apprend l'art de ne pas obéir par l'esprit en se soumettant extérieurement à ce qu'on ne peut empêcher; on y apprend à lutter pied à pied, avec méthode; à pratiquer l'isolement et à établir une sorte de blocus intérieur ou de cordon sanitaire à l'égard des intruses. Grâce à ces règles, la tribu fidèle pouvait se maintenir dans son inviolabilité, même après la prise de Jérusalem et pendant la captivité de Babylone. Cette théorie, à laquelle on dressa pendant plus d'une année une Communauté d'élite, produisit tout son effet. En attendant, consolons-nous un peu par le spectacle d'une sainte mort, et donnons un dernier adieu à la mère Angélique la grande, qui n'aurait, ce me semble, approuvé qu'à demi tout cet art si bien ménagé de défense.

La mère Angélique, qui était à Port-Royal des Champs dans son cher désert, voyant recommencer la persécution dont les premiers coups donnaient contre Port-Royal de Paris, y était venue le samedi, 23 avril 1661, le jour même où le lieutenant civil Daubray y faisait sa première expédition. Agée de près de soixante-dix ans, et dès lors fort languissante, fort affaiblie de santé, elle était comme un général malade, qui se fait porter là où est le danger. En quittant son monastère des Champs, et après des adieux et des conseils à ses chères filles, comme si elle ne devait plus les revoir, elle dit ce mot à M. d'Andilly, son frère, qui l'accompagnait jusqu'au carrosse : « Adieu, mon frère, bon courage ! »
— « Ma sœur, ne craignez rien, je l'ai tout entier, » répondait le frère un peu solennel. Mais elle répliqua : « Mon frère, mon frère, soyons humbles. Souvenons-nous que l'humilité sans fermeté est lâcheté, mais que le courage sans humilité est présomption. » Toutes ses

dernières paroles furent dans ce sens de justesse et de modération. Elle n'était pas sans voir le nouvel écueil : elle ne craignait pas moins pour elle et pour les siens l'orgueil et l'exaltation de souffrir pour Dieu que la faiblesse. Elle se méfiait de la gloire du martyre.

Privée de M. Singlin, son directeur habituel, qui avait dû se dérober dans la retraite, ne voyant qu'à grand'peine M. de Saci, et aimant mieux se priver de lui tout à fait que de l'exposer, elle répondait à celles des religieuses qui paraissaient la plaindre de cette peine : « Cela ne me fait nulle peine; Dieu le veut ainsi, c'est assez pour moi. Je crois M. Singlin aussi présent auprès de moi par sa charité que si je le voyois de mes yeux.... *Allons droit à la source, qui est Dieu....* Mon neveu (M. de Saci), sans Dieu, ne me pouvoit de rien servir, et Dieu, sans mon neveu, me sera toutes choses. » Et encore : « Je n'ai point de peine de n'être point assistée de M. Singlin; je sais qu'il prie pour moi, cela me suffit : je l'honore beaucoup, mais je ne mets pas un homme à la place de Dieu. » M. de Saint-Cyran nous a été le modèle du directeur dans sa plus imposante souveraineté; mais son premier soin, nous le voyons par sa digne fille, était qu'on n'eût pas ombre de superstition pour le directeur.

Elle eût craint qu'autrement on ne pût leur appliquer à elles-mêmes avec justice ces paroles du prophète (Jérémie) : « Mon peuple a fait deux grands maux : il m'a abandonné, moi qui suis la source des eaux vives, et il s'est creusé des citernes, mais des citernes entr'ouvertes, qui ne peuvent tenir l'eau. »

Elle vit partir les pensionnaires : elle maintint le calme, elle faisait taire les pleurs. Elle disait : « Quoi, je crois que l'on pleure ici! Allez, mes enfants, qu'est-ce que cela? N'avez-vous donc point de foi, et de quoi vous étonnez-vous? Quoi! les hommes se remuent! Eh bien!

ce sont des mouches, en avez-vous peur? Vous espérez en Dieu, et vous craignez quelque chose ! » L'action qu'elle mettait à prononcer ces paroles faisait autant d'impression que les paroles mêmes.

Elle disait : « Quand je considère la dignité de cette affliction-ci, elle me fait trembler. Quoi, nous! que Dieu nous ait jugées dignes de souffrir pour la vérité et pour la justice ! » — « Dans la crainte de n'être pas fidèles à correspondre à cette faveur, il me semble, écrivait-elle à la prieure du monastère des Champs, que nous devrions souvent nous dire : *Hodie si vocem ejus audieritis, nolite obdurare corda vestra;* si nous entendons aujourd'hui sa voix, n'endurcissons pas nos cœurs. »

Et à côté de la faveur et de la dignité de l'affliction, tout aussitôt l'autre vue d'humilité revenait, et pensant non plus à l'effet mais à la cause, elle s'en abaissait : « Certainement, Dieu fait toutes choses avec une admirable sagesse et une grande bonté. Nous avions besoin de tout ce qui nous est arrivé, pour nous humilier. Il eût été dangereux pour nous de demeurer plus longtemps dans notre abondance. Il n'y avoit point en France de Maison qui fût plus comblée de biens spirituels, de l'instruction et de la bonne conduite. *On parloit de nous partout.* Croyez-moi, il nous étoit nécessaire que Dieu nous humiliât. S'il ne nous avoit abaissées, nous serions peut-être tombées. » — « L'affliction, la peine et les maux nous sont plus nécessaires que le pain. »

Elle disait encore : « Mes filles, je ne suis pas en peine si on nous rendra les pensionnaires et les novices, mais je suis en peine si l'esprit de la retraite, de la simplicité, de la pauvreté se conservera parmi nous. Pourvu que ces choses-là subsistent, moquons-nous de tout le reste.... Tout ce qu'on fait, tout ce qu'on a dessein de faire contre nous, je m'en soucie comme de cette mouche. » Elle en chassait une au même moment. Elle affectionnait cette comparaison, et par ce geste, par ces simples mots, elle inspirait le courage à tout son monde. — Elle ne permettait pas qu'on se plaignît même de ceux qui faisaient murer les portes de la clôture du côté des jardins, et qu'on dît qu'ils se muraient peut-être le Ciel : « Il ne faut pas dire cela, mes enfants; prions Dieu pour eux et pour nous[1]. »

Son état de faiblesse corporelle augmentait, elle avait des oppressions croissantes; l'hydropisie gagnait; elle dut, vers la fin de mai, garder le lit pour ne s'en plus relever. On a d'elle à M. de Sévigné cette belle lettre qui est comme une page de son testament spirituel; M. de Sévigné était, depuis peu de temps, un des grands amis et des hôtes extérieurs de Port-Royal :

« Mon bon frère[2], enfin le bon Dieu nous a dépouillées de tout, de pères, de sœurs et d'enfants; son saint nom soit béni ! La douleur est céans, mais dans la paix et la soumission tout entière à la divine volonté, et nous sommes persuadées que cette visite est une très-grande miséricorde de Dieu sur nous et qu'elle nous étoit absolument nécessaire pour nous fortifier et nous disposer à faire un véritable usage de tant de grâces que nous avons reçues. Et croyez-moi, mon bon frère, si Dieu daigne avoir sur nous des désirs de plus grande miséricorde, la persécution ira plus avant. Humilions-nous

---

1. Elle ne présageait guère rien d'heureux pour l'avenir terrestre de la maison, et, dans les événements qui suivirent, on se rappela d'elle un mot qui semblait prophétique et d'un triste augure. Faisant allusion à ce monstrueux éléphant que tua le courageux Éléazar, et sous lequel lui-même il périt comme enseveli dans son triomphe : « Mes enfants, disait-elle, *nous tuerons la bête, mais la bête aussi nous tuera.* » — Mot significatif et qui me paraît, à moi, résumer à merveille le résultat final de ce long duel entre les Jésuites et les Jansénistes. Les Jansénistes ont donné aux Jésuites leur coup de mort, mais ils ne s'en sont pas relevés.

2. Je donne la lettre d'après les manuscrits, c'est-à-dire un peu plus exactement que sur l'imprimé.

de tout notre cœur pour nous rendre dignes de ces faveurs si véritables et si inconnues au monde. En vérité, mon bon frère, vous avez raison de croire que vous êtes venu au bon temps, car il est très-vrai. Je vous supplie toujours d'être le plus solitaire qu'il vous sera possible, et, s'il faut de nécessité voir quelqu'un, de parler le moins qu'il se pourra, surtout de nous. Ne racontez rien de ce qui se passe, et, si on vous parle, écoutez et répondez fort peu. Souvenez-vous de cette excellente remarque de M. de Saint-Cyran, que tout l'Évangile et la Passion de notre Sauveur est écrite dans une grande simplicité et sans aucune exagération. L'orgueil, la vanité et l'amour-propre se mêlent partout. Puisque Dieu nous a unis par sa charité, il faut que nous le soyons dans l'humilité; le meilleur de la persécution, c'est l'humiliation, et l'humilité se conserve dans le silence : gardez-le donc aux pieds de Jésus-Christ, et attendez de sa bonté votre soutien.... »

Par ces recommandations réitérées d'humilité, de silence, de ne pas raconter les persécutions dont on était l'objet, elle allait directement contre ce défaut qui fut le dominant dans Port-Royal après elle, ce goût de procès-verbaux, de relations, d'actes écrits, dont nous profitons, mais qui fut une véritable manie, et qu'Arnauld contribua beaucoup à y infuser. Si la mère Angélique eût vécu du temps de la dispersion, trois ans après elle n'eût certes pas été d'avis que chaque religieuse écrivît ainsi son martyre séance tenante. On raconte que dans cette dernière maladie, voyant bien que ses filles épiaient toutes ses paroles pour les recueillir ensuite et les rapporter, elle s'appliquait « à fort peu parler et à ne rien faire de remarquable. » — « Elles m'aiment trop, disait-elle, je crains qu'elles ne fassent de moi toutes sortes de contes. » Elle craignait surtout de fournir prétexte à tant de discours inutiles et stériles qu'on fait sur les morts et auxquels trouve son compte le divertissement ou l'amour-propre des vivants. Elle ne voulait pas qu'on se pût dire les unes aux autres : « *Feu notre Mère m'a dit cela. — Et à moi elle m'a dit ceci.* » Elle avait une autre idée sévère d'une vraie fin chrétienne : « Cela ne se fait pas, disait-elle, pour bien causer et pour en parler aux autres ; mais la vraie préparation à la mort, c'est de renoncer entièrement à soi-même et de s'abîmer en Dieu. » Elle coupait court aux tendresses et aux témoignages tout humains de ses filles, en disant : « Je vous prie qu'on m'enterre au préau, et qu'on ne fasse pas tant de badineries après ma mort. »

Dans une des dernières crises de sa maladie, elle dicta à diverses reprises et adressa une lettre à la reine-mère pour se justifier, elle et son monastère, de l'imputation d'hérésie. Elle s'y couvre des noms révérés de saint François de Sales, de madame de Chantal ; et au milieu de ses respects fidèles, par une parole qu'elle emprunte à sainte Thérèse, elle rappelle la vérité à la Cour, qui est « de tous les lieux du monde celui où l'on est le moins informé. » Cependant cette lettre qui était destinée à être montrée et qu'on imprima dans le temps, fut sans doute suggérée et au moins corrigée et revue par Arnauld et Nicole ; on sent à plus d'un endroit que la mère Angélique (si c'est bien elle qui parle) écrit d'après des notes qui lui ont été données par ces Messieurs, plutôt que selon l'impulsion directe de son cœur.

Cette lettre écrite et cet effort fait sur elle-même, elle ne songea plus qu'à se préparer pour l'Éternité. Mais l'esprit humain est si singulier, les manières de sentir sont si particulières, que cette personne si pure, et qui, depuis plus de cinquante-cinq ans qu'elle avait reçu le voile sacré, n'avait cessé de veiller et de travailler sur elle-même, se trouva saisie, aux approches du terme, d'une indicible terreur, et eut à subir toutes les angoisses d'une véritable agonie. Elle se voyait devant Dieu, selon sa propre expression, *comme un criminel au pied de la potence, qui attend l'exécution de l'arrêt de son juge;* et, en prononçant ces mots, il semblait qu'elle fût comme abîmée et anéantie. Il n'y avait plus que cela qui l'occupait. L'idée de la mort, une fois entrée dans son esprit, y demeura gravée et ne la laissa plus un seul instant. Tout le reste avait disparu ; elle ne songeait plus qu'à se préparer pour cette heure terrible. Elle y avait songé toute sa vie : « Mais tout ce que j'en ai imaginé, disait-elle, est moins que rien en comparaison de ce que c'est, de ce que je sens, et de ce que je comprends à cette heure. » Elle avait peur de la justice suprême, et il y avait des moments où elle n'osait espérer en la miséricorde. On avait peine à la rassurer ; la mère Agnès en écrivait à M. Arnauld, qui lui répondait :

« Il n'y a rien de plus affligeant que l'état où vous me mandez qu'est la pauvre Mère. Dieu la veut éprouver jusqu'à la fin, et la faire passer par le plus terrible purgatoire, qui est la souffrance de l'esprit.... Le même esprit de Dieu opère des dispositions toutes différentes dans les âmes saintes.... Celles qui sont plus pénétrées de sa bonté et de sa miséricorde sont remplies d'une grande paix et d'une grande douceur ; et celles, au contraire, en qui il a imprimé un vif sentiment de son infinie sainteté, ne pouvant comprendre comment l'homme, qui n'est que souillure, pourra paraître devant un Juge si saint, se trouvent saisies d'une frayeur religieuse qui semble les anéantir et ne leur laisser aucun sentiment de joie et de consolation.... Le premier état est plus conforme au sens humain et nous console davantage dans les personnes que nous aimons ; mais le dernier a quelque chose de plus grand et de plus divin, puisque c'est celui dans lequel Jésus-Christ même a voulu être, autant qu'il le pouvait ; et il semble que ce soit le partage des âmes les plus fortes et le plus solidement établies dans la piété. »

La dernière fois que la mère Angélique avait vu M. Singlin qui l'exhortait à avoir confiance, elle lui avait dit en lui faisant ses adieux : « Je ne vous reverrai donc plus, mon Père, mais je vous promets que *je n'aurai plus peur de Dieu.* » Cette peur toutefois revenait et persistait malgré elle ; elle n'en parut délivrée que tout à la fin. Elle aimait, dans ses dernières journées, à demeurer solitaire. Quelquefois, lorsqu'on approchait pour lui parler, elle priait qu'on la laissât devant Dieu, répétant souvent cette belle parole : « Il est temps, ma sœur, de *sabbatiser.* » Pour dernier mot de conseil à ses religieuses, elle leur recommanda de vivre dans la paix et l'union parfaite, comme aussi elle leur avait déjà donné pour souverain précepte : « *Mourir à tout et attendre tout !* »

Elle mourut le samedi 6 août 1661, jour de la Transfiguration ; il semblait, comme l'écrivait M. Hermant à M. Arnauld, que Dieu voulût faire monter cette grande âme sur le Thabor après un si long Calvaire. Pour nous-même simple historien, nul caractère dans notre sujet ne nous apparaît plus véritablement grand et plus *royal* qu'elle, — elle et Saint-Cyran[1].

1. Cette terreur extrême de la Mère Angélique, en vue de la mort, donne pourtant à penser aux esprits qui réfléchissent et qui cherchent sincèrement ce qui est le vrai en ces choses sérieuses. Cette sainte âme, qui n'a fait que le bien et qui n'a tout au plus à se reprocher que d'avoir eu à lutter avec la duplicité inévitable des pensées, la voilà qui, dans l'effroi du dernier jugement, se considère exactement comme *un criminel au pied de la potence,* n'attendant que le signal de son exécution. Elle est dans l'état du chevalier de Jars, lequel, comme on sait, condamné à avoir la tête tranchée et amené sur l'échafaud, reçut au dernier moment sa grâce : ce qui sembla un raffinement de cruauté jusque dans la clémence, de la part du cardinal de Richelieu. Est-ce donc là quelque chose de juste et de digne à se figurer de la part de Dieu? est-ce là enfin l'état désirable et vrai de l'homme à l'heure de la mort? Des esprits éminents, des cœurs sages en ont jugé tout autrement. Il était, certes, au point de vue le plus opposé et comme au pôle contraire, le philosophe méditatif (Spinoza) qui a dit : « L'homme libre, c'est-à-dire celui qui vit d'après la seule règle

de la raison, ne pense à aucune chose moins qu'à la mort, et sa sagesse consiste dans la méditation non point de la mort, mais bien de la vie. » Il n'est pas moins opposé à cette considération de terreur, cet autre philosophe, cet observateur naturel (Buffon), qui a écrit : « La mort, ce changement d'état si marqué, si redouté, n'est dans la nature que la dernière nuance d'un état précédent.... Pourquoi donc craindre la mort?.... pourquoi redouter cet instant, puisqu'il est préparé par une infinité d'autres instants du même ordre, puisque la mort est aussi naturelle que la vie, et que l'une et l'autre nous arrivent de la même façon, sans que nous le sentions, sans que nous puissions nous en apercevoir?... » (Voir tout le chapitre *De la vieillesse et de la mort*.) — Il est vrai que, dans l'un et l'autre cas, le remède proposé contre la mort, c'est de n'y point penser, et de ne la point regarder fixement; et c'est ainsi, en effet, que la plupart des hommes, instinctivement, se tirent de la difficulté, fidèles en cela à la nature. Mourir vite et ne point souffrir, tel est leur vœu, lorsque par hasard ils y pensent. Le chrétien, lui, au contraire, qui voit dans la mort le seuil de l'Éternité, et d'une Éternité heureuse ou malheureuse, y tient les yeux obstinément attachés : et ces bords de l'Éternité lui apparaissent tantôt, à de certains jours, comme la côte de fer d'un rivage inhospitalier, inabordable, et où va le briser le naufrage, tantôt comme la plage lumineuse d'une patrie où l'attendent des félicités ineffables et des récompenses. Tout dépend de l'idée qu'on se fait de Dieu, du Dieu d'au delà; et même cette idée de Dieu étant bien établie en nous, tout dépend encore de la trempe et de la couleur de notre âme. Un poëte du plus grand talent et d'une incurable ironie, qui est mort hier (Henri Heine), répondait à quelqu'un qui lui demandait à ses derniers instants s'il se sentait bien avec Dieu: « Il doit me pardonner, c'est son état. » Voilà encore une manière de mourir, en gardant sur sa lèvre la plaisanterie de toute sa vie. Mais, certes, si la manière de la mère Angélique est trop terrible pour être souhaitée à soi ou aux autres, elle atteste du moins, comme le disait Arnauld, une grande élévation, une conception ardente et forte du saint et du juste, et une énergie contemplative jusque dans les derniers assauts, qui donne essentiellement la mesure d'une âme.

II

Projet d'accommodement de M. de Comminges ; Arnauld intraitable. — De la signature du docteur de Sainte-Beuve. — M. de Péréfixe, archevêque de Paris. — Son Mandement et son système de la *Foi humaine.* — Sa visite de la maison de Paris. — M. Chamillard confesseur et le Père Esprit. — Scènes du 21 et du 26 août. — Enlèvement de douze religieuses. — La mère Eugénie préposée supérieure. — Guerre intestine et pied à pied. — Autre enlèvement le 29 novembre et le 19 décembre. — — De l'esprit des filles de Port-Royal, et de celui des filles de Sainte-Marie. — Visite de l'archevêque à la maison des Champs ; la mère du Fargis.

L'intervalle de temps, la trêve qui fut accordée à Port-Royal avant la reprise ouverte des hostilités, se marque cependant par une tentative de conciliation assez sérieuse, autorisée par le roi, et qui aurait pu réussir auprès de tout autre chef de parti que M. Arnauld. Un de ses amis, et surtout un ami de M. d'Andilly, M. de Choiseul, évêque de Comminges, frère du maréchal du Plessis-Praslin, et cousin germain de madame du Plessis-Guénegaud, prélat humain et pieux, lettré et poli [1], reçut

---

1. M. de Choiseul a fait des ouvrages d'apologétique chrétienne : j'en ai cité (tome III, page 186) un passage assez naïf concernant

dans son diocèse une communication venue de la Cour, et de laquelle il résultait que le Père Ferrier, professeur de théologie à Toulouse, et par conséquent son voisin, avait pouvoir d'entamer avec lui une négociation tendant à rapprocher les deux partis moliniste et janséniste. M. de Comminges en avertit M. d'Andilly au mois d'août 1662; il vit en septembre le Père Ferrier à Toulouse, recueillit de lui des paroles et des propositions préliminaires tout à fait conciliantes, et qui promettaient une issue heureuse, inespérée. On sembla, dès l'abord, s'entendre pour ne point insister sur le fait de Jansénius, pour laisser de côté toute signature du Formulaire et s'en tenir à des expédients de douceur. Chaque parti devait donner ses interprétations avec sincérité, en les ramenant, autant que possible, aux termes de théologiens déjà acceptés par l'Église; on réduirait ainsi la guerre des partis à n'être plus qu'une dissidence d'écoles, et l'on adresserait au Pape une lettre commune par laquelle on témoignerait que les cœurs sont réunis, quoique les écoles puissent rester divisées, le suppliant de bénir les uns et les autres. « Enfin, écrivait M. de Choiseul, il paroît visiblement que Dieu conduit cette affaire; » et il semblait possible par ce moyen, même aux amis de Paris, d'arriver à vivre en paix, sans plus parler de tout le passé, et, comme on le disait dans les lettres à mots couverts qu'on s'écrivait là-dessus, « de laisser les *filles de cette bonne veuve* (sans doute les religieuses de Port-Royal) jouir de leur petit bien, comme

---

le miracle de la Sainte-Épine. Madame de Motteville nous a conservé de lui un sonnet fait à Saint-Denis sur la pompe funèbre de la reine Anne d'Autriche. C'est entre ses mains que Pellisson voulut faire son abjuration à Chartres, le 8 octobre 1670. — C'est par erreur qu'il avait été dit dans une première édition qu'il était frère de madame du Plessis-Guénegaud : il était bien, comme l'a dit M. d'Andilly, son véritable frère par le cœur, mais en fait son cousin germain par la naissance.

elles faisoient avant le procès. » Voilà d'emblée bien des espérances.

On se demande, avant d'aller plus loin, quel put être le dessein réel qu'on eut à l'origine de cette affaire, et à quoi il faut attribuer cette singulière avance, cet air d'acquiescement du parti moliniste et des Jésuites. Les adversaires, depuis, n'y ont vu qu'un stratagème et une ruse de guerre assez pareille à celle du cheval de bois; le Père Ferrier aurait un peu joué le rôle de Sinon. Je ne pense pas qu'il faille y chercher tant de machiavélisme. Si l'affaire s'était entamée quelques mois plus tard, on aurait pu y voir une preuve de prudence de la part du Père Annat, dans la brouille où la Cour de France était avec le Saint-Siége. Sans vouloir pénétrer dans des intentions qui nous échappent, il se peut que les nombreux amis que Port-Royal avait dans le monde et à la Cour, faisant un suprême effort, aient suggéré au confesseur du roi l'idée d'essayer d'un accommodement sans pousser à bout les choses, et que le Père Ferrier surtout, qui aspirait à devenir le coadjuteur du Père Annat, ait désiré se signaler en provoquant une démarche habile, conforme d'ailleurs à la modération de son caractère. Une autre version, et qui a plus de vraisemblance, c'est que l'initiative première serait venue de M. de Comminges lui-même, dans un entretien qu'il eut avec M. de Miramont, président au Parlement de Toulouse et ami du Père Ferrier.

Quoi qu'il en soit, M. de Comminges, sentant qu'on ne pouvait mener de loin une négociation si compliquée, eut l'agrément du roi pour venir à Paris, où il arriva le dernier jour de l'année 1662; il y trouva le Père Ferrier, qui l'avait précédé de quelques jours. On obtint, de plus, permission du roi pour que M. Arnauld, M. Singlin, le docteur Taignier et M. de Barcos, abbé de Saint-Cyran, qui étaient exilés ou dans une retraite prudente, pussent reparaître en sûreté à Paris pendant le mois de janvier. Rien, ce semble, ne s'opposait à des conférences directes et de vive voix; mais Arnauld, si disputeur la plume à la main, avait une telle horreur et une telle méfiance des Jésuites, qu'il se refusa absolument à toute conversation et abouchement, seul moyen pourtant de se connaître et de s'apprivoiser. Ces Messieurs, toujours invisibles, bien que présents à Paris, envoyèrent pour les représenter, l'abbé de Lalane, docteur, et M. Girard, licencié de la Faculté de Paris[1]. Il y eut plusieurs conférences, mais à chaque proposition nouvelle il fallait en référer aux absents; Arnauld écrivait mémoires sur mémoires; il consultait ses amis de Beauvais, qui lui répondaient par de longues lettres. Cela faisait des écritures sans fin; on n'avançait pas. Le biais à saisir était difficile; le Père Ferrier et ses amis en proposèrent successivement plusieurs, mais on ne s'accordait pas à temps pour s'y fixer. Pour ceux qui, comme moi, prendront la peine de lire les détails de cette affaire, il reste clair cependant qu'on se serait arrêté à quelqu'un de ces expédients, et qu'à tort ou à raison on eût conclu un accommodement quelconque, si Arnauld y avait consenti. Il ne put jamais s'y résoudre. L'idée de *s'abaisser lâchement*, de paraître trahir la vérité, de paraître céder enfin, lui était insupportable. Il lui semblait que, dans ce pas glissant où il était engagé malgré lui, tout le monde le poussait au précipice, et qu'on ne voulait que sa chute. Il se roidissait. Il y avait surtout un *Subjicimus* (*Nous nous soumettons aux Constitutions des souverains Pontifes....*) qu'il ne pouvait ad-

---

[1]. Ce M. Girard était « un homme fort éclairé, nous dit M. Feydeau, et l'un des plus grands esprits qui eût paru dans la Faculté. » Il n'avait pas pris le bonnet de docteur, et quand on lui demandait pourquoi, il disait que c'était pour s'épargner 500 livres et un péché mortel qu'il aurait fait en condamnant M. Arnauld.

mettre sous sa plume. M. de Comminges avait beau lui dire que ce terme ne signifiait point une créance intérieure absolue, mais simplement un pur respect extérieur pour la chose jugée; il avait beau s'offrir, lui et les autres prélats médiateurs qu'il s'était adjoints, à lui donner un écrit par lequel on lui déclarerait qu'on ne l'entendait pas autrement; l'inflexible, l'irréductible Arnauld en revenait toujours à son point et à sa ligne mathématique de vérité; il demandait ce que vaudrait une telle déclaration reçue en échange de sa signature, et disait n'avoir appris nulle part qu'il fût permis de *se servir de contre-lettres en matière de religion*. Il lui était surtout pénible que le monde pût s'y méprendre, que le public ne pût être à l'instant et hautement informé de tout par M. de Comminges lui-même. Les doigts lui démangeaient déjà de ne plus écrire, de ne plus avoir à ranger en bataille ses raisons et démonstrations. Sa nature et sa manière d'être étaient plus fortes que la considération du but et du résultat. « Depuis que l'on traite cette affaire, lui écrivait M. d'Andilly, il n'est que trop vrai que je vous ai toujours vu triste lorsqu'il y avoit sujet d'espérer qu'elle réussiroit, et toujours gai lorsqu'elle paroissoit être rompue. » Vers la fin de février (1663) il prit un grand parti, et, sans demander avis à personne, il se déroba de nouveau dans la retraite, afin d'échapper aux instances dont il était pressé par ses meilleurs amis. Au moment où il prenait cette résolution, son neveu, M. de Pomponne, l'était venu voir, le 22 février après dîner, « dans la plus mauvaise humeur du monde, jusqu'à lui dire que cette affaire feroit mourir de chagrin son père (M. d'Andilly). »

Au reste, il n'y avait qu'une voix alors parmi les meilleurs amis de M. Arnauld pour le blâmer de sa résistance, de son entêtement, comme on l'appelait. M. Le Nain, maître des requêtes, et père de M. de Tillemont, lui écrivit une lettre, datée du 16 mars, où il lui disait :

« J'ai appris avec douleur la rupture d'une affaire si importante pour la gloire de Dieu et pour le bien de l'Église. J'ai vu le petit Extrait qui court (un petit récit favorable aux Jésuites), et, quoiqu'il soit rempli de faussetés, il ne laisse pas pourtant de me faire beaucoup de peine; car il oblige à s'informer de la vérité des choses passées, et impose à M. de Comminges une nécessité indispensable, non-seulement de la dire, mais de déclarer son sentiment pour condamner les uns ou les autres; et quoiqu'il puisse se servir d'expressions favorables pour les uns, si néanmoins il condamne toutes les deux parties, sa condamnation, telle qu'elle soit à votre égard, vous sera très-désavantageuse, et, pour me servir des termes d'un des premiers magistrats de ce royaume (*M. le Premier Président de Lamoignon*), vous serez condamné et devant Dieu et devant les hommes, si vous ne voulez pas croire un prélat aussi éclairé, aussi vertueux et aussi éloigné de tout soupçon qu'est M. de Comminges....

« Que diroit ce grand magistrat (*toujours M. de Lamoignon*), et que diroient avec lui tous ceux qui vous honorent le plus, s'ils savoient que ce digne prélat, traitant les autres de dureté [1], vous accuse d'une trop grande fermeté dans vos sentiments et d'une trop grande délicatesse de conscience; s'ils savoient que M. l'abbé de Saint-Cyran (*M. de Barcos*), homme si éclairé et si judicieux, embrasse les ouvertures et les propositions que fait M. de Comminges de signer les deux Constitutions avec le mot de *Subjicimus*, croyant qu'on le peut en conscience?...

« Je vous demande pardon si, étant ce que je suis, et ignorant et laïque, je prends la liberté de parler de la sorte à celui que j'ai toujours regardé et que je regarde encore comme un des plus savants hommes de l'Europe; mais je croirois manquer à ma conscience et à l'amitié dont vous m'avez toujours honoré si je gardois le silence dans une rencontre où il s'agit de la paix de toute l'Église, et si je ne

---

1. *Traitant de dureté*, je ne sais trop si c'est une faute d'impression ou une locution usitée au dix-septième siècle; aujourd'hui on dirait *taxant de dureté*.

vous faisois savoir les sentiments de vos amis et de vos ennemis touchant cette rupture.

« On demeure d'accord que l'on vous pousse trop et que l'on se pourroit contenter de ce que vous avez voulu faire ; mais on demeure aussi d'accord que, quoique les autres soient injustes et déraisonnables, vous êtes obligé de vous rendre aux sentiments de monseigneur de Comminges et de M. l'abbé de Saint-Cyran, qui les croit justes et raisonnables ; que vous devez cette soumission, puisqu'on offre de dire par écrit que l'on ne vous demande pas la créance intérieure ; que cette déclaration suffit pour mettre votre conscience en repos..., et que si, la tenant secrète pour quelques jours, il semble que votre honneur et votre réputation en soient cependant blessés (ce qu'on ne croit pas pourtant), il faut, en cette rencontre, souffrir les humiliations que Dieu permet qui nous arrivent, lors principalement qu'elles sont avantageuses à l'Église....

« Excusez, s'il vous plaît, la liberté que je prends, et regardez cette lettre, quoique signée de moi seul, comme celle de vos meilleurs amis, qui m'ont chargé de vous l'écrire en leur nom et qui se servent de ma plume pour vous faire savoir les véritables sentiments qu'on a sur cette rupture.... »

Arnauld répondit à M. Le Nain une lettre aussi pleine de modération qu'il le put, et aussi raisonnée qu'il le savait faire ; il y disait assez agréablement, à l'adresse de M. de Lamoignon :

« Et pour ce qui est des hommes, j'espère que ceux qui seront bien informés de toutes ces choses seront plus portés à nous absoudre qu'à nous condamner, et surtout que le grand magistrat dont vous me parlez aura la bonté de nous permettre de *prendre requête civile contre l'arrêt que vous dites qu'il a prononcé contre nous*, et que, n'ayant pas voulu souffrir qu'on donnât de l'infaillibilité au Pape, il n'en voudroit pas donner à quelque autre évêque que ce soit. »

Mais il avait à se défendre contre des observations et

des objections encore plus sensibles pour lui que celles d'un M. Le Nain ou d'un Lamoignon :

« J'ai retranché de la réponse à M. Le Nain, écrivait-il à M. Singlin (26 mars), ce que vous avez désiré; mais je vous supplie de considérer en quelles extrémités on me réduit. On soulève contre moi presque tout ce que j'ai d'amis au monde, jusqu'à mes propres frères [1]. On me décrie partout comme un opiniâtre et entêté, et comme un homme qui empêche seul la paix de l'Église par un attachement à son propre sens. Et tout le fondement de ces reproches si sensibles, c'est que je ne me rends pas à l'avis du plus grand nombre de nos amis; car, pour les autorités des saints, ou leurs exemples, ou les raisons qui ont été autrefois notre règle, il ne s'en parle plus....

« Mais laissons là M. Le Nain et tous nos amis du monde, au nom desquels il témoigne qu'il m'écrit, et que je vois assez qu'on a tant éloignés de moi; ne me doit-il pas être bien sensible de ce que vous-même, Monsieur, pour qui Dieu m'a donné tant de respect, êtes dans cette opinion que je suis en danger de commettre un péché mortel, si j'empêche la paix de l'Église par un attachement à mon propre sens? »

Et dans ce qui suit il semble opposer M. Singlin à lui-même, et ce que ce ferme et sage directeur conseillait en 1657 à ce qu'il conseille présentement, en 1663 :

« Y a-t-il donc rien de plus naturel que de demander à ceux qui me font ce scrupule, si *celui que l'on regarde comme le plus éclairé de tous nos amis* n'étoit pas aussi croyable en 1657 qu'en 1663?... On soutenoit alors que l'Église n'a jamais approuvé les subtilités et les explications éloignées lorsqu'il s'agit de la vérité et de la justice. Quelle est donc cette nouvelle Église qui a changé tout d'un coup d'esprit

---

1. L'évêque d'Angers et M. d'Andilly. — « M. d'Andilly est si aveuglément attaché à ce prélat (M. de Comminges) qu'il querelle tous ceux qui ne sont pas de son avis et témoigne être fort mal content de moi. Cela m'importe peu pour moi-même, mais j'en suis fâché pour lui.... » (Lettre d'Arnauld à M. Hermant, du 20 mars.)

et qui approuve comme une conduite évangélique ce que l'Église de Jésus-Christ n'a jamais approuvé? Enfin l'Église a voulu jusques en 1657 que l'on fût ferme et sincère en ces occasions, et que l'on y témoignât une liberté que les Pères ont appelée sacerdotale, selon cette belle parole de l'un des plus anciens d'entre eux : *Decet sacerdotem libere agere*. Mais tout cela est changé en 1663; ces pensées si généreuses se sont évanouies; on ne parle plus de cette liberté sacerdotale si recommandée par les Pères, et il n'y a plus, au contraire, de tentation plus dangereuse que celle de la fermeté.

« Je n'insulte point, Monsieur; *dico dolens, dico coactus*, pour me servir des termes du même Père, dont on ne veut plus que nous imitions le courage; je vous parle dans un véritable gémissement de cœur.... »

Je ne dissimule rien, et j'ajouterai, pour tempérer l'impression de fatigue et d'impatience que cause même à un simple lecteur la conduite opiniâtre d'Arnauld en cette occasion, qu'il faillit lui-même fléchir, tout robuste qu'il était, sous les peines morales que ses scrupules lui faisaient ressentir jour et nuit. Il fut pris sur cette fin de février « d'éblouissements et de foiblesses, dont il ne pouvoit attribuer la cause qu'à un continuel serrement de cœur où il avoit presque toujours été pendant toutes ces affaires. » C'était le même mal auquel avait succombé précédemment la sœur de Sainte-Euphémie. Soyons indulgents à ces maladies nées d'une extrême délicatesse et tendresse de conscience; ne les a pas qui veut.

A cela près, nous serons à son égard de l'avis du plus grand nombre de ses amis et de ceux qui, tout en l'estimant, n'hésitaient pas à le blâmer. « M. Arnauld, disait Bossuet dans sa vieillesse et parlant loin du public, M. Arnauld avec ses grands talents étoit inexcusable d'avoir tourné toutes ses études, au fond, pour persuader le monde que la doctrine de Jansénius n'avoit pas été condamnée. » Car c'est en effet sur ce point particulier et tout personnel que s'aheurta en définitive je ne dirai pas cette belle intelligence, mais bien ce vigoureux entendement d'Arnauld. Ici, à cette date de 1663 et dans sa dissidence avec M. Singlin et d'autres amis du dedans, il ne paraît pas du tout apprécier la différence des temps, des situations, et le péril de Port-Royal, même à le prendre au seul point de vue chrétien. Ce péril consistait, malgré les victoires brillantes des *Provinciales* et les vains applaudissements du monde, à devenir une pierre d'achoppement dans l'Église, et, du moment qu'on ne réformait pas les autres, à être un principe de schisme par un isolement trop affiché, ou du moins à se détourner soi-même de la voie intérieure en bataillant sans cesse et disputant. Le péril aussi était de tout compromettre sans se soucier des conséquences, de ne pas songer à ce monastère de filles, dont la fonction ne pouvait pas être celle d'une école de théologie ni d'une Sorbonne, et qui devenait un boulevard en vue et toujours menacé. M. Arnauld et M. Nicole, quand la bourrasque était trop forte, n'avaient qu'à se dérober; ils trouvaient des retraites profondes et sûres, d'où ils continuaient d'écrire en toute liberté : « Il n'y a que *ces pauvres enfermées*, disait judicieusement un de ces Messieurs[1], sur lesquelles le fort de l'orage va tomber et qui ne peuvent ni s'absenter ni tourner en arrière. » M. Singlin, qui n'était pas d'avis de changer des filles en docteurs ni de les mener au combat, en était venu à penser qu'en cédant sur un point particulier, sur un accessoire qui, par un malentendu étrange et trop pro-

---

1. M. de Bernières, dans la dernière lettre écrite de son exil d'Issoudun, où il mourut le 31 juillet 1662. — Sur cet exil et cette mort de M. de Bernières, et sur l'étroite liaison de cet ami de Port-Royal avec M. d'Aubigny, voir l'*Appendice* à la fin du présent volume.

longé, était devenu le principal, on pouvait sauver l'ensemble de la direction intérieure, la seule essentielle, et continuer de mener à Jésus-Christ de dignes épouses par les sentiers de la vie cachée.

C'est ce qui explique aussi, selon moi, la tergiversation apparente d'un docteur souvent nommé dans les Relations, qui avait été ami du premier Port-Royal, qui s'était même signalé en faveur de M. Arnauld et s'était fait exclure pour lui de la Sorbonne, le docteur de Sainte-Beuve, qui céda à ce moment et dont les Jansénistes, ceux qu'on appelait les *généreux*, ont comparé la chute à celle d'*Osius*[1]. Dès qu'il y eut moyen de signer le Formulaire (juin 1661), il l'alla signer à l'archevêché, déclarant qu'il signerait *partout où besoin serait*, disant à qui voulait l'entendre qu'il signait *sept fois*, le tout pour couper court et en finir et pour qu'il n'en fût plus question. Il faisait de la signature un *acte d'obéissance* pure et simple, sans plus vouloir entrer dans les distinctions, et conseillait à tous ceux qui le consultaient d'en faire autant : « C'est ainsi, dit un grave historien du parti, que M. de Sainte-Beuve affoiblissoit tout le monde avant qu'il tombât lui-même. » Ce même savant docteur et casuiste, bien qu'il blâmât les violences des deux côtés, et qu'il n'approuvât point la manière dont on traitait le monastère, se refusa toujours dans la suite à voir des religieuses de Port-Royal, lorsqu'elles le demandèrent pendant leur dispersion pour le consulter sur leurs doutes ; et quelles furent ses raisons ? « Je n'irai point, disait-il ; si j'y allois, il y auroit aussitôt un livre imprimé contre moi[2].... Le feu est aux quatre coins

---

1. Je me suis moi-même laissé entraîner à pousser un *hélas!* à son sujet (tome III, page 157). A les examiner de près maintenant, je juge mieux des circonstances.

2. C'est en parlant à Bossuet que M. de Sainte-Beuve dit quelques-unes de ces paroles.

de l'Église, et, au lieu de l'éteindre, on y jette toujours de l'huile : *ils ne peuvent s'empêcher d'écrire.* » Voilà la maladie et la manie d'Arnauld et des Arnaldistes bien caractérisée. En un mot, il y a dans les disputes un moment où il faut en finir; eût-on raison au point de départ sur un fait particulier, il faut s'arrêter sous peine d'errer en outrant la poursuite. Cela est surtout vrai dans les disputes de religion, quand on est catholique et qu'on veut demeurer tel¹. Ce moment était venu et grandement venu en 1661, pour les querelles du Jansénisme; il fallait trancher net dans ses propres raisons, sous peine de faire une fausse tige qui ne se rattacherait plus à l'arbre ou qui du moins s'en distinguerait à jamais. Le docteur de Sainte-Beuve l'avait senti et se condui-

1. Je ne prête rien à M. de Sainte-Beuve en parlant ainsi. Dans une lettre du 25 octobre 1652, adressée à M. de Saint-Amour qui était alors à Rome et qui n'y trouvait pas l'accueil attentif qu'un docteur en Sorbonne, député par des évêques français, aurait pu désirer, M. de Sainte-Beuve s'exprimait avec un mélange de soumission et de regret, qui témoignait de sa peine et qui laissait entrevoir un véritable conflit de sentiments : « Ces messieurs, « disait-il en parlant des théologiens romains, penseront à deux fois « à ce qu'ils feront, et j'ai peine de croire qu'ils veulent contri« buer à l'oppression de la vérité et des personnes qui la défen« dent. Les docteurs de la Faculté de Paris doivent être plus « considérés que méprisés, et il n'est pas besoin d'aliéner les « esprits de ceux qui ont toute la dévotion possible pour le Saint-« Siége; ce qu'on fera sans doute si on ne leur fait pas justice « dans une affaire qui parle d'elle-même. Je l'ai dit souvent à « M. Du Val, et je ne sais s'il n'en a point parlé à M. le Nonce : « il y a bien des personnes qui sont fort peu affectionnées vers « le Saint-Siége, qui souhaitent qu'on ne nous conserve point la « justice, prétendant par là nous attirer à leur parti. Pour moi, « j'espère que Dieu ne m'abandonnera pas jusqu'à ce point, mais « je ne sais si cela ne diminueroit point de beaucoup la haute « estime qu'on doit avoir pour ce qui émane d'un trône si véné« rable. » C'est bien là la vraie disposition gallicane : on restera soumis, quoi qu'il advienne; mais le respect intérieur pour Rome n'en sera pas augmenté.

sit en conséquence ; le docteur Arnauld ne le sentait pas[1].

Arnauld avait pour lui, dans son obstination invincible, Nicole qui était un homme de plume s'il en fut, et qui, tout en voyant bien les défauts de son chef et en en souffrant quelquefois, en essayant même de les tempérer, partageait pleinement alors ses goûts de polémique et les servait ; il avait l'humble M. de Saci dont la douceur opiniâtre et l'invariable patience regardaient peu aux circonstances générales et aux horizons environnants, et ne tenaient pas compte des opportunités d'agir et des saisons ; il avait M. de Roannez, M. Hermant et la petite Église de Beauvais ; il avait surtout sa nièce la sœur Angélique de Saint-Jean, à laquelle il aimait, a-t-on dit, à communiquer ses pensées sur les affaires de l'Église, « comme saint Ambroise en conféroit autrefois dans le temps de la persécution avec sainte Marceline sa sœur, » et par qui il se laissait volontiers conseiller. Par elle il était assuré d'avoir pour disciples et servantes déclarées et unanimes toute cette Communauté d'élite, dont les moindres filles se sentaient enorgueillies de reconnaître M. Arnauld pour oracle et de devenir les sentinelles avancées de la foi. « Dieu qui choisit assez souvent les choses du monde les plus foibles pour confondre les plus fortes, a dit un historien de ce bord, avoit dans Port-Royal des épouses intrépides, pendant que l'Église ne voyoit que de la lâcheté dans la plupart de ses ministres. » Que n'auraient point fait ces pieuses filles pour mériter et justifier de tels éloges, qu'elles sentaient bien, à travers l'épaisseur des murs du cloître, que quelques-uns de leurs amis leur décernaient au dehors ! « Port-Royal des Champs n'est qu'un avec nous,

---

1. Voir à l'*Appendice* toute une discussion et un abrégé d'Étude sur le docteur de Sainte-Beuve.

écrivait quelque temps auparavant la sœur Angélique de Saint-Jean à M. Arnauld ; *hasardez-nous. Peut-être que nous serons les valets de pied des princes de l'armée d'Achab, qui devoient entrer les premiers dans le combat et gagner la bataille.* A tout hasard on n'expose pas grand'chose, et quand nous y péririons, l'Église n'y perdra point ceux qui pourront davantage la défendre. Quel autre intérêt avons-nous en ce monde que d'acquérir le royaume des Cieux ? » Ainsi parlaient par la bouche de leur véritable chef ces âmes militantes, un peu détournées par là, on doit l'avouer, de leur vocation d'humilité et de silence ; elles ne cessaient de s'offrir et de se proposer comme holocaustes, et non pas sans une arrière-pensée de vaincre. Mais était-ce à M. Arnauld de prendre au mot un si beau zèle et de les commettre tout de bon au front du combat ?

La négociation de M. de Comminges perdait tout son intérêt et son importance dès lors que M. Arnauld n'y était pas compris. Elle se poursuivait toutefois, mais on avait manqué le point et le moment, s'il y en avait eu un à cette date. Après quantité de tâtonnements on se réduisit à envoyer à Rome un exposé des sentiments de ces Messieurs sur les cinq Propositions, avec promesse de leur part d'une soumission entière à tout ce qui serait prescrit par le Saint-Siége. Apparemment l'interprétation de la doctrine ne parut point suffisante : il s'ensuivit un bref du Pape adressé aux évêques de France, qui ressemblait à tous les brefs contre le Jansénisme, et d'après lequel les précédents signataires étaient mis en demeure de tenir leur promesse de soumission. C'est précisément vers ce temps qu'Arnauld prit sur lui d'éclater[1] par une lettre datée du 1er août (1663) et

---

[1]. M. de Comminges, jusqu'à la fin, ne demandait à M. Arnauld que le silence et de tenir secrets ses sentiments : « Car, disait-il,

bientôt rendue publique : ce que Nicole appelait gaiement l'*échauffourée* de M. Arnauld. Il l'avait écrite à l'instigation du duc de Roannez et de la sœur Angélique de Saint-Jean :

« Monsieur, disait-il à je ne sais quel docteur de Sorbonne de ses amis, je suis fort étonné de ce que l'on me mande de Paris, que le bruit y court que je n'improuve point l'acte qui a été envoyé à Rome.... La vérité m'est plus chère que toutes choses, et je ne la puis refuser à ceux qui me la demandent dans une occasion si publique, et ainsi, Monsieur, je veux bien qu'on sache que non-seulement je n'ai point pris de part à ce qui s'est fait, mais que je n'ai pas jugé y en pouvoir prendre en conscience.... Ce n'est pas que je ne souhaite la paix de l'Église autant que personne, mais je ne la puis désirer qu'honnête et par des moyens tout à fait honnêtes : je donnerois mon sang pour l'avoir telle, mais j'espère que Dieu me fera la grâce de n'acheter jamais un repos temporel et passager par aucune chose qui puisse troubler celui de ma conscience. »

Et ainsi à cheval sur sa conscience, il recommence la guerre ouverte et déclarée. J'abrége. Tout cet honorable effort de M. de Comminges aboutit en esclandre. Chaque parti publia des relations opposées, contradictoires, accusant l'adversaire de mensonge. Chacun en appelait violemment à M. de Comminges qui du moins eut le bon goût de se taire, et qui, retourné dans son diocèse, y supporta en chrétien, et en homme comme il faut, son désagrément.

Enfin le nouvel archevêque de Paris, Hardouin de Péréfixe[1], avait ses bulles (10 avril 1664) : le premier

---

si ce qui vient de Rome est bon, ceux qui n'approuvent pas (voulant parler de M. Arnauld) comme ceux qui approuvent jouiront du bénéfice de la paix. » Madame de Longueville expliquait tout cela au long dans une lettre à madame de Sablé (fin de mai ou commencement de juin 1663), et elle ajoutait : « Au nom de Dieu, poussez bien M. Arnauld à se taire. »

1. « M. de Péréfixe, disait l'abbé de Longuerue, avoit été maître

soin de Port-Royal fut de l'en féliciter. Ce fut Lancelot, un de nos bons Messieurs, de ceux qui ne sont pas au premier rang pour l'importance, mais des plus serviables et des plus utiles, qui fut chargé d'aller, au nom de l'abbesse et de toute la Communauté, présenter leur compliment à l'archevêque. On a le récit fait par Lancelot lui-même de cette visite du mercredi de Pâques, 16 avril, et de ce qui s'y passa. M. de Péréfixe le reçut bien et lui dit des choses fort sensées, bien qu'il les dît à sa manière, et avec plus de naturel et de pétulance que d'autorité et de gravité :

« Représentez-leur, je vous prie, disait-il, qu'elles doivent se résoudre à chercher des moyens de contenter le roi : que deux Papes ayant parlé, et les évêques ayant reçu leur jugement, les Facultés l'ayant admis, les docteurs et les religieux ayant signé, et toutes les Communautés ayant passé par là, il n'est nullement à propos qu'une seule maison de filles veuille faire la loi aux autres, et paroître ou plus juste, ou plus intelligente que les Papes, les évêques, les prêtres et les docteurs.... »

— « Monseigneur, répliquait doucement Lancelot, comme elles n'ont à répondre que d'elles, elles ne croient pas devoir tant regarder ce qu'ont fait les autres que ce qu'elles doivent faire elles-mêmes : et, après tout, Monseigneur, si c'est une faute que celle-là, elle est sans doute bien pardonnable, puisqu'au plus on ne les peut accuser que de quelque trop grande retenue, et toute la grâce qu'elles demandent, c'est qu'on veuille bien au moins épargner leur tendresse de conscience pour ne les pas forcer à faire ce qu'elles ne croient pas pouvoir faire. »

— « Oh! reprenait M. de Péréfixe, cela se doit plutôt appeler un entêtement qu'une tendresse de conscience. Des

---

de chambre du cardinal de Richelieu, qui le choisit pour être précepteur du Dauphin, et fit agréer ce choix au roi. Le cardinal Mazarin, qui se piquoit de reconnoissance envers son bienfaiteur, suivit volontiers un choix où il trouvoit son compte. Péréfixe étoit un homme médiocre de tout point, et qui ne pouvoit se soutenir là que par une soumission et une dépendance entière. »

filles ne doivent jamais en venir jusque-là, quand le Pape et les évêques leur commandent quelque chose. Que savent-elles si ces Propositions ne sont pas tirées de Jansénius? et que n'en croient-elles le Pape qui les en assure?... Je veux vous faire voir à vous-même, ajouta-t-il à un autre moment de l'entretien, l'original d'une lettre de M. d'Ypres, écrite de sa main, et qui me fut envoyée par le maréchal de Clérembaut, qui la trouva parmi les papiers de ce prélat lorsqu'il fut fait gouverneur de cette place : c'est une lettre latine de quatre ou cinq grandes pages, qui est merveilleuse, et où ce prélat soumet entièrement son livre au Saint-Siége et prie le Pape de le faire soigneusement lire et examiner.... Jansénius n'auroit donc pas fait difficulté d'obéir au Pape en cette rencontre. Cependant et ses défenseurs, et des filles mêmes, refuseront aujourd'hui de faire, par un zèle prétendu pour Jansénius, ce que Jansénius n'auroit pas fait difficulté de faire lui-même s'il avoit vécu! »

A toutes les raisons de Lancelot, qui ne resta pas court de son côté, l'archevêque ne répliqua qu'en répétant constamment « que le Pape avoit fait examiner le livre de Jansénius et avoit choisi pour cela les plus habiles gens qui fussent auprès de lui : — ou au moins, ajouta-t-il, l'a-t-il dû faire. » Et il disait « qu'il s'en falloit tenir là, parce que quand on en venoit aux disputes, ce n'étoit jamais fait, et qu'après tout, des filles n'avoient que faire de se mêler là-dedans, et qu'elles devoient se rendre à ce que le Pape et les évêques avoient tant de fois défini. »

Puis, comme il était bonhomme, il lui dit en le congédiant :

« Assurez-les que j'estime leur vertu et que je voudrois donner de mon sang pour les tirer de ce mauvais pas. Mais qu'elles voient ce qu'elles pourroient faire pour cela; et vous-même, ajouta-t-il, songez-y en votre particulier, je vous en prie; voyez quel expédient on pourroit prendre; trouvez-moi quelque planche pour sortir de ce mauvais pas, je vous en conjure, et vous m'obligerez. »

Cependant, tout au sortir de cette visite, et en retrouvant l'aumônier qui l'avait introduit, Lancelot réitéra son exposé et lui représenta le point de la difficulté par rapport au monastère, et l'état où étaient les choses, avec tant de précision, que cet aumônier lui dit : « Enfin, pour le *fait*, je vois bien qu'on ne le passera jamais, n'est-il pas vrai ? »

— « Non point du tout, répondit Lancelot; *vous n'avez qu'à assurer Monseigneur que cela et la mort c'est la même chose, et qu'ainsi il n'a qu'à prendre ses mesures là-dessus.* Ces filles-là ne sont pas si peu instruites qu'elles ne sachent que, quelque respect qu'elles doivent au Pape et aux prélats, il vaut pourtant mieux obéir à Dieu qui leur demanderoit un compte rigoureux, en son jugement, d'une signature qui, devant lui, ne pourroit passer que pour un mensonge et pour la marque d'un faux témoignage. Ainsi, répéta-t-il, *que M. de Paris fasse fond là-dessus, qu'il prenne telle mesure qu'il lui plaira, mais qu'il ne s'attende point à autre chose, s'il lui plaît.* »

C'était là donner le dernier mot à l'archevêque pour sa bienvenue, et poser les choses avec lui par *oui* ou par *non*. C'était pour le doux Lancelot faire l'office de l'ambassadeur romain et tracer le cercle de Popilius autour de son pasteur.

La suite répondit à ce début. M. de Péréfixe va nous paraître en tout ceci un prélat un peu singulier et parfois ridicule. Il lui est arrivé un accident qui n'est pas ordinaire à un archevêque, c'est d'être pris sur le fait dans ses vivacités, dans ses moindres paroles et dans ses gestes par une quantité de personnes d'esprit, qui, après l'avoir poussé à bout et l'avoir mis, comme on dit, hors des gonds, notaient avec malice tout ce qui lui échappait et insinuaient une légère part de comédie dans chaque procès-verbal. Les Relations des religieuses de Port-Royal nous le représentent en action avec ses colères paternes, ses retours et ses craintes d'être allé trop loin, et dans toute sa bonhomie comique, triviale, parfois assez violente, parfois assez touchante. On est tenté de le comparer à l'archevêque Turpin, de voir en lui un archevêque qui figurerait bien chez l'Arioste [1]. Toutefois il ne manque ni d'esprit, ni de bon sens, ni surtout de bonté : c'est de dignité et de sang-froid qu'il manque ; mais tous les mots justes qui peuvent servir à qualifier la situation étrange du monastère et la disposition d'esprit de ces récalcitrantes et vertueuses filles, il les trouvera, et avec assez de pittoresque, de sorte que les Relations écrites alors pour le peindre en grotesque déposent plutôt aujourd'hui en sa faveur.

Il y a une chose dont il ne s'est pas méfié, et dont les esprits très-naturels ne se méfient jamais, c'est qu'il avait affaire, dans le cas présent, à une secte d'esprits raffinés, affiliés entre eux, épris d'une certaine forme distinguée et savante de dévotion et méprisant volontiers tous ceux qui ne parlaient pas leur langue, qui n'étaient pas de leur lignée spirituelle et de leur doctrine. Ce bon archevêque allait se briser droit contre l'écueil, quand il disait à quelqu'une de ces religieuses qui l'étaient et croyaient l'être comme on ne l'est pas, et qui venaient, par pur semblant, prétexter de leur ignorance :

« Savez-vous comment je voudrois trouver des filles qui disent elles-mêmes qu'elles n'entendent rien à tout cela? je voudrois qu'elles vinssent me demander conseil de ce qu'elles

---

1. On lit dans les conversations de Boileau recueillies par Brossette : « M. Despréaux m'a dit que M. de Péréfixe, quoique homme de bien, étoit accoutumé à jurer : il voulut enfin se défaire de cette méchante habitude; pour cela il se donnoit la discipline; mais, quand il se frappoit trop fort et qu'il se faisoit mal, c'étoit alors qu'il juroit de tout son cœur, à chaque coup qu'il se donnoit : *Ha, jarni! morbleu!* et pis que tout cela. » Nous allons retrouver de ces jurons involontaires qui lui échappent.

ont à faire et qu'elles me dissent : *Monseigneur, vous me demandez de signer une telle chose, je n'y entends rien, j'ai telles et telles difficultés qui me donnent des scrupules; mais conseillez-moi, je vous prie, dites-moi ce que je peux faire en conscience.* — Si vous me proposiez ainsi vos peines, je répondrois à tous vos doutes, je vous les éclaircirois; puis je vous dirois : Ma fille, priez beaucoup Dieu pour cela, allez porter toutes vos raisons au pied du Crucifix, et me venez trouver dans quelque temps. Alors je vous dirois que vous le pouvez faire sans blesser votre conscience, et que j'en charge la mienne pour en répondre devant Dieu. Mais quand je vois des filles venir à moi avec un esprit de prévention, de préoccupation et d'entêtement, que puis-je faire ? »

Or, quand il tenait de ces discours familiers, et, pour tout dire, *à la papa* (il n'y a pas d'autre mot), à des personnes de haut goût et armées en guerre sous le voile, telles que la sœur Christine Briquet ou la sœur Eustoquie de Brégy, qui ne se croyaient pas des nonnes ordinaires, des filles de Sainte-Ursule ou de Sainte-Marie (fi donc!), mais qui étaient de Port-Royal, c'est-à-dire du lieu du monde où l'on savait le mieux ce que c'est que *Grâce*, et où l'on avait là-dessus, de tout temps, des directions de première main et des notions de première qualité, il paraissait, tout archevêque qu'il était, aussi ridicule et aussi mal avisé que le bonhomme *Gorgibus* de Molière, ou, si l'on veut, le bonhomme *Chrysale*, parlant à une précieuse, ou encore un homme de bon sens de la classe moyenne de la Restauration se lançant à causer politique avec une jeune beauté doctrinaire. Il avait affaire à des esprits infatués tout bas d'une excellence et d'une aristocratie de dévotion, et qui se disaient de lui : « Le bonhomme, l'archevêque de Cour, il n'y entend rien, il ne comprend pas! »

Il était du reste si réellement bonhomme, qu'après tous les affronts et les moqueries publiques qu'il en reçut et les violences auxquelles elles le poussèrent, il finit par se réconcilier sincèrement avec elles, ne leur garda point du tout de rancune, et les aima, dans les derniers temps, de tout son cœur.

L'historien de Port-Royal, s'il n'a pas de parti pris, est un peu, je l'avoue, dans la situation de l'archevêque, il est dans l'embarras ; car, si je ne veux pas faire tort à M. de Péréfixe, je veux encore moins paraître injuste envers les religieuses qui eurent un travers, et dont quelques-unes l'eurent au plus haut degré, mais qui pratiquaient d'ailleurs toutes les vertus et avaient l'énergie et l'ardeur de la vie morale chrétienne. L'archevêque, dès qu'il eut pris possession de son siége, fut assailli de sollicitations en faveur de Port-Royal. Madame de Longueville lui alla faire visite et lui transmit, quelques jours après, un Mémoire justificatif, dressé par M. Arnauld. Ce Mémoire, en forme d'argumentation, était roide et peu adroit. Une lettre, qui fut adressée vers le même temps à M. de Péréfixe par M. de Sainte-Marthe, confesseur des religieuses, était bien autrement faite pour le remuer et pour le persuader. Cette lettre, en résumé, revenait à peu près à dire : « Ayez pitié de la tendresse de leur conscience, et n'agissez point en toute rigueur. » —

« Je suis prêtre, Monseigneur, comme vous, disait l'humble confesseur, organe du meilleur esprit de Port-Royal et vrai collègue de M. Singlin[1] ; et quelque indigne que je sois, j'ai été autrefois engagé par ordre de l'Église au gouvernement de quelques âmes. Permettez-moi, Monseigneur, de

---

1. M. Singlin venait de mourir épuisé d'austérités et de mortifications à la fin du carême de cette année, le 17 avril 1664 (voir tome I, page 476). Il vivait caché dans une maison du faubourg Saint-Marceau. Les religieuses de Paris reçurent avec larmes son corps qui leur fut apporté à neuf heures du soir, et l'enterrèrent dans leur préau, dans le même tombeau où étaient les entrailles de M. de Saint-Cyran. Son cœur fut déposé en l'église de Port-Royal des Champs. Dans cette lettre à M. de Péréfixe, qui est du

vous dire que cela me donne peut-être plus d'expérience de la misère et de la foiblesse des hommes qu'à plusieurs à qui d'autres occupations importantes ne laissent pas le temps de s'y appliquer. C'est une chose bien rare d'en rencontrer qui servent Dieu fidèlement, et ceux mêmes qui le font ont besoin de beaucoup de secours, de veilles et de larmes. Les pasteurs ne peuvent faire naître Jésus-Christ dans les cœurs ni l'y conserver qu'avec beaucoup de douleurs et qu'en s'accommodant à l'infirmité de leurs brebis avec une patience qui ne se peut expliquer. Saint Paul, qui étoit parfaitement instruit de cette science, veut bien ne manger point de viande, si cela scandalise ses frères ; il renonce à la science pour s'accommoder à l'infirmité du moindre d'entre eux, et l'ardeur de la charité lui fait dire ces paroles si pleines de tendresse : *Qui est infirme, avec qui je ne sois infirme ?...*

« Je vous supplie, Monseigneur, d'entrer en ces dispositions si saintes et si dignes de vous ; ne dédaignez pas de vous rabaisser jusqu'à être infirme comme nous le sommes, et jusqu'à prendre part à notre affliction.... Ce que nous vous demandons est-il donc tel que vous ne puissiez y condescendre ?... Est-ce un crime de vous supplier humblement que l'on n'exige point de nous une chose qui ne sert qu'à nous troubler et à nous ôter le repos de notre conscience ?...

« Souffrez-le, Monseigneur, souffrez-le, je vous en conjure : si vous reconnoissez que nous avons raison, vous savez que la vérité vous y oblige ; et si nous avons tort, nous vous prions que la charité vous le fasse supporter. Donnez ce peu de chose à notre foiblesse et à la paix de l'Église.... »

De tels accents étaient bien faits pour prendre l'archevêque par les entrailles et lui donner envie de tout

---

mois de juin, M. de Sainte-Marthe, en redoublant d'onction, parlait pour deux et rassemblait les sentiments du défunt et les siens. — Cet ordre essentiellement chrétien de pensées a tout à fait échappé au Père Rapin qui ne voit en M. de Sainte-Marthe qu'un *aventurier*, un homme sans mérite et *de nulle naissance*, qui est bien osé d'écrire de son chef à un archevêque.

accorder. A combien peu il tient que les esprits humains ne soient sages, et pourquoi ne le sont-ils pas? Il aurait fallu, pour le bien, que les pères spirituels de Port-Royal condescendissent à cette faiblesse maladive de conscience des religieuses et la prissent en patience sans les presser; ils n'auraient fait en cela que leur devoir de pasteurs et de médecins des âmes : et, d'un autre côté, il aurait fallu que ces religieuses, non contraintes et laissées à elles-mêmes, écoutassent les bonnes raisons, celles que Bossuet a résumées dans les dernières paroles d'une lettre qu'il projetait de leur faire lire et où il leur disait : « Laissez donc à part ces narrés d'intrigues et de cabales, que des hommes ne cesseront jamais de se reprocher mutuellement, peut-être de part et d'autre avec vérité, et du moins presque toujours avec vraisemblance ; et croyez que, parmi ces troubles et dans ce mélange de choses, la sûreté des particuliers, c'est de s'attacher aux décrets et à la conduite publique de la sainte Église.... Et ceux qui vous diront après cela que vous ne pouvez sans péché y soumettre humblement votre jugement,... laissez-les disputer sans fin, et répondez-leur seulement avec l'Apôtre : « *S'il y a quelqu'un parmi vous qui veuille être contentieux, nous n'avons pas une telle coutume, ni la sainte Église de Dieu.* » — Que si chacun avait ainsi entendu ses obligations, alors personne n'aurait eu de tort, et tout se serait bien passé.

Au lieu de cela, on se retrancha des deux côtés aux dernières limites de son droit et de son raisonnement, on recourut à toutes ses armes. Il y avait *quelqu'un qui voulait être contentieux*, et ce quelqu'un, les uns le poussaient à outrance, les autres le défendaient à en mourir. Ce n'étaient plus des filles qui résistaient, c'était un docteur: ce n'étaient plus des religieuses qu'on frappait, c'était un parti. M. de Péréfixe qui, dans sa sincérité, disait tout, le leur dit un jour. — « A-t-on jamais demandé la signature à des religieuses sur ces matières? » lui objectait l'une d'elles. — « Il est vrai, reprit-il, je vous l'avoue, c'est une chose extraordinaire ; mais, comme votre maison a été le centre d'une doctrine suspecte, il est nécessaire de vous en purger ; sans cela, on n'auroit jamais pensé à vous en parler, non plus qu'aux autres religieuses, qui ne pensent qu'à prier Dieu, et qui n'entendent rien à ces matières : si on les en a occupées, c'est vous autres qui en êtes cause. » — Et aussi, selon le propre aveu de ces religieuses, qui elles-mêmes, à force d'écrire, nous disent tout, chaque religieuse de Port-Royal se considérait comme dépositaire, comme responsable envers Jésus-Christ « du trésor de vérité dont il avoit si particulièrement enrichi ce monastère. » De là chez elles un principe de résistance égal au motif de l'attaque.

Le premier acte de M. de Péréfixe fut de publier, le dimanche de la Trinité (8 juin 1664), un Mandement dont on parla beaucoup, et dans lequel, en prescrivant la signature, il établissait entre le fait et le droit cette différence, qu'on n'était tenu à l'égard du premier qu'à y croire d'une foi humaine et ecclésiastique, et non d'une foi divine, comme on devait l'avoir pour les dogmes. On comprend très-bien la distinction de l'archevêque, et même son idée était juste : il voulait graduer l'importance des points en question ; mais les termes n'étaient pas heureux. Ce nouveau système de la *foi humaine* fit bruit. Nicole, qui publiait à ce moment ses *Imaginaires*, petites lettres en feuilles volantes, à l'imitation des *Provinciales*, en consacra une (la quatrième, datée du 19 juin) à l'examen de cette *foi humaine* dont se contentait M. de Péréfixe : « Il faut, disait-il, que ce soit une foi humaine d'une espèce toute nouvelle, puisque c'est une foi humaine dont le défaut rend hérétique, et ainsi c'est une foi humaine et divine tout ensemble. » Il trouvait là-dessus quantité de choses plaisantes, ou qui devaient paraître telles alors depuis le cloître Notre-Dame jusqu'à la barrière Saint-Jacques, de ces choses qui faisaient dire au monde du quartier Latin : « Ces Messieurs ont bien de l'esprit. » Seulement un autre que Nicole, Bayle, par exemple, en usant du même procédé de raisonnement et de curiosité libre, aurait pu pousser les choses plus loin que ne l'eût désiré Nicole lui-même. Celui-ci paraissait oublier qu'il faisait partie d'une Église où il y avait une hiérarchie ; il faisait bon marché des supérieurs. Il employait dans cette discussion un ton leste et tout à fait laïque, qui égayait la matière plus qu'il ne convient à des croyants. Dans cette lettre de Nicole, M. de Paris était loué avec ironie et solennellement tympanisé [1].

Le lundi 9, lendemain de la publication de l'Ordonnance, dès dix heures et demie du matin, l'archevêque était rendu à Port-Royal pour y procéder à la visite et pour exhorter la Communauté à la signature. Après un discours général, adressé à toutes, il commença immédiatement cette visite, ou, comme on disait, le *scrutin*. Chaque religieuse, à son tour, venait séparément à l'interrogatoire qui se faisait par l'archevêque, accompagné de son grand vicaire [2], et celui-ci même se retirait, si

---

1. Nicole, aidé d'Arnauld, fit peu après et sous une forme plus dogmatique un *Traité de la Foi humaine*. — L'archevêque, toutefois, ne fut pas trop piqué de cette quatrième Lettre *imaginaire;* le peintre Champagne l'étant allé voir à un mois de là environ, comme l'entretien était sur Messieurs de Port-Royal, il la lui montra sur sa table : « Voilà de leurs ouvrages, lui dit-il, rien n'est plus ingénieux : comme ils ont de l'esprit ! ils savent tourner les choses, et il semble qu'ils ne disent rien ; mais cela ne laisse pas de percer jusqu'au vif. Encore, *s'ils pouvoient être seulement six mois sans écrire !* cela donneroit la paix. »

2. Ce grand vicaire était alors M. Du Plessis de La Brunetière, depuis évêque de Saintes, un ami particulier de Bossuet.

on ne se croyait pas toute liberté de parler devant lui. On a la suite de ces interrogatoires rédigés par les principales des religieuses ; elles en faisaient par écrit une petite relation dès qu'elles étaient rentrées dans leur cellule, et c'était l'archevêque qui était jugé par elles et pris sur le fait, bien plus qu'elles par lui. Elles avaient soif du martyre, et elles commençaient d'en dresser les actes incontinent.

On a d'abord la Relation de la sœur Marguerite de Sainte-Gertrude (Du Pré), interrogée le mardi 10. Elle était une des plus vives, et par deux fois il lui était échappé de dire tout haut en pleine Communauté, quand on y avait fait lecture des Mandements, qu'elle ne signerait jamais le Formulaire. Comme l'archevêque lui en demandait les raisons, elle se mit en devoir de les lui déduire ; mais d'impatience, au lieu de l'écouter, il ne pouvait s'empêcher de l'interrompre à chaque fois, en lui disant : *Taisez-vous, écoutez-moi!* ce qui, raconté assez joliment par elle, fait un jeu de scène et un vrai dialogue de comédie. A un certain moment, s'autorisant des personnes de poids qui revenaient à la soumission, et même des personnes qui avaient le plus soutenu d'abord l'autre sentiment, il lui cita l'exemple de M. de Sainte-Beuve, qu'elle connaissait bien, puisque c'était lui qui l'avait introduite en religion et qui l'avait faite professe :

« Ah ! Monseigneur, ne m'en parlez pas, *il me fait grand'-pitié*, dit-elle le plus naturellement du monde ; *c'est ma douleur*, et Dieu sait les prières que je fais continuellement pour lui. »

— « Vous êtes une folle, s'écria l'archevêque ; on voit bien que vous ne savez ce que vous dites et que vous êtes pleine d'orgueil, de juger ainsi des personnes si considérables. N'est-ce pas vous qui me citiez tantôt l'Évangile : *Ne jugez point, et vous ne serez point jugés ?* »

— « Je me mis à genoux, poursuit la sœur de Sainte-Gertrude; car il me dit ces paroles d'un ton tout à fait haut, et il paroissoit très-fâché, et je lui dis : « Non, Monseigneur, ce n'est pas moi. »

— « Appliquez-les-vous, reprit-il, et je vous puis dire en cette rencontre : *Ne jugez point, et vous ne serez point jugée.* »

Ainsi, tantôt en révolte et tantôt à genoux, devant un archevêque tantôt débonnaire et tantôt fulminant, elle gardait cependant son sang-froid mieux que lui. A la fin, elle le quitta sur un geste de colère qu'il fit brusquement, et sortit en oubliant de lui demander sa bénédiction :

« Ma sœur Angélique de Saint-Jean fut après moi, dit-elle, et j'attendis qu'elle fût sortie pour aller demander la bénédiction à Monseigneur l'archevêque, parce que je ne l'avois pas fait, tant j'étois effrayée! car il m'avoit chassée fort rudement; et je craignois qu'il ne crût que ce fût par mépris, et de plus *j'étois bien aise de lui faire voir que ses fâcheries ne m'avoient point ébranlée.* Je rentrai donc et je lui dis en me mettant à genoux : « Monseigneur, je suis sortie d'avec vous si effrayée que je n'ai pas pensé à vous demander votre bénédiction; je vous la demande très-humblement, Monseigneur. »

— « Il est vrai que vous m'avez tout à fait fâché. »

— « J'en suis bien fâchée, Monseigneur, et je vous en demande bien humblement pardon, et je vous supplie de m'excuser sur ce que je vous ai dit qui a pu vous fâcher. »

— « Je vous prie aussi de m'excuser, reprit encore le bon archevêque tout à coup radouci, car je vous ai dit aussi des choses qui vous ont fâchée, et je vous conjure de tout mon cœur de vous mettre bien devant Dieu et de le bien prier qu'il vous éclaire.... »

Et l'entretien finit de la sorte par une bénédiction après qu'ils se sont demandé pardon l'un à l'autre[1].

---

1. La sœur Marguerite de Sainte-Gertrude ne soutint pas un si haut début. Ayant été enlevée de Port-Royal quelque temps après

Avec la sœur Angélique de Saint-Jean l'entretien fut fort grave et sérieux, avec une grande modération et civilité dans les paroles, mais beaucoup de force dans le fond des choses. La sœur Angélique de Saint-Jean était une âme qui inspirait le respect, une grande intelligence, profondément chrétienne, seulement trop imbue de ces controverses dans lesquelles étaient engagés ses amis et toute sa maison. Elle ne dissimula point qu'elle avait lu les écrits qui en traitaient.

« Vous ne devriez point du tout vous amuser à tout cela, lui dit l'archevêque, ni vous arrêter à un M. de Lalane, à un M. Girard. Chacun fait sa cause la meilleure qu'il peut ; mais, pour vous autres, vous devriez tâcher de vous tirer de toutes ces fâcheuses affaires, et voici une occasion bien facile. » — « Je pense, Monseigneur, lui répondit-elle avec l'autorité qu'elle aussi possédait déjà, qu'il n'est pas si aisé de sortir de la persécution où nous sommes exposées depuis vingt-cinq ans. La Signature n'en a pas été le commence-

---

et enfermée aux Annonciades de Saint-Denis, elle fut des premières à succomber : elle signa, et par deux fois. Il est vrai qu'elle en eut ensuite d'affreux remords ; lorsqu'elle fut réunie à ses sœurs de Port-Royal au monastère des Champs, elle demanda avec instance d'être mise au rang des converses ; « on se contenta de lui accorder d'être la dernière de toute la Communauté, quoiqu'elle fût des anciennes. » Elle mourut en cet état et privée des sacrements, avant la réconciliation générale, le 5 juillet 1666. C'était une religieuse qui avait été d'abord dans la Congrégation de Notre-Dame et qui avait séjourné en Flandre, où elle avait été initiée aux questions sur la Grâce par des docteurs de ce pays ; de là elle était passée à Port-Royal. Elle était extrêmement maladive, et en quatre ans elle avait été seize fois à l'extrémité. — Quand elle eut rétracté sa signature, elle n'eut rien tant à cœur que de multiplier les preuves de son repentir ; et comme le monastère des Champs était alors bloqué et sans communication avec le dehors, elle fit copies sur copies de sa Rétractation, et elle les jetait de tous côtés par les fenêtres, par-dessus les murs ; elle les semait en tous lieux, espérant qu'un de ces papiers irait enfin jusqu'à ceux qu'elle voulait informer. Pauvre esprit inquiet et qui ne faisait que changer de fièvre !

ment, et je douterois fort qu'elle en fût la fin. Je vous avoue que quand nous n'aurions que notre propre expérience pour nous persuader qu'on demande autre chose de nous qu'une marque de notre obéissance, il nous seroit bien difficile de croire qu'il n'y eût pas d'autre cause secrète de la conduite qu'on tient sur nous aujourd'hui. Vous nous avez fait l'honneur, Monseigneur, de nous dire hier publiquement que cette maison avoit toujours donné édification à tout le monde par sa piété, sa régularité, et beaucoup de choses que nous écoutions avec confusion, parce que nous ne méritons point l'estime qu'on fait de nous sur tout cela ; et vous avez ajouté, Monseigneur, qu'il n'y avoit qu'en un point qu'on nous soupçonnoit de manquer, qui est sur l'obéissance à nos supérieurs ecclésiastiques. Permettez-moi de vous dire, Monseigneur, que si nous ne sommes accusées que de ce défaut, il n'y a donc que deux ans que nous sommes coupables, et il y en a vingt-cinq, comme je l'ai déjà dit, que nous sommes sans cesse affligées, comme aujourd'hui, par des menaces continuelles fondées sur des calomnies qu'on invente contre cette maison.... »

La question ainsi reportée à ses origines, l'archevêque, qui raisonnait moins avec suite qu'il ne causait comme un homme du monde, se mit à parler de ce que, disait-il, il savait *d'original* sur cela, et de l'arrestation de M. de Saint-Cyran, et du dessein qu'il aurait eu véritablement de faire une secte :

« Feu M. le cardinal de Richelieu étoit pour lors à Compiègne ; j'étois son maître de chambre ; il m'appela ce jour-là et me dit : « Beaumont, j'ai fait aujourd'hui une chose
« qui fera bien crier contre moi : j'ai fait arrêter ce matin,
« par ordre du roi, l'abbé de Saint-Cyran. Je prévois que
« tout ce qu'il y a de savants et de gens de bien s'élèveront
« contre moi : car il faut demeurer d'accord qu'il a ces
« deux qualités, il est savant et homme de bien. Ainsi tous
« ceux qui le connoissent, et quantité de personnes de con-
« dition qu'il conduit, trouveront que j'aurai fait une grande
« injustice.... » Et M. le Cardinal ajouta : « Quoi qu'on
« puisse dire de moi dans cette occasion, je suis persuadé

« que l'Église et l'État me doivent savoir gré de ce que j'ai
« fait, et que je leur ai rendu un grand service; car j'ai été
« bien averti que cet abbé a des opinions particulières et
« dangereuses, qui pourroient quelque jour exciter du bruit
« et de la division dans l'Église, et c'est une de mes maximes
« que tout ce qui peut faire du trouble dans la Religion en
« peut aussi causer dans l'État, et qu'ainsi c'est rendre un
« service important à tous les deux que de prévenir cela. »
Voilà ce que M. le Cardinal me dit, à moi qui vous parle, et
il ne parloit pas en l'air.... »

L'archevêque ajouta encore quelques mots à l'appui de
cette imputation. Il se trouvait sans le savoir devant une
âme tout intègre, toute sérieuse, pénétrée dès l'enfance
de respect et de vénération pour l'homme dont il parlait
par ouï-dire si délibérément ; et il ne soupçonnait pas
l'impression pénible, douloureuse, qu'il faisait sur
cette nature fermement morale et austèrement passionnée, qui ne reconnaissait d'autre loi que la fidélité chrétienne. Je voudrais trouver des termes mieux appropriés
encore et plus dignes ; car ici, en présence de la sœur
Angélique de Saint-Jean, on peut la blâmer, mais toute
raillerie expire :

« Je ne me souviens point, dit-elle, de la réponse que je
fis, et il me semble que je ne dis rien pour justifier M. de
Saint-Cyran, dont j'ai eu bien du scrupule. Quoique je n'aie
point discerné quel mouvement me porta alors à me taire,
j'ai appréhendé que ce n'eût été l'autorité de M. l'archevêque
qui eût fait une impression de respect trop humain dans mon
esprit, et qui m'eût ôté la liberté de lui témoigner avec
quelle horreur j'entendois une accusation si injurieuse contre le plus saint homme que j'aie jamais connu, et le plus
attaché à l'Église par une charité si forte et si tendre qu'on
la pouvoit appeler son unique passion. Je sais que j'en eus
ce sentiment, mais je ne sais pourquoi je ne le fis pas paroître autrement que par mon visage, où je m'assure qu'il
étoit aisé de le lire. »

Il y a le petit côté à tout ceci, il y a le côté sérieux et respectable. Nous nous retrouvons en présence de ce dernier. La mère Angélique a confiance et elle croit : elle souffre pour ce qu'elle croit, elle s'offense pour ce qu'elle aime. Il faut passer et s'incliner.

Avec la sœur Christine Briquet, qui fut interrogée le 13 juin, l'entretien prit un tour tout différent. Cette petite personne, qui devint une des plus respectables religieuses de Port-Royal, alors âgée de vingt-deux ou vingt-trois ans au plus, et qu'on ne pouvait s'empêcher d'appeler *la petite Briquet*, était l'une des plus rares élèves de ce monastère. Nièce de MM. Bignon par sa mère, fille de l'avocat général Briquet mort jeune, elle avait été mise à Port-Royal dès l'âge de trois ans. Avant d'être en âge de se consacrer à Dieu par des vœux solennels, elle s'était liée par un vœu secret le jour de la Présentation de la Vierge. Ses parents avaient tout fait, dès qu'ils l'avaient su, pour s'opposer à un tel dessein. On exigea d'elle qu'elle sortît au moins quelque temps du monastère, qu'elle retournât dans sa famille, pour faire voir que c'était librement qu'elle se décidait ; et, comme dit la Relation, « elle fut quatre mois dans le siècle. » Elle avait seize ans. Elle demeura chez son oncle M. Bignon l'avocat général, l'un des plus anciens élèves des petites Écoles ; elle y vit le Premier Président de Lamoignon qui s'attaqua à sa conscience et voulut lui donner scrupule sur la doctrine des personnes qui la dirigeaient. « Je ne sais, écrivait à ce sujet M. Singlin à mademoiselle Briquet, s'il n'y a point quelque intérêt caché qui lui ait fait parler de la sorte ; mais monsieur votre oncle a eu raison de trouver à redire à la liberté qu'il a prise de vous parler ainsi, n'étant nullement à lui à vous faire des scrupules de conscience pour le choix que vous avez fait de ce monastère, et encore moins de vous parler d'hérésie.... Et qui a constitué ce monsieur notre juge, pour nous condamner de la sorte ? Vous lui avez bien répondu ; mais à l'avenir ne l'écoutez point, lui disant que vous avez votre confesseur qui doit répondre de votre conscience. » La sœur Briquet (car elle l'était déjà par son vœu) ne voulait pas être seulement religieuse, elle désirait être sœur converse, c'est-à-dire l'une des servantes du couvent ; dans une personne de si vif esprit, c'était un excès et un raffinement de zèle, qui lui faisait dire par M. Singlin : « Je doute que ce fût pour vous un état d'humiliation ; cela vous signaleroit.... Il y a souvent plus d'humilité à ne pas paroître si humble. » Après sa courte épreuve mondaine elle rentra à Port-Royal, y fut guérie peu après, et miraculeusement à ce qu'elle crut, d'une loupe ou enflure au genou qu'elle avait depuis trois mois ; ayant fait profession en 1660, elle se signala par sa ferveur, sa docilité, choisissant toujours la dernière place, préférant les moindres emplois. Quand elle se trouvait en présence de quelqu'un du dehors, elle n'avait que des paroles de reconnaissance pour la maison, comme si elle y avait été reçue par pure charité et n'y avait point apporté de grands biens. Voilà des vertus ; sur un point pourtant, le faible de la nature se retrouvait. « Si son humilité étoit grande, a-t-on dit, rien n'étoit au-dessus de son amour pour la vérité ; elle l'aimoit comme un trésor précieux. » Or cette vérité, c'était de ne pas céder sur la signature, de ne pas acquiescer à la condamnation de Jansénius. Elle était donc très-humble, hors sur ce point où l'amour-propre de l'esprit se métamorphosait en amour de la vérité et redevenait intraitable. M. de Péréfixe ne s'en aperçut que trop ; mais, au premier entretien, il fut séduit par cette intéressante petite personne qui prétextait d'ignorance sur ces matières et en causait si pertinemment. « Je vois bien, ma chère fille, lui disait l'archevêque, que vous avez de l'esprit, et que vous êtes capable de raison : c'est pour-

quoi je vous veux un peu entretenir. Quand on trouve
des personnes qui raisonnent, il y a plaisir de leur parler ; mais, en vérité, j'en ai vu de qui je pouvois à peine
tirer une parole raisonnable. » L'archevêque se trouve
ainsi induit à raisonner théologie avec cette jeune religieuse de vingt-trois ans, à lui donner toutes les explications et à écouter ses réponses. Ce n'est pas qu'à de
certains moments il ne soit près de s'emporter encore en
la voyant si obstinée dans ses raisons ; mais bientôt elle
le ramène, elle l'apaise, et il se remet à l'écouter, suspendu à ce babil théologique qu'il est étonné de rencontrer si facile et si aiguisé dans un si jeune âge. « Tout
ce que j'ai dit jusqu'ici peut paroître trop libre, dit-elle
elle-même dans le récit de son interrogatoire, mais je
l'ai fait voyant qu'il s'en divertissoit et qu'il sembloit que
plus j'en disois, et mieux il le recevoit. » Cette qualité
de nièce de M. Bignon ne nuit pas non plus à ce qu'il l'écoute plus volontiers. Il lui parle familièrement, bonnement : c'est à elle qu'il explique comment il voudrait
voir de bonnes religieuses, de simples filles venant le
consulter et s'en remettant béatement à lui dans leurs
doutes ; il s'adressait bien ! Il emploie, pour la convaincre du tort de ces Messieurs, les formes les plus gaies
et même les plus burlesques, dont elle s'empare en les
racontant ; et elle n'a garde, la malicieuse enfant des
Provinciales, d'omettre le jeu de scène, le bonnet
carré qu'il ôte et remet de temps en temps avec force
gestes :

« Vous savez bien, Monseigneur, lui dit-elle, qu'ils (ces
Messieurs) ont déclaré qu'ils condamnoient les cinq Propositions, en quelque lieu qu'elles soient. »

— « De quoi cela sert-il ? répond l'archevêque ; tant qu'ils
nieront le *fait*, ils ne seront pas soumis au Pape. C'est lui
faire une injure insupportable que de dire que lui, et tout
son Conseil, n'a pas été capable de bien juger d'un livre ;

c'est dire qu'il est un fou et qu'il ne sait ce qu'il dit, ou du moins c'est lui dire : « *Saint Père, vous êtes un bon innocent, vous n'y entendez rien.* » Si le Pape vous disoit : « *Donnez un soufflet à votre abbesse,* » vous auriez raison de lui dire : « *Saint Père, je n'en ferai rien, vous êtes un fou, tout Saint Père que vous êtes; vous n'êtes pas sage, c'est pourquoi je ne vous obéirai pas.* » Mais quand le Pape a décidé une question dans l'Église, qu'il l'a examinée comme il faut, et qu'ensuite il a prononcé sentence et a décidé qu'il condamne une telle doctrine tirée d'un tel auteur, qui ne voit que c'est une hardiesse insupportable à des théologiens de soutenir le contraire ? Et ils ne le font, comme je vous l'ai déjà dit, ils ne nient le *fait* qu'afin de pouvoir un jour défendre le *droit*. »

M. de Péréfixe lui exprimait d'ailleurs assez naïvement l'état où elles étaient, elles les religieuses de Port-Royal, quand elles allaient porter, comme on disait, leurs raisons et leurs scrupules au pied du Crucifix :

« Oui, et à quoi servent toutes vos prières ? vous portez devant Dieu un esprit de préoccupation et d'opiniâtreté : quel moyen que Dieu vous écoute ? Vous lui allez dire : « *Mon Dieu, donnez-moi votre esprit et votre grâce; mais, mon Dieu, je ne veux pas signer, je me garderai bien de le faire pour tout ce qu'on m'en dira.* » Après cela, quel moyen que Dieu vous exauce ? »

Cet entretien du 13 juin avec la sœur Briquet se prolongea au delà des bornes ordinaires d'un interrogatoire; M. de Péréfixe s'y oublia. Je me rappelle que lorsque j'avais l'honneur de causer avec M. Royer-Collard de ces caractères et personnages de Port-Royal, dès qu'il lui arrivait de prononcer le nom de la sœur Briquet : « Et la sœur Christine Briquet, Monsieur !... » il éclatait de rire, de ce rire mordant et bruyant qui lui était naturel. Elle faisait sa joie et sa jubilation, chaque fois qu'il y ressongeait. Ce raisonnement obstiné et subtil, ce ton vif, railleur et presque leste au milieu d'une austérité si tendre et d'une ardeur au fond si sérieuse, il y avait là en effet de quoi intéresser et donner le plaisir de la surprise dès qu'on y entrait. Elle produisit un peu le même effet sur M. de Péréfixe, en attendant qu'elle le désolât par la durée de sa révolte et la fécondité de ses stratagèmes. Dans la Relation qu'elle a écrite de son interrogatoire, il est évident qu'elle-même s'enivre et se *grise* légèrement de sa parole ; elle a sa fumée de jeunesse. Nous la verrons une des plus actives dans ce siége que va soutenir Port-Royal, et, avec la mère Angélique de Saint-Jean, la plus vaillante à résister au choc. La sœur Christine Briquet peut être considérée comme la plus parfaite élève de la mère Angélique de Saint-Jean. On entrevoit que quelques-unes des religieuses, plus fidèles à l'esprit du premier et ancien Port-Royal, estimaient qu'elle était trop disposée à écrire, à se répandre, et à propos d'une *prière* ou *Effusion de cœur* qu'elle composa quelque temps après et dont il circula des copies, la prieure du monastère des Champs (la mère Du Fargis), à qui on demandait ce qu'elle en pensait, répondit « qu'elle se croyoit obligée de dire qu'elle aimeroit mieux que ses Sœurs se contentassent de répandre leurs cœurs devant Dieu que de les répandre avec tant d'effusion devant les hommes. » Avec les années et un régime de mortification continue, cet excès de séve chez la sœur Christine Briquet se tempérera et tournera tout au profit de la vie du cœur.

M. de Péréfixe termina et conclut sa visite le samedi 14 juin ; toute la Communauté étant rassemblée au chapitre, il fit apporter un réchaud allumé et brûla les papiers qu'il avait écrits durant le scrutin, afin de donner à toutes la sécurité du secret. Mais tandis qu'il brûlait par discrétion les interrogatoires des religieuses, celles-ci, qui les avaient rédigés de leur côté, en faisaient collection dans leurs archives. Il adressa alors à la Communauté un long discours où, à côté des trivialités dont il ne savait se passer, il y avait des observations fort justes :

« Vous préférez, disait-il, les sentiments particuliers d'une petite poignée de gens à ceux du Pape et de votre archevêque. Ces personnes vous ont prévenues et vous ont engagées à soutenir leur parti. Je ne veux pas juger de leurs intentions; mais peut-être, aimeroient-*ils* mieux vous voir périr que de vous voir rendre à ce que l'on désire de vous. Ils sont bien aises d'avoir pour eux une Communauté comme celle-ci; c'est un grand corps, ce sont des filles fort vertueuses, cela a de l'éclat : ainsi ils font tout ce qu'ils peuvent pour vous retenir dans leurs opinions. Vous ne me persuaderez pas que vous n'avez pas lu leurs écrits, au moins quelques-unes; car je vois que les réponses que plusieurs d'entre vous m'ont faites sont les mêmes choses qui sont dans leurs feuilles volantes et dans leurs paperasses. »

Mais il manquait à tout cela le ton, le tact, la mesure, ce qui fait l'autorité et mène à la persuasion. Il outrait les esprits qu'il n'eût point gagnés, même en se les conciliant. Il froissait sans mauvaise intention les parties généreuses ou délicates des âmes.

L'archevêque, en finissant, déclara qu'il leur laissait trois semaines pour faire leurs réflexions, et qu'il leur donnait pour confesseur et pour conseil M. Chamillard, docteur de Sorbonne. Après quoi, au moment de sortir, se ravisant sur une parole de l'abbesse, il se remit dans son fauteuil et permit qu'une conversation se tînt devant lui et avec lui ainsi qu'avec ses grands vicaires. Chaque sœur qui voulait parler, le fit. Cette conversation confuse, et qui dura plus de trois heures, ne fut point à son avantage. Dans cette lutte de la raison et de la conscience opiniâtrées sur un point contre le principe d'autorité, ce principe gagnait peu à être personnifié en lui et à se produire de près sous des formes si contraires à la discrétion et à la gravité dont ne se départaient jamais ces Messieurs.

L'archevêque sorti, on se prépara pour l'assaut. Les amis du dehors écrivaient à l'envi des lettres d'encouragement et de réconfort. M. d'Andilly, qui avait été précédemment pour qu'on cédât, ne s'en souvenait plus maintenant que la gloire était en jeu, et il redevenait un pur Arnauld. Il écrivait à sa fille la sœur Angélique de Saint-Jean une lettre dans laquelle il comparait tout le monastère à une famille des premiers chrétiens :

« En vérité, vous êtes trop heureuses, et je m'estimerois trop heureux de participer à vos souffrances, pour pouvoir espérer de participer à vos couronnes! Je vous donne et à toutes vos sœurs, de tout mon cœur, quoique je sois un très-grand pécheur, toute la bénédiction qu'un père peut donner à des enfants qu'il aime parfaitement, et qu'il s'estime trop heureux d'avoir mis au monde en voyant de quelle sorte il a plu à Dieu de les recevoir pour siens.... Je lui rends, ma très-chère fille, en vous remettant entre ses mains, le présent qu'il m'a fait lorsque vous êtes venue au monde. »

Il parlait ainsi comme Abraham immolant son Isaac.

M. Chamillard commença ses fonctions de confesseur, mais sans succès. On a une de ces confessions, et non par lui, il n'aurait pas à ce point trahi son devoir, mais par celle même qui se confessait, et qui ne crut point apparemment manquer au sien, en soulevant un coin du voile du sacrement. C'est encore la sœur Christine Briquet qui a cette hardiesse. Elle mit par écrit toute la fin de la confession et ce qui suivit, sous le titre de conférence. Elle y pose nettement la question de la raison en face de l'autorité; elle plaide contre M. Chamillard pour le bon sens individuel, qui ne cède et ne se soumet que lorsqu'il est convaincu :

« Mais, lui dit M. Chamillard, si, après qu'on vous a donné de bonnes raisons, vous n'étiez pas convaincue, ne vous soumettriez-vous pas ? »

Réponse. « Par la grâce de Dieu, Monsieur, je ne suis pas sujette à être tourmentée par ces sortes de scrupules qui ne peuvent être levés par la raison ; mais, si j'en avois, ce seroit une foiblesse d'esprit, et ainsi, après qu'on m'auroit dit ce qu'on auroit pu, on m'y laisseroit, et ce ne seroit pas un péché à moi d'y demeurer, *ce seroit seulement une bêtise.* »

« Mais, reprend M. Chamillard, comment vous êtes-vous résolue à embrasser la vie que vous menez ? Y a-t-il rien de plus opposé à la raison que de renoncer comme vous faites à tous les plaisirs et les commodités de la vie, puisque même on sait qu'on se peut sauver dans le monde sans mener une vie si austère ; qu'avez-vous donc fait alors de votre raison ? ».

Réponse. « J'en ai fait ce que j'en fais toutes les fois que l'on me propose des vérités *divines*, je l'ai captivée pour croire à la parole de Dieu et à l'Évangile ; je ne cherche jamais des raisons dans les choses *divines....* »

Si elle n'a pas de peine à croire ce qu'on lui commande dans cet ordre des choses *divines*, c'est (elle le dit expressément) parce que Dieu lui a fait la *grâce* de lui donner la foi : « Mais pour les hommes qui n'ont point de grâce à me donner, ils ont coutume de me payer de raisons. » Autrement elle ne se tient point pour convaincue.

M. Chamillard n'est que dans le vrai en lui faisant remarquer qu'elle est ici sur la pente la plus rapide du Calvinisme : Dieu donne la grâce comme il lui plaît, et l'on se soumet à l'Esprit ; pour tout le reste on veut des raisons. Ce n'est plus là l'Église catholique, c'est l'École de Jésus-Christ dans une simplicité qui est la Réforme.

« *Je vis bien que je m'étois trop avancée*, ajoute en finissant la sœur Christine Briquet, qui ne se rendait compte de son audace qu'à demi.... Je me retirai donc avec résolution de ne plus parler ; je vois bien que je n'en suis pas capable et que je m'emporte plus loin que je ne veux. Si j'avois trouvé un homme aussi passionné que le paroît être M. de La Brunetière, je ne sais jusqu'où j'aurois été : c'est pourquoi je ne m'engagerai plus avec ces personnes. Je mettrai désormais toute ma force dans le silence, espérant que Celui qui nous a engagées à souffrir pour sa grâce nous donnera la même grâce pour persévérer jusqu'à la mort dans toutes sortes de persécutions et de tribulations. »

M. Chamillard, nommé confesseur, essayait de s'attribuer les droits de la Supériorité, ceux dont M. Singlin avait été investi. Il eut envie de voir toutes les sœurs en particulier, les grilles ouvertes et le voile levé. On éluda ses prétentions, et on prit un moyen parti : « on ne crut pas devoir contester pour lui refuser d'ouvrir la grille, mais on refusa absolument de lever les voiles. Ainsi chacune y fût avec son grand voile baissé, et il parla à toutes, mais il ne gagna rien sur pas une. »

Il amena plusieurs fois avec lui, comme un auxiliaire qui lui était donné par l'archevêque, le Père Esprit de l'Oratoire, lequel en cette circonstance, disaient les Jansénistes, fit peu d'honneur à son nom. Ce Père Esprit, frère aîné de l'académicien, « petit homme, et qui a de l'esprit comme un lutin, » disait Tallemant, était alors vieux, sourd, et il embarrassa plus d'une fois M. Chamillard et le mit sur les épines en donnant d'autres raisons que les siennes et en développant à tue-tête une autre théorie sur la foi humaine. Tous deux s'accordaient à proposer aux religieuses une voie d'accommodement, un mode de signature qui eût levé les difficultés et conjuré le péril. Mais ils ne réussirent, et surtout le Père Esprit, qu'à donner, à leurs dépens, une comédie à ces pieuses filles, moins pieuses en cela qu'on ne voudrait, puisqu'elles tournent en ridicule, dans leur Relation, un honnête homme qui se mettait en quatre pour les tirer d'affaire.

Voulant couper court à ces pourparlers, les religieuses, de leur côté, donnèrent une signature, mais qui n'était pas la bonne et celle qu'on leur demandait; elles la firent remettre à l'archevêque par les mains du peintre Champagne, leur ami. Le peintre et l'archevêque s'attendrirent presque à en pleurer. Tout était en mouvement pendant ces semaines autour de Port-Royal. Madame de Sablé, madame de Liancourt, mademoiselle de Vertus, madame de Longueville multipliaient les questions, les avis; on s'agitait, autant qu'on peut l'imaginer de quelques-unes de ces personnes dont l'activité, de tout temps extrême, n'avait fait que changer de sphère. Cependant les religieuses recouraient aux derniers grands moyens. Une maladie de l'archevêque, une fièvre double-tierce étant venue retarder l'exécution de ses desseins, elles dressèrent une *Requête* ou *Prière à saint Laurent*, qui éclaire les aveugles; et par aveugles, elles entendaient, non l'archevêque, comme on le croirait, mais elles-mêmes. Elles avaient déjà adressé une semblable Requête *à sainte Marie-Madeleine*, et une autre *aux apôtres saint Pierre et saint Paul*. On mettait ces Requêtes sous la nappe de l'autel, pendant la messe, le jour de la fête des susdits saints. Elles adressèrent successivement des Requêtes du même genre *à Jésus-Christ, couronné d'épines, à la sainte Vierge, à saint Bernard*, leur père spirituel, et on eut soin que celle-ci fût portée à Clairvaux sur son tombeau. Enfin, le mardi 13 août, la Communauté commença une neuvaine à la Sainte-Épine pour demander à Dieu la santé de M. l'archevêque. Voilà bien des contradictions et des incohérences pour des personnes qui tiennent à être dans le vrai de leur raison; mais Port-Royal est cela, il s'arrête à mi-chemin en toutes choses : il veut de la raison, et il ne croit qu'à la Grâce; il résiste à son archevêque et s'en moque, et au même moment, si cet archevêque a la fièvre, il adresse prière à un saint d'intercéder près de Dieu pour le guérir.

J'en viens aux scènes du 21 et du 26 août. Ce n'est pas l'histoire de Port-Royal que j'écris, et je ne prétends pas dispenser de lire les anciennes histoires du monastère, qui ne se referont pas. C'est le portrait de Port-Royal que je fais, c'est son esprit que j'essaye de ressaisir en le marquant dans les circonstances ou dans les personnages les plus notables. Le jeudi donc, 21 août, dernier jour de la neuvaine qu'on faisait pour le rétablissement de sa santé, l'archevêque « vint lui-même, dit la Relation, nous en apprendre des nouvelles. » Il arriva à Port-Royal vers midi et demi, et après une courte station à l'église, il assembla la Communauté et lui tint un discours, dans lequel il déclara que les délais étaient expirés, que tous les doutes avaient été ou dû être résolus; qu'il n'avait plus qu'à commander, sous peine de désobéissance, de souscrire son Mandement avec le Formulaire qui y était joint; qu'il allait interroger toutes les religieuses une à une pour leur demander leur résolution, et qu'il aviserait ensuite à prendre les mesures que Dieu et sa conscience lui suggéreraient.

Il procéda immédiatement à l'interrogatoire, qui fut bref pour chacune. Pendant ce défilé rapide, la Communauté était restée assemblée près de là, dans la chambre de la mère Agnès. On priait Dieu, on se demandait avec anxiété ce qu'allait faire l'archevêque; on interrogeait les sorts, comme on faisait autrefois les sorts homériques ou les sorts virgiliens, ce qui ne manque presque jamais de fournir une réponse à des imaginations aux aguets.

« Dans cet effroi et cette attente, dit la Relation, la mère Agnès ayant ouvert le Nouveau-Testament, elle trouva à l'ouverture du livre ces paroles : *Hæc est hora vestra, et potestas tenebrarum* [1]; ce qui nous confirma dans la pensée que notre heure étoit venue de souffrir, et que nous ne devions plus penser à autre chose qu'à nous y disposer. »

Lorsqu'il eut fini cette revue des religieuses une à une, et qu'il les eut toutes trouvées unanimes à résister, l'archevêque, qui n'était que depuis deux jours hors de fièvre, n'y tint pas, et ayant fait rappeler la Communauté qu'il avait congédiée d'abord, il dit d'un ton pénétré et avec une solennité terrible :

« Si jamais homme du monde a eu sujet d'avoir le cœur outré de douleur, je puis dire que c'est moi, qui ai plus de sujet que personnne de l'avoir outré et pénétré, après vous avoir trouvées toutes dans l'opiniâtreté, la désobéissance et la rébellion, préférant par orgueil vos sentiments à ceux de vos supérieurs, et ne voulant point vous rendre à leurs avertissements et à leurs remontrances. C'est pourquoi je vous déclare aujourd'hui rebelles et désobéissantes à l'Église et à votre archevêque, et comme telles je vous déclare que je vous juge incapables... (il fit ici une pause, comme s'il eût hésité sur ce qu'il avait à dire et qu'il y eût pensé, et puis il continua :) de la fréquentation et de la participation des sacrements. Je vous défends de vous en approcher comme en étant indignes à cause de votre opiniâtreté et de votre désobéissance, et ayant mérité d'être punies et séparées de toutes les choses saintes. Je reviendrai au premier jour y mettre ordre, selon que Dieu et ma conscience m'y obligent. »

Aussitôt ces paroles prononcées, il tourna le dos et sortit, laissant le parloir où étaient les sœurs assemblées, dans une inexprimable agitation et dans une ex-

---

1. « C'est ici votre heure et la puissance des ténèbres. » Ce sont les paroles que Jésus-Christ au jardin des Olives adressait aux princes des prêtres et aux capitaines des gardes qui venaient pour l'arrêter. (Saint Luc, chap. XXII, 53.)

plosion de larmes, de cris, d'interjections de toutes sortes.

Ayant vu, en descendant, qu'il y avait dans la cour du monastère plusieurs personnes qui l'attendaient, et particulièrement la princesse de Guemené, M. de Péréfixe, qui ne se souciait pas de les rencontrer, s'arrêta dans une chambre au-dessous du parloir, puis remonta dans le parloir même, où la plupart des sœurs se trouvaient encore ; et c'est à ce moment qu'il se laissa aller à des emportements regrettables pour son caractère et pour son autorité. Au milieu de divers propos qui s'entre-croisaient et des questions qui lui étaient faites, la mère de Ligny, abbesse, lui ayant voulu parler, il l'interrompit d'impatience, en lui disant :

« Taisez-vous, vous n'êtes qu'une petite opiniâtre et une superbe, qui n'avez point d'esprit, et vous vous mêlez de juger de choses à quoi vous n'entendez rien ; vous n'êtes qu'une *petite pimbêche*, une petite sotte, une petite ignorante qui ne savez ce que vous voulez dire ; il ne faut que voir votre mine pour le reconnoître : on voit tout cela sur votre visage. »

Les pages et laquais qui étaient remontés pour donner à l'archevêque son manteau purent entendre de la porte ces étranges paroles proférées dans un transport de colère.

Quant à l'abbesse ainsi apostrophée, « on peut rendre ce témoignage à sa vertu, a écrit l'une des plus dignes assistantes, qu'elle ne parut jamais plus calme que pendant ce tonnerre, et que son visage fut moins altéré des injures qu'il ne l'auroit été de quelque louange, qui au moins l'auroit fait rougir ; elle ne changea pas seulement de couleur. »

L'archevêque, quelques jours après, quand on lui représenta ces mêmes paroles imprimées (car les religieuses de Port-Royal écrivaient tout, et les Messieurs imprimaient tout), ne pouvait se décider à les reconnaître comme siennes et demandait à chacun s'il les avait dites en effet : « On me fait dire aussi de belles choses; on écrit, je ne sais pas qui, que j'ai appelé votre abbesse d'un nom que je ne sais seulement pas, et que les honnêtes gens n'entendent point, que je l'ai appelée *mijaurée; mijaurée!* où l'aurois-je pris? » Le fait est que ce n'était pas *mijaurée*, c'était bien *pimbêche* qui lui était échappé tout naturellement.

Une des sœurs s'étant écriée que dans le Ciel il y avait un autre juge qui leur rendrait plus de justice, il répondit, sortant de plus en plus du ton d'évêque et de chrétien : « Oui, oui, quand nous y serons, nous verrons comment les choses iront! »

C'est alors pourtant qu'il trouva cet autre mot plus heureux, souvent répété depuis avec variante par lui-même, et qui est resté pour qualifier l'esprit des religieuses de Port-Royal en cette rencontre : « Elles sont pures comme des Anges, et orgueilleuses comme des Démons [1]. » Il le leur dit à elles, et il le redit l'instant d'après à madame de Guemené qui alla au-devant de lui à sa sortie et dont il ne put éviter la rencontre.

Il était à peine en carrosse que la Communauté s'assemblant en chapitre rédigeait une *Protestation* en règle, et destinée à être lue, contre la défense qu'il venait de leur faire des sacrements, défense purement verbale, faite sans aucun des caractères d'une sentence juridique, sans aucune des formalités d'usage, et avec tous les signes d'une passion visible :

« Que Dieu soit juge entre lui et nous, y disaient-elles, et que toutes les personnes qui aiment la justice portent com-

---

1. Ou encore : « Elles sont pures comme des Anges, mais orgueilleuses comme Lucifer et opiniâtres comme des Démons. » Mais la plus courte version est la meilleure.

passion à une Communauté de cent pauvres religieuses qui, après avoir tout quitté pour s'attacher à Jésus-Christ, sont arrachées par une conduite si violente du pied de ses autels et bannies de sa sainte table, elles qui s'étoient consacrées par leur Institut particulier à l'adorer nuit et jour dans le divin Sacrement dont on prétend les éloigner : toutes les autres peines qu'on leur prépare encore leur seront beaucoup moins sensibles que celle-là. »

Être exclu de la communion et retranché de la sainte table! qu'on veuille se figurer quelle dure privation c'était, quelle humiliation navrante pour des religieuses aussi ferventes et aussi perpétuellement vouées à ce mystère du corps et du sang de Jésus-Christ :

« Voilà donc, écrivait deux jours après cette interdiction la sœur Angélique de Saint-Jean, dans la bouche de laquelle les choses ont toujours toute leur acception morale, — voilà donc à quoi nous en sommes, c'est-à-dire au rang des petits *chiens*, qui mangent les miettes qui tombent sous la table de leur maître. Pour cette place, on ne nous en peut chasser, et nous nous y mettons avec le plus d'humilité qu'il nous est possible, en nous prosternant toutes par terre aussi longtemps que dure la communion de la messe, à laquelle nous assistons en la même manière que le *bon larron* au sacrifice de Jésus-Christ, par la part que nous avons à ses opprobres et à ses souffrances. »

L'archevêque avait promis qu'on aurait bientôt de ses nouvelles, et il tint parole. Homme faible, une fois lancé et piqué au jeu, il n'en voulait point démordre. Il passa la matinée du 25 août, jour de la Saint-Louis, à aller de couvent en couvent et à s'assurer des places pour loger les plus récalcitrantes. Port-Royal, toujours bien servi par ses amis du dehors, fut averti à l'instant de ces mouvements de l'archevêque et de ce que cela présageait. M. d'Andilly était venu au parloir dès le matin du 26, et la mère Agnès sa sœur y étant descendue pour lui faire ses adieux, ils récitèrent ensemble le verset du psaume (cxvii) : « *Hæc est dies quam fecit Dominus:* C'est ici le jour qu'a fait le Seigneur; réjouissons-nous, et soyons pleins d'allégresse. » Tous les instants, tous les événements de ces âmes étaient marqués et comme illuminés par des allusions, des réverbérations de l'Écriture. Le sens mystique était pour elles à chaque pas dans la vie.

Ajoutez que ce jour était la fête de saint Bernard, leur patron. Une fois dans cette voie, tout s'appelle, tout concorde pour donner aux objets une signification double : toutes les mailles du réseau idéal se rejoignent, se resserrent, et la simplicité de la vue naturelle est anéantie.

Sur les deux heures de l'après-midi, l'archevêque arriva avec sept ou huit carrosses, accompagné de son grand vicaire, de l'official, de ses aumôniers, douze ecclésiastiques en tout, plus le lieutenant civil, le prévôt de l'île, le chevalier du guet, et quatre commissaires avec leurs robes. Il y avait une escorte de vingt exempts avec leurs bâtons et d'archers de différentes casaques, au nombre de deux cents, qu'on vit bientôt des fenêtres du couvent se ranger en haie dans la cour, le mousquet sur l'épaule comme dans un camp. L'idée de Caïphe, de Ponce Pilate, du Prétoire, toutes les scènes familières de la Passion se réalisèrent aussitôt aux yeux de ces pieuses filles, et elles ne se possédaient plus. L'une d'elles, dans son transport, disait à la mère Agnès : « Ah! ma mère, que cela est beau! notre humiliation est à son comble; l'admirable chose! pour moi, cela me fortifie plus que tout ce qu'on me pourroit dire. »

L'archevêque était en rochet et en camail; on portait devant lui la croix. Tout se passait en grande pompe et cérémonie.

A la descente du carrosse, M. d'Andilly, qui fut en toute cette journée comme le maître des cérémonies du côté du cloître et le chevalier d'honneur de ces saintes filles, se jeta à ses pieds en lui disant qu'il était bien malheureux d'avoir vécu soixante-quinze ans pour voir ce qu'il allait voir. L'archevêque le releva, l'entretint quelques instants et passa outre. Il était touché et ne le voulait point paraître. Il cachait son émotion de bonhomme dans son grief de haut dignitaire. Son rôle plus naturel était de pleurer et de tempêter à la fois.

La Communauté étant assemblée au chapitre, l'archevêque, accompagné de ses douze ecclésiastiques, après un discours de condoléance sur la rigueur à laquelle on l'obligeait, déclara qu'il venait exécuter son dessein et ôter douze religieuses dont il dit les noms : à savoir, la mère de Ligny pour lors abbesse, la mère Agnès, doyenne et directrice honoraire du couvent, trois de ses nièces, filles de M. d'Andilly, parmi lesquelles la sœur Angélique de Saint-Jean, la première du cloître pour le mérite, la vigueur d'âme et le caractère. J'omets les autres dont la plupart étaient assez insignifiantes, et qui n'étaient pas des mieux choisies dans le but de l'archevêque : il voulait frapper toutes les principales têtes du couvent, et il en oubliait des plus dangereuses, telles que les sœurs Christine Briquet et Eustoquie de Bregy[1], qu'il fut obligé d'enlever plus tard. Il y eut même une erreur de nom sur les douze, et l'on en mit une à peu près au hasard (tout comme on aurait fait au Tribunal révolutionnaire) et uniquement pour compléter le nombre qu'il avait indiqué : « Car quand j'ai dit une chose, il faut qu'elle

---

1. Il y a quelque incertitude et des variantes pour la manière d'écrire ces noms propres. Tallemant écrit *Bregis*. En général, j'ai cherché à suivre l'orthographe de mes auteurs Port-Royalistes, et celle du *Moreri* qui les représente assez bien. Il met *Bregy* et non *Bregis*; il est, d'ailleurs, très-sobre sur les *y* : *Saci, Luines, Harlai*, etc. Mais je ne réponds pas moi-même d'être toujours resté fidèle à cette règle, et de n'avoir pas cédé quelquefois à l'usage moderne impérieux qui multiplie l'*y* et qui force les accents.

soit, disait-il en écrivant sa liste, et je n'en aurai pas le démenti. »

Cependant, à peine avait-il achevé de déclarer les douze noms de celles qu'il allait envoyer dans d'autres maisons, que la mère abbesse lui dit avec ce calme dont elle ne se départit jamais dans tout cet orage : « Monseigneur, nous nous croyons obligées en conscience d'*appeler* de cette violence, et de *protester*, comme nous protestons présentement, *de nullité*, de tout ce que l'on nous fait et qu'on nous pourra faire. » La Communauté se joignit à elle en disant tout d'une voix : « *Nous en appelons*, Monseigneur, *nous protestons, nous protestons.* » A quoi il répondit, entre autres vivacités de sa façon : « Je m'en moque ! »

Il conduisit lui-même à la porte intérieure du cloître les douze prisonnières, ainsi qu'elles s'appelaient déjà ; et comme l'une d'elles tardait et se faisait attendre, il demanda « si elle vouloit qu'on la prît par les pieds et par la tête. » Il n'était pas de force à conduire de sang-froid de telles exécutions. La mère Angélique de Saint-Jean seule lui imposa jusqu'au bout. Comme dans son agitation il passait et repassait sans la voir devant la porte de sortie et en prenait une autre, elle lui indiqua le chemin[1], et lui demanda de plus s'il ne lui plairait pas de donner par écrit l'ordre de sortir du couvent, une re-

1. N'est-ce pas ainsi qu'on voit dans *Athalie* le prêtre persécuteur Mathan (pauvre M. de Péréfixe ! il en eut le rôle un moment aux yeux des Jansénistes) se tromper de porte dans son trouble devant Joad, et il faut que son suivant le remette dans son chemin :

. . . . Où vous égarez-vous ?
De vos sens étonnés quel désordre s'empare ?
Voilà votre chemin. . . . .
(Acte III, scène 5.)

Qui sait ? Racine avait lu certainement ces Relations manuscrites de Port-Royal, et Racine pensait à tout.

ligieuse ne devant point franchir la clôture sans en être munie. Il l'en dispensa, tout en approuvant la manière ferme et pourtant respectueuse dont elle lui avait représenté ce qui était la règle.

M. d'Andilly se trouva à la sortie des religieuses, comme il s'était trouvé à l'entrée de l'archevêque. Ce furent de sa part de nouvelles scènes. Il reçut et conduisit successivement au carrosse sa sœur, la vénérable mère Agnès, qui, infirme, pouvait à peine y monter, puis ses trois propres filles. A celles-ci il donna tour à tour sa bénédiction, et, les faisant entrer dans l'église, il les conduisit chacune par la main sur les marches du balustre comme pour les offrir à Dieu une seconde fois. Il donna la main également à toutes les mères et sœurs jusqu'à ce qu'elles fussent en carrosse, remplissant ainsi son devoir d'ami, de patron extérieur, de vieillard courtois et pieux, et qui ne haïssait pas le dramatique [1].

L'archevêque resta dans le couvent et voulut en visiter le jardin, la clôture; ce qu'il fit, accompagné du lieutenant civil, du prévôt de l'île, du chevalier du guet et de quelques personnes de leur suite : ils n'étaient pas moins de quinze. On n'y trouva qu'un jardinier, un gentilhomme anglais catholique, M. Jenkins, disciple de M. Le Maître, et qui, dès sa jeunesse, l'étant venu consulter pour un procès, avait été converti par lui à l'es-

---

1. On alla jusqu'à accuser M. d'Andilly devant le roi d'avoir voulu émouvoir le peuple en cette circonstance, et d'avoir dit en se tournant vers les assistants : « Vous êtes chrétiens, Messieurs : ne serez-vous point touchés de compassion de cette extrême violence ? » Il le sut ; il s'empressa d'écrire, de Pomponne où il avait eu l'ordre de se rendre, une lettre à son ami M. de Laigues pour qu'il prît hautement sa défense en Cour et qu'il démentît ce bruit calomnieux. M. de Laigues et madame de Chevreuse (c'était tout un) le servirent avec zèle, et madame de Chevreuse en parla directement au roi. Madame de Sablé reçut copie de cette lettre à M. de Laigues et la fit courir.

prit des anciens ermites. Il s'était voué, dans cet humble travail des mains, au service des religieuses, et on ne le connaissait que sous le nom de *M. François*. Averti de ce qu'il était, l'archevêque lui donna ordre de sortir à l'instant même, ajoutant d'un ton mondain « qu'il étoit plus propre à porter l'épée qu'à bêcher la terre. » M. Jenkins, restant dans son rôle de jardinier, lui répondit avec cette douce ironie qu'ont parfois les saints, « qu'il y avoit vingt ans qu'il étoit là, et qu'il n'avoit jamais reçu d'argent, parce qu'il avoit cru y finir ses jours ; mais que, puisqu'il le chassoit, il demandoit récompense. » L'archevêque, pour qui le trait était trop fin, ne sut que lui répéter « qu'il étoit de taille à aller servir le roi dans ses armées. » Chassé de la sorte, le doux ermite se retira à Liancourt chez le duc de ce nom, jusqu'à ce qu'il pût revenir plus tard travailler et mourir à Port-Royal des Champs. Il ne mourut qu'en 1690, âgé de près de soixante-douze ans, dont il avait passé quarante au service des religieuses. Une épitaphe latine de M. Dodart nous a rendu avec une exquise élégance cette figure douce, fine, uniforme, ce personnage inconnu, « toujours au travail en plein air, toujours en silence, toujours solitaire devant Dieu, qu'il aspiroit par de fréquentes prières; jamais oisif, sinon au service divin, jamais empressé que pour s'y rendre des premiers, doux à tous, riant et serein, *familier avec Dieu seul.* » Il y avait dans ce gentilhomme jardinier et sa vocation si particulière tout un ordre de pensées, d'affections innocentes et vives, tout un monde intérieur et caché, auquel M. de Péréfixe n'entendait rien.

Le prélat ne fit pas mystère de ce qu'il avait craint, et expliqua pourquoi il avait introduit ainsi des laïques et des gens d'épée dans la clôture. On lui avait rapporté qu'il y avait là deux mille personnes cachées pour défendre et sauver les religieuses : avait-il cru un moment à la réalité de cette armée invisible de Jansénistes? Quand on lui parlait de ces nombreux archers qu'il avait amenés avec lui et fait ranger dans la cour, il répondait plus sensément : « Je le crois bien, quand on a quelque chose à faire, on veut s'assurer. Il se fût assemblé cinq mille personnes par curiosité, et en effet il en vint bien autant.... Quand on entreprend une chose, il ne se faut pas mettre au hasard de n'en pas venir à bout. » S'il n'y avait pas eu de force armée, le peuple du faubourg, affectionné à ces religieuses charitables, et provoqué par les démonstrations pathétiques de M. d'Andilly, aurait bien pu avoir une velléité d'émotion.

Le carrosse qui amenait les filles de Sainte-Marie, que l'archevêque devait préposer au gouvernement du monastère, n'arriva qu'à cinq heures. Ces nouvelles religieuses purent apprendre, même avant d'entrer, que leur tâche ne serait pas facile. Une demoiselle qu'on ne nomme pas, mais qui avait été présente, comme M. d'Andilly, à l'enlèvement, les attendait exprès au seuil, et s'avança pour dire à la mère Eugénie : « Que pensez-vous venir faire en cette maison, si ce n'est y apprendre à vous réformer? Si vous prétendez y faire autre chose, sachez, ma Mère, que vous n'y sauriez apporter que du désordre : celles qui en étoient la lumière en sont sorties, et les ténèbres y entreront avec vous. »

La mère Louise-Eugénie de Fontaine, à laquelle l'archevêque avait recours pour essayer de mater le couvent rebelle, était toutefois une personne de mérite, très-renommée dans les cent cinquante Communautés de la Visitation dont elle était regardée comme l'oracle, une autre madame de Chantal; elle avait reçu les éloges suprêmes de celle-ci un peu avant sa mort; elle possédait admirablement son saint François de Sales, et l'appelait « le cinquième Évangéliste de son Ordre. » Née de parents calvinistes, et d'abord élevée dans cette communion, elle s'était de bonne heure réconciliée à l'Église catholique et à son autorité, et elle penchait tout entière du côté de cette autorité, comme il arrive d'ordinaire aux convertis. D'une obéissance absolue envers ses chefs, elle avait elle-même des qualités de commandement, et elle les avait déployées plus d'une fois avec succès dans des commissions importantes qu'on lui avait confiées ; quand il y avait quelque chose à réformer dans des monastères, c'était elle que l'autorité ecclésiastique envoyait volontiers pour y porter remède. Mais, en arrivant à Port-Royal, elle se trouva en présence de difficultés toutes spirituelles et d'une nature presque invincible.

A peine la porte des sacrements (la porte intérieure du cloître), qui s'était ouverte pour laisser sortir les douze victimes, se rouvrait-elle pour l'entrée de la mère Eugénie et des cinq filles qui l'accompagnaient, et elles n'étaient encore qu'au seuil, que toute la Communauté les salua du dedans par une seule clameur : « Nous en appelons, nous protestons. » Puis, un peu après, la Communauté étant de nouveau réunie en chapitre et rangée sur les sièges d'en haut, l'archevêque entra avec la mère Eugénie et ses filles, qui avaient leur voile baissé ; il fit un discours pour leur installation, et où il s'étendait fort sur les louanges de cette supérieure : durant tout ce discours, et dès que son nom eut été prononcé, la mère Eugénie se tint prosternée, la tête contre terre, sans vouloir se relever, quelques signes qu'on lui en fît ; et « les cinq autres religieuses furent aussi toujours à genoux, les mains jointes, et leur voile baissé, avec un geste bien composé, comme c'est l'ordinaire de leur Institut. » Cette attitude humiliée devant un supérieur, qui, après tout, n'était qu'un homme, choquait l'esprit plus libre des filles de Port-Royal.

Ce qui les choquait bien plus et leur allait droit au

cœur, c'était la comparaison que l'archevêque avait osé faire de ces nouvelles venues, qu'elles regardaient comme des intruses, avec leurs véritables mères qu'on leur avait enlevées :

« Je vous assure, mes chères filles, avait-il dit en terminant, que vous serez très-satisfaites d'elle (la mère Eugénie) lorsque vous connoîtrez sa vertu, sa capacité, son grand esprit, sa bonne conduite et ses autres vertus qui sont très-grandes, et vous éprouverez qu'elle aura pour vous autant de bonté, de charité et de tendresse maternelle qu'en avoient celles que l'on vous a ôtées, et qu'ainsi vous ne perdrez rien à vos Mères.... »

Ces paroles avaient excité un redoublement de larmes et de clameurs. L'archevêque, qui ne pouvait se déshabituer de croire qu'il avait affaire à des nonnes ordinaires, ne cessait, après cela, de leur dire, en prenant toutes celles qui étaient à sa portée, par la tête, et en les rapprochant de force du visage de la mère Eugénie : « Allons, faites cela pour l'amour de moi, baisez la bonne Mère. » Il s'attaqua un moment à la sœur Christine Briquet, lui mit la main sur l'épaule ; mais la petite personne ne répondait à ces avances gracieuses qu'en protestant coup sur coup et en *appelant :*

« Vous savez fort bien, Monseigneur, lui disait-elle, que la première commission que vous avez donnée à cette religieuse, et autres, de vive voix dans ce monastère, sans nous avoir entendues, est nulle. » — « Vous êtes folle, répliqua l'archevêque, en lui donnant un petit soufflet amical ; folie, folie, que votre appel ! » Mais la nièce des Bignon, comme si elle avait été nourrie aux observances du Palais et dans la religion de la justice : « Je vous dis, Monseigneur, que nous ne recevons cette religieuse que parce que vous nous le commandez ; mais nous vous disons que vous nous la donnez contre toutes les formes, et sans en garder aucune sur notre Appel; et j'espère qu'*entre ci et demain nous tâcherons d'en dresser un Acte, quelque incapables que nous soyons de nous bien exprimer.* »

L'Acte en effet, ou du moins le procès-verbal de toutes ces scènes, avec description des emportements de l'archevêque, fut dressé par elle, la sœur Christine, et par la sœur Eustoquie de Bregy, les deux chefs de l'opposition depuis le départ des mères : cinquante-quatre religieuses le signèrent, à la date du lendemain, 27 août. Cette pièce fut aussitôt transmise aux amis du dehors, qui la firent imprimer. Les religieuses signèrent de plus une procuration en règle qui fut mise aux mains d'un procureur pour agir en leur nom. Le procès, sur l'appel comme d'abus, fut près de s'entamer au Parlement; mais un Arrêt du Conseil, comme on devait s'y attendre, évoqua l'affaire et coupa court aux procédures.

L'archevêque ne termina point cette longue séance si orageuse du 26 et cette installation contestée d'une supérieure commissaire, sans donner sa bénédiction pastorale aux sœurs, sans se recommander plus d'une fois à leurs prières et promettre de les revoir bientôt. Il se retira enfin avec sa compagnie : « Aussi, dit une Relation, en avoit-il assez fait pour un jour[1]. »

1. La lettre suivante de madame de Longueville à madame de Sablé nous rend bien l'effet de cet événement sur les amis du dehors, et la façon dont ils en parlaient le lendemain dans l'intimité :

« De Châteaudun, ce 4° septembre (1664).

« Je suis si pleine de l'indigne traitement qu'on a fait à nos saintes amies que je ne puis vous parler d'autre chose. Plus nous allons avant, plus nos cœurs en sont ici pénétrés de douleur, et nous ne nous voyons point sans larmes. Vous nous feriez un singulier plaisir de nous faire faire des relations de tout par M. Thomas (*lisez* Thaumas), car M. de Lalane n'en fait point, et elles ne seroient pas inutiles; je ne vous les demande donc pas pour notre seule édification, *mais parce que j'en puis faire de fort bons usa-*

Je ne raconterai point en détail la guerre de chicane qui se fit tous les jours suivants, et qui dura dix mois, entre les supérieures et officières imposées à la Communauté et le troupeau en révolte et en résistance. Dans les premiers temps on était uni pour le bon motif; on se réunissait par bandes dans des endroits écartés; on y lisait les avis et les lettres des amis du dehors, de M. Arnauld, de M. de Sainte-Marthe, de M. Nicole, toutes munitions spirituelles qu'on dévorait en cachette et avec lesquelles on se réconfortait; mais bientôt la division se glissa dans les conciliabules, et la trahison même : l'archevêque était informé de tout. Le public d'alentour, déjà indifférent et plus railleur qu'on ne suppose, prenait à ces moindres nouvelles du cloître un intérêt de curiosité et de malice. « Sœur Perdreau et sœur Passart qui signèrent en firent signer d'autres, » dit Voltaire, et les quolibets coururent. Il y eut les fidèles et les dyscoles. Il y en eut qui parurent décidément *vendues à l'iniquité*. Il y en eut d'autres qui faillirent par simple faiblesse, mais tout en restant *bonnes pour les anciennes*, comme la sœur Melthide Du

---

ges : *qu'elles soient, s'il vous plaît, exactes et modérées, c'est-à-dire que l'indignation n'y paroisse pas*, et qu'on montre seulement, en ne celant aucune des circonstances dures qui ont accompagné cette cruelle action, combien elle en mérite, et non pas combien ceux qui écrivent en ont. Je crois M. Thomas bien penaud de n'avoir point eu de miracle à son secours; pour moi je suis un peu comme lui, car je ne puis croire que Dieu n'en fasse pas pour la punition d'un tel excès. *Je vous conseille de prendre votre porte* (la porte de communication, qu'on offrait probablement de lui rendre ou de lui conserver); *elle vous peut être bonne à cent petites commodités, et mauvaise à rien*, car elle ne vous lie point à demeurer là, si vous trouvez utile d'en sortir, et elle vous en rend seulement le séjour plus commode tant que vous serez obligée d'y en faire. Je serois bien aise que M. Chamillard eût été comme la première partie de votre lettre me le représente : premièrement parce que ce seroit un bien pour lui, selon Dieu, d'être si équitable et si juste pour ces saintes filles, et secondement parce que j'aime que l'on leur rende justice. J'ai peine à croire qu'un si homme de bien ait parlé et agi si différemment, et j'incline à croire qu'il a bien dit; mais quittons ce discours.... »

Fossé, sœur de l'auteur des Mémoires ; et celle-ci même bientôt rétracta sa signature, ce qui fut un événement consolant : mais la pauvre fille *ressigna* une seconde fois, — il est vrai, pour se relever encore. Parmi les incurables, la sœur Flavie (Passart), qui fut établie sous-prieure et infirmière, était d'un caractère léger, dissipé, et avait de l'ambition ; la sœur Dorothée (Perdreau), qu'on fit cellérière et tourière, douée de capacité et d'intelligence, avait souvent de l'humeur et était fort inégale. Nous savons à fond tous les défauts de celles qui ont signé, des *Signeuses* comme on les appelait avec mépris, ou encore des *Noires*. Il y en eut sept au dedans, puis neuf [1]. On se lassait à la fin d'être dans une contention perpétuelle et de *vivre*, pour ainsi dire, *à la pointe de l'épée ;* si l'on était parvenu à couper toute communication spirituelle avec le dehors, un plus grand nombre aurait certainement capitulé : mais on avait beau murer les grilles suspectes et boucher les corridors, les vivres arrivaient toujours [2].

Comment se faisaient ces communications secrètes ? par quels moyens put-on les entretenir avec cette sûreté et cette suite, tant avec les Messieurs et amis du dehors,

---

[1]. Il est assez difficile de fixer au juste le nombre de celles qui signèrent, parce que ce nombre variait à chaque instant et que telle qui avait fini ou commencé par céder se rétractait quelque temps après. Il y en eut bien (si l'on fait l'addition générale) une douzaine au dedans qui signèrent, et cinq parmi les exilées du dehors, ce qui fait dix-sept en tout, chiffre encore assez éloigné de celui de vingt-cinq auquel prétendait arriver l'archevêque. Et ces dix-sept signatures, il ne les a jamais tenues dans sa main à la fois : quand l'une venait à grand'peine, l'autre était déjà échappée ; le total ne grossissait pas, et c'était toujours à recommencer.

[2]. Je rappellerai ce qui a été dit précédemment (tome II, p. 346) : dans des lettres de religieuses, trouvées parmi les papiers de M. de Saci quand on l'arrêta, on vit qu'elles envoyaient leurs confessions par écrit et qu'elles demandaient en retour qu'on leur envoyât l'absolution par lettre également, et qu'on mît sous le pli des hosties consacrées pour pouvoir communier.

qu'avec les sœurs du monastère des Champs, pendant ces dix mois de captivité? Peut-être d'abord jetait-on avec des pierres les procès-verbaux et pièces à imprimer par-dessus les murs du jardin, et les amis à l'affût les recueillaient. A un certain moment il y eut un trou pratiqué : « Je n'ai pas passé un seul jour depuis dimanche dernier, écrivait la sœur Christine, sans aller devant neuf heures au trou que nous avions marqué, quoique l'on eût semblé nous l'exclure, et j'y ai toujours demeuré plus d'une demi-heure après, mais je n'ai pu néanmoins rien avancer par ce moyen. » Cette même religieuse Christine, écrivant à la mère Agnès, cachait le billet au fond d'un peloton de fil. Telle sœur fidèle, qui allait dans le petit jardin de madame d'Aumont pour cueillir des herbes, en revenait avec un paquet mystérieux qu'elle avait trouvé sous une laitue [1]. Enfin il y avait des vicaires ou confesseurs donnés même par l'archevêque et par M. Chamillard qui étaient touchés et gagnés en voyant de près l'état d'oppression de ces vertueuses filles, et qui leur servaient d'intermédiaires secrets : on cite notamment un M. de Boisbuisson qui a ainsi mérité sa place d'honneur au Nécrologe [2]. Des amis zélés ne cessaient de

1. Madame d'Aumont était morte depuis plusieurs années, mais son jardin continuait de porter son nom.
2. Il est ainsi désigné par Guilbert, dans ses *Mémoires historiques sur Port-Royal des Champs* (tome II, p. 471) : « M. Pierre de Boisbuisson dit de Bourgis ou Le Chevalier (il se nommoit *Pied-de-Vache*), prêtre à qui les religieuses eurent de grandes obligations. Envoyé à Port-Royal par M. Chamillard en qualité de confesseur, et pour y persuader la signature, il reconnut le peu de justice des procédés de ce supérieur. Engagé à s'instruire par le seul motif des injustices qu'il voyoit, la connoissance de la vérité le détermina à leur rendre service. Devenu tout à coup agneau de loup qu'il étoit, il confessoit et administroit les religieuses en secret, portoit leurs lettres, et leur rendoit les réponses. » M. de Boisbuisson devint ensuite confesseur du monastère des Champs après la Paix de

veiller, de se tenir en sentinelle et comme en embuscade pour transmettre les informations utiles et se charger des messages : parmi eux on distingue M. de Pontchâteau, alors déguisé sous le nom de *M. de Monfrein.* Il se rencontra telle circonstance pressante où, selon l'expression de Lancelot, les religieuses de Port-Royal furent servies non-seulement avec autant d'affection et de fidélité (c'est tout simple), mais avec autant de promptitude et de diligence que *les plus puissants rois.* M. Arnauld, en définitive, était journellement tenu au courant de la situation ; il était consulté sur tout, et, invisible, du fond de sa retraite, il conduisait tout.

Cependant l'archevêque, dans ces premiers temps, ne débougeait de Port-Royal, triomphant à chaque signature, toujours son Mandement en main pour le démontrer, apportant lui-même l'encre et tenant la plume. Il était devenu la fable du faubourg, et il dut changer souvent de carrosse à cause du menu peuple. Il convint lui-même un jour devant la Communauté, en plein chapitre, que cette affaire lui donnait tant de peine qu'il en était vieilli de plus de vingt-cinq ans depuis trois mois.

Voyant qu'il gagnait si peu de terrain, il se décida à faire le 29 novembre (1664) un supplément d'exécution, en enlevant encore trois religieuses dont était la sœur Eustoquie de Bregy, épargnée jusque-là par égard pour ses parents ; et le 19 décembre, il consomma l'opération en enlevant la sœur Christine Briquet, qu'on avait épargnée de même en faveur de son âge et de sa parenté, mais qui, avec la précédente, était la

1669, et y demeura pendant huit ans. Il dut en sortir quand les mauvais jours recommencèrent. Il mourut le 9 juin 1681, retiré en Poitou, au service d'un couvent de religieuses auquel il s'était voué et en les assistant dans une maladie contagieuse. Il est de ces obscurs dont nous tenons ici la famille et la race, qui n'ont jamais assez de noms et de surnoms pour se dérober, et qui ne visent qu'à être utiles dans l'ordre de droiture et de charité.

plus réfractaire de toutes et la plus agressive. Le prélat s'observa beaucoup plus dans ces nouvelles exécutions qu'il n'avait fait précédemment. Quoiqu'il fût fort gesticulant de sa nature, et habitué à prendre les personnes par le bras en leur parlant, il s'arrêta plus d'une fois au moment de le faire, en disant à la sœur Eustoquie et à la sœur Christine : « Mon Dieu, je ne songeois plus qu'il ne faut pas vous approcher; car le Procès-verbal marchera, qui dira que je vous ai pris le bras. » Ce premier Procès-verbal imprimé lui était un sujet intarissable de discours et de plaintes.

A chaque retranchement opéré sur Port-Royal, il se faisait une sorte de promotion au dedans ; il se présentait un autre chef pour remplacer celui qu'on avait perdu. Quand on lit la suite des lettres écrites dans ce temps-là par les religieuses, cela est sensible. Après l'enlèvement des sœurs de Bregy et Briquet, la direction morale passa à la sœur Élisabeth de Sainte-Agnès Le Féron, âgée d'environ trente-deux ans, personne de mérite, moins brillante que les précédentes, assez sèche d'apparence, mais solide, instruite, capable, et qui tint bon jusqu'au dernier jour. On commence toutefois à s'apercevoir, aux lettres des autres religieuses qui écrivent en même temps qu'elle, que le nombre des personnes d'esprit n'était point inépuisable, et qu'à Port-Royal même, si l'on retranchait sept ou huit personnes distinguées, il y avait ce qu'il y a partout quand on y regarde de près, du médiocre et de l'ordinaire, et même du peuple. Elles verbalisent à tout propos ; les haines contre les *Noires* vont s'attisant, et le langage même n'est pas toujours au-dessus de la trivialité.

Laissons un moment les petits côtés, et voyons d'un peu plus haut ce qui ressort avec vérité de cet état du cloître et de ces luttes intérieures entre les religieuses selon Port-Royal et les religieuses selon Sainte-Marie.

Deux principes sont en présence. La mère Eugénie le sait bien. Entendant cette grêle de protestations, d'appels comme d'abus, qui l'accueillirent dès son entrée, elle et les siennes définissaient ainsi les adversaires qu'elles avaient à réduire : « Vous eussiez dit qu'elles étoient de ces gens dont parle David, qui disent : *Qui est notre maître ?* » La mère Eugénie représentait l'autorité et la hiérarchie, non sans dignité et sans force.

Mais tout en rendant quelque justice aux qualités régulières, à la charité envers les malades et à la pratique dévote des religieuses de Sainte-Marie, les religieuses de Port-Royal étaient choquées, au plus haut degré, de leur esprit « d'obéissance aveugle et sans aucun discernement ; » de cette foi dans le caractère extérieur et dans la prérogative du ministère, qui les empêchait de révoquer en doute la moindre des choses qui étaient sorties de la *sainte et sacrée bouche de M. l'archevêque*, selon l'expression de la mère Eugénie. Une de ces sœurs avait poussé l'application du principe de l'infaillibilité, jusqu'à dire « que, si le Pape avoit condamné saint François de Sales, elle le condamneroit aussi. » Et une autre avait ajouté « qu'il ne faut croire de l'Évangile que ce que le Pape en dit. » L'esprit de Port-Royal se révoltait contre cette manière servile d'interpréter la subordination et de déifier la suprématie. Les religieuses, de même que les Messieurs dans leur lutte contre les Jésuites, y opposaient un esprit de liberté chrétienne et de générosité ; elles ne croyaient pas, même dans leur état de religion et d'entier renoncement, devoir laisser paraître en elles rien des enfants ni des esclaves : « Il me sembloit quelquefois, dit l'une d'elles, voulant caractériser ce gouvernement de la mère Eugénie et de ses filles, que j'étois encore à l'âge où l'on me conduisoit à la lisière, tant elles me veilloient de près. » Voilà nettement les deux esprits en présence, et la guerre entre les deux principes. D'un côté on croyait fermement posséder les véritables maximes et l'esprit du Christianisme, et l'on trouvait que les autres en étaient parfaitement destituées, malgré leur zèle apparent, et vivaient dans les ténèbres. Mais de son côté la mère Eugénie, toute peu éclairée que la prétendaient les adversaires, n'était pas sans voir que ce coin opiniâtre de raison et de raisonnement était une inconséquence, et pouvait mener loin, si l'on s'y abandonnait ; qu'il y avait là un commencement de Protestantisme, de ce Calvinisme qu'elle connaissait bien, et que du moment qu'on pensait de la sorte, il ne fallait pas renoncer par un vœu à sa volonté et se faire religieuse : ce qui la menait à dire à son tour : « Il y a quelque extérieur à Port-Royal, mais le fond n'en vaut rien. » Antagonisme éternel et où chacun prend parti selon ses préférences ! C'est la seule conclusion qui me paraisse équitable, la seule que je veuille tirer ici de cette lutte étroite, à huis clos, entre les religieuses de Port-Royal, et celles qu'on appelait injustement leurs *geôlières* et qui ne firent qu'exécuter, non sans modération, des ordres fort difficiles à suivre et à conduire à bien.

La mère Eugénie ne fut pas sans recevoir, dans sa tâche ingrate, des encouragements puissants et auxquels le cloître même ne rend pas insensible. La reine-mère voulut bien l'honorer d'une de ses visites, et quand Sa Majesté montant en carrosse dit à ses officiers : « *A Port-Royal !* » son chevalier d'honneur répondit : « La reine à Port-Royal ! elle est donc devenue Janséniste ? » de quoi Sa Majesté *se sourit*, en répondant : « Ce n'est pas *eux* que je vais voir, mais la mère Eugénie ; » ce qu'elle lui répéta agréablement en entrant [1]. — Comme elle allait sortir, une des re-

---

1. Voir la *Vie de la vénérable Mère Louise-Eugénie de Fontaine* (1695), p. 205.

ligieuses de Port-Royal se jeta à ses pieds, lui parlant avec beaucoup de larmes au sujet des sacrements dont elles étaient privées et aussi lui redemandant leurs mères ; mais elle ne tira de la reine que ces paroles : « Obéissez ! Quoi ! des religieuses désobéissantes à leur archevêque ! cela fait horreur. Obéissez, et vous me trouverez toujours disposée à vous servir. Oui, obéissez, et je vous servirai : autrement.... » Elle coupa court sans achever et sortit [1].

Le monastère des Champs avait été un peu plus épargné que celui de Paris. L'archevêque pourtant y alla le 15 novembre (1664), et y resta jusqu'au 17. La mère Du Fargis y était prieure. Après quelques premiers compliments à tour de bras sur M. Du Fargis, son père, qu'il avait vu autrefois à la Cour, et sur le cardinal de Retz, son cousin-germain, le bon archevêque en vint au fait capital, procéda à l'interrogatoire des religieuses, ne garda guère plus de mesure qu'à Paris, cria, fulmina ; et cette visite, commencée par une historiette du temps passé, se termina par une excommunication formelle.

Douze jours après (30 novembre), on envoya une lettre de cachet pour chasser confesseurs et sacristain. M. Hamon, médecin et solitaire, qui était compris dans la lettre de cachet, dut lui-même provisoirement se dérober, et on le fit esquiver par les jardins.

Grâce à son éloignement de Paris et à un certain respect qu'elle inspirait tant par son nom que par son caractère, la mère Du Fargis put maintenir sa pleine autorité dans la maison. Une fois, en juin 1665, l'archevêque lui ayant envoyé M. Chamillard, porteur d'une lettre d'introduction, elle refusa net de le recevoir, s'autorisant de sa partialité publique et affichée contre Port-Royal et des injures par lesquelles il s'était signalé

---

1. Grandes Relations des Religieuses de Port-Royal, in-4°, tome II, p. 157.

contre les mères et les sœurs de Paris ; à son défaut, l'archevêque lui envoya (le 1ᵉʳ juillet) un de ses grands vicaires, M. Du Plessis de La Brunetière, qui fut reçu avec toute la considération qu'il méritait. Mais M. Du Plessis était accompagné de la marquise de Crèvecœur (née Saint-Simon), à qui le prélat avait très-légèrement donné permission de faire sortir l'une de ses sœurs religieuse aux Champs. Or la marquise de Crèvecœur, qui avait demeuré quelques années à Port-Royal de Paris et qui y avait pris le rôle de bienfaitrice, s'irritant de n'être point reçue à bras ouverts dans la Communauté à titre de religieuse et d'être traitée avec une précaution que justifia trop son procédé, s'était brouillée avec le monastère et, passant d'un excès d'amour à un excès de haine, avait publié un factum qu'elle s'était attachée à rendre des plus scandaleux (1662) ; elle avait été la seule des dames liées avec Port-Royal qui eût osé contester le désintéressement de cette pure maison. La mère Du Fargis ne voyant en elle, comme précédemment en M. Chamillard, qu'une partie adverse et déclarée, refusa donc de remettre entre ses mains sa sœur, et fit comprendre aisément à M. Du Plessis le peu de convenance de cette commission. Elle en écrivit de plus à l'archevêque dans des termes très-fermes, très-simples. Elle est nette et sans phrases. Elle a de la dignité, le respect de soi-même et des autres, le sentiment de ses droits, et beaucoup de mesure dans la résistance. En ces tristes jours, la mère Du Fargis est, à bien des égards, de la meilleure école de Port-Royal. Elle aimait à se souvenir d'une parole que lui avait dite plusieurs fois la mère Angélique : « Ma fille, tout ce qui n'est point éternel ne me fait point de peur. »

Quand elle écrivit cette dernière lettre à l'archevêque (2 juillet 1665), la mère prieure était à la veille de recevoir la plus grande partie des religieuses fidèles, tant celles du monastère de Paris que les exilées et prisonnières, qu'on avait pris le parti de réunir enfin toutes et d'*interner* aux Champs au nombre de soixante-dix ou soixante-treize, sans compter les converses. Elles y resteront séquestrées, privées des sacrements, avec des gardes et sentinelles autour des murailles ; et cela durera près de quatre années, jusqu'en février 1669.

Il est donc temps de revenir à ces exilées et prisonnières, à celles qu'on a enlevées le 26 août (1664) et dans les mois suivants, et à la principale d'entre elles, la mère Angélique de Saint-Jean, dont c'est le moment d'étudier de près l'âme et le grand esprit. — « Oh ! c'est cela qui gâte tout, d'avoir de si grands esprits, » disait le bon archevêque.

III

La mére Angélique de Saint-Jean. — Ses premières années ; son esprit. — Relation de sa captivité. — Couvent des *Filles bleues* ; chapelle de l'Immaculée Conception. — Réclusion profonde ; larmes et tentation. — Agonie morale : en quoi elle consiste. — Quatre périodes de la maladie. — Triomphe de la Grâce : vrai christianisme. — Madame de Rantzau et la mère Angélique aux prises. — Distractions et diversions. — Délivrance et sortie. — Réunion des carrosses à la montée de Jouy. — Suite et fin de carrière de la mère Angélique de Saint-Jean. — Grandeur de cœur et d'âme. — De la sœur Eustoquie de Bregy et de la sœur Christine Briquet ; défauts et qualités. — L'abbé Bossuet auprès des sœurs de Port-Royal.

La sœur ou mère Angélique de Saint-Jean (car ce fut cette captivité qui acheva de lui conférer ce titre d'ancienneté et de respect) était alors âgée de quarante ans. Fille de M. d'Andilly, née le 2 novembre 1624, elle avait été mise à Port-Royal auprès de ses tantes Angélique et Agnès, dès l'âge de six ans. Elle s'y était considérée dès l'enfance comme déjà en religion et n'étant plus du monde. « Elle n'avoit pas plus de douze ou treize ans, disent les Relations, que son esprit paroissoit si grand et si avancé qu'on craignoit à Port-Royal que cela ne lui fût plus dommageable qu'utile. »

Ces facultés si redoutées tournèrent à bien. Les grands esprits dans cette famille des Arnauld acceptaient volontiers certaines bornes, et leur capacité comme leur indépendance ne se déployait qu'en deçà. Entrée au noviciat à dix-sept ans, la jeune Angélique reçut les conseils de M. de Saint-Cyran, alors prisonnier à Vincennes. Étant venue à tomber gravement malade vers ce temps, elle désirait ardemment la mort comme une des fins du chrétien. Sa forte intelligence et son âme passionnée n'allaient trouver à se loger dans cette vie de privation, et sous cette règle de contrainte, qu'en creusant sans cesse du côté de l'Éternité pour unique perspective. Toute son active et ingénieuse subtilité devait s'employer en chemin, dans les détours du labyrinthe de la Grâce. Elle fit profession en janvier 1644 et devint peu après maîtresse des enfants, puis des novices; elle remplit cette charge durant près de vingt ans. M. Le Maître, qui avait, comme on sait, une extrême curiosité de biographies sacrées et de merveilles intérieures, l'engagea à recueillir tout ce qu'elle pourrait savoir des commencements de la mère Angélique, sa tante, pendant qu'on la possédait encore. Vers 1652, la sœur Angélique se mit donc en secret à écrire tout ce qu'elle recueillait soit de la bouche des mères plus anciennes, soit dans ses propres entretiens avec sa tante. C'est à elle, à sa plume ou aux directions qu'elle donna, qu'on doit une bonne partie des trois intéressants volumes de *Mémoires pour servir à l'histoire de Port-Royal*, publiés plus tard à Utrecht; elle est véritablement l'*hagiographe* de Port-Royal au dedans.

L'action d'Arnauld, et peut-être encore plus celle de Pascal, sont très-prononcées et visibles en sa personne. On entrevoit par quelques notes trouvées dans les papiers de Racine qu'elle n'était pas pour l'influence adoucissante de Nicole sur Arnauld, et qu'elle penchait bien plutôt pour le parler fort de Pascal. M. Singlin ne suffisait plus à de telles conduites; il fallait cet autre directeur plus docte, et encore plus strict de dogme, M. de Saci. La mère Angélique pourtant la formait assidûment de ses conseils, et les différences de caractère et de conduite que nous marquons n'empêchent pas que la sœur Angélique de Saint-Jean ne soit, en somme, sa plus digne fille. Mais il y avait en elle une disposition plus scientifique, un talent plus au fait de lui-même, et il y aurait eu, pour peu qu'elle se fût laissée aller, un certain démon de contestation et d'enjouement, par où cette future mère de la seconde génération de Port-Royal était tentée de se distinguer de la simple et grande réformatrice. Elle y mit un frein d'austérité d'autant plus étroit et nécessaire. Évidemment à la gêne dans son cadre, la figure conserve pourtant de la beauté.

La réputation d'esprit de la sœur Angélique de Saint-Jean était grande ; M. de Pomponne (je l'ai déjà rapporté ailleurs [1], mais c'est le lieu de le redire) demandait un jour à M. Nicole : « Tout de bon, croyez-vous que ma sœur ait autant d'esprit que madame Du Plessis-Guénegaud ? » M. Nicole, dit Racine, traita d'un grand mépris une pareille question. Mais rien ne dut tant contribuer à établir la réputation d'esprit et de tête de la sœur Angélique que la conduite qu'elle tint dans cette affaire de l'enlèvement et durant la captivité dont elle nous a laissé le Récit, un Récit qui, bien lu, nous révélera, à nous, une âme forte, triste, tendre, capable de toutes les belles agonies, une âme grande aussi dans son ordre et admirable.

Il y eut jusqu'à douze ou treize de ces Récits de captivité, presque autant que de captives; de ce nombre il en est d'assez différents de ton et d'inspiration, et, bien

---

1. Tome III, p. 359.

que tous entrepris sous prétexte de docilité et par l'ordre des supérieurs, quelques-uns ont tout l'air de chercher la lumière et d'être faits en vue du public. Le Récit de la mère Angélique de Saint-Jean se distingue entre tous non-seulement par l'esprit et le piquant (il en est d'autres spirituels), mais par la gravité, la profondeur et l'intimité ; il y a de vraies larmes, des larmes brûlantes. Aussi s'effraya-t-elle sérieusement à l'idée qu'on avait de montrer cette Relation manuscrite « qu'elle pourroit, disait-elle, appeler quasi sa confession, » et de l'envoyer à Aleth pour y être lue de l'évêque. Elle suppliait M. Arnauld par toutes sortes de raisons de *la laisser tout entière en clôture* et de lui conserver le fruit de sa retraite et de sa prison. Ce Récit étant tombé aux mains d'un imprimeur de Bruxelles après la mort de la mère Angélique de Saint-Jean, mais du vivant encore du monastère de Port-Royal, les religieuses qui en furent informées, fidèles en ceci à la pensée de leur mère, n'eurent de repos qu'elles n'eussent arrêté le cours de l'impression en dédommageant l'imprimeur[1]. Ce ne fut qu'après la ruine

---

1. Ce n'était pas seulement un imprimeur de Bruxelles, c'était bien Arnauld qui avait eu l'idée de faire imprimer cette Relation en 1692. Il le dit lui-même dans une lettre à M. Du Vaucel (9 janvier 1693) : « On mande de Paris qu'il s'élève une terrible tempête contre Port-Royal, et qu'on ne sait si on ne leur demandera point ce qu'on leur a demandé autrefois. Cela vient peut-être de ce qui a été mandé de Rome du dessein de cette nouvelle Bulle. Si cela étoit, on doit s'attendre à l'entière ruine de cette sainte maison. Dès qu'on commença à parler ici de Formulaire, nous pensâmes à faire imprimer la Relation de la mère Angélique de Saint-Jean ; mais les sœurs en ayant été averties, cela leur fit peur, et elles nous prièrent de n'en pas continuer l'impression : il y en avoit déjà six feuilles de faites, mais nous n'en avons que trois que nous vous envoyons, afin que vous les fassiez voir à quelques personnes bien sûres, et dont vous soyez bien assuré pour le secret, parce qu'il seroit bien fâcheux que le bruit de cette impression pût retourner à Paris ; mais je ne puis m'ôter de l'esprit que des personnes de piété ne fussent fort touchées des dispositions si chrétiennes de cette

de Port-Royal que cette Relation ainsi que les autres parut au grand jour par les soins de Quesnel et des amis.

La mère Angélique commence en ces termes, qui sont tous vrais sous sa plume[1] :

« Gloire à Jésus et au Très-Saint-Sacrement!

« Ce que l'on demande de moi en m'ordonnant d'écrire une Relation exacte de ce qui s'est passé dans ma captivité me paroît une chose assez surprenante : si l'obéissance ne me la rendoit nécessaire, je croirois que n'ayant point agi, et ayant fort peu parlé dans ce temps-là, il ne seroit point encore besoin de paroles pour apprendre à ceux qui ne l'ont pas expérimenté ce que c'est qu'une retraite de dix mois dans les circonstances qui ont accompagné la mienne ; car si l'on n'en regarde que l'extérieur, il est facile de le dire en deux mots, puisque tout consiste dans une prison fort étroite, dans une solitude entière, et dans une privation générale de toute consolation et de toute assistance spirituelle, qui seroit la plus grande de toutes les peines si l'on n'avoit pas la confiance et l'expérience qu'on peut toujours dire à Dieu : *Adjutor in tribulationibus....* (C'est Lui qui est notre aide dans les grandes afflictions qui nous ont enveloppées.) Mais si l'on vouloit savoir ce qui se passe dans le cœur quand on est en cet état, je demanderois, pour me pouvoir faire entendre, quelqu'un qui l'eût éprouvé dans quelque occasion semblable, afin qu'il pût comprendre ce que je pourrois lui dire et qu'il s'en formât une idée plutôt sur son souvenir que sur mes paroles. »

C'est en effet par les pensées et les orages du cœur,

sainte fille, et que cela ne leur fît comprendre plus que toutes les raisons, quel mal c'est de causer sans nécessité de tels troubles et de telles peines à des âmes qui ne pensent qu'à servir Dieu, et qui ne craignent rien au monde que de l'offenser. »

1. Je donne les extraits suivants d'après un manuscrit de la Relation, qui offre un texte plus complet quelquefois et presque toujours plus exact que l'imprimé.

non par les événements, que ce récit, pour peu qu'on y entre, intéresse bientôt et attache à celle qui le fait.

Elle revient sur quelques circonstances de la scène du 26 août. Lorsque l'archevêque arriva à Port-Royal accompagné d'officiers de justice et d'archers, *cum gladiis et fustibus*, elle ne pensa qu'à la Passion, dit-elle, et à s'unir à Jésus-Christ. Les premières paroles qui lui vinrent à la bouche furent celles d'un ancien martyr : « *Gaudeo plane*.... Je suis ravie de joie d'avoir mérité de devenir l'hostie de Jésus-Christ. » Elle se sentait dans la disposition d'une personne prête à mourir et en qui la vue de l'Éternité prochaine efface et couvre toutes les tendresses naturelles : « Je ne sentis point à cette heure d'une manière humaine tant de séparations qui sont certainement plus cruelles que la mort, parce que je ne les regardois que comme une partie de mon holocauste qui devoit être divisé. »

En sortant elle trouva à la porte son père qui l'attendait, et aux pieds duquel elle se jeta pour lui demander sa bénédiction :

« M. le lieutenant civil étoit à la porte de la chapelle de M. de Sévigné (*une petite chapelle que M. de Sévigné avait fait bâtir ou du moins avait fait orner*), qui me demanda mon nom : je fus surprise d'entendre sa voix que je reconnus, car je ne savois point qu'il fût de la fête. Je dis mon nom de religion ; il me demanda aussi celui de ma famille. Quelques personnes qui étoient proches de lui lui dirent assez bas : « Voilà M. d'Andilly qui la mène, c'est une de ses filles. » Il fit un geste de la tête pour faire entendre qu'il le savoit bien, mais qu'il vouloit avoir le plaisir de me le faire dire, et me répéta : « *Votre nom ?* » Je le dis bien haut, sans en rougir, car dans une telle rencontre *c'est quasi confesser le nom de Dieu que de confesser le nôtre*, quand on veut le déshonorer à cause de lui. De là mon père me conduisit sur les marches du balustre de l'autel.... »

Nous savons déjà cette scène ; mais, à ce mouvement

d'orgueil avec lequel elle confesse son nom, on reconnaît le sang glorieux de d'Andilly, le faible des Arnauld, qui est de croire que la cause de Dieu et eux ne font qu'un, tellement que toute la querelle du Jansénisme a pu simplement se définir la querelle de la maison Arnauld contre la Société de Jésus.

La prisonnière monte dans un carrosse avec trois autres religieuses enlevées comme elle. Un ecclésiastique de l'archevêché, M. Fourcault, et une dame inconnue les accompagnent :

« Nous ne nous dîmes pas un mot dans le carrosse, chacune priant Dieu à part ; de mon côté je ne sais comment j'étois faite, car à peine comprenois-je bien ce qui se passoit, au moins je ne le sentois presque pas ; j'étois si fort remplie de l'admiration de la conduite de Dieu sur nous, de nous avoir rendues dignes de souffrir un tel opprobre et un si extraordinaire traitement pour sa vérité, que je ne pus faire autre chose le long du chemin que de lui chanter dans mon cœur des cantiques et des hymnes, entre autres celle de la Dédicace : *Urbs Jerusalem beata*, etc., imaginant que nous étions des pierres vivantes que l'on transportoit pour les aller poser dans l'édifice spirituel de cette ville sainte.... »

Elle est la première des trois qui arrive à sa destination. On la fait descendre, et elle est introduite au couvent des Annonciades dites les *Filles bleues* ou *célestes*, près de la rue Saint-Antoine. L'ecclésiastique, M. Fourcault, secrétaire du Chapitre de Paris, et qui au fond lui est favorable, la présente à la supérieure en disant : « Ma Mère, je vous amène une sainte, car dans Port-Royal il n'y a que des saintes ; mais je sais aussi que vous êtes toutes saintes, et qu'ainsi elle sera bien avec vous. » La mère Angélique fait de son côté son petit compliment à cette supérieure. Madame de Rantzau, dite la mère Marie-Élisabeth, était présente.

Cette madame de Rantzau était la veuve du fameux

maréchal à qui Mars, en le mutilant dans tous ses membres, *n'avait laissé rien d'entier que le cœur*. Elle s'était convertie du luthéranisme au catholicisme, passait pour savante et opérait beaucoup de conversions parmi les luthériens allemands, étant Allemande elle-même. Depuis son entrée en religion elle avait une dispense particulière pour les entretenir, nonobstant les règlements de son Ordre. Ce n'était pas sans dessein qu'on envoyait la sœur Angélique dans ce couvent, pour qu'elle trouvât qui pût lui tenir tête : « Elle est aux *Filles célestes*, disait l'archevêque aux autres sœurs de Port-Royal qui l'interrogeaient, elle est avec madame de Rantzau ; esprit avec esprit, science avec science, cela s'accommodera bien. »

L'ensemble du récit de la mère Angélique se compose tant de ses vraies douleurs et de ses touchantes perplexités que de ses piquantes prises avec madame de Rantzau, qui n'y a pas toujours l'avantage.

Tout en arrivant et les premiers saluts échangés, on la mène à la chapelle de l'Immaculée Conception :

« Le mystère m'étoit nouveau, dit-elle un peu dédaigneusement pour ses pieuses hôtesses, n'y ayant point chez nous d'autel dédié aux opinions contestées ; — mais j'embrassai en ce lieu une dévotion certaine, qui fut de me jeter entre les bras de la Mère de la belle dilection et de la sainte espérance, qui sont les deux titres sous lesquels je l'ai toujours invoquée tant que j'ai été dans la maison.... »

On sent bien à ce mot les limites de Port-Royal dans le culte de la Vierge, et la demi-réforme où il se tient sur ce point comme sur tant d'autres. Cependant quand on a assisté de près aux offices et pratiques de Port-Royal, on voit qu'il croyait à tant de choses, à tant de reliques, à tant de miracles et d'intercessions surnaturelles, qu'il semble que cela n'eût pas dû lui tant coûter d'accorder encore cette gloire à la pure et mystique invocation de la Vierge. Mais la conséquence n'est pas le propre de ces esprits, si fermes d'ailleurs. Ils ont leur dose et leur ration de croyance ; ils se feraient tuer plutôt que d'en laisser détacher une parcelle ; mais pas un grain de plus[1] !

De la chapelle, les religieuses mènent la nouvelle arrivante au jardin, où elles l'entretiennent des événements du jour : « J'avois tenu ferme jusque-là sans pleurer et sans en avoir envie, parce que mon esprit avoit été occupé ailleurs ; mais comme elles me contraignirent, pour leur répondre, de faire réflexion sur les personnes que je venois de perdre, je ne pus m'empêcher de jeter quelques larmes. » Elle fait attention pourtant à ne pas trop se répandre et à ne pas se fier absolument à l'indifférence et à l'ignorance apparente de ces bonnes filles ; et elle eut à s'en féliciter lorsqu'elle apprit plus tard qu'elles n'étaient pas si peu prévenues qu'elles le voulaient paraître, et qu'elles avaient pour un de leurs directeurs le fameux Père Nouet, ce même jésuite qui avait fait, vingt ans auparavant, des sermons furieux contre le livre de *la Fréquente Communion*.

Elle avait tenu bon tout le jour : « mais, dit-elle, quand ce vint la nuit, et qu'après avoir fini toutes mes prières je pensai me coucher pour prendre du repos, je sentis comme si mon esprit eût été suspendu jusque-là

---

1. On a vu de nos jours, et tout récemment, les évêques jansénistes de Hollande adresser au Pape une protestation en forme contre la promulgation de ce dogme *contesté* de l'Immaculée Conception. — Un des évêques les plus exemplaires du dix-septième siècle, Le Camus, évêque de Grenoble et finalement cardinal, qui ne laissait pas d'être en relation de doctrine et d'amitié avec nos amis, écrivait à M. de Pontchâteau (5 mai 1673) : « Les femmes peuvent bien désirer qu'on décide la *Conception Immaculée* ; mais tant que le Pape lira dans son Bréviaire les leçons de saint Léon, *sicut a reatu neminem liberum reperit*, il lui sera malaisé de décider la question, et, s'il le faisoit, il trouveroit des évêques qui lui résisteroient en face ; au moins j'en sais un qui le feroit, s'il le décidoit comme un article de foi. »

et que, tout d'un coup, il fût tombé de fort haut et que mon cœur eût été tout froissé de la chute ; car tout en un moment je me sentis froissée et déchirée de tous côtés de toutes les séparations que je venois de faire.... » Et toute la nuit se passa dans cette douleur et ce combat.

Le surlendemain était précisément la Saint-Augustin, et comme les Annonciades suivaient la règle de ce saint, elles fêtaient ce jour-là, et avaient le Saint-Sacrement exposé de leur côté et de très-près dans une chapelle ; on permit à la mère Angélique d'y passer une partie de l'après-dîner :

« Je tremblai en y entrant, dit-elle, car il est vrai que cette dévotion que nos Constitutions nous retranchent a quelque chose qui ne paroît pas assez respectueux, et qu'une religieuse se trouve effrayée de se voir à la place d'un prêtre au pied d'un autel où elle pourroit assez aisément toucher le Saint-Sacrement de la main; néanmoins l'état où j'étois me donna bientôt la confiance de m'approcher de Jésus-Christ comme l'Écriture remarque que Juda s'approcha autrefois de Joseph, emporté par un mouvement de douleur qui lui ôta toute crainte. J'étois aussi affligée que lui, et j'avois affaire à un Seigneur que je ne croyois pas être si rigoureux. Je prononçai devant lui toute mon affliction et répandis mon cœur avec larmes en sa présence ; mais, parce qu'en lui exposant mes blessures je les regardai trop et m'attendris sur moi-même, j'en eus après bien du scrupule : car j'éprouvois sensiblement que *pour ne pas s'affoiblir dans les grandes afflictions, il ne faut point rabaisser les yeux qu'on a élevés sur les montagnes....* »

Que vous en semble ? ne voilà-t-il pas les vrais et profonds accents du Port-Royal primitif qui se continuent ? La seconde mère Angélique a, comme la première, de ces grands traits d'imagination. Mais il faut presque toujours abréger quand on les cite, pour leur donner tout leur effet et toute leur saillie ; car elle les éteint et les réduit en les prolongeant. C'est qu'elle ne se doute pas qu'il y a là un effet, et c'est que l'idée de talent pour elle n'existe pas ; il n'y a que les choses de l'âme, les choses du dedans, et qu'elle ne songe pas à en détatacher.

Elle continue à nous représenter fidèlement et quelquefois à nous figurer par d'expresses images les vicissitudes et les mouvements de ce monde intérieur, où se passe toute l'action :

« Cela me faisoit appréhender à toute heure de réfléchir volontairement sur pas une de mes peines, car je sentois bien que c'étoit tout ce que je pouvois faire que de les souffrir en regardant l'ordre de Dieu et la consolation de la foi, mais que si, au lieu de cela, je commençois à regarder l'affliction en elle-même, accompagnée de toutes ces circonstances, ce seroit un poids qui m'accableroit, et *il me sembloit que je portois toujours mon âme dans mes mains, comme une gouvernante porte entre ses bras un enfant que l'on sèvre, qu'elle promène et qu'elle divertit tant qu'elle peut pour l'empêcher de se souvenir de sa nourrice....* Port-Royal affligé étoit comme ma nourrice ; je venois d'être sevrée de tout ce que j'aime sous ce nom avec le plus de tendresse ; mon âme ne pouvoit supporter cette séparation qu'avec une douleur extrême, et ma foi étoit toute occupée à la détourner sans cesse de réfléchir sur cet objet. Je ne pouvois pas empêcher qu'à toute heure il ne se présentât devant mes yeux, mais aussitôt je les levois vers Dieu pour ne voir qu'en lui ce que je n'aimois que pour lui. Dans ce combat je conservois la paix, et il y avoit des moments où j'étois même capable de joie.

« Je passai ainsi les trois premiers jours dans ma solitude, que je ne savois pas encore qui se dût changer en prison.... »

Ce fut une véritable prison en effet que ces longs mois passés chez les Annonciades. Elle était enfermée sous clef dans une chambre, dans un galetas confinant à un grenier et parfaitement isolé du reste du couvent ; elle n'en sortait que pour les Offices, et sous la conduite d'une sœur converse qui la venait renfermer après. Sa porte ne s'ouvrait que trois fois le jour [1] ; et elle ne reposait la nuit qu'avec trois portes fermées et verrouillées sur elle. Elle n'était visitée que rarement par la supérieure, par la mère de Rantzau et quelque autre au plus, et alors dans un but d'observation et de conversion. On la laissait sans nouvelle aucune de Port-Royal ni des sœurs, si ce n'est pour lui annoncer, en les exagérant, les progrès de la Signature et les chutes. On ne lui donnait que de brèves réponses sur la santé de la mère Agnès sa tante et de son père M. d'Andilly. Elle était privée des sacrements. On espérait par tout cela venir à bout de sa fermeté.

Si grande que fût cette fermeté de principes et de caractère, la sœur Angélique reconnaît qu'elle aurait vite succombé sans un autre secours. Le détail qu'elle nous donne du plus bas moment d'agonie morale qu'elle eut à traverser est touchant. Que cette cause particulière de la Signature disparaisse, ne voyons en elle qu'un défenseur de ce qu'elle croit la Vérité. Descendons dans ce grand cœur entr'ouvert qui n'est qu'un simple cœur chrétien, et qui, par moments, est tenté de redevenir un simple cœur humain naturel :

« J'avois donc passé les huit ou dix premiers jours dans l'affliction sensible de notre séparation, mais cette affliction n'étoit que dans les sens, et dans le fond de l'âme je sentois tous les avantages de cette épreuve; comme je l'ai dit, je sentois deux personnes en moi, dont l'une avoit assez de force pour porter l'autre dans sa foiblesse, et je me réjouissois dans l'esprit de ce qui m'affligeoit dans les sens; je vois clairement à cette heure que si je n'eusse pas été poussée plus avant, j'aurois été au hasard de ne me pas soutenir longtemps en cet état, parce que la tempête devant être générale et longue, il falloit être bien fondée dans l'humilité

---

1. Et non *huit* fois le jour, comme il est dit par erreur dans l'imprimé.

pour résister à l'orage, et mon esprit en cette disposition n'étoit pas assez humilié, car je n'étois occupée que de la gloire qu'il y avoit à souffrir pour la vérité...; — m'étant donc couchée une fois, je ne pensois pas sitôt m'endormir[1] que Dieu me réveilla par un rayon de sa lumière qui frappa mon cœur pour me découvrir à moi-même des choses qui ne m'avoient paru rien, et qui dans ce moment me parurent si grandes et si importantes qu'elles renversèrent tout à fait ma disposition, et me mirent si bas devant Dieu, qu'au lieu que je pensois auparavant qu'il nous avoit trop élevées de nous donner part à la persécution de la vérité et de la justice, je me trouvois dans un si profond rabaissement et si saisie de crainte que je n'osois presque élever mes yeux vers lui.... J'avois dans l'esprit ce qui est dit dans le Psaume 106 : « Ils montent jusqu'au ciel, et ils descendent jusqu'aux abîmes; » et ce qui est ensuite : « *Anima eorum in malis tabescebat:* leur âme s'est comme fondue à la vue du péril....» car il n'y a rien de pareil à se trouver dans cet accablement d'esprit sans pouvoir espérer le moindre secours et la moindre consolation de qui que ce soit quand cela dureroit jusqu'à la mort.... On ne sauroit s'imaginer ce que c'est que cette angoisse et cet abandonnement, si on n'y a passé.... »

Qu'étaient-ce que ces choses qui jusque-là ne lui avaient paru rien, et qui tout d'un coup lui parurent si grandes? Qu'était-ce que ce nouvel et terrible état et cette affliction d'esprit par où elle passa, et qui lui dura environ six semaines ? Les termes, dans la Relation, en sont bien mystiques et, pour nous, bien vagues et mystérieux :

« Cette affliction consistoit toute, dit-elle, en ce qu'il me sembloit que Dieu me châtioit dans sa colère.... Je n'osois même m'arrêter à regarder les sujets que j'avois d'espérer en sa bonté, et aussitôt que je pensois ouvrir les yeux pour cela, je les rabaissois de honte et ne cherchois qu'à me cacher devant lui.

« Rien ne réduit dans une si grande pauvreté que cet état.

---

1. C'est-à-dire : *A peine allois-je m'endormir* que Dieu, etc.

Les hommes, en croyant tout nous ôter, ne touchent point à notre trésor quand Dieu laisse dans notre cœur le sentiment de sa Grâce ; mais, pour lui, il n'a qu'à détourner son visage, et nous ne trouvons rien entre nos mains de toutes les richesses que nous nous étions persuadé qu'on ne nous pouvoit ravir.... Je cherchois inutilement la force et la lumière que j'avois trouvées tant de fois dans des paroles de l'Écriture qui m'avoient paru capables d'adoucir les peines de la plus dure captivité ; je relisois ces endroits des Prophètes et des histoires saintes que j'avois mis comme en réserve dans mon esprit pour m'en nourrir en ce temps-là, mais Dieu avoit ôté la force du pain.... »

Se sentant sur la pente d'une tentation dangereuse si l'excès de la crainte la jetait dans l'abattement, elle cherchait à se prémunir, à se réconforter en redisant certains versets de psaumes qui lui paraissaient correspondre à son état.

Malgré ces secours, et faute de pouvoir trouver nulle part appui ou conseil, il y eut des moments où il lui vint des idées si épouvantables, dit-elle, qu'elle apprit *ce que c'est que le désespoir et par où l'on y va*. Ces pensées qui, comme des fantômes, lui traversaient l'esprit sans aller jusqu'au cœur, et qui lui demeuraient étrangères, tout en lui apparaissant, lui faisaient imaginer, dit-elle encore, ce que c'étaient que ces *portes ténébreuses dont Dieu parle à Job :*

« Je trouvois dans cet état que la prière et l'aveu de mes misères devant Dieu, dont j'adorois la justice, étoient toutes mes armes ; mais je reconnus néanmoins, depuis, que si cela eût duré plus longtemps, *j'étois au hasard de laisser éteindre ma lampe*, parce que je n'avois pas assez de confiance pour entretenir le feu de ma charité et la lumière de ma foi. »

Ceci est le passage capital de la Relation, de la confession de la mère Angélique ; il y a moyen d'en bien saisir toute la portée et le sens. Elle a depuis avoué, dans une lettre à M. Arnauld, qu'elle a obscurci à dessein cet endroit de son Récit, de peur de scandaliser. Elle masque aux autres sa tentation sous des termes mystiques, et elle tâche de se la dissimuler à elle-même :

« Je me souviens, écrivait-elle depuis sa sortie à M. Arnauld, que j'ai omis avec dessein dans cette Relation une peine qui me tourmenta l'esprit dans le commencement et qui me revient quelquefois, que j'y ai appelée avoir vu les *portes ténébreuses* et les *portes d'Enfer*, sans m'expliquer ; car proprement ce n'est qu'une vue de l'esprit qui ne trouble rien au dedans, mais dont la seule présence est horriblement pénible.... C'est comme *une espèce de doute de toutes les choses de la foi et de la Providence*, à quoi je m'arrête si peu, que de peur de raisonner et de donner plus d'entrée à la tentation, il me semble que mon esprit la rejette avec une certaine vue qui seroit elle-même contraire à la foi, parce qu'elle enferme une espèce de doute qui est comme si je disois que, quand il y auroit quelque chose d'incertain dans ce qui me paroît la vérité, et que tout ce que je crois de l'immortalité de l'âme, etc., pourroit être douteux, je n'aurois point de meilleur parti à choisir que celui de suivre toujours la vertu, etc. *Je me fais peur en écrivant cela, car jamais cela ne fut si expliqué dans mon esprit :* c'est quelque chose qui s'y passe sans quasi qu'on l'y discerne. Cependant *ne manque-t-il point quelque chose à la certitude de la foi, quand on est capable de ces pensées ?* Je n'en ai osé parler à personne, parce qu'elles me paroissent si dangereuses que je craindrois d'en donner la moindre vue à celles à qui je dirois ma peine ; car pour toutes les autres tentations, la foi fournit des armes invincibles pour les combattre : mais *quand elle-même est attaquée*, on se trouve sans aucune défense, et j'aimerois mieux être livrée à tous les Démons qu'à une pensée d'infidélité. Je vous supplie très-humblement, mon cher Père, de prier Dieu qu'il me délivre de ce péril.... »

Il est évident qu'elle éprouve encore la tentation au moment où elle écrit cette lettre, c'est-à-dire dans l'intervalle de temps où les religieuses de Port-Royal, réunies toutes à la maison des Champs, y sont bloquées et ne communiquent de vive voix avec personne du dehors.

Soyons plus hardi qu'elle, disons les choses par leur nom, envisageons les pensées dans leur réalité, et ouvrons la veine qu'elle nous a laissé voir. Oui, malgré la solidité de sa foi, la mère Angélique a eu quelques moments et quelques assauts de doute, et de ce doute absolu qu'avait connu Pascal. Elle n'a fait qu'entrevoir l'abîme, mais elle l'a entrevu ; et elle n'aurait pas eu ce grand esprit qu'on lui accorde s'il en avait été autrement et si elle avait été à jamais murée dans les idées de monsieur son oncle, de manière à n'en pas concevoir d'autres. Livrée à elle-même et aux prises avec sa propre pensée, elle a eu dans sa captivité la grande tentation.

Il y a des tentations et des doutes qui prouvent des âmes débiles : il y en a qui prouvent les âmes fortes. Il y a une certaine stabilité et sécurité intrépide qui indique des horizons bornés et des intelligences circonscrites, bien que peut-être vives. Parmi ces religieuses qu'on enleva pour les faire signer, il en est deux qui n'ont jamais eu un moment d'hésitation ni de trouble, la sœur Eustoquie de Bregy et la sœur Christine Briquet. Leur intrépidité ne prouve autre chose qu'une grande énergie de pensionnaires et de beaux esprits qui ont dit : « *Je ne céderai pas.* » D'autres signèrent par manque de tête, et de guerre lasse, faute de défense suffisante contre les observations dont elles étaient l'objet. « Eh bien, *l'oison a signé,* » disait M. d'Andilly à madame de Sévigné, en parlant d'une de ses filles enlevées qui avait capitulé de la sorte. La mère Angélique de Saint-Jean était bien au-dessus de ce troupeau. A un moment elle a eu la tentation des grands esprits : seule elle a eu le grand doute, elle s'est posé le problème dont Hamlet disait : *C'est toute la question.*

Y a-t-il une âme immortelle ?

Y a-t-il une Providence ?

Le Christianisme auquel je crois, et ce Crucifix aux pieds duquel je pleure, est-il autre chose que le *parti le plus sûr* et le meilleur des *en cas?*

Toutes ces idées que suggère le sens naturel, et qu'elle, elle suppose venir d'un Démon, lui apparurent à certaines heures au milieu de l'émotion et du frissonnement d'effroi, inévitable chez une âme croyante et fervente, chez une âme vierge qui, dans sa sensibilité profonde et contrainte, a le don de se tourmenter. C'est en ce sens qu'elle dit avoir vu ces *portes ténébreuses* dont Dieu parla à Job, et qu'elle confesse avoir été au hasard de *laisser éteindre sa lampe.* Elle traversa, en un mot, le Jardin des Olives.

A considérer l'état moral de la mère Angélique en ces dix mois et à l'étudier comme on ferait d'une maladie, on y peut distinguer quatre périodes :

1° Après la surexcitation et le mouvement d'exaltation des premières heures, pendant les huit ou dix premiers jours, elle est dans l'affliction, mais dans une affliction sensible, motivée, et qui tient à la séparation où elle se voit de tant de personnes chères; elle souffre, elle pleure, mais elle se domine. Il y a en elle une partie supérieure qui soutient l'autre : on se rappelle cette agréable image de deux personnes dont la plus sage et la plus forte soutient et *porte dans ses bras* la plus faible.

2° A cette première période en succède une tout extraordinaire (nous venons de le voir), un véritable assaut prolongé durant lequel toutes les facultés et les ressources d'esprit de cette personne distinguée travaillent, fermentent, se soulèvent, se tournent contre elle et lui représentent avec énergie la vanité et la bizarrerie d'une telle situation, d'une obstination pareille pour des choses si petites, et où les grandes même, qui s'y mêlent pour les relever, sont fausses et chimériques peut-être.

Dans l'accès le plus extrême de cette révolte naturelle qui dure plusieurs semaines (quarante jours), elle se dit ou du moins elle entend je ne sais quelle voix qui dit à côté d'elle : « A quoi bon? n'est-ce pas là un sot combat? et après tout y a-t-il une âme? y a-t-il un Christ? y a-t-il un Dieu? » C'est là le côté supérieur de cette Relation bien comprise, et qui la met hors de pair et à part des autres récits de ces dignes filles. Il y a des pages à demi obscurcies et étouffées, mais où se révèle une fille et une sœur de Pascal[1].

3° Cependant l'habitude prévaut; les croyances et les observances si enracinées reprennent le dessus et chassent ces pensées d'éternel paganisme et de nature déguisées à ses yeux en formidables Démons. La subtilité de l'explication chrétienne retrouve son tour favori, qui est de dire au mal d'ici-bas : *Tu es le bien!* et à la souffrance : *Tu es le salut!* Cette disposition tendre et consolée qui, sous la mortification du dehors, va s'adresser aux plus intimes des fibres délicates, secrètes, et qu'on appelle *la Grâce de Jésus-Christ,* recommence à renaître en elle. L'idée d'un Dieu bon, attentif, miséricordieux jusque dans ses rigueurs, lui rend les lumières qui triomphent peu à peu des obscurités et des peines. Elle respire plus librement : dans cette lande aride où elle est jetée, elle sème des larmes, mais pourtant sans espoir prochain d'une bonne issue ni d'une moisson. Aussi loin que sa vue s'étend, elle ne voit « qu'un grand pays inconnu, d'où il lui semble impossible qu'elle puisse sortir par aucun chemin qui ne doive être presque aussi

---

[1]. C'est, sous une autre forme, la tentation des âmes stoïques qui, voyant à l'épreuve que leur vertu est vaine et qu'en fin de compte l'injustice triomphe, et que le Ciel lui-même se déclare pour l'injustice, désespèrent des dieux avec Caton et s'écrient comme Brutus : « Vertu, tu n'es qu'un nom! »

   Sæpe mihi dubiam traxit sententia mentem,
   Curarent Superi terras, etc. . . . .

long que sa vie. » Ainsi résignée à l'exil, elle se crée des consolations et trouve du charme jusque dans les privations les plus sèches et les circonstances les plus dénuées. Il y a un pauvre petit oratoire de l'infirmerie qui donne derrière l'autel, et où on la fait aller entendre la messe dans un temps (pour la cacher à une des dames bienfaitrices de la maison qui avait envie de la voir) : c'est là que seule avec la converse qui lui sert de garde, et à peu de distance du prêtre dont elle entend distinctement toutes les paroles, elle a d'ineffables jaillissements de joie intérieure et de tendresse. « De plus (notez-le bien) cet oratoire étoit pauvre, sans nul ornement qu'un grand tableau de la Sépulture mal fait, sur un autel très-mal orné, en sorte qu'il n'y avoit rien de plus magnifique qu'à Port-Royal; » et cette pauvreté chère au cœur et mortifiante aux sens ne lui en rappelait que mieux la bien-aimée Sion et la patrie. Vers le temps de l'Avent (novembre 1664), pour ne pas s'exposer à entendre les Jésuites qui dirigeaient cette Communauté des Annonciades et dont les sermons auraient pu troubler sa paix de conscience, elle s'abstient d'aller au chœur; elle ne sort plus de sa chambre que pour aller entendre la messe dans cette chapelle avant le jour, et voulant suppléer pourtant à cette absence d'office et de cérémonies simples, elle les célèbre à huis clos; elle fait de sa chambre même une église. Une simple page d'elle dira mieux que tout sa disposition charmante, tendrement pieuse et arrosée de douces larmes, dans cette période de tristesse voilée mais non sans joie :

« Dans ce temps que je ne sortois plus les fêtes et les dimanches pour assister au service, je fis une église de ma prison, et j'y chantois presque tout l'Office seule ces jours-là, à nos heures ordinaires. Je chantois de même ce que le chœur chante aux grandes messes quand je le savois bien, et au moins le *Kyrie eleïson*, le *Gloria in excelsis*, etc., et je suivois en esprit tout ce que le prêtre dit dans le sacrifice, car elles m'avoient prêté un missel.... Toute ma matinée étoit aussi remplie que si j'eusse suivi la Communauté chez nous. Je faisois de même mes processions seule autour de ma chambre, en tenant une croix à ma main, et chantant ce qui s'y devoit dire ; et de même de l'eau bénite les dimanches, dont j'aspergeois tout le tour de la chambre en chantant *Asperges me;* et mon intention étoit de chasser par cette aspersion toutes les malices spirituelles dont j'appréhendois la tentation partout, d'autant plus que je n'avois personne pour m'aider à me défendre. Je jetois de l'eau bénite — sur mon lit, pour chasser l'esprit de paresse ; — sur la table où je mangeois, contre la délicatesse ; — dans la ruelle qui me servoit d'oratoire, pour en éloigner la distraction ; — à l'endroit où je travaillois, pour me garantir de la curiosité et de l'attache à mon ouvrage ; — mais surtout à la porte de la chambre, de peur que l'esprit de séduction n'y entrât avec celles qui tâchoient à l'y amener, ou qu'au moins l'impatience ou l'indiscrétion ne me fissent faire des fautes quand on venoit interrompre ma solitude par quelque visite.

« Les grandes fêtes que nous devons chanter matines, je me levois quand je pouvois m'éveiller, quelquefois dès minuit ou à une heure, ou à deux, et je chantois de même tout ce que je pouvois chanter de matines, car je n'avois pas assez de voix pour chanter tous les psaumes.... *Je voudrois qu'on eût vu combien cela est beau et dévot, de se trouver ainsi seule, au milieu de la nuit, à bénir Dieu dans une prison en chantant ses louanges, sans pouvoir être entendu que de lui, et sans entendre quoi que ce soit qu'un profond silence au milieu de cette grande ville,* dont on ne cesse point d'entendre le bruit qu'à cette heure-là, car jusqu'à plus de onze heures les carrosses roulent encore. *Cela a quelque chose de plus beau et de plus ravissant qu'on ne peut dire....* »

Si nous, profane, et autrefois poëte, qui cherchons de la poésie en toute chose et même (faut-il le dire?) dans la religion, nous en rencontrons quelquefois dans Port-Royal, c'est ici, c'est celle qu'on vient de voir et non pas une autre, une poésie sans soleil et sans fleur, rien qu'en dedans et toute en parfum.

4° Mais n'oublions pas que pour le moment nous en sommes à noter les périodes et les phases d'une maladie de l'âme. Au milieu de cette paix retrouvée, il y eut un assaut encore pour la mère Angélique, court mais violent. C'est lorsque dans cette séquestration absolue du monde et de toute nouvelle (au mois de février 1665), on lui dit un peu brusquement que la sœur Gertrude avait signé, et que la voyant surprise et confondue, on lui demanda ce qu'elle dirait si la mère Agnès elle-même le faisait, donnant à entendre qu'elle était près de le faire. Elle en fut étourdie et comme frappée de stupeur : « Je n'ai de ma vie rien senti de pareil, et je crus que j'en mourrois, dit-elle : je ne pouvois plus respirer, et mon pouls étoit tout renversé de l'agitation d'esprit épouvantable où je fus plusieurs heures. » Enfin un nouveau doute radical sur la Providence la ressaisit à ce sujet, tant une telle chute, dont l'idée ne s'était jamais présentée à elle, lui paraissait incompréhensible, et elle était près de *se noyer comme saint Pierre* par manque de foi, si Dieu ne lui avait bien vite tendu la main. Mais ce ne fut qu'un temps fort court, une crise de quelques heures, après quoi, tout en un moment, dit-elle, Dieu lui rendit le calme en lui suggérant le mouvement de s'appuyer sur la vérité de ses promesses par une *foi aveugle*, indépendante de toute expérience, et qui n'a besoin d'autre fondement que la parole de Dieu elle-même. Elle se coucha le soir même de cette journée, l'esprit fort rassuré et fort tranquille. Ce calme retrouvé n'alla plus dès lors que s'affermissant, et les derniers mois de sa captivité, où les égards de ses hôtesses envers elle osèrent se marquer par degrés plus à découvert, se passèrent dans une véritable douceur. Elle retrouva en plein la source des larmes, mais qui venaient toutes de consolation et de reconnaissance. Il faut voir comme elle les goûte et les savoure ; un matin qu'elle en avait versé de plus abondantes dans la petite chapelle où elle entendait la messe, elle se prend à les analyser de la sorte (ne nous effrayons pas de la subtilité, saint Augustin ne procède pas autrement jusque dans l'émotion) :

« Ces larmes avoient tant de différentes causes, — de ressentiment de mes infidélités envers Dieu, — de reconnoissance de ses bontés envers moi, — de désir d'être digne de le posséder, — d'amour pour la souffrance qui en est la voie, — que me sentant toute remplie de consolation et d'un plaisir saint dans ces pleurs, je conclus qu'il falloit que ce fût cette sorte de parfum dont Dieu avoit ordonné la composition pour brûler dans son Temple, où entroient diverses espèces aromatiques dont il étoit défendu de faire pareilles compositions pour s'en servir à d'autres usages; car je voyois qu'encore que toutes les passions aient leurs larmes, et qu'on pleure d'amour, de désir, de tristesse et de joie, il n'y a point néanmoins d'objet créé qui puisse rallier ensemble tant de différents motifs qu'en même temps on ressente la *privation*, la *jouissance*, la *crainte*, l'*assurance*, le *regret* et la *joie*, et tous les mouvements que la *charité* produit tout à la fois dans le cœur.... Il y auroit de la folie à moi de dire cela de moi-même si j'y avois quelque part, mais je ne crois faire que ce que firent ceux qui avoient été découvrir par l'ordre de Dieu la terre de promesse qu'il vouloit donner à son peuple : c'est une grappe de raisin que je rapporte de cette terre de captivité. »

Enfin la grâce abonde ; Dieu la revêtait intérieurement d'un habit de joie, et elle n'est plus occupée qu'à se modérer en présence de ses hôtesses, se souvenant que la joie dans les souffrances est un ornement modeste dont « la fille du roi se doit parer au dedans [1]. »

---

1. Ces larmes continuelles de la mère Angélique, qui venaient aussi bien de joie que de douleur, ne laissaient pas d'être très-remarquées et de fournir matière à interprétation ; mais on n'en savait pas alors le vrai sens. On lit dans une lettre de la sœur Élisabeth-Agnès Le Féron, restée à Port-Royal et qui écrit les nouvelles qu'elle apprend : « La mère Eugénie (la commissaire

Tel est l'esprit de cette Relation, le tableau de cette âme malade, dans toutes ses phases, si on la considère philosophiquement et naturellement. Que si l'on s'en tient au point de vue théologique par comparaison avec d'autres Communions, ce qu'il importe de bien remarquer, c'est la doctrine de la Grâce telle qu'elle s'exprime en cette circonstance dans toute sa pureté, dans toute sa nudité, par la bouche et par la conduite de la mère Angélique. Les religieuses de Port-Royal croyaient à la Grâce, mais elle leur arrivait toujours jusque-là sous la forme et avec l'appareil des sacrements, par le canal des directeurs. Ici les directeurs leur sont ôtés, même les confesseurs; plus de sacrements. Ces religieuses (ou du moins celle en particulier dont nous écoutons le témoignage et qui nous offre le type idéal), ainsi destituées de tous les appareils divins, séparées de tous les appuis humains dont il faut bien qu'elles se passent, ne marchent jamais mieux toutes seules, et sauf quelque assaut inévitable, que durant cette captivité. Cela s'applique également au temps prochain où elles seront toutes séquestrées aux Champs. Je ne dirai pas qu'on les rend calvinistes malgré elles, ce serait trahir leur pensée, et révolter leurs âmes si, restées les mêmes, elles sont

imposée à Port-Royal) a dit à une sœur qui lui demandoit si ce qu'on dit de ma sœur Angélique qu'elle pleure toujours est vrai, que ce n'est pas d'aujourd'hui et qu'il y a plus de trois mois qu'on la trouve, quand on entre dans sa chambre, fort triste et souvent en larmes, et qu'aussitôt qu'elle voit quelqu'un, elle change et tâche de faire bonne mine.... Je ne puis m'étonner de ses larmes, ajoute sensément la sœur Le Féron, nous en avons trop de sujet, et je ne sais comment nous pouvons faire autre chose que de pleurer; mais je ne crois point du tout qu'il y ait aucun affoiblissement : je ne laisse point d'être sensiblement touchée de la voir dans cet état, et je n'y puis quasi penser sans y entrer moi-même. » Les larmes de la mère Angélique, nous l'avons vu, eurent une signification bien différente selon les divers moments. C'est à elle seule qu'il appartenait de nous en dire toutes les variétés et les saveurs.

quelque part encore à nous entendre ; mais, par le retranchement extérieur qu'on leur impose, leur christianisme se trouve réduit à ce qui en est le strict nécessaire, je veux dire l'Écriture sainte, la doctrine du péché et du pardon gratuit, l'appel en toutes les choses d'ici-bas au tribunal unique de Jésus-Christ, le *bien-aimé de leur âme* comme elles l'appellent, JÉSUS NOTRE PRÊTRE ÉTERNEL !

Or quiconque croit essentiellement à ces points, n'en admît-il pas d'autres, est chrétien. Quiconque ignore et ne retient pas ces points, fût-il couvert de signes catholiques, eût-il sans cesse le grand mot d'Évangile à la bouche, est plus ou moins ou idolâtre ou pélagien, un demi-fidèle superficiel et superstitieux, et, par quelque coin, inconverti.

Mais il nous faut citer quelque chose des prises de doctrine de la mère Angélique avec madame de Rantzau. C'est le côté piquant et, pour ainsi dire, mondain de la Relation. Dans les premiers jours l'archevêque vint et fit demander au parloir la mère Angélique qui lui avait écrit au sujet des sacrements. Il y eut là entre elle et l'archevêque un de ces dialogues auxquels nous sommes assez accoutumés. Mais madame de Rantzau était présente, et l'archevêque, à un moment de la discussion, se tourna vers elle en disant : « Eh bien, madame de Rantzau, que dites-vous de cela ? » Elle marqua un extrême étonnement de ce qu'on osait faire ces distinctions du fait et du droit dans les jugements des Papes, étant toute ultramontaine comme le sont la plupart des convertis. Ainsi introduite dans la discussion, elle enchérissait sur tout ce que disait l'archevêque et d'une manière si peu raisonnable que la mère Angélique crut devoir lui rappeler qu'il était difficile de bien juger de l'affaire si l'on n'en savait le fond : elle répliqua d'un air méprisant et *d'un ton de madame la*

Maréchale : « Je sais tout ce que vous pouvez dire, je sais ce que c'est que *Moulina* et toute la suite (la séquelle). »

Après la conversation au parloir, qui se prolongea encore longtemps avec l'archevêque, madame de Rantzau, qui n'était pas au bout de ses raisons, voulut reconduire la mère Angélique jusqu'à la porte de sa chambre, et, comme on avait ôté la clef, elles durent toutes deux rester quelque quart d'heure sur le degré. C'est là, sur ce théâtre un peu inégal, que la discussion reprit plus vive et avec des airs d'une dispute en Sorbonne. La mère Angélique raconte toute la scène avec une légère intention de comédie, en laissant voir qu'elle-même fut entraînée alors plus qu'elle n'aurait voulu. Le quart d'heure fut long, les paroles furent rapides; j'abrége en ne donnant que le mouvement et le jeu croisé des ripostes :

« Elle (madame de Rantzau) allégua les Origénistes qu'on avoit obligés de dire anathème à Origène : j'y répondis par saint Jérôme à Jean de Jérusalem.... Elle se voulut fortifier du IV⁰ Concile qui avoit obligé Théodoret à dire anathème à Nestorius : cela me contraignit à alléguer le v⁰ et le vi⁰ touchant les trois Chapitres et Honorius. Dès qu'elle entendit parler d'Honorius, elle en prit la défense disant, etc., etc.

« J'avois le plus beau champ du monde de répliquer, mais parce que je ne voyois ni utilité ni plaisir à m'engager dans cette dispute avec une personne qui ne cherchoit pas la vérité, mais qui se tenoit si assurée de la savoir, je voulus rompre en lui disant que je laissois toutes ces contestations aux savants et ne me voulois mêler que de prier Dieu. Elle me répliqua promptement, comme pour me pousser plus avant, parce qu'elle voyoit que je me voulois retirer de la dispute : « *Je sais toute l'histoire ecclésiastique, je sais tout; je répondrai à tout.* » Je lui répliquai avec un peu de chaleur, car son empressement m'émut : « *Et moi, ma Mère, je ne sais rien;* c'est pourquoi cela va le mieux du monde pour ne point disputer, car il n'y auroit pas de proportion. Je vous supplie, laissez-moi prier Dieu, et épargnez une personne affligée. » Elle s'échauffa davantage et me dit qu'elle ne me laisseroit pas, parce qu'il y alloit de mon salut ; l'impatience me prit aussi, et sans autre réponse je lui fis une profonde inclination et me tournai devant une fenêtre où je me mis à genoux pour prier Dieu en attendant qu'on apportât la clef qu'on étoit allé quérir, car tout cela se passoit sur la montée à la porte de ma chambre. »

La petite scène de comédie est complète : elle est du genre de celles que j'ai déjà indiquées plus d'une fois comme suite et ricochet des *Provinciales*. Qu'on sache pourtant bien vite qu'à peine rentrée dans sa chambre, la mère Angélique se repent de cette vivacité, qu'elle écrit dès le soir un billet à madame de Rantzau pour lui en demander pardon; que madame de Rantzau elle-même, *qui est fort bonne*, lui vient faire le lendemain dans le chœur une sorte d'excuse, et qu'elle change en effet de conduite à son égard. Sauf trois ou quatre rencontres dogmatiques que la force des choses amène encore, et d'où l'aigreur a disparu, il ne reste entre elles qu'une manière de contradiction assez polie et même assez enjouée, comme entre personnes d'esprit qui se sont mesurées et qui se savent d'égale force à ce genre d'escrime.

Un jour madame de Rantzau essaye, par un agréable détour, de rentrer en matière, et sous prétexte qu'on disait que, pour en juger, il fallait savoir ces choses dès le commencement : « Mais, ma Mère, je vous prie, lui dit-elle, contez-moi toute votre histoire. » La mère Angélique répondit du même ton : « Attendez, s'il vous plaît, ma Mère, qu'elle soit achevée; car nous voilà au plus bel endroit, et quand on en aura vu la fin, il sera temps de faire l'histoire. » Madame de Rantzau en *rit bonnement* et ne la pressa point.

Voici quelques autres reparties de l'invincible prisonnière, tant à madame de Rantzau qu'à la mère supérieure. Celle-ci convenait un jour qu'on n'avait pas absolument besoin de cette signature pour s'assurer de la foi de Port-Royal, mais qu'il suffisait que l'Église le commandât pour que cela devînt d'obligation et qu'on ne pût s'y soustraire sans scandale et sans s'exposer aux extrêmes conséquences : « Eh! oui, répondait la mère Angélique, c'est à mon sens agir comme un chirurgien qui m'auroit fait une forte ligature au bras sans aucun besoin, et qui le voyant, à cause de cela, fort noir et fort enflé, me diroit qu'il me le faut couper parce que la gangrène s'y va mettre. Est-ce que je ne lui dirois pas : *Monsieur le chirurgien, coupez, s'il vous plaît, la ligature et ne me coupez pas le bras?* l'un est un peu plus raisonnable que l'autre.... » La bonne supérieure qui, comme toutes les religieuses, savait pratiquer la saignée, comprenait à merveille la comparaison et ne trouvait rien à répondre.

Madame de Rantzau appuyait un jour bien fort sur les menaces d'anathème, et que c'était une chose horrible d'être excommuniée par le Pape : « Il y a pourtant une consolation, répondait la mère Angélique, c'est qu'il arrive quelquefois que les successeurs de saint Pierre imitent un peu sa promptitude à tirer l'épée et qu'ils frappent trop tôt comme lui, sans attendre la permission de Jésus-Christ; mais Jésus-Christ s'avance alors et guérit l'oreille.... » Et cette comparaison, qui prenait madame de Rantzau à l'improviste, la faisait rire et ne la fâchait pas.

Comme la mère Angélique avait un talent particulier pour faire des petites figures en cire, des sculptures de châsse (car elle n'aurait eu qu'à vouloir pour être artiste et elle aurait pu être le *sculpteur* de Port-Royal au dedans comme mademoiselle Boullongne en était le *peintre* au dehors)[1], ces mères la prièrent instamment de leur faire de ces sortes de figures, et lui donnèrent des châsses de saints, des reliquaires à orner. Elle y cédait par complaisance et pour reconnaître en quelque manière leur hospitalité. Elle gardait ses scrupules jusque dans ces industrieux amusements, « qui, selon saint Augustin, ne font qu'ajouter de nouveaux charmes à la tentation de la concupiscence des yeux. » Et comment aurait-elle pu ouvrir franchement son âme au sentiment de l'artiste, elle qui avait toujours présente cette autre maxime de Saint-Cyran, « qu'il faut prendre garde de satisfaire deux sens à la fois[2]? » Elle y trouvait cependant ici l'avantage de détourner sur ces objets l'attention de madame de Rantzau et de s'en faire un *bouclier* contre tous autres discours. Quelquefois, s'étonnant de son adresse dans la discussion, madame de Rantzau lui disait par un reproche qui n'était pas sans quelque flatterie : « *C'est que vous avez l'esprit fait comme les doigts, et comme vous trouvez toutes sortes d'inventions pour venir à bout de l'ouvrage que vous faites, votre esprit vous fournit aussi des raisons pour vous fortifier sur tout.* »

Nous voyons par tout cela que, vers la fin, la capti-

---

1. « Les arts lui étoient comme naturels, a dit Du Guet, tant elle y avoit d'adresse et de disposition. » On voit même par des lettres de remercîment que M. de Saci lui écrivit en 1660 (Bibliothèque de Troyes), que c'est probablement à elle que Champagne dut de pouvoir faire le portrait de M. Le Maître après sa mort. Elle fit un plâtre, et c'est d'après ce portrait sculpté que Champagne fit le portrait peint.

2. Cette doctrine de Saint-Cyran est tout le contraire de celle de Voltaire louant l'Opéra dans les jolis vers du *Mondain* :

> Il faut se rendre à ce palais magique
> Où les beaux vers, la danse, la musique,
> L'art de tromper les yeux par les couleurs,
> L'art plus heureux de séduire les cœurs,
> De cent plaisirs font un plaisir unique.

Voltaire veut jouir par tous les sens à la fois. Il y a du chemin de Voltaire à Saint-Cyran.

vité de la mère Angélique s'était notablement adoucie, et en effet, quand vint l'ordre de partir, on ne se quitta pas sans de mutuels témoignages. Elle sortit du couvent le 2 juillet, à une heure imprévue et indue, après neuf heures du soir, conduite dans un carrosse de l'archevêque, et avec des circonstances particulières assez intéressantes sous sa plume et dont je renvoie le menu détail à ceux qui seront curieux de la lire elle-même. Le carrosse, après quelques instants de marche, s'arrêta sur une grande place; la mère Angélique comprit qu'on allait lui chercher une compagne, une des captives : quelle était celle qu'elle allait tout d'abord revoir après une séparation si pénible? Elle ne se permettait pas d'interroger la dame qui était avec elle dans le carrosse; l'ecclésiastique, chargé d'exécuter les ordres, revint après un temps assez long, ramenant une religieuse qui, à peine entrée dans la voiture, se jeta au cou de la mère Angélique en lui disant : « *Hé, c'est ma tante!* » — « *Quoi! c'est mon enfant!* » répondit-elle. Ces deux paroles échappées du cœur furent tout ce qu'elles se dirent devant ces témoins. Celle qui disait ainsi *ma tante* et qu'elle appelait tendrement son *enfant* était la sœur Christine Briquet qu'on était allée prendre au couvent de Sainte-Marie où on l'avait mise, près de la place Royale. De son côté, dans son Récit de captivité, la sœur Briquet a rendu l'impression de cette rencontre avec un sentiment élevé et profond. Un mouvement secret lui disait que la religieuse qu'on ne lui nomma point, mais qu'elle savait être dans le carrosse, était la mère Angélique :

« Je ne me trompois pas, elle y étoit en effet, dit-elle, et si les ténèbres de la nuit m'empêchèrent de voir son visage et m'obligèrent à lui demander si c'étoit elle, je n'eus pas plus tôt entendu sa voix qu'il me fut facile de reconnoitre que la miséricorde infinie de Dieu me visitoit par sa grâce, et que ce Soleil éternel me rendoit *celle qu'il m'a donnée pour éclairer mes pas et m'apprendre à marcher dans ses commandements et dans sa vérité.* »

Ces mots magnifiques et si pénétrés de la sœur Briquet sont toute la définition de la mère Angélique aux yeux du second Port-Royal.

On avait perdu bien du temps ; on arriva à onze heures du soir seulement au couvent des Filles de Sainte-Marie du faubourg Saint-Jacques, où étaient la mère Agnès et ses deux autres nièces qui n'attendaient plus personne. Dans ce trajet de nuit, toutes choses frappaient d'un aspect sensible, et poétique comme nous dirions, l'imagination et l'âme de la mère Angélique, mais cette poésie pour elle n'était pas distincte de la religion même. On faisait route en silence ; ce mystère et ce silence s'animaient en Jésus-Christ. La lune venait-elle à se montrer sur les pignons et sur le haut des cheminées, au milieu de ces places désertes qui étaient d'un effet extraordinaire pour une religieuse à pareille heure, elle se rappelait la promesse de Dieu : « *Per diem sol non uret te, neque luna per noctem :* Le soleil ne vous brûlera point pendant le jour, ni la lune pendant la nuit. » En attendant à la porte du couvent de Sainte-Marie du faubourg que les tourières fussent levées, la cloche des Chartreux voisins sonnait-elle le second coup de leurs matines, c'est-à-dire onze heures du soir, elle se sentait réjouie de se reconnaître par là si près de sa pauvre Sion désolée, au retour des fleuves de Babylone. Embrassait-elle enfin la mère Agnès, et malgré tous les faux bruits, la retrouvait-elle fidèle, son cœur chantait, en action de grâces : « *Refloruit caro mea, et ex voluntate mea confitebor Domino :* Ma chair est devenue toute reflorissante, et je rendrai grâces au Seigneur de toute ma volonté. » Elle ignorait tout ; tout lui était nouveau : elle avait tout craint. A chaque nouvelle réconfortante qu'elle apprenait, elle s'écriait en elle-même : « O mon Dieu, en voilà assez! » Au sortir d'une pauvreté si grande, elle se trouvait comme accablée de tant de richesses.

J'ai parlé de poésie : la poésie, pas plus que l'art, n'est possible dans le cas présent. La mère Angélique à la fois contemple et médite, pendant cette sortie extraordinaire où elle cherche des expressions et des images à ses sentiments. Une fille de Smyrne ou de Chio, voyageant de nuit, eût trouvé dans sa mémoire des vers d'Homère : une moderne aurait eu des vers de Byron ou de Lamartine : elle, elle n'a que des versets qui lui attestent à chaque pas la présence du Dieu des Hébreux et de celui de l'Évangile. La fleur n'a pas le temps de naître et de se détacher devant ces réalités trop actuelles et trop sérieuses pour ne pas être redoutables ; trop croire, *croire trop vrai* n'est pas une condition heureuse pour que l'imagination se joue. Hélas! il ne faut pas même peut-être trop sentir. Sera-t-il dit qu'on ne cueillera jamais mieux cette fleur et ce fruit d'or, qu'en se séparant légèrement du fond?

De grandes épreuves restaient encore à traverser, mais du moins on allait être réunies. Le lendemain (3 juillet), dès cinq heures et demie du matin, un carrosse envoyé par l'archevêque vint prendre la mère Agnès, ses trois nièces et la sœur Christine, à la porte des Filles de Sainte-Marie; une tourière de là, qu'on leur adjoignit, faisait la sixième : un aumônier de l'archevêque les accompagnait à cheval. On se mit en prière au dedans du carrosse, et pour se fortifier d'un viatique à l'entrée du voyage (un long voyage de six lieues), la sœur Angélique prit une Bible qu'elle portait sur elle et la présenta à la mère Agnès qui l'ouvrit pour y trouver une parole d'à-propos, un *sort* sacré. On tomba sur ce passage de Jérémie tellement approprié à la situation, que le prophète leur parut avoir bien pu de si loin penser à elles et les voir en esprit : « *Væ pastoribus qui disperdunt*, etc.... Malheur aux pasteurs qui détruisent et déchirent le troupeau de mon pâturage.... Vous les avez chassés dehors et ne les avez point visités ; mais moi, je visiterai sur vous la malice de vos desseins, dit le Seigneur, et je rassemblerai les restes de mon troupeau de tous les lieux où je les avois jetés, et je les ferai retourner à leur *maison de campagne*, et ils croîtront et ils multiplieront. » On entrait dans une journée de merveilles.

« Nous n'avions pas fait trois quarts de lieue, dit la mère Angélique, qu'on s'aperçut qu'il y avoit un cheval déferré qui boitoit ; il fallut pourtant aller jusqu'à Châtillon pour trouver un maréchal. Nous fûmes donc arrêtées durant cela assez de temps ; mais ce qui retardoit notre voyage avançoit notre joie ; car, ce pendant, nos sœurs de Paris, qui étoient parties demi-heure plus tard que nous, eurent le loisir de nous joindre. Quand nous aperçûmes le premier carrosse et tous ces habits blancs et ces croix rouges qui paroissoient de loin, on ne peut dire quel transport de joie ce fut aux unes et aux autres. Comme nous étions arrêtées, ce carrosse prit le devant et passa à douze ou quinze pas de nous, et tout ce que nous pûmes faire fut de nous saluer de loin avec cri de joie de part et d'autre, qui partoit du fond du cœur où on ne la pouvoit retenir. Après ce carrosse, il en passa encore un autre, tout plein de nos sœurs, puis un autre et encore un autre jusqu'à cinq ; ils alloient si vite qu'on ne pouvoit presque se discerner, sinon quelques-unes de celles qui étoient aux portières, et quelque envie qu'elles eussent, aussi bien que nous, qu'on les laissât approcher un peu, M. Le Masdre (l'aumônier de l'archevêque) qui escortoit (à cheval) les prisonnières de M. de Paris empêchoit que l'on arrêtât, et les fit toutes passer devant nous, excepté un dernier carrosse qui faisoit le sixième de nos sœurs et le septième en comptant le nôtre : celui-là demeura toujours derrière et s'arrêta pour nous attendre : ce qui dura le long du chemin ; car quoique nous eussions de très-méchants chevaux qui n'alloient point, et que cet autre carrosse eût souvent pu prendre le devant, il demeura toujours à faire l'arrière-garde, et marchoit et s'arrêtoit tout comme nous, dont nous ne pouvions encore comprendre le mystère, parce que nous ne savions point qui étoit dedans[1].

« Nous marchâmes toujours de file, ces sept carrosses les uns après les autres (sept carrosses à quatre chevaux, et dans chaque carrosse six personnes); ce qui faisoit un fort beau cours, ou plutôt une procession admirable, car tout le monde y bénissoit Dieu, et suivoit la Croix de Jésus-Christ. Et nous ne pûmes nous rencontrer, sinon au deçà de Jouy, que le chemin étant difficile, il fallut se défiler (*rompre la file*) et s'arrêter un peu : les carrosses approchèrent tout près du nôtre, et l'on se vit et se parla les unes aux autres un petit moment ; mais que se pouvoit-on dire transportées de joie, comme on étoit de se revoir? Je ne sais à quoi comparer ce spectacle de cette quantité de personnes qui se levoient toutes droites dans ces carrosses, en tendant les mains et s'écriant de joie d'apercevoir la mère Agnès qu'on les avoit tant menacées qu'elles ne reverroient de leur vie, et de me voir parmi les autres contre l'espérance qu'elles avoient eue[2] que je dusse être de ce voyage. Je pense que cela ressembloit un peu à la résurrection des morts, aussi bien que notre captivité précédente avoit ressemblé à leurs sépulcres. »

Les ecclésiastiques, qui firent aussi arrêter leur carrosse, furent témoins silencieux de cette rencontre touchante « et de la manière dont chacune s'entre-témoigna ses sentiments. » Le temps de la station put être d'un quart d'heure. A cette distance où nous sommes, il est

---

1. C'étaient le grand vicaire M. de La Brunetière, M. Chamillard, un nouveau confesseur M. Du Saugey, je ne sais quelle des religieuses de Port-Royal et une tourière de Sainte-Marie, sans compter mademoiselle de Montglat qui avait obtenu d'assister à la réunion comme élève et amie des religieuses.

2. Sa phrase dit autre chose que ce qu'elle veut dire; il faudrait mettre, ou à peu près, pour le sens, sinon pour la correction : « Contre l'espérance qu'elles *n'avoient osé avoir* que je dusse être du voyage. »

bien permis de songer au pittoresque sans offenser la sainteté : cette scène de la montée de Jouy, telle qu'on vient de la voir vivement dépeinte, cette variété de mouvements et d'attitudes, ces costumes aux couleurs tranchantes, par un soleil matinal de juillet, n'est-ce pas un sujet tout trouvé et tout donné de tableau ?

On arriva ainsi dans ce Port-Royal des Champs qui ressemblait à une maison déserte et désolée. Deux domestiques seuls vinrent à la descente des carrosses. « Le son des cloches, les feux de joie n'y parurent point comme jadis quand on y recevoit la mère Angélique : mais ce fut quelque chose de beaucoup plus beau de voir en un moment cette ancienne église se remplir de religieuses (elles avaient pris en arrivant leurs manteaux de chœur), qui par les couleurs mêmes de leur habit marquoient assez qu'elles venoient de blanchir leurs robes dans le sang de l'Agneau dont leurs croix étoient encore teintes[1]. » Pendant ce temps-là la prieure des Champs, la mère Du Fargis, faisait assembler sa Communauté, qui se rendit aussitôt à la porte des Sacrements pour recevoir les trente-six arrivantes. Celles-ci étant entrées, elles s'embrassèrent toutes avec une tendresse et une joie qui ne peuvent s'exprimer, et que seuls peuvent comprendre « ceux qui savent ce que c'est que d'une parfaite union et amitié. » Les formes toutefois ne furent point négligées, et la mère Du Fargis ayant prié M. le grand vicaire de s'approcher de la porte, lui dit : « Vous êtes témoin, Monsieur, que nous recevons nos mères et nos sœurs avec une extrême joie ; mais cela

1. Dans la Relation manuscrite de la Captivité de la mère Angélique de Saint-Jean, on trouve des endroits qui ont été supprimés à l'impression, et notamment ici le détail d'un songe symbolique et prophétique que cette procession lui rappelle. J'en ai indiqué quelque chose précédemment au tome II, page 299 ; il n'y a qu'un trait qui en soit agréable et poétique, le reste est concerté et traînant.

n'empêche pas que nous ne nous croyions obligées, pour conserver les droits de la maison, de déclarer qu'ayant adhéré à tous les appels que nos sœurs ont faits l'année passée, nous nous portons pour *appelantes....* » Le maintien de leurs droits et le procédé méthodique jusque dans le moment de leur plus grande effusion et à l'heure où d'autres oublieraient tout, c'est bien un trait des personnes de Port-Royal et de la nature janséniste.

Il me reste peu à dire pour achever de dessiner ici la mère Angélique de Saint-Jean ; nous la retrouverons sur notre chemin. Lors de la Paix de l'Église, dans l'intervalle qui s'écoula entre l'arrangement des évêques et autres ecclésiastiques et celui qui fut conclu un peu après pour Port-Royal même, elle écrivit une lettre à M. Arnauld, et on l'y voit plus infatigable, plus inébranlable encore que ce grand athlète. Elle n'espérait guère pour Port-Royal, et ne voyait dans la paix *partielle*, à laquelle les amis avaient donné les mains, qu'une *brèche* par où l'ennemi leur arriverait, à elles, plus vite. Il faut voir en quels termes augustes et mâles elle le dit :

« Les forts d'Israël déclarent qu'ils ne peuvent plus garder le lit de Salomon, et ils remettent leur épée dans le fourreau. Si ce n'est pas à cause des craintes de la nuit, il semble au moins que c'est dans l'espérance du jour, ou dans le désir d'avoir un peu de temps à se reposer après de si longues veilles.... Mais pendant cela, les ennemis ne s'endormiront pas, le temps leur sera trop favorable, et je ne verrois rien de plus court, pour échapper à leur poursuite, qu'une bonne fuite si elle étoit en notre pouvoir, en sorte qu'on ne parlât plus de nous : ce qui ne troubleroit la paix de personne. *Mais quand toutes les voies sont fermées, et que l'on se trouve assiégé, que peut-on faire ?* »

Elle disait encore, écrivant au même : « Il y a bien du

plaisir à laisser faire Dieu, car on est assuré qu'il fait tout bien : mais on tremble quand on entreprend quelque chose de soi-même, de peur de sortir du chemin sans s'en apercevoir. »

Ses pronostics, pour le moment, ne furent pas vérifiés ; la paix entière se conclut ; Port-Royal y participa. C'est alors que le gouvernement à proprement parler (quoiqu'elle l'eût déjà exercé de fait) commença pour la mère Angélique ; elle devint prieure sous la mère Du Fargis abbesse, et resta en cette charge neuf ans, les neuf dernières années prospères et florissantes (1669-1678). Elle fut elle-même nommée abbesse en août 1678, à la veille de la persécution renaissante[1] ; on remit Port-Royal en

1. On a (Papiers de la famille Arnauld) une lettre, fort curieuse à bien des égards, d'une des sœurs de Port-Royal les moins connues, mais non les moins recommandables, la sœur Jeanne de Sainte-Domitille Personne ; cette lettre écrite à M. Arnauld, le 31 décembre 1678, roule tout entière sur le gouvernement de la mère Angélique, abbesse depuis six mois. Il paraît bien qu'un certain nombre de religieuses, dont était la sœur Domitille, avaient un peu redouté ce gouvernement de la mère Angélique ; non-seulement la sœur Domitille est revenue, dit-elle, ainsi que ses sœurs, de cette ancienne prévention, mais elle tient à expliquer à M. Arnauld (et peut-être aussi par lui à M. Nicole, moins convaincu), le pourquoi de son ralliement et la manière dont la mère Angélique a su gagner, en si peu de temps, le cœur de tant de personnes. Voici la dernière page de cette lettre, qui laisse entrevoir de légères divisions antérieures :

« Mais ne vous en dis-je point trop ? non pour vous qui assurément ne vous ennuyez pas de m'entendre sur cette matière, mais pour moi qui me répands peut-être plus qu'il ne faut dans cette occasion, quoique dans la vérité je n'aie eu en vue (comme je vous ai dit dans une autre lettre) que de contribuer, par ce récit que je vous fais des vertus de notre mère Angélique, à *effacer les fausses impressions que je sais qu'on en avoit prises.* Tout le monde sait que la mère Angélique Arnauld, votre nièce, est une personne de grand esprit et de grande capacité ; mais *il y a des gens qui ne croient pas qu'elle soit encore plus humble qu'habile,* et que, s'il a paru en elle quelque hauteur ou quelque chose d'un peu trop sec dans sa conduite avant qu'elle fût en charge, ce n'a été que pour l'éviter qu'elle a ainsi affecté (en certaines occasions, et même à l'égard de nous toutes depuis quelques années), de paroître de cette humeur, se servant de tous moyens pour nous éloigner de penser à elle ; et elle y avoit si bien réuss

état de siége, et elle eut à soutenir les assauts, — des assauts d'un nouveau genre. L'archevêque de Paris, M. de Harlai, bien autrement habile et perfide que M. de Péréfixe, menait poliment l'attaque en la calculant, en la déguisant sous toutes sortes d'égards. On retira de nouveau pensionnaires et postulantes, on dispersa solitaires et confesseurs, mais tout cela en prétextant de la paix et du bon vouloir avec le miel de l'urbanité et avec des paroles de Cour. Il fallut accepter cette nouvelle espèce de lutte ; la mère Angélique y suffit et sans conseil, écrivant lettres sur lettres à l'archevêque, rédigeant les requêtes où le droit était patiemment prouvé, renouvelant et amoindrissant les tours de ses demandes, disputant enfin le terrain pied à pied, et retardant ainsi, pour quelque temps du moins, ce dont l'issue était désormais inévitable. Elle fut continuée abbesse après son premier triennat, en 1681, mais elle n'acheva pas le second. La mort de M. de Saci qui, tout éloigné qu'il était de Port-Royal, en demeurait le père spirituel, fut un coup dont la mère Angélique ne se releva pas. *Douleur sur douleur ; mon cœur est dans l'amertume :* ces mots de Jérémie sont la note finale et dominante de notre sujet. On a vu, dans le récit de cette mort de M. de Saci par Fontaine, l'attitude de la mère Angélique pendant les funérailles du saint confesseur ; on a entendu le ton de cette voix *un peu basse* et profonde, par laquelle elle aspirait fixement à la terre[1]. Elle s'apprêtait dès lors, selon son expression, « à *rendre son voile à Celui qui*

---

qu'*il y en avoit très-peu qui ne fussent prévenues sur son sujet, et qui n'appréhendassent de la voir en la place où elle est.* Cependant Dieu, ayant résolu de faire un si grand don à cette Communauté, a tellement réuni nos esprits dans son élection, que jamais il n'y en eut de plus unanime que la sienne. *L'expérience que nous faisons de plus en plus de l'utilité de son gouvernement en a détrompé plusieurs. J'en suis une, comme vous savez, mon très-cher Père, et c'est de quoi je ne saurois rendre à Dieu assez d'actions de grâces. Credidi, propter quod locutus sum.* »

1. Voir précédemment tome II, page 371.

c lui avoit donné. » Trois semaines après M. de Saci, elle mourut, le 29 janvier 1684 ; une des dernières paroles proférées par elle avait été celle de l'Époux dans le Cantique des Cantiques : « *Adjuro vos, Filiæ Jerusalem, ne suscitetis neque evigilare faciatis dilectam, donec ipsa velit....* Filles de Jérusalem, je vous conjure[1] de ne point réveiller celle qui est la bien-aimée de mon âme et de ne la point tirer de son repos jusqu'à ce qu'elle le veuille. » Elle n'avait que cinquante-neuf ans ; il y en avait quarante qu'elle avait fait profession, et cinquante-trois qu'elle était à Port-Royal. En avançant dans cette route uniforme, elle avait de plus en plus triomphé de ce qui nous a paru sa première saillie. Vers la fin elle nous représente en toute justesse l'égale et la pareille de M. de Saci au dedans de Port-Royal, bien qu'elle ait eu plus à faire que lui, ayant plus de fertilité naturelle et de génie varié : mais elle était arrivée comme lui à cette même exacte et continuelle présence de l'Éternité. « Cette vie dans toute sa longueur, nous dit Du Guet, ne lui paroissoit qu'une seule nuit ou une veille de quelques heures : elle parloit de l'autre comme si elle y eût déjà touché. » Tranquille au milieu des passions iniques, elle disait : « Il y a un ordre admirable dans ce qui ne nous paroît qu'une confusion et qu'un désordre, et il faut attendre que tout l'ouvrage soit fini pour en voir les proportions et les beautés. » Et elle contemplait comme déjà présent à ses yeux cet Art divin, dans l'infini mystérieux de son architecture. Hors de là, hors de cet ordre éternel, rien pour elle n'avait de prix, et elle n'y voyait

---

1. Il y a dans le verset complet : « Filles de Jérusalem, je vous conjure *par les chevreuils et par les cerfs de la campagne* de ne point réveiller ma bien-aimée, etc.... » La mère Angélique omettait ces cerfs et ces chevreuils qui sont une des gaietés de l'idylle sacrée. Elle faisait là ce que Port-Royal a trop fait pour le Christianisme en général ; il en ôte toute joie et toute allégresse.

que le danger. Quand son frère M. de Pomponne fut fait secrétaire d'État en 1671, elle trembla pour lui ; elle ne fut rassurée que par sa disgrâce (1679), et elle en eut de la joie tout en compatissant à sa peine. Elle écrivait à la duchesse de La Feuillade (mademoiselle de Roannez) sur cette peine par où il faut passer pour aller du monde à Dieu :

« La fausse vertu est encore plus vaine que les faux biens. Dieu nous fait grâce quand il nous laisse sentir notre foiblesse, pour nous donner lieu de recourir à lui qui est notre force, avec une véritable persuasion de notre indigence : car *on ne passe point de la force humaine à la force chrétienne sans un milieu*. Il faut que Dieu nous ôte notre propre esprit et nous réduise dans notre propre poussière ; et lorsque nous sommes rentrés dans ce néant, il envoie son esprit pour nous créer dans un nouvel être, et il renouvelle toute la face de la terre. » — « Elle n'étoit occupée, ajoute Du Guet, que de cette terrible distinction que Dieu mettra entre ses enfants et ses ennemis, et elle comptoit comme n'étant déjà plus, tout ce qui n'étoit point éternel. »

Madame de Sévigné écrivait à sa fille, le 29 novembre 1679, en lui parlant de la disgrâce de son tendre ami M. de Pomponne [1] :

« Madame de Lesdiguières a écrit une lettre à la mère Angélique de Port-Royal, sœur de ce malheureux : elle me montra sa réponse ; je l'ai trouvée si belle que je l'ai copiée, et la voilà [2]. C'est la première fois que j'ai vu une religieuse

---

1. Dans la citation suivante je donne un texte de madame de Sévigné un peu différent de celui des éditions connues et scrupuleusement rétabli par un estimable collaborateur de M. Monmerqué, M. Rochebilière. Je ferai de même, grâce à lui, pour tous les passages de madame de Sévigné que je citerai dorénavant.

2. Nous n'avons pas cette lettre que madame de Sévigné copiait et envoyait à sa fille ; mais on en a d'autres qui en tiennent lieu, écrites dans le même temps, et sur le même sujet de la disgrâce de M. de Pomponne. Nous lisons dans une de ces lettres de la

parler et penser en religieuse. J'en ai bien vu qui étoient agitées du mariage de leurs parentes, qui sont au désespoir que leurs nièces ne soient point encore mariées, qui sont vindicatives, médisantes, intéressées, prévenues : cela se trouve aisément ; mais je n'en ai point encore vu qui fût véritablement et sincèrement morte au monde. Jouissez, ma très-chère, du même plaisir que cette rareté m'a donné. C'étoit la chère fille de M. d'Andilly, et dont il me disoit : *Comptez que tous mes frères, et tous mes enfants, et moi, nous sommes des sots en comparaison d'Angélique.* Jamais rien n'a été bon de ce qui est sorti de ces pays-là qui n'ait été corrigé et approuvé d'elle ; toutes les langues et toutes les sciences lui sont infuses ; enfin c'est un prodige, d'autant plus qu'elle est entrée à six ans en religion. J'en refusai hier une copie à Brancas, il en est indigne, et je lui dis : « Avouez que cela n'est pas trop mal écrit pour une *hérétique*[1]. » J'en ai vu encore plusieurs autres d'elle, et bien plus belles, et bien plus justes : ceci est un billet écrit à course de plume. La mienne est bien en train de trotter. »

Nous qui venons de lire quantité d'écrits et de lettres de la mère Angélique de Saint-Jean, nous sommes

mère Angélique de Saint-Jean : « Il ne m'a fallu faire nulle violence à mes sens pour me persuader que la disgrâce de mon frère étoit une grâce, n'ayant jamais regardé la faveur du monde pour lui que comme un péril qui exposoit tout à fait son salut et qui m'en faisoit presque perdre l'espérance. Ainsi, quand cette faveur cesse, je me trouve comme (avec) ces arbres dont les fleurs tombent et où on commence à voir les fruits qui se nouent, qui véritablement n'ont pas tant de beauté qu'auparavant, mais qui donnent beaucoup plus de joie parce qu'on y voit quasi des assurances d'une bonne année.... Il reste encore bien des choses à craindre avant qu'on recueille le fruit dans la parfaite maturité, et c'est ce qui m'occupe présentement ; mais on peut se promettre de cette expérience de la miséricorde de Dieu que, puisqu'il a commencé cet ouvrage, il l'achèvera. » C'est ainsi que la mère Angélique de Saint-Jean écrivait et pensait sur la disgrâce de cet aimable frère, que la première mère Angélique n'appelait, du temps de sa naissante faveur en Cour, que *ce pauvre garçon.*

1. M. de Brancas était, on le voit, des plus opposés aux Jansénistes.

moins enthousiaste que madame de Sévigné, mais nous comprenons son enthousiasme. Nous ne croyons pas à la beauté continue dans les écrits de la mère Angélique : nous y avons respectueusement relevé les hautes pensées et les grands accents.

On a de la mère Angélique de Saint-Jean trois volumes de *Conférences* et trois autres de *Discours*, mais sur des sujets et dans des formes toutes monastiques ; on n'en tirerait rien de plus pour l'idée qu'on a d'elle maintenant, assez complète, ce me semble. Elle est tout simplement un des plus considérables esprits de Port-Royal ; et, dans cette seconde génération à laquelle elle appartient, nul (Pascal excepté) n'a autant de *génie* qu'elle.

On ne saurait séparer de la mère Angélique de Saint-Jean les deux religieuses qui se montrèrent le plus attachées à elle, et qui furent comme ses aides de camp zélés dans ces guerres de la Grâce, la sœur Eustoquie de Bregy et la sœur Christine Briquet. Pendant la captivité et la séquestration qu'un certain nombre de nos religieuses eurent à supporter, ce sont les deux seules qui n'éprouvèrent pas même une velléité de tentation, qui n'eurent pas même l'idée qu'on pouvait broncher. La sœur Eustoquie de Bregy, qui était d'ailleurs une personne de beaucoup d'esprit, n'a rien d'attrayant pour nous ; la Relation qu'elle a donnée de sa captivité, si elle brille entre toutes les autres par un air de distinction et de finesse, n'est pas sans de graves inconvenances de ton. Malgré la vivacité de son opposition, la sœur Eustoquie avait été, je l'ai dit, fort ménagée d'abord par l'archevêque à cause de la comtesse de Bregy sa mère[1], et elle

---

1. A la première nouvelle des résolutions prises en haut lieu contre Port-Royal, la comtesse de Bregy, aussitôt informée, avait cru devoir en écrire à un prêtre irlandais, directeur de sa fille ; mais, en réalité, elle avait écrit pour être lue des gros bon-

n'avait pas été du premier enlèvement du 26 août. Dans les semaines qui suivirent, elle mena le couvent et contribua plus que personne à maintenir le parti des récalcitrantes. On a quantité d'écrits d'elle à cette date ; elle se plaisait à raconter plume en main ses conversations soit avec M. Chamillard, soit avec l'archevêque, soit avec sa mère quand celle-ci venait au parloir pour l'exhorter. Ces Conversations écrites de la sœur Eustoquie sentent une lectrice des romans de mademoiselle de Scudéry bien plus qu'une élève de la mère Angélique. Je ne prétends pas qu'elle ait lu ces romans à la mode, mais elle en avait pris, par une sorte d'influence de famille, le ton et la façon. Ainsi un de ses tours familiers, c'est de demander, après qu'elle a parlé et répliqué dans son sens : *Cela est-il mal dit, Monsieur ?... Est-ce mal dit ?* absolument comme aiment à le faire les personnages des *Conversations* de mademoiselle de Scudéry[1]. La mère de la sœur Eustoquie, madame de Bregy, était une précieuse qualifiée, nièce du fameux Saumaise, mais accommodée selon la Cour : « Elle est coquette en diable, a dit Tallemant ; cependant on n'a jamais tranché le mot avec personne. Elle ne manque point d'esprit ; mais c'est la plus grande façonnière et la plus vaine créature qui soit au monde. » On a d'elle quelques lettres et pièces galantes imprimées[2] : ce sont des riens prétentieux. Ma-

---

nets du parti. On a cette lettre d'avis et de conseil, où elle parle d'ailleurs en femme du monde d'un assez bon sens. (Voir *Mémoires* du Père Rapin, tome III, p. 253.)

1. Ou du moins, dans les *Conversations* et dialogues, chez mademoiselle de Scudéry, à chaque jolie chose que dit un des personnages, l'interlocuteur réplique : « Tout ce que vous dites est *bien dit*.... Tout cela est *merveilleusement trouvé.* » C'est l'éloge que voudrait la sœur Eustoquie et que sa question appelle.

2. *Les Lettres et Poésies de madame la comtesse de B.* (Leyde, 1666). — La seconde édition ou la contrefaçon, qui est de 1668, porte le nom de madame de Bregy.

dame de Bregy avait été pour le sonnet de *Job*, de Benserade, avant de savoir que madame de Longueville s'était déclarée pour le sonnet d'*Uranie* de Voiture : « Job dans les siècles passés ne fut guère plus humilié que je le suis aujourd'hui, d'apprendre que j'ai pu me trouver contraire à l'opinion de Votre Altesse ; car si je n'avois pas assez de sens pour m'y rendre conforme, mon esprit de divination devoit servir l'autre en cette rencontre, et ne lui pas laisser la honte de se voir opposé à des sentiments que j'ai toujours reconnus pour une règle, avec laquelle l'on ne sauroit faillir. » Elle écrivait cela à madame de Longueville, qui lui répondait galamment : « Votre lettre a fait plus de bien au sonnet de *Job* que Benserade même, et elle me donne un si grand regret de n'avoir pas eu des sentiments conformes à ceux de la personne qui l'a écrite, que si elle ne me fait changer, elle me fait au moins condamner les miens, etc. » Ce Benserade, si galamment défendu par madame de Bregy, la payait par ce poulet en vers :

>Ne jugeant pas fort à propos
>D'aller chez vous pour mon repos,
>Je trouve plus à vous écrire
>De sûreté qu'à vous rien dire,
>Et crains l'honneur de votre aspect,
>Et de vous parler bec à bec.
>. . . . .
>Vous êtes belle, et moi peu sage.

Madame de Bregy avait proposé à Quinault *cinq questions* d'amour : « première question, savoir si la présence de ce que l'on aime cause plus de joie que les marques de son indifférence ne donnent de peine?... » Et les autres questions à l'avenant. Quinault fit à chacune une réponse en vers par l'ordre du roi. C'est, l'esprit rempli de ces fadaises qu'elle entremêlait avec les pratiques d'une dévotion mondaine, c'est en sortant du Val-de-Grâce où elle passait quelquefois la journée avec la Reine et l'archevêque, que madame de Bregy venait à Port-Royal exhorter sa fille qui tenait pour *cinq propositions* d'un tout autre genre, mais qui y portait également un esprit de précieuse [1]. La fille avait lu Jansénius dans le texte et citait les Conciles ; la mère possédait *l'Astrée* et les Arrêts des Cours d'amour : il devait être curieux de les voir aux prises et *bec à bec*, comme dit Benserade. La fille avait beau jeu à relever la mère ; mais elle avait le tort de parler d'elle sans aucun respect. Elle se plaignait tout haut d'appartenir à des personnes « si fort attachées au monde et si peu chrétiennes. » Un jour que la comtesse de Bregy et l'archevêque se trouvèrent ensemble au parloir, l'entretien avec la sœur Eustoquie dura une heure et demie ; celle-ci soutint d'un ton de docteur, et avec une intrépidité encore plus impertinente qu'à l'ordinaire, l'impossibilité pour elle d'en venir jamais à la signature, quand même tout le monde, et même M. Arnauld, céderait : sur quoi sa mère impatientée dit ce joli mot : « *J'ai une fille qui ne relève que de Dieu et de son épée.* » L'archevêque y applaudit fort, et, l'entretien s'animant de plus en plus, la sœur Eustoquie acheva de s'y dessiner en docte héroïne, en chevalière de la Grâce. On avait précisément, ce jour-là ou la veille, arrêté à Port-Royal et conduit à la Bastille M. Akakia, qui était un très-honnête et très-utile homme d'affaires des re-

1. La sœur Eustoquie fit un jour à l'archevêque ce raisonnement pour lui prouver qu'elle lui obéissait, même en ne lui obéissant point : « Je lui dis que, grâce à Dieu, je reconnoissois l'ordre de la hiérarchie et la subordination des puissances ; que je savois que tout ce qu'on rendoit à la puissance subordonnée se rendoit par rapport à la puissance supérieure, et qu'ainsi en faisant le refus de signer pour obéir à Dieu qui est la source et le principe de toute la puissance et l'autorité du Pape et des évêques, je leur rendois effectivement une obéissance et une marque de soumission. »

ligieuses. La sœur Eustoquie était outrée de cette arrestation de M. Akakia, et elle le laissa trop voir à son ton ; ce qui fit que sa mère, allant au fond de la pensée qu'elle connaissait si bien, dit au prélat : « Voyez-vous, Monsieur ! cette créature me mettroit bien en pièces pour conserver en son entier le soulier de M. Akakia, de M. Arnauld, de monsieur et de madame la janséniste ; et pourvu que tout aille bien de ce côté-là, je vous assure qu'elle se soucie fort peu de nous et de ce qui nous arrive. » Je crois que madame de Bregy avait grand'raison en jugeant ainsi. L'archevêque, en sortant, dit devant les autres religieuses : « Jamais il ne s'est vu orgueil semblable à celui de cette créature sous le ciel. Elle demeure dans son froid, sans s'émouvoir de rien ; elle vous tient son *quant-à-moi,* et elle m'a répondu dans une hautainerie, dans une élévation et dans une assurance qui m'a fait rougir de voir un tel caractère d'esprit et une telle vanité dans une religieuse, et de voir qu'elle n'en rougit pas elle-même. Elle est au-dessus de tout, rien ne l'étonne, et personne n'est digne d'elle. » C'est la sœur Eustoquie elle-même qui nous transmet sur son compte ces témoignages à charge, et elle ne s'aperçoit pas, à la manière dont elle croit s'en faire honneur, qu'elle les justifie.

Elle fut enlevée de Port-Royal le 29 novembre (1664) et fut mise aux Ursulines de Saint-Denis. Sa Relation, fort spirituelle, trahit à nu les défauts qui s'étaient introduits à Port-Royal à cette date. La sœur Eustoquie tire vanité et *fait trophée* de tout. Que ce soit le comte de Bregy son père, l'abbé de Flecelles son oncle, ou sa mère encore, ou l'archevêque, qui reviennent l'entretenir et la presser, elle ne se borne pas à leur résister, elle se joue et les drape. Au reste, on savait à qui l'on avait affaire en l'attaquant, et le plus souvent on en venait à plaisanter des deux parts : causer avec la sœur Eustoquie, c'était engager une partie d'escrime. Dans une dernière visite que lui fit M. de Péréfixe accompagné de l'évêque de Poitiers (Clérembaut de Palluau), pour lui annoncer son prochain retour à Port-Royal, les deux prélats se conduisirent en gens de Cour et badinèrent. La supérieure des Ursulines ayant dit que le comte de Bregy était venu voir sa fille et s'était mis en quatre de tendresse pour la fléchir : « Oh ! répondirent ces messieurs, ce ne sont pas des tendresses qu'il lui faut, ce sont des raisons. Ce n'est pas à des gens de Cour que la sœur Eustoquie se laissera prendre, il lui faut d'habiles théologiens. » Et là-dessus M. de Péréfixe ayant entamé quelques mots de discussion pour la provoquer, elle répondit ferme à son ordinaire, para les coups et se garda bien de prendre le change sur la Grâce suffisante, qu'on essayait de substituer à l'efficace. « M. de Poitiers témoigna une grande satisfaction de ses réponses : il s'étoit mis derrière l'épaule de M. de Paris, où il faisoit des mines et des grimaces qui faisoient voir au naturel l'esprit des évêques de Cour. » Elle, une fois lancée et se sentant applaudie, continuait toujours ; elle s'attira pourtant ce mot très-juste de l'archevêque sur ses amis les Jansénistes et sur la méthode qu'ils avaient employée pour la séduire : « Qu'ont-ils fait ? ils vous ont prise par votre foible : *ils vous ont dit de belles choses.* »

On lit dans les Notes que Racine avait rassemblées pour son Histoire de Port-Royal ce jugement sur la sœur Eustoquie, très en accord avec ce qu'on a vu :

« Lorsque les religieuses étoient renfermées au Port-Royal de Paris (août-novembre 1664), elles trouvoient moyen de faire tenir tous les jours de leurs nouvelles à M. Arnauld, et d'en recevoir. M. Nicole dit que c'étoient des lettres merveilleuses et toutes pleines d'esprit. La sœur Briquet y avoit la principale part. La sœur de Bregy vouloit aussi s'en mêler : elle avoit quelque vivacité, mais *son tour d'esprit étoit faux, et n'avoit rien de solide.* »

C'est évidemment là le jugement que portait Nicole sur la sœur Eustoquie.

Et toutefois, pour ne pas être injustes, n'oublions pas de noter d'elle quelques belles paroles. Un jour, sur ce que lui représentait sa mère, qu'elle s'exposait à ne revoir jamais les personnes qu'elle aimait si passionnément, et cela par son obstination et par la leur, la sœur Eustoquie répondit : « Dieu est un miroir où les âmes justes se voient toujours et se regardent mutuellement; et si on les arrache de mes yeux, on ne le fera jamais de mon cœur. » Et lorsqu'à sa sortie des Ursulines de Saint-Denis, elle revit la sœur Anne-Eugénie (madame de Saint-Ange), qui avait été également enlevée de son côté, et mise à la Visitation de Chaillot, elle se jeta à genoux dans un mouvement d'effusion et s'écria : « Quoi! être fidèles à Dieu, et se revoir! ah, c'est trop de grâce! » Madame de Motteville et mademoiselle Testu étaient présentes et en témoignèrent de l'édification.

La sœur Christine Briquet qui fut enlevée la dernière, le 19 décembre, n'a contre elle que son trop de jeunesse et de pétulance. Durant tout ce conflit, où elle avait pris l'un des premiers rôles, et où elle était l'un des chefs improvisés, elle ne disait pas trois paroles sans que le feu lui montât au visage. Sa Relation, comme celle de la sœur Eustoquie, justifie bien le reproche qu'on leur faisait, même au dedans de Port-Royal, que leur manière d'écrire était trop suffisante. La sœur Christine Briquet fut mise au monastère de Sainte-Marie de la rue Saint-Antoine. Quelques semaines après son entrée, un bref du Pape étant arrivé de Rome, la mère prieure commença à la prêcher sur la signature : « Je la suppliai, avant que de s'y engager, dit la sœur Christine, de me dire *sur quel principe elle se vouloit établir*, parce que les conséquences qu'elle en tireroit ne feroient impression sur mon esprit qu'à proportion de la vérité et de la solidité du fondement sur lequel elles seroient établies. » La différence de ton de cette nièce des Bignon d'avec la fille des Bregy, filleule de la reine, se fait aisément sentir : la précédente était de race de précieuse, celle-ci est de souche gallicane et doctrinaire; elle part d'un principe; elle porte dans la dévotion le procédé parlementaire au lieu du genre Rambouillet. La sœur Christine était l'ardeur même ; sur ce qu'une des mères de Sainte-Marie lui disait obligeamment qu'elle pensait qu'ayant eu à sortir de Port-Royal, elle n'était pas fâchée d'être dans cette maison plutôt que dans une autre, elle lui répondit tout net « que non; qu'en y venant, elle accomplissoit la volonté de Dieu et non pas la sienne; qu'elle ne se regardoit plus que comme une personne en Purgatoire, qui n'a plus d'autre soin que celui de satisfaire à Dieu pour ses péchés, et qu'elle seroit aussi contente pour ce sujet d'aller *en Canada, ou dans un cachot*, si on l'y vouloit mettre. » — Pendant sa captivité, la sœur Christine trouva moyen d'écrire et de recevoir des billets en apparence insignifiants, mais où il y avait des lignes tracées à l'encre sympathique : en approchant le papier du feu, on voyait saillir les caractères qui ne paraissaient pas. Ses stratagèmes furent découverts; on voulut lui en faire honte. M. Chamillard et la mère supérieure lui montrèrent un billet qu'elle avait écrit de la sorte. Il dit « qu'il n'en faudroit pas davantage pour perdre une fille d'honneur. » Elle répondit « que ce n'étoit pas la chose en elle-même, mais seulement le sujet pour lequel on s'en seroit servi qui pourroit faire perdre l'honneur, et qu'elle savoit bien que la réputation d'une fille ne seroit nullement blessée, si, étant prisonnière, elle avoit eu recours à cette invention pour apprendre des nouvelles de sa mère et de ses sœurs dont on l'auroit séparée injustement. » Elle avait réponse à tout et tenait tout ce monde en échec. On lui rendait cette justice qu'elle *empirait* tous es[ours et que, si elle était bien entêtée en sortant de Port-Royal, cela n'était rien en comparaison de ce qu'elle était devenue depuis. Cette *dangereuse petite fille* justifiait de plus en plus ce que lui avait dit l'archevêque : « Je souhaiterois de tout mon cœur que vous eussiez *quatre mille fois* moins d'esprit que vous n'en avez.... Il est certain que votre esprit vous perd. Vous êtes une dogmatiseuse, une théologienne et une philosophe. Vous vous mêlez d'enseigner une science.... Dites-moi un peu comment elle s'appelle ? est-ce la théologie ou la philosophie dont vous faites profession ? » La sœur Christine ne le savait pas bien elle-même : par ses appels continuels aux paroles de l'Écriture, elle allait à tout moment jusqu'aux limites du Protestantisme. Un siècle plus tard, au lieu de Saint-Cyran et de M. Arnauld, faites-lui lire Jean-Jacques ou engouez-la pour M. Necker, et vous verrez où elle ira. Elle a, de temps en temps, sous sa plume de petites anecdotes espiègles et malicieuses. L'*intériorité* lui manque comme à la sœur Eustoquie ; mais ce don lui viendra avec les années, tandis qu'il est douteux que la fille de madame de Bregy l'ait jamais pu acquérir. L'endroit le plus touchant de la Relation de la sœur Christine est celui où elle raconte sa réunion inespérée avec la mère Angélique de Saint-Jean, dans ce carrosse, le 2 juillet à dix heures du soir, et le cri du cœur qui lui échappe en la reconnaissant à sa voix.

Des autres religieuses captives de Port-Royal je ne dirai plus un mot, si ce n'est de l'une d'elles que Bossuet exhorta, et disposa à signer. C'était l'une des nièces de la mère Agnès, celle même qu'on avait placée auprès d'elle au monastère de Sainte-Marie du faubourg Saint-Jacques. La mère Agnès, dans toute cette persécution, se dessine avec un caractère particulier et doux. Elle souffre, elle prie, elle désire ce qui procurera la réunion, elle ne discute pas; elle n'a pas l'idée de signer elle-même, mais elle ne s'oppose à rien, et, dans le cas présent, elle laissa tout à côté d'elle sa nièce agir selon sa conscience. La mère Agnès a écrit depuis lors pour témoigner son repentir de cette conduite, de cette *indifférence* fort sage et qui n'était que le contraire de l'entêtement; elle en a fait amende honorable en plein Chapitre: c'était se repentir d'avoir été tolérante et raisonnable comme elle y était portée d'elle-même[1]. La personne qui contribua le plus à cette *chute* de la sœur Marie-Angélique de Sainte-Thérèse d'Andilly fut l'abbé Bossuet. On a beaucoup discuté pour savoir quelle part directe Bossuet, alors doyen du chapitre de Metz, mais ami particulier de M. de La Brunetière et très-apprécié de M. de Péréfixe, avait pu prendre à ces controverses intérieures du monastère de Port-Royal. Il paraît bien qu'il n'y fit jamais d'exhortation proprement dite aux sœurs assemblées[2], quoiqu'il y ait accompagné (et probablement plus d'une fois) soit l'archevêque, soit le grand vicaire. On sait, par exemple, qu'il était

---

1. Je donne dans l'*Appendice* du présent volume un article que j'ai eu, depuis, occasion d'écrire sur la mère Agnès, à propos de la publication de ses *Lettres*, et dans lequel je me suis permis de résumer librement toute ma vue et ma pensée sur son caractère.

2. On a publié, après la mort de Bossuet, une longue Lettre de lui dans laquelle il exhortait les religieuses de Port-Royal à la soumission et discutait leurs objections sur le *Fait* avec une charitable condescendance: il y parle d'une conférence qu'il aurait eue depuis peu à Port-Royal. Mais il paraît que cette Lettre, trouvée dans les papiers de Bossuet, resta en projet et ne fut jamais envoyée; car il n'en est nullement question, non plus que de la conférence, dans les Relations d'alors où les moindres circonstances sont mentionnées. Le cardinal de Noailles fit publier cette Lettre avec un mandement, en avril 1709, pour tâcher d'obtenir de Port-Royal expirant une soumission *in extremis*, à l'aide du grand nom de Bossuet. (Voir dans les *Études sur la Vie de Bossuet* par M. Floquet, au tome deuxième, le livre X, où ce point est discuté fort curieusement.)

venu à la maison de Paris avec le prélat, le dimanche 28 juin 1665; on était à la veille de la translation à la maison des Champs, et bon nombre des religieuses de Paris n'y donnaient pas volontiers les mains; Bossuet vint dans l'intention de les adoucir, de les calmer; et à un moment, comme une sœur demanda que M. Chamillard et la mère Eugénie qui étaient présents se retirassent pour que l'on pût conférer plus librement de cette affaire avec l'archevêque, Bossuet crut devoir se retirer aussi. Mais, ce qui est pour nous d'un intérêt plus circonstancié et plus sensible, l'abbé Bossuet vit beaucoup en particulier la mère Agnès et sa compagne de captivité. Comme après les premiers jours de privation elles demandaient un confesseur et un conseiller, l'archevêque leur avait dit : « Je vous prie, voyez M. l'abbé Bossuet; c'est un homme savant et *le plus doux du monde* ; il est comme il vous faut; car *il n'est d'aucun parti.* »

« — M. l'abbé Bossuet vint nous voir ce même jour, raconte la sœur Angélique-Thérèse dans sa Relation assez naïve. C'est assurément une personne savante, qui ne s'emporte point; mais *il est néanmoins plus embarrassant qu'un autre :* car il semble qu'il veuille surprendre les personnes. Il nous fit beaucoup de visites et de très-grands discours dont il m'est impossible de me ressouvenir parce que rien de ce qu'il nous dit ne fit impression sur mon esprit, *quoiqu'il m'embarrassât assez souvent;* mais, comme je m'en défiois, j'étois toujours sur mes gardes avec lui. »

La sœur Angélique-Thérèse se laisse pourtant ébranler peu à peu. Elle raconte qu'un jour Bossuet fut touché jusqu'aux larmes d'une de ses paroles. L'archevêque lui demandait si ce n'était pas la crainte de sa tante Agnès qui la retenait de signer; elle répondit : « Monseigneur, elle est la première à qui je dis mes peines, car je n'ai point de réserve pour elle ; je lui ai témoigné que je ne voulois rien faire qu'elle ne fît, et elle m'a dit ces propres paroles : *Ma sœur, ne dites pas cela, il ne faut pas s'appuyer sur un bras de chair; si vous croyez le devoir faire, pourvu que ce soit avec conseil, je n'en aurai point de peine.* » Ils se regardèrent tous et dirent : « Voilà qui est bien sage. » Ils en furent même si touchés que M. de Péréfixe et l'abbé Bossuet en pleurèrent.

L'art de Bossuet, chaque fois qu'il la voyait, était, tout en la pressant, de lui diminuer l'importance de la signature, de la lui faire « le plus facile qu'il pouvoit. » Il ne fut pas seul à la déterminer ; un autre docteur, M. Chéron, y contribua de moitié. La pauvre fille avait des restes de terreur ; elle avait ouï dire que « de signer, c'étoit comme de renoncer la foi et se jeter *dans l'étang de feu et de soufre.* » Bossuet n'avait pas trop de toute sa gravité insinuante pour la calmer. Elle signa donc; mais, aussitôt après, le remords la prit; elle n'osait regarder sa main sacrilége qui avait tenu la plume ; cette main droite lui faisait horreur, elle la cachait par un mouvement instinctif. Laissons toutes ces pusillanimités et ces misères. La seule particularité que j'aie tenu à relever en cet endroit, c'est que Bossuet visita soigneusement quelques-unes des religieuses de Port-Royal, leur parut doux et plus d'une fois ému, et leur tint des discours fort raisonnables, dont elles se défiaient *parce qu'ils leur paraissaient séduisants.*

A propos de ces filles de M. d'Andilly qui avaient signé (car il y en eut une autre encore qui céda), on se disait avec effroi au dedans de Port-Royal : « Si ces choses arrivent au bois vert, que sera-t-il fait au bois sec? » On allait jusqu'à trembler pour la mère Agnès, qu'on disait affaiblie elle-même et chancelante ; et la sœur Christine s'écriait : « Je ne veux pas croire facilement que les étoiles soient tombées du Ciel[1]. »

1. Et puisque j'en suis à recueillir les paroles mémorables échappées dans cette persécution, une seule encore. On pressait la sœur Madeleine de Sainte-Candide Le Cerf, une des enlevées, qui fut mise à la Visitation de Saint-Denis, de donner sa signature, et on lui répétait les mille récits qui couraient de l'*hérésie janséniste*, du *secret du Jansénisme*; elle répondit à la religieuse qui l'en obsédait : « Ma mère, j'écoute tout ce que vous me dites comme des contes de Fées qu'on fait à plaisir ; nous en faisions à peu près de semblables quand nous étions petites filles : voilà les plus belles fables du monde ; tout ce que j'ai à vous dire du *secret des Jansénistes*, c'est qu'ils n'en ont point d'autre que celui de saint Paul : *Jésus-Christ en nous*. » Il y a de belles paroles chez presque toutes ces religieuses, chez celles même qui ont fléchi.

IV

Réunion aux Champs. — Impression pénible; idée fixe; étouffement. — M. Hamon médecin et directeur; — consolateur. — Sa vie; ses études. — Sa conversion à Jésus-Christ. — Son mysticisme particulier; sa spiritualité. — Comment il est induit à écrire. — Ses petits traités pour les religieuses. — L'Invisible seul réel; les Sacrements selon l'esprit. — Élévation et scrupule; petitesse et sublimité. — Mort de la sœur Anne-Eugénie; triomphe de la charité. — Prière de M. Hamon.

On n'était pas à Port-Royal sans ajouter quelque foi aux présages. On raconte que le tonnerre était tombé le 22 juillet 1661 (à la veille des persécutions) au monastère des Champs, proche l'abbaye, sur un grand chêne dont il brisa toutes les branches en mille pièces, ne lui laissant que le tronc; et l'on remarqua que cet arbre ne recommença à pousser et à verdoyer que quatre ans après, l'année même où nous sommes, et quand toutes les religieuses y furent rassemblées. Si le présage était fidèle, et si le signe exprimait la réalité, l'arbre ne dut refleurir d'abord que bien imparfaitement.

Et en effet, après la première joie de la réunion, tout restait bien sombre et bien triste encore. Bon nombre des sœurs de Paris ne s'étaient pas décidées de plein gré à cette translation aux Champs[1]. Toutes n'y avaient pas été nourries dès leurs jeunes années comme la mère Agnès et n'y avaient pas leurs plus tendres souvenirs. Le monastère de Paris était devenu pour plusieurs d'entre elles, pour les plus jeunes, le principal centre et la nouvelle patrie. Dans tous les cas, la raison disait qu'il ne fallait point, par un entraînement d'affection et de sentiment, se laisser aller à déserter cette importante maison où l'on avait mis tant de soins et de peines, où la charité avait appliqué tant de libéralités et de dons, et qu'on ne devait point s'empresser de la céder à quelques sœurs infidèles ou à des intruses qui, une fois maîtresses du logis, n'en sortiraient plus. La sœur Élisabeth-Agnès Le Féron, personne de mérite comme je l'ai dit, et qui avait pris le commandement de l'arrière-garde à Port-Royal de Paris quand les autres chefs eurent été enlevés, fit très-bien sentir la solidité de ces considérations : les sœurs de Paris ne pouvaient accepter ni, à plus forte raison, solliciter comme une grâce, une

---

1. On lit dans une note manuscrite de mademoiselle Périer, en addition au Nécrologe : « Ce ne fut point pour leur faire plaisir qu'on les renvoya à Port-Royal des Champs. Ce fut le roi qui, ennuyé avec raison des pensions qu'on lui faisoit payer, de 4 ou 500 livres pour chacune de ces filles (prisonnières), dit à M. de Paris qu'il pouvoit renvoyer ces seize filles dans leur maison des Champs manger leur revenu. M. de Paris jugea qu'il étoit à propos d'y envoyer aussi celles qui étoient restées à la maison de Paris et qui n'avoient point voulu signer, de peur qu'elles ne fissent rétracter celles qui avoient signé. » — Cette pension à payer pour les religieuses de Port-Royal prisonnières en d'autres couvents, était dure à arracher du roi ; on lit dans une lettre d'une sœur de Sainte-Marie du faubourg Saint-Jacques, à M. Colbert, du 30 août 1665, à propos d'une autre pensionnaire qu'on leur avait envoyée par ordre : « Si vous voulez vous charger de plaider notre cause, nous nous estimerons heureuses d'avoir un si puissant avocat, et croyons que vous ferez si bien assurer nos deniers, que nous en serons payées d'une autre monnaie que nous ne l'avons été de la pension de nos bonnes religieuses de Port-Royal. »

mesure qui était un commencement de dépossession, et il fallait qu'elles y parussent forcées et contraintes :

« Nous l'accepterons de bon cœur, écrivait excellemment la sœur Le Féron, quand il plaira à Dieu que la violence et la persécution nous jettent dans un lieu qui porte assurément une bénédiction particulière par sa solitude et sa tranquillité ; et quand il pourroit arriver qu'il abrégeroit nos jours à cause que nous y serions trop à l'étroit et que l'air y est assez malsain, quand cela seroit, dis-je, nous serions trop heureuses de nous voir mourir ensemble et réunies les unes avec les autres dans notre première maison; mais j'en reviens toujours là, qu'*il faut que ce soit la tempête qui nous y jette, et non pas notre choix.* »

La mère Agnès était un peu étonnée et piquée, ou tout au moins peinée de ces objections à une chose qui lui paraissait la plus désirable de toutes, la réunion :

« Je vous avoue, mes chères Sœurs, leur écrivait-elle, que je m'en suis bien fait accroire dans cette occasion, m'imaginant que vous seriez bien aises de nous revoir, comme j'avois une joie très-grande d'espérer que je vous embrasserois encore. Que si vous avez des inclinations que vous jugiez préférables à celle-là, il me faudra donc résoudre de ne vous jamais revoir, comme l'on nous le fait entendre. »

Enfin on s'accorda ; les sœurs de Paris soutinrent jusqu'au bout leur droit et l'honneur du pavillon, et la réunion se fit comme nous l'avons vu. Après les premières effusions, on en vint à considérer la situation nouvelle telle qu'elle s'offrait en réalité : on s'aperçut qu'on était en état de blocus et prisonnières. La persuasion où l'on était à l'archevêché et à la Cour (et sans se tromper de beaucoup) que les religieuses, tant qu'on les laisserait à Paris, ne cesseraient de communiquer par lettres avec M. Arnauld et leurs autres principaux conseils, avait été pour beaucoup dans cette transportation aux Champs, et, pour la rendre efficace, on y joignit des mesures de séquestration absolue et d'isolement. Un exempt des gardes du corps, Saint-Laurent, de la compagnie de Gesvres, avec quatre gardes, dont deux gentilshommes, fut expressément chargé de veiller sur les dehors du cloître et d'intercepter toute libre communication. Pour plus de sûreté, les gardes envahirent même les jardins qui étaient compris dans la clôture, et ils en retinrent les clefs. Cependant les sœurs ne pouvant vivre dans une privation entière de promenade et d'exercice, surtout en un lieu que les travaux de M. d'Andilly et des solitaires n'avaient pas complétement assaini et où il y avait des fièvres, on dut s'arranger avec les gardes pour qu'ils laissassent le jardin vacant au moins pendant les heures où les religieuses y voudraient aller. Mais s'ils se retiraient pour une heure ou deux, ils n'oubliaient pas de surveiller et d'inspecter, pendant ce temps même, les promeneuses. « Ils faisoient la ronde autour des murs, lit-on dans les Relations, quelquefois à cheval et d'autres fois à pied, afin de voir, de dessus les Molerets[1] et des autres montagnes dont nous sommes environnées, si nous ne parlions point aux jardiniers; ils les menaçoient continuellement que, si on les voyoit s'approcher de quelques religieuses pour leur donner ou recevoir d'elles quelque lettre ou quelque écrit, on les enverroit incontinent à Saint-Germain, où leur procès étoit tout fait, et où il n'y auroit plus qu'à les pendre. » On ne pendait personne; on menaçait et on tâchait de faire peur, parce que l'honneur de messieurs les gardes du corps du roi était engagé à ne rien laisser passer de défendu, et qu'il arrivait, malgré tous leurs soins, que quelque lettre s'échappait toujours. Lorsque les gardes du corps

---

1. C'est le nom d'une hauteur qui domine l'endroit où fut, depuis, le petit hôtel de la duchesse de Longueville.

furent remplacés, après quelque temps, par des archers du grand prévôt de l'hôtel, ces derniers observèrent les mêmes précautions, mais ne se conduisirent pas plus mal : ils évitaient de gêner les sœurs en tout ce qui n'était pas contraire à leurs ordres.

Au dedans, on avait donné aux religieuses pour confesseur un prêtre né en Savoie, jeune et rude, dénué de lumières et d'expérience, le sieur Du Saugey; sans être précisément méchant, il fit du mal, et exagéra ses ordres plus qu'il ne les tempéra. On ne laissait pas de le tromper. L'interdiction des sacrements durait toujours; mais cette interdiction ne tombait que sur les religieuses de chœur; les converses avaient accès à la Sainte-Table. Combien de fois la mère Agnès ou quelque autre, mais surtout la mère Agnès la plus saintement affamée de toutes, ne se déguisa-t-elle pas en sœur converse, et à la faveur de ce travestissement, sous le manteau gris, ne trouva-t-elle pas moyen de communier en tapinois et (qu'on me passe le mot) par contrebande ! Étaient-ce là des communions bien légitimes que ces communions ainsi enlevées par ruse? Pour les justifier, on ne manquait pas de citer l'exemple de Jacob, qui déroba la bénédiction de son père sous l'apparence velue d'Ésaü. On citait aussi l'exemple du paralytique qui, pour pénétrer jusqu'à Jésus-Christ, ne pouvant entrer par la porte du logis à cause de la foule, avait été introduit par une ouverture faite au toit : « Jésus-Christ ne reprit point ceux qui l'avoient ainsi descendu et loua même leur foi. » Mais si, de loin, ces traits présentés avec choix appellent le sourire, de près la situation était sans douceur, et ce rayon de la Grâce, le seul rayon qui s'y glissât, nous avons peine, nous profane, malgré toute notre attention, à le découvrir, tant il est ici dépouillé de sa lumière sensible ! Je ne sais rien de plus pénible et de plus attristant que la lecture des pièces originales qui se rapportent à cette période de trois ans et demi : une lutte permanente, opiniâtre, muette, entre des religieuses estimables, mais contentieuses, et des ecclésiastiques tels que le sieur Du Saugey ou le sieur Poupiche[1], sans charité, sans éducation, sans intelligence ; la maladie sévissant dans ces corridors étouffés, où l'air des champs apporte plus de miasmes que de saines fraîcheurs, et la mort, la mort coup sur coup frappant de pauvres filles qui meurent sans secours, sans sacrements, et que les survivantes chargent ingénument « de leurs commissions pour l'autre monde, » jusqu'à mettre dans les mains de la sœur défunte leur Requête ou *Procuration* régulièrement dressée et signée de toutes, monument d'une ténacité qui finit par lasser aussi et qui devient à son tour esclave de la lettre : tout cela, suivi de près et jour par jour, est triste, monotone, accablant. Il s'y mêle bien des petitesses ; il y a la journée des *Chaises renversées* que je ne raconterai pas, car cette journée-là est burlesque, peu digne du lieu, et elle fait comme parodie à tant de belles journées précédentes[2]. Sincèrement, quand on

---

1. M. Du Saugey ne resta pas jusqu'à la fin de ce temps de la séquestration ; il fut remplacé par un M. Clerson qui ne parut qu'un instant, puis par M. Rey qui se montra un peu plus coulant que M. Du Saugey, et à M. Rey succéda M. Pastour qui ne fut pas très-méchant ; ce qui n'empêchait pas quelques prêtres en sous-ordre comme M. Poupiche, ou d'autres, envoyés directement de Paris, comme M. Bail, de venir à la traverse : mais, chez tous, absence à peu près égale de lumières, de convenance dans le langage et de véritable charité. A voir se succéder ces rudes et vulgaires personnages, les religieuses de Port-Royal avaient tout lieu de croire que leurs Messieurs et leurs directeurs étaient bien réellement une race à part, élue et supérieure, et que, hors de la tribu sainte, le commun du Clergé ressemblait à ces grossiers échantillons.

2. Je dirai pourtant, puisqu'un récit assez obscur vient d'en être donné dans les *Lettres* récemment publiées (1858) de la mère Agnès, de quoi il retournait ce jour-là. M. Du Saugey, renchéris-

vient de parcourir en entier et de traverser, comme je l'ai dû faire, cette portion des Actes et Journaux de la

sant de rigueurs sur l'archevêque qui avait défendu aux religieuses de chanter l'office en public et à haute voix, voulait empêcher qu'on sonnât l'*Angelus*, qu'on sonnât la messe en volée à la grosse cloche, pour appeler les fidèles du dehors et des environs ; trouvant de l'opposition chez les religieuses, il en écrivit à l'archevêque pour avoir de nouveaux ordres, et il prétendit leur lire la réponse qu'il avait reçue, quoiqu'elles prétendissent de leur côté n'avoir point d'ordres à recevoir par son canal :

« Cependant, dit la Relation, le sieur Du Saugey, qui ne voulut point *désister* de son entreprise, s'avisa d'un nouvel expédient pour faire la lecture de sa lettre. Il s'en vint (le mardi 8 septembre 1665) sur les trois heures après midi à l'église avec les gardes, qu'il vouloit être témoins de son action, et, sur le point que la Communauté se levoit pour sortir du chœur après None, il s'approcha de la grande grille du chœur, où il prononça d'une force extraordinaire, et d'une voix tout à fait surprenante, quelque chose que personne ne put discerner, mais que plusieurs crurent être quelque sentence d'excommunication : ce qui donna un tel effroi à toutes et surprit si fort, qu'au lieu de sortir du chœur en rang, et par la porte d'en haut selon la coutume, toutes les sœurs furent par celle d'en bas, et quelques-unes à qui l'effroi ôtoit l'attention le firent avec tant de précipitation qu'en passant elles laissèrent tomber quelques chaises avec leurs manteaux. Aussitôt ma sœur Marie-Gabrielle (Houël) crut entendre que nos mères avoient ordonné de faire grand bruit, et obéissant à l'aveugle à ce commandement sans auteur, elle jetta plusieurs chaises avec une ferveur et une agilité tout extraordinaire. Une de nos sœurs converses qui la vit faire, présupposant que son zèle étoit bien autorisé, voulut l'imiter en jetant les chaises de l'autre chœur, et ma sœur Anne-Eugénie (madame de Saint-Ange) qui sortoit déjà du chœur dans sa gravité et son recueillement ordinaire, croyant que ce bruit se fît avec ordre, voulut surmonter la répugnance qu'elle avoit à y contribuer, et, pour obéir, retourna sérieusement en jeter deux de toute sa force, et fut aussitôt suivie de ma sœur Jeanne-Fare (Lombard), qui, voyant ma sœur Angélique (de Saint-Jean) sourire, se persuada qu'elle approuvoit cela et qu'elle avoit aussi jeté sa chaise (ce qui est faux), et rentra dans le chœur pour en jeter une, afin de ne pas perdre le mérite d'une si belle action. Il se fît donc un bruit dans l'église pareil à celui de plusieurs décharges de mousquet, qui fut entendu de plus de trente à quarante pas, tant au dedans qu'au dehors, selon que l'exempt nous en a assurées. Nos mères furent extrêmement touchées de cette action, qui, quoique innocente dans le fond, ne laissa pas de scandaliser terriblement M. Du Saugey et les gardes qu'il prit à témoin. »

Il y avait de quoi en effet. Telle fut la journée la plus turbulente de Port-Royal et la plus humiliante. Si la *Journée du Guichet* est héroïque comme Rocroy, la *Journée des Chaises renversées* est honteuse comme Ramillies ou Rosbach. Ce fut une déroute. La mère Agnès, profondément mortifiée, écrivit le lendemain à M. de

Communauté, on a besoin de s'éloigner un peu pour retrouver l'impression sous laquelle on est accoutumé à se représenter Port-Royal des Champs, et pour se redire avec M. de Pontchâteau : « Cette maison ne semble être qu'une grande ruine et un peu de poussière ; mais les serviteurs de Dieu aiment jusqu'à la poussière de Jérusalem. »

C'est alors, durant cette ingrate période, quand il y avait dispersion complète et fuite des amis, quand M. de Sainte-Marthe n'osait rôder près des murailles interdites que déguisé et à de rares intervalles, et pas tout d'abord ; quand M. de Saci retiré dans une maison de faubourg allait être arrêté et mis à la Bastille ; qu'Arnauld et Nicole, mieux cachés, en lieu plus sûr, étaient hors de portée des Champs, et que s'ils publiaient des écrits pour réfuter les adversaires et défendre la foi des religieuses persécutées, cela n'allait pas jusqu'à elles, ou du moins que ce n'était pas le secours présent et toujours renouvelé qu'il leur fallait,—c'est alors qu'il y eut pourtant un homme de Port-Royal, un solitaire, un laïque qui devint durant ces rudes années, et à son corps défendant, le consolateur prochain et comme le directeur édifiant des religieuses : c'était leur médecin, M. Hamon, — médecin aussi des âmes : *Lucas bis medicus*, comme on le disait aussi de saint Luc. J'ai eu déjà l'occasion de le nommer bien souvent dans ces pages, mais c'est ici son beau moment pour lequel je l'ai exprès réservé. Ce rayon que je viens de regretter de ne point trouver dans Port-Royal à cette heure de resserrement et d'accable-

---

La Brunetière, pour qu'il voulût bien donner à M. de Paris l'explication naturelle de cette panique et de cet étrange tintamarre qui s'était fait innocemment, par hasard d'abord et pur accident de la part des premières, et ensuite par méprise de la part des autres, « qui avoient cru que ce bruit étoit une *formalité* qu'il falloit observer. »

ment continu, et durant ces journées *d'un seul nuage*, M. Hamon le reçoit et nous le laisse apercevoir sur son front jusque dans l'obscurité où il se dérobe. Par un effet mystérieux et qui a sa secrète justice, le plus humble se met à reluire quand tous les autres sont éclipsés.

Il avait été forcé de se retirer à la fin de l'année 1664 (30 novembre), et avait esquivé assez adroitement la lettre de cachet qui le concernait. On s'était adressé à lui-même : « Je n'eus pas l'esprit d'avoir peur, » dit-il. Son air de candeur ôta toute méfiance à l'exempt, qui crut l'avoir sous sa main à volonté. Les sœurs mieux avisées, et comprenant de quoi il s'agissait, eurent le temps de le faire évader par les jardins. Son exil fut de neuf mois. Les maladies qui se déclarèrent après la réunion, en juillet 1665, lui fournirent une occasion de demander à revenir, et il en obtint la permission de l'archevêque. Il revint le 26 août au soir, résigné aux gênes, aux humiliations, et à être lui-même une manière de prisonnier. Il ne fut admis à revoir les sœurs malades qu'à condition qu'il ne leur donnerait ni ne recevrait d'elles aucune lettre ni billet, et qu'il n'entrerait point sans être accompagné de la tourière, surveillante préposée par l'archevêque. On exigeait qu'en s'adressant aux malades il parlât haut, pour que la tourière pût tout entendre. L'exempt des gardes, quand sa surveillance était en défaut, s'excusait auprès de l'archevêque en disant « qu'il ne pouvoit répondre de rien tant que M. Hamon seroit à Port-Royal, que c'étoit un homme entièrement dévoué aux religieuses et qui feroit tout pour les servir. » Les gardes le raillaient, ou du moins, le jugeant sur sa pauvre mine et son costume des plus humbles[1], lui refusaient le *Monsieur*, seul

---

1. A part les rares occasions où l'on était obligé d'appeler d'autres médecins en consultation avec lui, auquel cas M. Hamon se

titre auquel tinssent les solitaires de Port-Royal ; ils l'appelaient par dérision *Monseigneur* où *Mon maître*, ou quelquefois *Mon ami*. On visita une fois son souper ; on regardait jusque dans ses poches pour voir s'il n'y avait point de lettres cachées, et l'on ne s'en rapportait point à sa parole. La dignité du médecin souffrait en ces instants et se sentait près de se révolter : le chrétien reprenait vite le dessus et remettait l'homme à la raison. La nuit, on l'enfermait à clef dans sa chambre. Il paraît même qu'il fut obligé de faire encore une absence et de s'éloigner de Port-Royal, mais ce ne fut que pour un temps très-court. Il se soumettait à tout avec joie, pourvu qu'il pût s'acquitter de son double devoir de médecin et de consolateur. Il commençait régulièrement sa journée en servant la première messe. C'est sous ce régime de contrainte, en ces années d'épreuves, qu'il composa pour les religieuses d'excellents petits Traités dont j'ai à parler ; mais rien n'est pour nous d'un intérêt plus intime et plus singulier qu'un autre petit écrit de lui dans le goût des Confessions de saint Augustin, intitulé : *Relation de plusieurs circonstances de la Vie de M. Hamon, faite par lui-même*[1]. Il s'y peint en traits naïfs et fins, nous offrant dans son propre portrait un modèle de psychologie chrétienne.

Quand je m'adressais pour la première fois, il y a des années, à mes auditeurs de Lausanne, en leur disant de vive voix bon nombre des choses qui se retrouvent ici, j'ajoutais : « M. Hamon est, avec M. de Tillemont, un de ceux que M. Gonthier, cet homme évangélique, avait le plus goûtés et qu'il se proposait de donner à

---

revêtait, par bienséance et par respect pour ses confrères, d'un vieil habit noir qui ne servait qu'à cela, il était des plus grossièrement vêtus et comme un pauvre. — Il portait, l'hiver, une très-grande calotte, et, l'été, une moindre.

1. Imprimé en 1734, in-12.

connaître par des extraits bien choisis, comme il l'a fait pour Du Guet : c'est vous assurer d'avance qu'en l'étudiant de près, notre patience aura son fruit et sera récompensée. » Je disais cela aux chrétiens sincères d'une autre Communion : aux indifférents même, pour peu qu'ils aient encore la curiosité de l'esprit, je dirai maintenant : Entrez et assistez ici au merveilleux détail et à la continuelle prière, au continuel et ingénieux procédé symbolique d'une nature tout intérieure, toute spirituelle.

M. Hamon, en effet, pour le définir à l'avance d'un mot et le rapporter à sa vraie famille dans l'ordre chrétien, est un des *grands Spirituels* du dix-septième siècle.

Jean Hamon était né à Cherbourg, en Basse-Normandie, vers 1617. Il ne nous dit pas quels furent ses parents, se bornant à nous donner dans sa biographie l'histoire de ses sentiments et de ses pensées. Il avait été mis de bonne heure aux études et y avait profité. Tout enfant, il avait un goût particulier pour les sentences; il nous déclare le don, en croyant ne nous confesser qu'un faible : « Il me souvient qu'étant enfant, et n'entendant pas encore bien le latin le plus grossier, comme j'aimois fort les sentences (ce qui est le caractère des moindres esprits, ainsi que je le lisois dernièrement quelque part), je lus par rencontre quelque chose des Proverbes de Salomon que je trouvai admirables, et j'en fis un petit extrait des plus belles sentences, c'est-à-dire, de celles dont je pouvois entendre le latin, et qui avoient quelque chose de moral. » Voilà le goût déclaré de M. Hamon et la marque première et profonde de son esprit : les *saintes sentences*. Comme écrivain religieux, il aura les spiritualités morales; comme médecin hippocratique, les aphorismes, auxquels il tâchera de donner, outre le sens physique et médical, un sens moral encore plus relevé. Dans le *Nécrologe* de

Port-Royal, c'est lui qui fera en latin les belles épitaphes. Vrai fils de Salomon, descendant du sage et magnifique roi sous sa bure, il le suit à petit bruit, soit qu'il interroge la vertu des simples et le suc de l'hysope, soit qu'il exprime le sens figuré et réfléchi de tout ce qui passe devant ses yeux. Les Proverbes du Roi sage, ç'a été pour M. Hamon, dès que son esprit s'est connu, comme les Histoires de Tite-Live pour M. de Tillemont.

M. Hamon vint à Paris de bonne heure et fut précepteur de M. de Harlai, depuis premier président du Parlement. On a dit, mais je ne sais si c'est exact, qu'il alla à Rome avec lui. Il étudia en médecine et prit ses degrés avec grand applaudissement. Déjà estimé dans la Faculté, il était en passe, pour peu qu'il l'eût voulu, de devenir un médecin en crédit dans le monde. C'est alors, vers l'âge de trente et un ans (1649), qu'il se sentit violemment poussé de Dieu. Il se mit entre les mains de M. Du Hamel, qui avait succédé à M. Hillerin dans la cure de Saint-Merry ; M. Du Hamel eut bien de la peine à soumettre son esprit, et fut deux ans environ à l'enfanter à une vie un peu nouvelle. Alors seulement et déjà façonné, il le remit à M. Singlin. M. de Harlai aurait désiré accommoder son digne maître par la collation d'un petit bénéfice dans une terre à lui appartenant : M. Hamon ne voulut pas. Sous M. Singlin il avait encore des incertitudes, non pas de vie chrétienne, mais de choix de lieu et de genre de pénitence ; il avait l'idée de se faire chartreux. M. Singlin attendait, et laissait s'user cette innocente inquiétude :

« J'avois souhaité longtemps d'être à Port-Royal, nous dit M. Hamon, mais je n'en parlois pas, parce que je regardois cela comme impossible. Cette grâce enfin m'ayant été accordée, M. Arnauld fut mon premier maître, et son cabinet se trouva être un trésor pour mon utilité ; ce qui fut un grand effet de la miséricorde de Dieu sur moi, si toutefois je l'avois bien reconnue et si j'en avois bien usé. J'ai bien regret à ce siècle d'or. Je vois à présent que je ne faisois que des songes pendant tout ce temps-là qui devoit m'être si précieux, et je puis dire que je songe encore.... »

Il arrivait ainsi à Port-Royal des Champs dans l'intervalle des deux Frondes, vers juillet 1650, et quand le désert était dans sa plus belle floraison chrétienne et dans sa multiplication merveilleuse de solitaires; c'était avant la fin du printemps sacré :

« En arrivant à Port-Royal, j'observai tout ce qui s'y passoit, et je puis rendre ce témoignage que je n'y ai vu personne, dans quelque emploi que ce fût, que je n'en fûsse consolé. J'admirois la providence de Dieu et la bonté qu'il avoit pour cette maison, de lui donner lui-même jusqu'à des portiers et des charretiers, et de remplir par son propre soin des places encore moindres. Tout misérable que j'étois, je ne laissois pas de voir, comme de mes yeux, que l'abondance de la rosée du Ciel et de l'onction du Saint-Esprit s'étendoit jusqu'aux franges de la robe de Jésus-Christ, et que non-seulement tout dégouttoit de l'huile de parfums au dedans, mais que même on voyoit au dehors de nouveaux plants d'oliviers environner la maison : *Novellæ olivarum in circuitu.* Ainsi plus je voyois que cette maison étoit sainte, plus je craignois de la déshonorer : car quoique je ne dusse être mis que dans le bagage de l'armée, *inter impedimenta exercitus,* je voyois néanmoins qu'il étoit raisonnable que la pudeur et la modestie subsistassent même jusque dans le bagage des épouses de Jésus-Christ.... »

Je m'arrête, car non content de se comparer au *bagage*, il va s'humiliant de plus en plus et arrive aux images inutilement désagréables. C'est que rien n'est inutile à ses yeux, et que le désagrément même est une partie de la pénitence. Il se reproche de n'avoir pas mieux profité de cette première saison de fécondité et de moisson surabondante :

« Je ne sais comment il arrive malheureusement que nous

ne voyons les amis de Dieu et ses saints que lorsqu'il nous les a ôtés. La familiarité, la coutume et les sens forment comme une espèce d'enchantement, et nous empêchent de rendre intérieurement, et à la vue de Dieu, tout le respect que nous devons à ces grandes âmes qui sont si rares. Je puis dire, à ma confusion, que les plus grands trésors passoient alors comme par mes mains, et que je n'en étois pas plus riche. Je voyois ce qu'il y avoit peut-être de plus grand dans le royaume de Dieu, qui est son Église, dans ce malheureux temps où nous sommes ; et je devrois dire avec plus de sujet que le Prophète : *Malheur à moi, car j'ai vu Dieu de mes yeux.* C'est un bonheur de voir Dieu dans ses saints ; mais c'est un malheur de l'y voir, et de ne l'y pas adorer, et de s'y voir avec aussi peu de sentiment que j'en avois, en voyant si souvent tant de saintes âmes. Ma tiédeur, étant toute environnée de ce feu, me rendoit insupportable à moi-même. »

M. Hamon, en venant à Port-Royal des Champs, avait vendu et distribué aux pauvres son petit patrimoine. On ne tarda pas à mettre à profit sa science ; il succéda bientôt comme médecin à M. Pallu, qui mourut en ce même temps. On voit dans Fontaine qu'il ne réussit pas tout d'abord auprès des solitaires. Le bon petit M. Pallu faisait sa médecine gaiement et en pénitent plus guilleret que morose. On passa à un tout autre visage avec M. Hamon, qui avait peut-être alors ce surcroît de gravité qu'ont les sérieuses jeunesses, et qui, « voyant dans la médecine l'imitation de la nature et dans la nature l'œuvre de Dieu, » exerçait son art avec le scrupule et l'autorité d'un sacerdoce. De plus, vers ce temps-là, une espèce de médecin charlatan appelé Duclos s'était insinué au dehors de Port-Royal, par M. d'Andilly ; M. de Luines mit à la mode un autre empirique nommé Jacques, et, auprès des pilules de l'un et des poudres de l'autre, l'exacte et circonspecte médecine de M. Hamon avait tort. On ne tarda pourtant pas à y revenir ; M. de Saci tint ferme pour M. Hamon. Celui-ci avoue qu'il ressentit d'abord quelque faiblesse là-dessus :

« Le parti que je pris pendant toutes ces petites brouilleries, ajoute-t-il, fut de me déterminer au silence, qui est un remède innocent, et qui ne gâte jamais rien.... J'aurois été heureux d'être sourd, mais pour le moins je tâchois d'être muet, et je ne pensois à guérir de maux que ceux qui se peuvent guérir par la prière.... On voit partout tant de semences de division, qu'il est fort difficile de n'y contribuer en rien qu'en se mêlant de peu de chose, en parlant peu, et en priant beaucoup dans la retraite de sa chambre.... C'est ce que je tâchois de faire le plus que je le pouvois, et je comprenois que mes frères devenoient bientôt innocents en travaillant à le devenir moi-même. »

Ces légères brouilleries ne se produisaient au reste que parmi les solitaires, un peu distraits alors par la guerre de la Fronde, et que le château de Vaumurier émancipait parfois en discussions. Pour le dedans du monastère, M. Hamon n'eut jamais qu'une révérence prosternée et inaltérable. Il n'y entrait jamais, pour voir une malade, sans se souvenir du canon de Séville qui veut qu'en parlant aux vierges de Jésus-Christ (ce qui doit se faire rarement), on soit toujours court : *Rara sit accessio, et brevis omnis locutio :*

« On me faisoit néanmoins plaisir de m'aider en cela. La mère Angélique le faisoit ; et lorsque je me laissois aller à des digressions, et que j'étois trop long, elle m'en avertissoit en me faisant taire, et elle me renvoyoit tout d'un coup quand la pensée lui en venoit, et qu'elle jugeoit que c'étoit assez. J'ai toujours souhaité, depuis, qu'on me fît la même grâce, quand on verroit que je me répandrois trop. »

La mère Angélique l'avertissait aussi de s'abstenir, en parlant aux sœurs malades, d'un ton de trop grande autorité et aussi de *petites moqueries*. Cette dernière disposition eût été assez naturelle à l'esprit fin de M. Hamon, s'il ne l'eût réprimée.

Malgré tout ce qu'il trouvait d'édification à Port-Royal, cette inquiétude du mieux, qui est une des tentations des saints, agissait toujours dans M. Hamon, et après deux ans de séjour il eut la pensée de se retirer à l'abbaye de Saint-Cyran, où était M. de Barcos; il y devait aller avec M. Des Touches; mais cela manqua. La mère Angélique, qu'il avait consultée là-dessus, lui avait répondu franc qu'il ne demeurerait pas à Saint-Cyran, s'il y allait, et qu'il en sortirait encore. M. Hamon éprouvait en ce moment la tentation des lieux, dont parle l'*Imitation* : « *Imaginatio locorum et mutatio multos fefellit*: La représentation qu'on se fait de certains lieux, et le changement qu'on y cherche, est une source d'erreur pour beaucoup. » Il fut lent à s'en guérir.

Et à propos de toutes ces vagues envies et convoitises dont parle sans cesse M. Hamon et en termes couverts, nous sommes assez embarrassé pour les définir. Ces repentirs profonds, et sans cause apparente, ce semble, nous étonnent, et on est tenté de n'y pas attacher grande importance. Toutefois, si à travers l'expression mystique dont il s'enveloppe nous essayons de pénétrer dans le réel, si nous nous rappelons ce mot de Pline le jeune : « La vie des hommes a des réduits profonds et de grands réceptacles cachés : *Vita hominum altos recessus magnasque latebras habet*, » nous en venons à deviner que M. Hamon luttait contre des passions et des séductions probablement très-positives. Qui sait s'il n'avait pas telle plaie secrète qui, mieux connue de nous, justifierait ou expliquerait tous ses repentirs? Il parle mystérieusement d'un ennemi qu'il essayait de combattre par l'étude, et qui n'était autre que le même démon que combattait saint Jérôme en apprenant l'hébreu. Enfin, à son point de vue chrétien, il avait sans doute ses raisons précises de s'agiter et de vouloir fuir : des raisons précises, il y en a toujours, même à ce qu'on a appelé depuis le *vague des passions* [1].

Il exerçait la médecine pour les pauvres et portait toujours sa Bible avec lui, se reprochant de n'en pas mieux profiter :

« L'amour de la lecture et de la solitude, dit-il, m'emportoit quelquefois. On ne me prioit presque point de voir quelques nouveaux malades à la campagne, outre les malades ordinaires, que d'abord je ne le refusasse, ou je ne l'accordois qu'en rechignant ; mais je m'en repentois aussitôt, et, à trente pas de la porte, j'allois avec joie où j'avois commencé d'aller avec peine. — J'allois donc voir mes malades, dit-il encore, et j'y faisois de mon mieux. Mais en vérité cela est digne de compassion, que pour l'ordinaire ce n'est point le mal que nous pensons, qui est cause de notre mort. »

Il craignait toujours de ne pas saisir le vrai point de la maladie, et, trompé par quelque faux rapport, de ne mettre, comme on dit, l'emplâtre qu'à côté du mal :

« Ainsi j'avois toujours recours à Dieu, en lui disant paisiblement au milieu de mes courses, parmi les pluies, les vents et les tempêtes : « *Nisi Dominus sanaverit ægros....*
« C'est en vain, Seigneur, que travaillent les médecins et
« les malades, si vous ne guérissez vous-même ; » à quoi j'ajoutois ce passage de l'Écriture, qui est d'un prix infini :
« *Confiteor tibi quia neque herba, neque malagma....* Je con-
« fesse devant vous, ô mon Dieu, que ce n'est point une
« herbe, ou quelque chose appliquée sur le mal des malades
« qui les a guéris, mais que c'est votre parole qui guérit

---

1. Dans la Vie manuscrite de M. Hamon par Dom Clémencet (Bibliothèque de Troyes), on lit en marge, à la page 10, la note suivante : « Il existe des copies d'une lettre non imprimée de M. Arnauld à M. Hamon, pour le tranquilliser sur les mouvements qu'il disoit éprouver de sa chair. » M. Hamon dut, en effet, être fort sensible.

« toutes choses. » Ce que je terminois par ces paroles : « *Tu*
« *solus es medicus, quo curante nemo moritur, quo non cu-*
« *rante nemo vivit :* Vous seul êtes le médecin dont les soins
« empêchent de mourir, et sans les soins de qui personne ne
« vit. »

Il s'édifiait de toute circonstance, et ses pauvres malades lui étaient comme une perpétuelle parole du Christ. Il visitait un jour la femme d'un charpentier, laquelle avait assisté à la vêture d'une novice à Port-Royal, et qui, dans sa simplicité, en parlait magnifiquement :

« Cette bonne femme, se dit-il, ayant ainsi entrevu quelque chose de la beauté des épouses de Jésus-Christ, et se voyant ensuite elle-même par les yeux de l'humilité, elle avoit de la peine à croire qu'elle fût chrétienne, et elle ne se croyoit pas digne de marcher sur une terre si sainte. Elle estimoit heureux les serviteurs et les servantes qui approchoient de ces saintes filles ; et c'étoit elle-même qui étoit heureuse, puisqu'elle étoit plus proche d'elles par la foi que je ne l'étois par ma demeure. Elle me fit comprendre que le bonheur ne consiste pas à voir les saints, mais à voir Jésus-Christ en eux. »

J'abrége, car il continue à raffiner en se comparant avec cette bonne femme et en se donnant cent fois le désavantage; il applique en cet endroit le procédé de style et de raisonnement de saint Augustin. Les esprits sensés et pratiques ne sauraient entrer dans ces subtilités à l'infini : elles paraîtraient d'une détestable logique aux Bayle, aux Frédéric le Grand, aux Du Marsais; mais les cœurs tendres, les imaginations fleuries les comprendront, — et tous ceux qui aiment à marcher à travers le monde comme dans une forêt enchantée, où chaque objet qu'on rencontre en recèle un autre plus vrai et cache une merveille. Le Christianisme ainsi entendu n'est que la bonne magie. M. Hamon est un mystique.

Vers la fin de sa vie, ayant besoin d'une monture pour pouvoir suffire à toutes ses visites, il allait sur un âne, de village en village, tenant un livre à la main [1] ; ou plutôt il l'avait tout ouvert devant lui sur un petit pupitre assujetti à sa selle. Nous avons ici le pendant de M. de Tillemont qui faisait ses voyages, si l'on s'en souvient [2], un bâton à la main, chantant à mi-voix les *petites Heures*. M. Hamon lisant ou *tricotant* sur son âne (car c'était aussi un de ses utiles passe-temps), et ne cessant de prier durant ce travail des mains, est bien de la suite du Triomphateur pacifique qui entrait à Jérusalem sur son ânesse. — Humble cortége, et à qui pourtant il a été donné un jour d'occuper et de partager le monde, en regard du triomphe des Césars et des Trajans !

Et c'était un vrai fils de Salomon, vous ai-je dit, que cet étrange docteur à la piteuse mine ; c'était un des plus rares beaux-esprits qui se pussent découvrir. Il avait le don de la spiritualité morale, le sens des emblèmes. Il lisait en espagnol les ouvrages de sainte Thérèse, ceux de Grenade et d'Avila [3] ; il lisait l'italien, et, si Dante eût été alors en usage, il aurait été droit à

---

1. « Il portait toujours sur lui un petit livre qui contenait le Psautier, les Livres sapientiaux, et le Nouveau-Testament, qu'il lisait sans cesse, et qu'il avait crayonné et marqué avec de petits morceaux de papier rouge aux endroits qui l'avaient le plus touché ; et il y avait écrit de sa main, à la tête, ces paroles de saint Jérôme sur le chapitre 12ᵉ de saint Matthieu : *Otiosum verbum est quod sine utilitate et loquentis dicitur et audientis, si omissis seriis de rebus frivolis loquimur.* » (Note de M. Le Roy de Saint-Charles, Manuscrits de la Bibliothèque de Troyes.)

2. Précédemment, dans ce même tome, p. 33.

3. « La grande sainte Thérèse, comme il l'appelait, qui fut tellement *blessée de la charité de l'Époux*, selon ce qui est dit dans le Cantique, que son cœur fut transpercé d'un glaive de joie et de douleur. » (*Traité de la Prière continuelle*, liv. I, chap. 9.)

cette théologie symbolisée. Il a du Pétrarque, nous l'allons voir, dans l'ingénieuse allégorie de ses figures et pour la mysticité en fleur.

Pourtant il n'écrivait pas encore; il ne s'en croyait pas capable. Savant médecin, tout au grec et au latin, quand il composait, chemin faisant, quelque prière, c'était en cette dernière langue.

La persécution approchait, et la tourmente déjà se faisait sentir : on était en 1656. Il commença à craindre d'être chassé, comme les autres, de son saint désert :

« Je vis bien aussi qu'il falloit m'accoutumer à me faire une chambre qui pût me suivre partout, et dans laquelle je pusse me retirer, selon le précepte de l'Évangile, afin de m'y mettre à couvert du mauvais temps de dehors.... Je voyois tous mes frères dispersés chacun de côté et d'autre, et je ne pouvois plus les voir réunis que dans mon cœur par la charité. Je compris plus que jamais, dans toutes ces séparations, que toutes les personnes que Dieu avoit liées ensemble par son Esprit devoient tous les jours s'entr'offrir à lui au Saint-Sacrifice. »

Un jour, en lisant le livre de *Josué*, il remarqua le passage où il est dit (chap. XXII) que les tribus de Ruben et de Gad et la demi-tribu de Manassé, s'en retournant dans les terres qui leur avaient été assignées au delà du Jourdain, bâtirent un *autel* près de la rive, pour que cela leur servît à l'avenir de témoignage, s'il en était besoin, et prouvât qu'elles étaient du peuple de Dieu. M. Hamon, qui se voyait en danger aussi d'être rejeté sur l'autre rive du Jourdain, loin de Port-Royal, cette vraie terre de Chanaan, pensa à se bâtir une espèce d'autel, *in testimonium*, « pour être à mon égard, disait-il, un monument, un témoignage; afin que, si j'étois assez malheureux pour abandonner la vérité, je fusse convaincu par mon propre témoignage que j'étois un déserteur et un perfide. » Il commença donc à jeter sur le papier quelques pensées qui lui vinrent sur la persécution même, mais il n'en fut pas content : « Cela étoit assez affectif, fort enflé et, comme l'on dit d'ordinaire, d'un style de *phébus*. Comme je n'avois pas d'usage d'écrire, surtout en françois [1], j'avois beaucoup de peine et j'avançois peu ; ce qui fit que je laissai tout là. » Or, quelque temps après, M. de Sainte-Marthe lui dit de lui-même, et sans y être provoqué par aucune confidence : « Vous devriez écrire quelque chose sur l'Écriture. » Et comme M. Hamon lui alléguait qu'il était laïque, il réfuta cette objection par des exemples. C'est alors que combinant son premier dessein avec le conseil de M. de Sainte-Marthe, M. Hamon se résolut à écrire, mais en manière de commentaire sur quelque passage de l'Écriture, et à bâtir, en un mot, son autel tout en terre sainte. Il n'était plus embarrassé que pour le choix entre les livres sacrés. Le *Cantique des Cantiques*, ce riant ouvrage de Salomon, et le plus allégorique, assure-t-on, de tous ceux de l'Écriture, celui qui, avec l'Apocalypse, prête le plus aux interprétations infinies, le tentait fort. Il ne s'agissait plus que de s'y mettre et de commencer :

« Comme j'allai à Paris, raconte le pieux narrateur dans sa puérilité charmante, un jour que je n'avois fait que courir, sans prier Dieu, et dans une dissipation entière, toutes sortes de méchantes pensées ayant pris un cours si libre dans mon cœur et avec tant d'impétuosité que c'étoit comme un torrent qui m'entraînoit, je m'en retournois à la maison tout hors de moi, lorsque me trouvant proche l'église de Saint-Jacques dans le faubourg [2], j'y entrai n'en pouvant plus. Ce m'étoit un lieu de refuge : elle étoit fort solitaire les après-dîners. J'y demeurai longtemps, car j'étois telle-

---

1. Ses thèses en effet et ses écrits de médecine étaient en latin.
2. Saint-Jacques-du-Haut-Pas, où est enterré M. de Saint-Cyran.

ment perdu et comme enterré dans le tombeau que je m'étois creusé moi-même, qu'il ne m'étoit pas possible de me retrouver.

« Quand je commençai d'ouvrir les yeux, la première chose que je vis fut ce verset du Cantique : « *Sicut turris*.... « Votre cou est comme la tour de David, qui est bâtie avec « des boulevards. » Je m'y appliquai assez fortement, parce que j'étois fort las de moi-même et de tous mes fantômes. Comme il me sembla que cela m'avoit édifié, je résolus de l'écrire, et je l'aurois fait le jour même, s'il n'eût été si tard quand je fus de retour. Le lendemain je ne voulus pas sortir de ma chambre que cela ne fût achevé. J'étois obligé ce jour-là d'aller chez M. Arnauld et M. de Sainte-Marthe ; je leur montrai ce que j'avois écrit, et ils me portèrent à continuer. De moi-même j'étois bien aise de faire encore quelques versets qui pussent me servir d'autel. Quelque temps après, cet autre verset : « *Surge, Aquilo :* Levez-vous, Aquilon... », me vint dans l'esprit, et ce fut le premier que je fis avec plus de loisir et d'étendue. »

Ce travail de M. Hamon sur le *Cantique des Cantiques*, complété peu à peu, n'alla pas à moins de quatre volumes d'*Explications* et commentaires, qui furent publiés plus tard d'après le manuscrit revu et corrigé par Nicole. Ces corrections, dont l'objet était d'adoucir quelques expressions outrées, ont laissé toutefois l'ouvrage avec sa physionomie suffisamment singulière et propre [1].

J'ai hâte d'arriver aux petits Traités de piété qu'il

---

1. Malgré notre respect pour l'auteur et la circonspection habituelle où nous aimons à nous tenir, nous devons cet hommage au sens commun d'avouer que l'ouvrage de M. Hamon n'en a pas l'ombre. Il est impossible d'y découvrir (je parle pour nous, modernes, — pour moi) un mot qui ne soit pas une illusion et une chimère. Il serait trop aisé d'en citer nombre de preuves et de faire sourire. « Votre nombril est comme une coupe faite au tour.... » M. Hamon développe en de longues pages comme quoi ce *nombril* est la *foi*, qui se trouve alors naturellement comparée à une *coupe*. « Cette coupe, dit-il, est la foi.... Hélas ! nous devrions toujours avoir cette coupe salutaire à la main, etc., etc. » Il fallait posséder des trésors de sérieux et de naïveté croyante pour oser, durant des

composa pour les religieuses. Durant les neuf mois de son exil il n'avait pas été inactif à leur égard ; les mères et sœurs captives, détenues isolément dans les couvents, avaient reçu quelquefois de petites lettres discrètes de consolation, d'une fine et nette écriture, signées *Jean le Normand :* elles avaient reconnu M. Hamon. Une fois rentré aux Champs, observé, enfermé sous clef, il écrivit pour elles les encouragements particuliers qu'on va lire, et il ne se les permit pas sans beaucoup de scrupule intérieur, parce qu'il craignait toujours de commettre une usurpation de fonctions ; mais il lui semblait qu'à cette heure de détresse et de nécessité extrême, les vraies consolations n'étaient adressées par personne. M. Hamon n'approuvait pas les publications toutes polémiques, telles que *les Imaginaires* de Nicole, qui se poursuivaient alors ; il y trouvait plus d'épines que de moelle nourrissante.

volumes, insister à ce point sur ces choses et s'appesantir sur ces explications, avec la confiance de s'y confirmer, et de ne pas éclater d'un franc rire humain à un moment. Mais c'est, dira-t-on, de la littérature de saint Bernard et même des anciens Pères. Si cela est, il s'en suivrait seulement, au point de vue logique, qu'il y a eu aberration de l'esprit humain pour toute cette branche de littérature sophistiquée, qui consistait à chercher des milliers de sens et de doubles-fonds dans quelques lignes d'un texte, à cause qu'il était réputé sacré. « L'humanité, a-t-on pu dire, a vraiment cherché *midi à quatorze heures* pendant des siècles. » Ce qui est certain, c'est que M. Hamon réinvente ou continue cette sorte de littérature comme pas un autre au dix-septième siècle, et avec une intrépidité de sens mystique et symbolique qui est, à lui, son signe distinctif. Nous devions faire, une fois pour toutes, cette réserve. Nous nous attacherons surtout, pour être en droit de le goûter, à ce qui est de son cœur. — M. Arnauld n'était pas très-loin de penser comme nous sur quelques-uns de ces Traités de M. Hamon, lorsqu'il écrivait à madame de Fontpertuis pour qu'elle le dît à M. Nicole (20 mai 1689) : « Il me semble que l'on ne devroit pas se contenter de corriger, dans les Traités que l'on donne, les pensées qui ne seroient pas justes, mais que l'on devroit choisir, et *ne pas donner les Traités qui sont trop pleins de pensées peu justes.* »

S'occupant tout d'abord du point essentiel et qui faisait le plus souffrir, de la séparation où l'on était des directeurs et des guides, il cherchait à tirer du mal même le principe du remède :

« En considérant les séparations passées et celles dont on menace encore, disait ce théologien improvisé de la captivité, il m'est venu dans la pensée qu'on ne possède point la charité par les sens, et que, les personnes qui nous servent devant Dieu ne nous étant utiles que par la charité qu'elles ont pour nous et que nous avons pour elles, cette vertu peut se conserver toute entière dans l'absence que nous souffrons, comme elle se conservoit lorsque nous la craignions. Il est vrai que quand on a de l'affection pour une personne vertueuse et habile, on ne peut se passer d'avoir quelque commerce avec elle, et que c'est d'ordinaire la communication qu'on a avec ceux qui sont à Dieu, et qui prennent soin de nous, qui nous porte davantage à Dieu. Mais il n'est pas impossible d'entretenir ce commerce durant leur absence, sans se parler et sans s'écrire, pourvu que nous parlions d'eux à Dieu et qu'ils lui parlent de nous. Comme je m'occupois de cette pensée, j'ai trouvé dans ce que je devois lire de l'Écriture ces belles paroles : *Dilige proximum tuum, et fide conjungere cum illo* (Chéris ton prochain, et sois uni avec lui par la foi). Cette rencontre si heureuse m'a paru un effet de la Providence, et j'ai connu par là que nous ne pouvons avoir de véritable union avec les personnes que nous chérissons que par la foi qui nous lie avec elles, et que cette foi qui est au-dessus des sens est le seul sujet et le seul motif des saintes affections, comme la cupidité qui ne s'attache qu'aux sens est la seule cause des passions. »

Usant du procédé habituel et ingénieusement subtil de la dialectique chrétienne, de ce procédé dont saint Augustin est l'Aristote accompli et comme merveilleux, il va essayer de démontrer que, bien loin de nuire à l'union, l'absence, si on la prend comme il faut, est plutôt capable de la servir, tandis que la présence, en confondant es choses des sens et celles de la foi, peut contrarier souvent cette union et y apporter du trouble :

« Il est bien plus aisé, en plusieurs rencontres, de ne se servir point des sens, que de les modérer et de les régler. Quand l'amitié est véritable, l'absence la purifie, et la rend toute de foi et toute spirituelle ; au lieu que la présence la rend souvent, si on ne veille beaucoup sur soi-même, tout humaine et toute sensuelle. »

L'union qu'on peut avoir par les sens avec les plus grands saints est bien défectueuse ; la vanité, la jalousie, l'amour-propre, le mécontentement sous bien des formes, s'y peuvent glisser. Éloignés, ils redeviennent plus purement ce qu'ils sont : « On peut dire qu'au lieu qu'auparavant ils étoient entre Dieu et nous, c'est à présent Dieu même qui est entre nous et eux. » Après avoir développé dans tous les sens ce *Fide conjungere*, il s'écrie :

« Quittons-nous nous-mêmes ; en nous est le lieu et l'origine de toutes les contrariétés qui peuvent nous séparer les uns des autres, et nous n'y trouvons que de la diversité ; mettons-nous devant Dieu, où nous ne trouverons que de l'unité.... Les yeux, quoique séparés, quand ils voient, sont unis dans le même rayon de lumière. »

De même que sa médecine était une théologie continuelle, sa théologie devient comme une physiologie de la foi :

« Nous n'ignorons pas que dans le corps, lorsqu'il se porte bien, il n'y a point d'absence entre les parties mêmes qui paroissent les plus reculées, parce qu'elles demeurent toutes dans l'union de la nature ; les pieds sont loin du cœur et des entrailles par le dehors, mais ils en sont bien proches par le dedans.... Si donc il n'y a rien d'absent et d'éloigné dans les corps que forme la nature et qui sont tout matériels, à plus forte raison il n'y a rien d'absent dans le corps de Jésus-Christ. Comme on ne prend pas garde quand le bras demeure bien attaché à l'épaule qui est son lieu naturel, dans quelle situation il peut être ailleurs et si la main se porte au visage ou au pied..., il en est de même des personnes qui nous conduisent et desquelles Dieu se sert comme de ses mains pour nous distribuer ses biens. On peut les éloigner de nous quant à l'extérieur; mais, comme elles ne s'éloignent pas de Dieu et qu'elles demeurent toujours attachées à nous par les liens de la charité, elles ne changent point dans tous leurs mouvements.... elles demeurent toujours dans leur lieu naturel.... Le Saint-Esprit est le lieu des Saints, comme le dit admirablement saint Basile. Tout autre lieu leur est étranger. »

C'est ainsi qu'il travaillait à leur persuader que ce qui était physiquement et matériellement n'était pas; que les absents leur étaient d'autant plus présents qu'ils étaient absents, et réciproquement elles à eux, pauvres captives; et dans le temps du moins où elles le lisaient, il leur donnait l'impression ardente et vive de cette invisible réalité :

« Voilà donc un moyen indubitable de demeurer toujours avec les personnes qui sont à Dieu; et c'est un moyen bien facile puisqu'il ne faut qu'aimer. Si nous voulons avoir plus d'accès auprès d'elles, aimons davantage; ayons plus de charité, si nous voulons en être plus proches : il n'y a que des degrés de charité dans ce lieu saint qui est toute charité. »

Dans un autre petit Traité, à propos d'un bruit qui avait couru d'une transmigration générale et d'une dispersion des sœurs dans des couvents séparés, il reproduisait avec une grande fertilité de vues et d'images sa théorie de l'union en Dieu, union plus parfaite dans la privation sensible :

« Il n'est point nécessaire de parler et de voir pour croire et pour vivre de la foi, il ne faut qu'entendre parler Dieu.... Or il est certain que l'on entend Dieu avec plus de facilité, quand on n'entend que lui seul et que, personne ne faisant de bruit auprès de nous, nous ne nous en faisons point à nous-mêmes.... Quand vous n'auriez jamais occasion de rendre aucun office de charité à vos frères, n'aimez point le monde, et vous les aimez. »

En lisant quelques-uns de ces passages, on se prend à regretter que M. Hamon n'ait nullement songé à être ce qu'on appelle un *écrivain;* il l'est involontairement par endroits : il aurait eu très-peu à faire pour l'être toujours. Lui et Du Guet nous font regretter que l'utilité morale et pratique ait tout emporté chez eux, et que l'art, le sentiment du style, dont ils étaient naturellement doués, n'ait pas tenu dans leur pensée un coin propre : l'utilité eût été plus durable, on les lirait encore.

Voici l'un de ces vraiment beaux passages :

« On aime ses frères partout où l'on peut recevoir le Saint-Esprit, et l'on est uni à eux dans tous les lieux où on les aime. Le peu d'intervalle qui est entre les cordes d'un luth n'empêche point qu'elles ne résonnent en même temps, et qu'elles ne concourent ensemble pour former la même harmonie et satisfaire nos oreilles. Quand ces cordes ne sont point tendues et qu'elles s'entre-touchent, ou que n'étant point sur le luth, elles sont pliées ensemble, on peut dire que, dans cette grande union, elles n'en ont plus aucune pour la musique, qui est la seule union qu'on leur demande ; il faut donc les séparer pour les unir, et c'est cet éloignement et cette juste proportion que l'art leur donne, qui les rend capables de produire cette belle harmonie que nous entendons quand on les touche. Laissons-nous donc conduire à Dieu.... Ne nous mettons point trop en peine s'il nous éloigne ou s'il nous approche ; ne nous occupons que du soin de le louer.

« C'est une illusion de croire que nous le louerions mieux si nous étions à la place d'un autre : louons-le à la nôtre ; et que chacun le loue à la sienne, afin qu'il soit loué de tous côtés, par toutes sortes de personnes, et en toutes sortes de rencontres, et qu'ainsi l'harmonie des Saints de la terre, cela se peut, ne soit non plus interrompue que l'harmonie des Saints du Ciel.

« Car, quoique la louange que nous donnons à Dieu ici-bas soit très-imparfaite et beaucoup au-dessous de celle que lui donnent les Bienheureux, nous faisons pourtant en quelque manière une partie de ce grand concert; et pour montrer qu'ils s'attendent que notre chœur réponde au leur, nonobstant la grande disproportion qui se rencontre entre eux et nous, il ne faut qu'entendre ce que dit l'Époux à ses Épouses : *O vous qui habitez dans les jardins*, etc. »

Il entremêle en ces endroits et à propos, pour la consolation des vierges, quelques accents du Cantique de Salomon; on en a moins encore le commentaire (ce qu'il a trop fait ailleurs) que l'écho mélodieux. Il rappelle et cite le mot de saint Ambroise, « qu'on chante mieux dans l'affliction, et que nous élevons plutôt notre voix à Dieu quand nous sommes abandonnés. » En vérité, M. Hamon semble devancer, par la tendresse de quelques-unes de ses expressions, les chants des compagnes d'Esther. On comprend qu'il ait été l'un des guides de Racine enfant, et, entre tous, le solitaire préféré de lui dans les heures du repentir.

Le thème de M. Hamon dans ces petits Traités (et il y en a plus de douze) est perpétuellement le même, mais il en varie le développement et les applications avec infiniment d'esprit. Il est inépuisable en raisons pour prouver que tout ce qui nous entoure et nous touche à l'extérieur n'est qu'une inutilité, et souvent un empêchement, un vêtement bon à prendre ou à laisser : il n'y a de vrai que ce qu'on ne voit pas. Le tout est d'être uni à Dieu par la volonté; on est alors dans la vie. Dieu opère en nous notre volonté même et toutes nos actions :

« Dieu nous sauve tellement par les actions de piété qu'il

nous fait faire et qu'il fait lui-même en nous, qu'il nous pourroit sauver également et avec la même facilité par une autre sorte d'actions toutes différentes et même contraires. »

Tout ceci est chrétien, purement et profondément chrétien : et pourtant remarquons-le, moins à propos de cet endroit même que comme impression générale, M. Hamon pousse si loin cette manière de ne voir partout dans le monde extérieur qu'apparence indifférente et phénomène, qu'il a quelque chose d'idéaliste et de mystique à la façon de l'Orient et du très-haut Orient. Il a du Brame ; sa religion donne quelquefois l'idée du Bouddhisme, aussitôt réduit sans doute au Christianisme, mais on est sur la pente, et on croit sentir par moments qu'il n'y a qu'une mince cloison qui en sépare. — M. Hamon est le plus oriental des nôtres.

Mais cette cloison qui sépare est tout : ce sont les trois croix du Calvaire, c'est le corps même de Jésus crucifié. Il croit à un Dieu humain et tendre, à un Dieu actif et vivant :

« C'est sa volonté qui nous fait vivre…. Notre vie ne consiste point dans toutes les choses qui peuvent dépendre de la puissance des hommes et qu'ils peuvent nous ôter, mais seulement dans la volonté de Dieu et *dans la nôtre, dont nous sommes toujours les maîtres lorsque par un effet de sa miséricorde nous l'avons soumise à celle de Dieu.* C'est ce qui nous met dans une grande liberté, et ce qui rend les serviteurs de Dieu invincibles lorsqu'ils ne cherchent que lui et qu'ils ne s'attachent qu'à sa volonté. »

Je ne vois pas ce qu'on pourrait opposer chrétiennement à la doctrine de la Grâce renfermée en ces termes. Je ne dis pas qu'il l'explique, mais il l'exprime. Il la rend dans tout son complexe, d'autres diraient dans toute son inintelligibilité. M. Hamon, sans dispute, sans contention, a senti et paraît comprendre autant qu'aucun grand chrétien ce qu'à son point de vue on pourrait appeler l'*organisme de la Grâce*, le *vitalisme de la Grâce*.

Il présente, en un endroit, l'oppression de Port-Royal, cette violence et cette spoliation qu'on y subit et auxquelles on doit se résigner avec soumission, avec joie, comme une amende honorable due à Dieu pour la cupidité de tant d'autres monastères, communautés et sociétés, comme une expiation éclatante et légitime payée au suprême Vengeur pour les excès d'autrui et des Jésuites eux-mêmes. L'idée est profonde et belle : qu'en aurait dit M. de Maistre, qui n'aurait pu s'empêcher de reconnaître là une application, une ébauche du moins de son dogme favori de la solidarité ?

« Les grandes vertus des uns, dit M. Hamon, sont comme une amende honorable qu'ils font à Dieu pour les grands vices des autres. On fait à présent une espèce d'idole de l'intérêt des Communautés. On croit qu'il y a de la vertu à faire tout ce qui paroît nécessaire pour la conservation d'une maison. Ce que nous croyons ne pouvoir faire pour nous, nous croyons le pouvoir faire pour elle. Elle n'est jamais ni assez rangée (rentée ?) ni assez riche, et toutes nos cupidités nous paroissent innocentes, à quelque excès qu'elles se portent, lorsqu'elles vont se perdre dans cette grande mer qui engloutit tout et qu'on appelle le *bien de la Communauté*.

« Voilà un scandale qui est public ; car on ne s'en cache pas, et tout cela se passe aux yeux du soleil, *in oculis solis*, comme dit l'Écriture, puisqu'on n'a pas craint (*ce sont ici les Jésuites auxquels il fait allusion*) d'écrire et de soutenir qu'il est permis de tuer et de calomnier une personne qui blesse la réputation de notre Communauté. Je demande donc où est la satisfaction que les serviteurs de Dieu lui ont faite pour réparer un tel outrage. Il n'est pas ici question du jeûne ; et l'on peut dire que Dieu n'est point vengé de ce genre de démons par la prière et par le jeûne, qui le vengent de tous les autres en les chassant. *Je demande une satisfaction publique et qui ait quelque proportion avec ce désordre si épouvantable, pour le réparer à la vue des Anges et à la face de toute l'Église....*

« Nous en voyons qui aiment leur maison jusqu'au mépris de Dieu : que devons-nous faire, si nous sommes touchés de son intérêt, que de l'aimer et de le servir jusqu'au mépris de notre maison? »

On a senti combien le ton s'élève : l'émotion lui donne la netteté du langage et la force. J'ai dit précédemment que Port-Royal, en ces tristes années, n'avait pas le rayon, je me rétracte : grâce à M. Hamon, ce Port-Royal battu, écrasé, dénué de toutes parts, qui n'a plus ni sa maison de Paris, ni ses solitaires des Champs, ni les sacrements à l'intérieur, ni ses cérémonies pieuses, ni ses saints cantiques réjouissant la vallée, ni les cloches appelant aux jours de fête les fidèles et les pèlerins du dehors, nous apparaît tout d'un coup comme un Juste exposé sur son rocher d'adversité, comme une victime sous le pâle éclair orageux d'une nuit du Calvaire.

Les phalanges célestes elles-mêmes ne manqueront pas d'y assister, et on nous les montre intervenant d'en haut dans cet holocauste innocent réclamé par la sainte vengeance, dans ce long siége d'extermination que supportent les vierges de Port-Royal, comme autrefois les habitants de Jérusalem et de Béthulie. M. Hamon convoque à leurs yeux, pour les soutenir, une spirituelle et innombrable milice de témoins et de défenseurs. Voici comment cet humble et doux consolateur s'élève peu à peu à son rôle de Tyrtée sacré :

« Tous ceux, dit-il, qui font leur cause de la cause de Jésus-Christ, pensent à nous et prient pour nous. Il y a des personnes dans les lieux les plus éloignés qui lèvent les mains au Ciel pour nous, lorsque peut-être nous les tenons baissées.... Nous ne pouvions voir auparavant que les personnes qui étoient de notre connoissance : à présent celles même que nous ne connoissons pas et que nous n'avons jamais vues nous voient devant Dieu et nous consolent par leurs prières....

« Mais que notre vue est bornée de ne voir que les Saints de la terre qui s'intéressent pour nous! si nous avions cette foi qui donne ces yeux invisibles dont parle si souvent saint Augustin, *invisibiles oculos*, nous nous verrions environnés de toute la Milice du Ciel, et *les collines qui sont à l'entour de cette Ville assiégée nous paroîtroient toutes couvertes de chariots de feu pour notre défense*[1]. »

M. Hamon suit les pauvres religieuses opprimées dans la privation progressive des sacrements, de la Confession d'abord, de l'Eucharistie, du Viatique, de l'Extrême-Onction; il les accompagne en idée jusqu'au dernier soupir, et par delà jusque dans le refus de sépulture en terre sainte. Il a pour principe que les sacrements, si sacrés et si efficaces qu'ils soient dans leurs mystères, ne sont nullement essentiels; le baptême lui-même ne l'est pas : plus d'un martyr dans la primitive Église s'en est passé, et, ne le pouvant recevoir des mains du prêtre, l'a trouvé plus heureusement encore dans son propre sang versé pour sa religion : « Quand on a l'esprit de Jésus-Christ, on ne peut être séparé de Jésus-Christ. » Il faut se borner dans cette multitude de belles sentences qui se peuvent détacher de la trame subtile des déductions; je n'en citerai plus que quelques-unes prises çà et là et relatives à chaque sacrement.

Sur la privation de la Confession :

« Nous avons tant de fois parlé aux ministres de Jésus-Christ sans que nous en soyons plus avancées, parlons à présent à Jésus-Christ : sa parole a plus de force que celle

---

1. Se rappeler Virgile, au second livre de l'*Énéide*, et ce voile que Vénus lève soudainement de devant les yeux d'Énée pendant le sac de Troie, cet humain rideau qui, en se déchirant, lui laisse voir les grands Dieux à l'œuvre dans la plaine et sur les collines, et s'acharnant de toutes parts à la vengeance. Chez M. Hamon, c'est à l'œuvre de clémence et de protection que les saintes Milices sont employées. L'imagination et la foi, sous leurs formes diverses, se rapprochent et se touchent.

d'un homme.... Ayons plus de foi et moins de scrupule....
Nous n'avons qu'à nous adresser à ce confesseur du cœur, et
il nous confessera.... »

Sur la privation de l'Eucharistie :

« Jésus-Christ exerce davantage notre foi quand il entre
dans notre cœur les portes fermées que lorsqu'il y entre en
la manière ordinaire.... Qui nous séparera de cette sainte Eucharistie que nous recevons immédiatement de la main de
Jésus-Christ?... Qui nous séparera de cet autel invisible
dont nous sommes nous-mêmes les prêtres? Qui nous séparera de notre cœur?... Ne l'avons-nous pas reçu bien des
fois, et cela ne doit-il pas suffire pour réveiller notre foi
quand elle s'endort? Ressuscitons en nous la grâce de nos
communions passées. »

Sur la privation du Viatique ou de la communion des
mourants :

« Quand l'Époux arrive, l'Épouse n'a plus tant de peine de
n'avoir point reçu de lettres pendant son absence, et elle ne
s'étonne pas du bruit qu'elle entend, quand elle apprend que
c'est lui qui frappe à la porte.... Ayez un peu de patience, le
rideau va être tiré : vous verrez Jésus-Christ comme il vous
voit, et vous verrez tout en le voyant. »

Pour l'agonie et l'absence de prêtre à cette heure
suprême :

« Il n'y a point de prêtre qui nous assiste à l'agonie ; nous
mourons sans leur secours.... Mes mères et mes sœurs me
rendent les mêmes devoirs que me rendroient les prêtres de
Jésus-Christ. Les Épouses, dans une telle nécessité, suppléent aux amis de l'Époux, et on peut dire que, s'il y a
moins d'autorité, il n'y a pas moins de charité.... Quand il
s'agit de rendre les derniers devoirs à une personne qui se
meurt, tous les fidèles deviennent ministres de Jésus-Christ. »

Sur la privation de la sépulture ecclésiastique :

« Vous me menacez de me priver de sépulture, si je ne

consens à l'oppression d'un innocent et si je ne rends un témoignage que je crois faux.... Vous me menacez comme d'un grand mal de ce que je regarde comme un grand bien.... Je demeurerois toujours pauvre, si vous ne me faisiez trouver un trésor dans mon sépulcre.... Quand on méprise sa vie, on ne se met point en peine de ses funérailles.... On entendra également en tous lieux le son de la trompette. »

Ce n'était pas sans d'extrêmes scrupules et sans une vraie violence que l'humble pénitent laïque se portait à tenir et à exercer, près des saintes filles dont il se considérait comme le serviteur, ce rôle de conseiller et d'appui spirituel. Il se répand là-dessus dans ses confessions d'une manière bien touchante et qui nous découvre son combat. Nous venons de cueillir et de goûter le fruit; voici les racines tout innombrables et déliées, racines de crainte et d'humilité sous terre :

« L'une des plus grandes peines que j'eus pendant ces temps d'affliction, et qui m'étoit particulière, ce fut l'engagement où je me vis réduit, de donner quelquefois à ces Épouses de Jésus-Christ quelques pensées sur l'Écriture, pour les consoler et les soutenir dans l'extrême abandonnement où elles étoient. On avoit beau me fortifier là-dessus, j'y sentois au-dedans de moi une furieuse répugnance. Je voyois que je me produisois trop, et que ce n'étoit que ma faute. On pouvoit avoir raison de me conseiller cela, mais je croyois toujours avoir eu tort de demander conseil là-dessus.... J'admirois qu'on pût goûter rien de ce que j'écrivois : mon style ordinaire est ridicule ; je ne puis me réformer.... Quand je représentois cela, on ne m'écoutoit point. Je représentois, et à M. Arnauld et à M. de Saci, le péril où ils s'exposoient eux-mêmes en m'y exposant, et ils n'en étoient point ébranlés. Je témoignai même que j'avois peur que la mère Angélique, qui de son vivant me portoit incessamment à écrire, n'eût eu à répondre de cela au jugement de Dieu. Le grand nombre d'écrivains m'épouvantoit, et je me fis une prière que je disois tous les jours, en réparation de ma faute : *Miserere, Domine, prophetantium ex corde....* »

Il faut tout oser dire, et montrer, maintenant que nous l'aimons et le révérons, le personnage dans tout l'intérieur de son âme modique et tremblante, de son âme à la fois saintement pitoyable et magnifiquement vénérante. On avait pris occasion (et quand je dis *on*, je veux parler de M. Arnauld, de M. de Sainte-Marthe, et des directeurs absents) de ce surcroît de travail et de cette utilité nouvelle de M. Hamon pour lui prescrire de modérer les jeûnes excessifs qu'il s'infligeait. Jusque-là il donnait régulièrement chaque jour la moitié de sa portion (et une bien maigre portion[1]) à une pauvre veuve, et il voyait à ce retranchement et à cet emploi de sa nourriture toutes sortes de raisons nécessaires de foi, de justice et de charité : au contraire, par un effet de la même subtilité morale scrupuleuse, il trouvait à sa nouvelle fonction de *directeur malgré lui* des inconvénients et des périls sans nombre :

« Cela est contraire à la foi, disait-il, parce qu'en vous écrivant, je m'en éloigne, puisque je mets la main à l'Arche comme Osa, et que Dieu n'a pas besoin de mon secours pour la soutenir.... Ce que je fais est encore contraire à la pénitence : « *Do-« cere monacho non est in ausu, nec pœnitenti in affectu* (jamais « laïque n'a dû s'ingérer d'enseigner ; jamais pénitent n'a dû « seulement en avoir la pensée) » .... Enfin Dieu veut que je

---

1. Je tire d'un manuscrit le détail suivant, qui ajoute quelque chose de plus précis à ce qu'on savait déjà des jeûnes et des mortifications de M. Hamon : « Il a vécu six ans du pain de son le plus maigre, où on mêloit juste autant de farine qu'il en falloit pour quelque liaison. Rose (Jean Rose, domestique de Port-Royal) le lui a fait durant ce temps. Et jusqu'à la mort, il ne vécut que du pain des chiens mieux pétri et plus levé. Charlotte, domestique des Granges, étoit pour cela sa confidente. Il disoit que ce pain passoit mieux (ici des raisons ou prétextes hygiéniques).... On lui en apportoit un grand par semaine, quelquefois aux Trous, d'autres fois ailleurs, selon que le secret l'y obligeoit. Il mangeoit toujours debout, sans serviette, dans un passage fermé et sur un ais. »

le prie de devenir pauvre, mortifié et solitaire, et non pas que j'écrive de la pauvreté, de la mortification et de la solitude.... On me donne de temps en temps plusieurs champs à labourer, et je suis dispensé d'en labourer un seul. Ma foiblesse est mon privilége, qui est un privilége d'infirmité.... Cependant sans avoir égard à cette foiblesse, on m'ordonne d'aller en plein champ et de travailler à la moisson, sans craindre que, comme je ne suis qu'enfant, le soleil ne me donne sur la tête, et que je ne tombe malade encore plus périlleusement que l'enfant de la veuve, qui en mourut. »

Et toutes ces craintes, ces frayeurs de tout petit enfant dans un homme docte, ces tourments presque sophistiques et ces morcellements de la pensée à l'infini, tout cela ne se passait pas sous Léon l'Arménien, en quelque monastère de Syrie, mais en plein Louis XIV, à moins de deux cents ans de nous, à trois petites lieues de ce Versailles tout à l'heure agrandi et rayonnant! Ces apparentes petitesses d'intelligence vont mener à des sublimités de cœur. Cinq religieuses, en ces années (1666-1667), moururent entre les mains de M. Hamon sans recevoir les sacrements; il les exhortait autant que le lui permettait la surveillance dont il était lui-même l'objet. La plus touchante de ces morts, et la dernière (13 décembre 1667), fut celle de la sœur Anne-Eugénie. C'était une des plus anciennes amies de Port-Royal, bien qu'elle n'y fût religieuse que depuis treize années environ. Son extrême modestie et défiance d'elle-même, quoiqu'elle eût de l'esprit et une piété des plus pures, la tint éloignée des charges. Elle était fille de M. de Boulogne, capitaine au régiment de Champagne et gouverneur de Nogent-le-Roi. On l'avait mariée à quinze ans à M. de Saint-Ange, premier maître-d'hôtel de la reine Anne d'Autriche. Elle connut M. d'Andilly et se lia par lui avec Port-Royal dès le temps de M. de Saint-Cyran; celui-ci la dirigeait par lettres. Son mari était dans un grand dérangement d'affaires : elle y pourvut par des sacrifices, et le ramena à le religion. Lorsqu'il fut mort, sainte veuve, elle imita madame Le Maître et entra à Port-Royal le 16 mars 1652 ; deux ans après elle y prononça ses vœux. Un de ses enfants (M. d'Espinoy) y avait été élevé dès le commencement et y devint l'un des solitaires ; mais l'aîné de ses fils exerçait sa tendresse par ses légèretés et ses désordres[1]. Elle mérita, moins pour son activité d'opposition que par l'autorité qu'on lui supposait, d'être des premières religieuses que fit enlever M. de Péréfixe. Elle fut placée au couvent de Chaillot auprès de la mère (ci-devant mademoiselle) de La Fayette qu'elle avait fort connue dans le monde, et qui la réclama pour hôtesse bien plutôt que pour prisonnière ; elle y fut visitée par madame de Motteville, une de ses anciennes connaissances du monde, et dont elle eut à se louer également. Elle se laissa aller à signer la soumission pour le droit et l'*indifférence* pour le fait, comme la mère Agnès elle-même ; elle en fit, comme elle, réparation publique et pénitence au retour. Quand la sœur Angélique de Saint-Jean la pressa d'écrire le récit de sa captivité, elle le fit pour lui obéir, mais en disant très-sensément : « J'avois fort envie d'ensevelir toutes ces choses dans le silence, et de n'en parler qu'à Dieu seul. » Madame de Saint-Ange, si je démêle bien son caractère, était un peu plus tendre, plus affectueuse qu'il n'appartient à la race directe de dévotion de Port-Royal. La lecture de la Vie de sainte Thérèse lui avait donné envie d'être Carmélite à onze ans, et on se figure bien qu'elle eût pu l'être, ou encore fille de Sainte-Marie, et y trouver son apaisement. Elle était, pour

---

1. C'est effectivement celui dont il est question chez Tallemant (Tome V), et dont la femme, aussi dérangée que lui, fait le sujet d'une historiette.

tout dire, plus voisine de la mère Agnès que de la mère Angélique, si l'on peut faire de ces distinctions sous cette uniformité du voile[1]. M. de Saint-Cyran, du temps qu'il la dirigeait, lui avait autrefois écrit de sa prison du bois de Vincennes : « Pensons à mourir, Madame, lorsque nous vivons dans le repos et dans la santé. On ne sauroit trop faire pour se préparer à la mort et *pour éviter les tonnerres dont la plus grande partie des Chrétiens sont menacés dans l'Évangile.* » Mais il semble, quand on la considère de près, que madame de Saint-Ange n'ait pas eu besoin, pour aller à Dieu, d'entendre ces divines menaces et ces tonnerres. D'un esprit judicieux, doux et pénétrant, la tranquillité et une égalité presque incroyable étaient ses dons particuliers. Elle les conserva jusqu'à la fin en mourant ; elle n'eut que paix et joie en approchant du terme, et nulle terreur. Avertie par l'une des sœurs qui s'en affligeait, que son mal allait de pis en pis, elle lui répondit avec un visage doux et riant qu'il fallait dire *de mieux en mieux.* Mais voici le naïf détail, et bien beau dans sa naïveté, que M. Hamon nous donne de cette mort. J'en abrége à peine la longueur pour n'en pas altérer le caractère ; patience ! pas de dégoût, la vulgarité nous mènera à la sublimité :

« Une de mes peines aussi, nous dit M. Hamon, étoit la tourière qui voyoit tout de fort près, et qui m'accompagnoit toujours lorsque j'entrois au dedans pour y voir les malades. C'étoit une femme que Dieu nous avoit donnée pour lui servir dans son grand ouvrage, et qui ne contribuoit pas peu en effet pour purifier ses Épouses. C'étoit un de ces vases qu'il

---

[1]. L'article du *Nécrologe* consacré à la sœur Anne-Eugénie est de la plume de la mère Agnès, et il offre de la pieuse défunte un portrait charmant, où la grâce de l'onction et le sourire dominent. Il y est bien marqué que la sœur Anne-Eugénie n'eut jamais de lutte à soutenir, et que l'esprit de piété lui fut de tout temps facile.

a coutume de tenir en réserve dans ses trésors de grêle et de neige.... J'aurois scrupule de la décrire, et de dire ce qu'elle étoit, voulant garder les sentiments que la charité m'oblige d'avoir pour elle.... Lorsque j'étois obligé de demeurer un peu plus pour voir la sœur Anne-Eugénie qui étoit malade à la mort, elle avoit la dureté en sortant de me le reprocher; et sur ce que je lui représentois la grandeur du mal, elle me répondoit froidement que chacun avoit ses affaires.... Lors même que je la priois avec toute la civilité possible de demander aux sœurs du tour des nouvelles de cette chère malade, elle me répondoit avec un certain dédain : « Hé ! il n'y a que deux heures que vous en êtes sorti. » Cela suffit pour faire voir de quelle manière elle pouvoit aimer.... Comme nous étions dans la chambre de la malade, qui ne respiroit plus que la mort, on lui demanda si elle ne pardonnoit pas à ses ennemis. Ah ! mon Dieu ! qu'entendis-je alors ! que l'Épouse de Jésus-Christ tira de bonnes choses du bon trésor de son cœur ! Qu'il appartient bien aux personnes qui aiment leurs ennemis aussi parfaitement qu'elle les aimoit de parler de l'amour des ennemis.... On lui demanda si elle ne vouloit rien dire à madame Le Febvre (la tourière) : « Hé ! mon Dieu, dit-elle, priez-la un peu d'approcher, et que je l'embrasse. » Je ne puis dire ce qu'elle lui dit, ni avec quelle cordialité elle l'embrassa. Ce fut la charité qui parla, et qui se répandit sur les lèvres de l'épouse. C'étoit l'abondance du cœur qui se faisoit sentir par une abondance d'onction. J'observois particulièrement ma garde, qui n'étoit là que pour m'observer : ce n'est pas assez de dire qu'elle en fut surprise, elle en demeura épouvantée et confondue. La dureté céda à la charité. Quoique cette femme ne fût pas seulement ennemie de ces saintes religieuses, mais aussi de leur vertu, qu'elle expliquât mal leurs meilleures actions, et qu'elle ne les crût point ou qu'elle tâchât de les obscurcir, elle ne put se défendre de la charité de la mourante; elle en demeura persuadée et commença de l'aimer : car si la charité croit tout, on la croit aussi, et il est bien difficile de lui résister, quand elle se fait sentir de la sorte.... Une charité si pure tenoit bien lieu de la communion que l'on refusoit à la mourante.... C'est avoir reçu Dieu, que d'avoir reçu une telle charité.... Mourir dans de telles souffrances et dans de tels sentiments, ce n'est pas mourir, ou bien la mort seroit la vie. La mort n'a rien que d'affreux, mais une telle mort n'a rien que d'aimable.... En vérité, quand on a une telle paix, on prie toujours. Je ne pus mieux comprendre la force et l'empire de la charité qu'en voyant que la tourière même en demeura tout édifiée. Notre ecclésiastique (M. Rey), qui suivoit beaucoup ses avis, commença enfin de prier pour cette sainte mourante, en disant la messe ; ce qui étoit une nouveauté qu'avoit produite la charité. Après qu'elle fut morte, il fit encore mémoire d'elle à l'entrée et à la fin de la messe, contre ce qui s'étoit pratiqué à l'égard de quatre autres religieuses qui étoient mortes en ce temps-là. »

M. Hamon a rappelé, d'un trait, l'impression de ces mêmes scènes dans l'Épitaphe latine qu'il a consacrée à la sœur Anne-Eugénie : il la représente expirant dans l'embrassement de la Croix, les ennemis présents à sa fin versant des larmes et s'étonnant qu'elle les aimât encore.... *Lacrymantibus etiam inimicis, et se adhuc amari mirantibus, animam Deo reddidit.*

Après de tels récits, les réflexions manquent et l'on est à bout de paroles : si cela est un peu vrai (qu'on y prenne garde) et si l'immortalité est quelque chose, cela est vrai de la plus intime vérité ; si c'est pur délire, bienheureux délire et qui éclaire dans toute son aridité la sagesse des sages! — le délire de la charité dans l'agonie.

Cette fin de la sœur Anne-Eugénie de Boulogne suffit pour lui donner droit, malgré son égalité de vie et sa fuite de toute distinction, à être rangée parmi les plus belles âmes de Port-Royal, et si l'on veut achever de la définir, c'est une belle âme qui est moins encore selon M. de Saint-Cyran que selon M. Hamon.

Nous avons vu la terreur et l'effroi de l'Éternité assiéger le chevet de la mère Angélique mourante : ici tout a changé ; la douceur et la tranquillité règnent ; il s'est répandu je ne sais quel air d'allégresse : dans la journée qui précéda sa mort, la sœur Anne-Eugénie ayant reçu de son second fils, M. d'Espinoy, une lettre par laquelle il lui demandait sa dernière bénédiction, et témoignait de son vif désir de persévérer dans la piété, elle en eut un tel ravissement, qu'à l'une des sœurs qui lui demandait d'un ton de compassion si elle ne souffrait pas beaucoup, elle répondit avec un visage gai et tout animé de piété : « *L'abondance de ma joie absorbe toutes mes douleurs.* » M. Hamon prit sa part de cette joie, et il le dit en des termes où respire et reluit la tendresse, la beauté morale chrétienne :

« Je fus affligé quand je vis qu'elle mouroit, mais je fus consolé quand je la vis morte.... Je résolus alors de veiller un peu davantage sur moi-même, et de regarder à l'avenir comme une de mes mères celle que je ne regardois auparavant que comme une de mes sœurs. J'ai beaucoup de confiance en ses prières, je ne m'en fais pas un scrupule ; ce n'est pas manquer de respect pour l'Église.... L'Église ne me défend point ce que je ne fais qu'à cause d'elle. Ma prière dans ces rencontres est à peu près celle-ci : *Mon Dieu, si elle a besoin de secours, faites que nous la secourions ; si elle n'en a plus besoin, faites qu'elle nous secoure.* »

Admirable prière ! Malheur et tristesse à ceux qui ont perdu des êtres chers et qui ne trouvent point chaque soir dans leur cœur assez de foi, ni assez d'ardeur à leurs lèvres, pour la proférer !

V

M. Hamon sur la *Solitude.* — Ses *Lettres;* la mort du petit jardinier. — Choix de pensées sur la mort des petits enfants. — Le châtaignier de M. Hamon, et le hêtre de M. de La Mennais. — Dernières années de M. Hamon; sa fin. — Parfait médecin chrétien. — M. de Sainte-Marthe, le confesseur ordinaire. — Monotonie; vertus. — La prédication au jardin.

Je continue de donner le suc et la fleur de M. Hamon.

Il a fait bien d'autres écrits encore, dont une partie a été recueillie sous le titre de *Traités de Piété*, d'*Opuscules*, un *Traité de la Prière continuelle*, de cette prière qui est possible à travers et pendant toutes les occupations de la vie chrétienne; des Soliloques en latin (*Christiani cordis Gemitus seu Soliloquia*), toutes méditations, paraphrases et moralisations tirées de l'Écriture. Il a fait un Traité *de la Solitude* qui a pour épigraphe ce verset d'Isaïe : « *Exultabit Solitudo, et florebit quasi lilium*.... La Solitude sera dans l'allégresse, et elle fleurira comme le lis ; elle poussera et elle germera de toutes parts ; elle sera dans une effusion de joie et de louanges. » Ce livre semble fait pour présager la solitude refleurissante et glorieuse de Port-Royal à l'époque de 1669, en même temps que pour la rendre plus féconde et plus sainte aux années de la persécution. Gardez-vous de vous glorifier jamais de la solitude. L'esprit de solitude est un don qui ne vient que de Dieu ; l'humilité qui se perfectionne dans l'infirmité, comme dit l'Apôtre, est la véritable porte qui nous y donne entrée : « Les Superbes peuvent être seuls, mais ils ne peuvent être Solitaires. » Ainsi parle M. Hamon. L'auteur rassemble dans son Traité tout ce que l'Écriture a dit sur ce sujet de la solitude, assuré de ne point se tromper, dit-il, en ne s'éloignant pas d'un si bon guide. C'est là qu'on lit : « La lumière de la solitude et de la contemplation est une lumière brûlante comme celle du soleil, *sicut sol.* » Et encore (car la solitude selon M. Hamon est surtout l'état de recueillement intérieur et de direction non distraite vers Dieu) :

« Saint Augustin a bien raison de dire que les lieux qui contentent les sens nous remplissent de distraction : *Loca offerunt quod amemus, et relinquunt in anima turbas phantasmatum;* et cela est si vrai, qu'il y a plusieurs personnes qui sont obligées de fermer leurs yeux lorsqu'elles prient dans des églises qui sont trop belles.... C'est pourquoi ceux qui se bâtissent de belles solitudes et les remplissent de toutes sortes de curiosités afin de ne s'y pas ennuyer, ressemblent, à ce que je peux croire, à un capitaine peu expérimenté, qui feroit entrer plusieurs troupes de ses ennemis dans sa place pour la mieux garder: car, au lieu d'être plus fort, il en seroit plus foible. »

En se retirant dans le désert, M. Hamon a peur qu'on ne fasse que changer d'idoles. S'il veut des fleurs dans la solitude, il ne veut que les fleurs du dedans ; il ne veut que les parfums les plus profonds et ceux dont la flamme nous enlève toujours plus haut. Il a énuméré quelque part les divers degrés suivant lesquels on aperçoit la vérité : la *lecture* d'abord, qui est une demi-méditation :

« La vérité, dit-il ingénieusement, est dans la *lecture* comme une armée qui est dans un défilé, lorsqu'un chemin étant étroit, il y faut passer l'un après l'autre : et dans une telle rencontre, ce n'est plus une armée dont toute la force est de ne faire qu'un corps, qui n'a qu'un mouvement, et qui peut combattre toute à la fois.... La vérité dans la *méditation* se montre à nous comme une armée qui n'est point rangée, et qu'on veut commencer de mettre en bataille, mais qui n'y est pas.... La vérité enfin se montre à nous, dans la *contemplation*, comme une armée rangée en bataille, qui n'a qu'une marche, où il n'y a qu'un ordre, où tout combat de concert comme un seul corps, ce qui la rend invincible.... La vérité est beaucoup voilée dans la *lecture;* elle l'est moins dans la *méditation;* elle commence de se dévoiler dans la *contemplation.* »

Elle éclatera à nos yeux dans l'état de *gloire.* Je ne fais que compléter la pensée en ajoutant ces derniers mots. — *Lecture,* — *méditation,* — *contemplation,* — *gloire,* voilà les degrés :

« Il n'y a peut-être rien qui nous puisse faire voir davantage quelle devroit être la pureté de notre solitude, que l'état de la *contemplation* qui, élevant l'âme un peu plus haut, lui montre bien clairement combien d'ordinaire elle est rampante; mais l'état de la *contemplation* n'approche point de celui de la *gloire,* et ce n'est qu'une goutte en comparaison de l'Océan. »

On voit qu'en sauvant toujours son humilité, M. Hamon savait aussi les degrés du Thabor; il savait, ou croyait savoir, comment tout l'homme se noie dans la pure lumière et se transfigure [1].

1. Les écrits du genre de celui-là semblent étranges en français; ils furent sans nombre en latin aux siècles théologiques (Voir *Bibliotheca Cluniacensis, Cisterciensis*). M. Hamon n'est qu'un des derniers d'une grande famille de mystiques solitaires que favorisa le cloître et que les érudits retrouvent en remontant vers les pentes et les hautes vallées du Moyen-Age, Gerson, Bonaventure, Pierre de Celles, Hélinand de Froidmond, Richard et Hugues de Saint-Victor, etc., etc. M. Hamon les représente, un peu à son insu, dans

Les *Lettres* de M. Hamon, le seul de ses écrits qui la littérature du dix-septième siècle, et on peut donner l'idée, une idée plus que suffisante. — Mais que nous sommes loin, bon Dieu! de ces formes et encore plus de ces idées de spiritualité intérieure! Sur ce que dit M. Hamon, par exemple, de l'inconvénient de prier « dans les églises trop belles, » je me suis rappelé tout ce que Port-Royal pensait de conforme à ce sujet. « Cette règle est générale pour toutes choses, disait la mère Agnès, que plus on ôte aux sens, plus on donne à l'esprit. Tout le plaisir qu'on prend dans les choses visibles diminue autant la vie de la Grâce. » Un jour que M. Hamon, parlant à la mère Angélique, lui faisait remarquer un bâtiment qui était tout à fait irrégulier, les fenêtres du second étage n'ayant aucune proportion avec celles du premier : « Mon Dieu! que j'aime cela! dit-elle ; que si l'on n'est point dans la pauvreté, pour le moins qu'on en conserve l'image. » M. de Saint-Cyran est allé plus loin ; il est allé jusqu'à dire : « Il y a plus de dévotion à entendre la messe d'un prêtre mal habillé, ou peu vertueux, que d'un prêtre qui dit la messe avec de beaux ornements, et sur un autel bien paré, ou qui est estimé pour sa vertu : car dans l'un des cas toute la foi agit et engage les sens, et dans l'autre tous les sens sont engagés ; souvent la personne même du prêtre (c'est-à-dire la fonction sacrée du prêtre) y a la moindre part. » Au lieu de cela, nous tous ou presque tous d'aujourd'hui, je parle de ceux que la religion trouve le moins indifférents, nous sommes accoutumés à faire intervenir la sensation dans le christianisme, à croire qu'on est mieux pour prier, sinon dans de belles églises, du moins dans de vieilles églises gothiques, dans le lieu et dans les circonstances qui favorisent le plus notre imagination. « Les vieilles églises! il n'y a que celles-là qui soient réellement belles, et *où l'on prie avec émotion.* » Ainsi parlent et écrivent ceux même dont les pères étaient jansénistes. La messe célébrée sur le pont d'un navire au milieu de l'Océan ; — la messe célébrée sur les ruines d'un vieux temple chrétien en face du désert, — ce sont des thèmes d'émotion religieuse que nous connaissons et qui, de nos jours, ont tenté les talents encore plus que les cœurs. Le sentiment janséniste strict, et qui, excessif à sa manière, a pour principe de se tout retrancher, est le plus opposé possible à ce sentiment chrétien d'après Chateaubriand, ou même d'après Michel-Ange et Raphaël ; il est tout l'opposé du sentiment hellénique, qui jouissait de reconnaître et d'adorer deux fois ses Dieux quand ils sortaient de dessous le ciseau de Phidias :

> . . . . . . Bis sacra templa, deorum
> Numine et artificum ; bis relligiosa voluptas
> Cernere Phidiaco spirantes marmore Divos!

m'invite encore [1], renferment bon nombre de pensées qu'on retrouve en propres termes dans le petit livre où il raconte quelques *Circonstances* de sa vie ; il avait son fonds commun de pensées saintes, et il y puisait dans les occasions semblables. Mais il y a dans ses Lettres d'autres endroits inappréciables et qui ne se rencontrent que là. Quoiqu'il y soit très-sobre de particularités, par esprit de religion, et aussi peut-être parce qu'on en a retranché à l'impression ce qui était trop personnel, l'agrément du tour accompagne et relève bien certains détails. A un ami éloigné qui lui avait demandé quelques conseils et aussi je ne sais quel travail assez long, il répondait pour s'excuser, et en lui envoyant du moins une belle pensée de saint Bernard qui lui était revenue, chemin faisant, pendant qu'il allait voir un malade :

« Je vous l'envoie en attendant que je puisse penser au reste que vous désirez de moi ; je fais comme un pauvre fermier qui porte un petit panier de fruits à son maître, ne pouvant lui porter d'argent, et pour avoir terme. Voici la pensée [2]. »

A un supérieur de monastère, qui lui avait demandé quelques sentences latines en forme de prière pour réciter avant ou après certains actes communs, et qui, en retour, lui promettait ses prières devant Dieu, et celles de sa Communauté, M. Hamon écrivait en les lui envoyant :

« Je vous compare à un homme de qualité qui a la bonté de vendre lui-même la petite marchandise d'un pauvre homme et la fait acheter à ses amis, qui ne veulent pas le

1. *Recueil de Lettres et Opuscules de M. Hamon*, 2 vol. in-12, 1734. Le tome premier seul renferme les lettres.
2. C'est ainsi que Sénèque envoie à son ami Lucilius, presque dans chaque lettre qu'il lui adresse, une pensée d'Épicure, en relevant l'envoi par quelque tour agréable et nouveau, et toujours sous forme de dette ou de présent.

refuser, et la vend plus cher qu'elle ne vaut afin de le faire vivre et lui donner le moyen de subsister. Voici donc les pensées qui me sont venues.... »

En un endroit on voit qu'au matin, au réveil, il lui venait souvent tout à coup à l'esprit de petites sentences latines toutes composées ; c'était sa strophe, son sonnet du matin. Par exemple, cette prière à Jésus-Christ en trois versets symétriques :

« Vivam tecum, quia omnis alia conversatio periculosa
« est. — Vivam de te, quia omne aliud alimentum vene-
« num est. — Vivam propter te, quia qui sibi vivit et non
« tibi, non vivit, sed mortuus est. »

« Je vivrai avec toi, parce que tout autre entretien est rempli de dangers. — Je vivrai de toi, parce que tout autre aliment est un poison. — Je vivrai pour toi, parce que celui qui vit pour soi, et qui ne vit pas pour toi, ne vit pas, mais il est mort. »

Un malade qu'il avait guéri lui avait envoyé un cadeau de belles étoffes et de drap : il le lui renvoie en citant saint Paul qui, à force de charité, avait été souvent dans un état voisin de la nudité, *in nuditate*, et qui recommandait qu'on lui apportât de si loin une robe qu'il avait laissée en Asie : « Il aima mieux donner cette peine à un évêque que d'en recevoir une autre (une robe) des fidèles, qui lui eussent fait ce petit présent, et un bien plus grand, avec joie. » — Et sur l'importance des petites choses qui mènent aux plus graves, en un autre endroit il dira : « Quand une pierre est une fois détachée du haut d'une montagne, elle tombe jusqu'au bas, si elle ne trouve quelque chose qui l'arrête ; car tant qu'il y aura du penchant, elle ne s'arrêtera jamais. » Mais en fait d'agrément pieux, de grâces touchantes et fleuries, je ne crois pas qu'on trouve, ni dans saint François de Sales ni dans les Pères grecs les plus onctueux et les plus riants, de pages à préférer à la lettre suivante ; il s'agit de la mort d'un tout jeune enfant, filleul de l'ami à qui il écrit :

« Monsieur, on peut se délasser quelquefois l'esprit, et je le fais maintenant en vous écrivant sur la mort de notre petit jardinier, qui a été transplanté lui-même dans une bien meilleure terre. Vous l'aviez tenu sur les sacrés fonts de baptême, et vous en aviez fait un petit Joseph. Vous ne pouviez mieux répondre pour personne, et vous êtes une heureuse caution. Il a eu l'innocence des petits, et quelque petite chose du mérite des grands. On pourroit dire de lui qu'il possède à présent le royaume de son Père, non-seulement comme un héritage qui lui a été donné par Jésus-Christ, mais aussi comme une acquisition qu'il lui a fait faire. Il eut l'hiver passé une des grandes maladies que puisse avoir un enfant. L'innocence de l'âge, qui est privilégiée, le fit entrer parmi des religieuses de votre connoissance[1], qui en eurent un très-grand soin. La santé étant revenue, il s'occupa au jardin. Comme il se trouvoit bien dans cette maison, on lui parla de la clôture ; il écouta si bien ce qu'on lui dit sur ce sujet, que quand la porte du jardin étoit ouverte et qu'on vouloit le faire un peu plus avancer, il s'en fâchoit et se reculoit en pleurant. Il respectoit déjà les religieuses, et obéissoit exactement à leurs ordres. Quelques jours avant que de mourir, une sœur pour qui il avoit une tendresse particulière travaillant au jardin, il lui apportoit avec ses petites mains de grosses pierres, et il lui disoit : « Travaillons, « ma sœur, afin de gagner notre pauvre vie. » Ce sont là de petites choses comme vous voyez, et des jeux d'enfant. Mais Dieu demande-t-il autre chose ? Cet enfant ne savoit pas bien ce qu'il disoit, mais Dieu le savoit, qui le lui faisoit dire. Un père quelquefois ouvre la main d'un enfant qui tète, y met un petit présent et la referme ensuite avec soin et plaisir. On ne dit point après cela que ce qu'il lui a donné ne soit point à lui ; il lui appartient sans doute, et il tient dans ses petites mains ce qu'on y a mis. Il en est de même de votre petit filleul, dont je veux vous dire encore une parole qui vous réjouira ; vous savez que je n'ai point d'autre but

---

1. Il est inutile de dire que c'est à Port-Royal.

dans cette lettre que je vous écris. Il disoit un peu avant sa maladie, qui n'a duré qu'un jour : « Je prierai tant Dieu que je
« serai fille, afin d'être religieuse. » Vous voyez l'innocence; et que ne donneroit-on point pour être si innocent, et paroître un jour après devant Dieu? Le pauvre enfant n'a point été fille ni religieuse, mais il est mort comme un religieux au milieu d'une troupe de religieuses qui l'assistoient ; il a été exposé dans le chœur comme une religieuse; il a été enterré avec elles et par elles. La mort, qui n'a rien d'affreux qu'à cause du péché, ne lui avoit point changé le visage ; c'étoit un petit ange, que des anges, en chantant, mettoient en terre. Il étoit couronné de son innocence, et des fleurs de la terre dont on lui avoit fait une couronne. Je vous dis tout ce petit détail pour vous divertir. Vous avez répondu pour votre petit Joseph ; vous avez promis qu'il ne se laisseroit point gagner par le monde, et il l'a vaincu. Le voilà en sûreté, et peut-être qu'il priera pour vous. Je vous demande vos prières et suis, etc. »

Plusieurs de nos poëtes ont écrit ou chanté aussi sur la mort des enfants, de ceux qu'on appelle de petits anges ; ils ont fait des vers plus ou moins touchants, et où la fantaisie se prête à la sensibilité. M. Hugo, dans ses premières Odes, a consacré quelques stances à l'*Ombre d'un enfant :*

> Oh ! parmi les soleils, les sphères, les étoiles,
> Les portiques d'azur, les palais de saphir,
> . . . .
> . . . .
> Enfant ! loin du sourire et des pleurs de ta mère,
> N'es-tu pas orphelin au Ciel?

M. de Chateaubriand nous a montré les mères indiennes aimant à suspendre dans l'air leurs enfants morts et comme endormis, les berçant avec des chants dans les lianes, aux bras des forêts en fleur. Et dans *Atala* il fait ainsi parler une jeune mère sur un tombeau :

« Pourquoi te pleuré-je dans ton berceau de terre, ô mon nouveau-né? Quand le petit oiseau devient grand, il faut qu'il cherche sa nourriture, et il trouve dans le désert bien des graines amères. Du moins tu as ignoré les pleurs; du moins ton cœur n'a point été exposé au souffle dévorant des hommes. Le bouton qui sèche dans son enveloppe passe avec tous ses parfums, comme toi, ô mon fils, avec toute ton innocence. Heureux ceux qui meurent au berceau! ils n'ont connu que les baisers et les sourires d'une mère. »

Eux-mêmes, Chateaubriand et Victor Hugo, s'avoueraient vaincus, j'en suis certain, devant la simplicité et la *joyeuseté* tout angélique et angéliquement attique de M. Hamon. C'est une sainte enfance à *la Jardinière*, d'avant Raphaël. M. Hamon ne se joue pas, il n'imagine pas; même dans ses gaietés, c'est sa pure croyance qui parle, c'est la fleur de son âme qui s'entr'ouvre et sourit. Son adorable Lettre nous a rappelé encore cette Hymne de l'Église en l'honneur des saints Innocents, *Salvete, flores Martyrum...*; Hymne légère et charmante, dont les bonnes strophes sont de Prudence. Notre ami, M. de Saci, moins heureux d'ordinaire, a été cette fois bien inspiré, et il a eu une lueur de grâce poétique en la traduisant[1]. Ses Stances ne sont pas indignes d'être mises en regard de la Lettre de M. Hamon :

---

1. J'aurais à expliquer ici comment, dans une première édition, j'avais pu attribuer la traduction qu'on va lire à Des Maretz de Saint-Sorlin, cet ennemi de nos amis, cet exagéré et cet extravagant que combattait Nicole. Dans un petit *Livre de poésie à l'usage des jeunes personnes*, publié en 1840, l'auteur de ce choix, une emme d'esprit et de goût, avait mis cette traduction sur le compte de Des Maretz, et en cela elle ne faisait que suivre l'indication d'un savant homme, son mari, alors conservateur des Imprimés à la Bibliothèque du Roi (M. Ch. Lenormant). Je savais cette circonstance; j'avais lu dans le temps ce Recueil; j'avais retenu les jolis vers en les rattachant au nom de Des Maretz, et je m'en étais souvenu tout naturellement à propos du petit jardinier de M. Hamon. J'aurais mieux fait de me rappeler que ces vers se trouvent précisément à la suite de l'*Office de l'Église*, traduit par Saci; fmais on ne s'avise jamais de tout, et d'après l'autorité de l'homme de savoir qui avait surveillé le choix de 1840, je m'en remettais

Brillez, fleurs des Martyrs, dont la troupe innocente
Tombe, au lieu de Jésus, sous le fer des méchants,
  Comme un tourbillon dans nos champs
Rompt les tendres boutons de la rose naissante.

Prémices des Martyrs qui pour Christ se dévouent,
Vous mourez pour l'Agneau, plus doux que des agneaux;
  Vous riez devant vos bourreaux,
Et vos petites mains de vos palmes se jouent [1].

J'ai nommé Raphaël pour ses divines enfances : le vieux Michel-Ange était moins disposé à sourire à ceux qui naissaient. Agé de quatre-vingts ans, il écrivait à Vasari qui venait de le féliciter sur la naissance de son petit-neveu :

« Cher ami Georges, j'ai pris un très-grand plaisir à la lecture de votre lettre, voyant que vous vous ressouvenez du pauvre vieillard, et aussi en apprenant que vous vous êtes trouvé au *triomphe* de voir naître un autre Buonarotti, duquel avis je vous remercie autant que je puis et sais faire.

« Mais une telle pompe me déplaît bien, parce que l'homme ne doit pas rire quand tout le monde pleure. (On avait trop souvent de quoi pleurer au seizième siècle.) C'est pourquoi il me semble que Léonard mon neveu n'a pas lieu de faire si grande fête pour un enfant qui naît, et de montrer une allégresse qu'il faut réserver pour la mort de celui qui a bien vécu. »

de confiance à son indication. Un doute m'étant venu depuis, j'ai reconnu avec plaisir que Saci, — notre Saci, — était l'auteur inespéré des aimables Stances, et que de son côté Des Maretz, dans l'*Office de la Vierge Marie, mis en vers avec plusieurs autres prières* (1645), avait, il est vrai, traduit les mêmes strophes latines, mais bien moins agréablement. Tout est pour le mieux.

1. On me rappelle, à ce propos, une pièce de vers qui a sa célébrité, l'*Ange et l'Enfant*, de Jean Reboul : j'avoue que je n'en ai point fait mention dans mon texte, parce que, bien qu'assez touchante de ton, cette élégie adressée à une mère est d'une vague élégance de style, et que la mythologie chrétienne proprement dite y jette sur le naturel une teinte et comme un voile de convention. En ce genre, l'ode de Victor Hugo suffit.

Ici, par contraste avec M. Hamon qu'une mort d'enfant chrétien réjouit et enivre d'allégresse, c'est la gravité d'un front sublime, chargé du poids de la vie, qui accueille sans se dérider une chère naissance : une sorte de comparaison jalouse y éteint la joie.

Les Anciens n'ont certes pas ignoré les riantes images, correctif et consolation des morts précoces, et ils en ont quelquefois gravé le témoignage au tombeau de ces petits êtres qui ont peu vécu. Quelques-unes de leurs Épitaphes peuvent être rappelées sans disparate, dans cet intervalle de délassement que nous nous accordons :

« Ce n'est pas sans impiété que tu as enlevé sous terre, ô roi Pluton, cette jeune épousée de cinq ans, ornée de tous les dons : car telle qu'une rose à la douce haleine dans la saison commençante du printemps, tu l'as coupée à la racine avant qu'elle ait achevé de fleurir. Mais allons, ô Alexandra et Philtatos (le père et la mère), ne vous répandez plus en plaintes, en vous lamentant sur l'aimable jeune fille : car elle avait la grâce; elle l'avait si bien sur son visage aux douces couleurs, qu'elle a mérité de rester dans les demeures immortelles de l'Éther. Ayez donc foi aux récits du passé ; car votre noble enfant, ce sont les Naïades qui l'ont ravie comme charmante, ce n'est point la Mort. »

Et celle-ci encore :

« Tu n'es pas morte, Protè, mais tu es passée dans une contrée meilleure et tu habites les îles des Bienheureux en toute allégresse. Là, dans les prairies Élyséennes, tu te plais à bondir sur les tendres fleurs, à l'abri de tous les maux. Ni l'hiver ne t'y afflige, ni la chaleur ni la maladie ne t'importunent, ni la faim ni la soif ne t'assujettissent plus; plus rien de la vie des mortels n'est pour toi regrettable : car tu vis de la vie inaltérable au milieu des clartés pures, toute voisine de l'Olympe. »

C'est joli, mais froid ; il y a toute la grâce naturelle qui sied au sujet, mais ce qui y fait défaut pour l'effet sincère, c'est l'idée, la conviction intime et profonde qu'en disparaissant ainsi, le jeune être, qui continue bien réellement de vivre, a bien réellement aussi échappé au plus périlleux des combats, au danger d'une perte éternelle de son âme : effrayante croyance, et qui cependant est au fond de la joie de M. Hamon! Chez lui du moins, cet effroi est si bien recouvert qu'on ne le sent plus que par l'allégresse qu'il a d'en être délivré.

Un bon janséniste, le meilleur des hommes, mais de ceux qui sont comme figés en esprit sur l'extrémité d'un dogme dur, disait un jour à M. Ballanche, en parlant de quelqu'un dont il discutait la doctrine : « Enfin il ne veut pas croire que les enfants morts sans baptême sont damnés : concevez-vous une pareille horreur? » L'horreur, aux yeux de ce bonhomme, n'était pas de croire que des enfants nés et morts d'hier sont condamnés à la géhenne du feu, c'était de n'y pas croire. M. Hamon, avec son petit jardinier, chasse bien loin l'idée de ces convictions farouches, bien qu'au fond il soit des plus avant engagés dans le groupe qui les maintenait [1]. Sa fine spiritualité proteste, sans qu'il le dise,

---

1. On ne peut opposer à M. Hamon de contraste plus expressif et de plus grand *repoussoir* dans son propre groupe que M. de Pontchâteau en sa naïve et grossière intolérance. C'est ce M. de Pontchâteau qui écrivait à M. de Neercassel à Utrecht : « On ne voit de tous côtés que des sujets de gémir par le renversement des maximes les plus constantes de la religion. Les Jésuites en prêchent l'indifférence, et *pourvu qu'on croie en Jésus-Christ, cela suffit pour le salut*. Un d'eux a assisté un soldat hérétique à la mort dans Amiens, où il fut passé par les armes, et *a fait prier Dieu publiquement pour lui*, espérant bien de son salut sans lui faire faire abjuration. Il traita même d'ignorant une personne qui lui témoigna en être surprise. *Il se contenta de lui faire prononcer des actes de foi et d'amour de Dieu, et de lui faire lire le dix-septième chapitre de l'Évangile de saint Jean* (voir ce chapitre du plus beau et du plus large christianisme). Il falloit encore ce digne couronnement aux excès qu'ils commettent. » (Lettre du 24 mars 1676.) — Il serait à souhaiter que les Jésuites n'eussent jamais commis de plus énormes excès. Nous n'avons jamais de ces impressions d'un jansénisme tout vert et tout cru en lisant M. Hamon.

contre ces violentes et brutales images. Son caractère est de trancher sur la religion de ses amis, et, par les fruits qu'il nous donne, il nous reporte au christianisme tel qu'il s'est vu en d'autres contrées, sous d'autres climats.

Ce qui manque à la religion de Port-Royal et en général à la religion gallicane et française (je ne parle pas en vue du moment présent ni des années récentes, je ne pense qu'aux âges écoulés), c'est, on l'a remarqué avant moi, la légèreté, la joie des saints et des enfants de Dieu. Pendant les belles époques de croyance, observez bien, en France il y a plutôt des *justes*, en Italie il y a des *saints*. Cela a tenu à la fois à la nature de l'esprit français, et à ce qu'on a été aux prises avec le Protestantisme et tout occupé à s'en démêler. Le Catholicisme gallican a toujours été occupé à se débarrasser et à se garantir de quelque chose : c'est ainsi qu'il a rejeté successivement le Protestantisme, le Jansénisme et le Jésuitisme. Mais de cette habitude même de retranchement et d'abstention, il lui était resté un fond de tempérament plutôt janséniste. Je veux dire seulement qu'une certaine dose de critique s'y était mêlée jusqu'au sein de la foi. En France (et j'excepte toujours les temps récents), on a volontiers cheminé dans cette voie, entre Nicole et Bourdaloue, Bossuet présidant le tout, et semblant tenir l'équilibre. Pourtant on peut trouver que le caractère d'une telle dévotion est en général bien plus sérieux et austère qu'aimable : il y a du terrible au fond. Le dogme de la NON *fréquente Communion* y est entré pour quelque chose. J'oserai dire qu'il en a été en France de notre religion comme de notre poésie : il y a eu du Boileau, qui a réglé, mais resserré l'une, et de l'Arnauld, qui a réprimé l'autre. Arnauld, désavoué, subsistait encore et gardait l'estime. En d'autres pays au contraire, et surtout en Italie, il s'est pu voir de tout temps une religion sans critique aucune, mais aussi sans tristesse, avec plus de bonhomie et de naïveté et toute semée de joie et de sourires : témoin sainte Catherine de Sienne et saint François, — saint François, le saint favori de l'Italie, le meilleur, le plus aimable, le plus tendre des saints [1]. M. Hamon, à certains égards, et quoique accessible à la crainte, laisse voir, dans ses écrits de dévotion, de cette joie et de cette allégresse ; il est plein de ces sourires et de ces fleurs. Entre les justes de Port-Royal (car Port-Royal n'a que des justes, et point de saints), il est le seul de son espèce, et on ne peut tout au plus rapprocher de lui que M. de Tillemont qui chantait ses doux cantiques en marchant, Lancelot qui riait parfois sans cause, et Fontaine dont le cœur simple bondissait si allègrement.

Bossuet quelque part a dit : « Les livres et les préfaces de Messieurs de Port-Royal sont bons à lire, parce qu'il y a de la gravité et de la grandeur ; mais comme leur style a peu de variété, il suffit d'en avoir vu quelques pièces. » Bossuet n'aurait pas dit cela des livres et du style de M. Hamon, qui tranchent sur l'uniformité de ces autres Messieurs. M. Hamon n'est point de ceux en qui « une exactitude sèche et triste ternit les esprits et insensiblement les éteint ; » il est le contraire. Encore une fois, c'est un solitaire qui rappelle les ascètes de l'Orient. A le voir, on lui donnerait l'aumône ; et il a des paroles d'or, il porte l'encens et la myrrhe. C'est un roi-mage en haillons.

Dans le recueil de ses Lettres il y en a une autre bien remarquable, d'un ton plus sombre que la précédente,

---

1. Dans un article sur saint François d'Assise, M. Renan qui vient de citer le ravissant cantique qui lui est attribué, le *Chant des créatures*, ajoute : « Il n'y a là rien de contraint à la façon de Port-Royal et des mystiques de l'école française du dix-septième siècle.... » A ce jugement vrai, M. Hamon fait exception.

mais qui nous exprime avec non moins de beauté ce qu'on appellerait la promenade mélancolique de M. Hamon, son symbolisme universel, sa contemplation chrétienne devant le *châtaignier* comme fera Bernardin de Saint-Pierre devant le *fraisier*. C'est de la sorte que rêvent au sein de la nature les Oberman chrétiens. Cette lettre se rapporte, je le pense, aux dernières saisons de sa vie, à son dernier automne peut-être, et quand il sentait déjà ce monde visible lui échapper. Il écrit à un médecin de ses amis intimes (à M. Dodart ou à quelqu'un de pareil) :

« Monsieur,

« Je vous suis obligé de vos bons soins et de vos bons avis : *Frater qui adjuvatur a fratre, velut civitas firma* (le frère qui est aidé par son frère est comme une ville forte). Je perds entièrement le repos, je n'ai commencé à dormir cette nuit qu'à trois heures. Quand je suis avec quelqu'un, je parle avec quelque gaieté ; mais, quand je suis seul, je me trouve triste et me jette sur mon lit. Pour dissiper cela, je me traine le mieux que je puis pour m'aller promener, et je rêve en m'occupant de mes pensées. J'allai hier seul à mon ordinaire dans le parc, qui est à présent aussi solitaire que les déserts de la Thébaïde[1] ; j'y allois, comme je vous dis, pour me défaire de moi, et pour m'abandonner aux premiers objets qui se présenteroient à mon esprit. Comme je m'étois caché dans le bois, et que je ne pouvois rien voir que des arbres, je n'eus point aussi d'autre conversation. J'allai m'asseoir sur un siége qui est encore du temps passé, et qui étoit couvert de mousse ; cela me fit souvenir de ce verset des Lamentations : « *Viæ Sion lugent....* Les rues de Sion pleurent, « parce qu'il n'y a plus personne qui vienne à ses solenni- « tés. » Mais comme je n'étois pas en humeur de faire le procès à personne, et que je n'avois pas le courage de me le faire à moi-même, j'arrêtai les yeux sur ce siége, et non pas sur ceux qui l'y avoient fait mettre : je remarquois, en le

---

1. Sans doute après la dernière dispersion de 1679.

voyant, que des plantes qu'on arrose tous les jours avec soin sèchent dans les meilleures terres, et que cependant il venoit quelque chose jusque sur du bois sec. Cela me fit souvenir de ces plantes qui croissent sur des murailles et sur des roches, et de la mousse qui vient sur les tuiles. Il me sembloit que tout cela me condamnoit, et que c'étoit avec grande raison que l'arbre stérile étoit condamné au feu, n'y ayant point de bonne excuse de ce qu'on n'apporte point de fruit, en quelque lieu que ce puisse être, quand on a été planté de la main de Dieu même. Je ne puis vous dire toutes les pensées qui me vinrent là-dessus..... *Les créatures qui nous instruisent ressemblent aux lettres hébraïques qui signifient des choses toutes contraires, selon la diversité des points qu'on y met, qui les déterminent si différemment....* (J'abrége ici quelques subtilités par trop raffinées.)

« Vous pouvez voir, continue-t-il, dans tout ce que je vous dis des traces de ma maladie ; mais n'importe, il me semble que je suis un peu plus remis en vous écrivant ; ainsi je continuerai de vous dire mes petites rêveries. Étant assis sur ce banc, j'avois devant moi un pauvre châtaignier, qui avoit été planté là afin de faire une espèce d'encoignure, et d'être là, non pas comme une pierre, mais comme un arbre angulaire, pour servir de commencement à une allée, et de fin à une autre ; mais les arbres qui étoient derrière, étant trop grands, l'avoient empêché de croître suffisamment : ce qui est beau, (c'est que) la nature qui fait toujours bien ce qu'elle fait, comme dit notre Hippocrate[1], et qui est savante et admirable jusque dans les choses insensibles, avoit porté toutes les branches de ce pauvre arbre du côté du soleil, et d'où lui venoit la vie. Il est visible qu'il fuyoit cette ombre mortelle de toute sa force. Je trouvai les arbres des forêts plus sages que les hommes.... Car au lieu de porter leurs branches du côté du vrai Soleil qui est la vie même qui les fait vivre, ils les portent du côté de la mort, afin de périr plus tôt.... Cet arbre m'apprit encore que ce n'est point assez de fuir le

---

1. M. Hamon citant avec bonheur son Hippocrate jusqu'aux pieds de Jésus-Christ, c'est comme Pascal dans ce magnifique morceau où reparaît Archimède à titre de prince de l'intelligence, de *prince de son Ordre*. La marque de la vocation naturelle persiste encore jusque sous la Croix.

monde, si on ne le fuit autant qu'il est nécessaire pour se sauver. Quoiqu'il eût appelé le soleil à son secours, et qu'il lui eût tendu comme les bras, il n'a pas laissé de mourir, n'ayant pu croître assez promptement pour prendre le dessus ; ce qui fait voir qu'il est étrangement dangereux, non-seulement de demeurer dans le monde, mais aussi d'en demeurer trop proche, ou, n'étant pas libre de toute sorte d'engagement, de ne faire pas des efforts et des violences terribles pour se sauver. Surtout les gens de condition qui sont si élevés font une grande ombre, et il est bien difficile qu'un pauvre arbre, qui n'a pas même de trop bonnes racines puisqu'il souffre un tel voisinage, puisse vivre et porter du fruit à maturité, quand il en est trop commandé. Par conséquent, ceux que Dieu a eu la bonté de transplanter en des lieux où rien ne les empêche de croître, comme vous et moi en connoissons, sont bien obligés de l'en remercier[1]. »

Dans un ordre de sentiments tout différents et même opposés, je ne puis m'empêcher de faire un rapprochement qui n'aurait pas toujours paru un criant contraste. Il y a eu en notre temps un homme qui avait d'abord rêvé et prêché éloquemment une régénération religieuse sincère, une réforme grandement chrétienne, et, à certains moments que je n'ai pu oublier, dans une des courtes haltes de sa route, je l'ai vu aux champs sous de beaux ombrages, parlant passionnément des choses de Dieu, entouré de jeunes amis et de disciples qui ne désiraient rien tant que de régler leur vie et leur pensée sur ses conseils et ses maximes : le nom de Port-Royal (si-

---

1. Se rappeler les vers de Virgile au livre II des *Géorgiques*, à l'endroit où il dit que les rejetons, qui produiront des fruits s'ils sont transplantés dans une campagne découverte, restent stériles tant que la grande ombre maternelle les opprime et les dévore :

> Nunc altæ frondes et rami matris opacant,
> Crescentique adimunt fœtus uruntque ferentem.

Mais M. Hamon, dont ces beaux vers rendent si énergiquement la pensée, lisait l'Écriture, saint Bernard et Hippocrate plutôt que Virgile.

non pour la doctrine, du moins pour l'impression morale et les souvenirs de vertu) était quelquefois prononcé en ces heures d'union trop passagères. M. de La Mennais, — car c'est lui, — toujours extrême, toujours emporté au delà, à l'instant où il allait rompre violemment avec le plus cher de lui-même, avec la première moitié de sa carrière, et passer, enseignes déployées, au parti du siècle, seul une dernière fois aux champs, dans cette retraite sauvage de La Chesnaye où il avait si souvent dévoré son cœur et d'où en idée il envahissait le monde, écrivait les versets que voici, au paragraphe XXXI de ses *Paroles d'un Croyant :*

« Je voyais un hêtre monter à une prodigieuse hauteur. Du sommet presque jusqu'au bas il étalait d'énormes branches qui couvraient la terre alentour, de sorte qu'elle était nue; il n'y venait pas un seul brin d'herbe. Du pied de ce géant partait un chêne qui, après s'être élevé de quelques pieds, se courbait, se tordait, puis s'étendait horizontalement, puis se relevait encore et se tordait de nouveau; et enfin on l'apercevait allongeant sa tête maigre et dépouillée sous les branches vigoureuses du hêtre, pour chercher un peu d'air et un peu de lumière.

« Et je pensai en moi-même : « Voilà comme les petits
« croissent à l'ombre des grands. »

Mais l'inspiration du Croyant de La Chesnaye, est-il besoin de le faire remarquer? n'est pas du tout la même, sous la même image, que celle du solitaire de Port-Royal; il est uniquement préoccupé de la question terrestre; il a surtout hâte de conclure contre les grands, contre le hêtre qu'il faut abattre. M. Hamon ne demande à Dieu que d'être mis hors de l'ombre funeste, et il le remercie d'avoir été transplanté.

La lettre de M. Hamon se prolonge sur ce ton de méditation symbolique; j'en ai assez indiqué le sens et la portée. Il y règne comme un pressentiment d'une fin prochaine; on y reconnaît dans un des plus ingénieux exemples cette espèce de beauté calme et triste d'un chrétien sur son déclin, qui contemple et médite les divines harmonies de la nature.

Durant l'intervalle des neuf années qu'on appelle la Paix de l'Église, M. Hamon continua d'habiter Port-Royal des Champs, et d'exercer la médecine des pauvres dans toutes les campagnes d'alentour. Il fit pourtant, en 1675, un voyage à Aleth, près du vénérable évêque Pavillon, duquel il dit « qu'il est comme le soleil et beau à voir dans son couchant. » Il le guérit d'une affection iliaque très-dangereuse, s'étant opposé aux remèdes violents que le médecin du lieu voulait lui donner : M. Hamon, dans sa médecine circonspecte et prudente, avait pour principe « qu'il vaut mieux jeter de l'eau que de l'huile sur le feu. » Il accomplit un autre pèlerinage encore aux abbayes de La Trappe, de Saint-Martin-lez-Tours, de Saint-Cyran et de Clairvaux ; ce fut dans l'été de 1677. Il était allé à La Trappe non-seulement comme pieux visiteur, mais en médecin et pour y voir le saint abbé qui était assez gravement malade. L'abbé de Rancé faisait cas de M. Hamon et de ses écrits.

Lors de la persécution recommençante en 1679, M. Hamon fut laissé comme médecin près des religieuses de Port-Royal et de mademoiselle de Vertus. Vers la fin de l'année 1682, il eut une grave maladie durant laquelle les religieuses firent bien des prières et un vœu pour sa guérison; il survécut quatre années encore. L'année même où il mourut (1687), il avait été obligé, au mois de janvier, de venir à Paris, à la Faculté de médecine, pour y présider à la thèse de M. Dodart, fils du premier Dodart son excellent ami, et qui l'était grandement aussi de Port-Royal. M. Hamon y présida avec éclat. Il apparut avec l'audace de son humble pauvreté aux yeux de ses confrères, qui contemplaient en lui, nous dit Fontaine, des robes et des habits de doctorat inconnus à la Faculté, de laquelle il ne cessait pas d'être l'ornement. A cette occasion il avait relu en peu de jours Hippocrate, Galien, Alexandre de Tralles, tous ses anciens auteurs de médecine, et il s'y épuisa. Il revit durant ce court séjour à Paris son ancien élève, M. de Harlai, qui resta enfermé plusieurs heures avec lui, au grand étonnement des gens de l'antichambre qui n'avaient vu entrer dans le cabinet qu'une espèce de paysan.

A son retour à Port-Royal et après ce voyage qu'il fit de pied, M. Hamon tomba malade. Les soins de M. Dodart ne le purent guérir. Il mourut le 22 février 1687, à soixante-neuf ans, bénissant Dieu de se voir mourir dans la maison des saints où il avait vécu durant trente-sept ans. A l'entrée de sa nuit d'agonie, on l'entendit répéter de temps en temps l'unique mot de *Silence*, et quelquefois ces autres mots : *Jesus, Maria; sponsus et sponsa!* digne serviteur, jusqu'au bout, des pudiques épouses, et commémorant encore de sa lèvre refroidie le virginal et mystique hymen[1].

Racine, dont il avait été comme le précepteur, par les soins particuliers qu'avec M. Le Maître il avait pris

---

1. J'ai opposé précédemment (page 331), et même avec une sorte de rudesse, M. de Pontchâteau à M. Hamon ; est-il besoin d'ajouter que ce n'est que pour nous, à la réflexion et dans notre esprit, que ces oppositions existent? De près ces pieux personnages étaient liés et se touchaient par bien des côtés. Dans une lettre à M. Ruth d'Ans, du 25 février 1687, M. de Pontchâteau écrivait : « Je ne vous dis rien sur la mort de M. Hamon. Notre ami le médecin (M. Dodart), qui a été auprès de lui, m'est venu voir ce soir. Il est consolé dans son affliction d'avoir vu *comment meurent les saints :* car vraiment cette mort est celle d'un élu. Vous ne sauriez croire comment on en est touché. Je n'y saurois presque penser. J'avois des liaisons particulières avec ce bon frère. Dieu soit loué de l'avoir mis en sûreté! c'est toujours autant de délivré. J'espère qu'enfin le même bien nous arrivera. *Amen. Fiat, fiat! Veni cito, Domine Jesu!* »

de lui enfant, demanda par son testament que son corps fût inhumé dans le cimetière du dehors de la maison de Port-Royal des Champs, au pied de la fosse de M. Hamon. Boileau fit, pour le portrait de M. Hamon, quelques vers qui n'ont de prix que comme témoignage d'estime.

Lui-même M. Hamon, il avait composé sa propre Épitaphe en beau latin augustinien, en des termes d'une consonnance symétrique et avec une austérité tressée d'élégance.

La Faculté de médecine de Paris accueillit et fit mettre son portrait parmi ceux de ses docteurs illustres; ce portrait se voit encore aujourd'hui à l'École de médecine dans la salle du Conseil, ou plutôt il devrait s'y voir, mais il est comme caché dans un coin plein d'ombre. M. Hamon y est représenté, habillé simplement à la manière des gens de campagne, ou du moins il n'a du docteur qu'un livre ouvert devant lui. Ceux qui savent à quel homme ils ont affaire reconnaissent avec plaisir, en la cherchant, cette figure fine et douce, un peu penchée; au regard malin et glissant, tendre, qui au besoin semblerait un peu rusé, et qui sent son Normand; aux cheveux longs, négligés, à la paysanne, laissant tomber une mèche détachée sur le front. Le caractère général de la physionomie est celui d'une humilité souriante[1].

M. Hamon eut pour successeur comme médecin de Port-Royal des Champs et aussi de mademoiselle de Vertus M. Hecquet, devenu également célèbre[2]; mais

---

1. Il y a un beau portrait gravé de M. Hamon, par Van Schuppen (1689). — On peut chercher à l'*Appendice* du présent volume une note développée sur M. Hamon en tant que docteur, et sur ce qu'il a laissé d'écrits médicaux.

2. M. Hecquet habita le saint désert de 1688 à 1693, et commença par imiter en tout son devancier, dans les mortifications et les jeûnes comme pour la science et la charité. Sa santé altérée le força alors de quitter Port-Royal et de revenir à Paris. Il s'y distingua bientôt par des écrits nombreux qui le placèrent à la tête

de tous les médecins ordinaires de Port-Royal, ou amis de Port-Royal, Pallu, Dodart, Hecquet, le médecin par excellence au sens littéral et au sens spirituel est M. Hamon. Il a justifié pleinement ce que, dans ses premières années de vocation, lui écrivait la mère Angélique (1658) : « Après le grand don d'un parfait confesseur, il n'y a rien de plus important que celui d'un médecin vraiment chrétien, qui exprime par toutes ses actions et ses paroles les saintes maximes du Christianisme. »

Comme touchante figure de consolateur à mettre près de lui durant cette captivité des religieuses, il ne faut pas oublier M. de Sainte-Marthe, confesseur de Port-Royal. M. de Sainte-Marthe, successeur et lieutenant de M. Singlin, n'a pas tout à fait le rang ni l'office de supérieur proprement dit. M. Singlin mort, ce fut proprement M. de Saci qui, d'accord avec Arnauld, fut le directeur de Port-Royal. La fonction de M. de Sainte-Marthe est plus humble, plus unie, plus ordinaire dans sa simplicité. La chose qu'il croyait le moins avoir, c'était l'autorité ou l'insinuation, le don d'infaillibilité, le coup d'œil intérieur par lequel on assigne à chacun l'emploi de son talent. Ce à quoi il aimait à se borner, c'était « à *aider* par la confession ou autrement les personnes qui prenoient conseil de gens plus éclairés que lui, à ne les voir et ne les entendre qu'en supposant qu'elles avoient déjà réglé leur vie d'une manière chrétienne, et qu'il n'avoit qu'à les *justifier* dans leurs bonnes dispositions. » Vicaire et non curé, confesseur

---

des médecins de son temps; mais il ne cessa à aucun moment d'être avant tout le chrétien rigide et l'homme des pauvres. Ses derniers écrits, en 1736, furent contre l'œuvre des *Convulsions* et pour prouver qu'elles étaient chose naturelle et non miraculeuse. Il se séparait en cela, et comme Du Guet dont il était l'ami particulier, des jansénistes fanatiques de la troisième génération. Il resta fidèle à l'esprit de ce que j'appelle les Port-Royalistes éclairés.

et non directeur, voilà la vraie nuance (*prodesse quam præesse studiosior*). Si j'ai eu de la peine à bien discerner les traits de la figure de M. Hamon dans ce beau portrait qui est conservé à la Faculté de médecine, mais qui est comme enseveli dans l'ombre, j'ai éprouvé une bien plus grande difficulté, au moral, à saisir quelques traits particuliers et distincts de M. de Sainte-Marthe, quelque variété de physionomie reconnaissable, dans l'uniformité constante et terne de son caractère et de sa vie. S'il me voyait chercher cette variété dans un désir de représentation profane, lui-même il en souffrirait; il la jugerait peu compatible avec la suprême Vérité qui s'en passe très-bien. Il nous citerait le mot de l'Écriture : « *Je suis le Seigneur, et je ne change point.* — Ayons, aimait-il à dire, ayons quelque part à cette immutabilité qui est le caractère des véritables Chrétiens. — L'uniformité qu'il a gardée pendant toute sa vie, disait-il encore en parlant d'un de ses pareils en vertu, a été une suite de l'union intime qu'il avoit contractée avec cette même Vérité qui ne sauroit changer, et qui est toujours semblable à elle-même. » Quand on veut dignement parler de ces hommes et de cette race de justes, il ne faut rien garder en soi de l'Alcibiade de Platon, qui demandait toujours du nouveau.

Claude de Sainte-Marthe, né à Paris le 8 juin 1620, d'un père avocat au Parlement, et qui appartenait à une branche de l'illustre famille de ce nom, si féconde en mérites solides et en doctes personnages, eut, dès la tendre jeunesse et au sortir de ses études, le goût du recueillement et de la prière ; rien d'éloigné de la pureté chrétienne ne l'occupa jamais, et aucun contact du siècle ne l'effleura. Il commença par se retirer à Chant-d'Oiseau, terre de son père en Poitou, pour s'y livrer uniquement aux œuvres du salut. Puis il entra dans une Communauté d'ecclésiastiques, se prépara au sacerdoce et le reçut. Le crédit de sa famille le portait, pour peu qu'il se fût laissé faire, aux bénéfices ou aux dignités. Il refusa d'être trésorier de la Sainte-Chapelle, et déclina cette prélature qui nous paraît un peu gaie depuis *le Lutrin*, mais qui lui paraissait, à lui, redoutable. Il avait pour principe de conduite un éloignement absolu de tout ce qui distingue, de tout ce qui fait qu'on est remarqué et qu'on est quelqu'un. Rien de curieux en lui, rien de flatté ni d'amusé. Dans un voyage qu'il fit en Dauphiné et en Savoie, il dérobait le plus qu'il pouvait son nom, même à ses hôtes et à ceux qu'il édifiait, chemin faisant, par sa piété : « Je vous dirai bonnement, ma Mère, écrivait-il à une Supérieure de la Visitation, que je gagne quelquefois beaucoup de n'avoir point de nom, car chacun dans l'occasion me donne des qualités comme il lui plaît. A Annecy je passois pour un ecclésiastique de Saint-Sulpice, à Grenoble pour l'aumônier d'un abbé, autre part pour un Père de la Mission; à Belley, dans l'hôtellerie on me parloit de moi-même sans savoir qui j'étois, et on m'attribuoit plus de bonnes qualités que je n'en ai. A Saint-Claude, on me prit pour un homme qui cherchoit une cure, et je vois que vous savez aussi peu qui je suis que les autres, puisque vous me donnez la qualité d'abbé. — Le nom que je désire avoir chez vous, ma Mère, est celui de *pécheur* et de *pauvre voyageur*. » Et il terminait cette singulière lettre en disant : « Tel que je suis, ma Mère, je suis tout à vous. Je voudrois bien vous dire en vérité que c'est une personne qui n'a ni nom, ni vie, ni qualité, ni richesses, ni parents, ni amis, ni maison, ni lieu, qu'en Jésus-Christ. » Il était déjà selon l'esprit de M. Singlin, lorsqu'il fut attiré vers lui par sa réputation de grand directeur spirituel. Il résista tant qu'il put aux charges d'âmes que lui voulut donner ce supérieur clairvoyant, qui accueillait en sa personne un prochain auxiliaire et coopérateur. Il préféra le monastère des Champs à la maison de Paris, et y vécut d'abord en solitaire; il y était depuis quelques mois lorsqu'on le pressa de se charger de la cure de Mondeville (ou Mondonville), terre située dans le diocèse de Sens, qui appartenait à Port-Royal. Il ne l'accepta que parce qu'il la vit sans pasteur. Le vicaire de cette paroisse avait été tué d'un coup de mousquet dans la seconde guerre de Paris, et le curé était mort de frayeur; personne ne voulait aller dans un lieu si désolé par les guerres (1652). Il y remplit les devoirs de curé en homme vraiment apostolique. Il n'y vivait que de pain et d'eau. Sa maison était ouverte aux pauvres, qu'il consolait par ses instructions, et dont il soulageait la misère par ses libéralités. Les soldats avaient tellement ravagé et pillé ce lieu, que les plus riches des habitants n'avaient pas de pain à manger, ni même de paille pour se coucher. Les soins qu'il y prit des malades lui causèrent une fièvre pernicieuse, qui le réduisit à l'extrémité. Mais le pis est qu'il trouvait des cœurs durs et qu'il désespérait de briser; il n'y resta que dix-huit mois. Après son retour à Port-Royal, il fut appliqué, bien malgré lui, à la conduite des religieuses et à la prédication. M. Singlin le décida à aller à la maison des Champs pour y remplacer en qualité de confesseur M. Arnauld, quand la Censure de la Sorbonne força celui-ci à se retirer. M. de Sainte-Marthe, qui voyait l'orage prêt alors à les envelopper tous, pensait ne s'engager que passagèrement et pour quelques semaines; il fut retenu à ce poste pendant plus de vingt ans (1656-1679) : c'est ce qu'il appelait avoir été chargé de chaînes toute sa vie. Il avait de lui-même la plus humble idée, et il estimait n'avoir réussi à rien : « J'ai été plus de vingt années dans un monastère, et je sais aussi peu ce que doit faire un confesseur pour y servir certaines âmes, que le premier jour que j'y ai été établi. » Pas un n'a poussé plus loin que lui cette sainte manie chrétienne de se rabaisser : « Je suis une personne qui est aussi peu propre à l'action qu'à l'étude, qui n'a ni le don de prêcher, ni l'industrie de s'insinuer dans l'esprit des hommes pour les porter au bien, ni assez de lumières pour résoudre leurs doutes, ni aucune adresse pour leur faire goûter les choses du salut. » Il insistait sur ce dernier point : « Je n'ai point ce secret d'ouvrir les cœurs pour y faire entrer les vérités de l'Évangile et l'onction du Saint-Esprit ; je n'ai rien de cette force, de cette liberté, ni de cette bonté des véritables pasteurs, qui ne se rebutent jamais des plus grandes difficultés. » Et cependant nous avons de lui de beaux et tendres accents en faveur des religieuses, dans sa lettre[1] à l'archevêque au début de la persécution. A l'époque de la captivité où nous sommes, il prit courageusement la défense de son pieux troupeau dans des écrits publics, notamment dans un écrit intitulé : *Défense des Religieuses de Port-Royal et de leurs Directeurs, sur tous les faits allégués par M. Chamillard, docteur de Sorbonne, dans ses deux libelles....* (août 1667); il ne faut pas confondre cet ouvrage avec l'*Apologie pour les Religieuses de Port-Royal....* (1665), à laquelle il prit part, dit-on, mais qui est aussi et surtout de MM. Arnauld et Nicole, et qui porte leur cachet bien plus que celui de M. de Sainte-Marthe. Cette *Apologie* en effet, par le ton polémique, fut loin de contenter tous les amis : « Madame de Longueville m'a avoué, écrivait plus tard Nicole un peu intimidé et revenu, qu'elle n'a jamais pu goûter l'*Apologie des Religieuses de Port-Royal.* Je sais que M. de Saint-Cyran (Barcos) et M. Guillebert l'ont aussi fort désapprouvée, et qu'ils ont soutenu qu'on ne pouvoit écrire de cet air contre un archevêque. » M. de

---

1. Voir précédemment, page 182.

Sainte-Marthe n'était pas homme à outrepasser ainsi les bornes. Laissons donc à Nicole et à Arnauld ce qui est à Arnauld et au second d'Arnauld. La *Défense* de M. de Sainte-Marthe en faveur des pieuses filles qui lui étaient confiées, et dont il était responsable depuis la mort de M. Singlin, porte directement contre M. Chamillard qui, par des dénonciations publiques, avait violé le devoir de tout confesseur, même d'un confesseur imposé. Cette *Défense* est ferme, modérée, pertinente sur tous les points, et elle concède qu'il a pu y avoir quelques fautes commises, mais non celles qu'on incrimine[1]. Éloigné du monastère durant toutes ces années, il écrivait et faisait parvenir aux religieuses des lettres pleines d'onction et de réconfort. Sa méthode et son conseil, c'était d'opposer à l'orage et à tous les assauts une humilité invincible. Il envoyait aux sœurs des passages tirés des Évangélistes et des plus grands saints, à l'appui de cette forme de résolution inébranlable. J'y remarque ce mot de saint Paulin : « L'humble de cœur étant le cœur de Jésus-Christ, il devient magnanime de la magnanimité d'un Dieu, et par conséquent aussi invincible que lui-même. » Parmi les petits Traités composés pour ces circonstances et attribués à M. Hamon, il en est un ou deux qui peuvent être de M. de Sainte-Marthe. Mais voici une particularité unique : pendant que les religieuses étaient encore gardées prisonnières en leur maison des Champs, non pas dans les premiers temps, je crois, mais quand les gardes se furent un peu relâchés

---

1. On lit dans cette *Défense* (page 19), à propos des *petites Écoles*, un beau passage qui est textuellement le même que celui que j'ai cité (au tome III, page 482), et qui ne diffère qu'à peine du mémoire qu'on lit à la page 48 du *Supplément au Nécrologe*, soit qu'on ait extrait ensuite ce petit mémoire de la *Défense* de M. de Sainte-Marthe, soit que lui-même, l'ayant déjà composé, il l'ait fait entrer dans sa *Défense*.

et que les jardins furent redevenus libres, « M. de Sainte-Marthe avoit la charité de partir au soir de Paris, ou de la maison où il demeuroit près de Gif, et de se trouver à une certaine heure dans un endroit marqué, assez éloigné des gardes. Il montoit sur un arbre assez près du mur, au pied duquel étoient les religieuses à qui il faisoit un petit discours pour les consoler et les fortifier. C'étoit pendant l'hiver. » — J'ai vu des gravures de Port-Royal représentant cette scène singulière et naïve, qui a pu se renouveler quelquefois.

Une note de Racine, trouvée dans ses papiers, et qu'il n'aurait certes employée qu'avec la plus grande réserve s'il avait mené à fin son *Histoire de Port-Royal*, est à donner ici dans toute sa vivacité ; c'est en sortant d'un entretien avec Nicole qu'il dut l'écrire :

« Deux partis dans la maison : l'un, la mère Angélique, la sœur Briquet, et M. de Saci ; l'autre, la mère Du Fargis, M. de Sainte-Marthe, et M. Nicole. Ces derniers avoient toujours raison ; mais, pour l'union, M. de Sainte-Marthe cédoit toujours.

« M. Nicole dit que *c'est le plus saint homme qu'il ait vu à Port-Royal*. Il sautoit par-dessus les murs, pour aller porter la communion aux religieuses malades, et cela de l'avis de M. d'Aleth ; en sorte qu'il n'en est pas mort une sans sacrements[1]. Cependant la mère Angélique de Saint-Jean n'avoit nul goût pour lui ; et, quoiqu'il le sût, il n'en étoit pas moins prêt à se sacrifier pour la maison. »

Si M. de Sainte-Marthe défendait les religieuses au dehors, il ne les flattait pas au dedans ; il avait pour maximes, « qu'il faut d'autant moins parler à des reli-

---

1. Ceci ne doit pas être exact et est dit trop absolument, comme on a l'habitude de faire en conversation. Ce qu'on en peut conclure, c'est que des cinq religieuses qui moururent pendant la captivité, il y en eut quelqu'une peut-être que M. de Sainte-Marthe put ainsi administrer par contrebande.

gieuses qu'elles désirent plus que nous leur parlions ; que le plus ordinaire langage d'un prêtre doit être la prière, et son principal but, de mettre ceux qui le consultent en état de prier ; que les religieuses n'ont besoin que de savoir quelle est la passion principale d'où naissent leurs plus grands défauts, pour en gémir devant Dieu et s'en humilier devant leurs sœurs. — Je voudrois, disait-il, que les religieuses n'eussent des yeux que pour voir leurs défauts, que pour les condamner, que pour en faire pénitence, et qu'elles eussent assez de charité pour supporter ceux des autres. » M. de Sainte-Marthe, avec ces stricts principes que rien ne tempérait dans la pratique, ne devait point aller à la sœur Eustoquie.

La Paix de l'Église rendit M. de Sainte-Marthe à ses fonctions régulières de confesseur. Il les remplit jusqu'au mois de mai 1679, qu'il fut obligé, et pour toujours, de s'éloigner. Il se retira chez une de ses parentes à Corbeville, sur la paroisse d'Orsay, à une lieue et demie de Gif ; il y passa le reste de ses jours, dix années encore, et n'en sortit plus que pour faire un voyage en Flandre et en Hollande, une visite aux amis exilés. Les deux volumes de *Lettres* qu'on a publiés de M. de Sainte-Marthe, et où il est à regretter qu'on n'ait pas mis le nom des personnes (ce qui fait le principal intérêt des Correspondances), nous le montrent dans cette dernière retraite, réduit selon ses vœux à la solitude de sa chambre, n'ayant plus de juridiction que sur la chapelle du château où il demeurait, et déchargé du poids de toute autre responsabilité que celle de son âme. Il est dans le repos, dans la paix, dans le secret (*orans, legens, latens, silens*) ; il mène une vie toute cachée en Jésus-Christ, heureux de penser qu'il est de ceux qui ne font de bruit ni en vivant ni en mourant. Il ne se plaint de rien ; il n'accuse les hommes d'aucune injustice, et croit qu'il n'a eu ni ennemis ni tribulations. Si Dieu n'a pas choisi le lieu où il habita et travailla tant d'années, ce cher désert de Port-Royal, pour y bâtir sa maison et pour y amasser son peuple, tout est bien ; il n'élève pas un murmure, il est content de la dernière place où il se voit rejeté. *Se tenir en repos*, il a sur ce sujet une lettre (la troisième du tome II), qui est presque digne de Nicole (je suis ici dans les nuances du gris au moins gris) ; il en a une autre sur les voyages (la cinquième du même tome), et une autre (la huitième), qui donnent l'idée d'un demi-sourire. Mais que ce sourire a besoin d'être saisi de près au passage! combien M. de Sainte-Marthe sourit peu! « Pour voir les choses telles qu'ells sont, pense-t-il, il faut, autant qu'on le peut, avoir les yeux d'un mourant. » Quant à prétendre montrer de l'esprit ou le moindre agrément lorsqu'il tient la plume, cette idée l'eût effrayé : « Nous devons craindre tous les talents que nous ne pouvons cacher. » Il sait l'écueil de ceux qui ont le beau langage à leur disposition et les belles connaissances : « Qu'est-ce que la connoissance d'une vérité que nous ne pratiquons jamais? » Tel que nous le voyons, M. de Sainte-Marthe était un des rares hommes en qui ce sublime génie de Pascal avait une parfaite confiance : ce fut lui de préférence, entre les confesseurs, qu'il envoya querir plusieurs fois dans sa dernière maladie, et à qui il communiqua les plus secrets mouvements de sa conscience.

On parle toujours du siècle de Louis XIV comme d'un grand siècle religieux, d'un siècle qui doit faire honte à ceux qui ont suivi, pour la doctrine et la foi ecclésiastique. Mais du temps de Louis XIV, les clairvoyants et les véridiques, tels que M. de Sainte-Marthe, en parlaient autrement et comme du plus relâché des siècles ; se reportant en idée aux âges, réputés meilleurs, de saint Bernard et de ces directeurs chrétiens d'autrefois (vieux âges, après tout bien obscurs, et qui nous font peut-être illusion eux-mêmes), il écrivait par exemple :

« Nous sommes à présent dans un siècle bien plus commode ; nous pouvons devenir prêtres sans prendre la peine de nous charger de science, et sans avoir jamais rien lu de l'Évangile que ce qui s'en rencontre dans le Bréviaire ou dans le Missel, sans savoir qui nous a appelés au ministère, sans en connoître ni la sainteté ni les dangers ; de sorte que comme il y a de certains bénéfices qu'on appelle simples parce qu'on n'est obligé qu'à dire son Bréviaire, il semble aussi que, pour être simple prêtre, il ne faille dire que le Bréviaire et la Messe. »

L'ignorance grossière était donc très-habituelle dans le clergé ordinaire du beau siècle de Louis XIV, de même que l'impiété raffinée s'était glissée dans bien des esprits : de loin nous ne voyons que les têtes élevées et les surfaces lumineuses [1].

M. de Sainte-Marthe, accablé d'infirmités dans ses dernières années, mourut le 11 octobre 1690, à l'âge de soixante-dix ans accomplis. Fidèle à ses habitudes de modestie rigoureuse, il observa durant sa dernière maladie un silence extraordinaire. Ceux qui ne le voyaient qu'une fois, et sans qu'il leur parlât, l'auraient cru sans connaissance ; il n'en était rien ; mais il n'aimait pas que dans ces morts chrétiennes, et en approchant du moment suprême, on dît de ces mots qui se peuvent répéter : « Est-il si à propos de tant parler quand on est près de paroître devant Dieu ? » — On fit sur lui ce dis-

---

1. Dans le cours du siècle cependant, on compterait bon nombre d'estimables Communautés et associations, depuis celle de M. Bourdoise, qui s'essayaient expressément et s'appliquaient à former des prêtres, à rendre les sujets dignes du sacerdoce chrétien. De toutes ces œuvres, la Communauté de Saint-Sulpice a été la plus complète et la plus durable ; mais le fait d'une grossièreté moyenne du clergé sous Louis XIV subsiste.

tique qui exprime bien toute sa conduite et son caractère :

> Impatiens falsi, verique tenacior, inde
> Ingemuit, tacuit, fugit et occubuit.

« Impatient du mensonge et sectateur de la vérité, de là vient qu'il a gémi, qu'il s'est tu, qu'il s'est caché, qu'il s'est consumé. »

Deux jours après sa mort, son corps fut transporté à Port-Royal des Champs, pour y être inhumé à l'intérieur de la maison.

M. de Sainte-Marthe est une de ces figures qui, si elles se détachent peu du fond général de notre sujet, y entrent et y tiennent le plus profondément ; c'est pourquoi j'ai dû m'y arrêter. Par une seule circonstance de sa vie il offre prise à l'imagination, à celle même qui chercherait dans ces sentiers d'autrefois d'humbles vestiges, de touchants rappels de poésie intime et d'émotion contenue. M. de Sainte-Marthe, de nuit, durant l'hiver, montant sur quelque arbre chargé de givre et faisant à demi-voix de petits discours édifiants aux religieuses qui l'écoutaient dans le jardin de l'autre côté du mur, c'est là un tableau qui fait bien le pendant de M. Hamon allant voir ses malades, monté sur un âne, et lisant en chemin un livre ouvert sur l'espèce de pupitre rustique qu'il s'était dressé au moyen d'un bâton fiché dans la selle. Images imprévues dans des vies si graves ! images presque enfantines, significatives pourtant, et qui ne se peuvent oublier, d'une foi redevenue primitive [1] !

---

1. Il est possible que ce genre de doctrines et de sentiments religieux austères se refuse à toute poésie : mais s'ils en permettent et en souffrent quelqu'une, c'est celle-là, et pas une autre, que je m'étais efforcé d'exprimer dans un petit poëme qui fut peu goûté du public lorsqu'il parut, et qui a pour titre : *Monsieur Jean*. Il se rattachait dans ma pensée à ces études sur Port-Royal : c'en est la sobre fleur.

VI

Les quatre évêques patrons de Port-Royal. — M. Pavillon. — Un saint évêque au dix-septième siècle. — Doctrine chrétienne épiscopale. — Protestation de M. Pavillon contre la Déclaration du roi. — Origine de sa liaison avec Port-Royal. — Son Mandement sur la Bulle d'Alexandre VII. — Menace de jugement par commission. — Avénement de Clément IX. — M. de Gondrin et M. Vialart, prélats médiateurs. — Lettre des dix-neuf évêques au Pape. — Madame de Longueville. — Embarras de faire le procès à M. Pavillon. — Son union intime avec les Religieuses de Port-Royal. — Divers projets des Port-Royalistes. — De l'île de Nordstrand; les jansénistes actionnaires. — Épisode du Nouveau-Testament de Mons. — Vogue de cette traduction. — M. d'Embrun et son Mandement. — On rit et il se fâche. — Sa Requête au roi. — La contre-Requête de M. Arnauld; piquantes scènes de Cour. — Port-Royal en faveur. — Projet de lettre des quatre évêques au Pape, approuvé par le nonce. — Dernière résistance de M. Pavillon. — Chacun cède; paix et joie. — Présentation de M. Arnauld au roi; son compliment. — Caractère de cette paix; médaille et revers. — Signature et délivrance des Religieuses des Champs. — Cérémonie du rétablissement; la procession de Magny. — Séparation des deux monastères et partage des biens. — Belle époque d'automne.

Ce qui sauva Port-Royal dans la crise où nous le voyons si compromis depuis 1660, et d'où, à cette date de 1665-1667, il semblait ne pouvoir raisonnablement se tirer, ce fut l'engagement de quatre évêques dans la même cause, et entre ces évêques, d'un des plus considérés et des plus vénérés pour ses vertus parmi tous ceux de l'Église de France. Un bien plus grand nombre d'évêques s'étaient prononcés à l'origine, conjointement avec Messieurs de Port-Royal, pour la doctrine de la Grâce et de saint Augustin; mais depuis l'arrivée de la Bulle d'Innocent X en 1653, chaque Assemblée générale du Clergé avait amené quelque rétractation et quelque exemple de faiblesse. Le Formulaire d'Alexandre VII s'imposait de plus en plus. Le redoublement des ordres de la Cour et les décisions impératives des Assemblées à dater de 1660 avaient fait fléchir, parmi les opposants, les plus amis même de Port-Royal; c'est ainsi que l'évêque de Vence, celui qu'on appelait *le célèbre M. Godeau*, après avoir parlé si fort, avait signé [1]. Quatre prélats restèrent seuls inflexi-

---

1. M. Godeau, qui mérite bien une mention à part à cause de son renom littéraire (voir tome II, p. 268), ne se couvrit pas de gloire aux yeux de ses amis les Jansénistes, de ceux qui y regardaient d'un peu près, dans ces débats au sujet de la signature. Se hâtant d'obéir aux décisions de l'Assemblée de 1660-1661, il commença par recevoir le Formulaire dans son diocèse et le fit signer par son Chapitre; ce qui ne l'empêchait pas d'écrire à ses amis, M. d'Andilly et autres, pour leur témoigner combien il prenait part à leurs souffrances et à celles de Port-Royal. M. d'Andilly lui écrivait (juillet 1661) : « Pour vous parler avec ma franchise ordinaire et la liberté que notre intime et ancienne amitié me donne, il me semble qu'il ne suffit pas, dans une telle rencontre, d'avoir une charité épiscopale, mais qu'il faut y joindre la vigueur et la générosité de ces grands évêques des premiers siècles, en portant en faveur de la vérité et de la justice la parole de Dieu devant les rois et devant les princes pour les détromper des fausses impressions, etc., etc. » Et il le provoquait à imiter l'exemple que l'évêque d'Angers avait donné en adressant une lettre au roi, dont il lui envoyait une copie : « En vérité, ajoutait-il, je ne saurais assez plaindre ceux qui, n'ayant pas le courage d'agir de la sorte, seront couverts de confusion devant le juste jugement de Dieu, pour avoir fui lâchement au jour du combat.... J'attendrai avec impa-

bles : c'étaient M. Henri Arnauld, évêque d'Angers, frère de M. d'Andilly et du docteur, et qui montra l'inflexibilité de sa famille avant d'en avoir peut-être l'entière votre réponse, et cela parce que je suis à vous autant que vous le savez : car autrement je vous verrois, sans m'enquérir de ce que vous feriez, augmenter le nombre de ceux qui semblent avoir oublié l'honneur qu'ils ont d'être les époux de l'Église, tant ils se mettent peu en peine de tout ce qui la regarde. » Piqué d'honneur par ces paroles de M. d'Andilly, M. de Vence écrivit une lettre au Pape et en écrivit une aussi au roi qu'il fit passer par les mains du comte de Brienne le jeune, secrétaire d'État. Cette lettre fut très-mal reçue. Le roi, voyant que c'était une lettre d'évêque, dit qu'on la lui présentât quand il serait dans son Conseil de conscience ; et à la séance de ce Conseil, après que le comte de Brienne en eut lu les dix ou douze premières lignes, le Père Annat interrompit en disant : « Qu'est-ce que vous vient ici conter, Sire, ce petit évêque qui n'a que trois ou quatre paroisses et quinze ou vingt paysans ? » Le Père Annat s'obstinait à traiter le *nain de la princesse Julie*, comme n'étant encore que le nain de l'épiscopat. Averti de ce propos par M. d'Andilly, M. de Vence écrivait le 24 décembre (1661), en se redressant et se roidissant dans sa petite taille : « Un évêque qui n'a que vingt paysans à conduire en a encore trop, s'il est vrai que les âmes des paysans soient rachetées du sang de Jésus-Christ. » Sur de nouveaux ordres du roi qui lui furent donnés en mai 1662, il signa purement et simplement. M. Godeau, jusque dans ses défaillances, continua de correspondre amicalement avec M. d'Andilly, avec M. d'Angers, et de complimenter les religieuses persécutées. On lui tenait compte de sa bonne intention, en excusant son peu de vigueur. « Les temps étoient si fâcheux pour les disciples de saint Augustin, dit à ce propos M. Hermant en ses Mémoires manuscrits, qu'ils se croyoient obligés de regarder comme leurs amis ceux qui ne leur jetoient point des pierres, d'excuser la foiblesse de ceux qui se laissoient aller au torrent, pourvu qu'ils ne se déclarassent point contre eux d'une manière envenimée, et de dire comme on lit dans un endroit de l'Évangile : *Quiconque ne se déclare point contre moi est pour moi.* » Dans les livres imprimés, les écrivains Port-Royalistes ont toujours ménagé en M. de Vence l'ami de M. d'Andilly. Il est vrai que sitôt que le temps semblait vouloir devenir plus serein, il redevenait courageux, énergique par lettres, un foudre de guerre, et parlait de verser son sang qu'on ne lui demandait pas ; il était le premier aux félicitations dans le succès. Enfin ce petit évêque beau phraseur, ce disciple affaibli de Malherbe en vers, nous offre plus vivement et plus gaiement

tière piété ; M. de Buzanval, évêque de Beauvais, fortifié et soutenu par quelques bonnes têtes jansénistes de son Chapitre ; M. de Caulet, évêque de Pamiers, autrefois disciple de Vincent de Paul et de M. Olier, et qui, n'étant qu'abbé de Foix, avait si fort chargé M. de Saint-Cyran dans son procès, cœur honnête, cerveau étroit et formé pour des opiniâtretés successives ; c'était enfin et surtout le saint évêque d'Aleth, Nicolas Pavillon, sorti également des mains de Vincent de Paul, longtemps étranger au Jansénisme et à ces questions, qui ne les examina même directement qu'en 1661, mais dont la conviction, une fois prise, demeura fixe à jamais (*sedet æternumque sedebit*) : une de ces figures d'évêque primitif, assises sur le roc et plus immuables que Pierre. C'est à lui qu'on peut dire que Port-Royal fut redevable, après Dieu, de son salut en cette conjoncture. Figurons-nous bien d'abord ce que c'était qu'un évêque comme Pavillon au dix-septième siècle, et son crédit moral dans l'esprit des peuples.

Né à Paris en 1597, au sein d'une famille bourgeoise parlementaire très-chrétienne, il avait témoigné de bonne heure de sa vocation pour l'étude de l'Écriture sainte et pour la pratique des vertus évangéliques. Il s'y était exercé pendant cinq années sous la direction de Vincent de Paul, qui se servit utilement de lui dans son œuvre commençante des Missions et qui l'appelait son *bras droit*. Ordonné prêtre à trente ans, il sut résister à toutes les vues d'ambition ecclésiastique que pouvait avoir sa famille du côté de la Cour ; et il ne sut pas moins résister, du côté de l'École, aux gloires triomphantes du doctorat : il ne se proposait pour but de ses études « que de bien savoir la religion pour être en état

que d'autres en sa personne le type de ces prélats de la seconde ligne qui, bien qu'ayant signé, continuaient de s'intéresser de tout leur cœur au triomphe de la *Vérité*.

de l'enseigner aux simples. » Il aspirait à être un curé des champs. Cependant il ne put se refuser à prêcher à Paris, et ses sermons à l'église Sainte-Croix-de-la-Bretonnerie furent remarqués. M. d'Andilly, que le hasard d'abord, ou sa qualité de paroissien, y avait conduit, se déclara son admirateur et se mit à en parler à tout le monde. M. Pavillon devait appartenir à ce genre de prédicateurs sérieux, judicieux et touchants, qui réformaient le goût sans y songer, et dont M. Singlin, un peu plus tard, acheva l'idée excellente[1]. Ses succès dans la chaire, et les suffrages qu'ils lui valurent, notamment celui de la duchesse d'Aiguillon, le désignèrent au cardinal de Richelieu pour le siège d'Aleth qui devint vacant en ce temps-là (1637). Pavillon avait quarante ans. Il avait désiré ardemment être curé de village ; il put dire, quand il eut vu Aleth, que Dieu l'avait en quelque sorte exaucé, en le faisant « évêque de village, » tant le pays était pauvre, rude, et tant le champ des âmes y était pénible à défricher.

Une fois arrivé en ce diocèse montagneux, aux confins de l'Espagne, il se dit : « Voilà ma part d'héritage assignée par le Maître, » et durant trente-huit ans il n'en sortit plus. Ce qu'il fit pour civiliser et évangéliser ces contrées sauvages, pour remettre dans l'ordre un clergé déréglé, pour désarmer des gentilshommes vio-

---

1. M. Pavillon avait, selon ses biographes, *le don de la parole*; lui, il disait (causant un jour avec Brienne) avoir eu plus de facilité à ses premiers débuts que dans la suite, et que, pour s'être trop hâté de prendre le sous-diaconat avant l'âge et par dispense, Dieu l'avait humilié en lui ôtant de cette facilité première qu'il avait à parler, et lui avait laissé depuis un léger embarras qui le faisait quelquefois rougir en chaire au ressouvenir de son ancienne faute. Mais c'était peut-être là une leçon indirecte qu'il donnait à Brienne à ses propres dépens. Avec ces chrétiens si humbles, on ne sait jamais à quoi s'en tenir ; ils se diminuent tant qu'ils peuvent, et je croirais volontiers que M. Pavillon parlait non-seulement très-bien, mais aisément.

lents, pour instruire des populations ignorantes, et pour triompher des résistances de tout genre que la routine, la dureté originelle ou les passions opposent au bien, il faudrait un volume pour le dire[1]; mais la vénération des contemporains le proclamait assez haut. Dans ce pays de pauvreté, il commença par se faire aussi pauvre que les plus pauvres.

« Peu de temps après son arrivée à Aleth, ayant trouvé, en faisant sa tournée dans la ville, un pauvre homme à l'extrémité, couché sur la paille, il ordonna à son maître d'hôtel de lui faire porter un matelas. Ce domestique lui ayant représenté qu'on n'avoit pas encore pu se fournir des meubles nécessaires et qu'à peine avoit-on des lits pour sa famille (il appeloit ainsi ses domestiques) : *Faites porter*, répliqua-t-il, *à ce pauvre malade le matelas de mon lit : car je ne puis le laisser dans l'état où je l'ai vu.* »

Dans les visites fréquentes et non solennelles, qu'il faisait à toutes les parties de son diocèse, accompagné d'un seul ecclésiastique et d'un valet, il découvrait des coins perdus où les pasteurs des âmes avaient bien rarement pénétré. Allant à un de ces hameaux qui n'étaient d'aucune paroisse, pour y visiter une malade, il eut à passer par un pas très-dangereux où les gens même du pays n'aimaient guère à se hasarder. Dans cette excursion il lui arriva d'avoir à traverser la rivière d'Aude entre d'affreux rochers, sur une planche étroite et fragile; et comme l'ecclésiastique qui l'accompagnait le priait de lui remettre le Saint-Sacrement pour en être plus libre au passage : « Je le garde, lui dit-il, ce sera mon soutien. » — Il avait pour maxime « qu'un évêque est le soleil de son diocèse et doit en éclairer et échauffer tous les endroits. »

---

1. Voir la *Vie de M. Pavillon* (3 vol., 1738), rédigée d'après des mémoires originaux, par M. Paris, prêtre, qui n'est pas le diacre Paris.

S'il était pénétré des devoirs, il ne l'était pas moins des droits de l'épiscopat. Il croyait que « la clef de la science et du discernement est jointe essentiellement au caractère d'évêque; » que l'Évêque régulièrement ordonné et institué, après qu'il s'est mis en présence de Dieu par la méditation silencieuse et par la prière, reçoit de lui la direction de conduite et la lumière comme saint Pierre et les successeurs de saint Pierre l'ont pu et la peuvent recevoir, et qu'à moins de Conciles réguliers et canoniquement assemblés disant le contraire, ce que dit et ordonne l'Évêque est et demeure la règle et la vérité. Qui dit évêque, dit *le vrai docteur en Jésus-Christ.* Aussi ni roi ni pape, sauf le respect qui leur était dû, n'avait action ni prise directe sur M. Pavillon[1]. Il ignorait la maxime de ces prélats qu'il avait quelquefois l'occasion de voir aux États de Languedoc, ou de ceux qui se réunissaient à Paris ou à Versailles sous la main du roi dans les Assemblées administratives du Clergé, ces Assemblées dites gallicanes (où il n'alla ja-

---

1. Du Guet, dans ses *Conférences ecclésiastiques* (2ᵉ et 3ᵉ dissertation), a établi, en s'appuyant surtout des paroles de saint Ignace (un saint du premier siècle et qui avait vu les Apôtres), cette même doctrine cardinale, la mission et l'autorité des Évêques de droit divin, aussi bien que leur supériorité au-dessus des prêtres : « L'Évêque est établi de Dieu, et c'est lui qui établit les prêtres.... L'Évêque est tout à la fois le successeur des Apôtres, le vicaire de Jésus-Christ et le sacrificateur du Père céleste, etc., etc. » M. Pavillon est, chez nous, le dernier exemple, le plus entier et le plus intègre, de cette perfection de l'Évêque primitif : car on ne saurait citer Bossuet, qui était au besoin l'homme du roi contre le Pape. M. Pavillon n'était ni au roi ni au Pape : peu lui importait d'être battu en brèche des deux côtés. Avec la centralisation qui prévaut de plus en plus dans l'État comme dans l'Église, il n'y a plus lieu à de tels évêques, souverains dans l'ordre divin et absolument indépendants chez eux, et composant en personnes égales la grande Communauté chrétienne : autant de *saint Pierre,* chacun sur son roc et dans son siège. Ce serait un anachronisme aujourd'hui de voir un tel évêque, autant que de voir un grand baron féodal.

mais), décorées par Bossuet d'un grand appareil de doctrine et menées de fait par M. de Harlai ; il était, dis-je, à cent lieues de la maxime, âme secrète de ces Assemblées, « qu'il faut céder au plus fort. » Sa science était de résister comme un mur ou comme un roc aux plus rudes attaques, de quelque part qu'elles vinssent, quand il était persuadé que Dieu le demandait de lui. C'était un terrible homme que ce doux prélat, et avec qui, en luttant, on ne gagnait rien. Il le prouva jusqu'à son dernier soupir dans l'affaire de la Régale. Il ne le prouva pas moins alors (en 1665) dans l'affaire de la Signature. « Un évêque doit s'exposer à tous les dangers, pensait-il, pour conserver l'intégrité de son Épouse : *in hoc positi sumus* (c'est pour cela que nous sommes en place). » Dans la prescription de la signature en particulier, qu'avait ordonnée l'Assemblée du Clergé de 1660, il estimait que cette Assemblée, qui n'avait aucun des caractères d'un Concile, avait excédé ses droits en imposant aux évêques une déférence aveugle à ses décrets; qu'elle n'avait fait aucune différence des évêques avec le reste des fidèles; qu'elle avait oublié que l'Évêque est le juge par excellence en telle matière, et n'a de juge supérieur et légitime que dans les Conciles provinciaux ou nationaux. Il avait donc cru devoir protester contre l'autorité que s'attribuaient ces Assemblées quinquennales composées en grande partie d'évêques de cour, au préjudice de ceux qui résidaient plus exactement[1]. L'Arrêt du Conseil, qui

---

1. C'était aussi l'opinion de M. d'Aubigny que nous avons vu l'ami de Saint-Évremond, mais qui n'en était pas moins une autorité parmi les Jansénistes par son rang, sa qualité et la ligne de conduite qu'il avait tenue; on lit dans les Mémoires manuscrits de M. Hermant :

« M. l'abbé d'Aubigny, qui avoit fait en ce temps-là (1661) un voyage en Angleterre, apprit, avec une grande amertume de cœur, cette délibération de l'Assemblée, et en écrivit ainsi à M. d'Andilly, le 15 février :

« J'ai su en mon chemin la délibération de l'Assemblée avec une extrême

était intervenu pour prêter main-forte aux décisions de l'Assemblée et en assurer l'exécution, n'ajoutait rien à la légitimité de l'acte même. « L'autorité du roi en effet, quoique absolument nécessaire pour contraindre par des peines temporelles à la soumission aux lois de l'Église, ne peut conférer à une Assemblée non canonique le droit de faire de ces sortes de lois, ni suppléer à ce qui manque. » Le saint évêque ne se fit pas faute d'écrire au roi pour lui représenter que, dans sa Déclaration (du 29 avril 1664), il avait passé les bornes de sa puissance légitime, en ordonnant la signature par-devant ses juges et magistrats; « que tous les princes vraiment chrétiens ne se sont jamais attribué l'autorité de faire des lois et des canons dans l'Église, mais bien ont tenu à gloire d'en être les exécuteurs et non pas les instituteurs. » C'est par cette considération stricte de juridiction ecclésiastique, d'ordre et de discipline épiscopale, et d'autorité inhérente à son ministère, que M. Pavillon fut conduit à entrer dans la lutte. Il écrivit donc une lettre de ferme et respectueuse remontrance au roi (25 août 1664), lettre qui devint bientôt après publique par l'impression. Conséquent avec lui-même, il interdit la signature du Formulaire dans son diocèse, adressa une Monition à son clergé pour le prémunir contre la

---

surprise; quelque méchante opinion que j'eusse des gens, je ne pouvois pas m'imaginer qu'ils allassent dans un tel excès, et qu'ils fussent capables de s'attirer une confusion si publique devant tout ce qu'il y a de personnes de vertu et d'érudition. En vérité on peut dire ce que disoit autrefois saint Cyprien dans une autre rencontre : « *Actum est de vigore Episcopatus, deque sublimi ac divina Ecclesiæ gubernandæ auctoritate.* » Enfin l'autorité légitime n'est jamais mieux détruite que lorsque l'on en substitue en sa place une nouvelle et tout injuste, telle que me paroit celle que ces Messieurs se sont attribuée en s'établissant sur la tête de leurs confrères, et les obligeant de se soumettre à leurs résolutions sous toutes les peines canoniques. Si cette nécessité que l'Église n'a jamais reconnue s'établit, je ne vois plus rien de certain dans la foi, ni de si saint dans la discipline et dans les mœurs, qui ne puisse être détruit et violé ; et *vous croyez bien que quand on aura besoin de décisions, on ne manquera pas d'évêques.* »

Déclaration du roi, et excommunia même deux de ses chanoines qui étaient allés signer ailleurs devant les séculiers. L'éclat fut grand. Le chancelier Séguier disait tout haut « que M. d'Aleth avoit voulu cracher au nez du roi. » L'avocat général Talon[1] eut ordre de déférer ces actes de l'évêque au Parlement, ce qu'il fit dans un violent et injurieux réquisitoire où il donna cours à ses emphases. Tous les amis de M. Pavillon s'agitaient, lui écrivaient des lettres d'alarme; son illustre pénitent le prince de Conti lui insinuait la prudence. Entre le roi, le Pape et sa conscience, ayant les Jésuites à dos qui le taxaient de jansénisme, la position de Pavillon était grave; il n'en paraissait nullement ému. Son habitude était de ne s'étonner de rien. Invariable et tranquille, il continuait de vaquer charitablement à son œuvre quotidienne d'évêque, pratiquant le *Carpe diem* du chrétien, ne s'occupant que du devoir actuel, de la difficulté présente, et abandonnant à Dieu les affaires du lendemain. L'Arrêt du Parlement, qui se régla pour les conclusions sur le réquisitoire de M. Talon, fut comme arraché à ce grand corps, tant M. Pavillon y était tenu en profonde estime; on n'y fit entrer que ce qu'on ne pouvait refuser au roi. Le Premier Président, M. de Lamoignon, différa plus de six semaines de le signer, et ne le fit que sur l'ordre du roi, impatient de ces retards. Quant à l'évêque, il avait une trop haute idée de son ministère pour se croire justiciable d'un Parlement. On le décida pourtant, non sans peine, à écrire au Premier Président pour le remercier des bonnes intentions que ce magistrat avait eues à son égard, jusque dans cette circonstance rigoureuse; mais cette lettre au chef de la justice humaine sent encore sa magistrature spirituelle supérieure. A cette date, au commencement

1. Denys Talon, qui avait succédé à son père depuis 1652.

de 1665, M. Pavillon n'était que très-incidemment en rapport avec Messieurs de Port-Royal; il n'avait écrit que deux fois à l'un d'eux (M. Arnauld), et c'avait été pour répondre à des lettres reçues. On peut dire de lui qu'il était un Port-Royaliste *antérieur* et sans le savoir; s'il va se déclarer et lutter si directement de concert avec et pour Messieurs de Port-Royal, c'est parce qu'il les rencontre sur son chemin, le chemin de la vérité.

Survint la Bulle d'Alexandre VII (15 février 1665) qui mettait les évêques au pied du mur; c'était la troisième fois qu'un pape examinait et décidait la question. Pavillon résisterait-il purement et simplement comme il avait fait pour la Déclaration du roi ? N'obéirait-il que moyennant un Mandement explicatif? Ce dernier parti qu'il embrassa fut celui qui était conseillé par Nicole, esprit à expédients et qui, jusque dans un parti rigide, préférait les formes moyennes. Pavillon faisant consulter Nicole entrait ainsi, bon gré mal gré, en étroit commerce avec ce Port-Royal tant reproché. Cependant toute l'Église de France avait les yeux sur lui dans ce péril pour savoir comment il se conduirait; les meilleurs évêques le considéraient comme leur guide; même sans oser le suivre, ils se disaient que là où il irait, ce serait le plus honorable de se référer et de tendre, et du moins de s'en approcher. Il y a des moments où la conscience publique aime à se personnifier dans un homme; elle s'en fait un oracle. Que pense Caton ? Que dira Royer-Collard ? Que fera M. Pavillon ?

M. Pavillon dressa un Mandement dans lequel il alla aux derniers termes de la condescendance comme il l'entendait, mais dans lequel aussi il maintint nettement toutes les distinctions nécessaires et les degrés de foi ou de soumission dues aux décisions d'ordre différent (1er juin 1665). Le succès d'un Mandement nous paraît aujourd'hui chose singulière; celui de M. d'Aleth eut pourtant une vogue extrême à Paris et dans tout le royaume. Le libraire Savreux en fit trois éditions en peu de jours. Le roi fut mécontent. Bon nombre d'évêques connaissaient le Mandement avant qu'il fût publié : quelques-uns seulement persistèrent à l'approuver après l'impression, et se résolurent à en publier de semblables. Un Arrêt du Conseil du 20 juillet frappa ces Mandements raisonneurs et défendit aux ecclésiastiques des divers diocèses d'y obéir. Ce n'était là qu'un prélude à d'autres rigueurs. Toutefois l'embarras était grand, même du côté de la Cour. Le roi, en faisant solliciter à Rome, comme il le fit, deux Brefs, — l'un par lequel le Pape ordonnerait aux évêques de révoquer leurs Mandements explicatifs et de faire signer purement et simplement, et l'autre par lequel le Pape encore nommerait des prélats français commissaires pour procéder au besoin et porter sentence contre les évêques récalcitrants, — le roi, en agissant ainsi, ouvrait plus d'accès à la Cour de Rome dans ses propres affaires qu'il ne convenait à la politique française. Il le sentait, et ses ministres aussi ; c'était l'avis de Colbert, de Lyonne, de Le Tellier, de celui-ci notamment qui estimait l'affaire *mal enfournée*, et qui désirait avant tout qu'on la terminât en France et par autorité royale ; qu'on ne la laissât point aller toute à Rome, où c'était une belle occasion d'empiéter sur les libertés gallicanes. Quand on lui représentait cet autre côté essentiel de la question, quand surtout les Brefs lui arrivaient, non pas tels qu'il les avait désirés, mais avec leurs clauses abusives et leur sans-gêne ultramontain, le roi, malgré son peu de goût pour le Jansénisme, devenait moins vif à la poursuite et avait des intervalles de refroidissement.

On eut l'idée, à différents moments de cette contestation, de demander à M. Pavillon de faire un voyage à Paris : quelques évêques bien intentionnés pensaient que sa présence et le respect qui s'attachait à sa personne pourraient y rendre les explications plus faciles et amener une solution aux difficultés. Mademoiselle de Vertus, l'amie de madame de Longueville (ces dames commençaient fort à se mêler des affaires de l'Église), fut d'un autre avis et fit des objections très-sensées : elle dit que, sur ce terrain glissant, il serait aisé aux adversaires de semer les piéges sur les pas du saint homme : « Nous ne sommes plus au temps que Dieu envoyoit des prophètes aux rois, et qu'ils les alloient trouver dans leur cabinet sans obstacle.... Au nom de Dieu, pensez-y bien; il n'y aura plus de ressource, si une fois M. d'Aleth vient mal à propos. »

Une Commission de neuf prélats venait d'être nommée par Alexandre VII pour juger les quatre évêques en vertu de l'autorité apostolique (ce qui eût été la plus singulière nouveauté en terre de France), quand ce pape mourut, et Clément IX (Rospigliosi) lui succéda (juillet 1667). Le nouveau pape n'était point engagé et passait pour avoir des dispositions pacifiques. Ce fut une occasion naturelle pour rouvrir les voies de conciliation. Chacun s'y entremit. Le plus actif et le plus utile promoteur et négociateur, à dater de cet instant, fut M. de Gondrin, archevêque de Sens, prélat de qualité, de grand air, autorisé en Cour, ayant l'oreille du roi et des ministres, et très-affectionné à nos Messieurs par goût de l'esprit plus encore peut-être que par esprit de piété[1] ; il se donna pour coopérateur étroit et pour

---

1. Voici son portrait tel qu'il se trouve à un endroit des Mémoires de Gourville ; les traits correspondent bien à ce que nous voyons nous-même du personnage dans l'affaire présente : « Il avoit beaucoup d'esprit, et parloit extrêmement bien, mais, à mon avis, un peu trop. Il auroit fort souhaité d'entrer en quelques affaires, comme c'étoit assez la mode en ce temps-là, tout étant en cabale (1656). Je fus fort d'avis que l'on ne s'ouvrît pas beaucoup

auxiliaire M. Vialart, évêque de Châlons (sur Marne), homme pur, intègre et d'une grande réputation de piété et de vertu, lequel le doublait heureusement : dans cette alliance M. Vialart donnait à M. de Gondrin de son autorité morale, et M. de Gondrin lui prêtait de son habileté et de son crédit politique. Ces prélats concertèrent une Lettre au Pape, qu'ils signèrent et firent signer d'un certain nombre de leurs collègues de l'épiscopat, et par laquelle, en justifiant les quatre évêques incriminés, en témoignant que leur doctrine n'avait rien de particulier, mais était celle de tous les autres évêques et de toute l'Église, ils suppliaient le Saint-Père de donner à l'Église de France, comme un bienfait de son avénement, une paix après laquelle on soupirait. La Lettre, portée confidentiellement de diocèse en diocèse, réunit dix-neuf signatures. On y retrouvait naturellement, comme adhérents sous cette forme indirecte et adoucie, ceux qui avaient lâché pied au fort de la bourrasque, mais à qui un éclair de sérénité rendait courage : M. de Comminges, l'ancien négociateur découragé, mais resté bienveillant ; M. Godeau, évêque de Vence, qui avait hâte de réparer ses faiblesses et qui était prêt, disait-il, à *signer de son sang*, s'il en était besoin. M. de Laval, évêque de La Rochelle et fils de madame de Sablé, s'y joignit, poussé par sa mère. M. de Ligny, évêque de Meaux, frère de l'abbesse de Port-Royal, y

---

avec lui, parce que je trouvois que sa vanité le portoit à aimer mieux le bruit d'une affaire que la réussite : au surplus, il étoit de très-bon commerce. » — C'est de M. de Gondrin, très-scandaleux dans sa jeunesse, que Retz entend parler dans ses Mémoires quand il dit : « Le déréglement des mœurs, très-peu convenable à ma profession, me faisoit peur ; j'appréhendois le ridicule de M. de Sens. » Depuis, quand M. de Sens fut devenu si sévère et si inexorable en matière de mœurs dans son diocèse, on a dit « qu'il faisoit pleurer ses péchés aux autres. »

était tout porté. Madame de Longueville, comme conseil, était au fond de tout.

Cette princesse pénitente qui, depuis 1661, s'était mise sous la direction de Messieurs de Port-Royal et avait noué intime liaison avec les Mères, contribua autant qu'aucun prélat à la paix de l'Église. « Ces négociations croisées, ai-je dit ailleurs [1], si souvent renouées et rompues, leur activité secrète, et le centre où elle était, recommençaient pour elle la seule Fronde permise, et lui en rendaient quelques émotions à bonne fin et en toute sûreté de conscience. » A partir de 1666, Arnauld, Nicole et le docteur de Lalane étaient cachés chez elle, dans son hôtel [2] ; tout y aboutissait et en

---

1. Portrait de *Madame de Longueville*, dans les *Portraits de Femmes* (édition de 1855). — Ce Portrait, que j'ai détaché dès le mois d'août 1840 de mon fonds de *Port-Royal*, me paraît encore complet pour l'idée à prendre de la personne, et je n'aurais rien à y changer aujourd'hui. On y trouvera une analyse de l'Examen de conscience écrit par la princesse après la confession générale qu'elle fit à M. Singlin le 24 novembre 1661.

2. Avant d'être à l'hôtel de Longueville, et d'y trouver une sécurité relative, Arnauld, en ces dix années (1656-1666), avait dû changer plus d'une fois de retraite. On en faisait bien des récits dans le monde janséniste. Fontaine a raconté une circonstance toute fortuite où il faillit être pris, bien que ce fût un autre qu'on cherchât. Le même événement avait été raconté par Brienne en ses *Anecdotes* et avec des particularités plus singulières. Écoutons-le parler ; le *confrère*, comme on l'appelait à Port-Royal, est amusant :

« Je dirai à ce sujet de M. Arnauld une plaisante aventure. Comme il étoit caché dans une certaine auberge, des archers conduits par un exempt du Grand-Prévôt, y entrèrent en grand nombre avec leurs hoquetons, pour se saisir d'un certain banqueroutier qui se nommoit Arnauld comme lui, et qui s'étoit évadé, ayant eu vent qu'on le venoit prendre. Le docteur du même nom, s'entendant nommer et appeler à diverses reprises, ne douta point que ce ne fût lui à qui on en vouloit ; et se mettant en prière à deux genoux, se tenoit caché fort transi dans la ruelle de son lit, son crucifix entre les mains, qu'il baisoit de grand courage. Mais comme M. de Saint-Gilles, gentilhomme Poitevin, qui étoit avec lui dans la même chambre, étoit assuré de la fidélité de son hôte, il fit bonne mine à mauvais jeu et, prenant sa flûte douce dont il jouoit admirablement, se mit à jouer un branle de Poitou tout de son mieux. Ce que l'exempt entendant et en étant charmé, il passa outre et dit : « Le

émanait ; chaque incident y devenait matière à délibération et à conférence. C'était le haut cabinet du parti. Le grand médiateur extérieur, M. de Gondrin, concertait avec elle toutes ses démarches. Dès les premiers jours du nouveau pontificat, elle écrivit une lettre au Pape, accompagnée d'une autre au cardinal Azzolini, secrétaire d'État, en faveur des religieuses ; et, sous ce couvert d'intercéder pour de pauvres filles affligées, elle s'avançait à y plaider la cause de ces Messieurs et même des quatre évêques. Elle y définissait spirituellement le groupe de ceux qu'on appelait Jansénistes : « Ce que j'en puis dire avec vérité, écrivait-elle au Pape, est que c'est le plus grand et le plus petit parti du monde, le plus fort et le plus foible. » Elle montrait comme quoi il était faible en un certain sens et se réduisait presque à rien, composé qu'il était « d'une douzaine de théologiens pieux et habiles, qu'on a persécutés depuis vingt ans, disait-elle, et dont toutes les prétendues erreurs se sont réduites à une question de fait, sur laquelle ils ne se

---

diable de banqueroutier d'Arnauld, ce fourbe de janséniste qui nous emporte notre bien, ne seroit-il point dans cette chambre ? on l'entend jouer de la flûte. » Et sur cela retournant sur ses pas, Saint-Gilles lui ouvrit la porte hardiment et lui dit : « Il n'y a ici qu'un marchand et moi qui ne sommes ni l'un ni l'autre banqueroutiers, ni jansénistes. Voyez partout, Monsieur l'Exempt, si vous voulez en douter. » M. Arnauld, qui avoit repris ses esprits, se leva un livre à la main, et fit si bonne contenance que l'exempt ne se douta de rien, et leur fit même excuse, en se retirant, d'être entré dans leur chambre. Mais ce qu'il y a d'admirable dans cette histoire, que M. de Saint-Gilles m'a racontée lui-même, c'est que l'exempt avoit ordre de se saisir de tous les jansénistes qu'il pourroit découvrir. Mais comme il ne connoissoit point M. Arnauld qu'il n'avoit jamais vu, et qu'il ne voyoit cette fois qu'avec sa perruque blonde ou noire et son collet de marchand à point d'Alençon ou de France, il n'avoit garde de le prendre pour un docteur de Sorbonne. »

Dom Clémencet, qui cite ce passage des *Anecdotes* de Brienne dans son *Histoire littéraire* (manuscrite) *de Port-Royal*, ajoute : « On reconnoît dans ce récit le génie singulier de l'auteur : il place la scène dans une certaine auberge de la rue Saint-Denis ou Saint-Martin. Peut-être sa mémoire a-t-elle été infidèle, ou celle de M. Fontaine ; car celui-ci la place au faubourg Saint-Marceau. »

défendent que parce qu'on en prend sujet de les traiter d'hérétiques. » Parlant comme en leur nom, et se portant leur garant, elle ajoutait : « Ils ont toujours été prêts de cesser d'écrire, ou de ne plus écrire que pour défendre la foi de l'Église contre les Calvinistes. » Puis, après avoir ainsi diminué le parti et l'avoir montré comme imperceptible par le nombre et insignifiant aux yeux du monde, elle le relevait aussitôt et le refaisait respectable et redoutable, en disant : « Mais si on y comprend tous ceux qui ont les mêmes sentiments qu'eux, et qui ne doutent pas moins qu'eux du fait dont il s'agit, mais qui ont trouvé moyen de se mettre à couvert..., on peut dire avec vérité que, si c'est un parti, c'en est un très-considérable, et qui comprend presque tous les habiles gens de France, non-seulement parmi les théologiens, mais même parmi les évêques. »

Cette lettre de madame de Longueville, très-peu semblable par le style à celles qu'elle écrit d'elle-même, atteste le voisinage et la touche d'Arnauld et de Nicole, ces *personnes très-intelligentes* auxquelles elle fait directement allusion en un endroit et dont elle se donne comme l'écho et l'interprète.

Les détails de la négociation ainsi entamée derechef à l'avénement de Clément IX, et qui ne dura pas moins de quinze mois, sont assez compliqués et divers [1]. On put craindre, dès la reprise, que tout n'échouât encore ; le roi fut mécontent quand il apprit la démarche des évêques, et quand il sut que les mêmes dix-neuf prélats préparaient et s'envoyaient les uns aux autres, pour la signer, une autre lettre à lui adressée. M. Talon eut ordre de tonner aussi fort que jamais dans le Parlement,

___

1. M. Varet, grand vicaire de M. de Sens, en a écrit l'Histoire (*Relation de ce qui s'est passé dans l'affaire de la Paix de l'Église....* 2 vol. in-12, 1706).

et il dénonça « des cabales et assemblées illicites, » qui se faisaient à ce sujet dans le royaume. Et cependant, malgré ce grondement de fâcheux augure, malgré les retards et les incidents de plus d'une sorte qui vinrent encore à la traverse et sur lesquels je ne m'étendrai pas, le fait est que presque tout le monde bientôt inclina à la transaction et s'y prêta ; les esprits s'étaient comme détendus : Louis XIV tout le premier, heureusement conseillé alors par les secrétaires d'État Le Tellier et Lyonne, insensiblement distrait des affaires de l'Église par son ambition politique et ses plaisirs; le Pape, de son côté, très-enclin à la modération; son nouveau nonce à Paris (Bargellini), séduit et gagné par les gracieuses avances de M. de Gondrin ; Arnauld lui-même, l'invincible Arnauld qui respirait l'air et subissait à son insu l'influence de l'hôtel de Longueville, et qui, après avoir été si opiniâtre et si intraitable, à d'autres instants de la contestation, trouvait à la fin que c'étaient les autres qui l'étaient trop. La grande difficulté en cette période de crise était surtout dans le caractère de l'évêque d'Aleth, M. Pavillon, cet homme tranquille et doux, mais inébranlable. Il fallait en effet, pour donner prétexte aux puissances de revenir sans avoir l'air de céder, changer légèrement l'*état des choses*, renouveler tant soit peu l'aspect de la question. Le fâcheux de l'affaire des quatre évêques était dans la publicité qu'avaient reçue leurs Mandements; ils auraient dit la même chose dans des procès-verbaux particuliers, qu'on n'y aurait peut-être pas trop pris garde. Il fallait donc qu'ils parussent revenir sur ces Mandements publics; et faire revenir M. Pavillon quand il n'avait pas à se rétracter et là où il était dans la plénitude de son droit d'évêque, c'était, autant dire, vouloir remuer les Pyrénées. Tout ce qu'on fit pour l'y déterminer est inimaginable; les prélats médiateurs, M. de Gondrin et M. Vialart, le premier surtout, y épuisaient toute leur diplomatie et leur rhétorique. Lui, il répondait sans se hâter, poliment, dans une patience parfaite, mais craignant toujours un piége, du moment que, par les biais proposés, on demandait à la parole d'être moins nette et moins franche. Ame véridique, âme à la fois juste et généreuse, il aurait voulu en même temps, pour condition essentielle et inséparable, qu'on ne fît point la paix des évêques sans y comprendre expressément et les Messieurs et les religieuses de Port-Royal : car « comment donneroit-on le nom de paix à un accommodement où l'on abandonneroit ceux qui ont le mieux combattu et le plus souffert pendant la guerre, au ressentiment et à la vengeance de leurs ennemis : des vierges qui ont édifié l'Église par leur courage; des théologiens qui l'ont éclairée et puissamment soutenue par leurs excellents écrits? Pour moi, s'écriait-il, j'aime beaucoup mieux demeurer seul et m'exposer à tout souffrir que de les abandonner.... *Ils ont fait la guerre avec vous, vous ne pouvez faire la paix sans eux.* »

On lui répondait très-sensément qu'il voulût bien se prêter à laisser conclure l'accommodement d'abord, et qu'une fois la paix faite avec Rome et avec la Cour, en traitant toute cette affaire avec la délicatesse qu'elle requérait, le reste suivrait de soi; que la persécution des religieuses et des théologiens, liée à la cause des évêques, tomberait d'elle-même par son irrégularité, et ne pourrait se soutenir six mois après cette première et publique réconciliation.

On eut de nouveau l'idée, à ce point de maturité de la négociation (juin 1668), de faire venir M. Pavillon à Paris pour s'entendre avec lui et le mitiger peut-être, et pour achever d'éclairer le roi. Cette idée était d'Arnauld qui, par habitude d'esprit, comptait beaucoup sur l'effet des conférences où l'on discute en champ clos, et qui se flattait qu'on pût en tenir une devant le roi en personne. M. Pavillon n'eut pas de peine à résister à l'invitation. Les ministres y étaient opposés par d'autres raisons assez singulières et qui méritent d'être rapportées. Comme le roi, curieux sans doute de voir un évêque dont on parlait tant et dont les vertus étaient devenues proverbiales, ne repoussait point d'emblée la proposition de le laisser venir, Le Tellier fit sentir l'imprudence qu'il y aurait à autoriser une telle démarche :

« Si Votre Majesté mande l'évêque d'Aleth, disait-il, elle peut compter qu'il ne partira qu'accompagné de tout ce qu'il y a de gens de bien et de considération dans son diocèse et aux environs, qui le regardent comme un saint ; que partout où il passera, on ira en foule lui demander sa bénédiction ; qu'il ne sera pas plus tôt arrivé à Orléans que tout Paris ira au-devant de lui ; chacun s'empressera à lui rendre service, et il arrivera à la Cour comme en triomphe. Comment osera-t-on alors penser sérieusement à faire le procès à un évêque ainsi canonisé par le peuple, et infiniment respecté de tous les honnêtes gens ? Qui osera, dans ces circonstances, être son accusateur ? Qui osera être son juge ? »

Je donne ces raisons exposées comme je les trouve, sans y vouloir chercher autre chose que l'idée de l'importance extraordinaire, qui s'attachait à la personne d'un évêque tel que Pavillon, au dix-septième siècle. Ce n'est pas de lui que le Père Annat aurait dit, comme on l'a vu parlant de Godeau dont on lisait une lettre au roi en son Conseil de conscience : « Qu'est-ce que vous vient ici conter, Sire, ce petit évêque qui n'a que trois ou quatre paroisses et quinze ou vingt paysans ? » Si l'évêché de M. Pavillon était pauvre, sa clientelle morale était immense ; dans cette France encore chrétienne, des milliers de dévots amis se seraient levés sur son passage et lui auraient fait cortége ; et l'on peut dire avec vérité, quand on considère à quel point comptaient chacun de ses actes et chacune de ses paroles, que le nœud de la paix de l'Église était entre ses mains.

Il est touchant de remarquer comme cet homme généreux se sentait lié, vers ce temps, avec les religieuses de Port-Royal qu'il n'avait jamais vues et ne devait jamais voir, mais qui se recommandaient à lui par une même persécution endurée au nom de la justice. Elles souffraient comme lui, et plus que lui, par la faute de ceux qui ne comprenaient pas que le moyen le plus naturel et le plus simple de finir ces contestations était de *laisser en paix les enfants de la paix.* Elles lui envoyèrent en 1666, comme souvenir et témoignage de respectueuse amitié, une ceinture brodée, à laquelle elles avaient toutes travaillé, et même la mère Agnès. Elles lui avaient écrit, vers la fin de 1664 et dans le fort des violences de M. de Péréfixe, une lettre collective, accompagnée d'une liste de leurs noms, pour se recommander à lui dans ses sacrifices et ses prières, « pour le supplier, comme elles disaient, de donner et conserver une place dans le sein de sa charité vraiment pastorale à de petites brebis qui étoient rejetées d'une manière si peu épiscopale et paternelle par leur propre pasteur. » Chaque fois donc qu'il disait la messe (chaque matin à sept heures), il faisait mettre le papier qui contenait ces noms sur l'autel, « sous le pied du calice, par-dessous la nappe, » et elles avaient la meilleure part de l'holocauste. S'entretenant avec le pieux Lancelot qui, en compagnie de Brienne assez fraîchement converti, avait fait le voyage d'Aleth, en 1667[1], M. Pavillon, réjoui de ce qu'il entendait sur Saint-Cyran et nos principaux amis, répétait quelquefois dans son humilité : « Nous ne savions rien avant que de connoître

---

1. Quand la paix de l'Église fut établie, le pèlerinage d'Aleth devint une dévotion de Port-Royal ; M. Hamon, M. de Tréville, M. Nicole, M. de Pontchâteau, y allèrent ; mais Lancelot avec Brienne fut le premier qui fit le voyage.

les Messieurs de Port-Royal, et nous ne pouvons assez louer Dieu de ce qu'il nous les a fait connoître. »

Dans ce projet d'un voyage à Paris, dont Arnauld écrivit à M. Pavillon et qu'il lui conseillait (juillet 1668), une des raisons mises en avant était que lui seul, M. d'Aleth, aurait crédit sur l'esprit des religieuses de Port-Royal en proie à des frayeurs mortelles et à des scrupules sans fin, et devenues alors plus difficultueuses que les docteurs : « Or, il n'y a personne, disait Arnauld, qui fût plus capable que vous, Monseigneur, de leur calmer l'esprit et de leur faire accepter des conditions raisonnables. »

Un projet qu'on agita sérieusement vers le mois d'août 1668, et dans la pensée de simplifier la question de Port-Royal, de n'en pas faire une complication de l'accommodement très-avancé, ce fut que l'archevêque de Sens transférât la Communauté dans son diocèse et lui assurât dès lors toutes les facilités relatives à cette malheureuse signature. La terre de Mondeville, qui appartenait à Port-Royal, était précisément située dans son diocèse et devenait un prétexte naturel ; on aurait pu s'y transporter d'abord, sauf ensuite à changer de lieu. L'affaire semblait décidée ; le roi et M. de Péréfixe y consentaient. Madame de Longueville poussait de toutes ses forces à cet arrangement, aussi bien que l'évêque de Meaux. On en fit la proposition aux religieuses réunies aux Champs, qui en furent extrêmement surprises et même alarmées, malgré les noms des proposants, à cause de la précipitation qu'on mettait à obtenir d'elles un brusque consentement, une Requête signée. Elles ne la donnèrent qu'avec prudence, réflexion, et en y attachant des conditions fort sages. L'affaire bientôt manqua d'elle-même.

Ces années de persécution engendrèrent sans nul doute bien des projets qui durent traverser les têtes dirigeantes du parti, et qui, à la nuit tombante, dans ces journées recluses, comme on se les figure, animèrent des conversations mystérieuses. Entre tous ces projets qui n'ont pas laissé trace, il en est un des plus mémorables, qui concernerait ces Messieurs et que je vois indiqué dans quelques lignes de Saint-Simon ; c'est à un endroit où il parle du duc de Roannez[1] : « Il étoit, dit-il, fort attaché à Port-Royal des Champs. C'étoit lui qui vouloit fournir *à la plupart de la dépense* de l'acquisition d'une île en Amérique, où les solitaires de cette même maison eurent un temps dessein de s'aller établir pour se dérober aux persécutions qu'ils essuyoient en Europe. » Les Puritains persécutés ne firent pas autre chose, et ils allèrent fonder leurs colonies dans la Nouvelle-Angleterre. Mais le Jansénisme, très-fort en terre de France et dans son antagonisme avec les Jésuites, n'avait pas en lui la séve propre du Puritanisme, et il n'était pas de force à faire tige ailleurs[2].

Une autre entreprise, qui se rapporte aussi à ces années et qui ne resta point à l'état de rêve, fut celle de Nordstrand. On a dit que les Jansénistes avaient eu des-

---

1. Dans ses Additions et notes au *Journal de Dangeau*, tome III, page 402.
2. Richard Simon, dans sa trente-deuxième lettre (tome II de ses *Lettres choisies*, 1730), attribue également à ces Messieurs de Port-Royal l'idée de s'établir en Amérique, et il nous apprend que c'était M. Thévenot, garde de la Bibliothèque du roi, qui lui en avait parlé. On serait allé, de la part de ces Messieurs, consulter M. Thévenot et lui demander des renseignements sur l'état du pays. Si c'est de cette circonstance que Saint-Simon a voulu parler et d'après les vagues bruits qui purent s'en répandre alors, la date est bien postérieure à ces années 1662-1668 ; car la lettre de Richard Simon est de janvier 1687, et celui qui l'écrit ne paraît pas croire qu'il s'agisse d'un projet très-ancien. Est-il besoin d'ajouter qu'un tel projet, bien invraisemblable de tout temps à supposer chez Messieurs de Port-Royal, l'est surtout à cette époque dernière, où ceux d'entre eux qui survivaient étaient vieux, fatigués et dispersés ?

sein de s'y aller établir et de former une petite république dans le Nord, d'y réaliser le Pays de Jansénie ; c'eût été dans tous les cas un triste établissement. L'affaire, telle qu'on la sait, est plus simple et moins grandiose. L'île de Nordstrand, sur les côtes du Holstein, et faisant partie du royaume de Danemark, avait eu ses digues brisées par l'irruption de l'Océan dans la nuit du 11 octobre 1634 ; plusieurs milliers de personnes avaient péri. C'est à la suite de ce déluge que des sociétés offrirent de regagner le pays par des digues, moyennant de certains priviléges. Le duc de Holstein-Gottorp, qui avait Nordstrand dans ses domaines, concéda, en 1652, ces priviléges très-amples et, entre autres, le libre exercice de la religion. Bientôt une commune catholique romaine s'établit, puis une église catholique romaine s'éleva à Nordstrand. Le clergé de l'église paroissiale, à l'origine, appartenait à la Congrégation des Pères de l'Oratoire, de ceux de Louvain ou de Malines ; ce ne fut que plus tard qu'on leur substitua des prêtres dépendant de l'église d'Utrecht. Cependant les frais de l'entreprise ne diminuant pas, on fit appel à de nouveaux actionnaires. Depuis 1663, on trouve dans les actes plusieurs noms de nos amis, Pontchâteau, Gorin de Saint-Amour, Lalane, Nicole, les Angran ; Arnauld n'y est pas d'abord en nom. Voici ce qui explique cette recrue nouvelle. Des sommes assez considérables données par M. Arnauld, par M. de Saci et ces autres Messieurs, étaient placées à fonds perdu à Port-Royal ; dans l'extrémité où elles se voyaient réduites, les religieuses envisageant la destruction comme possible, ne sachant si elles pourraient continuer de servir la rente, pensèrent délicatement qu'elles devaient restituer tout l'argent à ces Messieurs, et dès lors on s'occupa de le bien placer. Le supérieur de l'Oratoire à Malines, le Père de Cort, qui s'était mis en communication avec Arnauld dès 1657, vantait beaucoup son île de Nordstrand et son affaire d'endiguement; de là la tentation pour la plupart des Port-Royalistes d'y mettre leurs fonds et de devenir propriétaires-actionnaires. On fit de savants calculs sur le papier. Il paraît que Pascal, qui vivait encore, fut consulté et donna un avis mathématique. Nicole surtout voyait la spéculation en beau [1]. M. de Saci, ayant simplement consulté son notaire Gallois, refusa d'aventurer son argent si loin (ce qui lui faisait l'effet de le jeter dans la mer) et préféra le placer sur les hôpitaux de Paris, à intérêt ordinaire; il se trouva avoir raisonné plus juste que les autres [2]. Ceux qui croyaient avoir découvert le Pérou à Nordstrand, furent déçus, et très-vite, et de plus d'une manière. Ils eurent à se plaindre du supérieur de l'Oratoire, le Père de Cort, leur chargé d'affaires, qui ne géra point à leur gré et qui entra dans les vues et fantaisies mystiques d'Antoinette Bourignon. Cela finit par un procès et un éclat en 1669. M. de Pontchâteau fit un voyage à Nordstrand en 1664, pour y juger par ses yeux de l'état des choses. On lit dans une lettre de lui à M. de Neercassel, archevêque d'Utrecht, l'un des actionnaires et amis, et que cette affaire mit en relation très-habituelle avec Port-Royal, avec lequel il aura bien d'autres et bien meilleurs liens : « On pense à éviter

---

1. « Cet achat (de Nordstrand) étoit une des folies de M. Nicole, qui s'étoit imaginé que ce bien leur rapporteroit beaucoup. » (Paroles de mademoiselle de Joncoux dans une conversation.)

2. On ne saurait dire pourtant avec Petitot que M. de Saci, en agissant de la sorte, avait seul bien *spéculé*. M. de Saci et *spéculer*, ce sont des termes et des idées qui ne vont pas ensemble. M. de Saci plaça son argent sur l'hospice des Incurables, qui lui offrit douze cents livres de rente viagère : il voulait même d'abord se réduire à mille livres seulement, à condition que la moitié de cette rente serait sur la tête de son secrétaire et ami Fontaine. Mais celui-ci, à peine informé de cette pensée généreuse, courut chez M. Gallois et s'opposa à l'exécution.

les procès autant que l'on peut, afin de ne pas exposer aux yeux des juges hérétiques des choses dont ils pourroient tirer avantage contre notre religion, quoique à tort, si nous étions obligés de dire en leur présence *tous les sujets que nous avons de nous plaindre du Père de Cort et de ses confrères.* » (3 décembre 1665.) — Sur cette affaire de Nordstrand qui revient souvent dans les lettres de M. de Pontchâteau[1], celui-ci répète à satiété qu'il voudrait vendre sa portion et se retirer, lui et M. Arnauld et M. Nicole, ces deux derniers désirant abandonner leurs parts à M. de Neercassel pour une pension viagère, et lui (M. de Pontchâteau), s'il est possible, pour une somme payable à certains termes. Dans une lettre bien postérieure du 13 janvier 1676, il ajoute : « Je ne vous parle que pour M. Arnauld, M. Nicole et moi : *la conduite de M. Périer*[2] *lui est fort utile et nous est très-désavantageuse, mais nous n'y voyons pas de remède.* » Ce fut le duc de Holstein qui racheta les parts de ces Messieurs en 1678, mais les payements furent longs à liquider. Il ne faut pas que les dévots se fassent industriels, et M. de Saci avait raison[3].

1. Archives d'Utrecht.
2. Ce M. Périer était un agent des Jansénistes français à Nordstrand. Ne pas le confondre avec M. Périer-Pascal.
3. Bayle, qui ne demande qu'à trouver du jour à ses malices, s'est amusé à insérer dans ses *Nouvelles de la République des Lettres* (avril 1685) un Mémoire communiqué, tout favorable à mademoiselle Bourignon, où on lit qu'il y avait une fort grande différence entre la *morale pratique* et la *morale spéculative* de messieurs les Jansénistes, et où on leur reproche le traitement qu'ils firent à M. de Cort et à mademoiselle Bourignon. Celle-ci adressa d'Amsterdam, à la date du 30 mai 1669, une lettre à M. Arnauld pour réclamer vivement contre l'injuste arrestation du Père de Cort qui avait été faite sur la demande de Gorin de Saint-Amour, le mandataire des Jansénistes à Nordstrand. — On voudrait pouvoir s'intéresser à la destinée de cette pauvre île de Nordstrand, la république de Saint-Marin du Jansénisme; mais il n'y a pas moyen. Elle a été une ruine avant d'être un établissement. Nous n'avons vu que le

J'ai conduit l'affaire de l'accommodement pour la Paix au point où elle est près de se résoudre ; je demande à exposer un incident considérable qui intervint avant la conclusion et qui ne laissa pas d'y contribuer, en disposant de plus en plus l'opinion en faveur de Port-Royal et en lui conciliant les rieurs en haut lieu.

Il s'agit de la publication du *Nouveau-Testament*, dit *de Mons*, qui se fit en 1667, et l'on ne voit pas d'abord en quoi il put y avoir là le mot pour rire. MM. de Port-Royal avaient pensé de tout temps à traduire l'Écriture ; ils s'y remirent plus particulièrement durant ces années de solitude et de retraite forcée, et il leur parut que ce serait répondre d'une manière heureuse aux accusations de leurs ennemis que de profiter de ce moment d'oppression pour rendre d'un usage plus facile à tous le trésor de la parole de Dieu, à commencer par les Évangiles. Madame de Longueville entra vivement dans cette vue. Des conférences se tinrent dans son hôtel, et c'est même en venant à l'une de ces conférences, et comme il y apportait, dit-on, la Préface destinée à paraître en tête de l'ouvrage, que M. de Saci, qui avait eu la plus grande part à la révision, fut arrêté et mis à la Bastille (13 mai 1666)[1]. Cependant on sollicitait en vain du

---

commencement des zizanies. La discorde, par la suite, se mit entre les catholiques en petit nombre qui y habitaient, et dont les uns voulurent rester romains, tandis que les autres, en possession de l'église paroissiale, tenaient et tiennent encore pour Utrecht. Selon le dénombrement du 1ᵉʳ février 1835, il y avait à Nordstrand mille huit cent vingt-trois luthériens, et deux cent soixante-neuf catholiques, parmi lesquels plus de deux cents catholiques romains et seulement cinquante jansénistes. Livrés à eux-mêmes à cette extrémité du continent, diminués, étiolés, la plupart des jansénistes se sont faits protestants.

1. On sait assez exactement la juste part qui revient aux principaux Messieurs dans cette traduction du Nouveau-Testament. La sœur Angélique de Saint-Jean, dans une lettre écrite à Arnauld en 1668 et dans laquelle elle s'oppose de toutes ses forces aux corrections qu'on voulait après coup y introduire, l'attribue à trois

chancelier Séguier une permission d'imprimer en France ; car, sans compter que tout ce qui venait de ces Messieurs était suspect, le Père Amelotte de l'Oratoire, très-consulté par le chancelier, avait pris les devants et se prétendait autorisé par l'Assemblée du Clergé à publier une sienne version du Nouveau-Testament, qu'on disait calquée sur celle de Port-Royal dont il s'était procuré une copie. Ces Messieurs, qui ne se décourageaient pas pour si peu, cherchèrent alors, selon leur usage, à éluder les formalités ; ils y réussirent avec toute sorte d'adresse, et leur ouvrage, moyennant un détour, revint en France, imprimé de fait à Amsterdam chez les Elzévir, mais portant le nom seul d'un libraire de Mons, muni des approbations d'un docteur de Louvain et de deux évêques du pays, et avec privilége du roi d'Espagne. Cette publication, après les lenteurs d'un circuit si compliqué, n'eut lieu à Paris que vers avril 1667. On a peine aujourd'hui à se le figurer, ce fut non-seulement alors chez les personnes de piété, mais dans le monde et auprès des dames, un prodigieux succès. Madame de Longueville, convertie, excellait encore à donner le ton à la mode, même dans la piété. Avoir sur sa table et dans sa ruelle ce Nouveau-Testament élégamment traduit, élégamment imprimé, était en 1667 le genre spirituel

principaux traducteurs : « celui qui en a creusé les fondements, ayant renouvelé dans l'Église par son exemple la pénitence que l'Évangile nous prêche (c'est-à-dire M. Le Maître) ; — le second qui *a élevé tout l'édifice*, et qui le cimente et l'affermit par ses liens (M. de Saci, alors à la Bastille) ; — et vous, dit-elle, s'adressant à Arnauld, qui y avez mis le comble. » M. de Saci est nettement indiqué par elle comme le *principal auteur*. La sœur Angélique, dans cette lettre, s'élève contre un système de corrections que voudrait faire prévaloir un laïque, dont M. de Roannez paraît avoir été aussi chaud admirateur en ce temps-là qu'il l'était précédemment de Pascal. Ces corrections faites par une personne qui n'était pas de Port-Royal déplurent également à M. d'Andilly, qui s'en plaignit dans une lettre à son frère. Il les attribuait à M. Du Bois ; elles étaient de M. de Tréville.

suprême[1]. Les contradictions et les invectives du dehors non plus ne manquèrent pas ; il n'y a de succès complet qu'à ce prix. De peur que le roi ne fût tenté d'accorder un privilége qu'on sollicitait de lui pour une réimpression du livre, le Père Maimbourg, poussé par ses confrères jésuites, se déchaîna contre, dans une série de sermons prêchés à l'église de la maison professe rue Saint-Antoine. L'archevêque de Paris fit une défense à ses diocésains de lire cette traduction, sous ce seul prétexte d'abord qu'elle paraissait dans Paris sans sa permission et sans nom d'auteur. M. de Péréfixe, dans cette levée de boucliers, ne trouva que deux

---

1. Un savant homme, qui était plus vraiment savant encore que Messieurs de Port-Royal et plus directement en voie de lumières, si bien qu'il avait tout droit de dire : « Ces Messieurs qui se sont rendus habiles dans l'art de parler n'ont qu'une science très-médiocre de ce qui regarde la *critique de l'Écriture,* » Richard Simon, relevant les défauts du Nouveau-Testament de Mons et comparant cette traduction à la version allemande que Luther avait faite autrefois de la Bible, a dit : « L'une et l'autre version sont semblables en ce qu'elles ont plus l'air de paraphrases que de traductions, et qu'elles sont écrites d'un style pur et intelligible à tout le monde : ce qui n'a pas peu contribué à les faire estimer, principalement des dames. Je me souviens de ce que Staphile, qui connoissoit à fond le parti luthérien dans lequel il avoit vécu, disoit autrefois de la version allemande de Luther, qu'*on n'osoit en parler mal sans s'exposer à être maltraité des dames qui en faisoient leurs délices,* quoiqu'elle fût remplie de fautes. » (*Bibliothèque critique* de Richard Simon, tome III, page 179.) C'est exactement la même chose que ce qu'a dit le brave La Noue des livres d'*Amadis:* « Sous le règne du roi Henri second, ils ont eu leur principale vogue, et crois que, si quelqu'un les eût voulu alors blâmer, on lui eût craché au visage. » (*Discours politiques et militaires* du seigneur de La Noue, 6ᵉ discours.) — Au retour d'un voyage qu'il était allé faire exprès en Hollande dans cet été de 1667, M. de Pontchâteau fit entrer dans Paris par la porte Saint-Antoine une charrette toute pleine de Nouveaux-Testaments de Mons et autres livres de Port-Royal prohibés ou suspects : présent de sa personne, escortant lui-même le convoi, il sut, par sa prudence et son aplomb, mettre en défaut l'œil de la police. Il y eut bientôt du fruit défendu pour tout le monde.

ou trois prélats pour l'imiter et le soutenir : M. de Maupas du Tour, évêque d'Évreux, le cardinal Antoine Barberin, archevêque de Reims, mais surtout un troisième personnage assez singulier et très en vue alors, George d'Aubusson de La Feuillade, archevêque d'Embrun. Il revenait d'Espagne où il avait montré, comme négociateur, quelque habileté; du moins, des extraits de ses dépêches, publiés dans ces dernières années [1] (et en supposant qu'il n'eût pas près de lui un secrétaire habile que les lui faisait), plaident en sa faveur. On racontait pourtant de lui des traits bien forts d'ignorance. On a dit qu'au retour de son ambassade de Venise, quand il fut nommé à celle d'Espagne, il voulait se rendre à son poste par Bruxelles ; « il croyoit que les Pays-Bas touchoient à Madrid [2]. » Revenant à la Cour au moment où l'on y parlait assez gaiement de ces questions théologiques, il le prit sur un ton très-haut avec le Jansénisme, se ressouvint trop qu'il avait été quelque temps novice en sa jeunesse chez les Jésuites, et voulut *se faire de fête*, comme on dit. Dans ce monde au tact si fin, il prêta à rire par sa suffisance et son manque de mesure.

Les Ordonnances que l'archevêque de Paris et l'archevêque d'Embrun avaient publiées contre le Nouveau-Testament de Mons firent naître des écrits et pamphlets, dont un seul était assez piquant. Ce sont des *Dialogues* satiriques [3], où ces Ordonnances, celle surtout de M. d'Embrun, sont raillées comme elles le méritent. On s'y attachait à faire remarquer que l'Ordonnance de ce dernier, quoiqu'elle parût comme si

---

1. Par M. Mignet, dans les *Négociations relatives à la Succession d'Espagne*, 1835. — On est sujet à se tromper beaucoup sur la valeur d'un homme, quand on a la confiance de le juger uniquement d'après des pièces officielles dont il peut fort bien ne pas être l'auteur.

2. *Mémoires historiques, politiques*, etc., par Amelot de La Houssaye.

3. *Dialogues entre deux Paroissiens de Saint-Hilaire-du-Mont.*

elle avait été dressée à Embrun par le grand vicaire du prélat, avait néanmoins été fabriquée à Paris (ce qui faisait même que la date était restée en blanc); qu'il était ridicule que M. d'Embrun eût affecté de faire un Mandement pour défendre à ses diocésains qui n'entendaient pas le français, mais seulement le patois du Midi, de lire une traduction française du Nouveau-Testament qui n'irait jamais jusqu'à eux; que cela donnait lieu au monde de s'étonner que n'ayant jamais mis le pied dans son diocèse depuis qu'il en avait pris possession, ayant passé toute sa vie à la Cour, dans les ambassades, et arrivant de Madrid encore tout récemment, il ne se souvînt de ses diocésains que pour leur interdire la lecture de l'Évangile. Toutes ces raisons étaient assez bien choisies, comme on voit. On lui opposait avec un à-propos frappant, à lui le moins régulier et le moins résident des évêques, l'exemple de M. Pavillon qui, également préposé à un diocèse très-rude, très-âpre par la configuration du pays et par le naturel des habitants, s'y était entièrement consacré et n'en était pas sorti depuis vingt-huit ou trente ans : « Je ne crois pas, disait-on, que cet homme (M. Pavillon) ait brigué cet évêché ni qu'il l'ait acheté par de longs services de Cour. M. l'abbé de La Feuillade, qui n'avoit pas été élevé à cette dignité par les mêmes voies, ne l'a pas imité, et si le pays et l'état des diocèses ont quelque rapport, les deux prélats n'en ont guère. » Ces *Dialogues* ne rappelaient sans doute en rien le talent ni l'ironie de Pascal; mais il y avait assez de choses sensées, et surtout assez de vives piqûres personnelles, pour les faire réussir dans le moment. On les crut de plume janséniste, bien que le railleur (Michel Girard, abbé de Verteuil), un bel et libre esprit du quartier latin, ne fût point lié avec ces Messieurs. L'archevêque d'Embrun, dont la vanité était cruellement blessée, exhalait sa colère et cherchait partout un coupable. Il provoqua, de la part de l'autorité, des perquisitions rigoureuses. Son frère, le duc de La Feuillade, allait lui-même avec des archers chez les libraires, et il s'emporta jusqu'à donner un soufflet à un prévenu à la Bastille. L'archevêque, croyant mieux se venger, adressa une Requête au roi, tout injurieuse contre Port-Royal et contre la traduction de Mons. Arnauld saisit l'occasion d'adresser au roi à son tour une contre-Requête détaillée, signée de lui et de Lalane [1]. Laissons parler Varet, dans sa Relation janséniste pleine de complaisance et qui peint ce moment : on peut rabattre, si l'on veut, quelques traits un peu pesants, les supposer mieux dits et plus à la légère ; mais le fond de la scène est exact dans les circonstances, et Varet n'a dû écrire ces pages que sous la dictée de son archevêque, M. de Gondrin, homme de Cour et bon témoin.

« Cette Requête (celle d'Arnauld) fut portée aux autres ministres et à plusieurs personnes de la Cour, en même temps qu'elle fut mise entre les mains de M. de Lyonne. On en distribua aussi dans Paris un grand nombre d'exemplaires. Elle parut si belle, qu'on ne pouvoit se lasser de la lire, et on s'empressoit de la communiquer à ceux qui ne l'avoient point encore vue. Il n'y avoit personne qui n'en fût attendri et qui ne souhaitât que le roi se la fît lire, dans l'espérance qu'on avoit qu'elle feroit beaucoup d'impression sur l'esprit de Sa Majesté.

« Car elle étoit vive, agréable, sage, forte, modérée, édifiante, et elle plaisoit plus à la dernière lecture qu'à la première (*Hélas ! je suis obligé, pour être vrai, de dire tout le contraire quant à l'impression que j'en reçois et que d'autres, moi présent, en reçoivent aussi ; la fameuse Requête n'est plus qu'ennuyeuse et assommante aujourd'hui : tout y paraît*

---

1. M. de Sainte-Marthe ne voulut pas la signer, la trouvant plus coulante en quelques endroits et plus accommodante qu'à lui ne convenait.

rebattu). Mais afin que l'on puisse mieux juger de l'effet que cette Requête produisit dans la plupart des esprits et de l'approbation générale qu'elle eut, on rapportera ici ce qui se passa au lever du roi le jour de la Pentecôte (20 mai 1668), qui étoit le lendemain du jour auquel elle avoit été portée à M. de Lyonne.

« M. de Louvois entra dans la chambre du roi cette Requête roulée à la main, et voyant M. l'archevêque d'Embrun, il lui dit : « Voilà, Monsieur, une botte qu'on vous porte, voilà qui parle à vous. » Le roi lui demanda ce que c'étoit : M. de Louvois répondit que c'étoit une Requête, qui ne plairoit pas beaucoup à M. d'Embrun. Le roi demanda si elle étoit belle : M. de Louvois répondit que c'étoit la plus belle chose du monde. En même temps, on entendit dans la chambre du roi une espèce de murmure confus contre M. d'Embrun, vers lequel s'approchèrent M. le Prince, M. le maréchal de Grammont, M. de Montausier, M. de Mortemart, M. l'abbé Le Tellier et quelques autres. Le Père Annat étoit aussi là présent.

« M. le Prince dit à M. d'Embrun en riant : « Me voilà donc vengé, puisque voici une *Embrune*. Elle est forte. Hé bien! monsieur l'archevêque, que dites-vous à cela ? » Et comme ils vinrent à parler de la traduction du Nouveau-Testament, M. le Prince lui dit : « Avouez franchement que vous l'avez condamnée sans l'avoir lue. « M. d'Embrun soutint qu'il l'avoit lue. — « Mais, lui dit M. le Prince, vous n'entendez point le grec : comment donc en avez-vous pu juger ? » Et comme M. d'Embrun se tenoit offensé de ce qu'il disoit qu'il ne savoit pas le grec, M. le Prince le poussa encore plus fortement et voulut gager cent pistoles que, si l'on apportoit un Nouveau-Testament grec, il n'en expliqueroit pas trois lignes. Le roi paroissoit entendre tout cela avec plaisir, sans pourtant se déclarer. M. le maréchal de Grammont prit alors la parole et dit au roi : « Sire, Votre Majesté a du sens, elle a de l'esprit; la Requête est écrite d'une manière claire, nette, désembarrassée de toutes les choses que les personnes de son rang ne sont point obligées de savoir; que si Votre Majesté veut s'y appliquer une demi-heure, elle connoîtra parfaitement le fond du différend et sera capable de le décider et de donner la paix à l'Église en un moment. » Et se tournant vers M. d'Embrun, il lui dit :

« Nous avons bien vu, Monsieur, le dessein de votre Requête ; elle ne tendoit à autre fin qu'à empêcher que le roi n'approfondît cette affaire ; mais Sa Majesté s'instruira de tout. »

« M. de Louvois étoit toujours là riant, et tourné vers M. d'Embrun, qui lui dit qu'il s'étonnoit qu'il eût voulu se charger de cette Requête. — « A qui s'adressera-t-on pour avoir justice ? » répondit M. de Louvois. — « Cela est étrange, dit M. d'Embrun, qu'un secrétaire d'État permette qu'on imprime ces choses-là, et y donne cours. » M. de Louvois lui dit : « On a bien imprimé la vôtre. » — M. d'Embrun répliqua que celle-ci étoit une Requête en l'air, qui n'étoit signée de personne. « Si fait, si fait, dirent M. le Prince et M. de Louvois : elle est signée *Arnauld* et *De Lalane.* » M. de Montausier parla à son tour et dit au roi qu'il s'étonnoit qu'on trouvât à redire à cette traduction du Nouveau-Testament ; qu'il l'avoit lue déjà six fois, et la liroit toujours nonobstant les Ordonnances ; qu'elle étoit la plus belle du monde. M. le Prince revint à la charge et dit à M. d'Embrun sur la Requête : « Elle est pressante, elle ne dit point de choses extravagantes et qui ne veulent rien dire ; elle vous fait tenir la croupe à la volte[1]. » M. d'Embrun, entrant en mauvaise humeur, dit que ce n'étoit pas aux gens du monde à parler des affaires de l'Église, ni à en juger ; qu'en Espagne on ne le souffriroit point aux laïques. — « Non, dit M. le Prince, ce n'est pas à nous à juger de cela, mais c'est à vous à vous mêler des intrigues de la Cour et à quêter des ambassades, et nous n'y trouverons rien à redire ! Je vous déclare néanmoins que tant que vous voudrez faire notre métier, je crois qu'il nous sera au moins permis de parler du vôtre. »

« D'autres personnes parlèrent aussi avec beaucoup de liberté de M. d'Embrun pendant tout le temps que le roi fut à s'habiller. Les uns disoient à M. d'Embrun pourquoi il s'étoit mis à dos ces gens de Port-Royal, *qu'il n'y avoit rien à gagner avec eux;* les autres, pourquoi on défendoit de lire cette traduction du Nouveau-Testament, et non tant d'autres. Le roi ne s'expliquoit qu'en riant : il dit seulement à M. d'Embrun, voyant qu'il se fâchoit : « Ne vous échauffez pas,

---

1. Ce qui signifie probablement : elle vous met dans une posture peu commode.

monsieur d'Embrun; ne voyez-vous pas bien que ce n'est
que pour rire, tout ce qu'ils vous disent? » Ensuite le roi
entra dans son cabinet seul avec M. de Louvois, et M. d'Embrun demeura fort outré et fort scandalisé du Père Annat,
qui pendant tous ses discours garda un silence fort exact....

« Ce jour-là fut extrêmement fatal à M. l'archevêque
d'Embrun; car l'après-dînée même, comme on étoit à vêpres,
M. le Prince s'étant aperçu que M. le Duc lisoit la Requête,
— M. de Montausier, le Nouveau-Testament de Mons, — et
madame la maréchale de La Mothe, gouvernante de M. le
Dauphin, les Heures de Port-Royal, — il se tourna vers
M. d'Embrun, et levant les épaules, il lui dit d'un ton que
tout le monde entendit, et qui marquoit assez qu'il se moquoit de lui : « Quel désordre, monsieur d'Embrun! Ce n'est
pas ici une Église, c'est un sabbat. Mon fils lit la Requête,
M. de Montausier le Nouveau-Testament de Mons, et madame de La Mothe les Heures de Port-Royal. Monsieur d'Embrun, tout est perdu; ces gens-là sont excommuniés, ils
attireront la malédiction de Dieu sur nous, la voûte de
l'Église tombera, allons-nous-en¹ ! »

1. Je trouve, au tome IV des *Papiers de la famille Arnauld*
(Bibliothèque de l'Arsenal), la pièce suivante dont on n'indique
pas l'auteur; elle confirme pleinement le précédent récit et en
est comme un canevas abrégé. Il est piquant de comparer.

« Ce 21 mai 1668.

« Je voudrois vous pouvoir raconter tout ce qui se passa hier au lever
du roi. Je n'y étois pas présent, mais les principaux acteurs me le récitèrent incontinent après. Ce sont monseigneur le Prince et M. le maréchal de Grammont, dont le premier s'acquitta de la prière que madame
la duchesse de Longueville lui avoit faite de rendre à Sa Majesté la Requête de M. Arnauld. Il y fut dit des choses fortes en faveur des malheureux et contre la violence des persécuteurs, que Sa Majesté entendit fort
paisiblement. M. d'Embrun étoit présent et y reçut des bourrades terribles
de M. le Prince, dont les moindres mots furent : « Vous avez défendu la
lecture du Nouveau-Testament sans savoir pourquoi. » — *Réponse* : « Monsieur, je l'ai lu. » — *M. le Prince* : « Si vous l'avez lu, ç'a été avec tant
de précipitation que vous ne sauriez montrer un seul endroit où le traducteur se soit éloigné du sens de l'original. Mais comment en pourriez-vous juger, puisque vous ne savez pas le grec? » — *Réponse* : « Monsieur,
je l'ai étudié. » — *M. le Prince* : « Si vous l'avez étudié, ce n'a été qu'au
collège où vous n'avez guère profité, et je suis assuré que dans vos dix
années d'ambassade vous ne vous y êtes pas mieux entretenu que dans
celles que vous donniez auparavant à la Cour. Mais que l'on fasse appor-

Le prince de Condé, on le voit, parlait haut et en prince, même en pleine église. On cite encore de lui ce mot, qui explique la vivacité presque personnelle avec laquelle il entrait dans cette querelle du jour: rencontrant le duc de La Feuillade aussi irrité que son frère, et qui disait qu'il couperait le nez à tous les jansénistes : « Ah! Monsieur, lui dit M. le Prince sans s'arrêter, je vous demande grâce pour le nez de ma sœur[1]. »

La maison de Condé tout entière s'était déclarée. M. le Duc parlant au Père Maimbourg, et lui vantant, pour le faire enrager, la *beauté* de la Requête : « Oui, mon Père, disait-il, elle est belle, et si belle, que le Père Des Mares, qui se connoît en éloquence, a dit que s'il avoit de l'ambition, il voudroit l'avoir faite aujourd'hui et mourir demain, aussi sûr de s'être immortalisé que s'il avoit gagné une bataille. » On ne saurait pousser plus loin que le Père Des Mares l'*enthousiasme de la Requête*.

---

ter un livre grec en présence du roi, et je gage qu'il se trouvera que vous n'y entendez rien. »

« M. le maréchal de Grammont eut lieu de dire à M. d'Embrun que tous leurs artifices n'alloient qu'à empêcher le roi de lire la Requête, mais que Sa Majesté la liroit et la trouveroit juste et raisonnable, et de plus que la lecture lui en plairoit. Il s'étendit ensuite sur des railleries fines et piquantes contre tous les écrits des adversaires.

« Il fut parlé aussi du roi Charles-le-Chauve qui craignoit d'être surpris (dans sa religion et sa bonne foi), et de l'extravagance de ceux qui vouloient faire craindre au roi quatre pauvres prêtres qui se cachoient, cependant qu'on assembloit cette armée chimérique de *cent quarante quatre mille hommes* qu'on les accusoit de lever; et on s'étendit ensuite sur les autres impertinences de Des Maretz, qui avoit été *pelaudé* le soir au souper de Sa Majesté par les mêmes personnes et par monseigneur le Duc.

« M. le comte de Grammont avoit fait merveilles, la veille au petit coucher, sur le sujet de la Requête et dit des choses si plaisantes que le roi en rit de tout son cœur, et tous ceux qui l'entendirent. »

1. Le duc de La Feuillade venait d'épouser (1667) mademoiselle de Roannez, cette élève infidèle de Port-Royal, qui avait fait vœu d'y être religieuse, et qui même y avait déjà pris le petit habit de postulante. Il en vouloit à Port-Royal comme à un rival contre qui il avait eu à conquérir sa femme et sa duché-pairie.

En voilà bien assez pour nous faire envisager les choses sous leur vrai jour. Port-Royal persécuté continuait de paraître un parti très-redoutable, plus redoutable même qu'il ne l'était; on se plaisait à y voir, depuis les *Provinciales*, quantité de gens d'esprit inconnus et d'autant plus terribles qu'ils étaient plus invisibles. Il ne faisait pas bon, dans ces guerres de plume, de s'attaquer à eux. Avoir Port-Royal pour ennemi, cela signifiait, même à l'oreille des indifférents du monde, avoir l'esprit et la vertu contre soi : et, au contraire, retirer de l'oppression tant d'honnêtes gens et de personnes de mérite était devenu le vœu et le désir général, même à la Cour. Louvois, jeune alors, son frère surtout, l'abbé Le Tellier, le futur archevêque de Reims, nous marquent assez par leur attitude combien on croyait se faire honneur en tenant pour Port-Royal, en étant hautement du parti de l'esprit. L'épisode du Nouveau-Testament de Mons, en faisant éclater ces sentiments sous la forme vive et railleuse qui réussit toujours le mieux en France, vint donc en aide très-à-propos à la grande affaire de l'accommodement.

Les négociations, poursuivies par M. de Gondrin auprès du nonce et du Pape avec l'agrément de M. de Lyonne et de M. Le Tellier, se menaient très-secrètement, à l'insu de tous (car il fallait que les Jésuites n'en eussent aucun vent, sans quoi ils les auraient traversées). Extérieurement, et malgré ce notable adoucissement des esprits que j'ai signalé, il se remarquait encore de bien graves symptômes et d'une apparence très-menaçante. Il était question plus que jamais d'établir le tribunal des évêques commissaires qui, en vertu du Bref pontifical, devaient faire le procès à leurs quatre collègues. Le nonce même, pour ne pas se découvrir, était obligé de paraître le demander. Les médiateurs sentaient la nécessité de prévenir un commencement d'exécution et de se hâter ; l'éloignement de M. Pavillon à qui on ne pouvait tout expliquer en détail, était un obstacle. On s'arrêta, après mainte consultation, à l'expédient que voici : on décida que les quatre évêques écriraient au Pape une lettre de soumission respectueuse, par laquelle ils déclareraient s'être résolus à changer de conduite dans l'intérêt de la paix et à ordonner dans leurs diocèses une nouvelle souscription du Formulaire (sauf à eux à ne faire signer, comme c'était leur droit, que sur des procès-verbaux explicatifs). Cette *lettre* si difficile à faire, et qui allait être la pièce fondamentale de la paix, fut dressée à l'hôtel de Longueville par Arnauld et Nicole, d'accord avec les deux prélats médiateurs MM. de Gondrin et Vialart. Il la fallait rédiger tellement que la conscience des quatre évêques s'en accommodât, et qu'elle ne contînt rien que d'agréable au Pape et au roi. Le texte projeté fut communiqué à MM. Le Tellier, de Lyonne, Colbert, au roi même, puis au nonce, qui dans l'intervalle avait reçu du Pape pleins pouvoirs; ce que voyant M. de Gondrin, il prit, comme on dit, l'occasion aux cheveux : et, garantissant sur la foi d'Arnauld la signature des quatre évêques, il signa et parafa ainsi que le nonce le papier où l'on avait fait quelques légères corrections: et la rédaction fut considérée comme définitive et acceptée des deux parts (9 août 1668).

J'abrége autant que je puis et ne vais qu'aux points qui nous touchent. Quelle fut la joie de M. de Gondrin quand il vit entre ses mains le *parafe* du nonce, quels furent les transports des amis qui attendaient avec anxiété le résultat à l'hôtel de Longueville, on le devine sans peine. Il ne manquait plus qu'une petite condition assez essentielle toutefois, la signature réelle et l'assentiment de M. Pavillon qu'on avait toujours *supposé* et *présumé*. On dépêcha vite un courrier aux quatre évêques. M. de Beauvais, M. d'Angers adhérèrent à tout; M. de Pamiers, on s'inquiétait de lui assez peu, il se gouvernait en toute chose comme M. d'Aleth; mais M. d'Aleth, — on aurait pu s'y attendre, — il résista. Il continua de douter de la sincérité de l'accommodement et de vouloir différer. « Il me paroît assez étrange, disait-il, que M. Arnauld se soit avancé jusqu'à répondre de moi sans être autorisé, et qu'on ait pris de tels engagements avec M. le nonce sans ma participation. » A toutes les instances que fit le messager, il répondit : « *Il faut y penser devant Dieu.* » Et, toutes réflexions faites, on n'obtint de lui une signature que moyennant des changements et additions qu'il demandait qu'on fît au texte de la lettre. Cela remettait tout en question. A cette nouvelle le trouble fut grand chez les amis; on lui renvoya courrier sur courrier : chacun se mit à l'assiéger de loin et de près; Arnauld qui avait trouvé son maître en inflexibilité; les évêques d'Angers et de Beauvais lui adressèrent des lettres de supplication pressante; M. de Gondrin lui envoya des paroles de douleur et presque de reproche, en lui en demandant pardon, « en se mettant, disait-il, à deux genoux devant lui. » MM. de Comminges et de Pamiers firent le voyage d'Aleth. M. Pavillon, vaincu, mais toujours calme, ne se rendit et ne signa qu'au troisième courrier (10 septembre).

Dès qu'il vit cette bienheureuse signature, M. de Comminges, ne se possédant pas de joie, écrivit ce même jour, d'Aleth où il était, à M. de Gondrin pour qu'il eût à adoucir par quelque prompt témoignage la douleur que les reproches et les soupçons avaient pu causer au cœur du saint évêque : « Il me semble, disait-il excellemment, que c'est contrister le Saint-Esprit que de contrister ce fidèle ministre de Jésus-Christ. » Et toujours par ce même mouvement d'effusion bienveillante qui l'honore, M. de Comminges écrivait en cette même journée mémorable (10 septembre), à M. Arnauld, pour dissiper chez l'impatient docteur tout reste d'humeur et de gronderie : « ... Enfin, Monsieur, l'enchantement sera levé, et l'on ne vous verra plus de la manière que vous avez été depuis tant de temps. Vous servirez maintenant l'Église sans être obligé de vous cacher ; et cette lumière qui brille si fort dans tous vos ouvrages, ne sortira plus du milieu des ténèbres. »

Et en effet, du moment qu'ils obtenaient cette paix inespérée, tout ce qui était le plus pénible la veille aux Jansénistes allait leur tourner à bien ; leur prétendue hérésie s'évanouissait et n'était plus que fantôme. L'opiniâtreté s'appelait constance ; la prison, la fuite, le mystère devenaient des marques d'honneur devant le monde et les rehaussaient. Les Jésuites le sentaient bien ; ils n'apprirent la paix que quand elle était faite et que le premier bruit s'en répandait. Le Père Annat ne put s'empêcher de dire au nonce, « qu'il avoit ruiné, par la foiblesse d'un quart d'heure, l'ouvrage de vingt années. » Le nonce alors aurait bien tergiversé, s'il avait osé ; il n'y avait plus moyen. Le courrier qui apportait au roi le Bref, par lequel le Pape confirmait la paix, arriva le 8 octobre 1668, et la chose fut rendue publique dans Paris le 11. On aurait pu pourtant noter dans ce Bref, si on l'avait alors publié, que le Pape y supposait que les quatre évêques s'étaient soumis à la signature pure et simple du Formulaire (*simplici ac pura subscriptione Formularii*), tandis que leur signature, en effet, ne venait qu'au bas de procès-verbaux où était insérée une explication. Mais, au point où l'on en était, on passa là-dessus ; les ministres gardèrent pour eux cette circonstance et n'en tinrent compte. Il y eut bien encore de petites épines dans cette joie, quelques pointes cachées que plus tard les Jésuites, revenus du coup, se sont efforcés de faire sentir[1]. Ainsi l'Arrêt du Conseil, confirmatif de la paix (23 octobre), parut en des termes un peu différents du premier projet, et ne satisfit pas pleinement les pacifiés. C'est que M. de Gondrin, sur ces entrefaites, pour des causes graves que font entendre à demi les narrateurs, pour avoir donné un soufflet, disait-on, à madame de Montespan sa nièce, ou du moins un conseil énergique à son neveu M. de Montespan, venait d'être disgracié[2], et il ne put suivre

1. Voir l'*Histoire des cinq Propositions de Jansénius*, rédigée à ce point de vue des anti-jansénistes, par l'abbé Du Mas; 2 vol. in-12, 1700.

2. L'histoire vraie de ce protecteur zélé de Port-Royal, de cet oncle inexorable de madame de Montespan, autrefois galant dans sa jeunesse, et même (il paraît bien) resté tel dans son âge mûr, est assez particulière. La voici telle que Brossette la recueillit des récits de l'abbé Boileau, frère du célèbre satirique, et qui, placé par M. de Gondrin dans le Chapitre de Sens, avait eu toute sa confiance :

« M. Boileau nous a dit que, pendant les amours du roi pour madame de Montespan, ce prélat fit mettre en pénitence une femme qui vivoit comme cette dame et comme la Samaritaine. M. de Gondrin ne se contenta pas de cet exemple, il fit publier dans tout son diocèse les anciens canons contre les concubinaires publics; et comme la Cour étoit alors à Fontainebleau, qui est de ce diocèse, le roi emmena d'abord madame de Montespan et se retira à Versailles. Il ne revint plus à Fontainebleau pendant la vie de ce prélat, qui ne cessoit point de reprendre hautement ce scandale.

« On menaça même ce prélat de l'exiler. Mais ces bruits qui, apparemment, étoient sans fondement et étoient excités par des personnes ou imprudentes ou mal intentionnées, ne l'étonnèrent point. Il protesta que, quelque ordre qui vint de la Cour, il ne sortiroit jamais de son diocèse et qu'il n'abandonneroit point le troupeau que la Providence lui avoit confié.

« Cette fermeté augmenta les faux bruits. On lui dit que, s'il avoit ordre de se retirer et qu'il refusât de le faire, on le viendroit enlever de force.

« Pour se mettre à couvert d'une pareille violence, il se fit dresser un lit dans son église, derrière l'autel de Saint-Savinien, et il résolut de n'en point sortir, espérant bien que l'on ne l'arracheroit point de cet asile.

« Il avoit d'abord résolu de faire mettre un lit à côté du sien pour un valet de chambre; mais M. Boileau s'offrit de ne point l'abandonner et

en Cour et de près l'exécution des promesses jusqu'à l'entier achèvement. Enfin le cri de paix, pour le mo-

d'occuper ce second lit. Cependant ces faux bruits se dissipèrent sans aucune mauvaise suite, et M. de Gondrin mourut en paix (1674). »

Tout ceci ne rendrait pas trop invraisemblable l'anecdote du soufflet. — Les Jansénistes aimèrent à croire que M. de Gondrin, mort assez subitement, « avoit été empoisonné par un pâté, qui auroit été envoyé à un curé chez qui il logeoit dans une visite de son diocèse. » — D'un autre côté, si l'on consulte les lettres de madame de Longueville écrites à madame de Sablé dans les jours qui précédèrent la disgrâce de M. de Gondrin, on n'entrevoit point en lui un oncle si féroce. M. de Montespan avait, dans un accès d'emportement, fait affront à madame de Montausier, première dame d'honneur de la reine : « N'avez-vous point peur, écrit là-dessus madame de Longueville, qu'on fasse quelque trait à M. de Sens? pour moi, j'en meurs de peur. » Et encore : « Comme tout le monde a dans la tête d'embarrasser M. de Sens dans l'emportement de M. de Montespan, je crois que rien ne peut être mieux pour lui que la lettre qu'il vous a priée d'écrire à madame de Montausier. Je vous prie donc de me mander si vous l'avez écrite, quand vous l'avez écrite, si on vous y a fait réponse, et ce que la réponse contenoit, etc., etc. » Tout cela semble indiquer que M. de Gondrin tenait à ne point paraître responsable des faits et gestes de M. de Montespan, et qu'on lui prêta, dans cette affaire, plus qu'il n'aurait voulu. Ce n'est pas la première fois qu'on aurait inventé, pour perdre les gens, de grossiers *sots contes*. — Les *Mémoires* du Père Rapin sont remplis d'anecdotes scandaleuses sur M. de Gondrin, notamment au tome I, page 531 : adversaire déclaré des Jésuites, leur ennemi personnel, il est devenu à juste titre l'objet de leurs représailles et de leurs vengeances. Je ne me porte point, au reste, pour garant de sa vertu en tout temps ni de ses mœurs; mais qu'on ne vienne pas dire, comme le fait un jésuite moderne, que le récit très-circonstancié, recueilli de la bouche du docteur Boileau, est de la *légende*. C'est ne pas savoir la valeur des mots. — Ne cherchant en tout ceci que la vérité, j'avoue que je suis souvent bien perplexe. Sur ce M. de Sens, tant accusé et vilipendé par les Jésuites, je trouve dans les correspondances particulières des personnages les mieux informés les témoignages les plus probants en faveur de ses qualités épiscopales. Et par exemple l'évêque de Grenoble, Le Camus, si compétent et si autorisé sur cet article, écrivait dans l'intimité à M. de Pontchâteau, à la nouvelle de la mort subite de son collègue : « (6 octobre 1674) On ne peut être plus surpris que je l'ai été de la mort de M. l'archevêque de Sens. J'avois envoyé la semaine précédente à M. Varet, son grand

ment, couvrait tout : on brusquait le triomphe. La Paix de l'Église avait le pas sur celle d'Aix-la-Chapelle.

Un dernier coup d'habileté de M. de Gondrin, quelques jours avant sa retraite de la Cour, avait été de présenter M. Arnauld au nonce, et par là de compromettre de plus en plus l'amour-propre de celui-ci pour une conclusion favorable. On a par le menu tout le détail de ces présentations d'Arnauld aux diverses puissances. Le roi était à Chambord : en attendant son retour, M. de Gondrin, qui s'était assuré de l'audience du nonce pour le 13 octobre dans l'après-midi, alla le matin chercher à l'hôtel de Longueville Arnauld, Nicole et Lalane, et les amena dîner chez lui. Il avait invité à ce dîner intime le coadjuteur de Reims, l'abbé Le Tellier, qui s'était montré fort chaud dans cette affaire, et qui était avide de connaître l'illustre docteur. Après le dîner, M. de Gondrin conduisit les trois Messieurs chez le nonce. Arnauld fit un beau compliment, auquel le nonce

---

vicaire, l'approbation dont est question.... On ne sauroit trop regretter M. de Sens ; il avoit en lui toutes les qualités nécessaires pour défendre les intérêts de l'Église, et il vouloit s'en servir : et où est l'évêque en France qui puisse prendre sa place ? Pour moi, je n'en connois pas. Je regarde sa mort dans un temps de disgrâce comme un effet de sa prédestination ; car, avec son amour pour la vérité et pour la discipline, il auroit eu peine à se sauver, s'il fût demeuré à la Cour. S'il y a quelque chose de particulier dans ses dernières paroles, je vous prie de me le faire savoir.... » Et dans une autre lettre du 2 décembre : « J'ai lu avec un grand empressement le récit que vous m'avez fait la grâce de m'envoyer des derniers jours de la vie de M. de Sens. Ce sont de grandes leçons pour ceux qui vivent. Il faut tâcher d'en faire son profit et de vivre dans les mêmes dispositions dans lesquelles il est mort. Les religieux ont fait courir tant de bruits ridicules sur son sujet, que cela fait la plus grande compassion du monde. Si l'on cherchoit des avantages temporels ou de la réputation dans l'épiscopat, il y auroit, du temps où nous sommes, de grandes mesures à garder avec eux.... » M. de Gondrin n'avait point gardé de mesures avec les Jésuites : ils se sont vengés sur sa mémoire. M. de Gondrin n'avait que 54 ans quand il mourut.

répondit avec toute sorte de politesse ; il lui dit en italien ce mot, souvent répété avec orgueil par les Jansénistes, « que sa plume étoit *une plume d'or*. » Arnauld et ses deux amis étaient rentrés à l'hôtel de Longueville avant qu'on sût qu'ils en étaient sortis [1]. Le bruit de cette visite alla jusqu'à Chambord, et le roi dit que, puisque M. le nonce avait vu M. Arnauld, il désirait aussi le voir dès qu'il serait à Saint-Germain.

La présentation d'Arnauld au roi se fit le 24 octobre. Son neveu Pomponne, dont la grande faveur commençait et qui venait d'être nommé ambassadeur en Hollande, l'alla prendre ce jour-là de bon matin à l'hôtel de Longueville pour le mener à Saint-Germain. Ils se rendirent, en arrivant, chez M. de Lyonne qui fit le meilleur accueil

---

1. Dans une lettre de madame de Longueville à madame de Sablé, écrite le dimanche matin (14 octobre), on lit : « Il faut bien vous apprendre que MM. de Sens et de Châlons menèrent hier M. Arnauld chez M. le nonce, qui le traita à merveille. MM. de Lalane et Nicole y étoient aussi. Voilà proprement le sceau de la paix. La chose est publique. » — Nos amis, qui s'entendaient à tirer de la presse tout le parti qu'on en pouvait tirer de leur temps, eurent soin de faire insérer dans la *Gazette de Bruxelles* l'article suivant, daté de Paris, 20 octobre :

« Samedi dernier, 13e du courant, monsignor Bargellini, nonce du Pape, envoya à l'archevêque de Sens et à l'évêque de Châlons des présents considérables pour leur témoigner sa reconnoissance de l'heureux succès qu'avoit eue leur négociation dans l'affaire de ceux qu'on appeloit Jansénistes, et ces prélats donnèrent des marques de leur libéralité aux pages qui les leur apportèrent. Le même jour, sur les trois heures après midi, ils présentèrent au nonce le sieur Arnauld avec *trois* (deux) autres docteurs de ses amis, qui en reçurent un traitement si civil et si obligeant, qu'il ne peut rester aucun doute que la paix de l'Église ne soit entièrement affermie. L'on dit qu'il y en a à qui cette paix ne plaît guère, pour n'avoir pas eu part à sa conclusion, et l'on assure qu'ils tâchent par des intrigues sourdes à la rompre. Mais le public étant pleinement convaincu de l'innocence du sieur Arnauld et de l'iniquité de sa longue persécution, il n'y a pas d'apparence qu'ils en viennent à bout. L'archevêque de Sens qui a été le principal auteur de cet accommodement, le nonce du Pape et l'évêque de Châlons ont ici l'applaudissement de tout le monde : on les regarde à présent comme les Pères de l'Église et de la Patrie, et on ne les appelle plus que les *Prélats de la Paix*. »

à M. Arnauld, et qui, un peu avant l'heure du lever du roi, les mena dans l'appartement ; comme il y avait déjà assez de monde, il les fit passer dans le cabinet. Mais rien ne saurait suppléer au récit même que le narrateur janséniste a fait de cette réception, où il donne à chaque chose l'importance qu'on y mettait alors :

« En approchant du cabinet, M. Arnauld trouva M. le Coadjuteur de Reims, qui, lui témoignant sa joie, lui mit en main son Approbation du livre contre le ministre Claude[1].... Étant entrés dans le cabinet, il y trouva M. le Prince, qui fut ravi de le voir. Ensuite, comme on sut que le roi alloit venir, on jugea qu'il étoit plus à propos de faire entrer M. Arnauld dans la garde-robe, afin que Sa Majesté ne le vit pas là avant qu'il l'abordât pour le saluer. Et ainsi dès que le roi parut, et qu'on eut fait sortir tout le monde, hors M. Le Tellier, M. le Prince étant sorti auparavant[2], M. Arnauld se présenta au roi, le salua et aussitôt commença son compliment en ces termes :

« Sire, je regarde comme le plus grand bonheur qui me
« soit jamais arrivé, l'honneur que Votre Majesté me fait de
« me souffrir devant Elle. Et assurément, Sire, il falloit une

---

1. Il s'agissait des premières parties du grand traité de la *Perpétuité de la Foi de l'Église catholique touchant l'Eucharistie*, qu'Arnauld et Nicole avaient préparé et allaient faire paraître. On affectait de dire, à ce moment, que la lecture de cet ouvrage manuscrit avait fort agi sur M. de Turenne, qui venait de faire précisément son abjuration publique la veille même, 23 octobre. Les admirateurs de Bossuet ont coutume d'attribuer tout net cette conversion à Bossuet et au livre, alors manuscrit, de l'*Exposition de la Foi*. Les Jansénistes n'hésitaient pas davantage en affirmant que l'Église était en grande partie redevable de cette conversion illustre au livre manuscrit de M. Arnauld, de la *Perpétuité de la Foi*. Chacun tire à soi le héros et le mène en vaincu du côté de son saint. J'honore et je respecte la conversion de Turenne, mais j'admire ceux qui se croient si sûrs de savoir ce qui se passait au fond de l'âme d'un Bouillon.

2. Il n'y eut donc présents dans la chambre, pendant l'audience d'Arnauld, que M. de Lyonne, M. de Pomponne et M. Le Tellier.

« aussi grande bonté que la vôtre pour avoir bien voulu
« oublier les méchants offices qu'on m'a voulu rendre au-
« près de Votre Majesté, pour laquelle je n'ai jamais eu que
« des sentiments de respect, de vénération et d'admiration,
« ayant appris dans ma solitude les grandes choses qu'Elle
« a faites. Et comme celle qui m'en fait sortir est le comble
« de sa gloire, parce qu'il n'y a rien de plus grand que la
« protection que Votre Majesté donne à l'Église en cette
« occasion, il n'y a rien aussi que je ne sois prêt de faire
« pour lui sacrifier la liberté qu'elle me rend. »

« Le roi l'écouta sans l'interrompre, et à la fin lui dit en peu de mots, mais d'un air tout à fait obligeant, qu'il avoit été bien aise de voir un homme de son mérite, qu'il avoit ouï faire beaucoup d'estime de lui, et qu'il souhaitoit qu'il pût employer les talents que Dieu lui avoit donnés à défendre l'Église.

« Ces louanges, sortant de la bouche d'un si grand prince, furent cause que M. Arnauld, de sa part, entra dans une très-grande humiliation, faisant voir, plus par sa modestie que par ses paroles, qu'il étoit bien éloigné de s'attribuer ces avantages. Il témoigna aussi au roi que c'étoit avec quelque peine qu'il s'étoit trouvé engagé dans toutes les contestations passées. Mais le roi avec beaucoup de bonté l'arrêta, et lui dit : « Cela est passé, il n'en faut plus parler. » Et il ajouta qu'il seroit bien aise que dans la suite on n'écrivît plus rien qui pût aigrir les esprits. Ce que M. Arnauld reçut avec beaucoup de respect, et le roi se tournant vers M. de Pomponne, lui dit : « Monsieur de Pomponne, je crois que vous avez bien de la joie de voir tout ce qui se passe.... »

« Au sortir du cabinet, tout le monde se pressa pour voir une personne que le roi avoit si bien reçue, et *qui avoit été invisible depuis tant d'années.* Et M. le Coadjuteur de Reims, qui étoit demeuré dans la chambre, le prit pour le mener chez M. le Dauphin, qui étoit logé dans le Château neuf. »

M. Arnauld, toujours accompagné de son neveu Pomponne, vit donc M. le Dauphin et essuya les politesses de M. de Montausier. Il vit Monsieur, frère du roi, puis acheva sa tournée en allant saluer M. Le Tellier à son appartement, et en s'inscrivant chez M. de Louvois qu'on ne trouva pas. De retour à Paris avec M. de Pomponne, ils s'écrivirent également chez M. Colbert retenu au lit par la goutte[1].

1. Je n'ai pas voulu interrompre cette série glorieuse des présentations d'Arnauld : mais le compliment que l'on vient de lire, adressé au roi, et qui parut alors le plus beau du monde, n'avait pas été sans lui donner de la préoccupation et de la frayeur. Voici ce qu'on lisait dans des Mémoires composés par Brienne en 1684 sur l'origine et le progrès du Jansénisme, Mémoires dont on n'a que de courts extraits et qu'il serait bien intéressant de retrouver. C'est Brienne qui raconte :

« Quelques jours avant que ce docteur fût présenté au roi, me trouvant dans sa chambre à l'hôtel de Longueville, je m'aperçus qu'il souffroit quelque peine intérieure, et lui en ayant demandé le sujet, il me répondit fort simplement : « Je vous avoue, mon cher Monsieur, que je me trouve fort embarrassé, parce que, n'ayant jamais vu le roi, je ne sais pas bien comme il lui faut parler. Plus j'y pense, et moins je trouve en moi de paroles dignes de ce grand prince, et qui répondent à la réputation, bien ou mal fondée, que m'ont acquise mes ouvrages. Voilà le sujet de mon inquiétude dont vous vous êtes aperçu le premier. Mais, ajouta-t-il avec une humilité qui me fit rougir et me couvrit de confusion, si vous vouliez, vous qui avez tant d'usage de la Cour, me tirer de la peine et de l'embarras où je me trouve, je vous en aurois la dernière obligation. » Je l'embrassai cordialement à cette parole si humble et si humiliante pour moi, et je lui dis : « Vous vous moquez, mon très-cher maître, de votre pauvre et foible ami. Moi, faire une harangue pour M. Arnauld ! Ma foi ! pour le coup, si vous n'avez d'autre souffleur que moi, vous pouvez bien demeurer muet sur la scène qui vous effraye de loin, et vous paroîtra de près moins terrible. Mais que voulez-vous dire au roi ? Figurez-vous que je le suis, et parlez-moi sans autre préparation, comme nous faisons ensemble des affaires du prétendu Jansénisme. » Il trouva l'expédient fort bon, et ayant pris son long manteau, ses gants et son chapeau, je me mis gravement dans son fauteuil, et lui s'étant retiré dans l'antichambre afin de faire toutes les cérémonies dont je voulus bien être son maître, après qu'il m'eut fait les trois profondes révérences qu'on a coutume de faire au roi, de la manière dont je lui montrai à les faire, en quoi seul je pouvois lui être utile, je me levai de mon fauteuil, et sans ôter mon chapeau, j'écoutai fort sérieusement ce qu'il avoit à me dire en qualité de suppliant, moi-même ayant à lui répondre en qualité de roi de théâtre. Il me parla à son ordinaire de fort bon sens ; et sur-le-champ, sans lui donner le temps d'oublier ce qu'il venoit de me dire, je l'obligeai à prendre la plume et à le mettre sur le papier. Rien de mieux ni de plus simple et de plus naturel : il en fut content et moi charmé, et il m'avoua que sans moi il auroit eu peine à se retirer de ce mauvais pas. »

Ainsi la grande scène racontée solennellement par Varet avait eu sa répétition à l'avance. Arnauld s'était essayé devant Brienne,

Peu de jours après, l'évêque de Meaux, M. de Ligny, conduisit Arnauld ainsi que Lalane chez M. de Paris, à qui ils demandèrent sa bénédiction.

Cependant M. de Saci était encore à la Bastille; M. de Péréfixe se réserva la bonne grâce de demander au roi sa délivrance. Muni de l'ordre du roi, M. de Pomponne alla prendre son cousin à la Bastille le 31 octobre au matin, et, après grâces rendues à Dieu en l'église de Notre-Dame, il le conduisit à l'archevêché où, M. de Saci demandant à M. de Péréfixe sa bénédiction, celui-ci lui répondit en l'embrassant : « Ah ! c'est à moi à vous demander la vôtre ! » Mais j'ai raconté cela ailleurs[1].

M. de Péréfixe s'était inquiété pourtant, avant cette visite, de la manière dont M. de Saci signerait le Formulaire. Heureusement, de même que M. Arnauld avait un petit titre ou bénéfice dans le diocèse d'Angers[2], M. de Saci en avait un dans le diocèse de Sens, ce qui leur permettait de signer hors du ressort ecclésiastique de Paris, et avec toutes les facilités que leur donnaient des prélats tout favorables. M. de Péréfixe, devenu des plus faciles lui-même depuis que le roi avait parlé, n'en demanda pas davantage.

A regarder de très-près, on aurait pu voir que déjà chacun tirait cette paix en son sens. Le Pape, apprenant que les quatre évêques se considéraient comme persistants et autorisés dans leur sentiment antérieur, fit demander par le nonce un éclaircissement qu'on se hâta de donner. Une grande médaille fut frappée à la Monnaie en l'honneur de la paix, à la date du 1er janvier 1669 :

---

comme Sosie devant sa lanterne. Mais ce qui ressort bien de tout cela, c'est la naïveté et la simplicité d'Arnauld.

1. Au tome II, page 355.
2. Il avait titre *chapelain de la garenne de l'église de Jumelle*, titre apparemment sans bénéfice et qu'on lui conféra pour lui acquérir le domicile fictif au diocèse d'Angers.

« d'un côté elle avait la figure et le nom du roi ; de l'autre on y voyait sur un autel un livre ouvert, et sur le livre les Clefs de saint Pierre, avec le sceptre et la main de Justice du roi, passés en sautoir : au-dessus de tout cela un Saint-Esprit rayonnant, avec ces mots à l'entour : *Gratia et Pax a Deo*; et ceux-ci sur le devant de l'autel : *Ob restitutam Ecclesiæ concordiam.* » Le nonce, averti que cette médaille courait, en parla au roi, qui, dit-on, en parla à ses ministres, et aucun d'eux, à ce qu'il paraît, ne prit sur son compte la médaille, bien que quelqu'un, évidemment, dût au moins l'avoir permise. On ordonna que le coin fût brisé. Ceci est bien l'image de cette Paix que les uns voulaient faire éclatante, solennelle et triomphale, et comme d'égal à égal entre puissances, tandis que les autres la traitaient d'accommodement ou même de soumission[1].

La grande prétention des Jansénistes, en cette circonstance, fut de n'avoir donné que ce qu'ils avaient toujours offert : la prétention de leurs adversaires fut de démontrer dans les adoucissements une espèce de rétractation. Ce qui me paraît certain, c'est que les vrais et premiers moteurs de la restauration de la Grâce, Jansénius, Saint-Cyran, — et Pascal, leur pur disciple posthume, — n'auraient jamais signé les lettres et requêtes rédigées

---

1. Au reste l'histoire de cette médaille est devenue ridiculement obscure ; on en a disserté comme sur celles des plus bas temps. Les Jésuites s'en mêlèrent. Il paraît qu'on obtint du roi, vers l'année 1700, de faire frapper une médaille altérée, où le *Gratia* avait disparu au revers. La première et vraie médaille fut-elle en effet ordonnée par Colbert? Fut-elle jetée en cérémonie avec d'autres dans les fondements du nouveau Louvre? Le coin fut-il brisé par ordre du roi, et en quel temps? La médaille altérée, qui commença à paraître en 1702, ne fut-elle jamais frappée que dans un petit ou moyen module, et non en grand? Ce sont là des questions d'Académie des inscriptions que je laisse à trancher à qui de droit.

par Arnauld et Nicole, et qui décidèrent la paix. Je ne veux pas dire que ces derniers aient eu tort ; mais cela revient à la distinction déjà posée. La véritable entreprise janséniste dans toute sa portée étant dès longtemps manquée et même n'étant plus comprise, il n'y avait rien de mieux à faire, en sauvant en son cœur la croyance à la Grâce, que de couper court à d'interminables différends. Ce fut surtout la conduite de Nicole, dont l'esprit domine *sous main* à partir de ce moment. Nicole, ni Du Guet qui offrira un autre exemple de cette même conduite, ne comprennent plus bien, il faut le dire, M. de Saint-Cyran ni la grande arrière-pensée primitive de Port-Royal ; ils ont cependant raison sur ceux d'alentour, non moins étrangers qu'eux au premier but, en leur conseillant de se soumettre, de s'accommoder le plus possible, sans manquer à leur conscience. La grande tentative de régénération de l'Église manquant, on retombait dans les devoirs tout individuels : c'était le mieux dans la pratique ; ils donnaient le conseil du bon sens et de la charité : ils avaient raison relativement et secondairement.

Les conclusions d'interprétation accommodante admises et acceptées dans la Paix de l'Église fixèrent donc la base de ce *second Jansénisme* rétréci ; et s'il nous était permis de prendre un parti dans ces questions où nous nous sentons surtout attiré par le caractère moral des personnages, nous ne serions pas en contradiction avec nous-même quand nous pencherions désormais pour la modération éclairée de Nicole et de Du Guet, tandis que nous nous déclarions, dans le premier Jansénisme, pour la vigueur de Saint-Cyran. L'esprit vrai, l'esprit chrétien de chaque situation semble commander la différence. Dans l'un et dans l'autre cas, nous rencontrons Arnauld souvent contre nous : il n'entra jamais pleinement, en effet, dans l'un ou dans l'autre de ces deux esprits, et ne sut pas plus se tenir à l'héritage fondamental de Saint-Cyran, qu'il ne se prêta toujours à la substitution mitigée de Nicole.

L'accommodement des quatre évêques était déjà conclu que celui de nos pauvres religieuses n'avait pas fait un pas encore. M. d'Aleth avait désiré, il est vrai, les faire comprendre dès l'abord dans la négociation des évêques; mais on avait jugé plus sûr de scinder les difficultés pour les résoudre l'une après l'autre, et aussi pour ne pas immiscer M. de Péréfixe dans le secret de la première et principale affaire. Lorsqu'elle fut considérée comme consommée, le 22 octobre (1668), deux jours avant l'audience de M. Arnauld, le roi qui venait de causer avec le nonce dit à M. de Péréfixe qu'il avait particulièrement songé en tout ceci à le tirer, lui M. de Paris, de ses embarras; il l'engagea à voir ce qui se pourrait faire pour les religieuses de Port-Royal, sur le pied de ce que le Pape avait fait pour les quatre évêques, et à *n'être pas plus difficile que le Pape lui-même*. C'était le mot du roi, et que ce prince répéta à plusieurs personnes. Louis XIV, à ce retour de Chambord, était en bonne veine et en belle humeur. Une paix glorieuse après des conquêtes, des fêtes splendides, de brillantes amours, le goût des choses de l'esprit, Montespan, Molière,—Molière, ce grand médecin spirituel dont il avait pris peut-être la veille au soir quelque dose réjouissante,—tout cela lui ôtait de cette rigueur et de cette dureté étroite avec laquelle, en d'autres temps, il traita cette affaire et ces personnages du Jansénisme. Au premier mot du roi, M. de Péréfixe vit bien, selon son expression d'archevêque Turpin, qu'il lui fallait *baisser sa lance*. Un obstacle secret qu'on ne prévoyait pas, et que même peu de personnes surent dans le temps, était au cœur de Port-Royal et dans la résistance des religieuses à en passer par des conditions pareilles à celles des quatre évêques. On a des lettres de la sœur Angélique de Saint-Jean à son oncle Arnauld qui sont plus fortes qu'on ne pourrait l'imaginer[1] : elle tenait bon dans le sens et avec les raisons de Pascal. Les diverses propositions d'accommodement qu'on fit aux religieuses dans les premiers mois de cette année 1668, et qui se renouvelaient sans cesse, les trouvaient (je parle des cinq ou six dirigeantes) aussi fermes et aussi peu accessibles que l'était en ses rochers d'Aleth M. Pavillon. A bien des égards elles devinaient juste; elles ne croyaient pas à une véritable paix possible ni à une réconciliation sincère. On l'a pu dire sans trop d'exagération, « ces filles, par la simple théologie du cœur, étoient plus clairvoyantes alors que les docteurs, excepté M. d'Aleth. » Quoi qu'il en soit, elles sortaient trop de leur rôle par cette résistance. Arnauld, pour qui l'inflexibilité avait toujours des charmes, s'y reprenait, hésitait avec elles, et ne les blâmait qu'en les admirant. Nicole n'hésitait pas; de Sens où il était alors (juillet 1668), il écrivait à Arnauld sur ce refus prolongé :

« Je vous avoue qu'il ne me vient point de raison dans l'esprit qui me fasse tant soit peu balancer, et que je ne suis occupé que du danger où il me semble qu'elles sont près de s'engager. Cela me fait penser qu'il y a souvent autant de péril à avoir trop d'esprit qu'à en avoir trop peu.... On s'égare ou en ne voyant point de chemin, ou en en voyant trop.... La vertu humaine n'est jamais si spirituelle ni si pure que l'imagination n'y ait part.... On s'est accoutumé à envisager la *signature* comme un monstre effroyable et comme le caractère de la *bête*, et l'esprit ensuite se représente le même monstre toutes les fois qu'il est frappé par le mot de *signature*. »

Pour ne pas aborder en face le *monstre*, c'est-à-dire

---

1. Voir précédemment dans le présent volume, page 260.

la signature directe, on prit donc le parti de rédiger une Requête des religieuses à l'archevêque, et qui renfermerait la soumission. L'archevêque, peu content d'un premier projet de Requête qui lui avait été montré, y travailla lui-même et la dressa comme il l'entendait, « parce qu'il vouloit qu'elle fût conçue dans les termes mêmes de la Déclaration que les évêques avoient envoyée à Rome. » C'est cette dernière Requête de la façon de l'archevêque, et approuvée par les amis de Port-Royal, que les religieuses signèrent à grand'peine et non sans prendre beaucoup sur elles-mêmes.

« Il paroît bien, leur écrivait Arnauld (10 février 1669), que nous sommes dans le travail de l'enfantement. Plus le terme s'approche et plus nos peines redoublent, et si cela duroit encore longtemps, je ne sais si j'y pourrois résister, tant je suis accablé par la seule appréhension des maux qui arriveroient, si ce qui est près de finir venoit à se rompre, parce qu'il ne peut plus se rompre qu'on n'en rejette sur nous toute la faute ; M. de Paris s'étant réduit à un point où tout le monde seroit pour lui, si nous ne nous rendions pas à ce qu'il désire....

« Je ne sais ce que nous pourrions répondre à ceux qui nous demanderoient quel exemple nous pourrions apporter d'une compagnie de filles qui dans une affaire importante, tant pour la conscience que pour le bien spirituel et temporel de leur Communauté, se seroient conduites par leur seul avis sans prendre conseil d'aucun ecclésiastique, tous ceux en qui elles auroient eu tout sujet de prendre confiance y étant contraires, ou, pour mieux dire, généralement tous les évêques et tous les ecclésiastiques de l'Église de Jésus-Christ....

« C'est pourquoi, si nous vous sommes suspects dans le conseil que nous vous donnons, cherchez donc d'autres personnes de qui vous preniez avis, mais ne demeurez pas, au nom de Dieu, dans une route aussi écartée que celle que vous suivriez, si, sans consulter aucun prêtre ni aucun évêque, vous vous engagiez dans une résolution qui seroit improuvée généralement de tous les pasteurs de l'Église. »

Le mercredi 13 février, l'évêque de Meaux arriva sur le soir à Port-Royal des Champs, apportant aux religieuses la Requête définitive qu'elles devaient signer et qui leur avait été annoncée ; il parla aux Mères, sans difficulté de la part des gardes, car toute cette négociation se faisait sous les auspices de M. de Paris.

M. Arnauld et M. de Saci, arrivés également dans la soirée du 13, mais incognito, se rendirent le 14 de grand matin au parloir ; M. de Meaux avait désiré qu'ils parlassent en personne aux religieuses, pour entraîner leur adhésion et les décider à signer cette Requête adressée à M. de Paris, qui lui-même l'avait dictée.

Le lendemain 15, M. de Meaux s'en retourna, remportant la pièce signée de toute la Communauté, et où la concession sur le livre de Jansénius, pour y être enveloppée, n'était pas moins réelle. Il était dit dans cette Requête que les religieuses de Port-Royal des Champs « condamnoient les *cinq Propositions* avec toute sorte de sincérité, sans exception ni restriction quelconque, dans tous les sens où l'Église les a condamnées.... » Et quant à l'attribution de ces Propositions au livre de Jansénius, « elles rendent encore au Saint-Siége, disaient-elles, toute la déférence et obéissance qui lui est due, comme tous les théologiens conviennent qu'il la faut rendre au regard de tous les livres condamnés selon la doctrine catholique soutenue dans tous les siècles par tous les docteurs, et même en ces derniers temps par les plus grands défenseurs de l'autorité du Saint-Siége, tels qu'ont été les cardinaux *Baronius*, *Bellarmin*, *Palavicin*, etc. » C'est M. de Paris qui avait voulu absolument mettre tous ces noms de docteurs, assez ridicules à citer dans une Déclaration de filles. Après une telle signature, convenons qu'il n'était plus question du *droit* pour l'affaire du Jansénisme, et que le *fait* lui-même y était si réduit, étouffé et serré de près, qu'il restait comme enterré. Si cela n'est pas une condamnation, je n'y entends plus rien [1].

Mais on revenait de si loin que l'accommodement semblait une victoire ; une prompte joie, le vif sentiment de la délivrance, corrigea ces restes d'amertume. Le grand vicaire de l'archevêque, M. de La Brunetière, vint à Port-Royal des Champs le lundi 18 et, ayant fait assembler la Communauté à l'église, il lut la Sentence qui levait l'interdit. Les cierges s'allumèrent, le *Te Deum* éclata, les cloches sonnèrent, les portes de l'église se rouvrirent, et les pauvres des campagnes qui avaient été tenus à l'écart durant ces trois ans et demi de blocus, entendant ce rappel inespéré, remirent pied dans la patrie [2].

Le dimanche 3 mars, M. Ler, curé de Magny, qui n'avait cessé, durant ces années, de prier pour les captives et de les recommander même aux prônes sans s'inquiéter de se compromettre, vint à Port-Royal en procession avec son peuple. M. Arnauld, arrivé de la veille au soir, y célébrait la messe de la Communauté et en

---

1. Arnauld, qui plus que personne les exhorta finalement à en passer par là, avait, comme on dit, mis bien de l'eau dans son vin depuis le jour où il écrivait au docteur Taignier, le 7 décembre 1661, aux approches de la grande tempête : « Je n'ai pu croire ce qu'on nous a voulu persuader, que l'appréhension que vous en aviez vous faisoit pencher à l'opinion de ceux qui voudroient que les Religieuses de Port-Royal eussent signé simplement. Je ne saurois m'imaginer que vous leur eussiez voulu conseiller cette lâcheté. »

2. M. de La Brunetière, avant l'entrée de la foule dans l'église, avait fait pour la Communauté seule, et sans vouloir d'autre témoin laïque que M. Hilaire, un discours explicatif de la Sentence de l'archevêque et où il y avait de très-bons conseils. La Communauté ne fut jamais si au complet qu'en ce jour solennel ; il n'y manqua personne du dedans, disent nos Journaux, hors une *seule* malade. Le chœur fut entièrement plein, toutes les stalles remplies en haut et en bas ; les sœurs avaient leurs manteaux et leurs grands voiles.

était à la consécration, lorsque cette procession fit entendre, en chantant du seuil, ces paroles de l'office du Saint-Sacrement : « *Omnes qui de uno pane*, etc. Nous tous qui participons à un même pain et à un même calice, ne sommes qu'un même pain et un même corps. » Tous les assistants furent saisis de cette rencontre, et aussi des autres paroles de cet office que la procession de Magny continua pendant l'élévation : *Parasti in dulcedine tua,* etc. : O Dieu, vous avez préparé par votre bonté un festin au pauvre. » Le doigt lumineux de la Providence se dessinait dans les moindres accidents pour ces âmes ferventes, et faisait trace partout à leurs regards.

Plusieurs félicitations d'évêques arrivèrent par lettres ; ce qui ne touchait pas moins, c'étaient les rétractations de nombre d'ecclésiastiques, de religieux ou de religieuses qui avaient signé et qui en écrivaient leur regret. La paix déliait ces langues muettes. Ils adressaient à Port-Royal leurs Actes sincères pour être gardés en dépôt comme dans un trésor de constance. On reçut ainsi les rétractations des dames de Luines, religieuses de Jouarre, anciennes élèves de la maison, et celles du Père Quesnel, de l'Oratoire, futur défenseur, — de Malebranche, futur adversaire.

Restait l'affaire du temporel à régler. La pauvreté des religieuses des Champs, durant ces années de persécution, n'avait pas été moindre au temporel qu'au spirituel. Les gérants de leurs fermes avaient été chassés, emprisonnés, leurs biens détournés et attribués à la maison de Paris. On avait subsisté comme on avait pu (et le jeûne aidant) de quelques bienfaits d'amis et du produit des livres de ces Messieurs ; les *Imaginaires* de Nicole avaient rapporté 500 écus. Dès le lendemain de la réconciliation, une lettre, à la date du 19 février, avait été adressée par les religieuses des Champs à celles de Paris, pour les convier à une réunion sincère et offrir l'oubli du passé. Cette offre dans laquelle il entrait de la charité, mais aussi de la convenance, n'eut pas de suite. Il y avait de l'irréparable entre elles. La justice dut trancher le différend [1].

Le Conseil d'État, après un assez long examen, régla le partage en mai 1669. Pussort était le rapporteur. L'Arrêt fut signifié le 7 juin. On ne fut pas trop mécontent d'abord :

« Port-Royal, écrivait Arnauld à madame Périer, est divisé en deux abbayes distinctes et séparées, dont celle de Paris avec une abbesse perpétuelle, à la nomination du roi ; et celle des Champs a une abbesse élective de trois ans en trois ans. Cela est fort bien établi. Pour le bien, on en laisse un *tiers* à celle de Paris ; mais on leur donne par *préciput*, et sans leur tenir lieu du tiers, les maisons qui sont au dehors. Hors cette injustice, la partition en est bien faite ; les pensions suivent les personnes, et les terres, qui sont autour de Port-Royal, demeurent à celle des Champs. — La tranquillité de nos bonnes sœurs dans tout cela est admirable. Ce doit être la plus grande consolation de leurs amis [2]. »

1. Les religieuses des Champs, en cette conjoncture décisive, eurent pour elles de puissants solliciteurs. Une lettre de remercîment de la mère Agnès au prince de Condé, du 19 mars, nous apprend que ce prince avait fait auprès de l'archevêque de Paris une démarche en faveur des amies de sa sœur, pour qu'elles fussent remises en possession de la maison de Paris. M. le Prince parla à l'archevêque du dessein qu'avait madame de Longueville de se retirer à Port-Royal de Paris, si les choses se rétablissaient.

2. Avant que les religieuses des Champs fondassent Port-Royal de Paris, l'abbaye n'avait que huit ou neuf mille livres de rente. Du temps du jeune Racine (1658), on voit par une note de lui, qui s'est conservée, que Port-Royal des Champs avait, tant en fonds de terre qu'en rentes, *onze mille quatre-vingt-sept livres dix sous* de revenus. En 1668, avant le partage, l'abbaye avait plus de trente mille livres de rente. Les religieuses, qui étaient captives aux Champs, avaient apporté en dot plus de quatre cent cinquante mille livres, qui avaient servi à bâtir le monastère de Paris et à

Nous laisserons donc désormais le Port-Royal de Paris sous la conduite de sa mère Dorothée Perdreau ; il nous devient tout à fait étranger, excepté dans les quelques occasions où il reparaîtra, comme un mauvais frère, pour dépouiller notre unique Port-Royal, celui des Champs.

Les dix années qui suivent sont, pour Port-Royal, dix années de gloire, de déclin au fond, mais d'un déclin voilé, embelli ; ce sont d'admirables heures de doux automne, de riche et tiède couchant. La solitude refleurit en un instant et se peuple, plus émaillée que jamais. L'ancien esprit au dedans se continue et se mêle au nouveau sans trop de lutte. La mère Agnès survit de deux années encore ; les mères de Ligny, Du Fargis (l'abbesse nouvelle), et la mère Angélique de Saint-Jean (prieure), avec les auxiliaires que nous lui avons vues, animent tout. Il ne se reforme plus d'écoles de garçons (j'allais dire de petits messieurs), mais les jeunes filles pensionnaires se multiplient : les deux petites demoiselles de Pomponne y entrent les premières. M. de Sévigné fait bâtir les trois côtés du cloître qui manquaient et que le nombre des religieuses exige. Au dehors, les bâtiments se pressent dans l'étroit vallon. Madame de Longueville s'y fait bâtir un petit hôtel, et elle l'habite quelquefois depuis 1671. Mademoiselle de Vertus a également le sien tout à côté, d'où elle ne sort plus.

---

grossir le revenu de l'abbaye. Du moment qu'on procédait à un strict partage, elles étaient et devaient être lésées : une douzaine de filles restées à Paris obtenaient un tiers, et plus qu'un tiers des biens, contre l'ensemble de la Communauté au nombre de soixante-huit religieuses de chœur et seize converses. On ôtait à celles-ci « une maison de plus de cinq cent mille livres, toute bâtie des aumônes de leurs parents et de leurs amis. » — Mais je m'entends peu à ces discussions de chiffres, qui sont proprement de M. Akakia ou de M. Gallois à M. Pussort, et je pense qu'en tel sujet elles intéressent assez peu le lecteur.

M. d'Andilly, revenu de Pomponne en son cher désert, le réjouit de ses cheveux blancs, le fait sourire de sa présence vénérée, l'embaume de sa belle mort. Des personnes religieuses ou séculières viennent en visite pour s'édifier. C'est l'heure de madame de Sévigné, de Boileau, des illustres amis dans le monde et qui ont voix dans la postérité. C'est l'heure où M. de Pomponne, successeur de Lyonne et secrétaire d'État auprès de Louis XIV, rédige ces nobles et élégantes dépêches qui sécularisent la langue des Arnauld dans les Cours. Les anciens solitaires ralliés et revenus au bercail sont nombreux encore, et présentent de ces noms qu'on aime, M. Hamon, M. de Tillemont, etc. On y a pour supérieur du monastère un M. Grenet, curé de Saint-Benoît, donné par l'archevêque, et bon ecclésiastique ; mais le vrai supérieur est M. de Saci, que M. de Sainte-Marthe quelquefois tempère. Au dehors, les grands écrits continuent et s'étendent. Les *Pensées* de Pascal paraissent. Arnauld et Nicole associent leurs plumes pour l'honneur et la défense de l'Église catholique. C'est le Calvinisme désormais qu'ils combattent ; ils ne font plus la guerre qu'aux frontières. Dès les premiers mois de 1669, le premier volume de la *Perpétuité de la Foi*, inaugurant leur controverse nouvelle, avait paru. Ceci nous ramène droit à Nicole, le plus considérable des personnages de Port-Royal dont il nous reste à parler.

VII

Nicole. — Sa famille; son éducation. — Sa curiosité de lecture. — Ses dissidences avec M. de Barcos. — Son emploi aux Écoles. — Son union avec Arnauld. — Son jansénisme mitigé et sa diplomatie scolastique. — Querelles de famille au dedans de Port-Royal. — Nicole accusé de gâter M. Arnauld. — Aide de camp fidèle; âme timide. — Ses scrupules et ses frayeurs. — Embarqué malgré lui. — Un peu indiscret. — Causeur agréable et facile. — Nicole écrivain. — Les *Imaginaires*. — Comparaison avec Bayle. — Ce que Nicole a d'un peu commun, et ce qu'il a d'élevé. — Nicole controversiste. — La *petite* et la *grande Perpétuité*. — Méthode de *prescription*. — Nicole compagnon d'armes de Bossuet; — discute de haut en bas contre les Protestants. — Attitude française catholique.

Mon premier soin, en peignant Nicole, sera de bien marquer en quoi sa physionomie est différente de celle de nos autres personnages, et, en particulier, différente de celle d'Arnauld, dont on le considère ordinairement comme inséparable. *Particulariser* Nicole est le plus grand service qu'on puisse lui rendre, aujourd'hui qu'on s'est habitué de loin à confondre les écrivains jansénistes que l'on cite encore, dans une triste uniformité de teinte.

Né à Chartres le 19 octobre 1625, Pierre Nicole eut

pour père un avocat au parlement, condisciple de l'abbé de Marolles. On l'appelait le *chambrier* Nicole[1], pour le distinguer de son cousin le *président* Nicole, auteur de poésies françaises galantes et traducteur de *l'Art d'aimer*. J'ai sous les yeux des lettres de Chapelain adressées (1668-1670) à ce père de Nicole, « fameux avocat à Chartres. » On y voit que cet homme de savoir avait fait une traduction française, non pas des *Institutions oratoires*, mais des *Déclamations* ou Controverses de Quintilien[2] ; et Chapelain, grand complimenteur, voulait engager Nicole le fils à se charger d'en donner l'édition au public : « Monsieur votre fils ne peut sans une espèce d'impiété laisser périr un de ses frères spirituels, » c'est-à-dire ce livre traduit des Controverses. On a dit que le père de Nicole, qui faisait aussi des vers latins et français, en avait composé d'assez libres, dont, après sa mort, son fils s'efforça d'empêcher l'édition ou la réédition : il rachetait, pour les détruire, tous les exemplaires qu'il trouvait de ces vers déjà publiés ; de sorte qu'il mériterait à tous égards qu'on lui appliquât le vers du poëte :

> Le fils a racheté les *crimes* de son père,

ou du moins les *rimes* de son père. Il a pu se faire, au reste, dans ce qu'on a raconté à ce sujet, quelque confusion des deux cousins, le chambrier et le président Nicole. Ils étaient tous les deux profanes, mais inégalement, appartenant à cette érudition, mêlée de bel esprit, à la fois française et latine, issue du seizième siècle. Pierre Nicole tenait de sa famille une rare facilité aux Lettres, mais qui chez lui fut réglée aussitôt par la re-

---

1. Il était chambrier de la Chambre ecclésiastique de Chartres, avocat et orateur de la ville.
2. Ou attribuées à Quintilien.

ligion et par des habitudes réfléchies. Il lut de bonne heure tout ce qu'il y avait d'auteurs grecs et latins dans la bibliothèque paternelle : une vaste et curieuse lecture est un des traits de Nicole. Il ne ressemblait point à M. de Saci, homme de peu de livres, et qui ne se détournait point à droite ou à gauche hors des sentiers de l'Écriture. Il ne ressemblait point à M. de Tillemont qui disait que, depuis l'âge de quatorze ans, il n'avait rien lu ni étudié que par rapport à l'histoire ecclésiastique.

« Je dirai de lui, écrivait Brienne traçant de Nicole un portrait assez burlesque et satirique, qu'il n'y a personne au monde que je sache, qui ait lu tant de livres et de relations de voyages que lui ; sans compter tous les auteurs classiques grecs et latins, poëtes, orateurs et historiens ; tous les Pères depuis saint Ignace et saint Clément pape jusqu'à saint Bernard ; tous les romans depuis les *Amadis de Gaule* jusqu'à la *Clélie* et à la *Princesse de Clèves* [1] ; tous les ouvrages des hérétiques anciens et modernes, depuis les philosophes anciens jusqu'à Luther et Calvin, Mélanchthon et Chamier, dont il a fait des extraits ; tous les polémiques depuis Érasme jusqu'au cardinal Du Perron et aux ouvrages innombrables de l'évêque de Belley : en un mot, car que n'a-t-il pas lu ? tout ce qui s'est fait d'écrits pendant la Fronde, toutes les pièces de contrebande, tous les traités de politique depuis Goldast jusqu'à L'Isola. »

C'est une première nouveauté, dans Port-Royal, que

---

1. Il y a, entre autres poëmes ridicules sur la pécheresse repentie Madeleine, un poëme spirituel extravagant, imprimé à Lyon : *La Magdeleine au désert de la Sainte-Baume en Provence, par le Père Pierre de Saint-Louis, religieux carme de la province de Provence*. Théophile Gautier l'a mis dans ses *Grotesques*. On raconte que Nicole, ayant un jour trouvé ce poëme dans la Bibliothèque des Carmes de la rue des Billettes, le parcourut et, singulièrement réjoui par la verve burlesque et extravagante qui l'anime d'un bout à l'autre, l'emporta, en lut des passages à Port-Royal et ailleurs, et en parla à tant de personnes que le libraire fut tout étonné de voir arriver des acheteurs et que l'édition se vendit.

d'y rencontrer un liseur si amusé et si infatigable de tant de livres non édifiants [1].

Nicole avait trois sœurs, dont l'une, la dernière, Charlotte, élevée quelque temps au monastère des Champs, avait, dit-on, au moins autant de facilité et de dispositions naturelles que son frère, et était, par rapport à lui, ce que l'illustre Jacqueline était à Pascal. En un mot, c'était une famille d'esprit.

Le père de Nicole l'envoya en 1642 à Paris, pour y faire sa philosophie au collége d'Harcourt. De là le jeune Nicole passa à la théologie; ses premières vues étaient la Sorbonne et le doctorat. Il étudia sous les docteurs de Sainte-Beuve et Le Moine, l'un ami, l'autre adversaire d'Arnauld. Nicole est bien, notons-le, le disciple du docteur de Sainte-Beuve pour l'esprit qu'il en garda. M. de Sainte-Beuve, tel que nous le connaissons et que nous l'avons déjà montré, était un pur Sorboniste, homme de doctrine et de modération : il suivait saint Augustin sur la Grâce, mais en évitant les expressions trop fortes, en le ramenant à saint Thomas autant qu'il se pouvait, en le séparant avec soin, et par de triples défenses, du sens de Calvin. Nicole, dans Port-Royal, tient plus de M. de Sainte-Beuve que de M. de Saint-Cyran, qu'il n'eut pas le temps de connaître; il garda de la méthode de son premier maître en Sorbonne, plus qu'il ne conviendrait à un Port-Royaliste de la première et directe génération.

Il avait toutefois des relations toutes nouées avec

---

1. Petit trait singulier, mais qui n'a pas de quoi étonner chez un si grand amateur de lecture : Nicole ne rendait pas très-exactement les livres qu'il empruntait. M. de Pontchâteau, qui tenait fort à ses livres, paraît s'en plaindre en un endroit de ses lettres : « N'en dites rien néanmoins, il faut savoir perdre. Mais il faut avouer ma foiblesse, je hais plus de perdre un livre qui ne vaudroit que dix sols que dix pistoles. Cela est d'un petit esprit : aussi suis-je tel. »

Port-Royal par la célèbre mère Marie des Anges Suireau, qui était sa tante. Les premiers pas que fait Nicole vers Port-Royal sont significatifs, et indiquent déjà la ligne nouvelle et moins escarpée qui sera la sienne. En 1645, M. de Barcos, pour justifier la phrase qu'il avait glissée dans la Préface de *la Fréquente Communion* sur l'égalité de pouvoir de saint Pierre et de saint Paul, ces deux chefs *qui n'en font qu'un*, publia un Traité de la *Grandeur romaine*, lequel eut l'effet ordinaire aux Traités de M. de Barcos, qui était, au lieu de lever les difficultés, de les étendre. « M. Nicole, est-il dit, l'ayant lu, le trouva plein de paralogismes ou de faux raisonnements et de conséquences mal tirées de leurs principes, et, quoiqu'il n'eût pas encore vingt ans, il osa confier ses réflexions au papier. » Sa Réfutation manuscrite courut et sembla fondée à beaucoup de personnes; il se garda, au reste, de la publier. Mais ce qui nous importe, c'est de marquer comment il débute avec Port-Royal, et qu'il y arrive par un sentier opposé à la route principale de Saint-Cyran.

Car cette réfutation qu'il fait du neveu paraît bien, chez Nicole, avoir un peu remonté jusqu'à l'oncle; on a des mots de lui sur le premier M. de Saint-Cyran, qui montrent qu'il le considérait volontiers plutôt comme un peu bizarre et particulier en doctrine que comme grand.

Il entra bientôt à Port-Royal comme un des maîtres des Écoles. Il y était principalement pour les belles-lettres et pour la philosophie. Nous l'avons vu le maître de M. de Tillemont. La *Logique*, on peut le dire, n'est pas moins de lui que d'Arnauld, et peut-être, pour l'esprit, elle est de lui davantage; car cette *Logique* dispense plus de l'appareil logique, et en fait meilleur marché, qu'il n'était, ce semble, dans les habitudes pratiques d'Arnauld.

La Dissertation littéraire latine, qui parut en tête du Choix d'Épigrammes à l'usage des Écoles, et où, par rapport à ces pièces légères, Nicole pose les règles de la *vraie* et de la *fausse beauté*, laisse fort à désirer, si on y voit autre chose qu'une jolie leçon de collége; j'ai dit[1] qu'elle avait provoqué une Réfutation très-solide et très-aiguisée du Père Vavassor. Nicole, en littérature, raisonne plutôt qu'il ne sent. Bien que si instruit et si plein de lecture, bien qu'écrivant un latin très-élégant et sachant orner son discours familier d'agréables citations de ses auteurs, il n'a pas le goût vif des Lettres anciennes; il n'a pas, pour la belle Antiquité, ce culte délicat qui honore à nos yeux Racine et Fénelon. Là où règne la grâce, il cherche l'exactitude et se plaint de ne la pas trouver[2].

Les troubles qui s'élevèrent dans la Faculté dès 1649, par la dénonciation que fit le syndic Cornet des cinq Propositions, éloignèrent Nicole de sa première idée du doctorat. Pour rester libre, il jugea plus prudent de rester simple bachelier; en même temps il ne pensa plus à monter dans l'Église, et il ne passa jamais cet humble degré de simple clerc tonsuré[3]. Ses liaisons

---

1. Tome III, page 529.
2. Il parle, dans une de ses Lettres, des savants au goût difficile et qui accordent trop aux Anciens; mais il faut voir sur quel ton : « Si ces savants étoient informés jusqu'à quel point je les méprise, ils auroient de la peine à me le pardonner; et si la fin des études est d'arriver à ces belles connoissances, j'aime mieux y renoncer. Le chemin même en est assez difficile : il faut pour cela lire Homère douze ou treize fois entier, et peut-être autant de fois Xénophon, Platon, Épictète et Antonin. Il faut bien qu'on trouve dans les livres ce qu'on y cherche; car pour moi, *comme je prends plaisir à trouver des faussetés et de grands aveuglements dans ces mêmes livres*, j'y en trouve quantité. »
3. Comme Rollin plus tard et comme Coffin. — Où l'abbé de Voisenon a-t-il pris (*Anecdotes littéraires*) qu'à l'examen qu'il subit pour les ordinations, Nicole, par timidité, ne put répondre et

avec Port-Royal se fixèrent. Il s'y retira absolument, lorsque les Écoles quittèrent Paris; il était sous la direction de M. Singlin. Malgré son austérité, M. Singlin avait dans la direction quelque chose de plus approprié, de plus accommodé aux natures, de moins absolu, surtout à cette époque de controverse; je vois d'ici Nicole dirigé par M. Singlin ou par M. de Sainte-Marthe, je ne me le figure pas aisément dirigé par M. de Saci.

Dès 1654 Arnauld mit la main sur Nicole, apprécia son genre de talent, se l'appropria comme second, et ne le lâcha plus.

La liaison de Nicole avec Arnauld et avec Pascal devint étroite pour les travaux plus encore que pour la familiarité; il serait inutile autant que fastidieux de chercher à mesurer sa part dans les écrits d'alors. Il entra dans presque tous et même dans les *Provinciales*, au moins pour la collection des matériaux. Sa plume facile et élégante en latin servait Arnauld dans cette masse d'écrits sorboniques qu'il eut à fournir durant son procès. Avant et après la condamnation, Nicole partagea sa retraite soit au faubourg Saint-Jacques dans la maison de M. Hamelin (le *fameux* M. Hamelin, disent les Jansénistes), contrôleur général des ponts et chaussées, soit dans la maison de M. Le Jeune au faubourg Saint-Marceau, soit en d'autres lieux de retraite. En 1657, il composa de son chef en latin les six Disquisitions de Paul *Irénée*, *Disquisitiones sex Pauli Irenæi*, et

---

parut un sujet incapable, et qu'il regarda cette humiliation comme un ordre de la Providence? Cela fournit au fringant abbé l'occasion de faire aussitôt cette épigramme en manière de pirouette : « Il s'illustra par ses *Essais de Morale*, donna les *quatre Fins de l'Homme*, et fut refusé à la prêtrise. » —Il n'y a rien de vrai en ceci que la timidité de Nicole, et encore on verra tout à l'heure de quelle espèce elle était.

de plus (sans parler du reste) le *Belga Percontator* ou les scrupules de François *Profuturus*[1], théologien flamand, sur ce qui s'est passé dans l'Assemblée du Clergé (de 1656). Le but principal du premier de ces écrits et, en général, la thèse favorite de Nicole est de montrer que le Jansénisme est une hérésie imaginaire, un pur fantôme construit à plaisir par des ennemis; qu'on est d'accord avec le Pape pour le fond; que l'on condamne tout ce que Rome condamne, et au sens où elle le condamne; enfin, c'est une reprise de tout ce que Pascal dit dans ses dernières Provinciales : *beaucoup de bruit pour rien*. Nicole, étranger aux premières et profondes vues de Saint-Cyran, à la tradition directe des idées de M. d'Ypres, était dans Port-Royal le principal introducteur de ce nouveau système de défense, qui énervait et amoindrissait tout à fait le Jansénisme pour le sauver. Brienne (dans le Portrait déjà indiqué) nous dit positivement : « C'est lui qui est l'inventeur de la distinction du *fait* et du *droit*, à quoi, sans lui, M. Arnauld et M. de Lalane n'auroient jamais pensé. » Nicole, en maintenant cette thèse, parlait sincèrement selon son propre jansénisme; mais le Jansénisme de Port-Royal, antérieur et supérieur à lui, ne pouvait accueillir ce système diminuant, sans être convaincu de variation. — Nicole, dans la troisième de ses *Disquisitions*, admettait la *Grâce suffisante* d'Alvarès. Bien des amis de Port-Royal en prirent de la mauvaise humeur contre lui, jugeant que c'était un excès de concession dans la doctrine et un véritable abaissement.

Nicole, en ces années 1658-1659, fit un voyage et un séjour en Flandre et dans l'Allemagne du Rhin[2]. Il

---

1. *Profuturus, Irenæus*, — le *Profitable à lire*, le *Pacifique;* ces noms de guerre sont transparents.
2. Un historien littéraire qui ne brille point par le talent et

y écrivit sa traduction des *Provinciales* en latin avec renfort de Dissertations, sous le nom supposé de *Wendrock*, soi-disant théologien allemand : c'est son premier coup signalé. L'ouvrage parut à Cologne en 1658, et fit éclat. J'en ai parlé à la suite des *Provinciales*[1]. On assure qu'avant d'entreprendre cette traduction plus élégante que les Dissertations qu'il y a jointes, il relut plusieurs fois Térence, pour se rompre le style aux délicatesses de ce charmant comique. Nicole comprenait son Pascal.

Dans ce même Portrait par Brienne, il est assez plaisamment appelé *Pascalin;* voici les propres paroles du confrère, où il y a à prendre et à laisser :

« M. Nicole, natif de Chartres, est certainement un esprit du premier ordre. Il écrit admirablement en françois et en latin, sait la langue hébraïque[2] et le grec en perfection, fait de fort bons vers latins et françois quand il lui plaît,

---

qui ne se recommande pas non plus par la profondeur ou la curiosité des recherches, mais qui a conservé quelques traditions orales directes du dix-septième siècle, l'abbé Lambert, paraît douter de ce voyage et de ce séjour qu'aurait faits Nicole en Allemagne pour la composition ou l'impression du *Wendrock* : « L'on dit que vers l'an 1658, il (Nicole) passa en Allemagne, et que ce fut là qu'il travailla à une traduction latine des fameuses *Lettres Provinciales*, qu'il publia sous le nom de Wendrock ; mais bien des gens croient que M. Nicole ne sortit point de France, et que ce fut à Paris, où il se tenoit caché sous le nom de M. *de Rosny*, qu'il composa l'ouvrage dont nous parlons : quoi qu'il en soit, s'il alla en Allemagne, il est constant qu'il n'y fit pas un long séjour, puisqu'il étoit à Paris en 1660. » (*Histoire littéraire du Règne de Louis XIV*, tome I, page 80.)

1. Tome III, page 211.
2. Il ne l'étudia que dans sa jeunesse et fut bientôt obligé de l'abandonner. Avant l'âge de vingt ans il avait formé le projet chimérique, dit-il, de lire toute la Bible en hébreu et l'avait déjà exécuté à demi, lorsque la faiblesse de sa vue le força d'y renoncer et même de laisser pour toujours l'hébreu. Nicole avait, comme il dit, la *vue tendre* (*mollibus est oculis*); dès qu'une lecture exigeait trop de contention, il n'y voyait plus.

quoiqu'il ait une furieuse aversion pour la poésie. Il pense beaucoup à ce qu'il fait, et jamais homme ne travailla tant que lui ses ouvrages. La première composition qu'il en jette sur le papier n'est qu'un crayon informe de diverses pensées qui lui roulent dans l'esprit; mais, à la seconde copie qu'il en fait, ce chaos commence à se débrouiller, et à la troisième ou quatrième copie la pièce se trouve en sa perfection. Voilà bien de la peine pour acquérir le vain renom d'auteur! On peut dire que c'est M. Pascal (dont il n'est que le copiste, et, comme l'on sait, les copies ne valent jamais les originaux) qui lui a appris cette manière si laborieuse de composer, parce qu'il en faisoit à peu près de même, et que M. Nicole fait gloire de copier jusqu'à ses défauts. Tous les *Pascalins* en sont logés là. »

Sans prendre tout ceci pour un pur badinage, il est difficile de l'admettre bien sérieusement. On ne sauroit concilier ces scrupules et ces remaniements infinis de Nicole avec ce grand nombre d'écrits polémiques qui ne peuvent être sortis que d'une plume courante. Il est toutefois permis de croire, puisqu'on nous le dit, qu'il a appliqué à quelques ouvrages de choix, à quelques-uns de ses petits Traités de morale, et surtout à sa traduction des *Provinciales*, cette méthode sévère à la Pascal et à la Despréaux [1].

Pascal sans doute eut la plus grande influence sur Nicole, qui émane de lui, et qui va nous apparaître comme le *moraliste ordinaire* de Port-Royal, tandis que Pascal a été le moraliste de génie. Mais cette influence

---

1. Le témoignage de Brienne n'est à admettre que jusqu'à un certain point, parce que ce bizarre personnage avait non-seulement ses préventions, mais ses lubies, et qu'il est mort fou, réellement fou et enfermé (Voir la xxiie lettre de Boileau à Brossette). Dans un autre extrait de ses Mémoires, il dira du Père Quesnel : « Il passe pour un grand janséniste, mais je dois dire à sa louange qu'il ne l'est point du tout et n'en a pas la moindre tache. » Les paroles de Brienne ne sont point paroles d'Évangile.

fut plus morale que littéraire, plus morale aussi que théologique.

Dans les derniers temps de la vie de Pascal, Nicole était d'un tout autre avis que lui sur la Signature et sur le sens dans lequel il fallait prendre la condamnation à Rome. Il participa plus que personne à la tentative d'accommodement que fit, en 1662, M. de Comminges. Ce fut Nicole qui, avec M. Girard, dressa la Déclaration mitigée qui fut envoyée à Rome : on appelait cela les *cinq Articles*. C'était une réduction pure et simple du Jansénisme et de l'Augustinianisme au Thomisme. Si tout le monde avait incliné et fléchi en ce sens, l'affaire eût pu dès lors se conclure. On a la vraie pensée de Nicole expliquée par lui dans une lettre au Père Quesnel, qui sert de préface au tome II du *Traité de la Grâce générale* :

« Étant tombé, dit-il, par la conduite de la Providence dans la plus grande chaleur des contestations du Jansénisme, et ayant été continuellement frappé des horribles maux que ces disputes produisoient dans l'Église..., cet objet m'a causé une aversion particulière des divisions, et une grande application aux moyens qui me paroissoient les plus propres pour éviter ces importunes accusations d'erreur et d'hérésie....

« Il faut considérer, Monsieur, l'état de l'Église catholique dans laquelle nous vivons et nous voulons tous mourir. Cette Église a le Pape pour son chef, et le Pape est de droit le premier juge de la doctrine. Je ne le crois pas infaillible, ni vous non plus ; mais il a une espèce d'infaillibilité de fait. C'est que par la disposition des peuples et par la créance qu'il a dans le commun de l'Église, s'il condamne quelque doctrine même injustement et sans raison, rien n'est plus difficile que de s'en relever, et de ne demeurer pas opprimé sous sa puissance. Il faut donc éviter ces condamnations avec toute sorte de soin. L'amour même de la vérité y oblige, et la chose n'est pas impossible pourvu qu'on s'y applique avec le soin nécessaire. En voici les moyens :

« La Cour de Rome ne sait dans la science de l'Église que ce qu'en savent les théologiens dont elle se sert pour examiner les points de doctrine et les livres qui les contiennent. Ces théologiens sont des scolastiques de divers pays, qui n'ont guère étudié que les auteurs scolastiques, mais qui savent assez bien l'histoire des opinions qui ont eu cours depuis cinq cents ans. Parmi ces opinions, il y en a qui ont passé constamment pour orthodoxes, quoiqu'elles ne soient pas universellement suivies. Il y en a même qui sont approuvées par certains Ordres entiers, certains Corps, certaines Congrégations.

« Or la Cour de Rome, assez constante dans les maximes politiques, en a une qu'elle garde inviolablement, de ne condamner jamais les sentiments, opinions, dogmes, qui ont acquis cette réputation publique de catholicité et d'orthodoxie depuis un assez long temps, et principalement s'il y a des Ordres et des Congrégations qui les soutiennent. Il n'y a que l'absurdité notoire de la doctrine de la *probabilité*, et les horribles suites qu'elle avoit, qui l'aient obligée de donner quelque atteinte à cette règle.

« Si donc il se trouve que la vérité permette de se ranger à un sentiment d'une catholicité et d'une orthodoxie non contestée, et soutenu de plus par quelques Congrégations autorisées dans la Cour de Rome, il semble que ce soit un moyen très-sûr de ne pouvoir être troublé par l'accusation d'hérésie. Et c'est, en effet, ce moyen où l'on s'est réduit, pour se tirer de cet effroyable embarras où l'on étoit par l'accusation d'hérésie fondée sur le Jansénisme.

« Car qu'est-ce que les *cinq Articles*, sinon une réduction de toutes les opinions que l'on tenoit sur les cinq Propositions à la doctrine commune des Thomistes, qui a cette notoriété d'orthodoxie dans la Cour de Rome et cet appui de diverses Congrégations qui la soutiennent? Ce moyen a réussi, et il ne pouvoit pas ne point réussir : car les hommes ne sont pas assez injustes pour imputer une erreur à des gens qui font une profession publique de ne soutenir point d'autre doctrine sur une matière que celle qu'ils expriment clairement; et des théologiens engagés solennellement à soutenir certains sentiments, comme les Thomistes, ont trop d'intérêt à les défendre, pour les laisser condamner parce que d'autres les auront embrassés. Il y a donc apparence que ce même moyen réussira toutes les fois qu'on le pratiquera de bonne foi et avec sincérité. »

Voilà, ce me semble, assez à nu et dans un aveu manifeste, la pensée habituelle de Nicole. Il l'avait, durant ces années même les plus belliqueuses en apparence. Il était engagé avec Arnauld et servait bravement au dehors ; mais au dedans il était pour toutes les mitigations et tâchait de les persuader. Ce fut là son rôle. Nicole, c'est, si l'on veut (et toute proportion gardée entre la grandeur des rôles historiques), c'est le Mélanchthon d'Arnauld.

Rien, on en conviendra, ne ressemble moins que toute cette diplomatie théologique et ces *prenez-y garde* de Nicole aux idées de réforme vive et radicale de Saint-Cyran, à sa haute ambition de régénérer le Christianisme en le retrempant à la source des Pères. Rien non plus ne ressemble moins (quoique Nicole prétende en un endroit s'autoriser de l'opinion de Pascal) à ces cris de passion, à ces accents indignés de l'auteur des *Pensées* en appelant des iniquités de Rome au tribunal de Jésus-Christ.

Au plus fort des négociations pour la Paix de l'Église, le nonce Bargellini, étonné de tant de difficultés et de scrupules que se faisaient certains prélats véridiques, disait : « Le mal en France, c'est qu'on n'étudie pas assez la Scolastique ; » voulant indiquer par là que cette science fournissait, dans les mauvais pas, bien des moyens de s'en tirer. Il me semble, après avoir lu cette page de Nicole, que le collègue et le second d'Arnauld n'y était pas si étranger.

Ne croyez pourtant pas que cette réelle innovation de tactique ait passé d'abord à Port-Royal inaperçue, et sans exciter bien des rumeurs. Depuis le jour où Nicole s'était mis en opposition d'opinion et de méthode avec

M. de Barcos, dont l'autorité n'était pas encore affaiblie dans les esprits, il avait eu contre lui une partie des religieuses et des solitaires. Cela est allé plus loin qu'on ne l'a laissé voir dans les écrits imprimés : on y a couvert et adouci la vivacité de ces guerres civiles autant qu'on l'a pu. Bon nombre de Messieurs, voyant la nouvelle route suivie par Arnauld, et par Nicole qui l'y engageait, « demeurèrent persuadés que M. Arnauld et M. Nicole s'étoient gâté l'esprit par la Scolastique; et comme on attribuoit cet effet à M. Nicole pour décharger M. Arnauld, il demeura odieux à plusieurs personnes, et *il ne s'en est jamais relevé à leur égard*[1]. » On parlait très-librement entre soi, au désavantage de Nicole « que l'on faisoit auteur de toute cette contrariété de sentiments, jusque-là qu'un des *ascètes* ou solitaires lui dit un jour *qu'il y avoit deux cents personnes qui gémissoient de sa vanité*: et lui faisant depuis satisfaction de cette espèce d'emportement, sa satisfaction consista à lui dire que *ce qu'il lui avoit dit étoit très-vrai; mais qu'il n'auroit pas dû le lui dire*[2]. »

Les Jansénistes ont le don du secret. De ces querelles de famille et de ces troubles du désert rien ne transpirait au dehors. L'alliance étroite avec Arnauld couvrait tout. Nicole ne cessait pas d'être son aide de camp fidèle, inséparable et indispensable. A son retour d'Allemagne, il continua d'habiter avec lui, caché à Paris, rue

---

1. « J'ai toujours éprouvé, écrivait Nicole, que quoique des sentiments et des écrits me fussent communs avec M. Arnauld, néanmoins tout l'orage en retomboit sur moi, lorsqu'il s'agissoit de contredire M. de Saint-Cyran. » (*Nouvelles Lettres*, page 309.) Ces seconds des grands hommes et qui passent de près pour avoir crédit sur eux, n'ont pas la responsabilité devant le public, mais ils ont bon dos dans le particulier.

2. Je tire ce détail d'un manuscrit de la Bibliothèque Mazarine (T. 2199). Cela est plus explicite que ce qu'on lit dans la Préface du tome XXI° des Œuvres d'Arnauld, pages 122-125.

Sainte-Avoye, dans la maison de madame Angran, sous le nom de M. *de Rosny*[1]. En 1664, ils allèrent tous deux à Châtillon, près Paris, dans une maison appartenant à M. Varet, le grand vicaire de Sens. Peu après, et ne se trouvant pas assez en sûreté rue des Postes où ils demeurèrent quelque temps, ils furent cachés à l'hôtel même de Longueville, rue Saint-Thomas-du-Louvre. Ils n'y avaient que l'asile, la protection et la compagnie de la princesse, y vivant d'ailleurs à leurs frais et dépens, ce à quoi leur délicatesse tenait beaucoup. Ils le voulurent ainsi, dès qu'ils virent que leur séjour s'y prolongeait au delà des premiers mois.

Au milieu de tous les écrits qu'il multipliait et où il faisait preuve de la plus grande vivacité, du plus grand entrain dialectique, Nicole éprouvait de fréquentes lassitudes. Il était d'une santé délicate, d'une complexion un peu tendre, mais d'une âme tendre surtout, timide, et *partout douloureuse*, comme il l'a dit de certaines âmes, et inclinant à la modération, au silence. Cet homme si mêlé et si entendu aux controverses et, en quelque sorte, condamné à en vivre, méditait sans cesse de se retirer de la société des hommes et des disputes du temps[2]. Pendant son séjour à Châtillon, il écrivit à l'évêque d'Aleth pour le consulter là-dessus; le saint évêque fut d'avis qu'il tînt bon, et qu'il continuât de

---

1. M. *de Rosny*, M. *de Recourt*, plus tard M. *de Bétincourt*, c'est toujours Nicole. — (Voir à l'*Appendice* sur madame Angran.)

2. Et Cicéron lui-même, qui était condamné à s'engager jusqu'à la fin dans les partis politiques et les dissensions civiles, ne parlait-il pas de se retirer par dégoût dans les solitudes? Au retour de son gouvernement de Cilicie, il écrivait de Cumes à Célius qui le détournait de rejoindre Pompée : « Que dites-vous? je ne demande qu'à me cacher dans la retraite... *Quod est igitur meum triste consilium? ut discederem fortasse in aliquas solitudines....* » Et ce qui suit qui exprime si bien sa plénitude de dégoût, son rassasiement des hommes.

rester le bras droit de M. Arnauld. Et Nicole continuait de combattre avec le grand athlète et de le doubler, comme ces guerriers qui allaient dans la mêlée enchaînés l'un à l'autre; mais si sa plume ne trahissait rien et ne faiblissait pas, et lors même qu'elle semblait se signaler le plus par des victoires ou de brillantes escarmouches, son âme recevait bien des atteintes sensibles.

Il était réellement tourmenté de scrupules et de craintes[1]. Il lui semblait par moments qu'il n'était pas dans l'ordre de sa vocation, et il se plaignait qu'autour de lui on n'en tînt pas compte. Chacun lui disait : « Bravo, courage! battez-vous, écrivez; c'est bien votre affaire à vous; » et il croyait sentir qu'il n'était nullement soldat à ce point, surtout soldat d'avant-garde. Il y a eu à la guerre, j'imagine, bien de ces hommes-là, héros malgré eux.

« J'ai vu, écrivait-il (plus tard il est vrai), j'ai vu qu'on avoit quelque égard aux instincts des âmes. On ne presse point M. Hamon d'écrire, parce, dit-on, qu'il y a trop de répugnance. Cependant on ne sauroit avoir plus de répugnance que j'ai à certains genres d'écrits. Je ne saurois étouffer la peine qu'ils me font, et elle augmente tous les jours. Mon imagination en est pénétrée comme de la crainte du tonnerre, et la raison même n'est pas trop capable de la guérir sur ce point[2]. »

Cette crainte deviendra surtout excessive dans la dernière partie de la vie de Nicole, et elle ne se contiendra plus le jour où il aura en perspective une dernière campagne, une dernière expédition qu'il s'agirait d'entreprendre avec Arnauld du sein de l'exil. Expliquant

---

1. « Je suis naturellement inquiet et empressé, aisé à troubler et à confondre. Les jugements des hommes et leurs contradictions agissent violemment sur moi. » (*Nouvelles Lettres*, page 314.)
2. Manuscrits de la Bibliothèque Mazarine (T. 2297).

alors la manière dont il avait été embarqué à l'improviste, et plus avant qu'il n'avait compté, dans ces premières controverses (1655-1668), il se comparait à « un homme qui, se promenant sans dessein dans un petit bateau sur le bord de la mer, auroit été porté par une tempête en haute mer et obligé de faire le tour du monde :

« Cette comparaison, disait-il, n'est guère trop forte, et, pour la suivre, j'ajouterai que comme cet homme qui auroit vu mille sortes de périls dans ce voyage n'auroit pas manqué de faire bien des résolutions de ne s'engager pas une autre fois qu'avec de grandes précautions dans un voyage si dangereux, de même, ayant eu mille sortes d'inquiétudes assez bien fondées et de très-grandes et très-pénibles incertitudes dans cet engagement, j'ai souvent réitéré la résolution et comme une espèce de vœu, que, si j'en sortois jamais, je n'y rentrerois pas qu'avec de grandes délibérations et après avoir bien considéré toutes choses et avoir pris conseil de tous ceux que je croirois capables de me le donner. La Paix étant venue, j'ai considéré mon engagement comme rompu. J'ai dit à Dieu très-souvent ce verset de David, pour lui en rendre grâces : *Dirupisti vincula mea, tibi sacrificabo hostiam laudis* [1]. J'ai vécu depuis ce temps-là dix ans en me confirmant toujours dans cette résolution.... »

Pourtant en 1679, sorti de France, il se vit encore à la veille d'être obligé et comme moralement contraint de faire autrement qu'il ne s'était dit; il fut sur le point de devoir se rembarquer avec M. Arnauld; mais, ce dernier l'ayant voulu emmener jusqu'en Hollande, Nicole prit son grand parti qui fit tant de scandale et qui excita un *tolle* universel parmi les amis de Port-Royal : il se décida à se séparer de son vieux chef et à négocier son accommodement particulier. C'est alors, quand il parlait de son besoin de repos, qu'Arnauld lui répondait : « Eh,

---

1. « Vous avez rompu mes liens, je vous immolerai une victime en action de grâces. »

n'avons-nous pas l'Éternité pour nous reposer? » Il ne lui dit ce mot héroïque que tout à la fin, mais il aurait pu le lui dire bien auparavant; car Nicole de très-bonne heure, au moins par son attitude dans l'intimité, lui cria *merci* et dut témoigner qu'il ne souhaitait rien tant que la sécurité et le repos.

Voilà Nicole, tel qu'il se dessine à qui sait bien le regarder. J'ai déjà indiqué[1] des traits singuliers de ses frayeurs. — Il ne passait pas une rivière dans un bac sans avoir une ceinture de sûreté, pour pouvoir surnager en cas de naufrage. — Un jour, redescendant de la tour nouvellement bâtie de Saint-Jacques du Haut-Pas où le curé l'avait fait monter : « Si tous vos pénitents, dit-il, avoient une résolution aussi ferme de ne plus pécher que j'en ai de ne plus remonter à cette tour, vous auriez pour paroissiens de bien bons chrétiens. » — A Troyes, il n'osait sortir quand il faisait du vent, de peur de recevoir des tuiles sur la tête. — Je lis encore dans des documents originaux appartenant à la même source[2] :

« Le célèbre M. Nicole a demeuré un certain temps à Troyes dans l'abbaye de Saint-Martin-ez-aires, où il a travaillé à ses *Essais de Morale*. Il alloit de temps en temps à la campagne dans une maison appartenant à M. de Monserve, située à Saint-Thibault, succursale de l'Isle-Aumont. M. Nicole avoit fait faire dans une chambre basse de cette maison de campagne une trappe au plancher : avec un coup de pied cette trappe s'ouvroit et faisoit entrer en terre la table et tout ce qui étoit dessus, sans le moindre dérangement; en sorte que, quand on le venoit visiter, on ne pouvoit voir ce à quoi il s'occupoit, ni s'apercevoir du secret. »

Que de mystère! que d'appareil pour se dérober! quelle exagération de l'importance et du danger de l'ouvrage

---

1. Tome III, page 554.
2. Manuscrits de la Bibliothèque de Troyes.

auquel on travaillait, et comme l'imagination aussi bien que l'amour-propre y trouvait son compte! La longue habitude d'une existence clandestine avait développé chez Nicole les appréhensions et l'art des stratagèmes.

Sa timidité ne l'empêchait pas d'être fort vif et des plus actifs dans le cabinet, et les portes closes. Brienne qui ne l'aimait pas, sans doute parce que Nicole démêlait ses défauts et ses fourberies mieux que le candide Arnauld, a dit de lui : « Il veut toujours parler dans les compagnies où il se trouve, et, comme il parle fort bien, il s'imagine qu'on ne doit écouter que lui. Tout autre que M. Arnauld, le patient Arnauld, n'auroit su vivre un mois avec lui ; et cependant ils ont passé ensemble la meilleure partie de leur long et pénible métier. » Madame de Longueville, quand elle l'avait caché chez elle et qu'elle le voyait tous les jours, elle qui se dégoûtait si vite des gens après s'en être engouée, le trouvait plus poli qu'Arnauld et plus complétement à son gré : « M. Nicole, a dit Racine, fut toujours bien avec elle; elle trouvoit qu'il avoit raison dans toutes les disputes. » Il avait des histoires extraordinaires à raconter pour la divertir. Il causait très-bien et sans air de raisonnement et de dispute. On peut même dire qu'il était un autre homme et bien plus habile dialecticien, la plume à la main, que dans la conversation. De vive voix il cédait aisément, était surtout aimable, tombait d'accord avec les gens, n'avait pas le front de leur tenir tête, et racontait plutôt qu'il ne discutait. C'est lui qui disait de certain docteur qui avait sur lui l'avantage dans la dispute : « Il me bat dans le cabinet, mais il n'est pas encore au bas de l'escalier que je l'ai confondu[1]. »

---

1. Cette manière d'être de Nicole, si différent dans l'entretien de vive voix et dans la discussion par écrit, lui a donné l'apparence d'un tort et d'une inconsistance envers madame Guyon. Celle-ci

Il avait des indiscrétions, des légèretés de procédé ou de parole plus qu'on n'aurait cru. J'ai cité son mot sur dans sa *Vie. écrite par elle-même*, a très-bien raconté, et sans aucune aigreur, cette petite histoire :

« Une personne de ma connoissance, dit-elle, fort ami de M. Nicole, et qui l'avoit ouï plusieurs fois déclamer contre moi sans me connoître, crut qu'il seroit aisé de le faire revenir de sa prévention si je pouvois avoir quelques entretiens avec lui, et de désabuser par ce moyen bien des gens avec qui il étoit en relation, et qui se déclaroient contre moi le plus ouvertement. Cette personne m'en pressa fort; et quelque répugnance que j'y sentisse d'abord, cependant, ayant fait connoître à quelques gens de mes amis les instances qu'on me faisoit pour cela, ils me conseillèrent de le voir. Comme ses incommodités ne lui permettoient pas de sortir, je m'engageai, après quelques honnêtetés que l'on me fit de sa part, à lui rendre une visite (vers 1687). Il me mit d'abord sur le *Moyen court*, et me dit que ce petit livre étoit plein d'*erreurs*. Je lui proposai de le lire ensemble, et le priai de me dire avec bonté celles qui l'arrêtoient, et que j'espérois lui lever les difficultés qu'il y trouveroit. Il me dit qu'il le vouloit bien, et commença à lire le petit livre, chapitre par chapitre, avec beaucoup d'attention. Et sur ce que je lui demandois si, en ce que nous venions de lire, il n'y avoit rien qui l'arrêtât ou lui fît de la peine, il me répondoit que *non*, et que ce qu'il cherchoit étoit plus loin. Nous parcourûmes le livre d'un bout à l'autre sans qu'il y trouvât rien qui l'arrêtât, et souvent il me disoit : « Voilà les plus belles comparaisons qu'on puisse voir. » Enfin, après avoir longtemps cherché les erreurs qu'il croyoit y avoir vues, il me dit : « Madame, *mon talent est d'écrire, et non pas de faire de pareilles discussions;* mais, si vous voulez bien voir un de mes amis, il vous fera ses difficultés, et vous serez peut-être bien aise de profiter de ses lumières. Il est fort habile et fort homme de bien; vous ne serez pas fâchée de le connoître, et il s'entend mieux que moi à tout cela : c'est M. Boileau; de l'hôtel de Luines. » Je m'en défendis quelque temps, pour ne me point engager en des controverses qui ne me convenoient pas, ne prétendant point soutenir ce petit livre, et le laissant pour ce qu'il étoit; mais il m'en pressa si fort que je ne pus le lui refuser.

« M. Nicole me proposa de prendre une maison auprès de lui, d'aller à confesse au Père de La Tour, et me parla comme s'il avoit fort souhaité que je fusse de ses amis et liée avec les siens. Je répondis le plus honnêtement qu'il me fut possible à toutes ses propositions; mais je lui fis connoître que le peu de bien que je m'étois réservé ne me permettoit pas de louer la maison qu'il me proposoit; que, voulant demeurer dans une grande retraite, l'éloignement de celle que j'habitois me mettoit hors de portée d'y voir beaucoup de monde, ce qui étoit conforme à mon inclination; et que n'ayant point d'équipage, le même éloignement mettoit un obstacle à la proposition qu'il me faisoit de me confesser au Père de La Tour, parce qu'il demeuroit à un bout de Paris et moi à l'autre. Nous ne nous en séparâmes pas moins bons amis, et je sus qu'il s'étoit fort loué de moi à quelques personnes à qui il avoit parlé de ma visite. Peu de jours après, je vis M. Boileau comme il l'avoit souhaité....

« Cette maladie, dit-elle un peu plus loin, et le voyage de Bourbon me

Pascal[1], qu'il appelait un *ramasseur de coquilles*. Voulant écrire contre le Père Amelotte (1661), il n'imagina rien de mieux que d'aller exprès rendre une visite au bon Père qu'il ne connaissait point, sous prétexte de lui proposer un cas de conscience; il dut à cette ruse de pouvoir faire un portrait plus ressemblant : « Car il faut vous avouer, dit Richard Simon qui raconte le fait, que ce Père est un peu *grimacier*, et qu'il a de certaines manières qui lui sont particulières. Vous m'avouerez, ajoute-t-il, que peu de gens approuveront ce procédé de M. Nicole[2].... » Quand Nicole écrivit son pamphlet intitulé :

firent perdre de vue M. Nicole, dont je n'entendis plus parler, sinon qu'environ sept ou huit mois après, j'appris qu'il avoit fait un livre contre moi au sujet de ce petit livre que nous avions lu ensemble, et dont il avoit paru satisfait, aussi bien que son ami, par les explications que je leur en avois données. Je crois que ses intentions étoient bonnes; mais un de mes amis qui lut ce livre me dit que les citations n'en étoient pas exactes, et qu'il connoissoit peu la matière sur laquelle il venoit d'écrire. »

D'un autre côté, je lis dans une lettre de M. Pontchâteau à M. Du Vaucel, du 5 mars 1668, cette autre version qui semble à la décharge de Nicole :

« J'ai ouï parler M. Nicole sur le Quiétisme d'une manière admirable; mais il dit qu'il ne peut pas s'appliquer à écrire sur cette matière, qu'il faut avoir plus d'autorité qu'il n'en a dans l'Église, qu'il donneroit ses vues à quelqu'un qui le voudroit entreprendre. Il juge que cela seroit assez important. Vous aurez su que madame Guyon, la pénitente du Père de La Combe, barnabite, a été renfermée dans le monastère de la Visitation de la rue Saint-Antoine. Cette dame a fait trois livres, l'un sur le Cantique des Cantiques que M. Nicole n'a pas vu; un autre qui est, ce me semble, *le Moyen court et facile de faire oraison*. Quoi qu'il en soit, M. Nicole, ayant lu celui-ci, y trouva force erreurs et en parla assez librement. Cela alla à madame Guyon qui se plaignit que M. Nicole la vouloit perdre, et que cependant M. de Grenoble (M. Le Camus) lui avoit donné des marques de son estime pendant qu'elle étoit dans son diocèse. M. Nicole répondit à une personne qui lui parla qu'il n'avoit aucun dessein de perdre madame Guyon, mais qu'ayant lu son livre, il en avoit dit sa pensée; qu'il s'étoit pu tromper, et que, si elle vouloit conférer avec lui, il lui diroit sa pensée; qu'il changeroit, si elle lui faisoit voir qu'il ne l'avoit pas bien entendue. Elle n'a pas accepté ce parti. »

On le voit, chacun tire à soi dans son récit. On est plus embarrassé après que devant : auquel croire ?

1. Tome III, page 384.
2. *Bibliothèque critique*, tome III, page 186.

Idée générale de l'esprit et du livre du Père Amelotte, il peignit donc le bonhomme d'après nature et tel qu'il l'avait vérifié dans la conversation. Mais il ne faut rien exagérer : l'anecdote, si elle est vraie, reste plus gaie que le pamphlet même.

Tout cela dit, représentons-nous un Nicole plus vivant que celui des seuls livres, mais ne le déprécions pas, ne le diminuons pas. Un écrivain qui sait le prix des moindres mots, M. Daunou, a dit très-précisément : « La vertu d'Arnauld, *les mœurs de Nicole,* et le génie de Pascal. » *Les mœurs de Nicole,* cela reste pour nous la vérité même. S'il permet le sourire, Nicole inspire le respect. De Maistre lui-même le ménage ; Bonald le cite. Le Journal de Trévoux, à son début, analyse le *Traité de la Grâce générale,* sans un mot de blâme. Ce n'est pas à nous qu'il siérait d'être plus sévère. On croit deviner que de près il était d'une simplicité fine, d'une naïveté aimable. Comme trait qui lui est encore particulier, notons, au milieu de sa vie si sobre et si frugale, l'absence de ces austérités véritablement excessives qu'il n'aurait pu sans doute supporter et concilier avec son travail, mais que tant d'autres de Port-Royal ne s'imposaient pas moins malgré l'impossibilité, et jusqu'à se détruire. Nicole nous représente dans une parfaite et juste modération de régime *l'homme de lettres chrétien.*

Nicole a tant écrit en ces années et se trouve mêlé à tant d'ouvrages pour une part indéterminée, que ce serait entrer dans une sèche bibliographie que de prétendre l'y suivre. Il a coopéré, avec M. de Sainte-Marthe, à l'*Apologie pour les Religieuses de Port-Royal,* avec tous ces Messieurs au *Nouveau-Testament de Mons,* et ensuite aux pièces venues à l'appui pour le défendre. Il est l'auteur direct du *Traité de la Foi humaine* contre le système produit par M. de Paris dans un Mandement. Mais surtout il est auteur des *Imaginaires,* petites lettres assez dans le goût des *Provinciales*, assez dignes de les suivre à distance, et que madame de Sévigné trouvait belles[1].

La première des *Imaginaires*, datée du 24 janvier 1664, nous semble peut-être encore la meilleure de toutes, et peut donner l'idée la plus avantageuse des autres. On se figure trop, quand on vit à une époque déjà éloignée des contestations, qu'elles n'ont pas été jugées de leur temps comme on les juge après coup. Nous croyons trop découvrir la sagesse et le bon sens sur des questions dont les contemporains paraissent avoir été seulement les jouets et les dupes. C'est une erreur, c'est une petite flatterie qu'on se fait. Il y a eu, parmi les contemporains les plus engagés, bien des hommes qui ont vu juste et qui ont eu les mêmes pensées bien avant nous. Toutes les formes d'esprit et d'opinions sont, dans tous les temps, plus ou moins représentées par quelques-uns. Tout ce qui se peut dire de modéré, de sensé, même de railleur sur le Jansénisme et la vanité de cette querelle, vous l'allez voir, Nicole l'a dit ou a commencé à le dire; lui le plus engagé des théologiens, le plus affairé, ce semble, des polémistes, il voyait net dans la mêlée; au sein du tourbillon théologique, Nicole était un sage, ou du moins il avait quelque chose du sage.

« Monsieur, dit-il en cette première *Imaginaire*, je voudrois bien vous mander quelque chose de nouveau des affaires de l'Église : mais que puis-je vous en dire, sinon qu'elles vont toujours le même train? On parle toujours des cinq Propositions. On menace de traiter d'hérétiques ceux qui refuseront de reconnoître qu'elles sont dans Jansénius. Les uns préparent des persécutions par des cabales secrètes; les autres se défendent comme ils peuvent par des écrits publics. On lit ces écrits, et on en juge diversement. Les uns disent qu'ils sont bons, les autres qu'ils sont trop forts....

1. Et même *jolies* et *justes*; mais elle rétracte ensuite cette épithète de *jolies*.

« Il faut que je vous die que j'admire depuis longtemps la patience des hommes, et principalement des François, à qui on n'a pas accoutumé de reprocher ce défaut. Il y a plus de dix ans qu'ils ne se lassent point de parler d'une chose qui ne mérita jamais qu'on s'en entretînt seulement un jour. Qu'importe que les cinq Propositions soient ou ne soient pas dans le livre de Jansénius ; que l'on le croie ou que l'on en doute ? Cependant on réduit présentement toutes les affaires de l'Église à cette plaisante question. Les évêques qui dominent dans le Clergé n'y connoissent point d'autre désordre.... On ne parle que de cela dans leurs Assemblées.... Un petit grain d'*anti-Jansénisme* remédie à toute sorte de défauts ; un peu de froideur sur ce point ternit toutes les vertus.... Jamais le *Catholicon* d'Espagne ne fut employé à tant de divers usages que les cinq Propositions....

« Pour moi, je vous avoue que les discours qu'on fait sur cette dispute me seroient insupportables, si je ne m'étois accoutumé à regarder cette affaire d'une autre vue, selon laquelle elle me remplit et me sert d'un spectacle merveilleux. C'est, Monsieur, que je ne trouve rien de plus admirable dans les histoires des siècles passés, ou dans les événements dont nous sommes nous-mêmes les spectateurs, que de voir les troubles et les agitations que les moindres bagatelles causent quelquefois parmi les hommes, parce que rien ne fait mieux connoître la bassesse et la vanité de leur esprit.

« On lit dans quelque Histoire des Indes qu'un éléphant blanc y causa la mort à cinq ou six princes, et la désolation à plusieurs royaumes. Il y eut entre autres un roi de Pégu, qui dressa une armée d'un million d'hommes, où il y avoit trois mille chameaux, cinq mille éléphants et deux cent mille chevaux pour le ravir au roi de Siam. Il désola tous les États de ce roi ; il ruina sa principale ville, deux fois plus grande que Paris, et le contraignit lui-même de se tuer après la perte de son royaume : et tout cela pour cet éléphant blanc ! Ce roi en avoit déjà trois, il lui en manquoit un quatrième pour son carrosse, et, pour l'avoir, il ruina tout un grand royaume. »

Tout ce que Voltaire pourra dire à l'article *Bulle* ou *Concile* de son Dictionnaire philosophique, à l'article *Bulle Unigenitus,* et en mille endroits, quand il s'amuse au sujet des grands effets produits par les petites causes, Nicole va-t-il le dire d'avance? On le croirait presque, à l'entendre au début. Mais Nicole restera en chemin. Son historiette de l'éléphant blanc ne le mènera à rien de bien vif. Il n'a ni l'agrément prompt de Voltaire, ni cette pensée insolemment vraie qui déchire tous les voiles. Pour le tour de la plaisanterie, je le comparerai plutôt à Bayle (pourquoi pas, et où serait l'injure?). Comme Bayle, Nicole est de petite santé, de lecture infatigable en tous sens, d'une composition facile et abondante, et perpétuelle; il est aisément discursif (quand il écrit seul et sans Arnauld); il aime l'érudition, l'anecdote, la moralité qu'on en peut tirer; il est bien plus un moraliste fin et moyen, et un habile dialecticien *successif*, qu'un grand philosophe, qu'une tête théologique coordonnante et concertante[1]. Il a le front un peu bas et modeste; il voit le pour et le contre, il est sceptique autant qu'on peut l'être dans l'enceinte chrétienne; nous en aurons plus d'une preuve. Nicole, avec sa finesse, a bien autrement de candeur que Bayle, qui pourtant ne manque pas d'une certaine candeur, même au travers de ses voies tortueuses. Nicole, sur la fin de sa vie, a fort durement jugé Bayle, qui arrivait à la réputation : « Il faut, disait-il, le moins que l'on peut se commettre avec ce

---

1. Il le dit quelque part dans une lettre : « L'esprit humain, et le mien en particulier, est si étroit qu'il n'a quelque force qu'à l'égard des matières *auxquelles il est actuellement appliqué*, et ne voit le reste que confusément.... Ainsi tout ce que j'avois pensé sur la matière de l'Église et des Préjugés *s'est évanoui* (depuis que je me suis appliqué à l'étude de matières fort différentes), et bien loin d'y faire de nouvelles découvertes, j'ai perdu toutes celles que j'y avois faites. » C'est le contraire de Bossuet, qui excelle à concevoir et à conserver, à porter puissamment les ensembles de raisonnements et de doctrines. — Un plus hardi que moi, et qui répugne moins à la crudité des formes modernes, me souffle à l'oreille : « L'esprit de Bossuet est une sphère, celui de Nicole est un corridor. » Sous ce seul point de vue, c'est juste.

Nouvelliste, qui a dans le fond l'esprit assez faux, nulle équité, qui se divertit d'une manière indigne des choses les plus lascives, mais qui est en possession de plaire et de donner un air ridicule à ceux qu'il lui plaît. » Malgré ce jugement que l'on conçoit, nous osons dénoncer les ressemblances qu'il ignorait. Nicole, quoi qu'il en ait, est assez bien un Bayle chrétien, un Bayle janséniste, un Bayle qui, emprisonné dans les *quatre Fins de l'Homme*, n'a pas osé avoir toute sa critique et toute sa raison.

Ils ont tous deux prodigieusement écrit, d'un style qui eut de l'agrément pour le temps et qui semblait à l'ordinaire des lecteurs relevé d'une foule de fines et jolies pensées; mais la prolixité leur a fait tort, et ce qui a su plaire (on vient de nous le dire de Bayle, et nous le savons aussi de Nicole), ce qui a paru vif et piquant autrefois, a souvent l'air, quand on les lit maintenant, de n'être que traînant et lourd. Ils ont ignoré tous les deux le prix d'un mot si compris du siècle suivant, qu'*il n'y a que la brièveté qui achève les pensées.* — Chez Nicole comme chez Bayle, on peut dire que ce n'est pas la forme qui est distinguée, c'est le fond [1].

1. Les Jansénistes ont observé, à l'égard de Bayle, la recommandation de Nicole; ils ont évité de se commettre avec lui; ils se sont abstenus de tout commerce. Bayle, lié avec plusieurs Jésuites, n'a eu aucune liaison, de près ni de loin, rien de commun avec les hommes de Port-Royal et le Jansénisme. Non qu'il penchât en idée d'un côté plus que d'un autre. Au contraire, la querelle, chaque fois qu'elle se ranimait, lui semblait devoir jeter de plus en plus les bons esprits dans le pyrrhonisme « à qui il adjugeoit cette matière comme une de ses plus grandes conquêtes. » Il disait encore, dans une lettre à Matthieu Marais, « qu'après avoir bien examiné cette dispute du Jansénisme et du Molinisme, il y avoit trouvé des arguments insolubles de part et d'autre, et que c'étoit proprement matière de pyrrhonisme. » Néanmoins, il n'en était pas des personnes comme des doctrines, et l'humeur des Jésuites, plus accommodante, allait mieux à Bayle. On trouva après sa mort, dans ses papiers, plusieurs lettres de Jésuites qui l'appelaient *mon cher ami*. Rien, au contraire, de la part des

Mais je reviens à la première *Imaginaire* qui m'a tout
d'un coup fait dériver en idée vers les *Pensées à l'occasion de la Comète*, et je reprends ces pages de Nicole,
où je voudrais découvrir le sel excellent qui s'en est trop
évaporé. Les commencements de plaisanteries de Nicole
ne font que le conduire à des considérations sérieuses.
Il est dommage que ce sérieux présuppose tant de conventions artificielles et tout un échafaudage préétabli.
Dieu, selon lui, pour humilier l'homme et pour obscurcir la *vérité* aux yeux des esprits superbes, Dieu permet
que, dans l'Église aussi bien que dans les États temporels, il s'excite de grands troubles pour *des choses de
néant* :

« Qu'y avoit-il, par exemple, de plus vain que la fantaisie
qu'eut Justinien de faire condamner les écrits de trois auteurs, pour laquelle il bouleversa toute l'Église d'Orient et
d'Occident? Et à quoi tous ces tumultes ont-ils abouti, sinon
à tourmenter plusieurs évêques, à bannir les uns, à emprisonner les autres, à exciter un schisme dans l'Italie? Et tout
cela sans aucun fruit : car, quoique cet empereur ait fait
approuver son sentiment par un Concile œcuménique et par
plusieurs Papes, néanmoins tout ce qui s'est fait en ce temps-
là s'est en quelque sorte anéanti de soi-même dans la suite,
puisqu'il est permis et qu'il a toujours été permis de croire
ce que l'on veut touchant les écrits de ces auteurs. Tant il
est vrai que les choses de fait ne se jugent que par la raison, et non par l'autorité! »

Mais on peut demander à Nicole pourquoi ce sont les
choses de *fait* seulement qui se jugent *par raison*, et
pourquoi toutes choses, et principalement celles de

Jansénistes et de Port-Royal. L'abbé Renaudot, qui était de ce
côté, chargé par le chancelier Boucherat d'examiner la première
édition du *Dictionnaire* de Bayle (1697), avait conclu à en refuser
l'introduction en France : il s'était prononcé en rigoriste. Bayle,
au lieu de s'en irriter, consentit, par l'entremise d'un ami commun, à ne pas tirer vengeance du procédé et à signer une trêve
avec son scrupuleux censeur.

doctrine, ne se jugeraient point par raison. C'est en tout ceci qu'il est court et à courte vue. Il s'étonne que l'expérience n'apprenne point aux hommes à sortir de leur temps et à se représenter, sur ces questions qui les partagent et les agitent, les jugements de l'avenir si différents de ceux du jour, lesquels sont *aussi changeants que les passions dont ils naissent :* « Lorsqu'elles sont cessées, ce qui paroissoit important commence à paroître ridicule, et l'on s'étonne seulement qu'il y ait eu des gens assez simples pour s'y amuser. » Mais n'est-il donc pas lui-même de ces simples qui s'amusent à disputer à perte d'haleine sur ces choses de néant ? Il rappelle, en railleur à demi mondain, la fameuse querelle des Cordeliers sur la forme de leur capuchon :

« Les uns qui se faisoient appeler les Frères spirituels le vouloient plus étroit, les autres qu'on appeloit les Frères de communauté le vouloient plus large ; cette dispute leur paroissoit très-considérable, et, en effet, la querelle en dura plus d'un siècle avec beaucoup de chaleur et d'animosité de part et d'autre, et fut à peine terminée par les bulles de quatre Papes, Nicolas IV, Clément V, Jean XXII et Benoît XII. Mais maintenant il semble qu'on ait dessein de faire rire le monde quand on parle de cette dispute, et je m'assure qu'il n'y a point de cordelier qui s'intéresse présentement pour la mesure de son capuchon. Ainsi un sage cordelier auroit dû dire, au temps où cette contestation étoit la plus échauffée : *Attendons un peu, et on se moquera des uns et des autres.* »

Quand on en est là, à comparer pour l'importance la querelle du Jansénisme à celle du *capuchon des Cordeliers,* et que cependant on est Nicole, on provoque une question : Comment peut-on rester janséniste encore, et à ce degré, un janséniste *unguibus et rostro,* un janséniste d'estoc et de taille, discutant et bataillant jusqu'à la fin ? Nicole n'est pas sans se faire l'objection si naturelle, et il y répond. Disons tout de suite que cela tenait à une qualité honorable chez lui, à un sentiment fondamental de justice et de vérité.

Nicole, qui a des parties si fines d'analyse et de critique morale, est au fond un croyant très-solide, et un croyant qui n'a jamais fait le tour extérieur de sa croyance, mais qui a toujours habité au dedans. Toute son activité, son inquiétude ne s'est exercée qu'en deçà. Il le dit quelque part, il n'a jamais douté des fondements du Christianisme. Plus paisible et plus rassis que Pascal (on s'en aperçoit trop en le lisant), il n'a jamais été ébranlé : « C'est une espèce de peine que je n'ai jamais éprouvée, dit-il[1], que celle qui regarde la foi, soit que je n'aie point l'esprit si pénétrant ni si actif, soit que Dieu m'en ait préservé par une grâce particulière : il est certain que j'ai toujours eu l'esprit tellement assujetti à l'autorité de l'Église, et si pénétré de la nécessité de cet assujettissement, que je n'ai jamais vu que de fort loin les difficultés qui la combattoient. » Nicole croit donc très-fort et ferme qu'il y a une vérité et une justice qui est Dieu, et le Dieu chrétien, le Dieu vigilant, — une malice et un mensonge qui est le *Diable*, le Calomniateur, Satan en personne ; — et il a beau trouver ridicules et petites les occasions et les causes de la querelle, il estime qu'elle a un côté par où des esprits généreux et droits peuvent s'y intéresser, s'y opiniâtrer même, et qu'il ne faudrait pas se hâter de conclure de la futilité du sujet débattu, qu'il y a lieu de se moquer également de tous ceux qui y ont part ; il poursuit en conséquence, du ton sérieux qui lui est le plus habituel :

« Ce jugement (le jugement par lequel on se moquerait également des entêtés pour ou contre les cinq Propositions), quelque conforme qu'il soit à l'humeur des gens du monde,

---

1. Dans la huitième des *Nouvelles Lettres*.

n'est nullement juste dans la vérité : car, dans ces contestations qui arrivent sur des choses basses, le défaut et l'injustice n'est pas toujours de tous les deux côtés, et souvent on peut être persécuté pour une chose ridicule, sans être coupable ni ridicule. Il est sans doute, par exemple, que le pape Jean XXII, ayant simplement commandé aux Cordeliers d'obéir à leurs supérieurs dans la mesure de leurs capuchons, ils étoient blâmables de ne lui pas obéir, quoique ce fût une chose fort petite en elle-même ; mais, s'il leur eût commandé de dire et de reconnoître qu'ils étoient larges sans les élargir, ils eussent été bien fondés de ne pas déférer à cet ordre, et si on les eût persécutés pour ce sujet, ils auroient dû le souffrir plutôt que d'y obéir[1].

« J'en dis de même sur notre différend. Si l'on disoit simplement à ceux qui doutent si les cinq Propositions sont dans le livre de l'évêque d'Ypres : *Ne nous parlez plus de tout cela*, je les blâmerois s'ils n'obéissoient pas. Mais tant qu'on leur dira : *Reconnoissez que les cinq Propositions sont dans le livre de Jansénius, et condamnez-les en son sens*, ils auront raison de répondre : *Nous ne savons ce que c'est que ce sens de Jansénius qu'on veut qu'on condamne, et nous n'avons pu trouver ces Propositions dans son livre*. Que si l'on les persécute pour cela, la persécution ne sera honteuse qu'à ceux qui s'en rendront les auteurs.

« La raison en est que ce n'est jamais une chose basse et inutile que d'être sincère, quelque petite que soit la chose dans laquelle on fait paroître sa sincérité....

« La persécution n'est que pour les uns ; la moquerie ne sera que pour les autres.... »

Sa conclusion s'élève et ne manque pas d'une certaine éloquence :

« Les choses sont trop engagées pour finir sitôt ; elles sont trop basses pour durer longtemps.... Ce qui paroît certain, c'est qu'au moins dans quelque temps elles changeront

---

1. Le pape Jean XXII, dans ce cas, eût été fou ; mais les Cordeliers eussent peut-être été sages (puisqu'ils avaient fait vœu de Cordeliers) d'attendre, sans insister, que sa folie fût passée.

de face. Cette génération passera; les uns et les autres de ceux qui contestent maintenant iront à leur maison éternelle : *in domum Æternitatis suæ*. Il viendra d'autres hommes, qui n'auront point de part à nos passions : et alors il est bien certain que toute cette dispute ne passera que pour une comédie et pour un vain amusement; que l'on concevra une juste indignation contre les auteurs de tous ces troubles, si frivoles dans leur cause et si pernicieux dans leur suite, et que l'on aura quelque compassion pour un assez grand nombre d'honnêtes gens, que l'on auroit honorés en un autre siècle et que l'on a traités en celui-ci avec tant de dureté. »

Nicole, on le voit, s'est élevé. Si cela reste moins gai que le point de vue de Voltaire et de Bayle, cela est plus senti, plus humain. C'est même le seul point de vue consolant où se reprendre : autrement il n'y aurait qu'à se fixer dans le rire et l'ironie, et, même en présence des injustices, à y assister comme à un spectacle risible, en tirant son épingle du jeu.

On conçoit déjà ce jugement de Joubert si favorable à Nicole, là même où il dit que Nicole est *un Pascal sans style :* « Ce n'est pas ce qu'il dit, mais ce qu'il pense, qui est sublime (*sublime* est beaucoup dire, prenons-le au sens latin); il ne l'est pas par l'élévation naturelle de son esprit, mais par celle de ses doctrines. — Il faut le lire avec un désir de pratique. »

Nous ne suivrons pas Nicole dans la série de ses *Imaginaires*. En s'engageant si fort malgré lui dans son sujet, il en pressent les inconvénients et n'y échappe pas. Ce qui était sa souffrance deviendrait aisément notre ennui.

Les *Imaginaires* sont au nombre de dix, mais elles se continuent par huit autres lettres (ce qui fait *dix-huit* en tout comme les *Provinciales*) qui sont intitulées les *Visionnaires*, et particulièrement dirigées contre Des Maretz de Saint-Sorlin, auteur d'une comédie de ce nom et réputé assez visionnaire lui-même. Ce bel esprit, dont on a de méchants poëmes, et quelques jolis vers[1], assez fertile d'ailleurs en idées de toutes sortes, devint tout à fait mystique et prophète en vieillissant, et s'avisa de prêcher je ne sais quelle croisade spirituelle. Son fanatisme prenant feu, il se porta à d'assez méchantes actions. Il s'acharna par des écrits à réfuter violemment l'*Apologie des Religieuses de Port-Royal.* Il se fit par profession déclarée l'*ennemi* de Port-Royal, comme d'autres en étaient les *amis* : même zèle à dépister et à nuire que les autres en mettaient à servir et à protéger. Ce n'était pas seulement par son imagination déréglée qu'il battait la campagne; il avait fini par avoir ses propres espions et limiers pour faire la chasse aux solitaires cachés, que la police poursuivait. On a dit que c'est par lui et sur sa dénonciation qu'on fut amené à découvrir M. de Saci et à l'arrêter. Nicole, qui n'allait à la chasse que des faux raisonnements et des délires d'imagination, et dont c'était proprement le gibier, entama contre Des Maretz et ses doctrines cette guerre d'une piété judicieuse et raisonnable, qu'il déclarait également à M. Olier, à M. de Bernières de Louvigny, au Père Guilloré et qu'il renouvelait tout à la fin de sa vie contre le quiétisme de madame Guyon et du Père La Combe. Nicole est, en religion, de l'ordre de Boileau. Sans une très-grande portée de vues, il ne peut s'empêcher de protester contre tout ce qui ressemble à des extravagances.

Il a bon marché tout d'abord et sans peine de cette bizarre spiritualité de Des Maretz, lequel dans son livre

---

1. On a retenu de lui un quatrain, un madrigal, les quatre vers que *la Violette* était censée adresser à mademoiselle de Rambouillet, en s'offrant pour la Guirlande de Julie : *Modeste en ma couleur, modeste en mon séjour,* etc.... Il eût aussi bien fait, pour son honneur, d'en rester là.

des *Délices de l'Esprit* ne craignait pas d'avancer, sans rire, « que Dieu l'avoit si sensiblement assisté pour lui faire finir le grand ouvrage de son *Clovis*, et pour le rappeler plus promptement à des choses bien plus utiles, plus délicates et relevées, qu'il n'osoit dire en combien peu de temps (grâce à cette inspiration surnaturelle) il avoit achevé les neuf livres de ce poëme qui restoient à faire et repoli les autres. » Mais Nicole frappait un peu plus pesamment qu'il ne fallait, lorsque, à propos de la première profession de Des Maretz *faiseur de romans* et *poëte de théâtre*, il appelait toute cette classe d'auteurs des *empoisonneurs publics non des corps, mais des âmes des fidèles*, ce qui est le pire genre d'homicide. Racine qui n'en était encore qu'à sa tragédie d'*Alexandre*, mais dans la ferveur de l'âge (*proterva ætas*) et dans le premier feu alors de sa révolte contre Port-Royal, se sentit offensé de ce mot de Nicole comme s'il pouvait y avoir quelque chose de commun entre Des Maretz et lui : de là sa petite Lettre si mordante que M. Du Bois et Barbier d'Aucourt essayèrent de réfuter, mais à laquelle Nicole ne répondit pas. Il répondit trop à Des Maretz. Ces huit dernières lettres de Nicole sont surchargées et peu légères ; une seule, bien frappée, eût suffi.

Après Nicole, auteur de petites lettres, après Nicole *Pascalin*, comme disait Brienne, prenons Nicole *Arnaldin* et controversiste, et dans la plus importante des controverses qu'il ait soutenues.

Vers ce même temps (1664), Nicole fut conduit à s'occuper plus à fond qu'il n'en avait dessein de la perpétuité de la foi catholique dans l'Eucharistie, de la manière dont il faut entendre et dont on a toujours entendu le mystère du *corps* et du *sang* de Jésus-Christ dans la communion. Il avait fait une Préface destinée à être en tête de l'*Office du Saint-Sacrement* (1659),

Office composé ou augmenté de leçons des Pères par M. Le Maître dont ce fut le dernier travail, et traduit en français par le duc de Luines. La Préface de Nicole ne fut pourtant pas mise à ce livre d'édification et de piété, comme sentant trop la contestation ; mais elle courut manuscrite, et le ministre Claude l'ayant vue[1] la réfuta ; cette réponse courut manuscrite également. Alors Nicole se décida à faire imprimer son premier écrit, c'est-à-dire sa Préface ou petit traité, avec une Réfutation de l'écrit de Claude : cela ne formait encore qu'un petit volume in-12 (1664) sous le titre de *la Perpétuité de la Foi de l'Église catholique touchant l'Eucharistie*, etc., et ayant pour tout nom d'auteur celui du *sieur Barthélemy*. C'est ce qu'on appela depuis *la petite Perpétuité* pour l'opposer à la grande ou grosse, qui fera bien des volumes in-4°.

Claude publia en 1665 ses réponses, tant celle que Nicole avait déjà réfutée, qu'une réponse nouvelle ; et c'est dès lors que reprenant d'une seule vue et rassemblant tous ses arguments, Nicole prépara le volume qui ouvre le traité de *la grande Perpétuité*. Il y travaillait durant ces années de vie cachée ; mais forcément distrait par les consultations journalières et les tracas du parti, il ne s'y mit complétement que dans les premiers mois qui suivirent la Paix de l'Église et pendant une retraite à l'abbaye de Haute-Fontaine, chez son ami M. Le Roi. Ce premier volume de *la Perpétuité*, revêtu des approbations de vingt-sept prélats tant évêques qu'archevêques et de plus de vingt docteurs, muni entre autres de celle de Bossuet, encore simple prêtre, mais déjà oracle, et que ces Messieurs avaient demandé au roi pour censeur,

---

[1]. Il l'avait vue en tout ou en partie par une communication de Menjot, médecin de madame de Sablé, qui était protestant et à qui on avait donné à lire le petit traité. Chez madame de Sablé on était sûr d'avoir les primeurs en tout.

parut en 1669, avec une Épître dédicatoire latine d'Arnauld au Pape Clément IX. C'était comme une solennelle inauguration de la Paix, une colonne dressée en commun pour l'oubli des guerres : les Calvinistes en payaient les frais.

Tout nous atteste que l'effet produit sur les esprits fut grand. On a dit et nous avons rapporté que M. de Turenne, ayant lu ce volume manuscrit avant l'impression, en avait été plus tôt déterminé à abjurer[1]. D'autres grands personnages, les La Trémouille, les Lorges, les Duras, nombre de seigneurs et courtisans calvinistes furent également amenés par cette lecture à un plus prompt retour au sein de l'Église catholique romaine, où l'ascendant de Louis XIV les poussait tous irrésistiblement. Dieu n'est jamais plus puissant sur les âmes des grands que quand il apparaît masqué en roi. Port-Royal, à ce moment, servait donc par l'acte le plus direct la politique de Louis XIV, et y devançait Bossuet. *La Perpétuité de la Foi* ouvrait dès 1669 cette controverse d'autorité, que consommait aux yeux de la France l'*Histoire des Variations* en 1688. Par malheur, la Révocation de l'Édit de Nantes est dans l'entre-deux.

Les trois volumes de *la Perpétuité* appartiennent à peu près entièrement à Nicole. Arnauld n'a fait du pre-

---

1. On lit dans une lettre de M. de Pontchâteau à M. de Neercassel, du 6 juin 1668 (Archives d'Utrecht) :

« Nous espérons que l'ouvrage contre le ministre qui a attaqué *la Perpétuité* se pourra imprimer dans quelque temps.... Il faut croire que Dieu ne permettra pas que les mauvais désirs des Jésuites et de leurs amis empêchent la publication de ce livre; ils craignent qu'il ne donne trop de réputation aux auteurs, et qu'il ne leur soit trop honteux de persécuter des gens qui travaillent avec tant de fruit pour la défense de l'Église. J'ai reçu depuis quatre jours une lettre de Poitou, par laquelle on me mande que dans une seule ville le livre de *la Perpétuité* (*la petite Perpétuité*) a converti quinze personnes de différentes conditions et un médecin.... M. l'archevêque d'Embrun a dit en une rencontre que ce livre donneroit trop de crédit à ses auteurs et qu'il falloit l'empêcher. »

mier que l'Épître dédicatoire au pape Clément IX ; mais la modestie de Nicole se déroba et voulut qu'Arnauld passât pour auteur : « Vous êtes prêtre et docteur, lui dit-il, et moi je ne suis que simple clerc ; il est convenable que l'on n'envisage que vous dans un travail où il faut parler au nom de l'Église et défendre sa foi dans des points si importants. »

Le second volume de *la Perpétuité* parut en 1672, le troisième en 1676. Comme se rapportant à la même controverse, il faut joindre, de Nicole, le livre des *Préjugés légitimes contre les Calvinistes*, qui parut en 1671, celui des *Prétendus Réformés convaincus de schisme*, qui parut en 1684, et celui de *l'Unité de l'Église*, publié en 1687. Dans tous ces ouvrages, Nicole développe et applique son système d'attaque et d'objections contre le Protestantisme. Il contribua plus qu'aucun autre, et pour le moins autant qu'Arnauld, à élever le boulevard de Port-Royal de ce côté-là. Sans entrer dans le détail des questions, ni prétendre à conclure sur des matières aussi délicates et où l'on rencontre de part et d'autre des croyances fort vives, des consciences fort tendres, je parlerai de sa méthode et dirai ce qui m'en semble.

Le ministre Aubertin avait fait un livre sur l'Eucharistie, dans lequel il avait abordé la question par l'Écriture Sainte et par les passages des Pères, et en y mêlant le raisonnement. Nicole, dans *la petite Perpétuité*, n'avait pas voulu descendre sur ce terrain des textes, et le ministre Claude lui reprochait de n'avoir pas satisfait aux preuves de fait présentées par Aubertin. Nicole, partant de ce point fixe qu'au onzième siècle l'Église s'était prononcée contre Bérenger et contre l'interprétation de l'Eucharistie au sens des Calvinistes, posait en principe qu'il était dès lors nécessaire que cela ait été la croyance universelle de l'Église à tous les âges précédents, qu'il était *impossible* que l'Église eût varié antérieurement sur un point si capital de doctrine ; car ce changement, s'il avait eu lieu, ne se serait pas opéré sans de grands troubles et combats dont on eût été informé ; et de cette espèce de silence antérieur il concluait à une nécessité et à une première grande preuve suffisante d'uniformité dans la créance. Claude répondait très-ingénieusement et assez sensément, à ce qu'il semble, qu'il n'est pas juste d'opposer comme fin de non-recevoir une raison d'impossibilité à un fait dont les preuves sont alléguées et subsistent ; qu'il serait d'une meilleure logique, au lieu de les éluder et de les ajourner, de considérer directement et de discuter ces faits et ces textes, qui précisément détruisent cette prétendue impossibilité. Il ajoutait que ce ne serait pas la première fois qu'il se serait fait dans l'Église des transformations graduelles insensibles, surtout quand il s'agissait, comme dans le cas en question, moins d'abolir une vérité que de brouiller une croyance en y ajoutant par voie de métaphore, par exagération et confusion, en y infiltrant une erreur : « Il en est des erreurs, disait-il, comme des maladies ; il faut plusieurs expériences avant que de les bien connoître et d'en bien trouver les remèdes, et de là vient que quand une erreur commence à naître et à se pousser, *elle trouve les hommes qui dorment à son égard;* de sorte qu'il n'est pas bien malaisé, ou qu'elle entre dans l'Église sans qu'on la voie, ou que, si on la voit, on la laisse passer sans dire mot. » Claude distinguait d'ailleurs entre la partie sourde, confuse et longtemps couverte, du dogme qui se métamorphosait peu à peu, et ce qu'il en appelait la partie *éclatante*, telle que l'adoration de l'hostie, la pompe des processions où on la porte et on la promène, la Fête-Dieu ; tout cela ne s'était pas fait à la fois. « A l'égard de la doctrine même, on y a procédé par degrés : mais enfin, après que la doctrine a obtenu le dessus, elle a fait suivre facilement le culte *comme un trophée de sa victoire*[1]. »

Nicole raisonnait toujours au préalable et se tenait dans sa doctrine de l'impossibilité d'un changement dans la tradition, ayant comme horreur ou dédain d'en venir à l'examen des premiers textes originaux; il se méfiait, disait-il finement, de ce qu'on trouve ou ce qu'on ne trouve pas dans les livres :

« Les livres ne contiennent que la moindre partie des discours et des pensées des hommes, et ne contiennent pas même toujours les plus ordinaires de leurs pensées et de leurs discours. C'est le hasard ou les rencontres particulières qui les déterminent à conserver à la postérité quelques-unes de leurs pensées, et ils en laissent périr une infinité d'autres qui leur étoient encore plus ordinaires, et souvent plus importantes. »

On pouvait toutefois répondre à cette remarque, qu'on croirait être d'un sceptique plus que d'un chrétien, que sur une question aussi essentielle, sur un dogme aussi fondamental de la piété catholique, la Providence et le Dieu soigneux de son Église avait dû ne pas laisser au *hasard* la série des témoignages transmis. — Sortant

---

[1]. Claude était moins un savant qu'un homme d'esprit et, de plus, poli. Ne pas le confondre avec Jurieu, homme de talent aussi, mais *injurieux*. — Ce livre de Claude (1665) eut du succès, même auprès de certains catholiques; l'essentiel pour eux était que les gens de Port-Royal parussent battus. Je lis dans une lettre de M. de Pontchâteau à M. de Neercassel, du 22 janvier 1666 : « Le Père Annat confesseur du roi a dit, en embrassant avec joie un calviniste, ces propres paroles : « *Vous avez bien frotté les Jan-*« *sénistes! Je suis marri qu'ils soient unis avec nous sur ce point;* « *mais, si vous vouliez revenir avec nous sur celui-là, nous les ac-*« *cablerions sur les autres....* » L'aveuglement de ce pauvre homme est bien digne de compassion; il est sur le bord de la fosse, et il a de telles pensées dans le cœur. » (Archives d'Utrecht.) — Faisons aussi la part de la crédulité de M. de Pontchâteau qui était à l'affût de tous les bruits, vrais ou faux.

peu du dernier grand fait indubitable concernant le dogme de l'Eucharistie au Moyen-Age, et fort du triomphe manifeste alors obtenu par la doctrine dite et déclarée catholique de l'Eucharistie, Nicole répugnait à remonter au delà, à suivre Aubertin ou Claude dans la discussion des textes précis, et il s'appuyait avec complaisance sur le cortége des grands noms, tout à fait en vue, qui, à eux seuls, constituaient une autorité puissante : « Certes, s'écriait-il, il faudroit être bien ennemi de son salut pour n'aimer pas mieux être avec saint Bernard, saint Malachie, saint Louis, sainte Élisabeth de Hongrie, sainte Thérèse, qu'avec les Henriciens et les Vaudois. » — Noblesse et bonne compagnie jusque dans la croyance, vous la recherchez donc aussi avant tout, Vous qui savez pourtant par expérience ce que c'est que d'être foulés injustement et opprimés[1] !

On en était là. L'ouvrage de *la grande Perpétuité* ne changea rien aux termes de la question, tels qu'ils s'étaient déjà posés; il ne fit que les répéter et les étendre dans de plus larges proportions. Au lieu d'une escarmouche ou d'un combat, on eut une grande bataille rangée, mais toujours d'après le même ordre de bataille. L'auteur commence par y justifier contre Claude cette

---

[1]. Un témoignage, bien peu théologique, mais d'autant plus expressif, de la foi en l'Eucharistie au Moyen-Age, c'est ce qu'on lit, dans quelques-unes de nos plus anciennes chansons de geste, de ces preux chevaliers qui, au moment d'engager le combat ou à l'article de la mort sur le champ de bataille, non-seulement se confessaient les uns aux autres, mais quelquefois se communiaient eux-mêmes avec *trois brins d'herbe* qu'ils prenaient à terre et qu'ils consacraient en vertu d'un acte de foi fervent et d'une prière : ils les recevaient avec dévotion comme étant devenus le *Corpus Dei*. Il semble que, dans leur première et touchante ignorance, ces pieux guerriers aient conçu et deviné cette pensée de M. Hamon, qu'au défaut du prêtre absent, « quand il s'agit de rendre les derniers devoirs à une personne qui meurt, tous les fidèles deviennent ministres de Jésus-Christ. »

méthode exclusivement catholique qui n'entre pas dans les discussions particulières de textes, mais oppose préférablement des raisons générales et préjudicielles. Il faut citer ; car on ne croirait pas, sans cela, nos bons Port-Royalistes si faits de prime abord au langage et au ton de la grande maison romaine :

« Chacun sait, dit Nicole, qu'il y a deux méthodes de traiter les controverses : l'une, dans laquelle on propose en particulier les preuves de tous les points contestés, et on répond à toutes les objections que l'on fait contre la doctrine que l'on veut établir ; et c'est pourquoi on la peut appeler la méthode de *discussion*.

« L'autre se peut nommer la méthode de *prescription*, et c'est celle dans laquelle, par l'examen de certains points capitaux, on décide ou toutes les controverses, ou quelques dogmes fort étendus et qu'il seroit long de discuter en détail. Le livre célèbre de Tertullien *Des Prescriptions contre les Hérétiques* est un excellent modèle de cette méthode.

« La méthode de *discussion* a ses utilités et ses avantages, et l'on peut dire qu'elle est nécessaire à l'Église entière, parce qu'il est de son honneur qu'elle ait des personnes instruites des preuves de tous les mystères, et qui puissent remédier aux doutes que les objections des hérétiques peuvent jeter dans l'esprit des personnes moins éclairées. Elle est, de plus, assez propre à convaincre certains esprits opiniâtres et peu sincères, qui sont peu touchés de tout ce qui ne convainc pas leurs yeux et qui demande quelque bonne foi.

« Il faut néanmoins reconnoître que l'usage de cette méthode n'est pas universel, parce qu'il y a beaucoup de personnes qui sont peu capables de ces discussions longues et embarrassées. Les uns manquent des secours nécessaires pour en profiter, qui sont l'intelligence des langues. D'autres n'ont pas assez d'étendue d'esprit pour faire la comparaison de tant de diverses preuves ; ils oublient les premières avant qu'ils soient venus aux dernières, de sorte que le jugement qu'ils portent sur tant de vues différentes est souvent fort incertain, les impressions qu'ils ont des preuves de la vérité n'étant pas toujours les plus présentes ni les plus vives, lorsqu'il s'agit de former leur résolution et leur jugement. Et ainsi il arrive d'ordinaire que l'esprit, ne voyant pas assez clair pour choisir par discernement et par lumière, se détermine par passion.

« C'est pourquoi, comme il y a un grand nombre de personnes à qui cette voie de discussion n'est pas proportionnée, il est de la Providence divine d'avoir donné aux hommes des voies plus courtes et plus faciles pour discerner la véritable Religion et la véritable Église, qui les exemptassent de ces examens laborieux dont l'ignorance, la foiblesse de l'esprit et les nécessités de la vie rendent tant de personnes incapables.

« Ainsi l'on peut dire que c'est en même temps l'un des avantages et l'une des preuves de l'Église catholique, de ce qu'elle a quantité de ces *moyens abrégés* de se faire reconnoître, de décider toutes les questions et de confondre ses adversaires et principalement les Calvinistes.

« En établissant son autorité souveraine et infaillible dans les choses de la foi, en montrant qu'elle est seule dépositaire des vérités de Dieu, qu'elle a seule le droit de les enseigner, enfin qu'elle seule est la véritable Église de Jésus-Christ, elle se met en droit de *faire recevoir généralement tout ce qu'elle enseigne, sans s'arrêter à discuter tous les dogmes en particulier.*

« Elle désarme de même tout d'un coup les Calvinistes, en leur faisant voir que leur société n'a aucune des marques de la vraie Église à laquelle les fidèles doivent être unis, que leurs ministres sont *nés d'eux-mêmes,* comme parle saint Cyprien, qu'ils se sont intrus dans le ministère, parce qu'ils y sont entrés sans vocation, qu'ils en ont ravi l'honneur contre la défense de l'Apôtre, qu'ils ne sont point prêtres ni ministres de Jésus-Christ puisqu'ils ne sont point ordonnés par des Évêques ; et que n'ayant point de mission ordinaire, et n'en faisant point paroître d'extraordinaire par des miracles, ils n'ont aucun droit d'enseigner dans l'Église, d'assembler des peuples et de former des sociétés.

« L'Église emploie d'autant plus volontiers cette méthode de *prescription,* que l'usage qu'elle en fait la distingue extrêmement des Calvinistes, qui n'ont aucune voie abrégée pour établir les articles dont ils composent leur religion..., et pour faciliter aux simples la connoissance de la vraie

Église; et le défaut de ce moyen est une marque certaine que leur société ne peut être l'Église de Jésus-Christ. Car la vraie Église doit pouvoir élever dans son sein les ignorants et les simples, aussi bien que les personnes savantes et éclairées; elle doit pouvoir donner aux petits le moyen de croître sous ses ailes et de se préserver de l'erreur, lors même qu'ils ne sont pas capables de la discerner : *Ut sub nido Ecclesiæ tuæ plumescerent*, dit saint Augustin. Or il est bien visible que la société des Calvinistes en est incapable, puisqu'elle n'a point d'autre voie d'attirer les hommes à soi que de leur prouver en détail tous les articles qu'elle leur propose.»

Et pour que la méthode de *prescription* réussisse et qu'elle ait tout son effet, il faut se bien garder de la combiner avec l'autre méthode, avec celle par laquelle on consent à discuter de près et dans le détail. Autrement on retomberait dans les inconvénients de longueur et d'embarras qu'on veut éviter :

« De sorte qu'au lieu qu'il faut que les écrits destinés à discuter les matières en particulier soient les plus exacts qu'il est possible, et que l'on n'y omette aucune des difficultés qui peuvent arrêter tant soit peu l'esprit, il faut au contraire que les écrits qui sont faits selon la méthode de *prescription* ne contiennent précisément que ce qui est nécessaire pour mettre dans son jour la preuve dont on se sert, et ce seroit un très-grand défaut de vouloir y joindre l'examen des questions particulières qui confondent l'esprit par leur multitude. »

Ainsi, pour se garder de la méthode de *discussion* où l'esprit, dit-il, se détermine trop aisément par *passion*, Nicole adopte, — avait adopté dans sa *première Perpétuité*, — la méthode de *prescription* où l'esprit ne se détermine pas moins aisément par *prévention*. Et j'avoue qu'à mon sens tout cet ouvrage de *la grande Perpétuité* en est, à beaucoup d'égards, une reprise, une preuve de plus, un énorme monument.

J'attends, j'invoque les preuves directes, les textes

des Pères et de l'Écriture sur ce point en litige de l'Eucharistie, et ces preuves se font sans cesse attendre. Un gros volume in-4° est employé en grande partie à me démontrer qu'on pourrait se dispenser d'en venir à ces preuves premières, sans que la conclusion fût moins certaine pour cela. Voilà une singulière méthode *par abrégé*.

Nicole a pourtant dessein (il le dit au commencement de son second livre) de suivre M. Claude dans l'une et dans l'autre des deux méthodes; mais ce sera à condition que la méthode de *prescription* domine et prime toujours. Dans l'ingénieuse, bien que trop subtile et trop volumineuse construction de son livre, et pour ne pas se soumettre à la méthode expérimentale et critique trop nue, à laquelle le sollicite l'adversaire sur le pied d'égal à égal, et qui se réduirait à l'examen de quelques textes, il use en maître de toutes les ressources de l'argumentation. Il a de grandes habiletés de tactique : il procède à reculons ou plutôt en *pivotant*, pour ainsi dire, sur l'époque des neuvième-onzième siècles comme sur un point central d'où, après s'en être emparé, il se porte à son gré dans les diverses directions, en redescendant d'un air de victoire jusqu'à nous, ou en remontant à marches lentes et comme sûr de son fait vers une plus ancienne et plus respectable antiquité.

Il s'applique toutefois à établir par voie de discussion et par témoignages précis que les Églises grecques et orientales sont d'accord avec la romaine sur la foi en la présence réelle dans l'Eucharistie, ce que Claude avait nié un peu légèrement, et ce qui forme un ordre de preuves ou de présomptions pour l'antiquité de la croyance [1].

---

1. La haute diplomatie officielle fut mise en jeu pour obtenir des pièces à l'appui. Le crédit de M. de Pomponne vint en aide, et avec éclat, à une controverse qui se faisait sous le nom d'Arnauld;

Nicole est moins heureux, ce semble, en combattant au préalable Claude sur d'autres points de son système d'explication, et en le raillant pour avoir parlé d'une métamorphose graduelle possible dans l'idée populaire du sacrement. Ces discussions épisodiques interminables, le troisième volume de *la Perpétuité* contient des attestations, des lettres et relations fournies par M. de Nointel, ambassadeur du roi à Constantinople, sur l'union des Églises d'Orient avec l'Église romaine à cet endroit de la présence réelle : « Je ne crois pas, dit un peu fastueusement Nicole (ou Arnauld) dans la Préface, que M. Claude ose attaquer la foi de ces Actes sur ce prétexte qu'ils ont été procurés par l'ambassadeur de Sa Majesté. » On disait, à propos de cette quantité d'attestations qu'on avait fait venir, qu'Arnauld avait *désorienté* M. Claude. La traduction des passages et Actes originaux écrits en grec vulgaire, en arabe, en syriaque ou en cophte, avait été faite par l'abbé Renaudot, alors fort jeune, et que ce service lia très-intimement avec MM. de Port-Royal. L'abbé Renaudot a lui-même ajouté, par la suite, un quatrième et un cinquième volume in-quarto à *la Perpétuité*, toujours à ce point de vue de la conformité des Églises grecques et orientales avec la latine, tant sur l'Eucharistie que sur les autres sacrements.
— Galland, le futur conteur des *Mille et une Nuits*, qui avait d'abord été élève du docteur Petit-Pied, alla à Constantinople avec M. de Nointel et rapporta en 1675 ces attestations des Églises grecques sur les articles de foi, pour être insérées dans *la Perpétuité*. Je vois, par des lettres de M. de Pontchâteau, quel mouvement on se donnait de tous côtés, et depuis des années, pour avoir de ces certificats en forme. M. de Pontchâteau écrivait en Hollande à M. de Neercassel, pour en obtenir un d'un bon évêque arménien, Uscanus, qui était pour lors à Amsterdam, et que l'on chargeait aussi d'écrire à son Patriarche pour en tirer des réponses catégoriques : « S'il y avoit quelque marchand catholique de Hollande qui eût correspondance en Moscovie, ce seroit une chose bien avantageuse d'y pouvoir envoyer ces mêmes articles et avoir des réponses du Patriarche et des évêques de ces lieux-là. J'en aurai, Dieu aidant, des Cophtes, et du Patriarche même de Constantinople, un de ses principaux officiers, et qui est inquisiteur général de toute l'Église grecque, étant frère d'un de mes amis originaire de Chypre, qui demeure à Venise.... » (Lettre de M. de Pontchâteau à M. de Neercassel, du 3 février 1667 ; Archives d'Utrecht.) — Quand M. de Pomponne fut secrétaire d'État, on se trouva tout porté à la source des informations. Cela avait grand air.

et qui ont la prétention de tout démêler, ont l'inconvénient d'ailleurs de retarder l'engagement net et vif qu'on attend, la preuve résultant des textes.

Je suis toujours tenté de dire comme le médecin Menjot : « Qu'on me fasse voir que c'est la foi des quatre premiers siècles, et je me rends. »

Mais Nicole se comporte comme un homme qui n'est pas pressé et qui parle à l'adversaire au nom et du haut d'une puissance. Divisant la discussion comme il l'entend, choisissant son terrain et prenant son heure, il commence par examiner l'état de l'Église du septième au onzième siècle. Il serait plus naturel et plus expérimental de traiter les choses dès le commencement et dans leur suite chronologique. Nicole y résiste : le dialecticien n'y trouverait pas son compte. Son art, à lui, et son but est d'arriver ainsi, par voie préjudicielle et préventive, d'en revenir par tous les bouts à sa conclusion favorite, qu'il est *absolument impossible* qu'il y ait eu un changement de créance dans l'Église sur ce dogme, et que le sens qu'ont dû avoir les paroles des Pères dans les premiers siècles pourrait se conclure, les yeux fermés et sans vérification, de la croyance régnante dans l'Église durant les derniers âges. A chacun de ses pas il s'arrête et fait remarquer que son adversaire est battu, obligé en conscience de rendre les armes, et que, si on consent à aller plus loin et à le suivre encore là où il vous appelle, c'est par pure grâce et condescendance (*propter gratiam Dei*).

Ces trois gros volumes, à partir du premier chapitre, peuvent être définis une *condescendance perpétuelle*.

Au commencement du tome second, on croit toucher enfin aux preuves de fait :

« Nous allons entrer, dit l'auteur, dans cet examen de l'Écriture et des Pères où M. Claude nous appelle depuis tant de temps, et l'on verra par là si la confiance qu'il a témoignée est aussi bien fondée qu'il s'efforce de le faire croire.... Il est vrai qu'on n'y entre pas tout à fait de la manière qu'il auroit bien désiré. »

La première discussion roule uniquement sur ces paroles : *Ceci est mon corps* ; et les textes de l'Écriture, au lieu d'être directement extraits et offerts dans leur ensemble et selon les divers Évangiles, sont interrompus d'un continuel raisonnement et d'une prise à partie des ministres, qui ne permet pas au lecteur de se former durant un seul instant une idée propre. Au commencement du livre troisième de ce second tome, on croit encore toucher à cette discussion de textes qui recule toujours. Nicole, tout en la déclarant inutile et de surcroît à l'égard d'adversaires auxquels il ne reconnaît *aucun droit de se faire écouter,* ajoute qu'il n'a pas envie d'user de cette fin de non-recevoir. Il continue de trancher du généreux :

« Il faut que la Vérité, dit Tertullien, fasse paroître toutes ses forces, pourvu qu'on ne croie pas qu'elle ait besoin de les employer toutes, et que l'on sache que les *voies abrégées de prescription* suffisent pour la rendre victorieuse.... J'entrerai donc sans peine dans la discussion de la doctrine des Pères des six premiers siècles, qui manque encore à la chaîne qu'on a commencée dans le livre de *la Perpétuité,* etc. »

Je le crois bien, qu'il lui faut, bon gré mal gré, en venir là tôt ou tard ! ces *six premiers siècles,* c'est l'essentiel de la chaîne. — Or, de quelle manière y entre-t-il ? j'avoue qu'ici encore mon étonnement sur cette méthode toute de prévention et d'autorité augmente :

« J'ai considéré que, de commencer d'abord par représenter les passages des Pères suivant les temps qu'ils ont écrit, c'étoit plutôt suivre un ordre de hasard que de lumière et de raison, parce que, le véritable ordre devant faire servir ce qui précède à l'éclaircissement de ce qui suit, cet avantage ne se pouvoit trouver que par hasard dans l'ordre chronologique, les Pères des trois premiers siècles ayant souvent eu moins d'occasion de parler de l'Eucharistie que ceux des quatrième, cinquième et sixième siècles. »

Et en conséquence il annonce qu'il disposera les textes selon l'ordre qui lui paraîtra le plus raisonnable et le plus lumineux, et qu'il les groupera, les réduira sous de certains chefs ou chapitres, au risque de les écourter. En un mot, il se gardera bien de les laisser un seul instant parler tout seuls ; il les retiendra en tutelle.

L'explication, ainsi entendue et restreinte, de ces textes qui se sont tant fait désirer n'a lieu que dans le troisième tome; mais comme ils ne sont pas produits selon l'ordre des temps et dans leur ensemble, et qu'ils arrivent à tout moment interceptés et déchiquetés par le raisonnement, déformés et forcés en quelque sorte sous le poids de la masse d'arguments qui précède, le lecteur ne peut s'en laisser peindre dans l'esprit une première idée qui le mette ensuite à même de juger celle qu'en veut établir l'auteur. C'en est dire assez sur cette méthode générale de Nicole, d'Arnauld et des Port-Royalistes dans leurs guerres dogmatiques contre les Calvinistes[1]. Ils ont fait cette guerre du même ton et dans le même esprit que Bossuet lui-même. C'est sans doute la seule manière de la faire quand on entre pleinement dans l'idée d'Église établie et visiblement constituée.

Il est néanmoins curieux d'observer comment, en France, quelque chose de la méthode que nous venons de voir en usage chez Nicole a survécu à la lecture de ses ouvrages. En général, sur ces controverses avec le

---

1. Sur ce point particulier, mais si essentiel, de l'Eucharistie, il faut lire, comme correctif de la méthode de *la Perpétuité*, et comme tableau complet des textes des Pères dans leur ordre naturel, un écrit latin de Marheinecke : *Sanctorum Patrum de præsentia Christi in cœna Domini sententia triplex;* Heidelberg, 1811.

Protestantisme, il s'est formé en France, même chez les plus indifférents, de grandes préventions; la méthode de *prescription* et de *préjugés* (légitimes ou non) a prévalu chez ceux même qui ne sont pas restés catholiques. Le génie de Bossuet a recouvert le tout et a fait loi. Comme on a passé assez brusquement de la religion du dix-septième siècle à la philosophie du dix-huitième, le Protestantisme, d'ailleurs expulsé de France et que ne représentait aux esprits aucun grand écrivain en faveur, a été perdu dans l'entre-deux. On a sauté dessus à pieds joints. On peut presque dire qu'on l'ignore réellement; on ne l'étudie pas, on le juge d'un mot, et le plus souvent d'un mot de dédain ou d'injure. Au commencement de ce siècle, par Bonald, De Maistre et La Mennais, l'injure a été refrappée à neuf et a circulé éclatante; c'était chose reçue et de bon ton. En fait de Catholicisme nous sommes restés exactement comme des aînés de grande maison, aînés un peu libertins qui ont bien su dire quelquefois au Père des duretés au dedans, mais qui au dehors, dès que le nom de famille est en jeu, reprennent les grands airs et tranchent du pieux Romain avec les gens de rien, nés d'hier et *sans mission*. Au mieux ce sont des cadets révoltés; et s'ils viennent à nous, les insolents! nous demandant nos titres, on a le droit de leur fermer la porte au nez sans entrer en compte avec eux. Nous sommes en possession. On n'a plus la croyance, on a encore l'attitude catholique. Le bon Nicole, qui avait l'une et l'autre, a eu extrêmement *l'attitude* à l'égard des Protestants, lui si doux, si simple et modeste en sa conversation et dans toute sa personne [1].

---

[1]. Un des doux et des modestes de ce temps-ci, mais qui a en lui, bien plus que Nicole, les fibres tendres, affectueuses, et qui, vu de près, nous a souvent rappelé l'âme d'un Fénelon, l'abbé Gerbet, dans ses *Considérations sur le Dogme générateur de la Piété catholique*, c'est-à-dire sur l'Eucharistie, a su trouver des

L'examen des autres ouvrages de Nicole contre les Protestants n'amènerait que des redites. On voit que, si Rome s'était montrée indulgente envers Port-Royal dans les derniers temps, Port-Royal le reconnaissait incontinent par d'assez signalés services. C'est dans le cours de cette controverse et de cette guerre contre les ennemis communs que se formèrent de vrais liens de compagnons d'armes entre Bossuet et les principaux chefs jansénistes. En réservant toujours le point de la Grâce et en se gardant de leur rien céder à cet endroit, Bossuet professa jusqu'au bout la plus haute estime pour Arnauld, la plus profonde considération pour Nicole. Celui-ci a mérité cet éloge de Bayle lui-même : « Parmi tant d'habiles gens que l'Église romaine peut employer, il y en a peu qui sachent manier une controverse comme lui[1]. »

accents inconnus à l'auteur de *la Perpétuité*; il a su mêler à ce ton d'autorité, dont ne peut sans doute se départir un fils et prêtre de l'Église catholique, des paroles suaves qui sauvent toute dureté et qui sont à propos surtout lorsqu'on veut démontrer et persuader le mystère d'amour : « Ces hommes, dit-il en un endroit, parlant des ministres protestants, ces hommes qui, depuis une scission à jamais funeste, sont engagés par état à combattre la foi de l'Église, savent-ils ce qu'ils font ? savent-ils qu'ils attaquent la croyance la plus féconde en bienfaits, puisqu'elle entretient en tous lieux l'esprit de dévouement et de sacrifice? Que Celui qui fut *doux et humble de cœur*, malgré la superbe ingratitude de ceux qu'il venait sauver, écarte de notre bouche toute parole d'amertume contre ces infortunés contempteurs du plus beau de ses dons! et comment pourrions-nous leur en parler autrement qu'en un langage plein d'amour? si ce langage n'existait pas, on l'inventerait pour parler de l'Eucharistie; mais en même temps une douloureuse indignation nous presse de nous élever contre leur déplorable ministère. Profondément pénétré de ce double sentiment, nous ne saurions comment exprimer cet amour triste qu'ils nous inspirent, si nous ne nous rappelions ce mot du Christ au premier contempteur du *mystère de foi*, ce mot si tendre et si accablant : *Que faites-vous, mon ami ?* » — Voilà de ces accents tels que Nicole, pur dialecticien, n'en a jamais, Nicole ni Arnauld, ni aucun de ceux de Port-Royal, M. Hamon seul excepté.

1. Bayle faisait ses délices de ces traités de controverse de Ni-

Mais il en faut venir, dans cette quantité d'ouvrages qu'il a produits, à ce qui fait l'honneur durable de Nicole, à ses *Essais de Morale*, desquels je ne sépare pas ses *Lettres*. Ils vont réparer, je l'espère, l'échec qu'a pu lui faire éprouver dans notre esprit sa méthode de controverse; nous allons retrouver le sage chrétien, le moraliste d'une clairvoyance finement pénétrante et d'une gravité à propos enjouée.

cole, qui, par les contestations qu'ils soulevaient, donnaient, selon lui, de nouveaux prétextes aux sceptiques « et n'étoient propres qu'à fomenter l'irrésolution des esprits indifférents. » Ce qu'il y a de vraiment faible et de borné dans l'esprit de Nicole, c'est de ne s'être jamais douté de ce résultat possible, et d'avoir cru à l'éternelle stabilité de la table de jeu sur laquelle il engageait ces rudes parties de dialectique. Il y avait pourtant dès lors des spectateurs qui souriaient et se frottaient les mains. Comment pouvait-il ne pas le voir, lui qui cependant a écrit : « La grande hérésie des derniers temps, c'est l'incrédulité? » Comment ne soupçonnait-il pas qu'en amenant chacun à juger du fort et du faible des raisons à l'occasion d'une chose si en dehors de la raison, il faisait les affaires de l'incrédulité?

VIII

Les *Essais de Morale;* leur origine. — Ce qu'ils sont pour nous. — Ce qu'ils étaient pour madame de Sévigné. — Défauts de Nicole moraliste. — Images effroyables; *l'oreiller de serpents.* — Nicole juge de Pascal. — Nicole depuis la Paix de l'Église. — Ses logements. — Ses tournées en France. — Fuite en Belgique. — Divorce avec Arnauld. — Lettre à l'archevêque de Paris. — Colère des amis et lettres fulminantes. — Agréables réponses. — Nicole et Arnauld amis *à la mort et à la vie.* — *Apologie* de Nicole; recette pour dormir. — Lettres de parfait moraliste. — Rentrée de Nicole en France. — Nicole juge de M. de Saci. — Dernière controverse sur la Grâce. — Retraite finale près de la Crèche. — Vieillesse douce et honorée. — Mort de Nicole. — Ce qui a manqué à son talent. — Ce qu'il dit des *femmes.*

Voltaire, dont la moindre parole fait autorité en matière de goût, a dit de Nicole : « Ce qu'il a écrit contre les Jésuites n'est guère lu aujourd'hui, et ses *Essais de Morale*, qui sont utiles au genre humain, ne périront pas (*ne périront pas* est beaucoup dire). Le chapitre surtout des *Moyens de conserver la paix dans la société* est un chef-d'œuvre, auquel on ne trouve rien d'égal en ce genre dans l'Antiquité; mais cette paix est peut-être aussi difficile à établir que celle de l'abbé de Saint-Pierre. » Ce traité des *Moyens de conserver la paix avec les hommes* est également estimé un chef-d'œuvre par madame de Sévigné, et par M. de La Mennais, qui y joint dans une même recommandation l'autre petit traité *de la Connoissance de soi-même.* Il est à croire cependant que, lorsqu'ils en parlaient ainsi, Voltaire et M. de La Mennais n'avaient pas relu le matin les deux petits traités, et qu'ils en jugeaient sur une impression ancienne.

Des treize volumes qu'on a recueillis sous le titre d'*Essais de Morale*, Daguesseau ne recommande particulièrement à son fils que les quatre premiers volumes, qui, dit-il, sont plus travaillés que les autres et où l'on peut apercevoir une espèce d'ordre et de plan. Je joindrai à ces premiers volumes les tomes 7 et 8 (ce 8e est double), qui contiennent les Lettres, une des plus agréables parties de Nicole. On trouve aussi de fins petits traités dans les tomes 5 et 6 [1].

Le premier volume des *Essais* parut en 1671, sous le nom de *Mombrigny*, et les autres successivement. L'auteur prit dans le second et le troisième le nom de *Chanteresne*; mais dans le quatrième volume qui parut en mars 1678, il cessa de mettre aucun de ces noms postiches, devenus inutiles par la renommée.

Les petits traités des *Essais de Morale* ont été composés, la plupart, selon quelque occasion particulière qui éveillait chez l'auteur des idées qu'il généralisait :

« Il la faut avertir, dit-il en une lettre (et pour tranquilliser une certaine sœur Antoinette qui avait cru se reconnaître), de l'humeur et de la coutume de celui qui écrit; car elle est assez bizarre. Il ne faut souvent qu'un mot pour lui donner lieu de concevoir diverses pensées, sans que ces pen-

---

1. *Craindre tout dans les contestations; le Procès injuste; des Arbitrages; le Prisme;* surtout si on les rattache aux circonstances particulières de la vie de Nicole.

sées aient aucun rapport à la rencontre qui les a fait naître, ni qu'il en fasse aucune application à la personne qui y a donné l'occasion. Tous les discours qui sont imprimés (dans les *Essais de Morale*) ont été faits en cette manière ; on y avoit d'abord quelqu'un en vue ; et cette personne ayant donné lieu d'entrer dans un discours général, on quitte là cette personne qui l'avoit fait naître. »

Il dit encore ailleurs :

« Il y a plus de dix ans que je n'ai d'autre dessein en écrivant que de m'occuper (il oublie un peu ses Controverses) et d'appliquer mon esprit à certains sujets qui me paroissent utiles pour moi-même. Ainsi je suis payé de mon travail par mon travail même, et quand je serois tout seul au monde, je ne ferois pas autre chose que ce que je fais. Si je pouvois lire autant que je le voudrois (il ne le pouvait à cause de sa mauvaise vue) ou que j'eusse une autre occupation, on ne verroit guère d'ouvrages de ma façon ; car je ne travaille guère que quand je n'ai pas autre chose à faire. J'aime néanmoins mieux m'occuper en cette manière que d'écrire des pensées vagues et sans ordre, parce que cela tient plus l'esprit en haleine.... »

Ainsi les *Essais de Morale* sont le produit naturel et non commandé de l'esprit de Nicole. La morale chrétienne redevenait son penchant propre, dès qu'il était vacant des disputes. On rapporte que de tous les solitaires de Port-Royal, il n'en était aucun dont il recherchât plus l'entretien que M. Hamon, et qu'ils causaient ensemble surtout de morale, des Proverbes et de la Sagesse : « Ils convenoient de principes sur cette matière, et M. Nicole trouvoit qu'il composoit plus facilement sur ce sujet lorsqu'il avoit conversé quelque temps avec lui[1]. » — On raconte certaines anecdotes de distraction et de rêverie du bon Nicole, tandis qu'il méditait

---

1. Goujet, *Vie de Nicole*.

par les rues de Paris quelque point de morale, qui font tout à fait penser à La Fontaine[1]. De telles marques de vocation promettent beaucoup.

Avouons-le pourtant, quand on aborde les *Essais de Morale* avec un esprit d'aujourd'hui, avec des habitudes modernes et au sortir des lectures de notre temps, on est vite ennuyé. Cela semble plein de redites, de développements inutiles, de lieux communs que ne relève pas l'expression. Le fils de madame de Sévigné, pensant en particulier au traité *de la Connoissance de soi-même*, trouvait que c'était « distillé, sophistiqué, galimatias en quelques endroits, et surtout ennuyeux presque d'un bout à l'autre[2]. » Ce marquis de Sévigné, qui avait le bon sens rapide et le dégoût prompt, comme il arrive aux suprêmes délicats, disait encore qu'avec Nicole l'estomac se fatiguait « de ce trop de belles paroles (pas si belles vraiment !), et que c'étoit comme qui mangeroit trop de *blanc manger*. » On est bien plutôt tenté aujourd'hui de trouver que c'est comme qui mangerait trop de pain bis, de pain rassis. Le mot est lâché, — par d'autres il est vrai, — mais je ne puis le contredire. Nicole peut encore être agréable à étudier, il est décidément ennuyeux à lire. Pour aimer encore à lire Nicole, et pour croire que d'autres s'y plairont, il faut être d'un goût aussi fixe et aussi stable dans les admirations du

---

1. « On raconte encore de lui qu'un jour, revenant de ville chez madame la duchesse de Longueville, il prit un siége près du lit de la princesse et mit sur le lit tout bonnement et sans façon son chapeau, sa canne et son manchon en présence de toute la compagnie, qui se divertit un peu aux dépens de *Monsieur l'Abstrait.*» (Besoigne, *Histoire de Port-Royal*, tome V, page 265.)

2. C'est bien votre impression aussi, ô le plus écrasant et le plus osé des fils de Joseph de Maistre, qui avez un jour écrit de Nicole : « ... Nicole, ce moraliste de Port-Royal, le plus froid, le plus gris, le plus *plomb*, le plus insupportable des ennuyeux de cette grande maison ennuyée.... »

passé que le sont quelques sages et bien estimables esprits de notre connaissance, restés fidèles à l'antique prud'homie[1]; il ne faut être ni le marquis de Sévigné, ni Alcibiade qui de son temps voulait du nouveau, n'en fût-il plus au monde, ni même La Bruyère. Il ne faut pas être madame de La Fayette, qui n'imitait pas en cela sa spirituelle amie, et qui portait des *Essais de Morale* un jugement *peu avantageux;* on le conçoit par le commerce habituel qu'elle entretenait avec la pensée plus exigeante et plus fine de M. de La Rochefoucauld. Mais, quoiqu'il me soit impossible de partager à aucun degré l'enthousiasme de madame de Sévigné pour Nicole, je crois qu'on aura profité, même en matière de goût, si l'on parvient à le relire sans trop de répulsion, à ressaisir, sous le premier aspect du lieu commun de sermon, ce menu détail d'analyse à petit bruit, cette déduction exactement ingénieuse qui, à la longue, si l'on est chrétien sincère et convaincu, s'infiltre dans l'esprit et le pénètre. Il a un filet de raisonnement très-distinct et délié qu'il ne lâche pas; il s'en tire avec netteté, finesse, et parfois avec une sorte de grâce. Cela pour nous sera encore vrai de quelques-unes de ses lettres. Demeurer dans Nicole autrefois, s'y tenir comme au mieux, quand on avait Pascal et La Rochefoucauld déjà, et tout à l'heure La Bruyère, c'était danger de n'avoir pas l'appétit très-vif en fait de goût : revenir à Nicole avec quelque intérêt aujourd'hui après le feu des épices modernes, c'est preuve que le palais n'est pas tout à fait brûlé et qu'on a préservé quelques qualités saines. En un mot, je ne dis pas qu'il en faille revenir le moins du monde à admirer les *Essais* à la manière de madame de Sévigné,

---

1. *Choix des petits Traités de Morale de Nicole*, édition revue par M. Silvestre de Sacy (Techener, 1857, avec une Introduction).

mais je dis qu'il faut arriver à comprendre la manière dont madame de Sévigné admirait les *Essais*.

Dès que le premier tome paraît, madame de Sévigné le lit, et dès la première phrase elle est déjà en discussion animée avec sa fille : « L'orgueil est une enflure du cœur, par laquelle l'homme s'étend et se grossit en quelque sorte en lui-même. » Elle accorde à sa fille que ce mot d'*enflure du cœur* lui déplaît[1] ; puis, en y repensant, elle pardonne à ce mot en faveur du reste, et elle maintient même qu'il n'en est point d'autre pour expliquer la vanité et l'orgueil *qui sont proprement du vent*[2]. Que d'éloges ! il faut les entendre par sa bouche : « Ne vous avois-je pas dit que c'étoit de la même étoffe que Pascal ? mais cette étoffe est si belle qu'elle me plaît toujours ; jamais le cœur humain n'a été mieux anatomisé que par ces Messieurs-là. » — « Je poursuis cette Morale de Nicole que je trouve délicieuse ; elle ne m'a encore donné aucune leçon contre la pluie, mais j'en attends, car j'y trouve tout ; et la conformité à la volonté de Dieu me pourroit suffire, si je ne voulois un remède spécifique. » — « Je lis M. Nicole avec un plaisir qui m'enlève[3] ; surtout je suis charmée du troisième traité des *Moyens de conserver la paix avec les hommes*; lisez-le, je vous prie, avec attention, et voyez comme il fait voir nettement le cœur humain, et comme chacun s'y trouve, et philosophes, et Jansénistes et Molinistes, et tout le monde enfin. Ce qui s'appelle chercher dans le fond du cœur avec une lanterne, c'est ce qu'il fait.... Pour moi, je suis persuadée qu'il a été fait à mon intention[4] ; j'espère aussi d'en profiter, j'y ferai mes efforts.... » —

---

1. Lettre des Rochers, du 19 août 1671.
2. Lettre du 23 septembre.
3. Aux Rochers, 30 septembre.
4. Lettre du 7 octobre.

Et sur les actes de résignation à l'ordre et à la volonté de Dieu : « M. Nicole n'est-il pas encore admirable là-dessus? j'en suis charmée, je n'ai rien vu de pareil. Il est vrai que c'est une perfection un peu au-dessus de l'humanité que l'indifférence qu'il veut de nous pour l'estime ou l'improbation du monde ; je suis moins capable que personne de la comprendre ; mais quoique dans l'exécution on se trouve foible, c'est pourtant un plaisir que de méditer avec lui et de faire réflexion sur la vanité de la joie ou de la tristesse que nous recevons d'une telle fumée ; et à force de trouver ses raisonnements vrais, il ne seroit pas impossible qu'on s'en servît dans certaines occasions. En un mot, c'est toujours un trésor, quoi que nous en puissions faire, d'avoir un si bon miroir des foiblesses de notre cœur[1]. » On croit qu'elle a tout dit, et dans la lettre suivante[2], elle recommence : « Parlons un peu de M. Nicole. Il y a longtemps (*il y a trois jours*) que nous n'en avons rien dit.... Devinez ce que je fais, je recommence ce traité; je voudrois bien *en faire un bouillon et l'avaler*.... Il dit que l'éloquence et la facilité de parler donnent un certain *éclat* aux pensées ; cette expression m'a paru belle et nouvelle ; le mot d'*éclat* est bien placé : ne le trouvez-vous pas ? » Cet éloge donné au mot *éclat*, si bien placé, nous est la clef de l'admiration de madame de Sévigné pour ce style qu'elle trouvait parfois si exquis, que nous trouvons le plus souvent si ordinaire : c'est que cela était plus neuf alors qu'il ne nous semble ; c'est qu'il y avait une appropriation excellente et naïvement franche d'expression, qui allait droit à ce goût si vif, mais resté simple. Elle persévère dans son admiration et ne se refroidit pas aux volumes suivants. « Rippert, dit-elle à sa fille[3], vous

---

1. Lettre du 1er novembre.
2. Du 4 novembre.
3. Lettre du 1er décembre 1675.

porte un troisième petit tome des *Essais de Morale* qui me paroît digne de vous : je n'ai jamais vu une force et une énergie comme il y en a dans le style de ces gens-là ; nous savons tous les mots dont ils se servent, mais jamais, ce me semble, nous ne les avons vus si bien placés ni si bien enchâssés.... » Et encore[1] : « Quel langage ! quelle force dans l'*arrangement des mots ! on croit n'avoir lu de françois qu'en ce livre.* Cette ressemblance de la charité avec l'amour-propre et de la modestie héroïque de M. de Turenne et de M. le Prince avec l'humilité du Christianisme.... Mais je m'arrête, il faudroit louer cet ouvrage depuis un bout jusqu'à l'autre, et ce seroit une bizarre lettre. »

N'admirez-vous pas les variations et les retours singuliers de la langue et du goût? elle parle de ce style, pour nous si terni et attristé de Nicole, comme nous-mêmes nous parlerions du style le plus vif et le plus rajeuni d'un de nos contemporains en possession de plaire[2].

Au reste, ne nous le dissimulons pas, ces livres de Nicole, son langage, ses tours particuliers ne sont pour madame de Sévigné qu'une manière d'aller surtout à sa fille et d'assaisonner cette conversation continuelle qu'elle lui adresse à deux cents lieues de distance. Nicole

---

1. Le 12 janvier 1676.
2. Nicole lui-même se rend mieux justice et se met à sa place pour les talents quand il dit : « Je n'ai point du tout celui de réussir dans les ouvrages qui demandent de l'invention et de la beauté d'esprit, où il faut se soutenir de soi-même et prêter des ornements à ce que l'on traite. Il faut toujours une base, et *qu'il y ait quelque chose à prouver et à démêler;* à moins de cela, je tombe. » (Lettre LXXXI.) — « Comme il y a des peintres qui, ayant peu d'imagination, donnent à tous leurs personnages le même visage, il y a aussi des gens *qui écrivent toujours du même air,* et dont l'allure est toujours reconnoissable. Personne n'eut jamais plus ce défaut que moi. » (*Nouvelles Lettres*, LV.)

n'est là que comme tout autre, comme une occasion, comme un ornement dans un sentiment principal ou même unique, comme un vase pour renvoyer la voix. Elle en use à tout propos, et en se jouant, et d'un ton de parodie légère. « On ne peut pas vous parler plus à bride abattue que je viens de faire de tout mon *moi*, comme dit M. Nicole. » Et sur la mort subite de M. de Louvois : « Le voilà donc mort, ce grand ministre, cet homme si considérable, qui tenoit une si grande place; dont le *moi*, comme dit M. Nicole, étoit si étendu.... » Et ailleurs : « Je ne vous dis point que vous êtes mon but, ma perspective, vous le savez bien, et que vous êtes d'une manière dans mon cœur, que je craindrois fort que M. Nicole ne trouvât beaucoup à y *circoncire*.... » Et enfin (car elle est inépuisable) : « J'admire souvent l'honnêteté de ces messieurs dont parlent si plaisamment les *Essais de Morale*, et qui sont si honnêtes et si obligeants; que ne font-ils point pour notre service ? à quels usages ne se rabaissent-ils pas pour nous être utiles ? les uns courent deux cents lieues pour porter nos lettres, les autres, etc.... » Et tout cela parce qu'un *facteur* est venu et qu'on a une lettre de madame de Grignan. Car c'est une des grandes vanités de la gloire de l'écrivain, et que Nicole n'aurait pas négligé de remarquer, que le plus souvent l'écrivain le plus aimé, l'auteur favori, si sérieux qu'il ait voulu être, n'est là que comme une occasion d'égaiement et d'allusions agréables pour ceux qui vivent et qui s'entr'aiment. Ces graves *Essais de Morale* me semblent ainsi n'être guère qu'un frais jasmin ou, si l'on veut, comme quelque réséda un peu sombre, posé sur la table de madame de Sévigné. Elle en fait de temps en temps dans sa lettre un petit parfum, elle en détache un brin de fleur pour madame de Grignan.

Je ne veux pas, après madame de Sévigné, me mêler

de louer Nicole et l'analyser; nous resterions trop loin de compte. J'avais essayé d'abord de détacher, pour les citer ici, quelques passages : tout considéré, je ne puis pas m'y décider, tant ce qui a paru ingénieux et solide, élevé et piquant, neuf d'expression, avec de l'imagination dans le sensé, nous semblerait ou ordinaire, ou pénible et subtil, et comme tiré par les cheveux. Voici quelques pensées pourtant. Il s'agit des attaches successives, des supports provisoires qu'essayent de se donner les hommes :

« Nous sommes comme des oiseaux qui sont en l'air, mais qui n'y peuvent demeurer sans mouvement, ni presque en un même lieu, parce que leur appui n'est pas solide, et que d'ailleurs ils n'ont pas assez de force et de vigueur en eux pour résister à ce qui les porte en bas.... Il faut qu'ils se remuent continuellement, et par de nouveaux battements de l'air ils se font sans cesse un nouvel appui. » —

« Ce que nous prenons pour course, est une fuite; pour élévation, est une chute; pour fermeté, est légèreté. Cette immobilité et cette roideur inflexible qui paroît en quelques actions n'est qu'une dureté produite par le vent des passions qui enfle comme des ballons ceux qu'elles possèdent. Quelquefois ce vent les élève en haut, quelquefois il les précipite en bas. Mais en haut et en bas, ils sont également légers et foibles. »

On a beau dire, et j'ai beau essayer de raccourcir en citant, que nous sommes loin de Pascal! que ces images (surtout si l'on continuait de citer) sembleraient tirées et cherchées, et comme on voit un esprit qui s'est méthodiquement accoutumé à prendre la nature à l'envers et à regarder strictement au rebours, à contre-sens de la perspective directe habituelle[1] ! Chez tous les

---

1. « *Le temps de cette vie est proprement un temps de stupidité*: toutes nos connoissances y sont obscures, sombres, languissantes, si on les compare à ce qu'elles seront au moment de notre mort.... » Voilà ce que j'appelle prendre la nature et la vie à l'envers.

chrétiens conséquents et sévères, cette vue *au rebours* existe ; mais chez les vraiment grands et les supérieurs, le talent vient corriger et déjouer cette trop continuelle exactitude dans l'*inverse* du naturel et du vrai apparent; il y a des éclairs qui jaillissent ; de grandes images heureuses viennent traverser et revêtir ce qui se passe uniquement dans la sphère invisible et dans l'ordre de grâce; la nature humaine est secouée et fouillée à une grande profondeur, même quand elle peut sembler violentée et méconnue; on trouve moyen d'intéresser, d'attendrir le cœur, même en le froissant et le révoltant dans ses penchants : chez Nicole, ce qui choque, c'est la tranquillité de déduction et la justesse de mots avec laquelle il exprime des choses étonnantes ou même quelquefois épouvantables[1].

Il en faut donner des exemples et ne pas craindre de marquer les défauts de Nicole moraliste : nous réservons les agréments pour la fin. Il y a des endroits dans Nicole qui l'ont fait passer pour dur et qui sont affreux en effet, qui feraient concevoir de lui l'idée la plus contraire à ce caractère de douceur générale relative dont j'ai parlé, et qu'il offre bien réellement au sein de Port-Royal. Dans son traité *De la Crainte de Dieu*, il règne une vue effroyable du danger des hommes en cette vie et du grand nombre des réprouvés ; l'auteur s'est complu

---

1. « J'ai lu, je ne sais où, que Nicole avait été le Rodriguez de la France (Rodriguez, auteur des *Exercices de la Perfection et des Vertus chrétiennes*). J'ai voulu voir Nicole, mais je ne l'ai pas trouvé à comparer à Rodriguez. Rodriguez est à la fois plus haut et plus bas. La sublimité de Rodriguez le fait admirer ; mais que peut-on admirer dans Nicole? Un esprit froid le rendait propre à la critique; mais les stupidités que pourrait faire excuser l'exaltation paraissent plus ridicules dans sa bouche raisonnable. C'est un peu le caractère de Port-Royal.... » Je n'affaiblis rien. — C'est une femme d'esprit qui a écrit cela. Que madame de Sévigné et elle s'arrangent comme elles pourront!

à nous décrire sous toutes les formes l'*horrible massacre des âmes* qui se fait journellement par les Démons :

« Ainsi le monde entier est un lieu de supplices, où l'on ne découvre par les yeux de la foi que des effets effroyables de la justice de Dieu, et si nous voulons le représenter par quelque image qui en approche, figurons-nous un lieu vaste, plein de tous les instruments de la cruauté des hommes, et rempli d'une part de bourreaux, et de l'autre d'un nombre infini de criminels abandonnés à leur rage. Représentons-nous que ces bourreaux se jettent sur ces misérables, qu'ils les tourmentent tous et qu'ils en font tous les jours périr un grand nombre par les plus cruels supplices ; qu'il y en a seulement quelques-uns dont ils ont ordre d'épargner la vie ; mais que ceux-ci même, n'en étant pas assurés, ont sujet de craindre, etc…. Quelle seroit la frayeur de ces misérables, qui seroient continuellement témoins des tourments les uns des autres, etc…. Nous passons nos jours au milieu de ce *carnage spirituel*, et nous pouvons dire que nous nageons dans le sang des pécheurs, que nous en sommes tout couverts, et que ce monde qui nous porte est un fleuve de sang. »

Mais rien n'égale pour le raffinement cette autre page du traité *Des quatre dernières Fins de l'Homme*, au livre *du Jugement et de l'Enfer*. Il s'agit de tous les péchés mortels endormis et inconnus à chacun, qui se réveilleront pour le pécheur à l'heure du jugement :

« Qu'on s'imagine donc une chambre vaste, mais obscure, et qu'un homme travaille toute sa vie à la remplir de vipères et de serpents ; qu'il y en apporte tous les jours grande quantité, et qu'il emploie même diverses personnes pour l'aider à en faire amas ; mais que sitôt que ces serpents sont dans cette chambre, ils s'y assoupissent en s'entassant les uns sur les autres, en sorte qu'ils permettent même à cet homme de se coucher sur eux sans le piquer et sans lui faire aucun mal ; que, cet état durant assez longtemps, cet homme s'y accoutume et n'appréhende rien de cet amas de serpents ; mais que, lorsqu'il y pense le moins, les fenêtres de cette chambre venant à s'ouvrir tout d'un coup et à laisser entrer un grand jour, tous ces serpents se réveillent tout d'un coup et se jettent tous sur ce misérable, qu'ils le déchirent par leurs morsures, et qu'il n'y en ait aucun qui ne lui fasse sentir son venin.

« Quelque terrible que soit cette image, ce n'est qu'un foible crayon de ce que font ordinairement les hommes, et de ce qui leur arrive au jour de leur mort. »

Je ne veux parler que d'après l'instinct et le sens moral immédiat; je n'ignore pas assez le Christianisme (ne le connaîtrais-je que par Port-Royal) pour reprocher à un chrétien de croire aux peines de l'Enfer. Nicole était assurément dans son droit de logicien chrétien quand il a écrit cela; mais quelle triste imagination! quel choix de tableau il est allé faire, et quelle singulière application d'une faculté de réflexion froide et compassée! On admirera une scène d'horreur chez Dante, on s'inclinera devant une menace lugubre chez Pascal : on ne le pardonne pas à Nicole, à cause du manque de passion. Ce sont ces pages-là, où respire et suinte, pour ainsi dire, à chaque mot l'idée de tortures éternelles, qui provoquaient directement Diderot à vouloir écraser *l'infâme*, c'est-à-dire la chose si funeste, selon lui, à la paix naturelle des hommes. Ce *terrorisme* spirituel amène forcément une réaction en faveur du Dieu *des bonnes gens*. Le fait est qu'un homme qui a écrit de ces pages dans de petits traités destinés à être lus, le soir, en famille avant de s'endormir, commet, sans le vouloir, un attentat permanent sur la tendresse des imaginations humaines. — Peur salutaire! dira-t-on. — Je répondrai : Les âmes tendres en pâtissent, les âmes généreuses s'en passent; et quant à Sardanapale, il s'en moque.

M. de Pontchâteau écrivait, le 29 mars 1678, à sa sœur la duchesse d'Épernon :

« ... Je suis tout pénétré d'un livre nouveau des *quatre*

Fins de l'Homme qui est le quatrième volume des *Essais de Morale*. Il fait grand'peur, *et si*[1] je n'ai pas encore lu le plus terrible, à ce qu'on m'a dit, qui est l'*Enfer;* je n'en suis qu'à la *mort*, mais ce que j'en ai vu est si vif qu'il n'y a pas moyen d'y durer.... »

Nicole, le doux Nicole faisait venir la chair de poule même à M. de Pontchâteau[2].

Nicole est plus d'accord avec le tempérament que nous lui connaissons, et plus semblable à lui-même quand il dit[3] :

« Il y a toujours en Dieu des entrailles de miséricorde pour recevoir les pécheurs s'ils retournoient à lui, et s'ils se convertissoient. Son sein paternel leur est toujours ouvert, et ils ont toujours tort de ne se pas convertir. Il est vrai que, *par une justice secrète, Dieu ne croit pas devoir changer la volonté corrompue des réprouvés, mais cette volonté de justice ne détruit point cette bonté essentielle*[4], qui est la loi de Dieu même, et sa volonté par laquelle il est prêt à recevoir en sa grâce tout pécheur converti et qui abandonne ses péchés, et par laquelle il lui ordonne de se convertir. C'est de cette bonté que procède cette patience dont parle saint Paul, qui invite les pécheurs à la pénitence. S'ils la faisoient, la miséricorde de Dieu leur seroit ouverte, et ses grâces couleroient sur eux avec abondance. Ce sont eux qui en arrêtent le cours et qui y mettent obstacle ; mais elles ne laissent pas d'être toutes prêtes dans ses trésors. »

Nulle part la difficulté de concilier la Grâce et la liberté, la prédestination et la bonté divine, ne se trahit

---

1. *Et pourtant*.... M. de Pontchâteau a la parole légèrement surannée.
2. Et que dites-vous de cette autre gracieuse idée de Nicole, de faire un Traité des *péchés mortels inconnus?* il a eu tout de bon cette idée à un moment ; mais il paraît que quelque autre théologien moraliste l'avait devancé.
3. *Traité de la Soumission à la Volonté de Dieu.*
4. Arrangez cela comme vous pourrez.

plus irrécusablement qu'en ce passage; mais du moins on y voit Nicole ramer de toute sa force pour s'empêcher de donner contre l'écueil, — cet écueil dont les autres voulaient faire le port, selon la belle expression de Bossuet. Il a composé, depuis tout un système de la Grâce universelle pour concilier cela.

Bien que disciple de Pascal en morale, Nicole n'est rien moins qu'un disciple asservi : il a ses différences, ses désaccords même avec Pascal; il le juge une fois presque sévèrement. Madame de La Fayette ayant dit, à propos des *Pensées*, que *c'était méchant signe pour ceux qui ne goûteraient pas ce livre :*

« Après ce jugement si précis, écrit Nicole au marquis de Sévigné, nous voilà réduits à n'en oser dire notre sentiment, et à faire semblant de trouver admirable ce que nous n'entendons pas.... Pour vous dire la vérité, j'ai eu jusques ici quelque chose de ce *méchant signe*. J'y ai bien trouvé un grand nombre de pierres assez bien taillées et capables d'orner un grand bâtiment, mais le reste ne m'a paru que des matériaux confus, sans que je visse assez l'usage qu'il en vouloit faire. Il y a même quelques sentiments qui ne me paroissent pas tout à fait exacts et qui ressemblent à des pensées hasardées (et il en produit quelques-unes en exemple)....

« Je pourrois, ajoute-t-il, vous faire plusieurs autres objections sur ces *Pensées* qui me semblent quelquefois un peu trop dogmatiques, et qui incommodent ainsi mon amour-propre, qui n'aime pas à être régenté si fièrement. ».

Nicole sent bien le côté par où les *Pensées* de Pascal choquaient d'abord le lecteur : et il ne sentait pas le côté par lequel ses propres traités nous offensent. Sa finesse de moraliste ne l'exempte pas de cette sorte de partialité naturelle à tous les hommes.

La vérité est que Nicole avait le ton volontiers différent de celui de Pascal; il aime à citer ce mot d'un saint à ses religieux : « *Omnis sermo vester dubitationis sale sit conditus* (assaisonnez tous vos discours par le sel du doute, qui corrige le dogmatique et le décisif). »

Il avait, dis-je, le ton différent, et quelquefois un peu aussi la méthode : dans son Discours *sur l'existence de Dieu et l'immortalité de l'âme*, en reconnaissant les preuves naturelles comme insuffisantes, il les juge pourtant solides et proportionnées à certains esprits : « Il y en a d'abstraites et de métaphysiques, ajoute-t-il, et je ne vois pas qu'il soit raisonnable de prendre plaisir à les décrier. » — Nicole, par ce côté, mène à Daguesseau.

La portion la plus originale, la plus délicate et la plus intime des *Essais*, à les bien comprendre (et je dis ceci pour les esprits modestes qui ne dédaigneront pas de les parcourir), est celle qui concerne les amitiés infidèles des hommes, leurs jugements téméraires, leurs soupçons injustes, tous ces défauts des gens de bien eux-mêmes, avec lesquels il faut s'accommoder. Nicole en avait beaucoup souffert, et il ne cessait d'y réfléchir : c'était, dans toutes ses dernières années, sa pensée la plus familière et la plus voisine de son cœur. Nicole, en effet, nous offre l'exemple le plus parfait de l'inégalité dans ces alliances et, pour ainsi dire, dans ces mariages d'intelligence entre un esprit supérieur et plus vigoureux d'une part (comme l'était celui d'Arnauld), et de l'autre un esprit moindre sans doute, mais plus délicat aussi et à certains égards supérieur (comme était le sien), un esprit qui est subordonné et qui souffre, soit qu'il demeure, soit qu'il se sépare. Il eut besoin de tout son christianisme pratique pour ne pas être aigri. Les plus distingués de ses petits traités, et celui *de la Paix à conserver avec les hommes*, se rapportent à cette habituelle et douloureuse pensée.

En avançant dans la vie de Nicole, nous retrouverons ce fonds de pensée constant. La suite de cette vie nous ramènera à quelques-unes de ses *Lettres* qui restent pour nous la meilleure partie des *Essais*.

En 1671, au moment où il achevait le premier tome des *Essais*, on le voit établi à l'abbaye de Saint-Denis, dans un logement qu'il doit à l'amitié du cardinal de Retz, abbé commendataire. Nicole avait assez souffert des petits propos et des petites dissensions internes de Port-Royal pour ne pas vouloir s'y aller loger tout à fait ; et il avait cette retraite à Saint-Denis pour s'isoler au besoin, pour y vivre plus indépendant quand il le voulait. — A Paris il avait un logement au faubourg Saint-Jacques dans ce qu'on appelait les Écuries de la duchesse de Longueville, à proximité de cette princesse qui, lorsqu'elle n'était pas à Port-Royal des Champs, occupait elle-même un corps de logis dans la première cour des Carmélites.

Le chapitre des logements de Nicole n'est pas le moins curieux de son histoire et nous représente assez bien les perplexités de son esprit. Aussitôt après la paix de l'Église, et six semaines après la conclusion, Nicole, tout occupé de recouvrer sa liberté et de constater qu'il n'était plus engagé nécessairement avec M. Arnauld, qu'il en était une personne distincte et séparable, s'en alla à Troyes comme s'il eût voulu s'y retirer, et il évita pendant les dix années qui suivirent « de contracter aucune union fixe de demeure avec lui. » Logeant à Paris l'hiver, il tâchait d'en sortir tous les étés pour les passer dans quelque ville assez distante, Troyes, Chartres, Beauvais, etc. Cependant il était rattiré vers Arnauld et par l'amitié et par l'habitude, et par cette opinion qu'avaient tous les amis, que Nicole et M. Arnauld, c'était une même chose. Ils continuaient d'être associés indissolublement dans les jugements des hommes, et rien n'avertissait d'une diminution de lien. Ainsi, dans l'automne de 1671, ils allèrent à Angers de compagnie. On a leur itinéraire. Ils partirent de Paris dans le carrosse de madame Angran, passèrent trois jours à Duretal chez le duc de Liancourt, s'arrêtèrent à La Flèche où ils visitèrent le collége des Jésuites, allèrent de là au Verger, terre du prince de Guémené. Ce n'étaient pas des voyages de purs et rudes pénitents comme ceux de M. Le Maître ou de M. Hamon. — On voit aussi Nicole avoir l'œil, dans ses excursions, aux curiosités naturelles, aux singularités des lieux où il passait.

Nicole fit, en 1676, un autre voyage plus long vers l'évêque d'Aleth, à qui il voulait particulièrement s'ouvrir sur ce qu'on le pressait d'entrer plus avant dans les ordres. Il s'y rendit par Lyon, Avignon, Nîmes; il s'arrêta au retour à Grenoble et y vit l'évêque Le Camus (depuis cardinal), l'ancien libertin converti, et qui avait pris pour modèle le vénérable Pavillon. Nicole visita avec le prélat la Grande-Chartreuse[1]. Il alla aussi à Chambéry, où était alors le cardinal de Retz qui l'accueillit avec amitié; puis à Annecy, où il vit l'évêque de Genève, M. d'Aranthon, et fit ses dévotions au tombeau de saint François de Sales. Cette tournée devint plus tard l'objet de mille sottes et méchantes accusations dans lesquelles

---

1. Nous avons, par M. Le Camus lui-même, des nouvelles de la visite de Nicole. Cet évêque, que ses lettres nous montrent homme d'esprit, écrivait à l'abbé de Pontchâteau, à cette occasion :

† « A Chartreuse, 6 août 1676.

« Nous avons ici M. Nicole qui m'a beaucoup consolé par les choses qu'il m'a dit (sic) de vous et de vos amis; j'ai été très-édifié de ses entretiens et des dispositions où il est. Il revenoit d'Aleth et m'a dit des nouvelles de ce prélat (M. Pavillon) et de la fermeté avec laquelle il a reçu la dernière touche que Dieu lui a fait sentir au sujet de la Régale.

« J'ai fait ce que j'ai pu pour le retenir (M. Nicole) quelque temps, comptant comme un très-grand avantage de pouvoir conférer avec une personne aussi éclairée et dont les lumières sont si pures; mais j'appréhende que la pénitence que je lui ai fait faire ne l'ait obligé de décamper quelques jours plus tôt qu'il n'avoit projeté. Si c'est un très-bon auteur, c'est un des plus méchants cavaliers qui soient au monde, et, à voir la peine qu'il a de monter à cheval et d'aller par nos rochers, je me crois, tout indigne que je suis, plus propre à être en ce poste ici que lui. »

on faisait de Nicole le diplomate voyageur du Jansénisme, et « qui alloit chez les évêques pour les sonder, pour leur inspirer ses sentiments s'il pouvoit. » Il prêtait peut-être à ces propos par un mélange de curiosité un peu vive et de mystère. Il voyait volontiers les gens, s'engageait de conversation avec eux à la rencontre, dînait à la même table, ne haïssait même pas de discuter de saint Augustin et des questions du jour, se développait en homme d'esprit, faisait que tous se demandaient : *Quel est donc cet ecclésiastique d'un savoir si éminent ?* et les quittait sans se nommer à eux et sans se faire connaître. Tel je me figure Nicole en voyage, les jours d'aventure, d'après les divers récits que j'ai pesés et balancés.

Peu après son retour d'Aleth, un orage se forma. Dans les premiers mois de l'année 1677, les évêques d'Arras (M. de Rochechouart) et de Saint-Pons (M. de Montgaillard) résolurent de déférer au nouveau Pape, Innocent XI, quelques propositions scandaleuses des casuistes relâchés : ils s'adressèrent à Nicole, le rédacteur en renom, et le sollicitèrent d'écrire la lettre ; il refusa ; on fit intervenir madame de Longueville, et Nicole prêta sa plume et son beau latin. On le sut, et cela fut pris pour une infraction à la trêve. Le roi ordonna à M. de Pomponne, secrétaire d'État, d'écrire à M. Arnauld son oncle que Sa Majesté avait été satisfaite jusque-là de sa conduite et de celle de M. Nicole, mais qu'elle en recevait maintenant des plaintes de toutes parts et qu'on les soupçonnait de vouloir réveiller les contestations. Nicole un peu effrayé quitta Paris, alla à Chartres, puis à Troyes, dont il affectionnait le séjour, puis à Beauvais où il avait un petit bénéfice dû à l'amitié de l'évêque, M. de Buzanval[1]. Il cherchait à se faire oublier. Mais les morts de madame de Longue-

---

1. Un de ces bénéfices qu'on appelait *à simple tonsure*.

ville, du cardinal de Retz et de M. de Buzanval qui arrivèrent coup sur coup en l'année 1679, l'allaient priver de ses trois petits asiles, à l'abbaye de Saint-Denis, aux Écuries de madame de Longueville, faubourg Saint-Jacques, et à son petit bénéfice de la chapelle Saint-Nicolas à Beauvais. Madame de Longueville mourut la première (avril 1679)[1]. La persécution contre Port-Royal recommençait. Il en apprit la nouvelle à Beauvais où il était alors (mai). Il crut entendre les accusations renaître plus vives contre lui, au sujet de la lettre qu'il avait rédigée au nom des deux évêques, il y avait près de deux ans. Quelques amis prudents craignaient qu'il ne fût menacé de quelque chose de pire que l'exil. Il jugea plus sûr alors de quitter le royaume et passa à Bruxelles, où M. Arnauld le rejoignit. Mais quand celui-ci parla de pousser jusqu'en Hollande, Nicole, on le sait, renonça. Il avait cinquante-quatre ans; il était lassé, infirme, travaillé d'asthme ; il ne voulait plus ici-bas qu'un gîte obscur, un nid. Il faut lui-même l'entendre au long dans son doux et pacifique gémissement. Après cette séparation d'avec Arnauld pour laquelle il fut très-blâmé des amis de Paris, étant allé de Bruxelles à Liége, puis, en remontant la Meuse, à Sedan, il écrivait, de l'abbaye de Châtillon où il était en décembre 1679, à une dame de ses amies bel esprit et dévote, madame de Saint-Loup[2] :

1. Voir à l'*Appendice* une petite histoire concernant Nicole, et qui se rapporte à la dernière année de la vie de madame de Longueville.

2. Madame de Saint-Loup, souvent nommée dans les Correspondances jansénistes, était une des affiliées actives et considérables de ces Messieurs dans le faubourg Saint-Jacques. Ancienne amie du secrétaire du Cabinet, Langlade, on lit sur elle et l'on entrevoit d'étranges choses dans les Mémoires de Gourville. Cela a l'air d'une mystification. Elle fit si bien qu'elle rattacha son ancien ami, très-peu converti, à Port-Royal ; elle s'était arrangée pour garder son empire sur lui, tout en se raccommodant avec Dieu : elle lui

« Puisque tout le monde me lapide, et qu'on ne vous distingue point en cela des autres, il seroit peut-être bon, Madame, de savoir de quelle grosseur sont les pierres que vous me jetez, afin de juger par là s'il y a sûreté à vous aborder par une lettre, et si cela ne m'attireroit point quelque pierre capable de m'écraser tout d'un coup : car vous savez que je ne m'expose pas volontiers aux coups, et que je ne fis jamais profession d'intrépidité. Néanmoins, comme jusqu'ici vous ne m'avez pas donné lieu de vous croire des plus mauvaises, j'ai pensé que je pourrois prendre le hasard d'essuyer quelques-uns de vos coups en vous écrivant, et afin que vous ne craigniez rien de ma part, je vous déclare que quoique j'aie de mon côté un tel amas de pierres autour de moi, qu'il semble qu'il y en ait de quoi repousser tout le genre humain, je ne daignerois pas néanmoins en jeter à personne, non pas même à ceux qui viennent m'en accabler dans mon désert, parce que les gens me paroissent avoir la tête à l'épreuve de mes pierres, qui ne sont que des raisons, en cela différentes de celles qu'on me jette, qui ressemblent fort à des injures. »

C'est là du bon Nicole, enjoué, agréable, du Nicole quand il est laissé à lui-même, à son propre naturel, et sans système. Toute sa lettre (et il en écrivit vers ce temps un grand nombre qui roulent sur ce même sujet de ses tribulations) est de ce ton fin, adouci; la moralité y perce à demi sous la plainte. Il y glisse un conseil à madame de Saint-Loup, dont le faible était de ne pouvoir se passer des conversations brillantes :

« Il est bon, Madame, d'accoutumer le corps aux viandes communes et qu'on trouve partout, pour n'être pas misérable quand on n'a pas ce qu'on se seroit rendu nécessaire : il est bon aussi d'accoutumer son esprit aux esprits com-

fit faire quelque donation avant de mourir, et on lit dans les Journaux manuscrits du monastère que, le mercredi 11 novembre 1680, on fit dans l'église des Champs un service pour M. de Langlade, M. de Blancménil, etc., « toutes personnes décédées depuis peu, et *à qui la Maison a obligation.* »

muns, et de pouvoir se passer de M. de Tréville, de M. Du Bois et de M. de La Chaise¹, et enfin de se défaire de l'idée de la nécessité de toutes ces choses. Je ne saurois m'empêcher de vous faire faire, sur cela, réflexion touchant ce qui m'est arrivé cette année en l'espace de six mois. J'avois trois petits établissements, l'un à Paris, l'autre à Saint-Denis, l'autre à Beauvais, et j'étois meublé dans tous ces trois lieux, très-petitement à la vérité, mais tout est grand à ceux qui ne le sont pas. La mort de trois personnes m'a privé de tous les trois lieux, et, outre l'appui que j'ai perdu en leur personne, je suis exclu de ces trois demeures et réduit à n'en avoir plus de fixe. Rien n'est plus contraire à mon humeur que les changements de lieu, les visages nouveaux, les nouvelles connoissances : il a fallu cependant essuyer ces changements plus d'une fois tous les mois, et je ne me suis point vu en lieu d'où je n'eusse un sujet raisonnable de craindre d'être forcé de sortir, et dont je ne sois sorti en effet. On me disoit en un lieu qu'il y avoit un président qui me pourroit faire une pièce : ailleurs on me faisoit appréhender le gouverneur. Mais ce qui m'a été toujours le plus formidable partout, a été le dégoût et la timidité de mes hôtes. Au lieu des gens que vous savez que je voyois à Paris, j'ai été réduit premièrement à des personnes auprès de qui ni mon latin, ni mon françois, ni tout ce que je pouvois savoir en quelque art et en quelque science que ce fût, ne servoit de rien. Ensuite j'ai été assez longtemps avec les charrons et les bateliers pour apprendre parfaitement leurs mœurs et leurs coutumes; et enfin me voilà réduit à n'avoir de conversation qu'avec les chênes et les hêtres. Je crains assez les fatigues et les incommodités du corps : j'en ai éprouvé de toutes sortes et d'assez pénibles, sans que j'eusse, ni que je m'imaginasse personne qui m'en plaignît. J'étois dans le monde sur un certain pied qui ne blessoit pas tout à fait l'amour-propre; si je n'apercevois pas dans les gens que je voyois de grands sentiments d'es-

1. Autrefois dans sa jeunesse, et sous sa première forme galante, c'était de M. de Vardes, de M. de Candale, de M. de Saint-Évremond, que madame de Saint-Loup aurait eu peine à se passer. (Voir dans les Œuvres de Saint-Évremond la *Conversation avec le duc de Candale.*)

time et d'affection, je n'y voyois pas aussi de grands sentiments de mépris, ni des reproches bien durs. Je me contentois assez de ce degré et n'en voulois pas davantage. *Cette réputation s'est envolée comme des oiseaux dont on laisse la cage ouverte.* Il a plu au monde de m'en dépouiller, et mes amis y ont consenti le plus bonnement du monde. Jamais vous ne vîtes personne plus abandonné, et à la défense de qui moins de personnes se soient intéressées. Je n'ai pu même obtenir de personne qu'il suspendît son jugement, et qu'il supposât que je pouvois avoir eu quelque raison.

« Vous me demanderez sans doute comment on vit dans tous ces états, et comment l'esprit s'y trouve. Je vous réponds en un mot, Madame, que soit dureté, soit philosophie, soit persuasion que j'obéissois à la volonté de Dieu, je ne me suis jamais trouvé en ma vie dans une situation plus tranquille, ni même plus disposé à la joie. Ce n'est pas que je me fie à ce calme, et que je ne sois convaincu qu'ayant souffert sans beaucoup de peine des états assez durs, je puis être abattu et renversé par les petits accidents ; mais j'ai toujours sujet d'en conclure que la cause de notre foiblesse est plus dans nous-mêmes que dans les choses extérieures, et que nous nous en grossissons de beaucoup l'idée. Car qui m'auroit dit, il y a six mois, qu'il falloit me résoudre à n'avoir plus ni feu ni lieu, à être à charge à tout le monde, à changer continuellement de demeure, à être décrié et condamné par les gens du monde et par les amis, d'un consentement mutuel, à n'être plaint ni défendu de personne, à coucher sur la paille avec la fièvre, dans des trous creusés sous les rochers de la Meuse : en vérité cela m'auroit fait peur. Cependant cela est passé, et n'est pas si grande chose qu'on pourroit croire. Je suis encore comme un oiseau sur la branche sans savoir où aller, mais je ne regarde plus cela comme un si grand mal. Peut-être que ce que je crains n'arrivera pas ; mais, quoi qu'il en soit, je ne m'en mets pas en peine. Je demeurerai ici, si je puis, en repos jusqu'au printemps ; sinon, j'en sortirai, s'il plaît à Dieu, fort en paix. Je conclus de tout cela qu'il vous en arrivera de même, si vous êtes jamais réduite à vous passer de Paris, et que vous ne regarderez pas cet éloignement comme une fort grande chose. C'est le but et la moralité de ma lettre. »

Ainsi se plaint Nicole quand il est au plus bas dans le malheur et la mésaventure, et réduit à l'état de Job. — Voulez-vous connaître la note intime de l'âme de chacun? Écoutez-le quand il est en cet état de Job.

Cette *lapidation* dont il a parlé en commençant avait surtout été causée par sa lettre à l'archevêque de Paris, M. de Harlai. En effet, dans le même temps qu'il se séparait d'Arnauld, Nicole avait pensé à rentrer en grâce auprès de son archevêque. Il avait écrit à M. de Harlai, comme aurait pu faire le plus simple clerc, tout un exposé sincère de sa conduite, avait expliqué naïvement la part qu'il avait prise à la lettre des évêques de Saint-Pons et d'Arras, et comment il y avait été amené. Il se montrait d'ailleurs tel qu'il était, n'ayant, depuis des années déjà, d'autre désir que de penser à son salut, en se tenant à l'écart des contestations, et de passer sa vie dans l'étude et dans la prière : « En quelque lieu que je sois, promettait-il en terminant, j'aurai les mêmes égards *pour éviter tout ce qui peut faire du bruit, et tout ce qui vous peut donner de la peine.* »

Cette lettre fut envoyée ouverte au curé de Saint-Jacques, M. Marcel, qui devait la montrer aux amis, ce qu'il fit en effet ; et, nonobstant les remarques et objections de plusieurs, il la remit à l'archevêque sans prévenir Nicole, et peut-être fit-il bien : car par là il coupait court aux perplexités de l'exilé et lui ôtait du pied sa plus grande épine [1].

Mais quand cette lettre fut ébruitée (août), il y eut parmi les jansénistes zélés une grande clameur contre le pauvre Nicole. Depuis longtemps on le taxait de faiblesse. Deux ans auparavant, à l'avénement du nouveau pape Innocent XI, M. de Pontchâteau et la mère Angélique de Saint-Jean avaient conseillé qu'on tâchât de le

---

1. M. Marcel était ou avait été le confesseur de Nicole et le connaissait bien.

déterminer à aller à Rome, où l'on avait besoin d'un théologien instruit pour pousser à la condamnation des Casuistes ; on craignait qu'à Paris il n'affaiblît trop M. Arnauld. Nicole refusa, et ce fut M. Du Vaucel qui plus tard fit le voyage. Nicole, toujours ingénieux même dans ses douleurs, disait qu'il n'avait jamais été plus traversé dans sa vie que par des gens qui *couchaient sur du sarment :* le lit ordinaire de M. de Pontchâteau était des fagots. — Au bruit de la soumission de Nicole, sur cette demi-ligne surtout qu'on citait de sa lettre et par laquelle il s'engageait envers l'archevêque, envers ce nouveau persécuteur cauteleux de Port-Royal, de *ne lui point faire de la peine,* il y eut un cri et un décri général ; M. de Pontchâteau, M. Hermant de Beauvais, M. Le Roi, abbé de Haute-Fontaine (lequel oubliait trop que l'abbé de Rancé l'avait depuis peu lui-même rudoyé), tous, par leurs paroles, par leurs lettres, les plus modérés par leur opiniâtre silence, maltraitèrent et mortifièrent Nicole. On a ses réponses, ses justifications, pleines de raison, de charité et aussi d'agrément.

Au fond, toutes ces récriminations et ces clameurs ne lui apprennent rien de bien nouveau. Il est sagace et fin, il est moraliste, il devine. Il sait faire de loin la part et le rôle de chacun dans cette soudaine insurrection des amis.

« Il me prend envie, Monsieur, écrit-il à l'un de ces donneurs de faciles conseils, de me révolter un peu contre tous tant que vous êtes, et de tâcher de vous rendre raisonnables. J'entends admirablement le sens de votre *Confortare;* et quand vous ne m'auriez rien fait connoître de vos sentiments, il suffit que je vous connoisse tous pour prévoir à peu près tout ce que vous aurez pu dire. Je serois capable de redire à chacun tout ce qu'il a dit, et de vous marquer, sans que personne m'en ait averti, ceux qui ont parlé aigrement; ceux qui ont parlé avec un air de moquerie, ceux qui ont mêlé quelques traits de compassion, ceux qui ont tâché d'adoucir un peu les choses, ceux qui ont jeté feu et flamme. Je me suis trouvé souvent en esprit dans ce *concile*, où j'ai si peu entendu de choses à ma louange. Enfin, Monsieur, je ne pense pas que rien m'ait échappé et que, quand vous me voudriez tous faire une confession générale, vous m'apprissiez rien de nouveau. Il y en a qui l'ont déjà fait par écrit, et le bon M. Le Roi s'en est acquitté avec une sincérité merveilleuse. »

M. Le Roi s'était oublié jusqu'à lui écrire, en lui opposant l'exemple de M. Arnauld et sans tenir compte de la différence des situations et des caractères : « Quelle a été la tentation qui vous a porté *jusqu'à vouloir entraîner votre ami dans l'égarement avec vous?*... L'exemple si terrible que vous lui donnez n'a point été capable de l'affoiblir; mais l'exemple si puissant qu'il vous donne n'aura-t-il point la vertu de vous faire recouvrer vos forces? » M. Le Roi était vraiment plaisant, lui qui vivait en paix dans sa belle abbaye, de vouloir condamner Nicole à un héroïsme et à un exil perpétuel. On a de quoi admirer la patience de Nicole dans la réponse qu'il lui fit[1].

Nicole trouvait singulier à bon droit qu'on lui fît un crime de désirer vivre en paix à Paris, comme M. de Saci vivait à Pomponne, comme M. de Tillemont à Tillemont, et qu'on le voulût condamner à une perpétuelle communauté de combats, à un éternel enchaînement de corps et d'esprit avec M. Arnauld; car, sans compter les autres charges qu'une telle détermination imposait et qui dépassaient les forces morales de Nicole vieilli, la première condition, en se remettant avec M. Arnauld,

---

1. M. de Pontchâteau lui-même trouvait que M. Le Roi était allé trop loin : « Je suis fâché de la lettre de M. de Haute-Fontaine à M. Nicole, mais je suis marri que M. Nicole y ait donné occasion. Ce n'est pas que ce qu'il a fait méritât une correction si dure; mais il est vrai qu'il a écrit une lettre à M. de Paris qui a fait de la peine à tous ses amis.... On a trop poussé M. Nicole, et il se défend trop, ce me semble. » (Lettre à M. de Neercassel, écrite de Rome le 2 février 1680.)

était de demeurer enfermé avec lui, enfermé *toute sa vie comme dans une prison*, sans avoir même la liberté de mettre le nez à la fenêtre de peur d'être reconnu. Les migraines seules, quand il n'y aurait eu que cela, auraient empêché Nicole de se soumettre à un tel régime. Le contraste de ce qu'on permettait à d'autres et de ce qu'on prétendait lui imposer, à lui, provoquait de sa part de spirituelles répliques, et plus littéraires qu'on ne croirait :

« Je ne puis m'empêcher, écrivait-il à l'un de ces empressés censeurs et des plus zélés Arnaldistes, M. de Pontchâteau, de vous faire un peu rire de l'honneur que le monde me fait en cette rencontre ; car on me traite à peu près comme Cicéron traite Caton en le comparant à soi. Il prétend dans cette comparaison, qu'à cause de la différence de son humeur et de celle de Caton, il avoit pu se réconcilier avec César et vivre en repos à Rome après la bataille de Pharsale, mais que pour Caton il falloit qu'il mourût : *Moriendum potius quam tyranni vultus aspiciendus fuit....* Si ces messieurs ont mérité qu'on leur fasse la grâce que Cicéron se fait à lui-même, je ne vois pas ce qui leur donne lieu de me charger du personnage de Caton, avec lequel il me semble que j'ai très-peu de rapport. »

Quant au point de vue général qui concernait tout le parti, il faisait très-bien ressortir la différence qu'il y avait entre la situation des affaires de Port-Royal à ce moment de 1679, et l'état où elles étaient quinze années auparavant. Cet état présent qu'il fallait, selon lui, traiter par le silence plutôt que par des écrits, était à la fois plus tolérable et plus extrême ; — plus tolérable, en ce que les religieuses n'étaient point réduites en captivité ni privées des sacrements ; — plus extrême et plus désespéré, en ce qu'aucun évêque n'étant intéressé dans la cause, Louis XIV souverain maître n'avait qu'à s'irriter d'une défense imprudente, d'un écrit venu de l'étranger, pour frapper incontinent et terminer la contradiction d'un seul coup.

Cependant (et c'est ce qui les honore tous deux), tandis que le bruit public les mettait aux prises, le procédé des deux principaux personnages, l'un à l'égard de l'autre, restait ce qu'il devait être : au milieu de ce déchaînement injuste des gens de bien, Nicole blessé ne faisait rien remonter de son mécontentement jusqu'à Arnauld ; Arnauld se conduisait avec équité et générosité en rendant témoignage à Nicole. On a les lettres qu'ils s'écrivaient dans le fort de la crise. La première lettre de Nicole à Arnauld, qui fut écrite de Liége, dut être des premiers jours d'août[1]. C'est à cette lettre qu'Arnauld répondit par une lettre du 9 août, imprimée dans le recueil des siennes. Il y reste lui-même et dans sa ligne, tout en entrant jusqu'à un certain point dans les raisons de Nicole :

« Je vous suis obligé de ce que vous m'avez bien voulu décharger votre cœur : vous ne le sauriez faire à personne qui entre plus dans vos peines et qui y compatisse davantage ; et quoique je ne puisse pas toujours être de votre sentiment, je ne prétendrai jamais que vous soyez obligé d'être du mien, surtout quand il s'agira d'entrer dans des engagements où vous auriez trop de répugnance. J'aurai toujours la reconnoissance que je dois des assistances que vous m'avez rendues ; mais cela ne me donne pas droit de vous en demander de nouvelles, et c'est assez que Dieu ne vous en donne pas la volonté pour me faire accepter cette privation comme un ordre de sa providence. Je n'approuve donc point

---

1. Elle n'est pas imprimée ; j'en ai trouvé la minute de la main de Nicole dans un manuscrit (T. 2297) de la Bibliothèque Mazarine. Cette lettre commence ainsi : « Je réponds ou plutôt j'écris à monsieur *d'Urval* sur M. Elzevir et sur divers autres points, mais je crois me devoir adresser à vous en particulier sur le sujet des plaintes que je sais que l'on fait sur mon sujet, et que j'ai apprises tant par M. *d'Urval* que par M. Périer.... » M. *d'Urval* était M. Guelphe, secrétaire et compagnon d'Arnauld. — Je donne cette lettre en entier dans l'*Appendice*, à la fin du présent volume.

que l'on parle de vous comme l'on fait, et je trouve surtout qu'on a grand tort de le faire de la lettre à M. de Paris.... Il est vrai que je ne voyois pas de nécessité de l'écrire..., parce qu'il n'y a rien à espérer de tous les éclaircissements que l'on donne à cet homme.... Il n'y auroit qu'un moyen de l'apaiser : ce seroit de lui faire des bassesses, dont je suis certain que vous n'êtes pas plus capable que moi.... »

Arnauld n'approuve pas toutes les craintes de Nicole, ses demi-rétractations du passé, et ses velléités de repentir au sujet de livres de polémique anciennement écrits. Il articule les mots de *timidité* et même de *pusillanimité* :

« On peut tomber dans la disgrâce de son Seigneur pour avoir manqué de faire profiter un talent qu'il nous avoit donné. Le talent que vous avez d'écrire en latin est très-rare, et on en peut user très-avantageusement pour l'Église, surtout dans la conjoncture d'un Pontificat tel qu'est celui-ci. Vous l'enfouissez quand vous témoignez une si grande pente à ne vous mêler de rien. Excusez ma chaleur ; c'est peut-être un zèle mal réglé qui me fait dire toutes ces choses : il me semble pourtant que je n'ai point d'autre intérêt que celui de Dieu et de la vérité. Adieu, aimez-moi toujours, et assurez-vous que je ne prendrai point de part à tous les caquets du monde, et, quelque parti que vous preniez, la petite peine que j'en pourrois avoir ne m'empêchera jamais de vous regarder comme mon ami *à la mort et à la vie*[1], etc. »

Telle fut la ligne de sentiment et de conduite que tint Arnauld envers Nicole après leur séparation. Il écrivit des lettres à Paris pour rabattre l'excès de zèle des amis et pour justifier la sincérité de Nicole : ainsi, à madame de Fontpertuis[2], le 2 septembre 1679 :

---

1. Nous dirions, nous, *à la vie et à la mort;* c'est que nous croyons surtout à la mort, et que, lui, il croyait surtout à la vie.

2. Madame de Fontpertuis était veuve de M. Angran de Fontper-

« Je loue le zèle de nos amis, mais assurément il va trop loin, et certainement ils se trompent quand ils soupçonnent M. *de Saint-Vast* (Nicole) d'agir par cupidité. Il y peut avoir de la crainte, mais il y a aussi du scrupule et de l'embarras de conscience ; et ce qui me le persuade est qu'il y a longtemps qu'il a les pensées qu'il témoigne avoir maintenant.... Il m'en a entretenu et encore plus M. *Du Vivier* (de Sainte-Marthe) dans un temps où il n'y avoit point d'apparence de persécution. »

Enfin, deux ans après, à propos d'une nouvelle tracasserie qu'on suscitait à Nicole pour l'emploi de sa part dans les fonds de Nordstrand, Arnauld écrit très-net à M. de Pontchâteau (15 octobre 1681) :

« J'apprends par une lettre de M. Nicole, qu'on s'est horriblement laissé prévenir contre lui, par de méchantes raisons, sur une affaire où il a tout à fait raison.... Je ne puis m'empêcher de dire qu'il semble qu'en toutes choses on prenne à tâche de le décrier, comme on l'a fait encore au sujet de la permission qu'il a eue de demeurer chez lui (à Chartres) : quoique cela se soit proposé par un ami sans sa participation et sans qu'on y ait apporté aucune condition, on n'a pas laissé d'en prendre sujet de le taxer de lâcheté, ce qui me paroit la plus grande injustice du monde.

tuis, conseiller au Parlement de Metz. — C'est son fils, homme de débauche et de plaisir, qui fut le sujet d'un mot célèbre de Louis XIV, que Saint-Simon, et Duclos d'après lui, nous ont conservé. Le duc d'Orléans, partant pour l'armée d'Espagne en 1708, nomma au roi, parmi ceux qui devaient le suivre, Fontpertuis. — « Comment, mon neveu ? lui dit le roi prenant un front sévère, Fontpertuis ! le fils de cette janséniste, de cette folle qui a couru M. Arnauld partout ! je ne veux point de cet homme-là avec vous. » — « Ma foi ! Sire, répondit le duc d'Orléans, je ne sais pas ce qu'a fait la mère, mais pour le fils, il n'a garde d'être janséniste, et je vous en réponds, car il ne croit pas en Dieu. » — « Est-il possible, mon neveu ? » répliqua le roi en se radoucissant. — « Rien de plus certain, Sire, je puis vous en assurer. » — « Puisque cela est, dit le roi, il n'y a point de mal, vous pouvez le mener. » — Le duc d'Orléans ne se fit faute de raconter la scène, et il n'en parlait jamais, dit Saint-Simon, sans en rire aux larmes.

« N'est-il pas utile qu'il soit en repos, afin qu'il puisse travailler pour l'Église? ne le fait-il pas toujours d'une manière ou d'autre?

N'est-il pas juste que chacun agisse selon son don? n'a-t-il pas rendu d'assez grands services pour lui en savoir gré, et ne le pas traiter comme un esclave qui n'auroit pas la liberté de faire ce qui lui plairoit?

« Il a de très-belles vues et qui sont de la dernière importance, et au lieu d'y entrer et de lui donner moyen de les suivre, on voudroit qu'il s'appliquât à des choses auxquelles il n'a pas d'inclination ; et parce qu'il ne le fait pas, peu s'en faut qu'on ne le traite de déserteur. Cela m'a toujours paru si déraisonnable, que vous me pardonnerez bien, si je n'ai pu m'empêcher de vous en décharger mon cœur dans l'occasion que m'en a donnée cette nouvelle affaire de Nordstrand. »

Le grand et brave Arnauld, le bon et doux Nicole! tels ils se dessinent à nous de plus en plus par leurs paroles et leurs actes mêmes.

Et pour Nicole, on peut dire qu'il sortit de cette épreuve, sinon en héros, du moins plus pur, plus modeste, plus ingénieux dans la pénétration des replis du cœur, plus continent dans ses plaintes, plus doucement circonspect et tolérant dans sa doctrine, en un mot avec l'or le plus fin de *son don*. Les mots les plus charmants de lui, ses paroles les plus vives et qui lui ressemblent le plus, lui sont venues à cette occasion et s'y rapportent. Dans l'une des nombreuses stations qu'il fit durant ce temps si agité (et il en fit jusqu'à seize différentes), étant à l'abbaye d'Orval dans le Luxembourg (1679-1680), il reçut la plus grande partie des lettres dont nous avons parlé et où on lui disait d'étranges choses :

« Ces lettres m'ayant empêché de dormir près de quinze jours, écrivait-il agréablement plusieurs années après, j'eus recours à divers remèdes : je pris des émulsions, des orges mondés, et enfin de l'opium plusieurs fois. Tout cela n'y ayant rien fait, je pris résolution de me délivrer de ces pensées en réfutant toutes les raisons qu'on m'alléguoit, que je trouvois pitoyables, et j'en composai un écrit qui a pour titre *Apologie*. Je ne sais quel effet cet écrit fit sur quatre ou cinq personnes à qui je le montrai, mais il fit certainement celui que j'en prétendois pour moi, qui étoit de me rendre le sommeil, et il me rétablit en mon état ordinaire.

« Cependant le bruit d'une *Apologie* s'étant répandu, M. de F.... s'en remua et m'en écrivit; et je me souviens de plus que M. Bureau, ecclésiastique de mérite, m'en fit une remontrance fort sérieuse, sur ce qu'entre les écrits des Pères, il n'y avoit que deux ou trois Apologies de cette sorte, comme celle de saint Athanase, *De fuga sua;* et il me témoigna qu'il craignoit fort que le monde ne s'offensât que je voulusse les imiter.

« Je lui répondis qu'il n'avoit nul sujet de s'en mettre en peine, que cette prétendue *Apologie* avoit uniquement pour but de me procurer le sommeil. Et, en effet, après en avoir tiré ce secours, je l'ai renfermée pour ne voir jamais le jour, n'ayant jamais eu une si sotte vanité que d'appliquer le monde à ce qui m'arrive. Mais il me semble aussi que c'est une intention fort légitime que de vouloir dormir, et que comme un certain archevêque de Constantinople, dont il est parlé dans Crusius, avait pour dicton ordinaire, qu'*il faut de l'argent*, χρημάτων δεῖ, on peut prendre légitimement celui-ci : *Il faut dormir*, ὕπνου δεῖ : cela soit dit en passant. »

Il racontait, dix ans après, cette agréable histoire pour expliquer comment il avait été amené à répondre par écrit à des objections qu'on lui faisait sur sa vue de la *Grâce générale :* « C'est, disait-il, une nouvelle espèce de narcotique que j'ai toujours pratiqué. »

Écrire les choses ou les idées qui tourmentent, s'en décharger sur le papier, puis garder cela au fond d'un tiroir à clef et n'y plus penser, c'est une recette que je me permets aussi de recommander après Nicole et selon ma propre expérience particulière. Pour les personnes nerveuses et d'un tempérament littéraire, écriture c'est délivrance¹. — Mais n'allez pas publier! la guerre et tous les tourments recommenceraient pour n'en plus finir.

Nicole avait bien par moments des démangeaisons de publier cette *Apologie* qu'il avait faite; il la faisait circuler. Elle alla jusqu'en Hollande². Heureusement sa crainte le retint et il sut s'arrêter à temps :

« Que voulez-vous que je vous die, écrivait-il à un ami à qui il en envoyait le premier jet,

Αἰδέομαι Τρῶας καὶ Τρωάδας ἑλκεσιπέπλους³,

quoique la plupart de ces Troyens et de ces Troyennes *à la robe traînante* ne m'en sachent pas plus de gré. »

1. Un jour que M. de La Mennais avait écrit à Béranger de son ton le plus lugubre : « *Il y en a qui naissent avec une plaie au cœur,* » son spirituel correspondant lui répondait : « En êtes-vous bien sûr, mon cher ami? Je crois plutôt que nous autres, qui venons au monde pour écrire, grands ou petits, philosophes ou chansonniers, nous naissons *avec une écritoire dans la cervelle*. Comme l'encre y abonde sans cesse, dès que nous laissons reposer notre plume, le noir liquide se répand et coule jusqu'au siège de nos affections. Alors, nos humeurs s'imprègnent de noir, nous voyons tout en noir, hommes et choses; le monde, la création tout entière nous fait horreur. Nous nous en prenons surtout à la pauvre espèce humaine, dont tant de gens disent pis que pendre, comme s'ils avaient l'honneur de n'en pas faire partie. Mais employons-nous l'encre de notre écritoire à noircir du papier, aussitôt notre esprit se rassérène; notre imagination se purge, et nos œuvres fussent-elles œuvres de misanthrope, notre humeur, charmée par le travail, ferme cette plaie dont vous vous plaignez. Oui, cher maître, il en est ainsi de nous autres écrivains. Employez donc votre encre, pour qu'elle ne se répande pas sur tout votre être. Écrivez, écrivez.... »

2. M. de Pontchâteau écrivait, le 18 avril 1680, de Rome où il était alors, à M. de Neercassel à Utrecht : « Je reçois quelquefois des lettres de nos deux amis (Arnauld et Nicole). J'ai eu regret de ce qu'on avoit dit tant de choses contre celui dont vous avez vu l'*Apologie*. Ce n'est pas que je convienne qu'il ait raison en tout, mais on en a trop dit.... »

3. C'est le mot d'Hector à Andromaque qui lui conseillait de ne pas se risquer en plaine contre les Grecs trop puissants (*Iliade*,

Parmi ces Troyennes *à la robe traînante,* il nous est difficile de ne pas apercevoir une ou deux des religieuses de Port-Royal, sans doute la mère Angélique de Saint-Jean, la sœur Briquet, et certainement madame de Fontpertuis et quelques autres de ces dames de la Grâce. A madame de Fontpertuis comme à madame de Saint-Loup, Nicole écrivait de là-bas de fort jolies choses sur la *prévention,* et sous forme de remercîment pour les bons offices que cette prévention qu'elle avait contre lui ne l'avait pas empêchée de lui rendre. Selon lui, « la prévention est comme attachée à la nature de l'homme, et on la doit plutôt regarder comme une misère générale que comme un défaut particulier. » On est prévenu quoi qu'on fasse, malgré soi. On se laisse surprendre par ses qualités mêmes; la faiblesse humaine ne saurait s'en garder. Ce n'est donc point sur les simples préventions de l'esprit qu'il faut juger des gens, puisque tout le monde y est sujet, mais sur la manière dont on se comporte dans les préventions :

« Il y en a qui ont des préventions aigres, farouches, impétueuses, sans règle, sans mesure, qui leur font oublier en un moment tous les devoirs de l'honnêteté et de l'amitié à l'égard de ceux qui ont le malheur d'en être l'objet. Il y en a, au contraire, dont les préventions sont civiles et obligeantes. »

Madame de Fontpertuis était dans ce dernier cas. Puisqu'il ne s'agit que de savoir quelle est la nature et la couleur de la prévention de chacun, Nicole voudrait qu'on s'en assurât au préalable avant de lier une amitié définitive :

« Je vous avoue que l'expérience que j'en ai faite me fait regarder cette épreuve comme nécessaire, et que j'aurai

VI, 442) : « Je crains le *qu'en dira-t-on* des Troyens et des Troyennes *à la robe traînante.* »

peine à l'avenir à me fier à personne, lorsque je ne l'aurai pas vu prévenu et que je ne saurai pas jusqu'où il porte ses préventions. J'oserois même vous dire (pourvu que vous ne preniez pas ma comparaison trop à la lettre....) que je voudrois que l'on fît, à l'égard des préventions, ce que l'on dit que les filles de Bretagne font à l'égard du défaut qui règne dans ce pays-là, qui est celui de s'enivrer ; car, comme elles supposent qu'il n'y a point d'homme qui en soit exempt, elles n'en épousent point, dit-on, sans l'avoir vu ivre, afin de savoir par là s'il a bon ou mauvais vin. »

Et il conclut qu'il conviendrait d'observer la même précaution à l'égard des amis, et de ne les choisir qu'après les avoir vus une bonne fois prévenus, et en sachant par expérience jusqu'où et *comment* ils portent leur prévention [1].

Pour peu que nous continuions à rencontrer Nicole sur ce ton d'agrément, il me semble que nous ne tarderons pas à en revenir sur son compte à cette admiration si vive qui échappait à madame de Sévigné [2].

A l'abbé de Châtillon, parlant encore des préventions et des impressions diverses qui se font sur les fantaisies des hommes, il explique comment la religion même et la vertu ont souvent pour effet de les rendre plus fortes :

« La spiritualité est comme un sceau qui les rend fermes

---

1. Nicole dit *jusqu'où* ils portent... et non pas *comment* ils portent. Il approche souvent ainsi de l'expression vive, mais il reste en deçà.

2. Et nous dirons avec cette autre femme distinguée, miss Hannah More, écrivant à Jean Newton : « Que mon favori Nicole est charmant ! le connaissez-vous ? rarement ai-je rien trouvé de plus délicat. Ses Lettres sont ce qu'il a de mieux en fait de *petite morale*. Il est sans égal sur tous les sujets trop minces pour un sermon, comme l'amour-propre, les charités domestiques, le triomphe sur soi-même, etc. » — N'oublions pas de dire, puisqu'il s'agit de lettres, que le cachet de Nicole était une *Croix* dans laquelle était entrelacée une *couronne d'épines*, avec ces mots : *Libertas summa*.

et durables. Cela est scellé hermétiquement. Il faut ou casser le verre ou le laisser en cet état. C'est ce dernier parti qu'il faut prendre ; car de le casser, ce seroit trop grand dommage, étant beau et bon pour d'autres choses. »

Et qu'on ne s'imagine pas qu'il serve de rien de vouloir réfuter ces fantaisies et d'en venir à un examen où le faux se démontre. Ce verre-là, même quand il est brisé, se refait vite et se cristallise de nouveau :

« Les petits enfants de nos villages, Monsieur (*si parva licet componere magnis*), ont une assez plaisante coutume, quand ils vont en procession après Pâques : celui qui porte la clochette s'éloigne avec quelques camarades d'un quart de lieue du gros de la procession, et s'il rencontre quelque autre clochette, on en vient au combat ; on donne de grands coups d'une clochette contre l'autre, et l'on ne termine point le combat que l'une des clochettes ne soit cassée. Après quoi il n'y a plus à disputer ; car personne ne doute de quel côté est la victoire.

« Il seroit à souhaiter, Monsieur, qu'il en fût de même dans le conflit des fantaisies, et que celle qui seroit cassée le fût si visiblement et si incontestablement que l'on n'en pût pas douter. Mais il n'en est pas ainsi : ces fantaisies, quelque cassées qu'elles soient, se réhabilitent facilement, et sont prêtes de revenir au combat tout de nouveau ; ainsi ce n'est jamais fait.

« Voilà, Monsieur, où j'en suis à l'égard de ces différents sentiments. Je m'imagine que je désabuse quelques personnes par-ci par-là, quand j'en trouve en mon chemin ; mais, quand elles reprennent leurs fantaisies, je les laisse là *et ne m'y joue plus.* »

Montaigne dirait-il autrement et mieux ? — Mais, pensant ainsi, pourquoi Nicole n'est-il pas Montaigne ? Je me figure qu'en se comparant tout bas avec Arnauld, avec cette nature armée et invulnérable, en reconnaissant ses propres avantages comme finesse, et tout aussitôt ses infériorités comme force, il écrivait alors en vue de lui-même cette pensée qu'on a citée souvent :

« On peut avoir l'esprit très-juste, très-raisonnable, très-agréable, et très-foible en même temps; l'extrême délicatesse de l'esprit est une espèce de foiblesse. On sent vivement les choses, et on succombe à ce sentiment si vif. Il y a des gens qui sont douloureux partout. »

Nicole, vers la fin, avait l'âme partout rhumatisante. Il était tout occupé, on le voit dans ses lettres d'alors qui sont de petits traités de morale, à faire taire ses justes plaintes, à craindre de s'applaudir d'avoir raison ; il pratiquait ses préceptes : « Il n'y a proprement que Dieu qui ait droit de se plaindre des erreurs et des ignorances des hommes.... On peut blesser la vérité en diverses manières, et il n'est pas juste que ceux qui la blessent d'une manière parlent durement de ceux qui la blessent en une autre. On blesse la vérité en la combattant, en lui résistant, en ne lui cédant pas, en inspirant aux autres la fausseté, cela est vrai, mais on ne la blesse pas moins en s'en glorifiant et en l'employant à nos intérêts et à notre vanité[1]. » Il revient là-dessus en cent façons. De fort belles lettres de lui, adressées à la mère Angélique de Saint-Jean et à M. de Saci, marquent combien il pratiquait cette modération charitable. Avant d'être revenu à Paris, il se remet avec eux dans les meilleurs termes, s'il avait pu y avoir quelque altération. M. de Saci, non content de le faire assurer par un tiers de la continuation de ses sentiments, les lui avait confirmés par une lettre : Nicole l'en remercie avec l'accent d'une humble reconnaissance, et se loue de lui pour la retenue qu'il avait gardée sur son compte dans le temps de la

---

1. Dans le petit traité : *Qu'il y a beaucoup à craindre dans les contestations, pour ceux même qui ont raison.*

plus grande chaleur. Ces lettres ont leur prix, quand on sait qu'il avait pour M. de Saci plus de respect que de goût.

La situation de Nicole restait équivoque, et, malgré sa lettre à M. de Paris, il continuait de vaguer à la frontière. De l'abbaye d'Orval il était retourné à Liége, puis à Bruxelles; il était temps que cela finît. Ce fut un de ses amis et compatriotes chartrains, M. Robert, chanoine et depuis grand pénitencier de l'Église de Paris, qui trancha le nœud et obtint de l'archevêque que le pauvre inquiet errant fût autorisé à revenir à Chartres. Je crois que ce fut dans le courant et sur la fin de 1681[1]; les biographes de Nicole n'indiquent pas avec précision la date. Nicole, de retour dans sa ville natale, y vécut quelque temps sous le nom de M. *de Bercy.* Un procès entre ses sœurs et la famille d'un beau-frère l'occupa alors; il tâcha d'être conciliateur; cela lui fit faire de nouvelles réflexions sur le cœur humain : les petits traités intitulés *le Procès injuste* et *des Arbitrages* en sont sortis.

Après d'autres légères mésaventures qui survinrent encore et dans lesquelles on reconnaîtrait toujours son esprit aimable, facile et craintif, Nicole, par l'intervention du même ami M. Robert, put enfin revenir demeurer à Paris : ce fut en mai 1683. Il écrivit bientôt après, et par manière d'actions de grâces ou de rançon, son livre, *les Prétendus Réformés convaincus de schisme* (1684), et son autre livre, *de l'Unité de l'Église,* contre le système de Jurieu (1687)[2]. Les Protestants devaient s'accoutu-

1. M. Arnauld, dans une lettre d'octobre 1681, parle de cet accommodement comme d'une chose récente. Nicole, dans une lettre à M. de Saci, écrite peu après son retour à Chartres (et en 1682, je suppose), dit que depuis *près de trois ans* il a été soumis aux divers jugements des hommes. Le récit de Goujet pourrait faire croire à tort que Nicole est rentré dès 1680.

2. Dans une lettre de M. de Pontchâteau à M. Du Vaucel, du

mer à payer les frais de tout raccommodement janséniste. Mais nous aimons mieux Nicole désormais comme moraliste que comme combattant. Que l'on ne vienne plus nous parler de la vigueur de son bras et de la trempe de son glaive; nous le connaissons trop bien.

Je vois par des lettres de M. de Pontchâteau l'impression première qu'on reçut à Port-Royal des Champs de ce retour de Nicole à Paris. M. de Pontchâteau y était alors en passant; il écrivait, le 31 mai 1683, à mademoiselle Gallier[1] :

« On a mandé ici choses et autres de M. Nicole. Il dit qu'on ne connoît pas M. de Paris, qu'on en useroit autrement avec lui. Je ne sais s'il ne blâme point les amis. Il dit qu'il veut aller à Port-Royal des Champs.... On ne m'a pas dit de qui cela vient, mais on m'a mandé qu'il en parle à tout le monde et à toutes sortes de gens qui n'en ont que faire. Cela ne fait pas un trop bon effet. Parlez-lui un peu comme cela vous étant revenu de par le monde, et qu'il semble qu'il blâme les autres pour se bien mettre avec M. de Paris. On craint qu'il ne veuille s'entremettre plus loin qu'il ne faudroit et qu'il ne fasse des avances incommodes.... (Et le 5 juin) : Mais savez-vous que M. *de Bétincourt* (Nicole) est de la fine moitié trop simple pour tous ces gens-là? »

Il paraît que Nicole parlait un peu trop. M. de Pontchâteau craignait d'être induit par lui à une démarche auprès de l'archevêque et à quelque accommodement.

---

5 mars 1688, je lis : « Le dernier livre de M. Nicole contre Jurieu a fait un bien dont il faut louer Dieu. Un ministre qui s'étoit converti par grimace, l'ayant lu, en a été touché et a été trouver M. Nicole pour le lui dire et pour le remercier de l'avoir écrit, parce qu'il lui a ouvert les yeux et l'a fait résoudre à être catholique de bonne foi. Je vous dis tout ce que je sais; peut-être vous en saurez déjà la plus grande partie. »

1. C'était une grande amie des Jansénistes. Il y a des lettres de M. Hamon à elle. Il paraît qu'elle logea dans un temps M. de Pontchâteau; elle demeurait rue Saint-Antoine.

On voit par toutes ces lettres que Nicole leur fait un peu pitié; cela perce. On reste pourtant en de bons termes avec lui. On ne répugne même pas absolument à se servir de l'accès qu'il a auprès de l'archevêque :

« De Port-Royal des Champs, jeudi 24 juin 1683. — (Toujours M. de Pontchâteau à mademoiselle Gallier).... Dites-lui aussi, s'il vous plaît, que vous m'avez mandé ce que M. de Paris a dit que M. de Pontchâteau lui avoit fait demander d'aller à Port-Royal, que je vous ai dit que je n'étois pas surpris qu'on ne lui accordât pas, mais que je m'imaginois que M. *Mercier* (c'est-à-dire M. de Pontchâteau en son nom de simple jardinier) le pourroit peut-être obtenir plus aisément si quelqu'un parloit pour lui et le représentoit tel qu'il est, pour un *planteur de choux* et rien autre. Mais je dis à ce M. *Mercier* qu'il se tienne en repos et qu'il prie Dieu et qu'il le laisse faire. »

En attendant, et sans avoir l'air de s'en soucier, M. de Pontchâteau faisait donc insinuer à Nicole de dire un mot en sa faveur [1].

M. de Saci étant mort vers ce temps (janvier 1684), son corps avait été transporté de Pomponne à Port-Royal des Champs en passant par Paris. Cela s'était fait par les soins de la duchesse de Lesdiguières, de ma-

---

1. Au milieu des légères ironies dont Nicole était l'objet, s'il lui survenait quelque chose de sérieux et de grave, on retrouvait de l'intérêt et de l'amitié pour lui. Ainsi dans une lettre du 15 juillet 1686, écrite de Port-Royal des Champs, M. de Pontchâteau parle en ces termes de Nicole alors très-malade : « Je suis vraiment en peine de M. *de Bétincourt*; je le recommanderai aux prières, car je l'aime et l'estime tout à fait, et j'aurois un très-grand regret s'il mouroit. Je ne vous dis pas cela pour lui dire; c'est que je parle naturellement et comme je le pense. » (Manuscrits de la Bibliothèque de Troyes.) — C'est un point suffisamment établi que l'amitié et l'estime persistante, au milieu des débats et des désaccords plus ou moins marqués, de Nicole à Arnauld et à Saci, de Pontchâteau à Nicole, — comme plus tard de M. d'Étemare à Du Guet.

dame de Fontpertuis et autres personnes dévotes. J'ai décrit le grand et profond caractère qu'offrit pour les cœurs restés fidèles, pour les âmes filiales, cette cérémonie funèbre [1]. Nicole sent autrement. On voit qu'il approuvait peu ces apparats, ces béatifications, et plus séculier que les autres, il en craignait même le *ridicule*. Il en écrivait à mademoiselle Aubry de Troyes [2].

« C'est à la vérité une chose douteuse que ce qui s'est passé à l'égard de M. de Saci, et la pente que vous avez à l'approuver vient apparemment d'un meilleur fonds : j'avoue que j'ai plus de pente à l'improuver, et peut-être que c'est un mal.... Rien n'est plus exposé à la moquerie des hommes que l'empressement des dévotes et des religieuses envers leurs directeurs, et rien même ne leur nuit davantage. Si l'on lâche bride à ces empressements, on tombe dans mille inconvénients ridicules. On pouvoit prévoir que l'on sanctifieroit cette personne en l'amenant à Port-Royal, qu'on lui feroit toucher des chapelets, et mille autres choses qui ont un air ridicule.... Si cet exemple a lieu, nous aurons autant de saints qu'il y aura de directeurs de religieuses et de dames.

« Après tout, à quoi cela aboutit-il? à contenter trois ou quatre personnes qui auront une consolation spirituelle d'avoir M. de Saci enterré parmi elles, et à exciter parmi cent autres un zèle tout humain de se signaler à l'envi à donner des marques de l'estime qu'*ils*[3] avoient pour lui parce qu'elles seront agréables à la supérieure.... Ne doutez pas, Mademoiselle, que si l'on sait que je suis dans ces sentiments, cela ne me fasse une affaire ; on dira que j'en ai été jaloux,

---

1. Voir tome II, p. 369 et suivantes, le tableau des funérailles de M. de Saci.

2. Mademoiselle ou plutôt *madame* Aubry, de Troyes, directrice d'une Communauté de régentes destinées à l'éducation des jeunes filles du peuple ; c'était Nicole qui avait fondé cette Communauté et en avait donné la direction à madame Aubry. (Voir *OEuvres inédites* de Grosley, 1812, tome I, pages 32-37.)

3. Nicole est sujet à employer le mot de *personnes* comme on fait pour *gens*, et il met *ils* ensuite et non pas *elles*.

que je le méprise, et mille autres discours ridicules. La vérité est néanmoins que je l'estime beaucoup, que je le tiens pour une personne vertueuse, et que je n'ai guère vu de vie plus estimable que la sienne à tout prendre. Son plus grand défaut a été de ne s'être pas assez aperçu des empressements déraisonnables des personnes qui s'adressoient à lui, et des passions humaines qu'*ils* avoient, qui ont été des sujets de murmure à une infinité de personnes et affoiblissoient à leur égard l'estime de sa vertu. J'en ai été témoin trente ans durant, et je vous assure que cela ne m'a pas empêché de l'honorer sincèrement. Car si nous ne voulons estimer que les personnes sans défaut, nous n'estimerons personne : les Saints même en ont eu, et, si nous les avions vus, peut-être ne nous auroient-ils pas satisfaits. »

De tels jugements suffiraient pour marquer que Nicole n'était plus et n'avait jamais été de la race et de la tige des Port-Royalistes purs; il n'en a ni l'esprit ni la ferveur. Peu s'en faut qu'il ne parle là de M. de Saci comme d'un directeur de nonnes[1]. Allons! Nicole, comme Du Guet, n'était que le cousin-germain de Port-Royal.

Un cousin-germain très-lié et très-déférent toujours. Il continuait en ces années de prêter son goût et sa plume, quand on l'en priait de ce côté, pour des usages tout littéraires. Il dressait, sur les mémoires de la sœur Eustoquie de Bregy, la Vie de la mère Marie des Anges, ancienne abbesse de Maubuisson et de Port-Royal, et la mettait en état de paraître. Il revoyait et corrigeait pour le style les ouvrages de M. Hamon[2]; et l'on voit

---

1. Et encore, quelques années après, il révoque en doute les prétendues guérisons miraculeuses faites par l'intercession de M. de Pontchâteau au lendemain de sa mort (1690); il ne prend pas même la peine de s'en éclaircir. Et pourtant, disent nos auteurs un peu étonnés de cette indifférence, « ces miracles sont attestés par des actes en bonne forme. »

2. Ces publications de M. Hamon, que faisait Nicole, ne passaient pas sans quelques objections des amis : on a vu ce qu'en pensait Arnauld (précédemment, p. 301). Dans une lettre de M. de

par des lettres que lui écrivait en 1690 et en 1693 la sœur Élisabeth Le Féron, désormais l'une des directrices du monastère, à quel point l'union de cœur et de charité subsista toujours entre la maison des Champs et lui.

Ainsi Nicole vieillissait infirme, tout entier tourné à la science du salut, cherchant la paix, croyant l'avoir enfin assez achetée. Mais une nouvelle et soudaine controverse le reprit vers 1690; c'était au sujet de l'opinion conciliante qu'il essayait d'introduire sur la *Grâce générale*. Pour trop vouloir concilier, le voilà derechef aux prises avec tous ses amis. Son guignon l'emportait sur sa prudence. Ici du moins tout se passa en douceur et sans infraction aux termes essentiels de l'amitié.

Nicole avait toujours été préoccupé de l'idée de rendre cette doctrine de la Grâce, qui était le côté odieux du Jansénisme, moins odieuse et plus accessible à tous. Il aurait voulu réaliser par là, disait-il, un désir qu'il avait souvent entendu exprimer à Pascal. Mais il est très-douteux qu'il s'y prît pour cela de la manière qu'aurait préférée Pascal. Il chercha de tout temps des biais, et dès 1660, s'en étant entretenu avec M. Girard, le théologien, il crut l'avoir pour approbateur. Des ques-

Pontchâteau, adressée à M. Arnauld ou à M. Ruth d'Ans (ce qui revient au même), du 29 août 1689, je lis ce passage qui est comme une réponse indirecte de Nicole :

« Le second volume de M. Hamon ne réussit pas comme le premier, qu'on parle déjà de réimprimer. *M. de Bétincourt* m'en parle agréablement ; il ne s'étonne point et ne change point de sentiment sur le mérite des ouvrages de M. Hamon. « C'est une chose si rare, dit-il, de voir un homme « qui parle du fond du cœur et avec une plénitude de persuasion de ce « qu'il écrit, et qui ne sente point le discoureur, que dussent-ils faire cent « plaisanteries et sur l'auteur et sur le réviseur, je n'en estimerai pas « moins l'ouvrage et n'en mépriserai pas moins leur critique. Il n'y a rien « de grand dans le monde que ce qui porte les marques de l'Esprit de Dieu. « La plupart des livres sentent l'esprit de l'homme, et l'esprit de l'homme « sent fort mauvais, fût-il le plus parfumé du monde.... »

Je m'arrête à temps, car Nicole pousse plus loin la comparaison et jusqu'à offenser le goût.

tions que lui adressa en 1674 ce bel esprit curieux, M. de Tréville, l'avaient remis à l'examen de l'insoluble problème, qui était un de ses thèmes favoris. Il composa encore en ce sens un Abrégé de théologie vers 1679. C'est une copie de cet écrit qui, tombant dix ans après aux mains d'Arnauld, provoqua de sa part des réfutations vigoureuses, auxquelles Nicole dut opposer des justifications explicatives. De là toute une controverse fort animée bien que sans aigreur, non publique, et qui se menait par voie manuscrite. M. de Pontchâteau en fut, tant qu'il vécut, le zélé colporteur. Le Père Quesnel, qui était alors dans les Pays-Bas auprès d'Arnauld en manière d'aide de camp et qui en cette qualité avait remplacé Nicole, prit feu contre celui-ci, du moins contre sa doctrine. Du Guet lui-même, à Paris, et son ami Dom Hilarion Le Monnier, bénédictin de Saint-Vannes, jugèrent indispensable de réfuter l'éclectisme de Nicole en matière de Grâce [1].

Le fait est que Nicole devait sembler reculer de beaucoup, au regard de ceux qui ne l'auraient connu qu'autrefois sous le nom du fameux *Wendrock*. Ce qu'il aurait souhaité aujourd'hui rendre accessible à la raison, c'était ce double point contradictoire : que Dieu veut sincèrement que tous les hommes soient sauvés, et à la fois qu'il n'en sauve pourtant que quelques-uns. Il imaginait à cet égard une espèce de *Grâce générale* départie à tous les hommes (des grâces communes qu'il appelait imperceptibles) ; mais la question qu'on lui posait était toujours de savoir si cette Grâce générale suffisait seule au salut, ou s'il en fallait absolument une

---

[1]. Tous ces écrits ne furent imprimés et produits au jour qu'après la mort de Nicole : *Traité de la Grâce générale*, par M. Nicole, 2 vol. in-12, 1715. — *Réfutation du Système de M. Nicole touchant la Grâce universelle*, par M. l'abbé Du Guet, et par Dom Hilarion, bénédictin de Saint-Vannes, 1 vol. in-12, 1716.

autre actuelle et vraiment efficace, auquel cas cette Grâce générale qui n'agit pas devenait un pur mot. Dom Hilarion, saint Augustin en main, lui posait là-dessus diverses alternatives :

1° Ou bien d'imiter le Père Petau, qui, après avoir assez bien parlé de saint Augustin au commencement de ses *Dogmes*, change de sentiment à la fin et dit que ce grand docteur est fort embarrassé sur la Grâce suffisante; qu'il semble avancer à certains endroits que Dieu ne la refuse à personne, et qu'il lui échappe le contraire ailleurs (ce qui est bien possible). — Mais c'était là un parti indigne de la sincérité de Nicole, lui disait-on, de Nicole trop éclairé pour trouver de l'obscurité chez saint Augustin, l'infaillible Docteur en pareille matière.

2° Ou bien d'imiter Huet et tous ceux qui suivent un *tiers parti* sur ces matières de Grâce (comme encore le docteur de Launoi, etc.), lesquels soutiennent qu'il y a à cet égard deux traditions distinctes dans l'Église, et toutes deux plausibles et orthodoxes, l'une en effet érigée et défendue par saint Augustin, l'autre suivie par Origène et beaucoup des Pères grecs; qu'on peut se ranger à cette dernière. En adoptant cette voie mixte, on a beau jeu sans doute pour passer en revue les textes et faire montre d'érudition, en même temps que ce parti est le plus propre à contenter les gens. « On laisse chacun en repos, on avoue que les deux opinions sont probables, et on ne se plaint que du zèle emporté de M. d'Ypres, *qui n'en veut que pour son saint Augustin.* » — Mais y a-t-il apparence, disait-on à Nicole, que l'ancien *Wendrock*, après avoir été le champion de saint Augustin dans les plus belles années de sa vie, s'en revienne, à la fin, se faire un oreiller dans l'école du révérend Père Léonard Lessius et de ceux qui marchent dans les larges voies d'Origène?

Enfin on ne lui laissait qu'une troisième issue qui, en effet, semble être celle qu'il croyait possible. C'était, comme l'auteur ancien du traité *de la Vocation des Gentils*, d'admettre une Grâce générale donnée à tous, sans entendre parler d'autre chose que d'une certaine Grâce extérieure et naturelle insuffisante, *d'une Grâce suffisante qui ne suffit pas*. Et ce parti, lui disait-on, prête des armes aux ennemis de la Grâce par l'ambiguïté du langage; on a beau expliquer après, l'équivoque demeure et prête flanc. On lui citait, à ce propos, des paroles formelles d'un de ses *bons amis*, qui ne paraît pas autre que *Wendrock* lui-même. — Nicole, de quelque côté qu'il se tournât, ne pouvait donc s'en tirer. Il fit preuve dans toute cette discussion de ressources d'esprit infiniment subtiles et aussi ingénieuses que ses intentions étaient honorables; mais selon moi, si on l'avait cru un grand théologien, il dut y laisser cette réputation. Un grand théologien voit les choses bien autrement, d'ensemble et d'aplomb, moyennant des distinctions capitales, décisives et inattaquables de front; il asseoit autrement son camp. Ici Nicole est tout dans les intervalles, dans les nuances, aux confins des opinions ménageables : il n'est qu'un psychologiste habile et surtout un moraliste. On dirait qu'il essaye par ses précautions d'adoucir, d'amadouer l'ennemi.

Le docteur Petit-Pied le comparait assez spirituellement « au gouverneur d'une place qui, pour mieux la défendre, croiroit devoir abandonner les ouvrages extérieurs et réunir toutes ses forces dans le corps de la place. » A quoi Du Guet répondait « que c'étoit un fort mauvais système de défense, et qu'il ne trouveroit ni habileté ni sagesse, dans un gouverneur qui se conduiroit de la sorte. »

Nicole ne tenait au reste que médiocrement à son dernier système; il n'y voyait guère qu'un jeu d'esprit, une sorte de partie de *whist* théologique ; il en fait agréablement les honneurs dans les dernières lettres qu'il adresse là-dessus au Père Quesnel, et par lesquelles il prétend ensevelir la question : « Laissons donc, s'il vous plaît, tous ces différends spéculatifs ; je me puis tromper, vous pouvez aussi vous y tromper. Ce sont des procès à laisser au jugement de Dieu. » Ainsi conclut, sur toute cette controverse, le Bayle chrétien. Ce n'était pas la peine de tant écrire. Mais ne viens-je pas de dire qu'il s'en amusait[1] ?

Les historiens jansénistes forcés de reconnaître et d'enregistrer ces concessions de Nicole, tant d'efforts embarrassés et subtils pour concilier l'idée de prédestination avec celle d'humanité et de justice, disent que ce sont des espèces de *taches* dans un grand esprit. D'autres y verraient plutôt d'imparfaits retours au droit sens naturel et de légères envies de sens commun, dans un bon esprit noué en naissant et mis à la gêne par de faux plis.

Nicole sentait confusément que la vérité, soit telle qu'il la désirait, soit telle que la voulaient ses amis, avait moins que jamais chance de réussir, que le monde allait ailleurs, et que ce qui avait pu, dans sa jeunesse, lui paraître une grande cause était désormais une cause à peu près perdue. A la mort de l'évêque d'Angers, Henri Arnauld (juin 1692), il écrivait, dans une lettre de condoléance à M. Arnauld, ces belles paroles, d'une éloquente tristesse, et plus éclatantes même qu'à lui n'appartenait :

« *Il me semble que je suis né dans une Église éclairée de diverses lampes et de divers flambeaux, et que Dieu permet que*

1. Il faut rendre aussi au Père Quesnel (puisque je l'ai nommé) cette justice, qu'il entendait la raillerie. Il y a de très-jolies lettres, et très-gaies, de lui à Nicole, dans lesquelles il parle en homme d'esprit plus qu'en théologien du *Pouvoir physique*, de la *Grâce suffisante*, etc.

je les voie éteindre les uns après les autres, sans qu'il paroisse qu'on y en substitue de nouveaux. Ainsi il me semble que l'air s'obscurcit de plus en plus, parce que nous ne méritons pas que Dieu répare les vides qu'il fait lui-même dans son Église. C'est ce qui fait aussi que je me sens porté plus que jamais à honorer ce qui reste de ces anciennes lumières, et principalement *celui qui est maintenant le seul qui reste de la famille que je regarde comme la plus illustre de ce siècle....* J'ai bien peur qu'il ne soit trop vrai de dire de la génération qui suivra celle-ci : *Ætas parentum....* Car il me semble que tout va de pis en pis, et que les semences qu'il y avoit de zèle, d'équité et de raison, s'éteignent de plus en plus et deviennent sans action. »

Nicole lui-même ne survécut que de quinze mois à son illustre maître.

Il avait pris la plume dans sa dernière année contre le Quiétisme ; Fénelon n'y figurait pas encore par ses écrits, mais seulement le Père La Combe et madame Guyon[1]. Bossuet avait déterminé Nicole à cette réfutation étendue des doctrines mystiques, de même qu'il avait précédemment déterminé Arnauld à écrire contre la métaphysique de Malebranche. Personne ne s'entendait comme lui à *utiliser* les grands auxiliaires et à les détourner de leurs sentiers trop particuliers pour les occuper contre l'ennemi commun.

Bossuet voyait Nicole et le considérait beaucoup. Il lui disait que ses ouvrages lui paraissaient un *arsenal* pour la religion. Il le consultait sur des points de doctrine. Il semble même, dans l'une des lettres de Bossuet, que Nicole est trop d'accord avec lui sur l'expulsion violente des Protestants[2]. Ils ne sont pas moins

---

1. Nicole avait déjà écrit quelque chose contre madame Guyon en 1687, après cette visite qu'il avait reçue d'elle.

2. « J'ai été très-aise, lui écrit Bossuet (7 décembre 1691), de vous voir appuyer particulièrement sur une chose que je n'ai voulu dire qu'en passant..., c'est, Monsieur, sur le triste état de la

d'accord sur la sourde tendance rationaliste de Richard Simon, ou, pour parler moins à la moderne, sur sa *dangereuse et libertine critique.* Ils conspirent autant qu'ils peuvent à l'étouffer[1].

Nicole était avant tout honoré, considéré. On croit que ce fut par égard pour lui, et à cause de la manière

France, lorsqu'elle étoit obligée de nourrir et de tolérer sous le nom de Réforme tant de Sociniens cachés, tant de gens sans religion, et qui ne songeoient, de l'aveu même d'un ministre, qu'à renverser le Christianisme. Je ne veux point raisonner sur tout ce qui s'est passé, en politique raffiné ; j'adore avec vous les desseins de Dieu, qui a voulu révéler par la dispersion de nos Protestants ce mystère d'iniquité et purger la France de ces monstres. » C'est-à-dire des Sociniens. Cela fait peine. Et puis ces *Sociniens* qu'on chassait par la porte rentraient par la fenêtre; la révocation de l'Édit de Nantes n'en a pas sauvé un seul au dix-huitième siècle, et en a même engendré un bon nombre.

1. Richard Simon refusait toute compétence à Nicole en matière de critique scripturale (de même que madame Guyon lui contestait de bien entendre la spiritualité) : « Si vous êtes curieux de savoir le fin de toute cette affaire, écrivait Simon au Père Du Breuil en lui indiquant les motifs qui firent supprimer en 1678 son *Histoire critique du Vieux Testament,* vous n'avez qu'à vous adresser à M. Nicole qui est de vos amis ; c'est lui qui a eu le plus de part à la suppression de mon livre, bien qu'il n'en ait pas été le premier auteur. Mais je puis vous assurer, sans lui faire tort, que c'est l'homme de Paris le moins capable d'en juger, parce qu'il ne s'est jamais appliqué à cette sorte de littérature, *dont il ignore même les premiers éléments.* Soyez persuadé que je ne vous parle point en l'air. On m'a communiqué une lettre qu'il a écrite là-dessus au prélat (Bossuet) qui l'avoit consulté, et qui lui avoit envoyé de son chef un exemplaire de mon livre. Cette lettre ne contient que des raisons vagues et générales, sans venir au fond des matières, *parce qu'il n'en a aucune connoissance,* comme vous pourrez en juger vous-même, si vous le mettez sur quelque fait qui regarde la critique de l'Écriture. Quand je n'aurois pas su d'ailleurs que M. Nicole a écrit la lettre, il m'auroit été facile de le reconnoître par de certaines expressions qui se trouvent dans ses livres et qui lui servent de lieux communs. » — Si Nicole n'entendait pas le détail de la question ou des questions soulevées par Richard Simon, il ne se trompait pas sur la portée de la tentative et sur le danger. C'est par cette espèce de critique qu'en Allemagne la foi en l'Écriture a péri. Strauss est au bout.

choquante dont on l'y traitait, que l'archevêque de Paris, M. de Harlai, fit supprimer la première édition du livre du Père Daniel contre les *Provinciales* (1694). Si l'on excepte les Jésuites, tout le monde respectait Nicole. Sa modération (indépendamment des deux ou trois cas dérogeants que j'ai cités, et qui ne se remarquaient point alors) le liait et le maintenait en relation avec tous. Il avait revu, avec son ami le comte de Tréville, l'*Histoire de Théodose*, à la prière de Fléchier. Il continuait d'être en de bons rapports avec le savant Père Thomassin de l'Oratoire, même après que celui-ci eut tourné le dos au Jansénisme. Il voyait souvent l'abbé Renaudot, l'abbé de Saint-Pierre, jeune et déjà philosophe, qui se plaisait à le faire causer de Pascal et de ses autres amis. Racine, dès longtemps pardonné, venait le visiter souvent et aimait à l'interroger sur les particularités de Port-Royal et sur bien des petits secrets d'intérieur, qu'il mettait par écrit dans ses notes et qu'il n'aurait pas mis dans son Histoire. Boileau, écrivant à Racine, disait : « Mais surtout témoignez bien à M. Nicole la profonde vénération que j'ai pour son mérite, et pour la simplicité de ses mœurs encore plus admirables que son mérite. » Un nouveau volume qui paraissait des *Réflexions* de Nicole *sur les Épîtres et Évangiles* était une fête pour les années vieillissantes de Boileau.

On se figure bien Nicole vers la fin, logé vers la place du Puits-l'Hermite derrière la Pitié, dans une maison appartenant au couvent des religieuses de la Crèche, proche le Jardin du Roi où il va quelquefois se promener, ou encore dans son petit hermitage de Corbeil qu'il eut deux ans et que ses infirmités le forcèrent de laisser. Le second étage de sa maison à Paris communiquait à une petite galerie, dont la fenêtre donnait dans l'église du couvent. Il avait dans son logement simple une belle bibliothèque; il avait même quelques portraits d'anciennes religieuses de Port-Royal par Champagne; c'était son luxe. On dit qu'à certains jours de la semaine il faisait des conférences sur des points de controverse avec ses amis les plus habiles dans la matière : c'était sa petite Académie à lui. Voilà tout Nicole (*Scholasticus, et in vita totus umbratili*) avec son goût de vie à l'ombre, avec ce goût bien décidé d'honnête et de modérée controverse qui laisse souvent le doute comme résultat, mais qui a fait passer en revue quantité d'opinions, d'idées, et donné surtout de l'exercice au raisonnement. Une frugalité sobre, une tapisserie de serge, quelques tableaux pourtant de Champagne au fond; c'est l'idéal de la retraite plutôt pieuse que pénitente de l'homme de lettres chrétien qui vieillit; ce devait être l'idéal de la dévotion de Boileau.

L'année même de sa mort, en 1695, une personne étant allée le voir lui demanda pourquoi il n'écrivait plus contre les Jésuites. Nicole répondit : « Je n'ai pas de vocation pour cela. » Il avait coutume de dire qu'il n'était point appelé par état à écrire et qu'il n'avait eu qu'une *vocation passagère*; et comme cette personne insistait, il ajouta avec son ironie imperceptible : « Je ne suis pas assez bon médecin pour les guérir. »

Les Quiétistes, contre lesquels il croyait se sentir une vocation, portèrent malheur à Nicole. Il s'épuisa à relire de ses yeux affaiblis les ouvrages dont il voulait combattre la doctrine; il avait à peine terminé son travail qu'il fut atteint de paralysie, le 11 novembre 1695; ses savants médecins et pieux amis, Dodart, Morin, Hecquet, accoururent, mais ne le purent sauver. Une seconde attaque l'emporta le 16, à l'âge de soixante-dix ans [1].

---

1. Je donnerai le récit d'un contemporain et d'un témoin. M. Vuillart écrivait à M. de Préfontaine, le 21 novembre 1695 :

« Votre dernière lettre, Monsieur, est du 16 qui est le jour que l'illustre auteur des *Essais de Morale* a vu finir son exil de 70 ans. Je voulois me

Ses dernières dispositions furent peu suivies. Il avait demandé par son testament qu'on l'enterrât le plus sim-

> donner l'honneur de vous rendre compte de cette nouvelle, aussi diligemment qu'il se pouvoit; mais, n'ayant eu depuis l'affliction que ce premier moment ici de libre, je me suis, malgré moi, laissé prévenir par la *Gazette*, où l'abbé Renaudot a fait son devoir à cet égard. Le jour de Saint-Martin, M. Nicole eut dès le matin une attaque d'apoplexie, qui fut qualifiée d'apoplexie *manquée*, car elle ne le tua pas sur-le-champ, comme elle auroit fait si elle avoit été *foudroyante*, ainsi que parloit son médecin. Le mal se jeta donc en partie sur le bras gauche; mais, demeurant en partie dans la tête, elle la tint enivrée, nonobstant l'évacuation de 15 palettes de sang, tirées des bras et du pied. Le 13 au soir, on lui apporta, de la part de la comtesse de Grammont, quelques gouttes d'Angleterre qu'on battit dans du vin d'Espagne et qu'on lui fit prendre. Peu de moments après, il sentit sa tête se dégager et sa langue se délier; car elle étoit devenue très-épaisse. Ce mieux que cela lui procura dura près de deux fois vingt-quatre heures. Je m'y trouvai alors, et je fus témoin qu'il dit à une personne qui lui promettoit encore de ces précieuses gouttes «qu'à la vérité, il en admiroit l'effet si prompt et si puissant, mais qu'il étoit tout honteux qu'on donnât à un coquin un remède fait pour les rois.» Le 15, il empira. On lui fit une nouvelle saignée. Mais, son heure étant venue, il falloit partir pour le retour à notre patrie, ce qui arriva le 16 au soir. Dès le jour de l'attaque, il avoit reçu les sacrements. Il a marqué à diverses reprises qu'il désiroit qu'on fût bien persuadé qu'il s'étoit toujours senti fort uni à son ancien et incomparable Ami dans l'amour et la doctrine de saint Augustin. Il a paru avoir ce témoignage extrêmement à cœur. Il a souffert avec une grande paix les diverses incommodités et les douleurs de cette dernière maladie, et sa vie s'est éteinte comme celle d'un enfant. On le porta, on fit son service, et on l'enterra devant le crucifix du chœur dans la nef de Saint-Médard, sa paroisse, le 18, et un très-grand nombre de gens de mérite s'y trouvèrent. L'abbé de Beaubrun, fils du célèbre peintre, qui a de l'érudition et de la piété, est l'exécuteur testamentaire et M. le comte du Charmel, homme d'une haute dévotion, retiré à l'Institution de l'Oratoire, est légataire universel avec le Père Fouquet, prêtre de l'Oratoire et l'abbé Couët, retiré à Saint-Magloire depuis quelque temps. Cela regarde ses livres et ses papiers. Il laisse son bien de Chartres à ses proches. Il avoit donné 200 livres de rente sur la ville à son secrétaire M. Giot. Il y a ajouté une pension viagère de 300 livres sur tous ses biens, et autant à sa servante. Ils en ont eu tous deux de grands soins. Il n'y avoit guères qu'il avoit mis entre les mains de M. Pirot, censeur des livres, le manuscrit de deux nouveaux volumes d'*Essais de Morale*. Ses légataires auront sans doute grand soin d'en faire part incessamment au public. On aura son portrait; car j'ai appris d'une de ses parentes qu'on avoit son portrait sans qu'il le sût. »

Il ne se passait pas de jour qu'on ne fît quelque chose à propos de la mort de M. Arnauld : il n'en fut pas de même pour Nicole; on ne fit ni vers ni prose. Son portrait gravé parut peu après et se vendit en même temps que celui d'Arnauld : « Il est de moitié du prix

plement possible, sans frais superflus, sans rien de contraire à l'esprit de pauvreté et d'humilité, et on lui fit exposition solennelle dans la cour des religieuses de la Crèche, convoi avec cierges et flambeaux. Il avait prié de vive voix un ami de faire porter son cœur à Port-Royal des Champs pour y reposer à côté de celui d'Arnauld (touchant retour); mais l'ami ne fut informé de cette mort presque subite que lorsqu'il était trop tard pour exécuter la recommandation. — Dernier trait qui achève cette vie de Nicole: on oublie de porter son cœur à Port-Royal[1] !

Le célèbre sculpteur Coysevox, qui était son voisin, vint modeler son visage avant l'ensevelissement. Déjà mademoiselle Chéron l'avait peint de son vivant à la dérobée, pendant qu'il dînait chez une personne de ses amis : *inscium pinxit*…. Nicole a laissé une lettre pleine de scrupules sur ce sujet des portraits, dans laquelle il penche à ne les point autoriser, sans aller toutefois jusqu'à les interdire[2].

« Cependant nous perdons M. Nicole, c'est le dernier des Romains, » écrivait madame de Sévigné à M. de

---

comme de moitié de la grandeur de l'autre. » (Lettre de M. Vuillart du 17 mars 1696.) On a là les proportions des deux hommes, des deux réputations.

1. La succession de Nicole donna lieu à des contestations, à des factums (voir à la Bibliothèque du Roi, Recueil Thoisy. Droit public et civil, tome 174, page 334). Dans un codicille signé de lui et daté du 4 juin 1695, il disait : « Je donne et lègue à madame de Fontpertuis tout ce qui me pourra revenir, tant en principal qu'en intérêt, de M. le duc de Holstein, pour l'acquisition qu'il a faite des terres que nous lui avons vendues en commun dans l'île de Nordstrand, par contrat passé devant Le Boucher et Lorimier, notaires au Châtelet de Paris, le 18 (ou 20) novembre 1678, pour en faire l'usage dont je suis convenu avec elle, déclarant que telle est ma volonté. » Ce legs de Nicole devint-il le noyau de la caisse du parti, de ce qu'on a appelé la *Boîte à Perrette?* On l'a beaucoup dit; je sais trop peu ces choses pour en parler.

2. Tome VIII des *Essais de Morale*, p. 257.

Pomponne. — Oui, mais un Romain déjà raisonnablement pacifié par Auguste, et de qui l'on aurait pu dire en souriant : *relicta non bene parmula*[1].

Tel fut celui que j'appelle le *moraliste ordinaire* et aussi le *controversiste ordinaire* de Port-Royal, une nature *seconde* qui, après Pascal et après Arnauld, tient le plus considérable rang. Nous avons vu ce qu'il faut rabattre de ses mérites comme écrivain, et combien il justifie peu sa réputation à la lecture; mais les qualités vives de l'homme sont venues réparer ce qu'il a perdu de l'autre côté, et Nicole, à nos yeux, reste encore très-présent. Il nous charme par les contrastes; il est sceptique autant qu'on peut l'être dans la foi, curieux autant qu'on peut l'être avec des scrupules et des interdictions sévères : âme tremblante, timorée, et qu'on ne fait pourtant pas sortir de sa ligne; pleine d'ingénuité et de candeur, au milieu de la plus sagace clairvoyance. S'il avait vécu davantage et de bonne heure dans le monde, il paraîtrait tout autre par le style; ses qualités piquantes et d'agrément, qui sont sous sa solidité, mais qu'il faut quelque patience pour découvrir, auraient pris le dessus. Qu'on se le figure, causeur aimable comme il était, vivant jeune dans le cercle de M. de La Rochefoucauld, de madame de La Fayette, au lieu d'en être à son monde de théologiens et de solitaires. Il avait douze ans de moins que La Rochefoucauld, et on le dirait plus vieux; il retardait de vingt ans sur son siècle. Pour ressaisir la concision de La Rochefoucauld, il aurait eu besoin de la société des femmes, qui ont volon-

---

1. L'abbé de Rancé, du fond de son désert de La Trappe, sentait bien cette mitigation de Nicole, et il appréciait d'une manière assez juste sa position finale dans le parti, quand il écrivait à l'abbé Nicaise (octobre 1696) : « Je crois M. Nicole fort justifié de tout ce qu'on lui impute; j'ai même ouï dire qu'il y avoit une véritable séparation, quoiqu'elle n'eût point éclaté, entre lui et les autres auxquels on veut présentement qu'il soit uni. »

tiers dans le tour cette *netteté* naturelle que, nous autres hommes, nous apprenons. Madame de Sablé et madame de Longueville furent sans doute bien utiles à Nicole; en fait de personnes du sexe, c'était, dira-t-on, un échantillon bien suffisant; mais il lui aurait fallu madame de Longueville plus jeune, plus entourée et plus pressée, et à qui il eût eu quelque idée de plaire. Je demande pardon de la légèreté : le goût est à ce prix. Si Nicole est le plus terne et le plus attristé des moralistes, c'est que les femmes sont retranchées de son regard, c'est qu'elles ne se jouent pas au fond de ce qu'il observe et de ce qu'il décrit. Il les connaissait, il les devinait pourtant et les redoutait; il a écrit sur elles deux petites pages seulement, qui sont exquises :

« Un ecclésiastique qui voit des femmes est à demi marié; parce que, quelque pures que soient ces liaisons de part et d'autre, elles ne sont pas exemptes de ces complaisances réciproques, qui sont toujours un peu différentes de celles qui se trouvent entre des personnes de même sexe; l'on se repose toujours un peu tendrement sur l'esprit l'un de l'autre : et c'est une partie de la douceur du mariage.

« Les femmes ne sont pas seulement affoiblissantes par ces tendresses qu'elles excitent, par les amusements qu'elles causent, mais elles sont toutes, ou pour la plupart, ennemies de la pénitence, au moins pour les autres....

« Avoir une femme pour conseiller, c'est avoir une double concupiscence.

« Les femmes sont semblables à la vigne : elles ne sauroient se tenir debout, ni subsister par elles-mêmes, elles ont besoin d'un appui, encore plus pour leur esprit que pour leur corps; mais elles entraînent souvent cet appui, et le font tomber.

« Il y a une galanterie spirituelle aussi bien qu'une sensuelle, et, si l'on n'y prend garde, le commerce avec les femmes s'y termine d'ordinaire. »

Nicole n'aurait peut-être pas écrit ces dernières pensées, qui sont assurément ce qu'on trouve de plus agréable chez lui, s'il n'avait logé à l'hôtel de Longueville [1].

Nicole nous a menés loin et nous a fait aller presque aux limites de notre sujet; nous avons à revenir et à tracer, des huit ou neuf années qui suivirent la Paix de l'Église, et qui constituent la belle époque déclinante (1669-1678), un aperçu général, sinon un tableau.

1. Rien n'égale à mes yeux les Portraits faits par des contemporains, quand ceux-ci sont bien informés, ont l'esprit juste et la plume fidèle. Je mettrai donc encore ici le Portrait de Nicole, tiré de sa Vie écrite par M. de Beaubrun (Manuscrits de la Bibliothèque du Roi, FR. 17,676) :

« M. Nicole avoit un extérieur simple, une taille médiocre, le nez aquilin, les yeux très-grands, très-ouverts et très-vifs, le naturel timide et modeste. Il étoit abstrait (*distrait*) en tout temps, en tous lieux, rarement enjoué dans la conversation, mais attentif à tout ce qui s'y disoit. Susceptible des plus légères impressions, les plus ignorants, pourvu qu'ils parlassent avec ascendant, étoient capables de lui imposer et de le pousser à bout. Dans le cabinet, la plume à la main, rien de si captieux et de si entortillé qu'il ne démêlât. Pour écrire, il lui falloit une base et un appui; il étoit incapable d'invention. Correct dans son style, mais toujours uniforme dans le tour des pensées et des expressions. Profond et précis, peu d'hommes ont poussé plus loin l'art de raisonner. Humble, doux, pacifique, amateur de la paix et du repos; craintif jusqu'à avoir peur de son ombre. Janséniste, peut-être par la crainte seule de déplaire à M. Arnauld, puisque, dès 1689, il écrivoit au Père Quesnel qu'il y avoit plus de trente ans qu'il étoit dans les pensées qu'il a exprimées dans son Traité de la *Grâce générale* ; c'est-à-dire qu'il écrivoit pour le Jansénisme pendant qu'il avoit dans l'esprit un système qui y est diamétralement opposé. »

Je réserve pour l'*Appendice* un dernier supplément de particularités authentiques à son sujet.

FIN DU QUATRIÈME VOLUME.

APPENDICE.

SUR L'ABBÉ DE RANCÉ.

(Se rapporte à la page 51.)

La pièce suivante, qui est celle que nous avons indiquée page 51, vient s'ajouter très-bien à la Lettre écrite par Rancé au maréchal de Bellefonds, et à son Projet de lettre à Tillemont, pour mettre en parfaite lumière les sentiments et la conduite de l'illustre Abbé en ce qui concerne les Jansénistes. Nous la tirons d'un manuscrit tout rempli de pièces provenant de Dom Gervaise, lequel manuscrit (in-4°) a fait partie de la *Bibliotheca Lamoniana*, et se trouve inscrit à la page 307 du Catalogue in-folio de cette Bibliothèque, imprimé en 1784. — Le commencement de la pièce manque, et l'on ne voit pas bien ce qui y donna occasion : mais il est manifeste qu'elle a dû être écrite par un secrétaire, ou par tout autre de l'intimité de M. de Rancé, et à peu près sous sa dictée. Le caractère *semi-officiel*, comme on dirait aujourd'hui, ressort à chaque mot : il est question dans les premières lignes, à moitié détruites, de la Lettre de M. de Rancé au maréchal de Bellefonds, laquelle ôtait aux Jansénistes le prétexte de le compter désormais comme un des leurs :

« .... Il ne faut pas trouver étrange si ceux qui se plaignent ont été fâchés de ce qu'il les a privés tout d'un coup de l'avantage qu'ils tiroient de la créance que l'on avoit qu'il étoit dans leurs intérêts et dans leur cause : mais il y a sujet de s'étonner que, pour empêcher l'effet de sa Lettre et décréditer la déclaration qu'il a faite, ils veuillent en attaquer la sincérité, et faire croire au monde qu'il a eu des liaisons et des engagements qu'il n'a point eus en effet. Et afin, Monsieur, qu'en étant persuadé, vous ayez de quoi le persuader aux autres, je vous dirai ce que j'ai appris sur cette affaire; et comme je la sais d'original, vous pouvez prendre pour des vérités constantes ce que vous verrez dans la Relation que je vais vous en faire.

« Lorsqu'on commença d'exciter dans l'Église des différends et des contestations touchant les sentiments de Jansénius et la souscription au jugement que le Saint-Siége avoit rendu contre sa doctrine, l'abbé de R., qui avoit de l'inclination pour ceux qu'on nommoit Jansénistes, à cause de cette piété exacte dont ils faisoient profession, de l'amour qu'ils avoient pour la pénitence, et de la pureté de leur morale, voyoit avec douleur la tempête qui s'étoit formée contre eux ; et le penchant qui porte les gens qui ont le cœur bien fait à plaindre les personnes affligées, faisoit que dans les rencontres, par les manières dont il parloit d'eux, il paroissoit leur être favorable, sans néanmoins avoir aucune habitude, ni connoître un seul de ceux qui se trouvoient engagés dans cette dispute, à l'exception de M. d'Andilly et de M. l'Évêque d'Angers, son frère.

« Il fut quelque temps dans cette disposition ; mais voyant que les affaires s'échauffoient, et que le Pape et les Évêques de France vouloient qu'on souscrivît le Formulaire par lequel on avo t condamné les erreurs attribuées à Jansénius, il crut que cette pente qu'il sentoit pour les Jansénistes ne devoit pas l'obliger à faire un seul pas en leur faveur, et particulièrement ne connoissant ni leurs maximes, ni leurs sentiments, ni leurs desseins, ni le fond de leur conduite ; et étant persuadé qu'il ne pouvoit en conscience résister aux ordres du Pape et des Évêques de France, il souscrivit simplement, comme il l'a déclaré, sans restriction, sans explication et sans réserve.

« Il alla voir ensuite M. l'Évêque d'Aleth, lequel lui ayant parlé à fond de la Signature, et lui ayant lu deux Écrits qui lui avoient été envoyés par les Jansénistes pour prouver qu'on ne pouvoit pas en conscience souscrire au Formulaire, lui dit : « Ces Écrits sont très forts et très-éloquents ; cependant ils ne me persuadent pas ; et je le suis (persuadé) qu'il faut obéir, signer et se soumettre. » Ce fut là le sentiment que prit ce saint Évêque sur ces matières, après les avoir pesées devant Dieu et l'avoir consulté par beaucoup de prières, et dans lequel il demeura ainsi pendant plus (ou près) de quatorze années[1].

« La chaleur augmenta entre les deux partis ; et les choses étant venues aux dernières extrémités, on ne garda plus de mesure ; on passa de tous côtés par-dessus les règles que la charité demande de ceux qui se défendent comme de ceux qui attaquent ; on se traita sans compassion, et les adversaires se poussoient avec une aigreur, une animosité et une violence presque égales.

« L'abbé de R. voyant qu'on agissoit avec des excès et des emportements indignes de personnes qui connoissoient J.-C., et que les uns et les autres prétendoient défendre leurs intérêts et soutenir leur cause d'une manière qui étoit si contraire à son esprit et à ses commandements, et si injurieuse à son nom et à sa gloire, il estima qu'il ne devoit faire autre chose dans une conjoncture si fâcheuse, et que Dieu ne demandoit rien de lui, sinon qu'il demeurât dans le repos, dans la soumission et dans le silence ; qu'il plaignît l'égarement des hommes, le malheur de l'Église ; et qu'il s'adressât à J.-C. pour le prier qu'il commandât à la tempête de s'apaiser (comme il avoit fait autrefois), afin de lui rendre la paix et la tranquil-

---

1. L'Évêque d'Aleth ne commença à être en relation sérieuse avec MM. de Port-Royal qu'en 1664, et il ne devint *janséniste* qu'à partir de cette date. Toutefois le chiffre de 14 années indiqué dans la pièce n'est pas très-exact.

lité qu'elle avoit perdue par l'emportement et par la passion de ses propres enfants.

« Il n'eut habitude quelconque, pendant que les troubles durèrent, avec aucun du côté des Jansénistes. Il avoit un commerce de lettres et d'amitié avec M. d'Andilly, qui cessa entièrement ; il est néanmoins vrai qu'ayant passé, au retour d'un voyage qu'il fut obligé de faire à Citeaux, par l'abbaye de Haute Fontaine qui se trouva sur son chemin, il y vit M. l'abbé Le Roi, qu'il avoit connu autrefois étant chanoine de Notre-Dame de Paris ; ils renouvelèrent une connoissance qui avoit été interrompue pendant plus de vingt années, et il eut depuis ce temps quelque communication avec lui par lettres.

« Enfin il plut à Dieu de donner le calme à son Église, et l'abbé de R., qui supportoit avec une impatience extrême la durée des troubles et des contestations, qui en souhaitoit passionnément la fin, et qui voyoit avec une douleur sensible qu'on enveloppoit dans la cause des Jansénistes ceux qui n'y avoient aucune part (pour peu qu'ils eussent plus d'exactitude dans leur vie et qu'ils gardassent plus de règle dans leurs mœurs que les autres hommes), et que lui-même n'étoit pas exempt de ce soupçon, vit avec une joie fort grande la fin des divisions ; et comme il crut que les questions étoient terminées pour jamais, et que l'accommodement lui paroissoit devoir être stable et sans retour, M. Arnauld et M. Nicole l'étant venus voir quelques années après, il les reçut avec tous les témoignages de charité, d'honnêteté et d'estime qu'ils pouvoient attendre d'un homme de sa sorte, et il ne crut pas qu'il dût conserver aucune mémoire des choses passées, à l'égard de ceux auxquels le Pape et le Roi venoient d'accorder une amnistie générale, et de donner tant de marques publiques de leurs bontés.

« L'abbé de R. leur trouva tant d'érudition, de capacité, et des manières d'agir à son égard si engageantes, qu'il ne put pas se défendre de leur donner place dans son amitié et dans son estime, et qu'il (le) leur témoigna depuis ce temps-là par quelques lettres qu'il leur écrivit dans les occasions et les rencontres qui se présentèrent, comme sur le sujet de quelques-uns de leurs ouvrages qu'ils lui envoyèrent, de leurs traductions et de leurs paraphrases sur l'Ancien Testament, des livres qu'ils composoient pour le soutien de la Foi contre les Hérétiques, des traités (?) des maximes qui concernent les mœurs ; et même lorsqu'il a rencontré des gens passionnés qui, nonobstant la pacification, parloient à leur désavantage, il n'a point manqué de dire ce qu'il croyoit qui pouvoit détruire ou diminuer la mauvaise opinion qu'on avoit d'eux, craignant toujours qu'on ne fît renaître les contestations, et qu'on ne rentrât dans les difficultés passées. Cependant, quelque considération que l'abbé de R. ait eue pour eux, il a toujours été si ferme et si constant dans la soumission qu'il devoit à l'Église, que jamais il n'a été ébranlé ni par leur autorité, ni par les sollicitations qu'ils lui ont pu faire.

« Les Jansénistes prenoient, toutefois, un fort grand soin de publier qu'il approuvoit en tout leur conduite, et qu'il étoit tout à fait attaché à leurs intérêts. Les Molinistes, qui ne pouvoient souffrir la réputation de sa Maison et l'opinion que l'on avoit de la manière de vivre qu'il y avoit établie, non plus que la sévérité de ses maximes touchant la pénitence et la morale, répandoient mille faux bruits contre sa créance, sa religion, et attaquoient sa personne par quantité de suppositions malignes et grossières, et essayoient de le faire passer pour un partisan caché des Jansénistes. L'abbé de R. laissoit dire le monde, et se contentoit du témoignage que lui rendoit sa conscience, et ne pouvoit s'imaginer qu'une accusation, à laquelle il ne donnoit aucun fondement réel, pût subsister, et ne tombât pas d'elle-même; mais, voyant que les bruits s'augmentoient, et que les soupçons qu'on avoit formés contre lui et contre son Monastère se confirmoient de plus en plus, il commença, lorsque les occasions s'en présentèrent, de se plaindre de l'injustice qu'on lui rendoit, et de déclarer qu'il n'avoit jamais été dans le parti de ceux qu'on nommoit Jansénistes, ni eu la moindre pensée de défendre Jansénius, dont il avoit condamné les opinions avec toute l'Église.

« Véritablement la déclaration de l'abbé de R. n'avoit garde de faire l'effet qu'il prétendoit, puisque les Jansénistes prenoient eux-mêmes à tâche de dire partout qu'il étoit entièrement dans leurs sentiments, qu'il entroit pleinement dans tous leurs intérêts; et cela alloit si loin, qu'il y en avoit qui ne craignoient point d'assurer que l'austérité dans laquelle il vivoit étoit une pénitence qu'il s'étoit imposée pour l'expiation de la faute qu'il avoit faite en signant le Formulaire.

« Quelques années après que l'abbé de R. eut connu les Jansénistes, un homme de qualité de ses amis particuliers[1], qui avoit une étroite liaison avec eux, fit un voyage à Aleth, où, ayant entretenu le saint Prélat sur le sujet de l'abbé de R., il lui en apporta une lettre par laquelle il lui écrivoit qu'il pouvoit prendre une entière créance aux choses qu'il lui diroit de sa part. Cet ami joignit à la lettre du saint Évêque une des siennes, par laquelle il prétendoit lui prouver, par quantité de raisons, qu'il devoit au moins donner quelque éclaircissement touchant sa souscription au Formulaire, et faire connoître au public qu'il n'avoit point eu dessein de condamner Jansénius : mais ce fut inutilement qu'il essaya de le faire changer d'avis; car l'abbé de R. ne répondit autre chose à M. l'Évêque d'Aleth, sinon que la plus grande joie qu'il pourroit avoir seroit de se trouver dans une conformité parfaite à tous ses sentiments, et que si Dieu lui en donnoit jamais d'autres que ceux dans lesquels il avoit été jusqu'à présent, il n'auroit aucune peine de les déclarer; et il manda à son ami que ce ne seroit ni par l'autorité, ni par la considération des personnes, qu'il se conduiroit dans une affaire de cette qualité; qu'il avoit suivi le mouvement de sa conscience, et que, quoiqu'il eût lu une partie des choses qui avoient été écrites sur la question dont il s'agissoit, elles ne l'avoient point persuadé, et qu'il croyoit encore avoir dû faire ce qu'il avoit fait.

« Voilà quelle a été la disposition de l'abbé de R. touchant la Souscription; et on ne peut pas douter qu'elle n'ait toujours été égale et invariable, puisque ni les raisons des Jansénistes, ni la considération de ses amis, ni la vénération qu'il a toujours eue pour M. l'Évêque d'Aleth depuis qu'il l'a connu, n'avoient pas été capables de faire la moindre impression sur son esprit.

« Pour ce qui est du motif qui l'a porté à se déclarer d'une manière qui est devenue publique[2], et qui a paru aux personnes intéressées comme un contre-temps et comme un dessein mal concerté, le voici en peu de paroles.

« Les calomnies qu'on avoit formées contre l'abbé de R. s'étoient tellement multipliées, et on s'étoit étudié de telle sorte de noircir sa personne, qu'on ne faisoit aucun scrupule de dire hautement, dans les provinces du Perche

---

1. M. de Tr. (note du Manuscrit). — Peut-être M. de Tréville.
2. Par sa Lettre au maréchal de Bellefonds.

et de Normandie, que sa foi n'étoit pas catholique; que son Monastère étoit infecté des erreurs qui avoient été condamnées dans Jansénius; qu'on n'y avoit aucune soumission pour les décrets de l'Église; et des personnes qui faisoient profession de piété disoient, en soupirant, de la pénitence qui s'y pratiquoit : *Magni passus, sed extra viam.* Les amis véritables de l'abbé de R. souffroient avec impatience qu'il demeurât sur cela dans une indifférence qui leur paroissoit une espèce de léthargie, et qu'il ne prît aucun soin de faire connoître au public qu'il n'étoit rien moins que ce qu'on en pensoit; ils lui disoient qu'il rendroit compte à Dieu de ce qu'il enduroit qu'on décréditât sa conduite, de ce qu'il empêchoit que le bon exemple de son Monastère et le bien qui s'y pratiquoit ne donnât au monde l'édification que les gens de bien en devoient attendre; qu'il étoit cause, en ne disant rien dans une telle occasion, qu'on attribuoit le détachement, la piété, la pénitence, la discipline si exacte et si extraordinaire dont lui et ses religieux faisoient profession, à un mouvement de parti et à un esprit de cabale, et que, puisqu'il n'étoit pas Janséniste, il falloit qu'il le dît et que le monde le sût.

« Enfin l'abbé de R. ouvrit les yeux; ces considérations le touchèrent, et l'obligèrent de faire plus d'attention qu'il n'avoit fait jusqu'alors sur ce qui lui avoit paru dans les Jansénistes, depuis qu'il les avoit connus; et véritablement il vit plusieurs choses qu'il ne lui étoit pas possible de ne pas condamner. Il remarqua qu'ils n'avoient que du mépris pour ceux qui n'étoient pas dans leurs sentiments; qu'ils ne faisoient point scrupule de traiter de politiques et de timides des Évêques de leurs amis auxquels ils avoient obligation, parce qu'ils ne les servoient pas à leur mode et qu'ils n'entroient pas assez dans leurs extrémités et dans leurs excès; et qu'au contraire, ils donnoient une approbation si générale et si entière à ceux qui les embrassoient, qu'ils ne voyoient plus rien en eux de répréhensible. Il se ressouvint qu'il avoit ouï dire plusieurs fois à une des personnes du monde la plus qualifiée, qui y tenoit le plus grand rang [1], qu'ils avoient voulu l'engager dans leur parti, mais qu'ils lui imposoient une condition dont il n'avoit pu s'accommoder, qui étoit que, quand il seroit question de prendre des résolutions, sa qualité ne seroit point considérée, et qu'il n'auroit parmi eux sa voix que comme un autre.

« Il fit réflexion que si on avoit gardé les règles de l'Église (dans l'observation desquelles ils prétendoient être si exacts et si rigoureux) à l'égard de la plus grande partie de ceux qui étoient à la tête de leur parti, dont les sentiments étoient les plus écoutés, et qui y faisoient la principale figure, ils auroient tenu la dernière place dans la maison du Seigneur et y auroient vécu dans un perpétuel silence, au lieu de dogmatiser et de décider sur les matières de la Foi et de la Religion; il y vit entre eux un si grand concert et une liaison si étroite pour leurs intérêts communs (quoiqu'en bien des choses ils pensassent différemment), que souvent ils s'assembloient pour parler de leurs affaires, et que si quelque Évêque de leurs amis, comme cela arrivoit quelquefois, écrivoit quelque lettre sur un sujet qui les concernât, cette lettre ne paroissoit point qu'elle n'eût été réformée ou au moins examinée; qu'ils recherchoient avec soin à se lier et à s'attirer des gens pour grossir leur parti. Il sut qu'un Évêque de grand mérite qui leur étoit favorable, étant si malade qu'on croyoit qu'il n'eût que très-peu de temps à vivre, ils le pressèrent d'écrire une lettre au Roi

---

1. M. le cardinal de Retz (note du Manuscrit).

sur les affaires de l'Église; et, comme sa foiblesse et la grandeur de son mal l'en empêchèrent, on en chargea une personne : cette lettre fut écrite; mais l'Évêque s'étant bien porté, elle ne fut point rendue. Cependant on l'avoit composée sans doute avec art et avec étude; on avoit imité, autant qu'on avoit pu, les pensées, les expressions et le style d'un homme mourant; et on n'auroit pas manqué de la faire valoir comme la production du cœur et de l'esprit d'une personne qui va paroître au Jugement de Dieu, quoique, dans la vérité, elle n'y eût point d'autre part que celle d'y avoir consenti; ce qui est une dissimulation qui n'aura jamais l'approbation de ceux qui feront profession d'être sincères [1].

« J'ai su aussi qu'ayant une fois demandé à un Docteur de ses amis qui avoit beaucoup d'érudition et de piété, et qui s'étoit retiré d'avec eux, quelles raisons avoient pu l'y obliger, il lui dit qu'il étoit vrai qu'il s'étoit quelquefois trouvé dans les assemblées et dans les conférences qu'ils tenoient touchant les opinions de la Grâce et la défense de Jansénius; mais qu'ayant vu que les choses s'y agitoient avec tant de hauteur, d'entêtement, d'excès et de passion, que s'il arrivoit que quelqu'un entrât dans quelque conduite modérée et voulût prendre quelque tempérament, il étoit bafoué et traité d'une manière injurieuse, qu'on ne gardoit plus de mesure à son égard, et que non-seulement on ne remarquoit point parmi eux les moindres traits de la charité qui doit se rencontrer parmi des Prêtres et des Ecclésiastiques, mais souvent même que l'honnêteté qui s'observe parmi les gens du monde n'y étoit point connue, — il s'étoit retiré, et qu'il croyoit qu'un homme d'honneur ne pouvoit s'accommoder longtemps d'une telle liaison.

« L'abbé de R. fit encore réflexion sur la division qu'il y avoit entre eux et sur la diversité de leurs sentiments; que les uns traitoient ceux qui étoient entrés dans l'accommodement accordé par le Pape comme de prévaricateurs, et ne craignoient point de dire que M. Arnauld et quelques autres qui, dans les matières de la Grâce, s'étoient réduits et comme modérés aux opinions de saint Thomas, avoient abandonné la cause de Dieu, la doctrine de saint Augustin, et trahi la vérité; et qu'on reprochoit à ceux-là qu'ils étoient entrés dans des excès, et qu'ils avoient outré les opinions d'une manière qui n'étoit pas soutenable; c'est-à-dire, pour parler proprement, qu'ils étoient dans l'erreur : tellement que, sous le voile de la doctrine de saint Augustin, chacun cachoit ses vues et ses pensées particulières. Il considéra cette affectation à mettre dans leurs intérêts ceux qui n'en étoient pas, pour peu qu'ils leur témoignassent d'affection, et qu'il leur fût utile qu'on les crût de leurs amis; cet empressement de quitter tous les endroits de la ville pour s'unir et demeurer ensemble dans un même quartier, comme pour faire un Corps séparé du reste du monde. Toutes ces considérations, dis-je, que l'abbé de R. n'avoit connues que dans le peu de commerce et d'habitude qu'il avoit eue avec quelques-uns de leur parti, lui firent croire qu'il ne pouvoit souffrir avec conscience qu'on le crût lié à des personnes dont il avoit de si justes sujets de soupçonner la conduite; l'air lui en parut dangereux, et la charité, qui l'empêchoit de juger de son prochain, vouloit qu'il se tînt sur ses gardes, et qu'il ne laissât pas croire plus longtemps au monde qu'il étoit attaché aux

---

1. C'était là une *fiction*, il faut en convenir, qui valait pour le moins celles que l'on accusait M. de La Trappe de pratiquer dans son monastère.

intérêts de ceux avec lesquels il étoit incapable d'avoir la liaison dont on l'accusoit.

« Lorsqu'il étoit dans cette résolution, il se présenta une occasion de l'exécuter. Il sut que M. l'Évêque d'Évreux, qui ne parloit jamais de lui sur ces matières qu'avec déchaînement, étoit à Paris, et qu'il publioit avec sa violence accoutumée ses calomnies ordinaires. M. le maréchal de Bellefonds, qui étoit des amis particuliers de l'abbé de R., venoit d'être rappelé à la Cour, après quelques années de disgrâce ; lequel étoit parfaitement informé de la manière dont on le traitoit : l'abbé de La T. (Trappe) crut donc qu'il ne pouvoit rien faire de mieux que de lui écrire dans cette conjoncture, de se plaindre de l'injustice que lui rendoient les Molinistes, et de lui expliquer précisément ses sentiments et la conduite qu'il avoit tenue dans les affaires qui regardoient la Souscription, afin qu'en étant ponctuellement informé il pût en parler avec certitude, et dire ce qu'il en avoit appris d'original.

« C'est cette Lettre qui a fait tant de bruit dans le monde, et de laquelle les Jansénistes prétendent avoir de si justes sujets de se plaindre ; mais l'abbé de R. pouvoit-il faire autre chose que ce qu'il fit ? On le publie Janséniste, il ne l'est point ; on l'engage et on le donne malgré lui à un parti qui lui est devenu suspect, dont il n'est pas, et dont il ne veut point être ; il voit sa conduite diffamée, son nom proscrit, son Monastère regardé comme une retraite de gens d'une doctrine corrompue ; y avoit il apparence qu'il endurât une persécution injuste, faute de dire, pour en sortir : *Je ne suis pas tel qu'on me croit* ? Les Jansénistes peuvent se faire une gloire des choses qu'on leur impute avec justice, à la bonne heure pour ceux qui sont dans la bonne foi, et c'est leur affaire : mais pour ceux qui ne sont point tels et qui n'ont point envie de l'être, pouvoient-ils souffrir en paix et en silence un décri si injurieux, des calomnies si malignes, et se rendre comme les martyrs d'un sentiment dont ils ne sont point, à moins d'une insensibilité ou d'une fausse vertu qu'on ne sauroit mieux qualifier que du nom d'une véritable folie ?

« On disoit encore que l'abbé de R. avoit plus fait que le Pape ; qu'il avoit prononcé contre les Jansénistes ce que le Saint-Siége n'avoit pas voulu faire, et que ses intentions et ses vues ont été purement politiques.

« Mais il ne faut que lire sa Lettre pour voir que ces reproches n'ont aucun fondement. Il savoit bien qu'il n'avoit ni caractère ni qualité pour juger, ni nécessité, ni mission ; et il n'avoit garde de faire ce qu'il condamne dans les autres avec tant de sévérité : aussi n'a-t-il pas dit un seul mot ni de la résistance des Jansénistes, ni de leurs sentiments ; mais il s'est contenté de parler des siens, et de soutenir la conduite qu'il avoit eue touchant la Souscription ; et s'il a usé de quelques termes qui ont paru durs, c'est qu'il n'en a point trouvé de plus propres pour exprimer l'état et la disposition de ceux qui soutiennent dans l'Église des contestations par des manières violentes et excessives, par des tiraillements qui devroient être inconnus à des Chrétiens et qui blessent la charité de J.-C. sans s'arrêter aux règles ni à la modération qu'elle veut qu'on observe.

« Pour ce qui est d'avoir agi par des raisons politiques, peut-on l'en soupçonner quand on pense qu'il s'est déclaré pour les opinions de saint Thomas ; et qu'il a condamné la Morale relâchée ? Car pouvoit-il douter que la doctrine de saint Thomas n'étoit pas à la mode, non plus que les maximes d'une Morale exacte ? Et s'il savoit quel étoit en cela l'air du monde, comme on n'en peut pas douter, pouvoit-il faire une telle profession et vouloir se rendre de bons offices dans les lieux où on prétend qu'il avoit envie de plaire?

« Rien ne fait mieux voir quelle a été la pureté de ses intentions que le peu de ménagement qu'il a gardé en expliquant ses pensées; puisqu'au lieu de setenir à la seule déclaration de sa conduite touchant la Signature, et se disculper simplement de ce qu'on appelle Jansénisme (ce qui pouvoit lui faire un mérite, même selon le sentiment de ceux qui le blâment), il a passé jusqu'à dire ce qu'il pensoit sur la matière de la Grâce et sur le relâchement de la Morale; c'est-à-dire que, bien loin d'avoir parlé dans cette rencontre par des vues d'intérêt et des considérations humaines, il ne l'a fait que par le pur mouvement de sa conscience.

« Ce n'est pas avec plus de raison qu'on veut tirer des conséquences contre l'abbé de R. et attaquer la sincérité de sa Lettre, en disant qu'il avoit admis dans son Monastère des religieux [1] qui n'avoient pas signé; qu'il a eu quelques amis particuliers entre les Jansénistes, qu'il les a plaints; et qu'il a pris, en bien des occasions, part à leur malheur.

« On peut répondre à cela que l'abbé de R. a reçu ceux dont on parle, la Paix de l'Église étant faite; qu'il n'eut jamais aucune pensée de la Souscription lorsqu'il les reçut, et que ni l'un ni l'autre ne s'avisa jamais de lui en parler, ni d'exiger de lui, comme une condition, qu'il ne les obligeroit pas à signer le Formulaire. Il ne faut pas s'en étonner, puisque la disposition dans laquelle ils se retirèrent dans sa Maison étoit une volonté sincère de s'y enterrer tout vivants, et d'effacer pour jamais, de leur cœur et de leur mémoire, jusqu'aux moindres idées des questions et des affaires qui n'appartenoient pas à l'état auquel ils vouloient se consacrer. Ce qu'ils ont observé avec tant de fidélité et de religion, qu'il ne leur est jamais échappé une seule parole qui ait pu marquer qu'ils en conservassent encore aucun souvenir.

« Véritablement l'abbé de R. a été plus réservé dans la suite pour ces sortes de réceptions; et depuis qu'il a commencé à prendre toutes les connoissances que nous avons dites sur la conduite des Jansénistes, et qu'elle lui est devenue suspecte, quoiqu'il n'ait exigé la Souscription de personne, néanmoins il a donné l'exclusion à ceux qui lui ont demandé d'entrer dans son Monastère, quand il a pu croire qu'ils n'étoient pas dans l'intention de signer au cas qu'on l'eût désiré d'eux.

« On se plaint qu'il a considéré les Jansénistes comme tenant un parti qui n'étoit pas celui de l'Église. Il est vrai qu'il n'a pas estimé que les Jansénistes fussent dans le parti de l'Église; mais on a tort d'inférer de là qu'il les ait crus séparés de l'Église, puisque tous les jours il se forme entre les Docteurs catholiques des contestations et des partis, par l'attachement qu'ils ont à soutenir les uns contre les autres des opinions particulières; et qu'ainsi on peut dire, sans attaquer leur foi, qu'ils ne sont point dans le parti de l'Église. Et quelquefois même il arrive que ceux qui soutiennent les intérêts de l'Église le font avec tant d'entêtement, de suffisance, d'animosité, d'orgueil, et de désir d'atterrer leurs adversaires, que ce n'est plus la cause de la justice et de la vérité qu'ils défendent, mais la cause de leurs propres passions.

« Le reproche qu'on fait à l'abbé de R., de ce qu'il a eu quelques amis parmi les Jansénistes, est une pensée qui ne peut venir qu'à ceux qui ne

---

1. Voir la *Relation d'un Voyage fait à Aleth*, par Lancelot, au tome II des *Mémoires* de Lancelot, p. 440, à la note.

sauroient pas ce que personne ne doit ignorer, qui est que nous avons tous les jours des amitiés cordiales, même avec les ennemis de la foi, sans avoir aucune part à leur créance ; et, pour faire voir qu'on n'est pas mieux fondé dans les avantages qu'on veut prendre contre lui de ce qu'il les a plaints dans leur malheur, posé que cela soit ainsi, il n'y a qu'à répondre : Que saint Martin s'est autrefois expliqué en faveur des Priscillianistes ; qu'il s'est opposé à la manière trop violente avec laquelle on les poussoit, et que, sans approuver leurs erreurs, il a improuvé la conduite de leurs adversaires. En un mot, on peut considérer la situation où l'abbé de R. a été entre les Jansénistes et les Molinistes, comme celle dans laquelle saint Sulpice Sévère s'est trouvé entre les Ithaciens et les mêmes Priscillianistes ; ce qu'il exprime en ces termes : *Quorum studium* (il parle des Ithaciens) *in expugnandis hæreticis non reprehenderem, si non studio vincendi, plus quam oportuit, certassent. Et mea sententia est, mihi tam reos quam accusatores displicere*[1]. Car si l'abbé de R. n'a eu garde de condamner le zèle et l'application des Molinistes pour la condamnation des erreurs de Jansénius, il n'a pu aussi approuver le procédé si extrême et si violent qu'ils y ont tenu ; non plus que cette opposition si vive et si animée des Jansénistes, qui défendoient une cause qui ne lui paroissoit pas bonne, par des moyens et des voies encore plus mauvaises et moins soutenables.

« Il est aisé de juger, par tout ce détail, qu'il n'y a rien de plus injuste que d'accuser l'abbé de R. de s'être expliqué mal à propos par des raisons politiques, et d'avoir écrit une Lettre qui n'est pas sincère ; puisque les considérations qui l'ont obligé de se déclarer ne pouvoient être ni plus solides ni plus puissantes, et qu'il est vrai, comme il l'a dit, qu'il a toujours cru qu'il devoit souscrire, et qu'il n'est jamais entré dans le parti des Jansénistes.

« En voilà trop pour la justification d'un homme qui n'a point de faute que celle qu'il peut avoir dans l'imagination et dans la prévention de ceux qui l'attaquent ; il est certain que s'ils considéroient avec attention que l'abbé de R. ne leur a jamais rien promis, qu'il n'a jamais eu d'engagement avec eux, et que la liaison qu'il a pu avoir avec quelques personnes de leur sentiment n'a été que de simple amitié, ils feroient plus de difficulté qu'ils n'en font pas de vouloir qu'uniquement, pour leur plaire, il demeurât exposé à tous les traits de la malignité et de l'envie ; qu'il laissât sa réputation en proie ; qu'il souffrît qu'on le traitât d'hérétique (comme je vous l'ai déjà remarqué), dans la crainte de déclarer qu'il n'avoit jamais eu de part avec ceux qui avoient entrepris la défense de Jansénius. »

---

1. C'est aussi le texte que citait le cardinal Le Camus dans sa lettre à Rancé (précédemment, page 92), et qu'il prenait pour devise, — la devise des neutres.

SUR L'ABBÉ ET L'ABBAYE DE SEPT-FONTS.

(Se rapporte à la page 73.)

A côté des maîtres en tout genre, j'aime autant que je le puis à mettre le disciple; à côté de l'original, à indiquer la copie, quand elle n'en est pas indigne. Rancé eut en son temps son second, son parfait imitateur dans le réformateur de l'abbaye de Sept-Fonts (des sept sources ou des sept fontaines). Ce monastère, de l'Ordre de Cîteaux, de la filiation de Clairvaux, situé à six lieues de Moulins, en Bourbonnais, était tout à fait tombé dans le relâchement et le désordre, lorsque messire Eustache de Beaufort en fut nommé abbé en 1654; il n'avait que dix-neuf ans, et il était d'abord dans les dispositions les plus mondaines. On rapporte sa conversion à l'année 1663, et il entreprit dès lors de réformer son abbaye en ardent émule de l'abbé de Rancé : il parvint, à la sueur de son front, à en faire une seconde abbaye de La Trappe, une succursale qui rivalisait en pénitence et en austérité avec son modèle. Dans les recueils d'estampes du temps, qui représentent les divers plans et les aspects de l'abbaye de Port-Royal, on trouve quelquefois, à la suite des vues de La Trappe qui y sont jointes, un dessin de l'abbaye de Sept-Fonts dans ses dehors les plus mornes. Quant au dedans, on a peu de bons guides. Ces figures de moines sous leur capuce échappent en général au portrait. Je saisis dans les lettres de M. Le Camus, l'évêque pénitent, un passage assez caractéristique sur l'abbé de Sept-Fonts, et je ne laisse pas échapper une occasion, pour nous unique, d'entrevoir un saint de plus. C'est à M. de Pontchâteau que M. Le Camus écrit, et les moindres mots ont tout leur poids entre ces deux grands connaisseurs et praticiens de la pénitence :

« Je viens, lui dit-il (17 mai 1673), de recevoir une lettre de l'abbé de Sept-Fonts, copie de l'abbé de La Trappe, et vous ne serez pas fâché d'apprendre que son monastère est présentement conforme en tout en son original. C'est le plus grand coup de Grâce peut-être qui se soit fait de nos jours. Il étoit ignorant et débauché : il est devenu vertueux au point que je vous le dis, et humble à un point que je ne puis vous l'exprimer. C'est l'homme du monde en qui j'aie plus remarqué d'humilité sincère et le silence le plus profond, ne disant jamais un mot que la gloire de Dieu ou la charité ne lui fasse dire, et si juste qu'il ne paroît aucune affectation dans sa manière d'agir, si bien qu'il ne rebute ni (ne) divertit personne ou par son silence ou par ses paroles. Mais louerons-nous toujours les gens de bien et n'aurons-nous jamais de part à leurs bonnes œuvres ?... »

Dom Eustache de Beaufort était encore vivant, lorsqu'en 1702 parut un petit livre écrit à bonne intention sans doute, mais des plus indiscrets, l'*Histoire de la Réforme de l'Abbaye de Sept-Fonts*, par le sieur Drouet de Maupertuy. S'il fallait en croire cet hagiographe un peu profane, mais qui paraît assez bien renseigné, ce n'étaient pas seulement les *humiliations*, c'étaient bel et bien les *fictions* et les suppositions à bonne fin qui auraient été en usage à Sept-Fonts en ce qu'elles ont de plus absolu et, pour tout dire, de plus abêtissant. L'auteur présente, il est vrai, les exemples qu'il en cite en manière d'éloge : de la part d'un plus malin, on croirait à une ironie. Je renvoie les curieux, à défaut du livre, à l'article du *Journal des Savants* du lundi 22 mai 1702 qui en a donné un extrait. Mais ce qu'il faut vite ajouter, c'est que le livre de Drouet fut désavoué par Dom Eustache dès qu'il en eut connaissance. Dans une lettre du 14 mai 1702, publiée en partie dans le *Journal des Savants* du 17 juillet, il déclare que non-seulement il n'a nulle part à cet ouvrage, mais qu'il y a peu de faits où la vérité ne soit altérée et où il n'y ait quelque chose de l'invention de l'auteur. Fidèle à l'esprit de l'abbé de Rancé, à celui de saint Bernard, à l'antique esprit monastique, il témoigne être affligé du bruit qu'on a fait de ce qui n'était bon qu'à ensevelir, « ayant appris, dit-il, de ses Pères que la fonction des moines étoit de pleurer et non de parler; de travailler à la conversion des pécheurs par leurs larmes et non par des livres[1]. »

J'ai inutilement cherché à découvrir aucun lien, aucune relation directe de nos gens de Port-Royal avec cet abbé tout pratique. On sait seulement qu'à l'origine de la réforme, par lui entreprise, en présence des obstacles qu'il rencontrait, il eut un moment l'idée de se démettre de son abbaye et de se retirer à La Trappe, « qui depuis quelques mois commençoit à fleurir sous la conduite du grand Armand. » (Le *grand Armand*, dans ce monde monastique, ne signifie plus Richelieu, mais Rancé.) Dom Eustache, tenté de renoncer à son œuvre, alla donc soumettre son doute à M. de Sainte-Beuve, oracle en ces sortes de cas. Mais M. de Sainte-Beuve n'était plus alors du pur Port-Royal, et il ne parlait qu'à titre de grand casuiste. Comme simple trait d'union, je noterai que le sacristain de Port-Royal des Champs, dans les derniers temps de la Paix de l'Église, était un diacre, homme de condition et de vertu, M. de Montguibert qui, obligé de sortir à la reprise de persécution en 1679, alla se faire religieux à Sept-Fonts. Bien des années après, ce Dom Charles de Montguibert, ayant été envoyé à Paris pour les affaires

---

[1]. J'ai en ma possession une lettre inédite, signée *Drouet de Maupertuy*, à la date du 3 mars 1702, adressée à un ami et protecteur puissant, par laquelle il le supplie de s'opposer aux sollicitations que fait le frère du pieux réformateur, l'abbé de Beaufort, pour obtenir la suppression de l'*Histoire de la Réforme de l'Abbaye de Sept-Fonts* « par l'unique raison qu'elle est trop avantageuse à monsieur son frère. »

de son Ordre, et étant allé voir M. de Tillemont, son ancien ami, la maladie le prit subitement, et il mourut entre ses bras à Tillemont même, le jeudi de Pâques, 11 avril 1697. C'est ainsi qu'il a place au *Nécrologe*. L'abbaye de Sept-Fonts, d'ailleurs, cette fille rigide de Rancé, n'a rien de commun avec nos Messieurs.

SUR M. LE CAMUS.

(Se rapporte à la page 92.)

Je me trouve, par la libéralité de mes amis de Hollande auxquels je dois tant, en possession d'une série de lettres autographes de l'abbé Le Camus, au nombre de 97, presque toutes adressées à son ami l'abbé de Pontchâteau, quelques-unes à M. Arnauld et celles-ci déjà imprimées en grande partie, toutes les autres (moins une) inédites. Cette Correspondance peut servir à nous fixer exactement sur le degré de relation et de liaison de l'abbé Le Camus avec Port-Royal, liaison assez étroite et directe, et qui nous le montre moins *neutre* dans un temps qu'il ne le parut et ne le devint par la suite.

L'abbé Le Camus, comme l'abbé de Rancé, comme l'abbé de Pontchâteau, est un des convertis célèbres du dix-septième siècle. Il complète ce trio d'illustres abbés faits pour la Cour et pour le monde, et qui s'y étaient livrés d'abord, mais qui s'enfuirent à un certain jour pour embrasser la vertu chrétienne dans son âpreté. Son caractère d'évêque n'ôta rien à la rigueur de sa pénitence. La sincérité de sa dévotion doit être mise hors de doute, de même qu'a été manifeste l'austérité de sa vie. L'annotateur de Rapin, dans une note maligne, essaie de jeter du louche sur les intentions et le désintéressement de ce prélat, ce qui veut dire simplement que l'évêque de Grenoble n'agréait pas aux Jésuites et que ceux-ci n'étaient pas bien dans ses papiers. On le peut dire tout à fait janséniste en ce sens. Mais nous allons voir ce qu'était en réalité l'abbé Le Camus dont je puis parler d'autant plus à mon aise qu'il n'est point resté très-attaché à ses amis de Port-Royal, et qu'ayant une œuvre considérable et particulière, la réforme de son diocèse, à accomplir, il n'a pas voulu la compromettre par des liaisons publiques et persistantes, poussées au delà du nécessaire.

L'abbé Le Camus, né à Paris, le 24 novembre 1632, d'une riche famille marchande, devenue de robe et parlementaire, prit le bonnet de docteur le 4 avril 1650. Il eut presque aussitôt une charge d'aumônier du roi et vécut pendant des années à la Cour, y faisant en toute conscience le métier de courtisan. Il passait pour être fort libertin, et il eut le malheur d'être cité dans ce qu'on appelle « la débauche de Roissy, » à côté de Bussy, Vivonne, Mancini, Manicamp, de Guiche. C'était pendant la Semaine-Sainte de l'année 1659. On racontait que ces jeunes fous, dans leur orgie, avaient eu, entr'autres fantaisies bizarres, celle de baptiser un cochon de lait, et que l'abbé Le Camus avait prêté son ministère à cette parodie sacrilége. Rien n'est moins prouvé[1]. M. Le Camus, converti, avait coutume de dire qu'on avait autrefois raconté de lui plus de mal qu'il n'en avait fait, de même que présentement on disait de lui plus de bien qu'il n'en méritait.

Quoi qu'il en soit, à l'époque où nous allons recevoir ses confidences, il était revenu du libertinage et repentant. En juillet 1670, il y avait déjà quatre ans qu'il faisait ou était censé faire pénitence, ce qui reporterait sa réforme à l'année 1666. Saint-Simon exagère, dans sa fougue de peintre, lorsqu'il écrit : « Il acheta une charge d'aumônier du roi pour se fourrer à la Cour.... Ses débauches et ses impiétés éclatèrent. Il se crut perdu et s'enfuit dans une retraite profonde, où il se mit à vivre de toutes les austérités de la plus dure pénitence. » Ces biographies brusquées en portraits suppriment trop les intervalles. Il reste vrai que l'abbé Le Camus, en 1670, méditait une retraite entière et régulière; dans cette vue, il faisait bâtir un corps de logis à ce qu'on appelait l'*Institution*, ce qui, en attendant, ne l'empêchait pas d'y occuper un appartement pendant ses séjours à Paris. La première lettre de lui que j'ai sous les yeux est du 7 juin 1669; il y est parlé d'une visite que l'abbé Le Camus était allé faire au désert de Port-Royal, aussitôt après la Paix de l'Église; ce qu'il y avait vu lui donnait un redoublement et comme une émulation de pénitence :

« Je suis retourné aussi confus qu'édifié de votre *Désert*, et quand je vous examine tous l'un après l'autre, je trouve que le vieil homme est pendu dans votre rose-croix en tant que mort s'en ensuive, et que chez moi il n'est pendu qu'en effigie et plus dans l'opinion du public qu'en effet. J'en gémis devant Dieu et je trouve tant de choses à réformer et à retrancher qu'en vérité je ne puis me résoudre à commencer. *Cum creverant*

---

1. On lit dans les *Mémoires* de madame de Motteville au sujet de ce scandale de Roissy : « La Reine qui en fut avertie en témoigna un grand ressentiment. Elle exila l'abbé Le Camus pour avoir eu commerce seulement avec des gens si déréglés, *quoiqu'il ne fût pas avec eux les jours que ces choses se passèrent*. » Bussy rend aussi ce témoignage à l'abbé Le Camus qu'il s'éloigna et partit de grand matin le jour du Vendredi-Saint, ayant eu vent, la veille, de l'orgie qui s'apprêtait.

herbæ, apparuerant simul et zizania. (En même temps que l'herbe, a poussé l'ivraie [1].) C'est pour les gens de ma sorte que cela est dit, car je ne suis encore chrétien qu'en vert. Pour vous qui approchez de la maturité, vous vous souviendrez que je vous ai prié de me dire franchement ce que vous trouviez en moi que je dusse corriger, et que vous êtes d'autant plus obligé à me le dire que nous sommes amis et que j'ai plus de créance en vous qu'en toute autre personne. Vous n'avez voulu me rien dire ; peut-être que vous aurez moins de répugnance à me l'écrire, et songez que vous en répondrez devant Dieu. Priez-le demain qu'il me vide de mon esprit pour me remplir du sien.... »

Demain, c'était la Pentecôte en effet, et il est à remarquer que ce dimanche 9 juin 1669, jour de grande fête, M. de Saci, chantait la grand'messe à Port-Royal des Champs *pour la première fois* depuis le rétablissement des religieuses; ce qui montre que l'abbé Le Camus n'avait pas perdu de temps pour y aller faire sa visite. On voit aussi déjà que Saint-Simon qui pouvait se tromper sur quelques points de la biographie du prélat, ne se méprenait pourtant pas sur son caractère et sur sa physionomie quand il disait : « Il étoit bien fait, galant, avoit mille grâces dans l'esprit, d'une compagnie charmante. Il étoit savant, *gai, amusant jusque dans sa pénitence.* » Nous ne cesserons de lui trouver, jusque dans ses sévérités de scrupules et ses consultations les plus épineuses, de la gaieté, de la littérature, et bien de l'agrément dans l'esprit.

La première lettre finit sur le désir d'entrer en correspondance avec M. de Pontchâteau et par des compliments à Port-Royal :

« Mandez-moi si vous êtes connu par le nom de M. *Mercier* chez M. Heard (?) afin qu'à l'avenir je vous adresse ainsi mes lettres ; car ce me sera un plaisir d'écrire à un homme qui a oublié jusqu'à son nom, afin qu'il ne lui restât rien du monde.

« Encore une fois aimez-moi et priez Dieu pour moi, vous et *tous vos frères et sœurs.* Que je vous envie votre pauvreté ! »

M. de Pontchâteau ne se le fit pas dire deux fois. La pauvreté était son thème favori. La correspondance s'engagea. Il envoya à l'abbé Le Camus un Abrégé de Pensées tirées de saint Jean Chrysostome, et il lui écrivit deux lettres sur ce sujet de la pauvreté, particulièrement cher aux vrais chrétiens. L'abbé Le Camus, un peu en retard, lui répondit de Paris, le 9 décembre :

« Je n'ai pu vous écrire plus tôt pour vous rendre très-humbles grâces du présent que vous avez bien voulu me faire. Vous êtes si accoutumé à m'en faire de toutes les façons, et moi à les recevoir, qu'à la fin je croirai que vous êtes le riche et que c'est moi qui suis le pauvre. J'attendois bien

---

1. Saint Matthieu, XIII, 26. Le texte exact est : *Cum crevisset herba..., tunc apparuerunt....*

de votre courtoisie que vous me feriez acheter un Abrégé de saint Chrysostome, mais je n'attendois pas de l'avoir de votre indigence. Je le reçois sans scrupule et avec plaisir ; mais j'en ai encore eu davantage à lire les deux dernières lettres que vous m'avez écrites sur la pauvreté et sur les promesses qu'on fait au baptême. Je les ai lues et relues comme des homélies des Saints Pères. Aussi n'étoit-ce qu'un abrégé de leurs sentiments. Mais je me trouve si éloigné des dispositions qu'il faudroit avoir pour en faire bon usage que j'appréhende quelquefois que la lumière de ces vérités, dont je suis convaincu, au lieu de m'éclairer, ne me désespère. Pour moi, je crois que si l'on se faisoit baptiser à même âge qu'on prend l'habit de religion et qu'on fût instruit de toutes les obligations qu'emporte avec soi le baptême, on auroit autant de peine à trouver des gens qui voulussent se faire chrétiens qu'il est rare d'en trouver qui veuillent se faire chartreux. Et si cette idée est juste, jugez le peu qu'il y a de vrais chrétiens, et combien je dois appréhender de n'être pas de ce petit nombre. Mais après tout j'ai senti depuis quelques jours des marques si sensibles de la providence de Dieu sur moi, que cela me donne lieu d'espérer qu'il ne laissera pas son ouvrage imparfait et que la même main qui me guide, quand je suis incertain de la route que je dois suivre, me soutiendra dans les périls où je me trouve exposé à tous moments. Mais c'est plutôt le sujet d'une conversation que d'un billet. »

Nous touchons ici à l'un des points de dissentiment des deux abbés. M. de Pontchâteau était plus absolu, plus rigide ; lui, il ne fait guère de différence entre la condition de chrétien et celle de chartreux : l'abbé Le Camus, qui sera si sévère pour lui-même, s'étonne pourtant un peu des conséquences qui en résulteraient pour le prochain ; il fait quelques objections, et il les fera surtout lorsqu'il sera évêque et qu'il se heurtera aux difficultés de la pratique. En attendant, la liaison qui s'établit entre M. de Pontchâteau et lui est une parfaite liaison de charité. M. de Pontchâteau est son frère aîné en pénitence :

« Je crois, lui écrit-il le 29 janvier 1670, je crois que Dieu ne vous donne pas seulement l'amour pour la pauvreté, mais aussi le don de le communiquer, cet amour, à ceux que vous voyez. Au moins je vous puis assurer que les deux entretiens que j'ai eus avec vous m'ont inspiré un tel détachement du bien et des grandeurs, qu'on fera fort bien, dans l'humeur où je suis, de ne me rien offrir; car je refuserois sans consulter. Je ne sais si votre exemple m'a parlé, ou si ce sont vos discours, ou tous deux ensemble, mais je me trouve tout autre depuis ce temps-là. Je crois que si je vous voyois encore deux fois, j'irois à l'Hôpital général demander une place. Si l'on savoit dans le monde que votre pauvreté est contagieuse, il n'y auroit pas grand' presse à vous parler, et vous n'auriez pas besoin de couvrir votre marche aussi finement que vous faites. Je persiste toujours à bâtir à l'*Institution*, et plus j'y rêve et plus je trouve que dans Paris il n'y a rien de meilleur pour moi. Au moins cela me serre de plus de la moitié plus que je ne suis et m'écarte plus solennellement du monde et de l'ambition que je n'ai été jusqu'à présent. Priez Dieu, je vous prie, qu'il me fasse connoître sa volonté là-dessus ; car c'est une espèce d'état que cette résolution. Je me trouve tout autrement calme que je n'étois depuis que je me suis fermé à cela, et toutes ces irrésolutions et ces inquiétudes que j'avois sont cessées entièrement, ce qui me donne lieu de croire que c'est présentement où Dieu me veut. Il n'appartient pas à tout le monde d'aller des pas de géant : je suis destiné à aller terre à terre. Ce n'est pas que, si j'étois avec vous, je tâcherois de vous suivre, quoique vous ayez les jambes plus longues, mais, à la vérité, *non passibus æquis*. J'ai toujours dans la tête que nous finirons nos jours en même lieu et en même genre de vie : je n'y vois nulle apparence, et cependant je ne puis m'ôter cela de l'esprit. Dieu nous découvrira cela dans la suite. L'importance est de lui être fidèle et de ne regarder que lui. Je suis en lui du meilleur de mon cœur plus à vous qu'à moi-même. »

Ils échangent de petites commissions de pénitents et de solitaires. Il en est une, pourtant, dont l'abbé Le Camus s'est chargé en Cour ou auprès de gens de Cour, auprès de MM. de La Vrillière, et qui concerne une pension que M. de Pontchâteau avait sur une de ses abbayes ou sur une ferme. Le scrupuleux ermite avait hâte d'éteindre cette pension et de ne rien garder : ce qui offrait, à ce qu'il paraît, quelque difficulté de forme ou de fond qu'on opposait à son désir. Je ne distingue pas bien comment en cette affaire il avait pour parties MM. de La Vrillière ; mais, d'une manière ou d'une autre, la conclusion dépendait de leur volonté. « Je ferai encore une tentative, lui écrivait l'abbé Le Camus, et je crois que vous viendrez à bout, par mes soins, d'achever de vous ruiner. »

Il paraît que M. de Pontchâteau et peut-être aussi les religieuses de Port-Royal avaient eu curiosité de savoir comment on pratiquait la prière chez les Carmélites du faubourg Saint-Jacques. L'abbé Le Camus, qui habite le quartier, consulte à ce sujet la mère Agnès qui (bien entendu) n'est pas la nôtre, mais la mère Agnès de Jesus-Maria, l'illustre prieure des Carmélites, laquelle lui fait une réponse détaillée, et l'abbé Le Camus la transmet fidèlement. Cette page de la lettre du 3 février 1670 serait curieuse à citer pour une comparaison psychologique de la dévotion à Port-Royal et de l'oraison chez les Carmélites : celles-ci se rattachent naturellement à la méthode de sainte Thérèse, méthode tout affective : de l'amour et de l'amour encore !

Une certaine dissidence, très-légère, il est vrai, se fait sentir dans la manière de voir des deux abbés ; c'est à l'occasion de l'évêque d'Orléans, M. de Coislin, neveu de M. de Pontchâteau. L'oncle terrible jugeait en toute rigueur son neveu, homme fort pieux, d'ailleurs, et de mœurs irréprochables, mais tout chargé d'honneurs et de bénéfices ecclésiastiques. L'abbé Le Camus le défendait dans les termes d'une sage et raisonnable indulgence (16 février 1670) :

« Pour ce qui regarde M. d'Orléans, je crois que, si les sentiments que vous avez sur les évêques et sur les suites des vocations humaines étoient vrais, il faudroit que tout le Clergé du premier et du second ordre se déposât et qu'on en allât chercher d'autres dans vos déserts. Je conviens bien avec vous qu'une partie des fautes et des malheurs qui arrivent aux ministres de l'Église dans l'administration de leurs emplois vient en punition de ce qu'ils n'y sont pas bien entrés ; mais de croire que cela ne se rectifie pas par la suite d'une bonne vie et qu'il faille les désespérer tous s'ils ne changent d'état, c'est vouloir que la perfection soit de nécessité et rendre tous les chrétiens spirituels, ce qu'il ne faut pas prétendre. La main de Dieu a plus d'étendue que notre idée et notre imagination, et Dieu a ses voies pour sauver les hommes dans tous les états, et des voies que les hommes condamnent souvent, parce qu'ils ne les connoissent pas. Nos vues sont bornées ; nous nous faisons d'ordinaire un plan et des règles particulières pour sauver les hommes, et sitôt que nous voyons quelqu'un hors de nos règles et de cette ligne, aussitôt nous en désespérons. Mais Dieu ne laisse pas souvent de les sauver par des chemins que nous n'aurions jamais prévus. Croyez-moi, ne jugeons jamais personne et ne désespérons jamais de personne, tant que les gens ont de la foi et qu'ils ont quelque crainte des jugements de Dieu. Il n'appartient qu'à très-peu d'âmes héroïques de faire la pénitence canonique ; de renoncer à tout pour suivre uniquement Jésus crucifié. Ce sont des grâces du cabinet et *pro singulariter electis* ; mais, dans la règle ordinaire, la Grâce ne détruit notre tempérament, nos inclinations et nos mauvaises habitudes que petit à petit et d'une manière aussi imperceptible qu'elles se sont établies; et en ces cas-là, la pureté ne paroit pas d'abord ni dans nos actions ni dans notre cœur, et tout ce que nous faisons est mêlé de beaucoup d'impureté dans les commencements. Que ceux qui sont appelés *potentissima et efficacissima vocatione* suivent ce mouvement dans toute la suite de leur vie ; qu'ils soient dans des actions de grâces continuelles ; qu'ils répondent avec fidélité à l'impétuosité qui les entraîne ; mais qu'ils compatissent en même temps à ceux qui vont un train plus tempéré, et qu'ils prennent bien garde de les désespérer en leur demandant, au commencement de leur conversion, des choses dont ils ne sont pas encore capables. Ce sont les troupeaux de Jacob qu'il faut mener à petite journée, de peur de les outrer et de les rendre par là incapables d'aller plus loin, suivant la pensée de saint Benoît : *Deus justificat : quis est qui condemnet ?* »

On voit, dans cette même lettre, toutes les inquiétudes et les fluctuations de projets auxquels était livré l'esprit de l'abbé Le Camus en cette année qui précéda son épiscopat. Il cherche encore, il n'a pas trouvé. Venant de parler de la mort de l'évêque de Langres, le trop célèbre abbé de La Rivière, il ajoutait :

« J'ai vu deux ou trois morts en ma vie des plus grands du monde, qui m'apprennent bien la vanité de ce qu'on recherche ici-bas avec empressement ; mais avec toutes ces connoissances dont je suis pénétré autant par expérience que par raison, j'ai encore besoin de défendre mon cœur de l'amour de ces vanités, et je ne trouve autre expédient que de m'éloigner non-seulement de ceux qui les donnent, mais aussi de ceux qui m'en parlent. C'est ce qui m'avoit fait souhaiter avec passion de sortir de Paris ; mais je n'ai pu trouver de retraite. Il me faut un peu d'esprit et de vertu pour me soutenir. Je ne le trouvois pas aux Vaux de Cernai. Je me flattois que je le trouverois avec vous : cent fois, j'ai songé à votre abbaye ; mais je vous ai toujours vu un si grand éloignement à l'état ecclésiastique que je n'ai osé vous le proposer. D'autres fois j'avois eu dessein de bâtir à La Trappe un logement pour vous et pour moi ; mais Dieu vous a appelé autre part, et vous êtes gai et gaillard de vous trouver dans le port (*Port-Royal*) avec une bonne et sainte compagnie, tandis que votre ami est encore dans la mer sur une planche pourrie et ne pouvant avancer. Et, après cela, vous vous réjouissez de ce que je *vas* plus vite que vous, nonobstant votre taille de lévrier. En vérité, vous avez bonne grâce de vous moquer des pauvres gens ! Si l'on alloit en carrosse en Paradis avec toutes ses commodités, je crois qu'en effet j'aurois à présent quelque avantage sur vous. Mais si ce sont les richesses de l'âme qui nous avancent vers notre patrie, je suis en danger d'être longtemps pèlerin ; car je suis aussi pauvre de ce côté-là que vous l'êtes de l'autre. Mais, après tout, j'ai envie de m'avancer, et avec vos prières et celles de vos saintes compagnes, peut-être ferai-je quelque progrès. Et d'ailleurs, *etsi desit mihi meritum, Christo non deest misericordia. Hoc est jus meum....*

« Adieu donc, mon cher frère, et souvenez-vous de ce que je vous dis, que nous mourrons en même lieu et faisant même vie, quoique nos conditions soient différentes. »

Il fait, dès le printemps, un voyage à La Trappe (mars, avril) :

« On s'y attendoit fort à voir M. Hamon, et l'on a eu bien de la peine de la fièvre qui l'a obligé de s'en retourner chez vous. S'il est présentement rétabli, engagez-le à y faire un voyage, et surtout qu'il ne paie point de son infanterie (c'est-à-dire qu'*il n'aille pas à pied*), car il seroit encore en danger de tomber malade par les chemins. Ce qui m'oblige à vous prier de cela, c'est qu'il m'a paru que cette fièvre lente de l'abbé de La Trappe est capable de le mener au tombeau, si l'on n'y remédie de bonne heure, et il est plus disposé à croire M. Hamon que personne, parce qu'il est persuadé de sa vertu et de l'amour qu'il a pour la pénitence, et qu'ainsi les conseils qu'il lui donnera ne procéderont point de cette complaisance que les médecins ont ordinairement pour le vieil homme.... »

On voit nettement quel était, à cette première date heureuse de la Paix de l'Église, le mouvement qui tendait à rapprocher MM. de Port-Royal de tous les grands pénitents et à mettre leur saint désert en communication avec les autres grands foyers de réforme. Cette union, qui eût contrarié tant de gens, ne dura pas.

Les points de dissidence, et qui justifieront plus tard l'abbé Le Camus de sa ligne d'action un peu différente, continuent d'être marqués ; tout rigide qu'il est et qu'il sera, il a le sens pratique ; c'est un évêque possible :

« (12 avril 1670.) Pour ce qui regarde nos différends, de vous à moi je crois que si vous aviez ôté de votre esprit beaucoup de préoccupations dont la lecture des œuvres de vos amis et leur conversation vous a rempli, vous reviendriez sans peine à mon avis, principalement si nous convenions de nos faits comme on en convient plus aisément en conversation que par écrit. Au moins, M. Arnauld fit certains imprimés pour éclaircir son livre de *la Fréquente Communion* et qui furent envoyés à Rome en 1645, qui ne disent autre chose que ce que je dis, et lui-même est convenu avec moi que, dans la pratique, il y avoit beaucoup d'adoucissements à porter à toutes ces maximes; que, dans les siècles les plus réglés, on avoit eu de grands tempéraments; que pour l'entrée dans les bénéfices, pourvu que le titre ne fût pas vicieux, ce qui s'y trouvoit de défauts pouvoit se réparer sans être obligé de le quitter. Pour ce qui est d'être admis aux Sacrements, ou devant que la satisfaction fût entièrement accomplie, ou après sa perfection, cela n'étoit pas essentiel. Si vous en demeurez d'accord comme vous êtes trop raisonnable pour ne le pas faire, qu'est-ce que le reste? Car je conviens de la nécessité d'une satisfaction entière, pleine et complète, et d'une pénitence sincère et salutaire.... Tenons-nous-en là et tâchons de le mettre en pratique.... Le reste n'est qu'extérieur et de police, et sujet même à tromperie et à illusion.... »

Malgré le point éminent de sainteté où ils étaient censés parvenus, ces grands pénitents étaient des hommes comme nous; ils retombaient bien souvent à plat, et je n'en veux pour preuve que cet aveu de l'abbé Le Camus et la recette qu'il demande à M. de Pontchâteau :

« Il me souvient que vous me dites la dernière fois que je vous vis que vous aviez un secret pour ne vous point distraire ni vous ennuyer pendant la Messe, en vous occupant du mystère. Je vous prie de me vouloir mettre par écrit, et bien grossièrement, comme vous faites pour ne vous point ennuyer; car, à vous dire le vrai, il me prend quelquefois des absences d'esprit si grandes et si fortes que la Messe est achevée avant que je me sois un peu remis. »

Suivent des plaisanteries et un badinage assez fin dans son genre, sur ce que M. de Pontchâteau se montrait trop pressé de vouloir mourir et de s'en aller jouir à trop bon compte dans l'autre vie des bénéfices de sa pénitence en celle-ci :

« J'aurois bien des choses à vous dire sur ce que vous vous ennuyez de votre pèlerinage. Quand vous aurez été autant d'années dans la pénitence, comme vous avez été dans le plaisir, après cela je vous permets de souhaiter de prendre congé de la compagnie. Vous êtes comme feu M. de Chevreuse, qui disoit au siège de Montauban : « Battons-nous bien deux fois vingt-quatre heures, et retournons ensuite promptement à Paris. » Vous gagneriez trop tôt votre procès. Hélas! si cela est, il faut que je vive bien longtemps ou que je m'y prenne d'une autre manière que je n'ai fait jusqu'à présent: *non enim tam pensanda est mensura temporis, quam doloris*. Priez pour moi, mais de la bonne manière, et croyez, mon cher frère, que personne n'est à vous plus tendrement que j'y suis. »

Cependant l'abbé Le Camus tombe malade à la suite de ses excès de mortification en carême et pense mourir d'une fluxion de poitrine. Grave matière à réflexion :

« (16 mai 1670.) Je suis pourtant obligé de vous dire que l'on voit le monde et tout ce qu'il a de plus éclatant d'un œil bien différent, lorsqu'on est dans son lit, qu'on ne fait pas même dans l'église, lorsqu'on est en santé. Quand on regarde les choses au travers de la mort et de l'Éternité, c'est un milieu qui les fait paroître bien petites et bien méprisables. Après cela vous jugez bien que je ne puis qu'être très-content d'avoir eu une incommodité qui me donne au moins la mort évangélique, pour parler comme saint Paulin, si elle ne me cause la mort naturelle. L'importance est de conserver ces sentiments dans la santé et demeurer dans le détachement sincère où je me figure que j'ai été depuis trois semaines. C'est pour cela seulement que j'ai besoin de vos prières et de vos saintes amies, et non pas pour conserver une vie qui ne peut être utile ni à l'Église ni au public en aucune manière. »

Il lui prend fréquemment de ces accès de remords et de repentance où respire la sincérité de l'âme; il suffit du moindre mot pour faire jaillir la source de ses gémissements et de ses larmes :

« (De Villeneuve-Le-Roi, 8 juillet 1670.) Vous êtes joli de me dire que vous êtes ce *mollis et dissolutus in opere* qui est frère de ce dissipateur. J'entends à demi-mot, mon cher frère ; c'est-à-dire et il n'est que trop vrai que je suis ce dissipateur. Hélas ! que de dissipations en *vingt années de servitude volontaire à la Cour!* Que de dissipations dans les plaisirs, dans les entretiens, dans les bagatelles, dans l'ambition, dans les médisances et dans l'étude même ! Mais que de dissipations dans la retraite et dans l'ombre de pénitence qu'on dit dans le monde que je fais *depuis quatre ans!* Je suis, je l'avoue, ce véritable Enfant prodigue ! J'ai mangé tout mon blé en vert; mais, après tout, j'ai reconnu mon état et ma misère. J'ai dit et je dis tous les jours : *Peccavi in cœlum et coram te:* Je dis : *revertar*. Mais quand est-ce qu'il sera vrai de dire que je serai de retour et que je serai la joie du Ciel et des Anges? Au moins j'espère que vous n'en aurez pas le chagrin de ce frère de l'Évangile et que vous ne vous plaindrez point de la trop grande bonté de Dieu qui me fera miséricorde et qui m'accordera le pardon du passé.... »

On sent l'onction d'un cœur contrit dans ces paroles.

La mort de *Madame*, duchesse d'Orléans, survient sur ces entrefaites : il peut être curieux d'entendre ce qu'en dit dans l'intimité ce pénitent très-bien informé et qui était, il n'y a pas longtemps, de la Cour :

« (16 juillet 1670.) Que voulez-vous que je vous die sur la mort de *Madame*? Elle a vécu vingt-cinq ans, voulant plaire à tout le monde. Elle avoit beaucoup d'esprit et d'agrément. Elle se faisoit un honneur de paroître fort éclairée, et par là elle affectoit de faire l'esprit fort. Cependant, depuis quelques mois, elle cherchoit la vérité d'une religion et n'étoit encore déterminée à rien. Les démêlés continuels qu'elle avoit avec *Monsieur*, et sa beauté qui s'en alloit, la fesoient résoudre à se mettre dans les affaires. Elle revenoit d'un voyage d'Angleterre, où elle avoit été si bien reçue de son frère que cela la rendoit considérable à toute l'Europe à cause de la triple alliance qu'elle pouvoit détourner. Le roi avoit les derniers égards pour elle et prétendoit s'en servir utilement. Elle prend un verre de chicorée à six heures du soir, et aussitôt elle se croit empoisonnée. Cela dure jusques à neuf. Elle se confesse au curé de Saint-Cloud en forme commune et comme elle avoit de coutume. Sur les onze heures, la mort la presse. Elle envoie quérir M. Feuillet; je vous envoie sa Relation : ce sera à vous d'en tirer les conséquences. Elle est morte avec une fermeté qui a fait que le roi lui-même doutoit de son salut et lui dit à elle-même. Au surplus, M. Feuillet lui a parlé plus rudement qu'on ne parle d'ordinaire aux Grands et l'a savonnée à sa mode. Elle a reçu ces réprimandes avec beaucoup de douceur, se faisant instruire et avouant qu'elle ne l'avoit jamais été. Elle a témoigné de la douleur de n'avoir pas toujours aimé Dieu et de ne l'avoir pas connu plus tôt. Il paroît qu'elle parloit sincèrement; car, quand on lui parla de l'avenir, soit qu'elle vit la peine qu'il y avoit à vivre chrétiennement, (soit que... *La phrase est restée incomplète*), elle se contenta de dire qu'il étoit inutile de lui en parler, parce qu'elle ne vivroit pas. Elle en a assez fait pour nous engager à prier Dieu pour elle suivant les canons. Si Dieu lui a fait miséricorde, c'est une grâce bien singulière; car, en vivant, il étoit difficile qu'elle se convertît et qu'elle *vesquît* chrétiennement. Si elle fût morte d'une maladie ordinaire et que rien ne l'eût ébranlée considérablement, elle auroit songé à se guérir; elle se seroit confessée à son confesseur capucin à l'ordinaire, ou peut-être qu'elle seroit morte *comme sa mère* sans sacrements au milieu des prêtres. Le don de persévérance roule sur la grâce d'une bonne mort, et on ne la demande guères à Dieu. Demandez-lui pour moi, je vous en conjure. »

Cette lettre ne laisse pas de nous apprendre deux ou trois particularités essentielles et qui ont été voilées dans les récits des amis ou dans les Oraisons funèbres. Ainsi *Madame* était *esprit fort* ou visait à l'être; sa *beauté* dont on a tant parlé s'en allait et était déjà fanée. Cette *fermeté* avec laquelle elle agonisa en se voyant mourir, et qui fait honneur à son caractère, effraya les chrétiens dévots, y compris Louis XIV, et ainsi s'explique jusqu'à un certain point la dureté du chanoine M. Feuillet, qui crut de sa charité de frapper de grands coups pour lui faire peur de l'Éternité. En somme, le dirai-je? *Madame* mourant avec fermeté et douceur, se prêtant à ces interrogateurs farouches, à ces tourmenteurs des âmes pour le bon motif, et les remerciant même en toute bonne grâce, nous paraît fort supérieure à eux tous, esprits sincères, mais étroits, qu'ils se nomment Louis XIV, Feuillet ou Le Camus[1].

Une rechute remet l'abbé Le Camus lui-même en danger de mort. Il se rétablit lentement. Une petite affaire qu'il traite à ce moment avec les ermites de Port-Royal fait sourire. Il s'agit des

---

[1]. Cette même lettre nous apprend que la reine Henriette d'Angleterre est morte sans sacrements : ce que l'Oraison funèbre de Bossuet a traduit et enveloppé de la sorte : « ... Elle étoit si bien préparée, que la mort n'a pu la surprendre, encore qu'elle soit venue sous l'apparence du sommeil. » La vérité est presque toujours couverte d'une draperie ou d'un voile. Ce que nous nous efforçons de faire ici, c'est de la découvrir et de l'apercevoir à travers quelques trous pratiqués çà et là dans le rideau.

foins qu'on faisait sur les terres de l'abbaye et qu'on vendait. Dès le 8 juillet il avait écrit à M. de Pontchâteau :

« Mon valet soutient que vous êtes marchands de bonne foi et que je ne saurois mieux faire que d'acheter de vos foins ; s'il s'en vend et que j'en puisse avoir de bon et à prix raisonnable, je vous prierai de me ménager cette affaire auprès de M. *Charles*; car je n'ai pas assez de hardiesse pour lui demander autre chose que ses prières, que j'estime plus que tous les prés du monde. »

L'affaire se conclut, et je lis à la date du 27 août :

« J'oubliois notre foin. Faites-m'en, s'il vous plait, réserver quatorze cents. Quand je vous verrai, nous parlerons des moyens de le faire voiturer à Paris. »

On est bien loin, ce me semble, de deviner en l'abbé Le Camus un prochain évêque; et pourtant c'est à la fin de cette année ou tout au commencement de l'autre que sa nomination se décida. Une calomnie dont il fut l'objet paraît avoir ramené l'attention de Louis XIV sur son compte, et il est à croire que la justification dont l'abbé se tira à son honneur, détermina la religion du roi à le faire évêque. Voici, du moins, ce qu'il écrivait à M. de Pontchâteau, le 23 septembre 1670 :

« Je n'eus jamais plus besoin de vos prières que j'en ai besoin présentement : une personne qui n'est pas de mes amies m'a rendu de très-méchants offices dans l'esprit du roi. Je ne doute pas qu'ils n'aient fait impression, et quelque détaché que je sois des autres biens du monde, je croyois qu'il étoit bon, même pour le service de l'Église, que je conservasse ce haut point d'estime où j'étois. J'ai moins de peine en cela que je n'en mérite; mais j'ai peur d'en avoir plus que je n'en puis porter. Cependant cela me détachera de la seule chose à quoi j'étois trop sensible, si vous obtenez de Dieu qu'il me soutienne dans ces premiers chocs. Si j'avois osé vous aller troubler dans votre retraite, j'y aurois été me consoler quelques jours avec vous. L'abbé de La Trappe vous salue; le prieur de Haute-Fontaine [1] lui a dit votre nom et votre demeure. »

Quatre mois après, il était évêque, le roi l'ayant nommé à l'évêché de Grenoble le 6 janvier 1671. Il écrivait à M. de Pontchâteau, avant la fin du même mois :

« A Paris, le 28 de janvier 1671.

« Il y a quinze jours que je cherche un quart d'heure de loisir pour vous écrire et que je ne le puis trouver. Après avoir consulté une infinité de

---

1. Dom Rigobert, qui avait été d'abord maître des novices à Clairvaux et que M. Le Roi, dans une visite qu'il y fit, avait désiré avoir pour prieur dans son abbaye de Haute-Fontaine : ce qu'il obtint. Dom Rigobert, après quelques années de direction à Haute-Fontaine, avait passé à La Trappe où il mourut « en odeur de sainteté, » dit-on, le 14 novembre 1679.

gens de piété et de science qui m'ont tous répondu la même chose, j'ai été remettre mes lettres et brevets à M. de Châlons (M. Vialart), afin qu'il jugeât souverainement ce que j'avois à faire, chargeant sa conscience du parti qu'il me feroit prendre, puisque j'étois résolu, après bien des irrésolutions, à me fixer à ce qu'un prélat de sa vertu et de son mérite me conseilleroit de faire, lui qui connoît mes misères et les périls de l'épiscopat; et je l'ai trouvé encore plus ferme que les autres, croyant que j'étois obligé de l'accepter. Ainsi, mon cher frère, à moins qu'il m'arrive quelque mouvement puissant avant mon sacre, qui me détermine à tout abandonner, me voilà chargé d'un poids que je redoute autant à présent que je l'ai désiré autrefois. J'ai grand besoin de vos prières et de tous vos amis en cet état; j'ai besoin de vos avis, j'ai besoin de tout ce que vous pouvez avoir qui serve à la conduite des âmes, surtout des ecclésiastiques : *dereliquit me virtus mea*. Encore, si je pouvois espérer qu'un jour vous viendriez à nos saintes montagnes, seulement un jour! Mais il ne faut plus que je cherche de consolation en ce monde. J'en ai trop cherché même dans la retraite, et c'est peut être pour me punir que Dieu permet que j'entre dans un emploi où je ne trouve d'autre consolation si ce n'est qu'il n'y en a point et que je n'ai nullement contribué à cette nomination. »

Son sacre se fit aux Chartreux de Paris le 24 août[1]. Il avait écrit le 12 du même mois à M. de Pontchâteau, qui se contentait d'être le jardinier des Granges :

« Vous me plaignez, mon cher frère, devant Dieu, et vous avez raison, car je me trouve chargé d'un poids insupportable. Ce sont les armes de Saül sur les épaules de David. Je vais être sacré le jour de Saint-Barthélemy, et j'y *vas* comme au martyre, c'est-à-dire avec répugnance; car je n'irois pas apparemment sans résistance de la nature. Si j'avois trouvé quelqu'un qui m'eût conseillé ou qui me conseillât encore de refuser l'évêché, je le ferois avec plaisir, même à présent, quelque contre-temps qu'il y eût; mais je ne trouve personne de cet avis, et je ne me sens pas assez fort pour l'entreprendre tout seul. Ainsi, puisque c'est une nécessité que je sois évêque, priez Dieu et engagez vos *amies* à prier que je sois bon évêque. Adieu, mon cher frère. *J'aimerois bien mieux votre bêche que ma crosse.* »

Il parlait sincèrement. La Correspondance imprimée d'Arnauld, à cette date, nous apprend que ce ne fut pas seulement l'évêque de Châlons, M. Vialart, que l'abbé Le Camus prit pour juge et arbitre : il consulta également M. Arnauld, de même qu'il avait consulté M. de Sainte-Beuve, M. Feret, curé de Saint-Nicolas-du-Chardonnet et d'autres encore : tous furent unanimes pour lui

---

1. Voici le peu de détails qui nous ont été conservés : « Cette sainte cérémonie achevée, il ne songea plus qu'à son départ qu'il différa le moins qu'il put. Avant que de partir, il alla prendre congé du roi. La Cour ne put voir sans étonnement le changement qui s'étoit fait en lui. Les dames surtout remarquèrent qu'il tâchoit de se détourner lorsqu'il les apercevoit de loin ; elles s'en plaignirent, mais il répondit que les foibles n'ont point d'autre moyen de vaincre dans ce combat que la fuite. Les Saints ont parlé et agi de même. » (*Abrégé de la Vie du Cardinal Le Camus...*, par Lallouette.)

conseiller d'accepter. L'évêque d'Aleth, M. Pavillon, fut le seul qui l'en dissuada. La réponse de M. Arnauld, bien que dans le sens de l'acceptation, paraîtra pourtant assez dure à ceux qui l'iront chercher au tome I, page 689, de ses *Lettres*. Au fond, M. Arnauld, resté si pur de mœurs, estimait l'abbé Le Camus assez peu digne de l'épiscopat à cause de son ancienne vie, notoirement relâchée et dissolue sur l'article des femmes, et aussi à cause de l'ambition ecclésiastique qu'il avait montrée dès son début à la Cour. Dans une réponse (non imprimée) qu'il lui fit le 18 août 1671, peu de jours avant son sacre, l'abbé Le Camus, entrant tout à fait dans l'esprit de cette sévérité, disait:

« Il me semble que le bruit que le monde feroit si je prenois une résolution si peu attendue (le refus), ne m'empêcheroit pas de l'exécuter, et qu'en prenant quelque temps devant soi et se retirant de Paris, ce bruit cesseroit promptement, et que d'ailleurs faisant entendre qu'on n'a pu se déterminer à rien qu'on n'eût des bulles pour réparer par là la plaie qu'on vouloit faire à ma réputation, l'on pourroit apaiser le monde dont après tout il ne faut pas se mettre tant en peine quand il s'agit d'obéir à Dieu.

« Pour le fond, il me paroit que depuis cinq ans j'ai tâché sincèrement de retourner à Dieu, et que j'ai un tel éloignement pour les places élevées que j'aurois toujours un sensible plaisir de remettre l'évêché entre les mains d'un homme de bien.

« Quant à ce qui regarde la vie d'un évêque, puisque vous avez bien voulu me dire vos sentiments tant sur les meubles que sur la vie pénitente qu'il a à mener, je vous prie très-instamment de vouloir bien, à vos heures de loisir, me dresser un plan de vie épiscopale, telle que vous croyez que je la peux et dois mener dans une ville de Parlement et qui est la chute de l'Italie pendant les guerres.... »

Toutes les lettres de l'évêque de Grenoble à M. Arnauld en ces années (1671-1676) témoignent d'une déférence absolue pour sa doctrine, pour ses conseils, pour ses décisions auxquelles il se remet sans réserve dans tous les cas épineux. C'est lui qu'il veut pour casuiste, et non pas un autre. « Un mot en confidence là-dessus, je vous en conjure, lui dit-il et lui redit-il sans cesse; et ne renvoyez ni à M. d'Aleth, ni à M. de Sainte-Beuve. »

L'évêché de Grenoble était, en effet, des plus laborieux et des plus pénibles : sans compter les difficultés particulières à un diocèse aussi montueux et qui contenait des parties presque inaccessibles, il était à cheval sur deux pays. Par suite de conventions établies et maintenues par nos rois, la juridiction ecclésiastique de l'évêque s'étendait jusqu'en Savoie; il avait ainsi affaire au Sénat de Chambéry non moins qu'au Parlement de Grenoble : il avait à contenter le roi de France et le duc de Savoie : deux parlements et deux princes! Dans les contestations et conflits qui s'élevaient, M. Le Camus dut recourir plus d'une fois au secrétaire d'Etat chargé des Affaires étrangères, à M. de Pomponne. M. Arnauld semblait un canal naturel auprès de son neveu, et l'on usait de lui, bien qu'avec discrétion. « (1 mars 1672.) Si vous n'étiez point si avant de la faveur[1], on se donneroit l'honneur de vous écrire quelquefois ; mais la crainte de vous être importun fait qu'on demeure dans le silence. » M. de Pomponne, dans son obligeance, paraît pourtant s'être montré un peu mou (c'était son caractère), et M. Le Camus ne pouvait s'empêcher par moments de regretter de ne pas voir encore à sa place « ce pauvre M. de Lyonne, » mort trop tôt. Pour régler plus sûrement les affaires et pour en finir, il prit le parti d'être lui-même son ambassadeur et de se rendre à la Cour de Turin où il réussit. — La suite des lettres qu'il écrit à M. de Pontchâteau nous met dans le secret et nous tient au courant de ses embarras et de ses difficultés de toutes sortes, pendant les premières années de son épiscopat :

« (26 mars 1672.) Comme la maladie des évêques de ce siècle est de faire beaucoup d'Ordonnances et de ne se guères appliquer à les faire exécuter, j'ai résolu de me garantir de cette misère en n'envoyant à Paris aucune nouvelle de ce que je fais, n'y ayant rien de si dangereux et de si capable d'altérer le bien qu'on pourroit faire que ce désir qu'on auroit d'être encore regardé par les gens dont nous désirons d'avoir l'estime. Les besoins de ce diocèse sont infinis ; il y a ici trente mille âmes et rien qu'un prêtre sans paroisses pour les gouverner. L'ignorance est infinie dans tous ces quartiers. La débauche des moines et des prêtres est comme en Italie ; les Jésuites y dominent, et à Chambéry, et y enseignent toute la morale qui a été reléguée deçà la Loire. La volupté et le luxe y est dans toutes les conditions. On ne connoît de la religion que confréries, indulgences et congrégations. Cependant il y a tous les jours mille communions et autant de confessions dans la ville. Je n'ai ni secours, ni confesseurs, ni prédicateurs qui me veuillent croire. Les moindres vérités que j'avance ici passent pour des excès. Tout le monde est effrayé de ma manière de vivre. Cependant, je ne fais encore rien, et j'ai une Église entière à établir ; car, dans la vérité, il n'y en a aucune forme en ce diocèse. Cependant, si cela m'afflige et me fait regretter ma solitude, cela ne m'abat nullement, et je suis persuadé que la Providence ne m'a envoyé dans un évêché aussi délabré qu'afin de m'humilier : car si j'avois été dans quelque autre un peu plus réglé, je m'aurois su si bon gré de quelque règlement que j'y aurois apporté, que je me serois cru un saint Charles. Mais ici j'aurai l'avantage de travailler toute ma vie sans pouvoir remédier à la moitié des maux qui y règnent hautement. Je vous parlois tout à l'heure de fréquentes communions : croiriez-vous qu'il y a dans ce diocèse des villages entiers où ja-

---

1. Le vrai texte est *si avant de la faveur* et non *si avant dans la faveur*, comme on le lit à la page 696 du tome I des *Lettres* d'Arnauld. Tant il est difficile à un éditeur de ne pas donner de légères entorses au texte des correspondances qu'il a sous les yeux, croyant bien faire ! Et pourtant, l'abbé Le Camus sait et parle à merveille la langue de son temps, la langue qu'on parlait à la Cour et dans la meilleure compagnie ; c'est, en fait de locutions, un témoin à respecter.

mais on n'a communié ni ouï parler de Jésus-Christ? Cependant cela est ainsi, et ce sont ceux où je trouve plus de disposition à profiter de la parole de Dieu à cause qu'ils n'ont jamais abusé des sacrements. Voilà, mon cher frère, l'état où je suis : un diocèse pauvre et où difficilement pourrai-je attirer des ecclésiastiques, n'ayant d'ailleurs aucuns bénéfices à conférer; besoins de toutes parts ; trois cents paroisses dans les rochers et les précipices, et avec cela aussi peu d'industrie que j'en ai. Voyez si je ne mérite pas bien que vous et toute votre sainte maison prie pour moi. Si votre médecin (*M. Hamon*) connoissoit mes maux, il n'auroit pas tant de foi à mes prières; mais, s'il connoissoit mon cœur, il m'aimeroit un peu ; car, en vérité, j'ai pour lui toute l'estime possible. Pour vous et moi, cela va à la mort et à la vie, et nous n'en sommes plus à des compliments. Adieu, mon cher, aimez-moi et priez pour moi. »

Et le 26 juillet :

« Je ne puis me résoudre à vous envoyer de mes Ordonnances, 1° parce que j'en ai fait très-peu et celles seulement qui étoient nécessaires pour faire ouvrir les yeux au clergé ; 2° parce que je suis bien aise que ma réputation soit enterrée dans les Alpes, puisque c'est mon tombeau, et je ne suis que trop fâché d'apprendre qu'on ne m'a pas tout à fait oublié à Paris. Rien n'est plus capable d'amollir un évêque qui a dessein de bien faire, que de savoir qu'on parle de lui dans le beau monde. L'amour de l'estime l'oblige à mesurer sa conduite selon l'idée des honnêtes gens et non point selon les règles de l'Évangile, et Dieu sait combien cela cause d'altération et de tempéraments humains. Ce que j'ai à vous dire, mon cher ami, c'est que je suis dans le diocèse du monde le plus raboteux, où il y a plus de précipices. On ne peut visiter une paroisse sans être en danger d'être abîmé. Il y a quarante ans qu'on n'a visité, et, quand on a visité, on ne s'est point mis en peine de rien. Enfin, de trois cents curés, il y en a dix qui ne sont pas corrompus; tous les prêtres et religieux, ignorants et vicieux, à peu de gens près ; tout le peuple sans instruction ; deux villes dans la dernière dissolution ; un évêque sans secours. Quand vous n'auriez pas autant d'amitié que vous en avez pour moi, l'amour que vous avez pour l'Église vous engageroit assez à me plaindre et à prier Dieu pour moi et pour cette pauvre Église. Je ne désespère pas pourtant d'avoir une chambre dans votre ermitage. Je vous demande en grâce de bien me recommander aux prières de vos chères sœurs et de vos solitaires. Nous ne les oublierons pas ici, et notre bon médecin (*toujours M. Hamon*) que je chéris tendrement. Adieu, mon cher frère, c'étoit bien pour moi que saint Grégoire disoit : *ut qui in planis stantes titubant ne in præcipitio pedem figant*. Supprimez votre Monseigneur ; je suis serviteur à votre Seigneurie. »

Le 26 septembre, après l'avoir prié de consulter M. Arnauld sur une question de prêt à intérêt et sur une forme d'usure qui était publiquement autorisée dans le pays, il continuait en ces termes :

« Vous m'avez fait le plus grand plaisir du monde de me parler de La Trappe. Je n'y songe jamais que je n'en sois charmé, et *si fata meis paterentur ducere vitam auspiciis* [1], je finirois mes jours avec *lui* ou avec

---

1. C'est un vers de Virgile dans la bouche d'Énée parlant à Didon. L'abbé Le Camus savait son quatrième livre de l'*Énéide*, comme saint Augustin.

vous. Je ne sais aucune nouvelle...; j'ai rompu tout commerce et n'écris qu'à vous et à mon frère. Et je vous assure que rien n'est si bon que de brûler ses vaisseaux ; car, même dans les lettres, il y a un certain patelinage de dévotion par lequel on dit toujours les choses de manière qu'on travaille toujours à se faire honorer en se méprisant. Quant au curé prétendu, il est vrai qu'il s'est marié devant le Saint-Sacrement pour plus grande solennité et qu'il dit pour ses raisons que, puisque saint Pierre étoit marié, il pouvoit bien en faire autant ; et il a demeuré vingt-cinq ans en cet état. Mais ce qui est de plus étonnant, c'est la punition visible de Dieu sur ce misérable. Quand il sut que j'approchois de sa paroisse, où il se croyoit en sûreté à cause des précipices dont elle est environnée, qui la rendent inaccessible aux gens de cheval, il fut saisi d'une telle crainte qu'il en eut la fièvre chaude, et dans ses rêveries il ne parloit que de ma visite. J'y envoyai le Père Vincent pour le consoler et pour le disposer à se confesser. Il le remit ; le bon sens lui revint ; mais sitôt qu'il se mettoit en devoir de songer à se confesser, la rêverie lui reprenoit. Cela a duré quatre jours, ayant le sens fort net, quand on ne lui parloit point de confession, et est mort en cet état, sans avoir pu se confesser. Voilà un terrible jugement de Dieu sur ce misérable. Les prêtres sont ici dans une consternation épouvantable ; j'en ai déjà chassé plus de vingt-cinq sans la moindre résistance du monde ; mais je suis engagé dans un emploi où il faudroit une sainteté consommée pour ne pas se dessécher par les continuelles fonctions, prédications, où les vingt quatre heures du jour se passent. Si, en travaillant à purifier l'Église, on se purifie, à la bonne heure ! Mais si cela n'est pas, que sert-il de corriger les méchants prêtres et ne se pas corriger soi-même ? Priez pour moi, mon cher frère ; *nemo alii virat moriturus sibi*. Ne me parlez point davantage d'Ordonnances : je n'en ferai de générales qu'après ma visite et encore en petit nombre, et si j'en suis cru, elles ne passeront pas mon diocèse. »

Toutes les lettres qui suivent mériteraient d'être données ; elles respirent l'amitié chrétienne la plus tendre en même temps que le sentiment d'un immense devoir à accomplir et de la charge énorme qui pèse sur lui. « Je suis seul ici, et je n'ai pour moi que l'Évangile et de la fermeté. » Il rend compte à son ami l'ermite des Granges de ce qu'il fait au retour de ses visites, de ce qu'il tente pour l'éducation de ses ouailles, des fondations qu'il voudrait laisser. Il a de grands desseins, à commencer par l'établissement d'un séminaire qu'il s'est mis incontinent à bâtir à une lieue de Grenole : il se réserve d'en établir un autre à Grenoble même. Il ne lui manque plus que des ouvriers spirituels : « Si vous trouviez en votre chemin, dit-il, quelqu'un qui eût dévotion d'aller à la Chine, donnez-lui avis qu'il y a ici une Chine où on aura autant à faire, bien qu'on n'ait pas tant à traverser de pays. » On est en plein paganisme dans certaines parties de ce diocèse sauvage. L'évêque, en ses visites, trouve « des trente curés tout de suite dans toutes sortes d'abominations. » Les couvents ne valent pas mieux. Il y a de certains moines, des Augustins déchaussés qui pratiquent, tête levée, tous les scandales et résistent à toute réforme. L'évêque a beau interdire ceux qu'on surprend en flagrant délit, ils en appellent comme d'abus avec impudence.

« (5 mai 1673.) Vous pouvez dire l'affaire des Augustins, si vous voulez ; elle devient publique. J'en ai neuf couvents dans mon diocèse, et tellement éparpillés qu'ils gâtent tout ce qu'on peut faire de bien. Les Templiers n'ont jamais commis les désordres et les scandales que ces Pères ont faits dans ce diocèse. En faisant ma visite et mes missions, j'en ai dressé un mémoire si ample et si certain que les cheveux me dressent à la tête quand j'y pense. Je l'ai envoyé à M. Le Tellier, afin que le roi y mette ordre, car la chose est allée à un point qu'il faut une main souveraine pour remédier aux maux qu'ils causent en ce pays. C'est une chose étrange que les austérités de leur vie se puissent accorder avec un tel relâchement. Je crois qu'il me faudra avoir une affaire avec eux, car le Provincial ayant su que je l'avois mandé de Lyon pour concerter avec lui les moyens d'écarter les méchants religieux de mon diocèse, il s'est écarté lui-même et n'a point osé paroître, ce qui me fait croire qu'il ne peut ou qu'il ne veut pas y apporter de remède. J'espère que Dieu me soutiendra, puisque c'est pour sa gloire que je travaille contre neuf couvents plus corrompus que Sodome et Gomorrhe. »

Église de France tant vantée et qui ne cesses de te célébrer toi-même, que tu étais belle sous Louis XIV, mais que tu avais aussi de taches et de trous dans les plis de ta robe !

L'abbé Le Camus a bien de la peine à obtenir de Paris des secours et des collaborateurs. Personne, parmi les grands dévots de la capitale, ne se décide à aller lui prêter main-forte. Il n'a rien à attendre de « nos savants et pieux docteurs de Sorbonne » qui se soucient fort peu des besoins des provinces. Il s'en plaint assez agréablement dans une lettre datée de Chambéry, 4 août 1673 :

« J'ai toujours comparé nos dévots aux filous : ils ne veulent jamais sortir de Paris, surtout pour aller en des lieux éloignés, affreux et sans espérance d'établissement, comme est ce diocèse. Voilà ce qui m'oblige à m'attacher à une Communauté pour mon séminaire. Je crois vous avoir écrit que j'ai fait mes efforts auprès des Pères Senault et de Sainte-Marthe pour les engager à venir à Grenoble où ils sont désirés de tout le monde, où ils feroient des biens infinis. Je n'ai pu les persuader.... »

Et dans une autre lettre :

« J'ai fait mes diligences auprès des deux Généraux de l'Oratoire, et ils m'ont comblé de civilités et de refus. »

Il finira par les convaincre. Il aura surtout recours en dernier lieu à l'excellent Père Du Breuil qui fera exprès le voyage de Grenoble pour traiter de cette affaire du séminaire. Mais en attendant il est obligé d'essayer d'autres Communautés ; car il n'y a pas moyen de s'en passer, malgré les inconvénients, si l'on veut faire quelque chose de durable. Il se dit, à leur sujet, le pour et le contre :

« Les prêtres obéissent malaisément aux religieux, et la maladie de leurs priviléges les fait toujours tenir sur le pied gauche avec nous. Ce sont maux nécessaires. Si je ne regardois que ma vie, je me passerois de Communauté ; mais il faut avoir des vues un peu plus longues et songer à l'entretien de son Épouse après ma mort. »

Il nous dit, chemin faisant, son avis sur les différentes Communautés, sur celles dont il essaie et sur celles dont il se passe. Ce sont des nuances à introduire dans les jugements qu'on fait des choses de ce temps-là. Il avait dû se rabattre d'abord sur les Lazaristes, malgré leur instruction médiocre :

« Je sais à peu près la capacité de MM. de Saint-Lazare ; mais, si vous saviez la profonde ignorance où est le Clergé de ce pays et la pauvreté des bénéfices, sans parler de la difficulté qu'il y a de les servir, vous croiriez qu'on en sait assez à la Mission pour les instruire, et j'espère qu'ils suivront ma conduite pour les choses qu'ils auront à enseigner. C'est la principale convention que j'ai à faire avec eux. J'ai évité ceux de Saint-Sulpice, parce que j'ai cru qu'ils ne pourroient pas s'empêcher de faire du bruit dans Grenoble. Ceux-ci (*les Lazaristes*) sont plus paisibles, surtout étant à la campagne où je les mettrai, me réservant de faire un second établissement à la ville des Pères de l'Oratoire pour les gens de condition, s'ils sont d'humeur à l'accepter. »

Ainsi les Pères de l'Oratoire pour les hautes classes ; les Missionnaires lazaristes très-suffisants pour la campagne ; MM. de Saint-Sulpice un peu glorieux et ne se laissant pas gouverner : voilà de ces traits de physionomie qui, touchés en passant, rompent la monotonie des panégyriques officiels.

Les Jésuites sont une plaie pour l'abbé Le Camus. Ils ont flairé en lui, dès son arrivée, un sectateur de la morale sévère ; ils le calomnient par précaution, ils le dénoncent comme janséniste et à Versailles et à Turin ; ils se passent de sa permission pour prêcher dans Chambéry, et ils y organisent une opposition factieuse de tous les religieux contre l'évêque. On peut voir au tome I, page 716, des *Lettres* de M. Arnauld (édition in-4°), l'extrait d'une lettre de l'évêque de Grenoble, où il expose « une couple d'affaires » qui lui sont, dit-il, survenues avec les Jésuites. Ceux-ci voudraient enseigner à Grenoble les cas de conscience et la théologie morale : c'est leur triomphe. Ils ont ainsi la clef des consciences ; ils rendent le christianisme facile ; ils lient et délient à souhait ; quelquefois (car ils prennent tous les tons) ils font semblant de renchérir[1].

---

1. « Nous avons ici un Père jésuite qui fait comme le Père Bourdaloue en laid. Il se nomme Bresson. Il lui prend des envies de prêcher des sermons généraux plus sévères que les miens, et après cela il en fait cinq où il entre dans le détail plus relâché que le Père Bauny. Il faut aller son

L'abbé Le Camus résista de toutes ses forces à leurs prétentions, à cette sorte de persécution et de ligue qu'ils essayaient de soulever, et il s'appliqua, avant tout, à la réduire :

« (12 février 1674.) Je trouve tant d'oppositions contre tout ce que j'entreprends de la part des Jésuites qu'il faut laisser passer ce feu avant que de rien faire de considérable. Leur opposition va jusqu'à empêcher leurs dévotes d'être de l'assemblée de la Charité des pauvres que j'ai établie, et d'empêcher qu'on ne vienne à moi pour avoir des dispenses du Carême. »

Sa vigueur épiscopale produisit son plein effet. Les Jésuites récalcitrants furent évincés ou contraints de venir lui faire amende honorable. Les principaux de la Société, voyant qu'ils avaient affaire à une volonté invincible, en prirent leur parti, selon que le remarque l'abbé Le Camus lui-même : « Ils veulent être les maîtres du monde par la confession, et quand on les arrête sur ce point, ils sont souples comme des gants. » Ce qui ne veut pas dire qu'ils ne lui en gardèrent pas une dent secrète et maligne. Ils reprirent courage contre lui sous le Père de La Chaise ; ils firent tout pour empêcher l'établissement d'un séminaire à la ville et l'installation des Oratoriens : ils lui disputaient l'emplacement même et réclamaient pour eux le terrain. L'évêque leur tint tête, gagna sa cause auprès du roi et resta maître chez lui[1].

On le voit tenté quelquefois, au milieu de ses traverses, de rejeter le fardeau et de se réfugier dans quelque retraite ; mais il ne trouve personne qui le lui conseille. Nonobstant cette ardeur de pénitence qui le consume et qu'il exerce sur lui-même, il ne va

---

chemin, faire tout le bien qu'on peut ; ne rien craindre au monde et ne rien espérer : et avec cela Dieu nous ouvre des chemins et nous donne des consolations qu'on n'auroit osé attendre. » (10 mars 1675.)

1. Comme je n'ai aucun parti pris absolu et que je tiens seulement à bien définir les situations et les doctrines, je ferai remarquer qu'en un endroit de ses lettres, M. Le Camus fait un crime à un jésuite d'une facilité qui sera jugée moins sévèrement par des chrétiens moins rigides : « Vous serez surpris d'apprendre, écrit-il à M. de Pontchâteau (15 janvier 1676), que le Père recteur du collège des Jésuites, nommé le Père Bras, dit il y a six mois à M. Du Gué notre intendant, au sujet de la conversion de M. Balliés, que, *pourvu qu'on crût en Jésus-Christ, on se sauvoit partout.* (Se rappeler M. de Pontchâteau, précédemment, page 331, à la note.) C'est ce Père-là que je veux qui sorte de mon diocèse, ou je n'approuverai aucun des leurs. » — Ce Père Bras était un jésuite tirant au philosophe : nous avons aujourd'hui nombre de chrétiens qui diraient comme lui. Il y aurait un pas de plus à faire : ce serait de dire que, même ne crût-on pas en J.-C., on n'est pas damné pour cela. M. Le Camus envisageait chacun de ces pas en dehors du christianisme positif avec une égale horreur. Il ne faisait presque aucune différence de ce *minimum* de christianisme au pur paganisme. Un esprit équitable et sage est perpétuellement dans l'embarras en présence de ces chrétiens rigoureux aux prises avec des chrétiens relâchés ; car ces derniers, évidemment, rentrent plus dans le sens commun et dans la ligne moderne de tolérance : mais ce qui me les gâte, c'est que la politique et l'intérêt du moment les inspiraient encore plus que la raison et l'humanité.

d'ailleurs que pas à pas dans ses réformes, et l'épiscopat lui apprend la prudence. Son humilité le sert beaucoup dans la pratique :

« (9 septembre 1673.) L'expérience m'apprend tous les jours qu'il y a un faste et un oripeau dans les fonctions et dans la juridiction épiscopale qui cabre le monde et qui ne sert de rien. Il faut qu'il y en ait qui soutiennent cet éclat ; mais pour nous, pauvres Allobroges, il faut aller à ce qui sauve des âmes, et du moment que vous pouvez révoquer un confesseur régulier sans lui faire son procès, c'est notre faute s'il se fait du mal ; car on les interroge ; on leur apprend les véritables maximes ; on les observe dans les visites, et il n'y a guère de coupable qui ne soit connu à la longue : *prius toleranda est pestilentia quam sananda.* »

Plus d'une lettre (notamment celle du 28 février 1675) nous prouve combien il était capable de tempérament dans l'application journalière et pour l'administration des sacrements; il n'avait point de maxime absolue sur les délais de la réconciliation, et il distinguait entre les cas :

« Mandez-moi la pensée de vos Messieurs sur toutes ces choses, écrivait-il à M. de Pontchâteau : car la discipline est tellement mêlée d'anciennes et de nouvelles pratiques qu'il est malaisé de se déterminer, surtout quand il s'agit de la conduite générale de tout un peuple qu'on n'a pas quand on veut et qui échappe si l'on ne profite de l'occasion. Il me semble que la meilleure règle est de faire servir les sacrements à ce qui est le plus utile au commun du monde pour les sanctifier. »

Sa méthode pratique, son zèle à se prodiguer et à payer de sa personne, se peignent bien dans la lettre que voici :

« (10 mars 1675)... J'ai des contradictions et j'en aurai encore de plus grandes, et plus l'on va au fond de ce métier ici et qu'on travaille de bonne foi à sauver les âmes, il est nécessaire d'avoir affaire avec tous ceux qui ne veulent pas se sauver et avec ceux qui ne les veulent pas sauver. Je m'y attends, et bien que je sois en ces quartiers seul de mon train, je me confie en Dieu et suis convaincu qu'il vaut mieux avoir affaire aux païens qu'à ces personnes qui devroient concourir avec nous pour la conversion des âmes. Cela n'est pas particulier à ce diocèse, si ce n'est parce qu'on m'appréhende un peu plus qu'un autre ; ils font courir des contes fabuleux de ville en ville, et le badaud avide prend tout cela pour argent comptant ; mais *per infamiam et bonam famam....*

« Les bonnes Ordonnances en ces quartiers, c'est dans chaque paroisse en faisant la visite et d'y courir comme au feu quand il y a du désordre et prêcher hautement contre les scandales et péchés connus. Personne n'aime à être tympanisé de la bouche de son évêque. Je me suis attaché ce carême à expliquer en homélies les Évangiles. Dieu a donné bénédiction à cette manière de prêcher qui donne incomparablement moins de peine que des sermons à trois points et est de plus grand fruit. »

On a dit que M. Le Camus, pour sa conduite épiscopale, se modelait sur l'exemple de M. Pavillon. Il ne se contenta pas de l'admirer de loin, en effet; il trouva moyen de se dérober quelque temps et de l'aller visiter en secret au mois de mars 1675, dans le saint temps du carême; il passa quatre jours auprès de lui :

« On ne peut être plus content que je le suis de mon voyage, écrivait-il à son retour d'Aleth (2 avril 1675) : j'ai vu un véritable évêque, plein de zèle, de charité, de piété et de prudence. Il m'a parlé avec une ouverture de cœur tout à fait grande sur toutes choses, et je rendrai un grand compte à Dieu si je ne profite de cette entrevue et pour la réformation de ma personne, de ma maison et de mon diocèse. Je n'ai arrêté nulle part ailleurs. Quelques gens ont cru me connoître par les chemins et l'ont dit à Grenoble. Le peu de temps que j'ai mis à mon voyage leur en fait douter : je les laisse dans cette incertitude. Apparemment il ne sera pas plus connu à Paris. Si vos amis n'y avoient été plusieurs fois, je vous en ferois une relation fort exacte [1]. »

Il revient plus d'une fois sur ce modèle épiscopal, non sans marquer les points de conduite sur lesquels il croit devoir s'en séparer :

« (10 mai 1675.) Que vous dirois-je de M. d'Aleth? C'est un saint sur terre; c'est une humilité, une présence de Dieu et une charité qui me ravit. Il est inflexible quand il croit voir ses obligations clairement, et il a une condescendance surprenante quand la loi n'est pas claire. Je ne voudrois pas imiter la conduite qu'il tient dans son diocèse: elle est sèche et peu propre à convertir le monde, et il n'a aucune ouverture pour les expédients et les tempéraments nécessaires. Il y a dans sa discipline quelque chose de rude et des conciles d'Espagne du temps des Goths. Je ne doute pas qu'il ne l'ait proportionnée aux besoins de son diocèse: aussi lui a-t-elle très-bien réussi. Dans le mien, elle seroit tout à fait impraticable. Ainsi je l'honore en lui et ne songe pas à l'imiter. Les hommes ont des foibles, quelque vertueux qu'ils soient. Je n'en ai reconnu aucun en lui. C'est une piété mâle, ferme, uniforme, charitable, toujours en règle. Si l'on avoit de la vanité du peu que l'on fait, elle seroit bien rabattue quand on a vu ce père des évêques. Dieu lui donne une paix admirable, bien qu'il ne soit pas sans contradiction. J'ai mis par écrit les avis qu'il m'a donnés dans les quatre jours que j'ai été avec lui. Je ne prends point de précaution quand je vous écris comme je fais, étant amis au point que nous sommes; je vous écris sans déguisement, et je compte que mes lettres ne font point de chemin et qu'il n'y a que vous qui les lisez. »

Malgré son admiration pour le saint prélat, M. Le Camus fait,

---

1. On raconte une anecdote de ce voyage; c'est Lallouette, le biographe beaucoup trop sommaire de M. Le Camus, qui nous l'a conservée. « Il (*Le Camus*) ne mangeoit que des légumes, et jeûnoit comme les Bénédictins: il n'en avoit pourtant pas fait vœu; car je lui ai ouï dire qu'en revenant d'Aleth, où il avoit été consulter le grand évêque Nicolas Pavillon, il avoit été voir le Cardinal Grimaldi, archevêque d'Aix; qu'étant à table, quelqu'un voulut lui soutenir qu'il avoit fait vœu de manger maigre le reste de sa vie, et que, pour réponse, il mangea un peu de viande qui étoit sur la table; car il vouloit qu'on fût fort réservé à faire des vœux, déclarant qu'il étoit louable d'en faire, mais seulement après une mûre délibération, et avec conseil. »

comme on le voit, ses réserves; il suit sa ligne à lui, indépendante. Cela se vit surtout à l'occasion du *Rituel* d'Aleth qu'on réimprimait, bien qu'il eût été censuré par le Pape et pour lequel on recueillait des approbations d'évêques. On demanda celle de M. de Grenoble; il la refusa, et M. Arnauld, qui la lui avait fait demander indirectement, dut se contenter de son excuse. Je résumerai ses raisons, telles que je les trouve dans deux lettres de lui du 16 février et du 9 mars 1676 :

« Si M. d'Aleth nous demandoit notre avis sur son *Rituel*, je crois, disait-il, que nous le lui devrions donner, et, en cas que nous n'y trouvassions rien à changer, l'approuver et nous joindre à lui pour demander justice au Pape contre ses examinateurs prétendus qui maltraitent ainsi les évêques sous le nom de Sa Sainteté; — et quand les évêques s'écriront les uns aux autres et se soutiendront, cela ne se peut appeler du nom de cabale que par des gens qui ignorent la conduite que les plus saints évêques ont tenue depuis la naissance de l'Église. — Mais de s'envoyer une *Lettre circulaire* à signer, j'y trouverois un peu à redire, M. d'Aleth ne nous ayant rien demandé. M. Arnauld ne m'en a rien écrit. Je crois M. d'Aleth très-innocent de toutes les choses dont on l'a accusé ; mais vous conviendrez qu'il a eu bien des ennemis sur les bras et des commissaires nommés pour le déposer, et que le Pape a condamné son Mandement. On ne sauroit donc dire de lui comme on l'a fait, en lui appliquant les paroles de Célestin I : *Hunc nunquam sinistræ suspicionis saltem rumor aspersit*. Il n'en est pas de même de saint Augustin qui n'a jamais été soupçonné ni même accusé que par des hérétiques déclarés. Comme Michel de Montaigne, je donne ce sentiment non pour bon, mais pour mien, prêt à me rendre à la raison quand elle me paroîtra d'un autre côté. »

Et en attendant, on n'eut pas sa signature : celle d'*Estienne É. de Grenoble* manque en effet dans la réimpression du *Rituel* qui parut en 1677.

Revenant sur l'éloge de M. Pavillon dans une lettre du 16 septembre 1676, il a soin de faire remarquer en quoi la situation des deux diocèses, pareillement montueux et raboteux, est pourtant fort différente par le genre de difficultés auxquelles on a affaire :

« Ce que j'ai trouvé de plus admirable en M. d'Aleth aussi bien que vous, dit-il, c'est son uniformité de vie et cette grande application à Dieu où il paroît continuellement. Il est vrai qu'il n'a ni visites, ni grand monde, ni affaires dans son diocèse qui l'en détournent. Je voudrois l'avoir vu seulement pour trois semaines dans ces villes de Parlement où il faut en trois heures parler à trois ou quatre cents personnes et résister en face aux puissances de la terre qui ne peuvent souffrir qu'on les refuse ni qu'on les reprenne. Je crois qu'il garderoit son même sens (*sic*) froid, et c'est ce qui me met dans la confusion, voyant combien la multiplicité des affaires me dissipe et combien la contradiction des hommes m'agite. C'est la grande peine des évêchés qui sont à la tête des provinces, comme le mien. »

Il me semble qu'on voit poindre ici, à travers sa confusion et son humilité, la conscience qu'il a d'être de fait et de nom *évêque et prince de Grenoble.*

L'année qui suivit son voyage d'Aleth, M. Le Camus en fit un à Turin : cette démarche lui parut nécessaire pour rabattre l'insolence de l'opposition qu'il rencontrait à Chambéry de la part des Jésuites et, en général, des religieux qui avaient un esprit guerroyant et qui agissaient, disait-il, en désespérés : *Habent animum gladiatorium.* Ce voyage lui réussit au delà de son espérance; il en écrivait au retour à M. de Pontchâteau (22 mai 1676) :

« Il me semble, mon très-cher frère, que je vous avois écrit avant que d'aller à Turin, où l'on ne peut mieux recevoir un évêque que je l'ai été dans cette Cour. Toutes les marques d'honneur et de distinction que je ne désirois pas m'ont été offertes sans mesure. On m'y a fait prêcher, et comme on n'est pas accoutumé à y entendre prêcher l'Évangile, toute la Cour m'a paru émue. *Madame Royale* s'est voulu confesser à moi et vouloit me retenir pour cela. Vous jugez bien si j'ai accepté cette proposition. On m'a accordé toute la protection que je demandois pour la Savoie. J'y ai trouvé les évêques, résidant continuellement dans leurs diocèses, méprisés au dernier point par le peu de zèle qu'ils témoignent pour leur troupeau. Les nonces les traitent comme des vicaires, le Clergé y vit d'une manière fort libertine. On y est ignorant au dernier point. On ne sait pas le prix de la Bible et de saint Augustin chez les libraires, mais en récompense les plus méchants casuistes s'y vendent bien cher et s'y lisent de tout le monde. On ne peut y entendre le nom de séminaire. Enfin j'ai eu la plus grande compassion pour la pauvre Église d'Italie, et bien que celle de France soit en un état déplorable, quand on regarde de près ses misères, néanmoins il y a incomparablement plus de pureté et de sainteté dans les mœurs du Clergé et des laïques de France, et si l'on n'y pratique pas toutes les vérités exactement, au moins on les connoît et l'on les publie hautement, malgré la contradiction de quelques particuliers.

« Pendant mon séjour à Turin, on y a assassiné sept personnes, et l'on m'a assuré que cela étoit fort fréquent à cause des immunités des églises. Il y en a quantité. L'on n'oseroit les en faire sortir. Le Pape excommunieroit le duc. Je vous avoue que, quelque inclination que j'aie pour pardonner aux pécheurs, je ne puis m'accommoder d'un privilége qui autorise les crimes en leur en donnant l'impunité. *Madame* voudroit bien abolir ou diminuer cela, si elle pouvoit. Consultez, je vous prie, M. Arnauld là-dessus, car je ne crois pas que saint Augustin eût autorisé un pareil privilége et dont les suites sont si funestes. »

Son voyage à Turin me rappelle, de sa part, un trait de crédulité. On n'est jamais parfaitement croyant, si l'on n'est pas un peu crédule. L'abbé Le Camus l'était de tout point; il croyait aux sorciers, aux sortiléges : « J'ai vu ici, disait-il pour qu'on le rapportât à M. Hamon, deux familles entières, composées de plus de vingt-sept personnes, qui, étant maudites par un sorcier qui l'a avoué dans le feu, sont devenues toutes boiteuses et contrefaites et entièrement hors d'état de gagner leur vie. Ici (*à Chambéry*) on en brûle souvent; mais en vérité ce n'est pas toujours sans sujet, car on voit des choses fort extraordinaires que font ces misérables. (4 août 1673.) » De tels passages ne sont pas rares dans ses lettres. Il y a une historiette d'un blasphémateur et d'un serpent qui ressemble à un conte dévot du Moyen-Age[1]. Ces esprits lettrés et théologiques manquent tout à fait de notions physiologiques et physiques : il est vrai qu'ils ne seraient pas d'Église, s'ils en avaient les premiers éléments. Ils ont beau être distingués d'ailleurs, ils sont peuple et trois fois peuple en matière de préjugés superstitieux. C'est ainsi qu'à propos de la mort de M. de Savoie, antérieure d'une année environ à son voyage de Turin, M. Le Camus en relève les circonstances principales :

« Il y en a une que j'ai oubliée, dit-il, qui est qu'il parut huit jours devant sa mort un arc-en-ciel sur les onze heures du soir, comme il avoit paru à la mort de son père et de sa mère ; et le marquis de Saint-Maurice, qui l'observa avec quantité de gentilshommes qui se promenoient la nuit dans Turin, en avertit le duc qui dit qu'il étoit mort et que c'en étoit une marque assurée, comme à ses père et mère. »

M. le Camus raconte tout cela comme parole d'Évangile. Ces crédulités des gens d'esprit et de beaux-esprits sont de tous les temps. L'école de Démocrite, de Lucrèce et de Lavoisier est encore dans l'enfance, ou plutôt c'est l'humanité qui fait bien mine d'y être toujours. — Mais je dois me borner ici à voir les hommes comme ils sont.

Un voyage que M. Le Camus résista toujours à faire, et dont il voulut se garantir comme de la plus grande tentation, fut celui

---

[1]. « J'ai des Carmes déchaussés qui entrent tout-à-fait dans les maximes de l'Église touchant l'administration de la pénitence, et je ne puis vous taire une aventure qui est publique en ce diocèse. Un d'eux que j'emploie dans mes visites ayant refusé pour quelque temps l'absolution à un blasphémateur, ce misérable en fit grand bruit et s'en plaignit à la porte de l'église contre ce religieux, le traitant indignement : mais, deux heures après, allant par les champs, un serpent s'éleva contre lui d'une manière effroyable, et cela jusqu'à trois fois, sifflant contre lui sans qu'il l'eût attaqué. L'autre le poursuivit à coups de pierres et, après une demi-heure entière de combat, vint à bout du serpent avec bien de la peine. Il revint à lui et, voyant les résistances de cette bête et le danger où il avoit été, il crut que c'étoient ses blasphèmes et le peu de déférence pour son confesseur qui lui avoient attiré cette affaire. Il l'avoua publiquement dans l'église avec larmes et déférence au religieux sans réserve. Quand j'arrivai dans le lieu, il vint me le dire avec le curé et tous les habitants J'ai vu le serpent. Et cela a beaucoup servi à autoriser les délais d'absolution et à parler contre les jurements. C'est au village de La Vallette dans les Alpes que cela est arrivé, et j'ai cru que n'ayant rien de meilleur à vous mander, cette relation ne vous déplairoit pas dans sa naïveté. » (25 mai 1674.) — Je ne sais si ce village de La Vallette est très-loin de celui de la Salette. Tous les miracles se touchent. On voit combien M. Le Camus avait l'esprit disposé à les accueillir : pour lui comme pour M. de Pontchâteau, la critique n'était pas née. Cette foi robuste explique leur vie.

de Paris. Cela se conçoit. Paris, la Cour, les affaires, les ménagements, les conversations, c'étaient pour lui autant d'écueils. On a cherché des raisons d'ambition à cette résistance que mit M. Le Camus à être des Assemblées générales du Clergé. Un mot qu'on lit dans les *Mémoires* de son collègue, M. de Cosnac, évêque de Valence, a été interprété contre lui. A y bien regarder, cette interprétation n'est pas juste, et lui-même, M. Le Camus, il va nous donner les vraies raisons de sa répugnance. Il écrivait le 25 mai 1674 :

« Il faut autant qu'on peut et pour le bien de son Église et pour contenir ses ennemis, et *ut quietam et tranquillam vitam agamus*, être bien à la Cour et n'y jamais aller. Mais quand il y a parti à prendre, *vigeant canones, valeant pragmaticæ !* Voilà le fond de mon cœur. J'ai une tendresse, un respect et une très-grande gratitude pour le roi, et je serois très fâché de lui déplaire. Mais quand ce ne sera que par des rapports et des méchants offices, j'en ignorerai jusqu'à ce qu'on me le fasse savoir. L'on me menace dans cette province de m'envoyer au Clergé l'année prochaine : mon diocèse n'est pas en assez bon ordre ni moi assez homme de bien pour le quitter et m'exposer au grand air. Si quelque chose étoit capable de m'y engager, ce seroit l'envie que j'aurois de voir mes amis; mais ce plaisir me coûteroit trop cher, s'il me coûtoit la perte d'une âme de ce diocèse ou l'affoiblissement de la mienne. »

Et vers le mois d'août de la même année :

« ... J'avois aussi une consultation à vous faire et à M. Arnauld sur le sujet de la députation de l'année prochaine. M. de Valence n'y peut aller ; M. de Viviers est si vieux qu'il n'y pourra pas aller. Ainsi régulièrement cela tombe sur M. de Vienne et sur moi. Cependant si j'y *vas*, j'abandonne un diocèse dont je ne peux m'absenter un mois que le peuple et le Clergé ne retombent dans leur premier état, mes visites continuelles les tenant en crainte dans ces commencements. Je n'ai personne à qui en confier le soin pendant mon absence. D'ailleurs il n'y a que très-peu de bien à faire dans les Assemblées ; il y a même de très-grands dangers. C'est une espèce de petit libertinage pour les conversations et pour la bonne chère. Il est malaisé de faire tout ce qu'on doit faire en homme de bien, sans toucher certaines cordes qui offensent la Cour, soit pour le don gratuit, aliénations du bien d'Église, etc. Je dois par reconnoissance plus qu'un autre à Sa Majesté. Si je lui manquois et que j'encourusse sa disgrâce, je serois hors d'état de rien faire dans ce diocèse. On s'affoiblit beaucoup à Paris et à la Cour. Toutes ces raisons me portent à n'y pas aller. De refuser d'y aller étant le seul qui le pût faire, c'est une singularité qui pourroit déplaire. Mandez-m'en vos avis. Si madame de Longueville faisoit agir M. d'Angoulême[1] auprès de M. de Paris, il obtiendroit peut-être la permission pour M. de Valence d'être député, et comme il a incomparablement plus de vertu et d'intelligence que moi, il seroit plus en état de servir l'Église ; et moi, je tâcherois de n'être pas inutile à la mienne. Pensez à cela devant

---

1. M. de Péricard, évêque d'Angoulême.

Dieu, et voyez ce qui se peut faire dans les règles de la religion et de la bienséance. Pour moi, ma raison et ma foi me portent à m'en défendre *in ogni modo.* »

Il parle très-bien, en toute occasion, de M. de Valence, de cet homme d'esprit qui nous est aujourd'hui si bien connu par ses *Mémoires*, et qui, dans les lettres de M. Le Camus, ne se montre pas comme un si mauvais évêque :

« (12 février 1674.) M. de Valence fait des merveilles en ces quartiers. S'il continue de l'air qu'il commence, il ira bien loin. Il a besoin qu'on prie beaucoup Dieu pour lui, et ses diocèses sont encore plus délabrés que le mien. Je l'irai voir au premier jour ; car au feu, à l'esprit que vous lui connoissez, que ne fera-t-il pas pour Dieu, quand il lui plaira ! »

Et le 10 mars 1675 :

« Quant à M. de Valence, il veut bien faire ; il veut régler son diocèse ; il veut se régler soi-même. Il fit une amende honorable en plein synode sur sa vie passée. Qu'il faut être converti ou extravagant pour faire un pareil aveu ! J'aime mieux croire le premier. Il a de grands obstacles à vaincre que je ne puis (*sic*) ; mais quand Dieu veut sauver les hommes, qu'est-ce que tous ces obstacles ? Il désire une entrevue avec moi aussitôt après Pâques. Je l'irai voir jusqu'à Valence, trop heureux si je pouvois lui rendre quelque service ; mais, en vérité, je suis si misérable pour ce qui me regarde que je ne puis que gâter toutes les choses dont je me mêlerai. »

Ce sont là des esquisses de profil à joindre aux *Mémoires* de Cosnac.

Pour revenir au point principal, on saisit donc très-bien les raisons qui durent de plus en plus éloigner M. Le Camus du voyage de Paris, et lui faire désirer qu'un autre fût député du Clergé en sa place. A partir de l'élévation du pape Innocent XI, il comprit qu'il avait à Rome un appui et un juge favorable pour la réforme qu'il pratiquait dans son diocèse. Il fut un évêque à part dans son genre : il regarda plus souvent et plus volontiers du côté de Rome que du côté de Versailles. La pourpre le vint récompenser en septembre 1686 : il la dut au Pape plus qu'au roi et le laissa voir. Qu'il se soit glissé un peu d'ambition (même à son insu) jusque sous le cilice du pénitent, je n'irai point jusqu'à le nier, et je ne prétends pas me porter garant en telle matière. Je n'écris point d'ailleurs la Vie du cardinal Le Camus, qui ne mourut qu'après plus de trente-cinq ans d'épiscopat, le 12 septembre 1707 ; je me borne à tirer parti d'une Correspondance intime pour jeter quelque lumière nouvelle sur son caractère et sur ses principes dans les années fondamentales de son ministère [1].

---

1. Son zèle ne s'était pas refroidi dans ses dernières années, si nous en jugeons par ce passage d'une lettre de M. Vuillart à M. de Préfontaine

En résumé, nous y avons gagné de connaître une figure originale de plus dans le monde ecclésiastique du dix-septième siècle. Nul ne vérifia plus hautement que lui par son expérience ce mot d'un grand Pape, si souvent cité par nos amis, que « l'office de pasteur est la plus redoutable tempête de l'esprit : *officium pastoris jugis et assidua tempestas mentis.* » Il eut dès l'entrée une rude tâche, et à certains moments il put écrire avec sincérité à M. de Pontchâteau qui, dans sa mobilité, avait parfois des idées de se faire moine : « Vous balancez entre La Trappe et la Chartreuse, et moi je balancerois entre la galère et l'épiscopat : *Mitram nemo acciperet, si daretur scientibus.* » M. Le Camus sut résoudre en sa personne une difficulté, une incompatibilité même ; car il semble incompatible d'être à la fois pénitent et prêtre, à plus forte raison évêque. Il sut être évêque en public, un évêque souverain, tout

(17 février 1700) : « On apprend de Rome que la santé du Pape (Innocent XII)
« va de mieux en mieux pour le corps et qu'il y a sujet d'espérer que son
« esprit qui a paru affoibli par une si longue et si grieve maladie se réta-
« blira aussi peu à peu.... Si la santé du Saint-Père, si désirée par les
« gens de bien, afin qu'il achève ce qu'il a commencé, se rétablissoit aussi
« pleinement qu'il se puisse à son âge, la situation des cardinaux qui sont
« partis pour le choix d'un successeur ne seroit pas agréable.... Le cardinal
« Le Camus doit se savoir gré de n'être point parti.... On écrit de Grenoble
« qu'il parla dans son discours sur l'ordination qu'il fit l'Avent dernier,
« avec tant de zèle et d'ardeur contre la morale relâchée et nommément
« contre la prétendue dispense de l'obligation d'aimer Dieu et de suivre les
« Pères de l'Église pour le règlement des mœurs, qu'on crut voir renaître
« les premières années de son épiscopat. Il déclara qu'il trouvoit l'Alcoran
« moins mauvais que la fausse doctrine des mauvais casuistes, et le
« prouva dans les formes. Sur ce que les Jésuites vinrent lui présenter de
« nouvelles lettres patentes du roi pour enseigner la théologie dans leur
« collège de Grenoble, dont ils ont prié Sa Majesté de prendre le titre de
« fondateur, qui lui a été déféré depuis peu avec beaucoup de respect par
« une lettre de leur Général, la réponse de cette généreuse Éminence fut
« que le roi laissoit dans son royaume les Évêques maîtres de la doctrine
« (comme Dieu les en a faits les dépositaires selon ces paroles : *O Timo-*
« *thee, depositum custodi*), et que de son vivant les Jésuites n'enseigne-
« roient la théologie à Grenoble ; qu'il étoit assez fatigué déjà du philoso-
« phisme enseigné par eux depuis peu à Chambéry, sans le voir s'étendre
« effrontément jusqu'à sa cathédrale. Cette vigueur épiscopale soutenue de
« même teneur jusques à la fin seroit quelque chose d'autant plus admi-
« rable que cela est plus rare dans notre siècle et feroit agréablement
« souvenir de l'excellent mot de saint Cyprien qui nomme cette vigueur
« *Robur sacerdotale*. Ce seroit un élixir et un cardiaque très-exquis pour
« faire revenir le cœur à tant de gens de bien affligés de voir les choses
« dans l'état où elles sont. L'erreur est d'un orgueil et d'une insolence qui
« fait gémir incessamment les cœurs vraiment sensibles aux maux de
« l'Église. » Ces plaintes sur le relâchement et l'énervement de la religion
aux abords du dix-huitième siècle me rappellent un mot de M. Royer-Collard sur le Clergé français d'avant la Révolution ; à un interlocuteur qui l'avait mis sur ce sujet, il disait en levant les bras : « De la foi ni des mœurs, il n'en faut pas parler ; mais quelle doctrine, Monsieur, quelle doctrine ! » Ce qui choquait le plus cet esprit formé à l'école de Port-Royal, c'était encore l'erreur doctrinale, la sophistication du Christianisme. M. Le Camus fut l'un des derniers évêques qui luttèrent pour le maintien du vieil et pur esprit chrétien, non adultéré, non édulcoré.

en restant pénitent par devers lui et dans l'habitude de la vie. Les bons mots de lui qu'on a répétés, et où l'on aurait tort de voir autre chose que de la gaieté d'esprit[1], montrent seulement qu'il n'avait pas la pénitence pédantesque et farouche.

Ses relations avec Port-Royal, limitées par des réserves prudentes, restent désormais parfaitement éclaircies. En dehors de nos *quatre* évêques, il n'en est aucun qui marque dans ses lettres plus de déférence pour les conseils de nos amis, se réservant de les suivre selon l'esprit sans s'y asservir. Il ne cesse en particulier de demander les prières non-seulement de M. de Pontchâteau, mais, comme il le lui dit, de « toute votre Église domestique, » c'est-à-dire du monastère des Champs. « Il ne se passe pas un seul jour, lui écrivait-il le 15 janvier 1676, que je ne vous aie présent devant Dieu et vos *chères sœurs*. » Les paroles de blâme ou de regret qu'il laisse échapper à l'occasion sur certaines fautes de conduite des Messieurs ne sauraient prévaloir contre ce lien intérieur de charité. C'en est assez pour justifier la longue attention que nous lui avons donnée; car s'il n'est pas précisément l'un des membres associés de Port-Royal, il est à coup sûr l'un de nos meilleurs correspondants.

SUR M. DE BERNIÈRES.

(Se rapporte à la page 171.)

J'ai recueilli dans les Mémoires manuscrits de M. Hermant quelques détails assez curieux qui concernent la fin touchante de M. de Bernières, et qui complètent ce qui a déjà été dit de ce digne ami et serviteur de Port-Royal, au tome II, page 295, et au tome III, pages 467, 468. On y verra de plus les liens d'étroite amitié qui l'unissaient à M. d'Aubigny, à celui que j'ai appelé *l'Homme aimable* par excellence entre les Jansénistes (tome III,

---

[1]. Par exemple, dînant un jour avec l'archevêque de Vienne, M. de Villars, celui-ci aurait dit au cardinal Le Camus en ne le voyant manger que de maigres légumes : « Hé! Monseigneur, mangerez-vous toujours de ces méchantes racines? » Et le cardinal aurait répondu : « Monsieur, vous les trouveriez bonnes, si elles vous avoient aidé à devenir cardinal. » Ce sont là des plaisanteries de bonne compagnie où il ne faut voir que ce qu'il y a et d'où il ne faut rien conclure sur le fond de conviction des gens d'esprit qui se les permettent. — (Voir encore dans les *Souvenirs* imprimés *du Président Bouhier*, 1866, pages 16 et suiv., quelques bons mots du cardinal.)

pages 582-588). On y saisira assez distinctement le passage de
M. d'Aubigny, de sa vie recluse et triste du Cloître Notre-Dame,
à sa vie de prélat et de seigneur anglais. Aux craintes discrètes
qu'expriment ses amis de France sur son compte, on ajoutera en
idée ce qu'ils ne savaient pas si bien que nous : qu'eussent-ils dit,
que n'eussent-ils pas craint à bon droit s'ils avaient su que celui
qu'ils croyaient encore un disciple de saint Augustin s'entretenait
si à cœur ouvert avec Saint-Évremond, et qu'il classait si librement les diverses espèces de Jansénistes? Mais même dans cet
aspect plus sombre qu'il garde en se retournant vers eux, on retrouvera chez M. d'Aubigny le galant homme et qui juge le parti
même dont il est, qui essaie de le modérer et de l'éclairer. Dans
tout ce qui suit j'extrais le manuscrit, ou je l'analyse en l'abrégeant.

Parmi les emplois de charité qui occupaient M. de Bernières
depuis qu'il avait quitté sa charge de maître des requêtes et qu'il
s'était retiré du Conseil du roi, il s'était particulièrement appliqué
au soulagement des Catholiques de la domination du roi d'Angleterre. M. Taignier (docteur en Sorbonne) l'avait aussi souvent
secondé dans ce dessein et l'avait même lié si étroitement avec
M. l'abbé d'Aubigny, parent de ce roi, qu'ils ne faisaient plus
ensemble qu'une dépense pour le logement et pour la table dans
une maison canoniale du Cloître Notre-Dame. Cette même charité
avait porté M. de Bernières à recevoir dans sa maison du Chesnai
un fils naturel du roi d'Angleterre qui depuis s'est signalé dans le
monde sous le nom de duc de Monmouth; et comme celui-ci faisait
alors profession de la religion catholique, on tâchait de l'y élever
et de lui inspirer des sentiments chrétiens.

M. d'Aubigny fut la cause, l'occasion tout involontaire du malheur arrivé à M. de Bernières. L'abbé Fouquet, « qui s'étoit mêlé
pendant le ministère du cardinal Mazarin de faire courir et dévaliser les courriers, » en un mot d'intercepter et de décacheter
les lettres, continuait le même méchant métier pour n'en pas
perdre l'habitude et tant qu'on le lui permit. Or, parmi les lettres
que l'on trouva dans la malle d'un courrier qu'on fit dévaliser en ce
temps-là, il s'en rencontra une de M. d'Aubigny à M. de Bernières,
qui portait que « le roi d'Angleterre auroit soin de l'affaire qu'il lui
avoit fait recommander par M. Taignier. » Cette lettre ayant été
envoyée à la Cour, on crut que ces Messieurs tramaient une grande
intrigue en Angleterre en faveur du cardinal de Retz, tandis qu'il
ne s'agissait que de l'affaire des Catholiques irlandais qui avaient
été dépouillés de leurs biens sous Cromwell. Sans examiner la
chose plus en détail, on prit la résolution de les reléguer, M. de
Bernières à Issoudun en Berry, et le docteur Taignier à Castelnaudary en Languedoc. Cette dure injustice dont ils furent vic-

times se prolongea jusqu'à leur mort à tous deux. Seulement le docteur Taignier, infirme et contrefait, se déroba à l'ordre d'exil et à un voyage qui l'aurait tué ; il se cacha et s'éteignit ensuite dans une profonde retraite [1]. M. de Bernières obéit à la lettre de cachet et se rendit au lieu qui lui était assigné.

Tout le monde s'intéressa à M. de Bernières (il y eut jusqu'à *quatre cents* carrosses, en un jour, des gens qui vinrent lui faire leurs adieux). Il reçut nombre de lettres de condoléance. A peine arrivé à Issoudun, il écrivait le 28 avril à l'un de ses amis de Port-Royal, lui exprimant la satisfaction qu'il avait ressentie durant le voyage : « Car quel moyen d'être triste en souffrant quelque chose, lorsque l'on se trouve innocent? Vous savez quelles sont mes intrigues, vous connoissez mes emplois. Si les lettres que l'on a pu voir ont été équivoques, elles ont été mal interprétées. Quoi qu'il en soit, mon cher Monsieur, l'on est bien partout quand on ne cherche que Dieu, et partout on trouve de l'emploi quand on aime les livres et la prière. »

Il écrivait à M. Hermant le 16 juin, en apprenant qu'on avait fait sortir de Port-Royal les novices et que la dispersion des amis était complète :

« Nous pouvons à présent commencer nos lettres par le salut que l'apôtre saint Pierre donne dans l'une de ses Épîtres : *Aux frères de la dispersion*; car à présent elle est générale. Mais, mon Dieu! qu'elle est petite! Car qui veut souffrir quelque chose pour la défense de la vérité? Nous voyons que tout cède.... Y a-t-il un prélat qui ose dire même dans le dévoilement de ces chastes épouses : *Non tibi licet!* Tenons-nous donc comme le Prophète dans l'étonnement et dans l'extase.... Jugez par là si l'éloignement ne m'est pas plus doux que l'approche. » Ces sentiments intérieurs qu'il exprime d'une manière pénétrée ne feront que s'accroître et se confirmer en lui jusqu'à l'heure de sa mort.

Cependant on reçoit de temps en temps des nouvelles de M. d'Aubigny. M. Taignier reçoit de lui une lettre du 5 août. On y voit comment l'ancien janséniste d'Aubigny est amené à se faire le patron, l'avocat des Jésuites en Angleterre. Il raconte cela à M. Taignier assez agréablement :

« Il faut que je vous dise que je suis ici fort empêché à tâcher de sauver les bons Pères Jésuites d'un furieux et inespéré malheur,

---

1. « Le 22 juillet 1666, M. Taignier, docteur en théologie, est décédé à Paris, étant exilé et déguisé en habit et communion laïque. Il est enterré dans l'église de Saint-Jean-en-Grève. » (Note manuscrite de M. de Pontchâteau.) — Les Nécrologes imprimés se taisent sur cet excellent ami, et l'on y cherche vainement le nom de M. Taignier. M. Hermant nous apprend que M. Taignier avait laissé des *Mémoires* autographes sur les affaires ecclésiastiques du temps. C'était en effet un des hommes les mieux informés et qui savait de source les moindres particularités et circonstances.

qui est que, dans l'abrogation des lois pénales que le Parlement a préparées en faveur des Catholiques, ils ont déjà dressé l'acte et y ont excepté tous les Jésuites ; ce qui est les chasser pour jamais d'Angleterre. Ils ont encore mis que tous prêtres donneroient leur nom au secrétaire d'État, et qu'il ne seroit permis à aucun de demeurer ni exercer aucune fonction de religion que sous l'autorité de ceux que le roi nommeroit d'entre les Catholiques pour cet effet. Il faut louer Dieu de tout ce qu'il nous envoie, et je vous assure que j'ai été étonné de sa Providence qui n'a mis en tout ce pays-ci, pour solliciter en faveur des pauvres Jésuites, que ce M. d'Aubigny que l'on dit être un si dangereux janséniste. L'on m'a pourtant assuré qu'il fait ce qu'il peut pour favoriser les Jésuites, disant qu'il les regarde comme des prêtres de l'Église de Dieu, et que s'ils veulent prendre un Général anglois sans aucune dépendance du Général de Rome, ainsi que tous les Bénédictins anglois, il croit que l'on les peut recevoir. Mais il y a des gens qui disent que M. d'Aubigny est fou de prétendre que cela se puisse : je vous prie de le conseiller en cette occasion ; car l'affaire ne finira pas encore si tôt, et je lui ferai savoir ce que vous en écrirez ; mais prenez des voies sûres. »

Le roi fut sourd à toutes les instances qu'on fit auprès de lui à différents moments pour le retour de M. de Bernières. La naissance du Dauphin (1ᵉʳ novembre 1661) avait paru une occasion favorable ; madame de Longueville essaya de la saisir, mais ne réussit pas. « Néanmoins ses amis ne perdirent pas l'espérance d'obtenir son retour par le moyen de M. d'Aubigny qui avoit été l'occasion de sa disgrâce, parce que la Cour vouloit se réconcilier avec cet abbé qui étoit fort considéré en Angleterre par le roi son parent, et on le vouloit ménager pour se servir de son crédit dans les grandes affaires.... De son côté, M. d'Aubigny étoit toujours plein de zèle pour ses amis et pour la cause de saint Augustin, et M. Taignier en eut de nouvelles marques en ce temps-là par une lettre qu'il en reçut, quoique M. d'Aubigny se fût servi de la main de M. Brunetti pour l'écrire, à la réserve des deux dernières lignes, dans la crainte qu'elle ne fût encore interceptée. » M. Brunetti était un gentilhomme siennois qu'il s'était attaché, à la recommandation même de M. Taignier.

Dans cette lettre, M. d'Aubigny exprime des vues sages et modérées, et insinue quelques conseils de conduite par rapport à ces résistances extrêmes où l'on s'engageait : « Dans les affaires de cette espèce, il faut voir de loin et ne se pas embarquer à des choses que la suite du temps et le torrent des affaires rendent insoutenables, particulièrement quand ce qui embarque n'est bien souvent qu'une fausse apparence d'être soutenu par des personnes qui n'en ont ni le pouvoir ni le vouloir.... Pour moi qui vois d'ici es intentions de la Cour de Rome, de la Cour de France, et les sentiments particuliers de tous ceux qui ont quelque part soit active, soit passive, dans cette affaire, j'ose dire, sans faire le prophète ni l'astrologue, que je vois en tout ceci d'un côté beaucoup d'injustice et de passion, et de l'autre un peu trop de zèle, pour ne pas dire peu de prudence, dans une affaire de cette espèce. Vous vous tromperez si vous croyez que j'aie rien changé à l'estime que j'ai toujours faite de cette affaire et de ceux qui la composent ; mais je serois en effet bien changé si je pouvois avoir sur cela aucun sentiment que je vous pusse cacher. Je puis dire sans vanité que je n'ai, dans l'état où je suis, ni peur ni besoin de personne. Ce n'est pas que je me croie au-dessus d'aucun ; mais c'est que je suis content de ce que j'ai, et que je n'appréhende ni ne désire rien à mon égard, et que, si vous entendez parler sur mon sujet de choses magnifiques[1], j'y suis plus passif qu'actif, et je laisse faire ceux qui ont droit d'agir et de disposer de moi comme il leur plaira. Je me décharge ici le cœur avec vous, sachant peu de personnes avec qui j'osasse ou voulusse en faire autant. Vous ne sauriez croire combien j'ai pitié de vous plus par les maux que vos amis souffrent que par les vôtres propres, vous connoissant avec assez de courage et de vertu pour ne pas sentir les vôtres, mais avec assez de tendresse et de charité pour compatir non-seulement au véritable malheur de vos amis, mais même à leur foiblesse. Vous savez que j'ai droit de vous dire ce mot et que nous avons eu plus d'une conversation sur cette même matière.... »

Cependant M. de Bernières paraît avoir peu compté sur le succès de l'intervention de M. d'Aubigny en sa faveur, et l'on voit même, par des lettres de lui à M. Taignier, qu'il considérait leur ancien ami comme en train de mollir et de se relâcher. « Il lui parle avec compassion de M. d'Aubigny, leur ami commun, et du péril auquel il le voyoit exposé. » Une lettre de lui à M. Taignier, du 25 novembre 1661, est d'un homme tout résigné, heureux du peu d'espoir qu'il y a de voir cesser son exil, décidé à laisser faire Dieu, et Dieu seul, et conseillant la même sainte inaction à son ami : « Il y a assez longtemps, lui dit-il, que vous agissez... ; à présent il faut dire plus que jamais avec l'Apôtre : *Omnia mihi licent, sed non omnia expediunt....* Je suis persuadé que si vous et moi ménageons bien notre solitude, Dieu parlera à notre cœur et que nous verrons les choses tout d'une autre manière, et que nous nous retirerons de bien des distractions.... Vous avez bien fait d'écrire à notre ami (M. d'Aubigny) de la manière que vous me le mandez ; ses emplois me font trembler pour lui. »

Il lui redit à peu près les mêmes choses dans une lettre du

---

1. Cela semble une allusion au futur chapeau.

24 décembre : « Plus j'examine..., plus je suis confirmé qu'il n'y a que ce parti à prendre : *Separamini de medio eorum.* Qu'avons-nous fait jusques à présent? quel succès en voit-on? Mais ne regardons point le succès, lequel est en la main de Dieu, et voyons quelles sont les personnes avec lesquelles on a à traiter. Ne sont-elles pas du même esprit dont parle le Fils de Dieu dans l'Évangile : *Ce sont des roseaux agités par le vent!* et Dieu veuille que l'autre vérité ne leur soit pas aussi appliquée: *Mollibus vestiuntur, in domibus regum sunt.* Je crains toujours pour notre autre ami (M. d'Aubigny), lequel dans le pays où il est, assez conforme à cette maxime, n'a personne pour lui parler et pour lui dire qu'il prenne garde de tomber. Il y a longtemps qu'il ne m'a écrit. J'ai seulement appris, par une lettre qu'il a écrite à un homme du Cloître, qu'il prendra son temps pour parler de moi : car il est fort bien et de çà et de là, et mes amis jugent que je le dois laisser faire et quitter toutes les autres médiations que l'on a voulu prendre, dans lesquelles je ne veux ni ne peux souffrir la condition dont je vous ai déjà écrit. Et quand cet ami me voudroit engager à la même chose, je ne le voudrois pas accepter. Ainsi, si par hasard vous lui écrivez, vous lui manderez qu'il ne faut rien faire pour moi qui ne soit pur et simple, c'est-à-dire sans aucune condition de signer quelque chose que je ne pourrois, ou de me séparer de quelqu'un pour lequel la justice et la vérité m'obligent à ne rompre pas la liaison que la seule charité a fait naître.... »

Et le dernier jour de décembre, il écrivait au même M. Taignier qui prenait son exil dans le même esprit : « Je suis bien aise que notre amie (mademoiselle de Vertus) goûte vos raisons et les miennes, et qu'elle y fasse entrer son amie (madame de Longueville) qui a tant de créance en elle. C'est l'entretien que j'ai eu avec le bon M. Guillebert qui m'est venu voir en ces quartiers. Il est tout rempli de zèle pour vous et vous désire depuis longtemps dans cet état. Il me dit que c'est aussi le sentiment de celui avec qui il demeure (M. de Barcos), lequel n'a jamais eu grande opinion de M. le cardinal de Retz, et a toujours cru qu'il feroit ce qu'il fait et pour lui et pour ses véritables amis[1].... L'autre ami (M. d'Aubigny) me fait compassion, quoique je remarque assez de fermeté dans ses lettres, la dernière desquelles est celle dont je vous envoie la copie, n'ayant point entendu parler de lui depuis ce temps-là, sinon par un ecclésiastique auquel il mande qu'il

---

1. Quelques mois après, le cardinal de Retz se démit (le 26 février 1662) de l'archevêché de Paris purement et simplement, malgré la déclaration publique qu'il avait adressée l'été précédent à toute l'Église, qu'il ne le pouvait en conscience. Ceux qui étaient exilés à cause de lui et sous l'accusation de s'être remués pour lui, tels que M. de Bernières, restèrent exilés.

travaille vigoureusement pour moi. J'en attends l'effet sans empressement, et même c'est la seule porte qui m'est ouverte, comme mon frère me le mande, à moins que de donner du nez en terre comme les autres et fléchir le Père Annat par la lâcheté de ma plume.... »

Et le 28 janvier 1662, après sa maxime et conclusion ordinaire : *Separamini de medio eorum*, et son action de grâces de se sentir délié de tous liens dans l'exil : « Et quand même mon bon hôte (M. d'Aubigny) nous voudroit engager, il faut examiner plus que jamais à quoi il tend et quelle est la disposition de son cœur : car nous pouvons dire qu'étant au milieu d'une nation perverse, on ne sauroit être trop sur ses gardes pour ne pas se souiller soi-même. Il me fait dire qu'il va travailler pour moi : je le laisse faire et m'abandonne à l'ordre de Dieu.... »

Il redit la même chose le 3 février : « J'attends avec patience le succès de la négociation de notre ami, le laissant faire pour moi ce qu'il jugera le mieux, me conduisant en cela, comme en tout ce qui regarde mon retour, plus passivement qu'autrement, afin de ne prévenir en rien les ordres de Dieu.... Je ne peux croire que notre ami ne veille pour vous-même, malgré vous. Il n'y est pas moins obligé que pour moi, parce que nous n'avons commencé d'être en l'état auquel nous sommes qu'à l'occasion de ses lettres un peu trop tout d'une pièce, comme l'on dit. Ce n'est pas que nos ennemis n'aient pris à présent une autre route et qu'ils ne croient nous tenir dans leurs filets, et vous, avec plus de raison, à cause de votre caractère, pour vous mettre la main à la plume.... » (Pour le faire signer.)

Il dit que quant à lui, laïque, il déclare ne pouvoir rien faire en cette matière de signature, pas même ce que l'on peut faire en conscience, « puisque nul laïque, à moins que d'être maître d'école ou enfant de chœur, n'est soumis à cette loi par ceux mêmes qui ont fait la loi comme ils ont voulu. *Ce seroit me noter d'infamie, que je fusse le seul du royaume de qui l'on eût tiré cette servitude.* »

Il est question, dans cette lettre, d'une *recommandation* des plus *puissantes* que M. d'Aubigny met en jeu pour M. de Bernières, et qui a l'air d'être celle même du roi d'Angleterre. Malgré les félicitations qu'on lui adresse déjà de Paris sur son retour, il est loin encore, dit-il, de s'en glorifier et d'y croire : « D'ailleurs je vous avoue, dit-il, que l'état où votre dernière me fait voir, plus clairement qu'aucune autre, où va être réduite ma chère fille et toute la maison que nous aimons (la maison de Port-Royal où il avait une fille religieuse), me fait perdre tout désir de retourner dans cette Babylone qui ne me sera plus autre chose.... »

C'est dans son dernier billet adressé à M. Taignier le 21 juillet, qu'on lit les belles paroles que j'ai citées, au sujet des religieuses qui vont rester seules en vue et exposées aux coups de la persécution : « Vous me manderez, s'il vous plaît, ce que font les généreux pour s'opposer à ce torrent ; mais je me doute ou qu'il faudra prendre la fuite, ou céder. Il n'y a que ces pauvres enfermées sur lesquelles le fort de l'orage va tomber, et qui ne peuvent ni s'absenter ni tourner en arrière. Je prie Dieu chaque jour qu'il les fortifie de son esprit principal. C'est ce que je fis au tombeau du grand saint Martin en la fête de sa translation, aussi bien qu'à Notre-Dame des Ardillières. Je fus en l'un et en l'autre lieu incognito, pour les raisons que vous pouvez penser.

« Je n'entends point parler de l'ami d'Outre-mer (M. d'Aubigny). Je crains que le souvenir qu'il doit avoir de nous ne soit englouti dans les vagues. Prions pour lui du meilleur de notre cœur, et pour tous les autres qui nous ont abandonnés : *Si Deus pro nobis, quis contra nos?*

« C'est en lui et par lui que je suis plus à vous que jamais. »

Quand il écrivait ce dernier billet, M. de Bernières était déjà atteint, sans le savoir, de la maladie qui le devait emporter ; il en avait contracté le germe dans ce pèlerinage de dévotion dont il vient de parler. Il mourut neuf jours après, le 31 juillet (1662), heureusement assisté, à ses derniers moments, de M. Guillebert, son ancien précepteur et son ami.

Maître des Requêtes, fils du second président à mortier du Parlement de Rouen, allié par sa femme, qui était une Amelot, à ce qu'il y avait de plus considérable à Paris dans la robe, M. de Bernières, aussitôt qu'il s'était vu veuf, avait préféré à toute autre ambition le soin des pauvres, l'éducation des petits, le parti des opprimés, et il mourut en croyant qu'il avait choisi la bonne part.

L'ami d'Outre-mer pourtant, M. d'Aubigny, n'avait pas oublié son cher et ancien hôte ; il avait agi et enfin réussi. « Six heures après la mort de M. de Bernières, l'ordre du roi qui le rappeloit d'Issoudun, avec liberté de se retirer en une de ses terres, arriva inopinément. Mais Dieu avoit fini son bannissement d'une manière plus avantageuse, en l'établissant pour jamais dans la véritable Patrie. »

Le cœur de M. de Bernières fut transporté et inhumé dans l'église de Port-Royal de Paris.

P. S. Malgré tout ce que je viens de dire, je n'ai peut-être pas assez insisté encore sur le rôle que M. de Bernières remplit à son moment, du moins sur une partie essentielle de ce rôle, qu'un écrivain moderne, M. Alph. Feillet, s'est attaché à mettre en saillie au chap. X de son livre intitulé : *La Misère au temps de la Fronde* (1862), et dont il a trouvé l'idée tracée par M. Le Maître dans la Préface de *l'Aumône chrétienne* (2 vol in-12, 1651). J'y renvoie avec plaisir. M. de Bernières, en présence des misères affreuses qui désolèrent Paris et les campagnes à partir de 1649, 1650, a été un grand *organisateur* de la charité. Il entretenait correspondance avec toutes les personnes bienfaisantes des grandes villes; il leur faisait distribuer des *Relations* imprimées offrant le tableau exact des afflictions et calamités présentes, des besoins de chaque semaine, des ressources trop inégales et de leur emploi, des nécessités extrêmes: de tels bulletins avaient leur éloquence, et les bons riches n'y résistaient pas. — Tous les mérites de M. de Bernières n'empêcheront pas que dans les programmes d'histoire, quand il s'agira de caractériser la charité publique à cette date et à ce moment social, on ne mentionne que Vincent de Paul et qu'on l'omette, lui, M. de Bernières. L'exil du juste continue.

SUR M. DE SAINTE-BEUVE.

(Se rapporte à la page 174.)

Je croyais, en parlant comme je l'ai fait, avoir dit sur le docteur de Sainte-Beuve tout ce qui importait et ce qu'il était juste de rappeler dans une Histoire de Port-Royal et au sujet d'un personnage qui n'en fait point, d'ailleurs, essentiellement partie. J'avais, en effet, dans un premier jugement qui n'était pas le mien, mais celui de ces Messieurs, indiqué l'espèce de mauvaise humeur bien naturelle et de rancune inévitable qu'on a contre un personnage de considération sur lequel on avait droit de compter et qui, à un certain moment, vous abandonne: j'avais, dans un dernier jugement qui était mien, donné les raisons plausibles, tant de conscience que de convenance, qui avaient dû décider un homme sage à se retirer du conflit et à se soumettre. Cette modération que je crois équitable n'a point suffi à l'auteur d'un livre singulier, intitulé: *Jacques de Sainte-Beuve, Docteur de Sorbonne et Professeur Royal; Étude d'histoire privée contenant des détails inconnus sur le premier Jansénisme* (Paris, 1865); l'anonyme sous lequel l'ouvrage a été publié est transparent et laisse voir plus qu'il ne cache M. de Sainte-Beuve, magistrat du tribunal de la Seine. Dans ce livre qui, à travers ses airs modestes, n'est pas sans de grandes prétentions, l'auteur, en m'accordant des éloges excessifs et que je voudrais moindres, m'accuse d'avoir fait envers la mémoire de son parent une rétractation *insuffisante*.

C'est en effet à titre de parent que M. de Sainte-Beuve intervient dans la question; il est lui-même d'une famille de Normandie, qui tient à sa noblesse; mais il veut bien reconnaître pour parente la branche parisienne des Sainte-Beuve (je parle comme lui) qui s'était faite marchande et qui était de pure bourgeoisie[1]. Il est étrange,— pour moi du moins,— de voir avec quelle susceptibilité personnelle, avec quel sentiment presque fébrile d'affection ou de vanité domestique, avec quel tressaillement chatouilleux l'auteur entre dans son sujet. Il prodigue des détails qui sont de mode aujourd'hui, mais dont il semble que la postérité n'a que faire. La maison patrimoniale des Sainte-Beuve de Paris subsiste encore, à ce qu'il paraît, dans la rue Pavée, au coin de la rue Saint-André des Arcs, la *maison du docteur Jacques,* comme l'appelle l'auteur. On a, grâce à lui, les actes notariés : on a les descriptions et désignations des lieux. Passe encore quand il s'agit de la maison de Molière ; mais on se demande pourquoi toute cette *notairerie* compliquée de sentimentalité à propos d'un respectable docteur de Sorbonne, fils d'un huissier au Parlement. L'auteur pousse si loin le culte et la superstition à cet égard qu'il se propose, dit-il, lorsqu'on abattra la maison, ce qui ne peut tarder, de sauver une *plaque de cheminée* fleurdelisée qui a dû voir souvent les pieds vénérés du docteur, quand il les posait sur ses chenets. Il oublie de nous dire s'il ne l'encadrera pas dans son salon.

Ce n'est point par un pur sentiment de critique et de malice que je relève cet engouement d'un homme d'esprit pour tout ce qui se rattache à son nom : c'est parce que tout son jugement sur le docteur de Sainte-Beuve est affecté de cette même prétention, de cette même envie de tout exagérer, de tout faire valoir et de subtiliser à l'excès. L'auteur, en parlant de celui dont il se glorifie d'être l'arrière-petit-cousin, ne s'est nullement placé dans l'ordre d'idées et dans le milieu de doctrines qui eussent pu lui donner le vrai jour pour éclairer le portrait, et le vrai ton pour le peindre. Il commence par exagérer le rôle du docteur dans le Jansénisme proprement dit, par faire de lui, de son *héros,* comme il l'appelle, l'homme

---

1. On m'a souvent demandé à moi-même si j'étais parent, à quelque degré, du docteur de Sainte-Beuve. Je l'ignore. Ma généalogie est courte et des plus simples. Né à Boulogne-sur-Mer le 22 décembre 1804, l'année même du mariage et de la mort de mon père, je n'ai pu recevoir de lui les traditions de famille, du côté paternel : je naissais orphelin. Mon père, dont le nom était *Charles-François de Sainte-Beuve,* était né au bourg de Moreuil en Picardie, le 6 novembre 1752, d'un père qui y était contrôleur des actes. Tous ses frères et sœurs, mes oncles et tantes de ce côté, qui étaient nombreux, y naquirent également. Le nom est donc identiquement le même que celui du docteur et de ses parents de Normandie. Je n'en sais pas plus long, n'ayant jamais songé à faire des recherches sur ce point. Si, pour mon compte, je n'ai pas pris ni revendiqué la particule, quoiqu'elle appartienne à mon nom de famille, c'est qu'elle a été omise par la négligence des témoins sur mon acte de naissance et que, n'étant pas noble, j'ai tenu à éviter jusqu'à l'apparence de vouloir me donner pour ce que je n'étais pas.

« aux mains de qui on remet, à un certain moment, le *drapeau du parti*. » Il va jusqu'à prétendre que lorsque le syndic Nicolas Cornet proposa à la censure les cinq fameuses Propositions, il pensait autant et plus au docteur de Sainte-Beuve qu'à Jansénius lui-même. Il se flatte de connaître l'histoire et les origines de la querelle janséniste mieux que les contemporains, mieux que Bossuet. C'est ainsi qu'il veut faire remonter au théologal Habert[1], le premier qui ait tonné en chaire contre le livre de Jansénius, l'honneur qu'on a jusqu'ici accordé au syndic Cornet, d'avoir eu l'art d'extraire de ce gros livre un certain nombre de propositions condamnables : il ne s'aperçoit pas qu'il y a loin de la véhémence et de la fougue d'un prédicateur, empressé de dénoncer l'ennemi, à la sagesse et à la prudence d'un chef, d'un président d'Assemblée qui pèse et calcule à l'avance ce qui est possible et qui sait présenter à la délibération un petit nombre de points mûris, réduits, bien choisis et décisifs : or, c'est là l'honneur (si honneur il y a) qui s'attache au nom du docteur Cornet, lequel en cette grave circonstance, et au moment où il allait entamer devant la Faculté assemblée l'acte d'accusation des cinq Propositions si grosses d'orages, parut hésiter un moment et se recueillir comme saisi d'un effroi intérieur : ce qui l'a fait comparer par un historien Janséniste à César s'arrêtant et faisant une pause, avant de passer le Rubicon[2]! Bossuet savait donc ce

---

1. Il s'est pris, je ne sais pourquoi, d'un beau zèle pour M. Habert, ennemi et dénonciateur déclaré du Jansénisme, et comme M. Arnauld et ses amis attribuaient le principe de cette animosité à une rancune personnelle dont M. Habert aurait même fait l'aveu à des amis, le biographe moderne s'écrie que c'est là une assertion « d'une révoltante invraisemblance.. » Il est pourtant certain que M. Habert n'avait pas toujours paru un ennemi de l'Augustinianisme : mais il était arrivé que, dans les querelles et les guerres théologiques que M. de Saint-Cyran avait eu à suivre sous le nom et le masque d'*Aurelius*, M. Habert avait un jour approuvé de son chef un livre du Père Sirmond, confesseur du roi : ce qui avait pu sembler un acte de complaisance. Or, M. de Saint-Cyran, répondant au Père Sirmond, s'était étonné et plaint que M. Habert et un autre docteur et chanoine de Notre-Dame eussent pris sur eux d'approuver contre les formes un livre que la Faculté n'approuvait pas. C'était là, selon M. Arnauld et les Jansénistes, le grief originel de M. Habert contre M. de Saint-Cyran, et le principe de la chaleur qu'il montra bientôt contre Jansénius, le grand ami de Saint-Cyran : il en serait même convenu, parlant à l'un de ses amis. Que ce récit soit de tout point fondé et qu'on doive s'expliquer ainsi toute la polémique de M. Habert, c'est autre chose ; mais il n'y a rien dans le fait qui soit d'une *invraisemblance révoltante*. Il a bien pu y avoir, chez un homme vif, un premier levain qui aura fermenté depuis. Ne tranchons pas avec cette assurance dans des choses qui nous échappent ; et surtout quand nous nous appelons Sainte-Beuve et que nous nous en vantons, n'allons pas nous prendre d'un beau zèle pour M. Habert !

2. Je citerai tout le passage dans lequel un historien janséniste, M. Hermant, nous expose l'attitude, le visage et jusqu'au silence de M. Cornet au début de cette mémorable séance : il vient de marquer l'espèce de trêve que les docteurs augustiniens avaient cru devoir s'imposer dans leurs plaintes et poursuites contre les moines mendiants, introduits en

qu'il disait, lorsqu'il attribuait au docteur Cornet une initiative qui n'était pas du même genre que celle du prédicateur Habert et qui était d'un ordre supérieur. Ces remarques pourraient se multiplier à propos de presque tous les jugements portés par le biographe du docteur de Sainte-Beuve. Et notez bien qu'en ce qui est de l'esprit essentiel, le présent biographe est dans un tout autre courant que son héros: Il n'est pas du tout indifférent aux choses théologiques, comme cela semblerait tout simple à cette distance : loin de là, il est d'un parti; il distingue dans ces querelles du dix-septième siècle une *bonne* et une *mauvaise* cause. La mauvaise cause est pour lui celle du Jansénisme qu'il insulte, qu'il flétrit, oubliant trop que la renommée de son grand-cousin y a été et y reste, après tout, engagée. L'auteur (cela m'étonne toujours) appartient à cette catégorie d'esprits, comme il y en a beaucoup trop aujourd'hui, qui ont été sincèrement ressaisis par la supers-

trop grand nombre dans la Faculté; on était au lendemain de la première Fronde, et il y aurait eu danger à pousser à bout ces religieux qui auraient fait à leur manière des barricades :
« Toutes les personnes modérées vivoient dans cet esprit de paix, nous dit M. Hermant, lorsqu'un concours extraordinaire de docteurs tant séculiers que réguliers que M. Cornet avoit fait venir de toutes parts pour l'Assemblée du 1er de juillet de cette année 1649 fit soupçonner aux moins éclairés que cette convocation du ban et de l'arrière-ban ne s'étoit faite que pour quelque importante occasion de ce Général des armées moliniennes, quoiqu'elle ne fût connue que de lui seul, et qu'une obéissance aveugle y eût fait venir en foule ces troupes auxiliaires.
« On en découvrit même quelque chose sur son visage, et quoique ce dessein eût été concerté depuis longtemps et n'eût été suspendu que par la considération du trouble et des émotions publiques du royaume, on s'aperçut néanmoins que ce docteur étoit plus pensif qu'à son ordinaire, et ne possédoit pas cette liberté d'esprit apparente qui avoit couvert tant de fois sa plus profonde dissimulation. Soit qu'il lui restât encore quelque remords de conscience par le pressentiment des maux effroyables qu'il alloit faire à l'Église, soit que la malice la plus affermie ne laisse pas d'être quelquefois timide sur le point de l'exécution, soit que cette production monstrueuse qu'il avoit conçue dans les ténèbres ne pût s'exposer à la lumière sans lui faire ressentir les tranchées douloureuses de l'enfantement, il hésitoit et paroissoit tout interdit, et dans ce petit intervalle il ressentoit en lui-même le même trouble dont le premier des Césars fut agité, lorsqu'étant sur le point de passer le Rubicon, il envisagea les maux que son ambition alloit faire souffrir à sa patrie.
« Il essaya deux ou trois fois d'ouvrir à demi la bouche et la referma aussitôt et baissa la vue par la juste horreur de ce qu'il alloit proposer; puis la relevant, et voyant que la porte de la grande salle de la Sorbonne où cette Assemblée se tenoit, étoit tant soit peu entrebâillée, il ordonna à celui qui la gardoit de la fermer entièrement, quoiqu'il en fût très-éloigné.
« Enfin, ayant tenu longtemps l'Assemblée dans l'attente de ce qu'il avoit à proposer, il franchit le pas et dit qu'il avoit jusques alors fait tout son possible pour maintenir le repos et l'union dans la Faculté, etc. »
Si quelque chose peut expliquer l'emphase et la solennité dont Bossuet a fait usage en parlant de Nicolas Cornet, dans cette Oraison funèbre qu'il n'estimait pas tout à fait digne de lui, c'est cette peinture contrairement tracée par M. Hermant, un adversaire, mais qui n'y met pas moins d'emphase. M. Cornet comparé à César!

tition romaine ou qui estiment que c'est de bon air d'y paraître sacrifier. Il inclinerait fort à ce que l'Église, c'est à-dire le Pape, pût décider non-seulement de la doctrine, mais des faits. Il nous apprend dans un de ses chapitres qu'il est partisan de l'Immaculée Conception ; il a un avis sur ces choses. Le docteur de Sainte-Beuve, qui était circonspect quand on le consultait sur cet article de la Conception, lui paraît timide ; il aime à le tirer à lui, il cherche à deviner sa secrète pensée. Comme les Normands, selon le biographe, ont été de tout temps fort dévots à la Vierge, il va jusqu'à insinuer que les origines normandes du docteur de Sainte-Beuve (origines que ce docteur ignorait peut-être) ont bien pu l'incliner secrètement pour le dogme de l'Immaculée Conception. On n'a jamais raisonné d'une manière plus folâtre. Le style est à l'avenant, c'est-à-dire sautillant et tout plein de gentillesses. Au sortir d'une généalogie et d'un acte notarié qui est littéralement transcrit, on a de vraies pirouettes de style, des pointes, des calembours[1]. A certains moments, l'auteur interpelle familièrement son très-honoré parent, qui ne s'était jamais vu en pareil déshabillé ; il l'apostrophe, il l'appelle *Jacques*, *pauvre Jacques!* Je conçois que l'auteur soit sévère pour les *Provinciales* et même pour M. Arnauld : il n'a guère profité en les lisant ; il n'a rien de cette façon de dire et d'écrire, juste, saine, forte, éloquente, qu'ils ont apprise à la France.

Croirait-on qu'ayant à parler de l'huissier au Parlement, père du docteur, et voulant lui consacrer un chapitre, l'auteur commence en ces termes grotesques :

« *Du haut des cieux*, *sa demeure dernière*, le docteur Jacques ne jetterait pas certainement sur mon humble travail le regard favorable que j'espère de lui, si je ne consacrais une lettre à son excellent père. *Excellent* n'est pas là pour arrondir ma phrase, je vous prie de le croire : les vertus de Pierre de Sainte-Beuve, etc. »

Et moi, m'adressant à vous, biographe, je me permettrai de vous faire observer à mon tour que, si M. de Sainte-Beuve avait quelque chose à vous dire du haut de son Olympe chrétien, il vous dirait très-probablement, après un premier moment de surprise : « Il n'est pas convenable, il n'est pas séant lorsqu'on parle d'un sérieux et scrupuleux docteur comme je crois l'avoir été, de faire le folâtre et le folichon comme un Père Garrasse, d'avoir de ces

---

1. Ainsi (page 27) parlant d'un boulet de canon qui tomba, du temps de la Ligue, dans une des maisons du vieux Paris auxquelles l'auteur s'intéresse, il se demande d'où venait ce boulet et si ce n'est pas d'une certaine batterie dont il croit voir la mention dans le Journal de L'Estoile ; et il ajoute : « Je le laisse à décider à de plus forts en *droit canon*. » Ce genre de gaieté revient à chaque page. Le magistrat de la Seine est d'humeur plaisante assurément.

réminiscences de chansonnettes et de mêler le Scribe à la vieille Sorbonne : ce n'est pas là véritablement se montrer de ma famille. » Et le digne auteur ecclésiastique pourrait ajouter : « Je ne vous dis pas cela en ma qualité de docteur ni comme autorisé sur les cas de conscience, mais comme un simple ami de cet homme grave et fin en matière de goût, M. Despréaux. »

Cet Écrit auquel je ne m'attendais pas et qui me met en cause m'oblige de revenir sur quelques points de la vie, sur quelques traits du caractère du docteur de Sainte-Beuve, et je le ferai brièvement.

Au commencement du dix-septième siècle, il y avait deux théologies en présence : une théologie toute scolastique qui se faisait sur des cahiers et d'après des auteurs relativement récents, d'après des compilations et sans remonter aux vraies sources, aux Pères de l'Église et au plus grand des Pères latins, au docteur de la Grâce, saint Augustin; à cette même théologie se joignait d'ordinaire une morale toute casuistique, accommodante, relâchée..., et puis à côté, en face, il y avait une autre théologie plus saine, plus sévère, remontant aux Pères, invoquant les textes en connaissance de cause, avec critique; et à cette théologie se joignait d'ordinaire une morale chrétienne plus scrupuleuse, plus sévère, mieux fondée en autorité, moins à la merci des accommodements et du probabilisme. Je ne prétends pas dire que d'un côté exclusivement fussent les Molinistes et les Jésuites, et de l'autre les Jansénistes ou les Gallicans. Je sais que les Jésuites comptaient alors de bien savants hommes, des puits de science en antiquité ecclésiastique, le Père Petau, le Père Sirmond, etc. Mais en général, pourtant, la division que je viens d'indiquer est assez juste, et l'esprit des deux théologies se range assez bien sous ces noms et ces désignations vulgaires, jusqu'à l'époque des *Provinciales*. Or, le docteur de Sainte-Beuve appartient notablement à la seconde école, celle des Gallicans, un moment Jansénistes. Parvenu très-jeune à l'enseignement de Sorbonne et à la chaire de théologie, il eut des années brillantes et qui fondèrent sa réputation et son crédit dans l'ordre ecclésiastique. Quoique modéré de caractère et de doctrine, il eut certainement de la vivacité jointe à sa solidité en cet âge de jeunesse[1], et il ne craignait pas, comme plus tard,

1. On se figure le docteur de Sainte-Beuve de tout temps fort grave, et je crois qu'on a raison : il y a toutefois des aperçus particuliers qui ne peuvent venir que de contemporains et qui sont faits pour déjouer les idées convenues et par trop révérencieuses qu'on se forme de loin. Le Père Rapin, qui en veut particulièrement à ce docteur, ne pouvant mordre sur ses mœurs dans sa jeunesse, cherche à infirmer l'opinion trop grande qu'on aurait de sa gravité. C'est ainsi qu'il nous le montre dans sa maison de la rue Pavée, occupant le deuxième étage, tandis que sa mère et ses deux sœurs, mesdemoiselles de Sainte-Beuve, fort mondaines et un peu précieuses, habitaient au premier, « de sorte que ses pénitentes se ren-

de se mettre en avant, de monter sur la brèche : sa carrière en un mot, comme celle de beaucoup d'hommes, se coupe assez exactement en deux et par la moitié. Il était, certes, dans toute sa vivacité et dans tout son courage, le jour où il intervint si directement dans la querelle qu'on essayait de faire à un futur docteur, M. François Dirois, alors simple bachelier, et protégé par M. Du Hamel, curé de Saint-Merry. Ce bachelier soutenait devant la Faculté la thèse dite de *tentative;* mais, comme on le savait ami des Jansénistes et de M. Du Hamel qui l'était alors, les adversaires lâchèrent contre lui un bachelier qui, dans la dispute, l'attaqua d'injures sous prétexte que sa thèse était remplie de doctrines condamnées par la Faculté. Or, M. de Sainte-Beuve qui était aux *écoutes,* c'est-à-dire simple assistant et dans une espèce de tribune, crut devoir intervenir et prit d'en haut la parole pour soutenir le bachelier répondant et défendre sa thèse qui était selon les règles et revêtue de toutes les approbations voulues. Cet acte insolite du docteur de Sainte-Beuve fut un des prétextes dont se prévalut M. Cornet le jour où il dénonça le désordre de la Faculté et la nécessité de sévir contre les cinq Propositions. Le docteur de Sainte-Beuve était encore dans toute sa fraîcheur et sa vigueur de polémique, lorsque le Père Labbe, ce jésuite bel-esprit, ayant publié un petit poëme où il évoquait l'Ombre de saint Augustin, pour triompher de Jansénius et le confondre, des amis communs eurent l'idée d'évoquer la querelle et de faire débattre devant eux la valeur des textes allégués en sens contraire : on proposa une sorte de rencontre à huis clos; le jésuite assez complaisant s'y prêta, à la condition qu'il n'y aurait que peu de témoins : le docteur de Sainte-Beuve, son adversaire désigné, se fit fort de le réfuter sur un certain nombre de points décisifs, et il le battit en effet dans deux conférences à huitaine qui se tinrent chez l'abbé de Bernay et auxquelles assistèrent M. Du Gué de Bagnols[1], les Pomponne et les Lamoignon. Le champion en titre de saint Augustin, c'était alors M. de Sainte-Beuve. Il continua de se montrer, sinon très-vif, du moins très-ferme encore dans toute l'affaire de la Censure de M. Arnauld. Il s'abstint des Assemblées de Sorbonne, mais non point de sa chaire ni de ses leçons, et il résista à toutes les insinuations ou menaces

---

controient souvent dans le degré avec les galants de ses sœurs : ce qui faisoit de petits embarras et des quiproquos de galanterie et de dévotion. » C'est un des jolis passages du Père Rapin, et, dans ces limites, la malice est de bonne guerre.

1. On a pu voir dans l'*Appendice* du tome III, pages 621 et suiv., une Relation de cette conférence par l'un des témoins et même des tenants, M. Feydeau. Le Père Labbe avait été précepteur de M. Du Gué de Bagnols. L'élève émancipé et l'ancien maître avaient souvent des prises à partie sur Port-Royal et sur la doctrine réputée augustinienne. Ce fut M. Du Gué qui décida le Père Labbe à accepter le cartel.

indirectes qui lui furent faites pour la Censure de M. Arnauld, si bien qu'il s'attira une lettre de cachet et sa révocation de professeur. Là, il faut le dire, et indépendamment de toute interprétation plus ou moins favorable, là s'arrête son rôle actif, là expire ce courage d'esprit qu'il avait et « que donne la jeunesse. » Il eut de bonnes raisons sans doute pour changer et se modifier, et ces bonnes raisons, je les ai admises dans une certaine mesure. Le docteur avait aversion de tout ce qui est cabale, et il sentait un peu tard qu'il s'était lié à un parti; qu'il lui avait même donné des gages. Il dut être fort froissé de voir son nom compromis et ses lettres imprimées tout au long dans le *Journal* du docteur Saint-Amour. Il n'avait pas toujours eu peur de la publicité, puisqu'il était professeur, et un professeur très-suivi et très-écouté; mais il avait une sorte d'effroi de l'impression, et il en eut dès lors plus de peur et d'horreur que jamais. Il dut faire des réflexions profondes dans le silence de son cabinet et au pied du crucifix. Il savait autant et mieux que personne à quel point les Propositions, à leur origine et dans leur composé, avaient été captieuses, en quel sens elles étaient explicables ou excusables, et en quel sens condamnables. C'est alors que je me suis permis de dire qu'il prit un grand parti, et qu'il *trancha dans ses propres raisons*. La lettre qu'il écrivit à M. Henri Arnauld, évêque d'Angers, le 6 janvier 1661, et qui est la seule pièce importante nouvelle que produise le récent biographe, vient tout à fait à l'appui de mon interprétation, surtout si on la rapproche de la lettre que le docteur avait autrefois écrite à M. de Saint-Amour (le 25 octobre 1652), et dans laquelle il protestait, quoi qu'il arrivât, de sa dévotion *quand même* au Saint-Siège. Seulement, en 1652, il ne craignait pas de marquer assez fort le mécontentement, tandis qu'en 1661 il n'insistait plus que sur la soumission. Dût le biographe m'accuser encore de faire du « style figuré, » je dirai que le docteur revenu et refroidi ou intimidé (peu importe le mot) voyait les choses sous un autre jour : au lieu de monter la montagne, il la descendait.

« Après tout, écrivait-il à l'évêque d'Angers, quand il y auroit quelque sujet de douter du fait, j'estime qu'il y a obligation de ne point s'opposer aux supérieurs dans les choses de cette nature, et que l'amour de l'unité doit être plus considérable que tout ce qui pourroit d'ailleurs faire de la peine. J'ai des exemples dans l'antiquité pour justifier qu'il y a obligation, et tout ce qu'on a remarqué pour prouver le contraire n'est point à propos : car il s'agissoit, ou de la foi, ou d'un innocent à condamner, ou de faire des choses contre l'ordre et l'esprit de l'Église. On ne demande point qu'on juge et qu'on condamne un innocent ; on ne demande rien enfin contre l'ordre et contre l'esprit de l'Église, puisqu'on ne demande que l'obéissance et la soumission qui est due aux décrets des Papes, reçus et publiés dans l'Église de France.

« C'est pour ces raisons que j'estime qu'il y aura obligation de signer, au cas que les supérieurs le demandent. Je suis dans cette disposition qui peut-être sera improuvée de plusieurs, mais que je ne changerai point, moyennant la grâce de Dieu, par aucune considération.

« Je vous prie, Monseigneur, de ne point rendre cette lettre publique : je vous permets pourtant de dire que je suis dans la disposition de signer le *droit* et le *fait* si mes supérieurs me l'ordonnent, parce que j'estime qu'il y a obligation de conscience. »

C'est en étant dans ces dispositions qu'il lui arriva de dire qu'il signait *sept fois*. Le récent biographe, qui essaie de me chicaner sur ce point comme si j'avais répété des historiettes, ne s'aperçoit pas que c'est absolument la même chose que lorsque le docteur disait : « Je signe des *deux mains*. » Cela voulait dire seulement qu'il signait autant qu'il le fallait et qu'on le voulait. Un jour, notre contemporain, M. de S..., administrateur d'une Bibliothèque publique, demandait (en 1852) à l'un de ses bibliothécaires s'il voulait prêter le serment. « Combien voulez-vous que je vous en prête? » lui répondit celui-ci, tant il était déterminé à ce qu'on désirait de lui ! Le mot du docteur de Sainte-Beuve est exactement le même. C'est absolument comme s'il avait dit : « Combien voulez-vous que je signe de fois[1] ? »

---

1. Le passage suivant de l'*Histoire du Jansénisme* par M. Hermant nous édifiera encore mieux sur les dispositions du docteur de Sainte-Beuve, lorsqu'il fut venu à résipiscence : « M. de Sainte-Beuve, qui brûloit d'im-
« patience de se disculper du soupçon du Jansénisme par la signature du
« Formulaire (juin 1661), accourut en diligence au greffe de l'archevêché
« pour faire accepter sa souscription : et quelque chose qu'on lui pût dire
« qu'il n'y avoit rien de prêt pour cela, que c'étoit tout ce que l'on avoit
« pu faire que de dresser l'Ordonnance et de la faire publier, qu'on alloit
« travailler à faire un registre pour recevoir les signatures de tous les par-
« ticuliers et qu'on le prioit d'attendre jusqu'à ce que les choses fussent
« en état, il fit tant d'instance pour ne pas différer plus longtemps, en
« demandant un placard de l'Ordonnance pour le souscrire, qu'on fut
« obligé de céder à ses importunités et de le mettre en état d'insérer sa
« signature avec cette clause : *Et partout où besoin sera.....* Son empres-
« sement offensa même les moins équitables, et il fut d'autant moins ap-
« prouvé des honnêtes gens qu'on ne l'attendoit guère d'un professeur
« royal de théologie assez éclairé dans la doctrine de la Grâce que d'avoir
« perdu sa chaire et les gages qui y étoient attachés plutôt que de signer
« la Censure de M. Arnauld. Mais, s'il avoit des pensées pour son rétablis-
« sement ou pour quelque chose de plus considérable, sa conduite précé-
« dente avoit fait une trop forte impression sur les esprits des Jésuites et à
« la Cour pour ne pas se défier de la précipitation d'un habile théologien
« qui alloit si brusquement du blanc au noir et qui en donnoit beaucoup
« plus que l'on ne désiroit de lui. » (*Histoire du Jansénisme*, page 1441.)
— A ce jeu, M. de Sainte-Beuve put garder de son autorité comme savant, casuiste et canoniste, mais il perdit beaucoup comme caractère. Ce fut une occasion pour ceux qui l'avaient suivi de près de rappeler les circonstances, déjà anciennes, où il avait pu varier et vaciller. M. Grandin, syndic de la Faculté, causant avec M. Des Lions le 3 juillet 1663, parlait de lui en ces termes : « Il (M. Grandin) m'a dit plusieurs choses de l'inconstance de
« M. de Sainte-Beuve ; que c'étoit lui qui avoit le premier frondé contre
« Jansénius ; que, si le cardinal de Richelieu avoit encore vécu trois

A partir de ce jour, le docteur sentit bien qu'il n'avait qu'une chose à faire, continuer de répondre aux consultations délicates qui lui venaient en foule et s'ensevelir dans son cabinet. C'est ce qu'il fit. Il était l'asile et le refuge des consciences scrupuleuses et tourmentées. Par sa science et sa prudence, il était une manière d'oracle : ce qui ne veut pas dire qu'il n'eût quelquefois des réponses bien étranges et des facilités obligées pour de certains cas qui lui étaient soumis[1]. Il eut beau faire d'ailleurs, l'imputation de Jansénisme, cette tache indélébile qu'il avait tout fait pour effacer, lui restait : de janséniste rigide il était devenu janséniste mitigé, c'est toute la différence qu'y voit le Père Rapin ; c'est tout ce que les ennemis lui accordaient : pour le public, le docteur sentit toujours son premier jansénisme ; et lorsqu'il mourut d'apo-

---

« mois, il l'eût fait censurer, et que M. de Sainte-Beuve étoit un des exa-
« minateurs désignés par Son Éminence ; que c'est lui qui dressa le Man-
« dement de l'archevêque de Paris pour la première bulle d'Urbain VIII,
« et que M. de Vabres l'avoit encore pris pour approbateur de son livre
« contre la première *Apologie* : qu'il s'en dédit ; que dans ses écrits il avoit
« cherché à se sauver par des *probabile*, *probabilius*, *probabilissimum* ;
« qu'au fond ni lui ni M. Arnauld ne vouloient point de Grâce suffisante. »
(*Journaux* de M. Des Lions, page 350.) — Tous propos plus ou moins exacts, mais qui montrent l'opinion du temps sur son compte.

1. Puisque le récent biographe a voulu absolument me faire la leçon, il m'oblige à dire tout ce que je sais. Or, dans les cas de conscience soumis au docteur de Sainte-Beuve, il y en eut un, entre autres, fort étrange et peu exemplaire. Le voici : Mademoiselle, la grande Mademoiselle, avait pour confesseur et directeur M. Lizot, vicaire de Saint-Séverin, et qu'elle y voulait faire curé. Mais, pour cela, il fallait déplacer le curé de cette paroisse, et on ne vit rien de mieux que de lui faire évêque. Par malheur, ce curé de Saint-Séverin, nommé François Le Tellier et natif de Paris, fils d'un médecin du quartier Saint-André-des-Arcs, aumônier de la reine Marie-Thérèse, se trouvait être le plus grand coquin du monde. Je n'exagère rien. Il séduisait les filles dévotes qui étaient sous sa conduite et dans sa paroisse : madame de Miramion le savait et en était révoltée ; il escroquait sans façon les sommes qui lui étaient confiées. Un de ses vicaires ou sous-vicaires ayant eu à se meubler, le curé s'offrit de prendre ce soin pour trente louis d'or ; mais il se trouva que l'ameublement ne revenait qu'à deux cents francs : M. le curé avait mis le reste en réserve pour ses peines. Toute la vie de ce malheureux ecclésiastique était à l'avenant : il avait à six lieues de Paris, à un village nommé *Plaisir*, du côté de Marly-le-Roi, une maison de campagne. Il y justifiait le nom du lieu par toutes sortes d'orgies et de débauches. Il avait de la fermière plusieurs enfants. Ses valets étaient dans le secret et imitaient leur maître : il était obligé de les ménager. Un ou deux d'entre eux étaient réputés ses bâtards. Comme néanmoins ce curé ne cessait de conduire ses paroissiens et paroissiennes, de les confesser tant qu'il pouvait, on songea à en débarrasser Paris. Le moyen de faire sortir ce loup de la bergerie semblera peu canonique : Mademoiselle, qui ne savait pas apparemment toute sa vie, demanda pour lui au roi un petit évêché ; celui de Digne se trouvant vacant, on le lui donna. Le voilà donc nommé évêque. Mais le drôle qui se trouvait bien dans sa cure faisait difficulté d'accepter. L'archevêque de Paris lui dit que, s'il hésitait, il le pousserait dehors et, pour couper court, il le mena remercier le roi, ce qui était un engagement. Lorsqu'il le vit ainsi lié, M. de Harlai ne put s'empêcher de dire : « Jamais pendard ne sortit par une plus belle porte. » Il ne laissa pourtant pas de le sacrer lui même et de lui faire faire l'or-

plexie, de mort subite, le 15 décembre 1677, à l'âge de 64 ans, les mauvaises langues ne manquèrent pas de faire observer qu'il n'avait pas reçu les sacrements. On renouvela la même remarque dix-huit mois après, lorsque madame de Longueville mourut également sans recouvrer la connaissance, et l'on rapprocha les deux manières de finir. On citait à ce propos un mot de Louis XIV qui disait que les Jansénistes mouraient tous sans recevoir les sacrements.

Il y avait 100 ou 150 bonnes pages à écrire sur le docteur de Sainte-Beuve. L'auteur dont je parle et que son nom y conviait le pouvait faire; il avait des documents; il avait tout ce que la curiosité aiguisée peut réunir de rare et de moins connu : mais il a négligé la voie simple, il a perdu de vue la ligne de la tradition.

dination aux Quatre-Temps de la Pentecôte. Le nouvel évêque partit de Paris un lundi, 11 juillet (1678), dès 4 heures du matin, avec un valet de chambre et un laquais, ayant mis sa croix dans sa poche; il leva le pied, comme on dit, et fit ainsi banqueroute à tous ses créanciers. On évaluait la somme de ses dettes à 154 mille francs. On cite parmi les créanciers des noms connus, M. Bignon, le maître des Requêtes, qui y était pour vingt mille francs. Mais, entre autres dettes moins considérables et plus sacrées s'il se peut, il y avait douze cents francs qui appartenaient aux pauvres honteux de la paroisse, et quinze cents qui étaient à une pauvre fille, sourde, aveugle et paralytique. M. de Paris, ayant su cette fuite, dit : « Le voilà donc perdu de corps et d'âme. » Ainsi décampa ce singulier évêque, qu'on avait mitré et sacré malgré lui. « Mais il y a lieu de s'étonner, ajoute
« M. de Pontchâteau, au Journal duquel j'emprunte l'histoire, que M. Lizot
« ait souffert que Mademoiselle qui est sa pénitente se soit employée pour
« faire avoir un évêché à un homme tel que celui-là, qu'il connoissoit. Il
« en a eu du scrupule, et il en parla à M. de Sainte-Beuve qui lui dit qu'*il*
« *n'en devoit point avoir, parce que c'étoit un fort grand bien que faire*
« *obtenir la cure de Saint-Séverin à lui, M. Lizot.* M. de Sainte-Beuve
« savoit quelque chose de l'histoire par lui-même (le curé). Ce curé avoit
« fait écrire en lettres d'or dans sa chambre ces paroles de l'Apôtre : *De-*
« *positum custodi* (Garde ce qui t'est confié) : il l'a accompli à la lettre et
« fort grossièrement. » — Sur un papier à part qui est joint au Journal de M. de Pontchâteau, un contemporain des mieux informés ajoute que M. de Sainte-Beuve savait en effet non pas *quelque chose* de l'histoire, mais toute l'histoire par le curé lui-même. « Ce pécheur avoit fait sous lui (M. de
« Sainte-Beuve) une retraite, après quoi il fut continué dans toutes ses
« fonctions qu'il n'interrompit jamais, mais qu'il reprit avec plus de fierté
« et d'empressement que jamais, ayant même jalousie de ce que des
« femmes et des filles allassent à d'autres qu'à lui à confesse. Un prêtre de
« ma connoissance m'a dit qu'il avoit reproché à M. de Sainte-Beuve la
« conduite dont il avoit usé envers ce curé scélérat, ayant dit à ce docteur
« qu'il épargnoit les curés, et qu'il traiteroit autrement un simple prêtre. »
M. de Sainte-Beuve, en effet, devait penser, dans sa prudence, qu'il y aurait eu de l'inconvénient à faire de l'éclat pour un curé de Paris, plus que pour un simple ecclésiastique : ce qui n'empêche pas de faire réfléchir sur l'inégalité de ses balances de casuiste. Ce sont les secrets du métier. Quoi qu'il en soit, puisque le récent biographe du docteur me reproche mes historiettes, en voilà une de plus, que sa polémique m'a arrachée et que je livre telle que je la trouve. — Ce très-peu digne évêque de Digne ne mourut que le 11 février 1708. On ne sait rien de sa vie épiscopale, sinon qu'il revint mourir à Paris, à l'âge d'environ 74 ans : il fut enterré au Val-de-Grâce.

L'esprit qui a dicté son Écrit n'est pas sûr, et le ton est déplacé.

Après tout, pourquoi s'occupe-t-on aujourd'hui du docteur de Sainte-Beuve? Son honneur est d'avoir été nommé dans la XVII⁰ *Provinciale*, d'être entré à l'état de variante dans un hémistiche de Boileau, d'avoir été mêlé à un badinage de madame de Sévigné; autrement on n'en parlerait pas plus que de tant d'autres savants docteurs de Sorbonne. Respectons donc, en parlant de lui, ce qui était cher à toutes ces personnes qui ont jeté sur son nom un reflet.

Je regrette d'avoir dû être sévère pour le livre de mon spirituel homonyme. Mais ce livre est par trop prétentieux, et il est infesté d'une veine de mauvais goût qui passe jusqu'aux choses et qui tend à sophistiquer les faits. De ce qu'on se figure être l'arrière-petit cousin des gens deux cents ans après leur mort, cela ne change absolument rien à leur manière d'être et de penser; cela ne vous confère aucun droit. L'essentiel, quand on parle d'eux, est de s'inspirer de leur esprit. Mais évidemment, en ces études du dix-septième siècle, l'émulation et le renchérissement ont produit leur effet inévitable. On est entré dans un système de littérature forcée. Le point où il eût fallu se tenir pour juger et parler sainement et raisonnablement de ces choses et de ces personnes est dépassé[1].

SUR LA MÈRE AGNÈS.

(Se rapporte à la page 275.)

Je donne ici l'article qui a été inséré dans *le Moniteur* du 1ᵉʳ mars 1858, à l'occasion des deux volumes des *Lettres* de la

---

1. Je crains toujours d'être injuste. Des amateurs du vieux Paris m'assurent que ce volume du magistrat de la Seine n'est pas sans intérêt pour l'archéologie et que l'auteur a fort bien réussi à reconstituer un coin du quartier Saint-André-des-Arcs. A ceux que ce genre d'érudition amuse, et que cet effort pour être agréable en matière un peu sèche ne rebute pas, je n'ai rien à dire. Pourquoi l'auteur ne s'est-il pas tenu à sa reconstruction locale? Il est possible que cette manière d'écrire soit indifférente quand il s'agit des rues et des pierres; mais je suis bien certain qu'elle ne convient pas, quand il s'agit de peindre les hommes.

mère Agnès publiées avec grand soin par M. Prosper Faugère, à qui la littérature de Port-Royal doit déjà tant.

—

« Et qui donc parlerait des Lettres de la mère Agnès si je n'en parlais pas? Il y a plus de vingt ans que j'ai l'honneur de la connaître, et que j'ai affaire à elle ; que, dans mes Études de Port-Royal, j'ai occasion de la rencontrer à chaque instant, de me dire et de me redire en quoi elle diffère par le caractère et le tour d'esprit de sa sœur la mère Angélique, la grande réformatrice du monastère ; que j'ai l'habitude de recourir à ses lettres, à celles dont il existe à la Bibliothèque impériale et à l'Arsenal des recueils manuscrits, pour y chercher la suite et le détail des relations qu'entretenaient avec le dedans de Port-Royal les amis du dehors, les ci-devant belles dames plus ou moins retirées du monde, telles que madame de Sablé, le ci-devant frondeur M. de Sévigné, oncle de la spirituelle marquise. Il ne serait pas du tout exact de dire, comme je vois que l'a fait un critique [1] d'ordinaire attentif et qui sait son dix-septième et son dix-huitième siècle, que les historiens de Port-Royal, Besoigne, Dom Clémencet et leurs successeurs, n'ont pas connu ces lettres : ils n'en ont pas connu la totalité, mais il leur en était passé par les mains un bon nombre. On avait essayé dans le temps de recueillir toutes les lettres de la mère Agnès comme on avait fait pour celles de sa sœur publiées en 1742-1744 ; mais l'entreprise était restée en chemin, soit qu'on n'eût pas réussi à réunir tout ce qu'on espérait, soit que le public qui s'intéressait à ce genre d'ouvrages eût fort diminué à mesure qu'on avançait dans le dix-huitième siècle. « Il « y a lieu surtout d'être étonné, remarquait Dom Clémencet au sujet « de ces mêmes Lettres, que nous en ayons si peu de celles qu'elle « a écrites à la reine de Pologne, avec laquelle les Mémoires de « Port-Royal nous apprennent que la mère Agnès continua la re- « lation qu'avait eue la mère Angélique, durant les sept années que « cette reine survécut. » C'est qu'on avait eu, dès le principe, moins de précautions dans un cas que dans l'autre pour s'assurer de ne rien perdre. On était à l'affût pour prendre copie de tout ce qu'écrivait la mère Angélique, et, avant de faire partir ses lettres, on en retenait des doubles à son insu. La mère Agnès, si respectée qu'elle fût, n'était que la seconde de la mère Angélique, et ne la remplaça jamais tout à fait aux yeux des Sœurs ; on ne faisait pas collection à l'avance de tout ce qui sortait de ses lèvres ou de sa plume, on ne lui préparait pas son *dossier de sainte* de son vivant. La persévérance toutefois, qui fait le caractère du petit troupeau janséniste, n'avait pas cessé son effort après tant d'années, et l'on n'avait pas renoncé à payer cette dette d'une publication tardive à

1. M. Paul Boiteau, dans la *Revue française* du 10 février 1858, page 112.

une mémoire des plus honorées. Je savais qu'une maison ou institution, appartenant à l'Église d'Utrecht, possédait un recueil complet des Lettres de la mère Agnès. Depuis quelques années, les grandes bibliothèques de Paris où sont conservées des copies manuscrites avaient été soigneusement explorées; les recueils mêmes de ces copies portaient des traces visibles du passage des patients investigateurs, ou plutôt des investigatrices (car c'étaient des dames, m'assure-t-on, qui se livraient à ce travail); des tables, des renvois et concordances d'une écriture très-nette et toute récente faisaient présager une pensée d'assemblage et d'édition. Le goût de notre époque, qui s'est reporté sur les vieux papiers et qui a mis l'inédit en honneur, favorisait cette idée, qui, toute de curiosité pour nous, est une idée de piété chez ceux qui l'ont conçue. En s'adressant pour l'exécution définitive et pour l'introduction auprès du public à M. Prosper Faugère, si connu par son édition originale de Pascal, la personne ou les personnes qui avaient préparé le recueil et qui ne se nomment point (selon une habitude modeste ou mystérieuse, imitée ou *héritée* de Port-Royal) ont fait le meilleur choix possible ; il ne se pouvait de plus sûre garantie de scrupule et d'exactitude. Dans les simples et judicieuses pages qu'il a mises en tête, M. Faugère a dit ce qui était à dire ; il a fait valoir les lettres, et celle qui les a écrites, par tous les bons endroits; il a écarté avec raison tout ce qui est de controverse, et il n'a présenté la publication dont il a pris soin que comme une œuvre d'histoire et de piété. Je restreindrai encore le point de vue ou plutôt je le simplifierai en disant qu'il me paraît difficile que ces Lettres aient aujourd'hui aucun effet de piété et de dévotion; la spiritualité en est trop subtile, trop particulière, trop compliquée de style métaphorique, de fleurs surannées, et trop mêlée à des questions ou à des intérêts de circonstance. L'histoire seule a désormais à en profiter, et la seule histoire du monastère dont la mère Agnès a été sinon une grande, du moins une aimable figure.

« C'était une personne d'infiniment d'esprit plutôt que de grand caractère, d'une piété tendre, affectueuse, attirante, d'une délicatesse extrême et des plus nuancées. Si elle avait vécu dans le monde, on aurait parlé d'elle comme d'une précieuse du bon temps et de la meilleure qualité. Oui, la mère Agnès, si elle avait suivi la carrière du bel-esprit et de la galanterie honnête, ne l'eût cédé à personne de l'hôtel de Rambouillet. Toutes ses vertus et tous ses sérieux mérites, toutes ses mortifications n'ont pu émousser sa pointe d'esprit et même de légère gaieté. Née en 1593, entrée au cloître dès l'enfance, elle suivit sa sœur aînée dans ses austères réformes; elle n'en eût point eu l'initiative, mais elle les embrassa avec zèle, avec ferveur, sans reculer jamais, et en se contentant de les présenter adoucies et comme attrayantes en sa personne. Tout en elle conviait au divin Maître et semblait dire : *Son joug est doux.* — « La mère Angélique est trop forte pour moi, « je m'accommode mieux de la mère Agnès, » disaient les personnes du monde qui s'adressaient d'abord à l'une et à l'autre dans une intention de pénitence. Toutes deux avaient été, dans un temps, en relation assez étroite avec saint François de Sales. La mère Agnès en avait plus gardé l'impression visible que sa sœur. Elle se faisait une dévotion de porter habituellement sur elle une lettre de lui écrite à madame Le Maître, et où il avait nommé avec bienveillance plusieurs membres de la famille. On conçoit que la mère Agnès eût très-bien pu se passer de M. de Saint-Cyran, et qu'elle eût été une Philothée parfaite, une fille accomplie du saint évêque de Genève ; elle aurait pu remplir toute sa vocation et ne recevoir sa règle de conduite que du directeur et du père de madame de Chantal. Encadrée comme elle l'était dans la maison de Port-Royal, amenée après des années de recueillement et de paix à être témoin et, qui plus est, champion de contentions opiniâtres, jetée forcément au milieu des luttes, et placée même depuis la mort de sa sœur à la tête de la résistance, elle sut conserver un caractère de douceur inaltérable, une physionomie paisible et presque souriante. Elle eut dans une nièce (son égale pour le moins par l'esprit, et sa supérieure par le caractère), dans la mère Angélique de Saint-Jean, un lieutenant énergique qui lui prêta de la force dans les siéges et les blocus qu'on eut à soutenir durant plusieurs années. Mais, si je ne craignais de blesser quelques bonnes âmes restées peut-être encore jansénistes au pied de la lettre, je dirais tout simplement qu'après avoir bien considéré les incidents et les personnages de ce drame intérieur, je suis persuadé que la mère Agnès, livrée à elle-même et à sa propre nature, eût été plus soumise qu'elle ne l'a été, qu'elle était portée comme elle l'a écrit un jour, à *l'indifférence* sur ces questions de controverse, mot très-sage chez une religieuse, et dont elle eut tort ensuite de se repentir ; je dirais que la manière indulgente dont elle continua de traiter une de ses nièces qui avait signé ce qu'exigeait l'Archevêque et ce que conseillait Bossuet, que la parole tolérante qui lui échappa alors : « A Dieu ne plaise « que je domine sur la foi d'autrui ! » donne à penser qu'elle-même n'eût pas été loin de céder, s'il n'y avait eu toute une armée derrière elle, et si tout ne lui avait rappelé à chaque heure qu'elle était une Arnauld. Quoi qu'il en soit de cette conjecture qui, de ma part, n'implique pas un blâme, cette respectable personne que nous nous représentons toujours à genoux, en oraison, comme dans le beau tableau de Philippe de Champagne, avait des qualités de spiritualité, de tendresse, d'onction, d'indulgence, d'égalité et d'enjouement, dont, à travers un premier air d'étrangeté, il transpire quelque chose dans ses lettres.

« Je ne sais pas de lettre plus propre à faire comprendre le genre de raillerie et parfois d'ironie douce et riante de la mère Agnès que celle qu'elle adressa à son neveu, le célèbre avocat Le Maître, en réponse à ce qu'il lui avait écrit sur ses intentions prochaines de mariage [1]. L'éloquent avocat, qui allait bientôt devenir un solitaire et un pénitent des plus rigoureux, pensait alors à s'engager plus avant dans les liens du monde : il était amoureux d'une belle et sage demoiselle, et il s'en était ouvert à la mère Agnès, pour l'éprouver et se ménager sans doute son approbation. Cette tante indulgente, mais que les idées monastiques rendaient sévère, considérait le mariage comme un état de déchéance ou du moins d'infériorité, et elle ambitionnait quelque chose de mieux et de plus digne pour l'avenir de son neveu. Elle lui répond donc dans ce sens de sévérité :

« Mon très-cher neveu, ce sera la dernière fois que je me servirai de ce titre; autant que vous m'avez été cher, vous me serez indifférent, n'y ayant plus de reprise en vous pour y fonder une amitié qui soit singulière. Je vous aimerai dans la charité chrétienne, mais universelle, et comme vous serez dans une condition fort commune, je serai aussi pour vous dans une affection fort ordinaire. Vous voulez devenir esclave, et avec cela demeurer roi dans mon cœur, cela n'est pas possible; car quel rapport y a-t-il de la lumière avec les ténèbres, et de Jésus-Christ avec Bélial?

« Vous direz que je blasphème contre ce vénérable sacrement auquel vous êtes si dévot; mais ne vous mettez pas en peine de ma conscience, qui sait bien séparer le saint d'avec le profane, le précieux de l'abject, et qui enfin vous pardonne avec saint Paul; et contentez-vous de cela, s'il vous plait, sans me demander des approbations et des louanges. »

« Mais voici le tour piquant qui commence et le bel-esprit enjoué qui va se mêler jusque dans la mysticité religieuse : elle va faire semblant tout d'un coup de s'être méprise, d'avoir à se rétracter, et tout ce que M. Le Maître lui avait écrit en termes exaltés des mérites et des beautés de sa fiancée future, elle essayera de l'entendre, — de supposer qu'il l'entend de l'Épouse du Cantique des Cantiques, de la seule Épouse spirituelle digne de ce nom, de l'Église :

« Mais, en écrivant ceci, je relis votre lettre, et, comme me réveillant d'un profond sommeil, j'entrevois je ne sais quelle lumière au milieu de ces ténèbres, et quelque chose de caché et de mystérieux dans des paroles qui paroissent si claires et si communes. Je commence à douter que cette histoire de vos amours que vous me racontez si au long, sans considérer que je n'ai point d'oreilles pour entendre ce discours, ne soit une énigme tirée des paraboles de l'Évangile où l'on fait si souvent des noces, particulièrement une où il n'y a que les vierges qui soient appelées. Au petit rayon de clarté qui me paroit maintenant, mon esprit se développe et se met en

---

1. J'ai déjà cité cette lettre au tome Ier de *Port-Royal*, page 375.

devoir d'expliquer vos paroles, et de regarder d'un meilleur œil cette excellente fille qui a ravi votre cœur. Vous dites qu'elle est la plus belle et la plus sage de Paris, et vous deviez dire du Paradis, puisqu'elle est sœur des Anges. Oh! qu'elle est belle... et qu'elle est sage!... Elle est fille d'une mère qui a été fort persécutée des tyrans, qui l'ont voulu étouffer dans le sang de ses martyrs, et encore des hérétiques, qui ont fait mille efforts à ce qu'elle ne mît point ce béni enfant au monde; mais enfin elle s'est couronnée de lis aussi bien que de roses, portant en son sein des vierges et des martyrs.... Cette excellente Épouse n'a jamais été maltraitée de son mari, qui au contraire est mort pour elle.... »

« Et elle continue sur ce ton, multipliant, épuisant les images, les allusions emblématiques, s'y jouant plus que de raison, oubliant un peu le goût, mais faisant ses preuves en fait de grâce : je prends le mot dans le double sens, dans le sien et dans le nôtre.

« Les lettres de la mère Agnès tirent une bonne partie de leur intérêt des personnes à qui elle les adresse. Celles qu'elle écrit à madame d'Aumont sont fort peu agréables. La marquise d'Aumont était une respectable dame qui, devenue veuve, s'était retirée à Port-Royal de Paris, y avait fait bâtir un corps de logis pour elle, avait procuré surtout l'agrandissement du monastère, et y était bienfaitrice en toute humilité. Elle n'avait pour défaut qu'un peu d'impatience, et de ne pas toujours goûter assez la douceur de la retraite, d'y ressentir des amertumes d'esprit. La modération même de son humeur et la continuité de ses vertus rendent cette branche de la Correspondance assez terne et monotone.

« Les lettres à mademoiselle Pascal, la sœur du grand écrivain, et qui se fit religieuse à Port-Royal, ont plus d'intérêt. Cette jeune âme ardente de Jacqueline Pascal souffre des retards que sa famille impose à sa vocation. La mère Agnès la modère, l'exhorte à la soumission, à une attente résignée. Elle a reçu de M. Singlin et de M. de Saint-Cyran une maxime pratique qu'elle applique sans cesse : c'est qu'il ne faut rien faire dans la précipitation, c'est que le désir, même lorsqu'il est dans le meilleur sens et vers le plus louable but, doit faire, en quelque sorte, sa quarantaine et son carême, et doit user son attrait avant de s'accomplir, si l'on veut qu'il produise tout son fruit : « Il faut faire toutes choses, dit-elle, « dans une certaine maturité qui amortit l'activité de l'esprit hu- « main, et qui attire une bénédiction de Dieu sur ces choses dont « on s'est mortifié quelque temps. » C'est ce qu'on appelle en ce style mystique *pratiquer la dévotion du retardement*, et elle la conseille en toute occasion aux personnes qui lui font part de leurs peines et des obstacles qu'elles rencontrent dans la voie du bien. Mademoiselle Pascal avait un certain talent, ou du moins une grande facilité pour les vers : la mère Agnès, plus rigide qu'à elle n'appartient, lui écrit : « Vous devez haïr ce génie, et les autres « qui sont peut-être cause que le monde vous retient : car il veut

« recueillir ce qu'il a semé; » et elle lui cite en exemple sainte Lutgarde, « qui refusa le don que Dieu lui avoit fait d'entendre le « Psautier. » Mais elle est plus dans le sens de sa propre nature et de son goût, lorsqu'à l'occasion du miracle ou prétendu miracle de la Sainte-Épine, dont Port-Royal était si glorieux, elle engage la même mademoiselle Pascal, devenue la sœur Euphémie, à le célébrer en vers : et elle fut grondée pour avoir pris sur elle de lui donner ce conseil à demi littéraire et profane. La mère Agnès soignait un peu plus l'agrément et avait un peu plus de fleur que les autres Sœurs de Port-Royal.

« La partie de la Correspondance qui devra le plus attirer les curieux est celle qu'elle entretint avec madame de Sablé, à cause du bruit qui s'est fait depuis peu autour du nom de cette dernière. Je doute qu'il en ressorte quelque idée plus avantageuse de la spirituelle et très-maniaque marquise, qui, sous prétexte de faire son salut, s'était logée tout contre Port-Royal, et ne cessait d'y occuper, d'y harceler et d'y faire enrager les mères. On a voulu, de nos jours, représenter madame de Sablé comme le type de la femme aimable en son temps. Je ne crois pas que ce soit là sa *caractéristique* véritable. M. Cousin, dans ce genre fin, est souvent à côté. Une bonne part des lettres de la mère Agnès a trait aux susceptibilités, aux soupçons, aux frayeurs de madame de Sablé, à son inquiétude de *n'avoir point le soleil levant* et à ses mille autres inquiétudes, à ses rhumes surtout et aux accidents qui surviennent à son odorat. Madame de Sablé s'affligeait, chaque fois qu'à la suite de ses rhumes de cerveau elle ne sentait plus les odeurs, et se croyait privée à jamais d'un des plus agréables des sens. La mère Agnès la rassurait, ou du moins essayait de la consoler en lui citant son propre exemple; car privée de l'odorat, disait-elle, dès l'âge de dix-huit ans, elle avait fort bien vécu depuis sans s'apercevoir de la privation. Elle en parlait à son aise, ayant pour maxime « que plus on ôte aux sens, plus « on donne à l'esprit. » Madame de Sablé, qui prétendait combiner bien des choses et savourer le reste des jouissances possibles tout en mitonnant son salut, n'était pas absolument de cet avis. Très-peu résignée à mourir une bonne fois, elle ne voulait pas du tout mourir en détail. Ce sens-là d'ailleurs, en particulier, ce sens olfactif si cher aux délicats, lui était d'autant plus précieux qu'il était pour elle une vigilante sentinelle et toujours sur le *qui-vive* pour l'avertir des moindres périls. Il y a une histoire de fabrique de cire et de bougie qui ajoute à ce qu'on savait déjà, et qui prouverait une fois de plus que cette mauvaise langue de Tallemant (lequel n'était qu'un curieux malin et nullement un *atrabilaire*) n'en a pas trop dit. Un jour donc, un matin que l'odorat lui était subitement revenu, madame de Sablé crut sentir, et elle ne se trompait pas, une odeur de cire; elle s'en effraya aussitôt, craignant par-dessus tout le mauvais air et ses suites. Elle écrivit en toute hâte un billet à la mère Agnès, elle envoya mademoiselle d'Atrie sa voisine aux informations : c'était bien à la cire que les Religieuses avaient travaillé depuis peu de jours, dans une chambre retirée, isolée, à la basse-cour, là où l'on mettait, quand il y en avait, les malades de la petite vérole ; on avait pris, vous le voyez, toutes sortes de précautions; mais qu'y faire? le coup était porté : madame de Sablé voulait quitter Port-Royal pour ne pas gêner, disait-elle, puisqu'on n'avait pas d'autre lieu, et aussi pour ne pas rester exposée aux atteintes. Il fallut toute la grâce et les gentillesses de la mère Agnès pour l'apaiser, pour la faire revenir de sa bouderie : il fallut surtout ce *Post-scriptum* rassurant, — car madame de Sablé, en enfant gâté, ne se contentait pas de la promesse qu'on ne ferait plus de bougie, elle disait : *Vous en ferez, vous en avez besoin, je veux que vous en fassiez, je ne veux pas vous gêner, mais je m'en irai*; il fallait donc lui prouver qu'on en pouvait faire sans que l'odeur lui en arrivât :

« Depuis ma lettre écrite, lui disait la mère Agnès dans les der-
« nières lignes, nos Sœurs ont été faire la ronde pour chercher
« un lieu, s'il en faut un absolument pour vous satisfaire ; elles
« en ont trouvé un dans les derniers jardins, tout à l'autre bout,
« proche l'apothicairerie.» — Le choix de ce lieu-là hors de toute portée tranquillisa peut-être madame de Sablé jusqu'à nouvel ordre et nouveau caprice, jusqu'à nouvelle lune.

« Un autre commerce de lettres, qui du moins nous fait assister à un échange de sentiments plus chrétiens, était celui de la mère Agnès avec le chevalier de Sévigné. Celui-ci, ancien chevalier de Malte, brave guerrier, duelliste, frondeur, donnant des collations aux dames, s'était tout d'un coup retiré, après être devenu veuf, et s'était fait arranger un corps de logis près de madame de Sablé dans les dehors de Port-Royal de Paris. Il gardait d'abord des habitudes de luxe, de l'argenterie, un carrosse ; il se dépouilla peu à peu, et s'accoutuma à tout mettre au service du monastère pour lequel il s'était pris d'un saint enthousiasme. C'était un original que ce chevalier pénitent, avec des restes de gentilhomme hautain et de militaire impérieux. Il se promenait volontiers en été à ce qu'on appelait le jardin des Capucins, et qui doit répondre à la promenade qu'on voit encore aujourd'hui entre l'Hospice du Midi et le Val-de-Grâce. Il avait un grand parasol pour se préserver du soleil, et les polissons du quartier qui voyaient cet homme grave, nu-tête, marchant à pas comptés sous son parasol, le poursuivaient de leurs cris et peut-être de mieux : il avait envie de les traiter parfois comme fit le prophète Élisée des enfants qui le huaient, et il consulta son confesseur pour savoir s'il ne lui serait point permis de leur faire donner du bâton par un domestique qui le suivrait à quelque distance. Il apprit le latin fort tard, à cinquante ans, et assez pour entendre l'Office. C'est ce chevalier bizarre, mais cordial et excellent homme, qui se mit en correspondance régulière avec la mère Agnès, et y apporta un mélange de courtoisie et de spiritualité qu'elle soutint à merveille. D'après ce principe que les petits présents entretiennent l'amitié, il ne cessait d'en faire aux religieuses ses voisines ; il leur envoyait tantôt de l'excellent beurre de Bretagne (il était Breton), tantôt du fruit, des fleurs, une lampe, un cachet où était l'image du bon Pasteur. Il faut savoir qu'autrefois du temps de ses guerres, au sac d'une ville, il avait trouvé un enfant abandonné sur un fumier, une petite fille ; il l'avait emportée dans son manteau et en avait pris soin depuis, la faisant élever dans un couvent. Cette action de charité lui avait porté bonheur, et il lui attribuait d'avoir attiré bien plus tard les bénédictions de Dieu sur lui. Il avait été, pensait-il, ramassé lui-même un jour par le bon Pasteur comme il avait ramassé cet enfant. Aussi avait-il une dévotion particulière au bon Pasteur : il en portait l'image sur son cachet ; il en commanda un tableau à Champagne pour son oratoire particulier, tableau dont il fit ensuite présent à Port-Royal. Ayant quitté la maison de Paris en 1669, et s'étant retiré dans les dehors de la maison des Champs, lorsque toutes les Sœurs y furent réunies, il eut la charitable idée de leur faire bâtir un cloître (car l'ancien bâtiment incomplet était devenu trop étroit), et il fut assez estimé d'elles pour leur faire accepter son bienfait. Le bon chevalier aurait bien voulu entrer, au moins une fois, dans ce cloître pour lequel il avait conçu de si grands desseins, et il en exprima le désir à la mère Agnès qui lui répondit par un refus le plus agréablement tourné : « Je vous remercie très-humblement « de votre unique et rare fruit (*un de ses petits cadeaux journa-* « *liers*) ; vous avez le privilége de donner tout ce que vous voulez « et d'accorder tout ce qu'on vous demande ; et nous, au contraire, « nous trouvons des impuissances partout. C'est pourquoi notre « bâtiment de dedans ne vous apparoîtra point, parce qu'il y a un « Chérubin à notre porte, qui en défend l'entrée avec une épée de « feu, c'est-à-dire un anathème de notre mère l'Église.... » Le chevalier de Sévigné n'entra dans ce cloître, dans cette terre promise, qu'après sa mort [1] ; il eut la faveur d'y être enterré. De son vivant, sa tribune à l'église était tout proche de la porte dite *des Sacrements* ; ce qui faisait que la mère Agnès, pour lui faire honneur, l'appelait le *portier* de Jésus-Christ. Nous nous contenterons de dire, après avoir lu les lettres qu'elle lui adresse, qu'il nous fait l'effet d'avoir été le *chevalier d'honneur* du monastère.

---

1. Nous savons pourtant qu'il eut quelquefois permission d'y entrer, les jours de Fête-Dieu, en suivant la procession du Saint-Sacrement.

« On se demandera, en entendant répéter si souvent ce nom de Sévigné, si madame de Sévigné, à la faveur de son oncle, ne connut point la mère Agnès. Assurément la mère Agnès connaissait madame de Sévigné et l'avait entendue causer, puisqu'un jour que cette aimable femme était venue au couvent de la Visitation de la rue Saint-Jacques où se trouvait alors reléguée la mère Agnès par ordre de l'Archevêque, et avait demandé à la voir sans en obtenir la permission, la recluse et prisonnière écrivait à l'oncle : « J'aurois beaucoup perdu du fruit de ma solitude si j'avois eu « l'honneur de voir madame de Sévigné, puisqu'une seule per- « sonne qui lui ressemble tient lieu d'une grande compagnie. » Cette religieuse, on le voit, connaissait son monde ; causer en tête à tête avec madame de Sevigné, c'était posséder plusieurs femmes d'esprit à la fois.

« Les autres profits très-considérables qu'on peut faire à la lecture de ces Lettres, quand on étudie en historien le sujet auquel elles se rapportent, ne sont pas de nature à être exposés ici [1]. Ces intérieurs de cloître s'accommodent peu du grand jour ; il faut y pénétrer beaucoup et y habiter longtemps pour s'y intéresser un peu. Mais je n'hésite pas à dire, en remerciant de nouveau M. Faugère et les inconnus qu'il représente, que ces deux volumes devront s'ajouter désormais à la trentaine de volumes originaux et historiques qu'il suffit à l'homme de goût et au curieux raisonnable d'avoir dans sa bibliothèque, s'il veut connaître son Port-Royal très-honnêtement et par le bon côté, par le côté moral, sans entrer dans la polémique et la théologie : c'était à peu près le chiffre auquel M. Royer-Collard avait réduit ce coin de sa bibliothèque dans ses dernières années. »

SUR M. HAMON.

(Se rapporte à la page 340.)

Je n'ai pas dû négliger de rechercher quels étaient les écrits purement médicaux et les titres universitaires de M. Hamon. M. Raige-Delorme, le savant bibliothécaire de la Faculté de médecine de Paris, a bien voulu m'y aider.

---

1. C'est-à-dire dans *le Moniteur*, où cet article était inséré.

M. Hamon fut chargé, en 1644, des Paranymphes (espèce de discours solennel) dont il s'acquitta, selon le témoignage des Registres, avec un applaudissement général. En 1645, il fut chargé par l'Université de prononcer l'Oraison funèbre de M. Amelot, premier président de la Chambre des enquêtes, à qui la Faculté fit célébrer un service à cause de la protection qu'elle en avait reçue dans une affaire qui l'intéressait.

Dans le vaste Recueil de thèses conservé à la Faculté, on trouve :

A la date du 11 janvier 1646, une thèse proposée par M. Hamon, dont le sujet est : *An deformitas sine morbo?* et la conclusion : *Ergo nulla deformitas sine morbo.* Dès les premières lignes on y sent le médecin religieux et qui est pénétré de la doctrine du péché originel.

A la date du 8 mars même année, une thèse proposée par M. Hamon : *An bene valendi ratio, mediocritas?* avec cette conclusion : *Ergo una bene valendi ratio, mediocritas.*

A la date du 6 février 1659, une thèse présidée par M. Hamon et dont la composition était de lui : *An actio, sine spiritu?* « dans laquelle, dit M. Hermant, il traitoit énigmatiquement de la Grâce sous des expressions de médecine. » Il faut être averti pour y découvrir une telle subtilité. La conclusion est : *Non ergo actio, sine spiritu.*

A la date du 19 février 1660, une thèse présidée par lui : *An sana sanis?* avec cette conclusion : *Ergo sana sanis.* C'est en très-bon latin, très-concis et élégant, une suite de préceptes et d'observations de médecine expectante et d'hygiène ; il attribue beaucoup à la nature. Je n'y vois rien de particulièrement symbolique ; à moins qu'on n'y veuille voir un emblème général de ce qu'un Juste qui a la Grâce repousse le mal et ne pèche pas. On y a cherché des allusions énigmatiques aux principes de la fréquente communion.

Je trouve encore, en 1661, M. Hamon l'un des neuf juges pour une thèse sur ce sujet : *An similium sympathia major, a spiritibus?*

Il préside, en 1685, une thèse sur cette question : *An ut reliqui potus sic et aquæ modus aliquis esse debet?*

Et en 1687 enfin, le 30 janvier, il préside cette thèse dernière, proposée par M. Dodart, sur ce sujet : *An in tanta multitudine medentium pauci medici?* avec cette conclusion : *Ergo in tanta multitudine,* etc. Beaucoup d'appelés et peu d'élus.

Pour corriger ce que cette énumération a de sec, j'ajouterai qu'en sa qualité de médecin qui avait beaucoup vu de malades, et même hors du désert, qui avait été appelé au chevet de personnes de toute condition, M. Hamon savait beaucoup de particularités curieuses, d'anecdotes peu connues; et quoique n'ayant entrevu le grand monde que par une fente, il l'avait saisi à des endroits intéressants et là où le monde ne se farde pas; il avait reçu des confidences. Sur la mort du cardinal Mazarin, par exemple, voici un détail qu'on ne lit point ailleurs :

« Le cardinal Mazarin, étant très-mal, envoya quérir M. Joli, curé de Saint-Nicolas-des-Champs, maintenant évêque d'Agen. Il le sut pendant qu'il faisoit son prône, et il le dit tout haut Il alla donc au bois de Vincennes, et il voulut parler d'abord à ce malade de quelques points importants de sa vie, dont l'un étoit les deniers publics qu'il avoit eus en maniement. Mais et sur celui-là et sur les autres, il s'en tira avec adresse sans vouloir y entrer, témoignant à M. Joli qu'il l'avoit seulement envoyé quérir pour l'entendre parler de Dieu. Il le fit donc et se mit sur son lit: le cardinal, qui étoit déjà dans les inquiétudes de la mort le tenoit embrassé et avoit passé une de ses jambes par-dessus celles de M. Joli auquel il ne donnoit pas un moment de patience : car, aussitôt qu'il se taisoit, il lui disoit fortement : « *Parlez-moi de Dieu, monsieur Joli,* » de sorte qu'il l'étouffoit presque. Il reprit néanmoins haleine pendant quelques intervalles. Après qu'il fut mort, il alla trouver le roi, qui lui demanda de quelle manière il étoit mort. M. Joli répondit au roi qu'on pouvoit dire qu'il avoit vérifié en sa personne ce qu'on dit ordinairement, qu'il étoit mort comme il avoit vécu. Le roi témoigna par sa contenance et changeant de visage que ce discours le surprenoit et l'affligeoit. M. Joli s'en aperçut, de sorte qu'il s'avança vers le roi qui se détournoit un peu, et lui ajouta : « Mais, Sire, je puis dire à Votre Majesté pour sa consolation que je n'ai jamais vu une si grande ardeur d'entendre la parole de Dieu; » et il lui en fit ensuite le détail, ce qui remit le roi en bonne humeur.

« C'est ce que M. Hamon a su de M. l'évêque d'Agen même, qu'il avoit traité malade au Mesnil-Saint-Denis où il étoit chez M. de Montmor, en 1663 ou 1664. » — M. Hermant a fait usage de cette note dans ses Mémoires manuscrits[1].

Avant de finir avec ce modèle des médecins chrétiens, je dirai,

---

1. M. Joli était assez célèbre en son temps par ses prédications et par ses prônes pour que Boileau l'ait nommé dans un vers (Satire IV, vers 120). — Quelque chose de ce qu'on vient d'entendre raconter par M. Hamon se retrouve dans les *Mémoires* de Brienne publiés par M. Barrière (tome II, page 147), mais moins circonstancié et moins exact. Dans le *Journal historique de Louis XIV* qui est à la suite de l'*Histoire de France* par le Père Daniel (tome XVI, page 85), les paroles de Mazarin à M. Joli sont présentées sous un autre jour et, l'on peut dire, à contre-sens, d'après ce faux principe de toujours farder la mort des hommes illustres : on les fait ou plus chrétiens ou plus repentants, ou plus en possession d'eux-mêmes, qu'ils ne l'ont réellement été.

ce que bien des gens ignorent et ce qu'il est permis d'ignorer, qu'il existe quantité d'ouvrages, dissertations, nomenclatures, etc., consacrés à célébrer et à honorer les médecins qui ont été remarquables par leur sainteté. Les érudits reconnaîtront les noms de Molanus, Bzovius, Carpzow, Brückmann. etc. Dans le *Medicorum ecclesiasticum Diarium* de Jean Molanus, qui est le premier en date (1595), on voit naturellement en tête saint Luc, évangéliste, médecin à Antioche et patron des médecins. Suit une liste indiquant le jour de fête de tous les *saints médecins* et composée de noms très-disparates, parmi lesquels on trouve bien d'autres saints et martyrs que saint Côme et saint Damien. Un des derniers chapitres est intitulé *De sancto medico Raphaele Archangelo*, à raison de la recette que l'archange Raphaël donna au jeune Tobie pour guérir la cécité de son père. J'aime mieux Fontenelle, louant Dodart de cette expérience d'un Carême pénitent qui lui sert à la fois *pour l'Académie et pour le Ciel*. De nos jours même, le Révérend Greenhill, d'Oxford, a entrepris de publier une série de biographies des médecins chrétiens éminents; j'en ai eu sous les yeux plusieurs petits volumes.

SUR MADAME ANGRAN.

(Se rapporte à la page 425.)

Une étrange chicane m'ayant été faite à propos de madame Angran et de deux de ses proches parentes du même nom, je suis amené à me justifier et à entrer dans quelques détails qui m'avaient d'abord paru d'un intérêt secondaire et sur lesquels j'avais glissé. Le Père Rapin qui, dans ses *Mémoires*, n'est nullement curieux de la vérité, quoi qu'en dise son annotateur, mais qui est jaloux de ramasser tous les propos odieux ou ridicules contre le Jansénisme, raconte qu'Arnauld vécut caché en ces années chez deux dames du nom d'Angran : l'une, madame Angran proprement dite, rue de la Verrerie (ou Sainte-Avoie), l'autre, mademoiselle Catherine Angran, qui avait épousé M. de Bélisi, conseiller au Grand-Conseil, et qui demeurait à la pointe de l'île Saint-Louis. Il ajoute que, quoique toutes deux eussent un entier dévouement à celui qu'elles cachaient tour à tour, la dame de l'île Saint-Louis, sur le compte de laquelle il voudrait bien s'égayer, était pourtant la préférée et la favorite. A ces particularités, je n'ai rien à opposer, sinon que je n'ai vu nulle part, chez nos écrivains et nos amis, de preuve ni de trace de cette préférence marquée pour madame de Bélisi; et au nombre des cachettes d'Arnauld qui ne sont indiquées que fort sommairement, je ne trouve que le logis de madame Angran, rue Sainte-Avoie [1]. Le Père Rapin se pique d'en savoir plus long. A la bonne heure! Les Jésuites pourtant ne devaient pas être si au fait des retraites de M. Arnauld; car certainement, si leur police avait su où il était, ils l'auraient fait arrêter et mettre à la Bastille. Le Père Rapin dit encore de madame Angran qu'elle épousa en secondes noces l'abbé, depuis marquis de Roucy; et il le dit dans les termes les plus méprisants qu'il peut. On n'avait pas besoin de son témoignage pour savoir le fait de ce second mariage de madame Angran : il fit assez de bruit sur le moment, et même assez de scandale dans ce monde parlementaire et religieux. Les parents de son premier mari se soulevèrent. On a une lettre d'Arnauld, du 2 février 1675, en réponse à la présidente Le Coigneux qui lui avait écrit qu'elle ne reverrait *jamais* madame Angran et qui l'exhortait à faire de même. Il y combat son irritation par toutes sortes de considérations raisonnables et chrétiennes; il y plaide pour sa cousine en véritable ami et en homme de charité. Voilà donc une madame Angran, devenue marquise de Roucy; c'est bien. Mais l'annotateur des *Mémoires* du Père Rapin ne s'est pas contenté à si peu de frais : il a voulu que cette madame Angran fût la même que madame Angran de Fontpertuis qui est une personne toute différente, et il m'a adressé une critique que, malgré tous mes efforts, je suis encore à bien comprendre dans son raffinement :

« M. Sainte-Beuve, dit-il avec la satisfaction d'un homme tout fier de sa découverte, a confondu les deux belles-sœurs en une seule (madame Angran et madame de Bélisi); il a dédoublé la marquise de Roucy et la vicomtesse de Fontpertuis; et enfin il a pris l'amie *intimissime* du docteur, madame de Bélisi, pour une profane du monde extérieur. »

Or, je n'ai rien fait de tout cela, et je dirai net à l'annotateur

1. Voici ce que dit M. de Beaubrun, un des auteurs les mieux informés, dans sa *Vie* manuscrite de Nicole : « Pendant les années de trouble, MM. Arnauld et Nicole s'étoient absolument retirés et se tenoient cachés : ils logeoient alors rue Sainte-Avoie, paroisse Saint-Médéric (apparemment chez M. Angran), et M. Nicole se faisoit nommer M. *de Rosni.* » Cet *apparemment* est une conjecture du biographe scrupuleux et circonspect. Les adversaires n'y regardent pas de si près. — M. Arnauld est plus explicite dans ses lettres; il y parle de madame Angran comme de la personne « qui l'a reçue chez elle dans les temps les plus fâcheux avec une bonté et une générosité sans exemple. » Voilà qui est positif. Dans le peu de lettres qu'il écrit à madame de Bélisi, au contraire, il n'est question que des « *offres* si charitables qu'elle (madame de Bélisi) lui a faites tant de fois de lui donner asile dans ses persécutions. »

qu'*il en impose*, si une note écrite sur un tel ton et dans un pareil langage méritait d'être prise au sérieux. Évidemment, si l'annotateur est propre, comme on me l'assure et comme son travail en partie le prouve, à un certain genre de recherches, à étudier les généalogies et à compulser des registres d'État civil, il n'a pas encore appris à écrire et à éclairer sa pensée; pour vouloir être trop fin, il est inintelligible, il raille bien péniblement. Ce jeune jésuite semble avoir appris le français à l'école du Père Labbe, et avoir formé son goût à celle de Raconis.

Véritablement, je n'ai rien confondu : il y a trois personnes distinctes que je rencontre continuellement dans mon monde et dans mes *Journaux* de Port-Royal, madame Angran, depuis marquise de Roucy, madame de Fontpertuis et madame de Bélisi.

Dans le *Journal* de Port-Royal, au mois d'avril 1674, je lis :

« Le jeudi 5, après l'adoration, on chanta vêpres et les trois nocturnes des morts sans les Répons pour M. de Fontpertuis qui étoit mort depuis peu ; et madame sa femme qui étoit venue ici presque aussitôt avoit demandé qu'on lui fît un service. »

Voilà pour l'une des veuves. — Et la même année, en décembre, je lis, à propos de l'autre veuve :

« Le jeudi 6, on chanta vêpres et un nocturne avec les Répons pour feu M. Angran, madame Angran en ayant prié. »

Madame Angran était bien près, à cette date, de consommer son second mariage, si elle ne l'avait consommé déjà, et, par cette commémoration funèbre, elle semble avoir voulu faire comme un dernier et suprême adieu à son premier mari.

A partir de ce moment, elle ne paraît plus que sous le nom de madame de Roucy.

Dans les mêmes *Journaux* de Port-Royal pour l'année 1695, je trouve au mois d'août et au mois de septembre ces trois personnes mentionnées à la fois : madame de Fontpertuis, pour une visite au monastère des Champs (août), madame de Bélisi pour une visite également (septembre), et madame de Roucy pour un bon avis officieux.

D'un autre côté, si j'ouvre la Correspondance de M. Arnauld, j'y vois deux lettres en particulier du bon et charitable docteur qui sont adressées à madame de Fontpertuis (août et septembre 1678), et précisément pour la réconcilier avec madame de Roucy à qui elle marquait de la froideur et qui le lui rendait. Il leur voudrait en ceci des dispositions plus chrétiennes : « C'est Dieu principalement que j'y regarde, dit-il, quoiqu'il soit vrai qu'il m'est un peu dur de

voir deux personnes qui ont toutes deux beaucoup de confiance en
moi vivre si froidement ensemble. » Il paraît même, d'après quelques mots de M. Arnauld, que les religieuses de Port-Royal avaient pris parti d'abord très-vivement contre madame de Roucy, qui n'osa durant des années retourner au monastère.

Enfin, dans le testament de M. Arnauld, où il n'est fait nulle mention de madame de Bélisi, madame de Fontpertuis est désignée comme légataire universelle et exécutrice des dernières volontés, et madame de Roucy y a place pour une marque spéciale de souvenir. Je ne sais après cela ce que peut vouloir me dire le jeune jésuite avec son *dédoublement*.

C'est lui, lui seul, qui a tout confondu et qui s'est embrouillé. Madame de Fontpertuis, en effet, a un autre nom de famille que celui qu'il indique pour madame Angran, la femme du conseiller de la Cour des Aides : celle-ci est, suivant l'annotateur, Marie Aubery, fille d'un maître des comptes, tandis que madame de Fontpertuis est de son nom Angélique Crespin, fille de M. Crespin Du Vivier, président aux enquêtes, veuve de Jacques Angran, écuyer, seigneur de Fontpertuis, Lailly, etc., conseiller au Parlement de Metz. Elle était cousine de l'autre. Dans la vie de M. Arnauld, à mesure que les années s'écoulent et que les épreuves se succèdent, c'est madame de Fontpertuis qui tient la première place, la place essentielle par le dévouement, par l'affection : c'est vraiment l'amie de cœur, celle qui a toute la confiance et qui la mérite en prenant sur elle toutes les charges de l'amitié la plus active et la plus courageuse; c'est la seule qui aurait le droit d'être appelée l'*intimissime*, pour parler comme l'agréable jésuite, la seule dont on a pu dire justement « qu'elle étoit pour M. Arnauld ce qu'étoient pour saint Jérôme les Paule et les Marcelle. » Il n'est pas besoin de tant de recherches pour voir ce qui est clair comme le jour. Ignorer cela, supprimer madame de Fontpertuis à partir de 1675, faire d'elle, en vertu de je ne sais quelle note mal comprise, la même personne que madame de Roucy, c'est trahir son peu de lecture des choses dont on parle et auxquelles on s'attaque ; notre jeune jésuite n'a, évidemment, jamais parcouru la Correspondance de cet Arnauld que ses supérieurs lui ont dit de haïr. Il ne sait donc pas à quel point madame de Fontpertuis, dans les dernières années, n'avait pas craint de s'afficher aux yeux des indifférents ou des moqueurs par son zèle pour l'illustre exilé et par ses voyages pour l'aller rejoindre et consoler. Elle avait un fils unique, disent nos Nécrologes, dont elle eut un soin tout particulier et à qui elle donna M. Eustace pour précepteur. Ce fils devint un libertin et un franc athée, un digne ami du futur Régent. La première fois qu'on le proposa à Louis XIV pour accompagner à l'armée son neveu, le roi s'écria : « Quoi ! le fils de cette folle qui a couru M. Arnauld partout !... » Le mot se trouve en son lieu ailleurs (page 490) : je n'en veux conclure ici qu'à la notoriété de madame de Fontpertuis comme amie déclarée de M. Arnauld [1].

Louis XIV n'eût certainement pas dit la même chose de madame de Bélisi. Le nom de cette dernière n'avait pas cette signification courante et n'était pas ainsi lié et associé publiquement à celui du célèbre docteur. Il n'y a pas ombre de comparaison à établir entre elles à cet égard. Madame de Bélisi que je n'ai nullement appelée une *profane*, mais qui mérite en effet une mention toute particulière, était d'ailleurs une des meilleures dévotes de notre monde, des plus généreuses, des plus libérales, des plus hospitalières. Elle n'avait pas tenu rigueur à madame de Roucy et avait su si bien faire par son bon procédé qu'elle lui avait regagné le cœur. Elle se prodiguait et se multipliait pour les amis. Elle allait voir M. Feydeau, son ancien directeur, lorsqu'il était curé à Vitry ; elle le logeait et le recevait dans ses passages à Paris : c'est par lui qu'on apprend à la connaître de plus près. Elle était pour Port-Royal une inépuisable bienfaitrice, une visiteuse assidue, une donneuse d'avis infatigable. Elle mourut à 80 ans, le 24 mai 1701, et voulut que son cœur fût inhumé et reposât dans le monastère qu'elle avait tant aimé. On lui fit une épitaphe latine fort belle ; mais, par une singulière injure du sort, le *Nécrologe*, en lui consacrant un article, écorche son nom. Elle y est appelée *de Betisi*, erreur que les éditeurs ou imprimeurs du Père Rapin ont répétée consciencieusement. Soyons indulgents les uns pour les autres à l'article des fautes vénielles. Que si je parais sévère dans cette note pour le jeune jésuite, le Père Le Lasseur, c'est que si l'annotateur des *Mémoires* de Rapin a manqué de goût et d'exactitude à mon sujet en cet endroit, il est un autre passage où il a manqué ouvertement à la loyauté et à la bonne foi qu'on peut exiger même d'un critique, et ce dernier tort est plus grave. On m'a dit qu'il était un disciple du respectable Père de Montézon : je ne m'en suis pas aperçu. (J'ai su, depuis, qu'il rejette le tout sur l'éditeur en nom, M. Léon Aubineau, qui nous hait, à ce qu'il paraît, et à qui le nom

---

[1]. Louis XIV a parlé plus d'une fois de madame de Fontpertuis, et toujours par rapport à M. Arnauld. Dans les premiers temps de l'avénement de M. de Noailles à l'archevêché de Paris, ce prélat ayant fort contribué à faire élire le Père de La Tour comme général de la Congrégation de l'Oratoire, le roi lui dit : « Mais il est Janséniste ! » Sur quoi l'archevêque assura qu'il ne l'était non plus que lui et que c'était un homme d'une doctrine très-saine et de mœurs très-saintes. Le roi insista en disant : « Il a été confesseur de madame de Fontpertuis. » — « Je n'en sais rien, dit l'archevêque, je le saurai. » Il s'en informa, et quand il retourna à Versailles, il dit au roi qu'il avait appris que le Père de La Tour avait été en effet confesseur de cette dame, mais qu'il avait cessé de l'être depuis que, contre son avis, elle s'était exposée à traverser les armées pour aller voir M. Arnauld en Flandre. Sur ce le roi répondit que le Père de La Tour avait agi alors fort prudemment. (Lettres manuscrites de M. Vuillart à M. de Préfontaine.)

de l'ancien docteur, de Sainte-Beuve et le mien donnent également sur les nerfs. C'est vraiment trop d'honneur.)

UN ARBITRAGE DE MADAME DE LONGUEVILLE.

(Se rapporte à la page 480.)

Je n'ai point parlé dans les éditions précédentes d'une histoire assez singulière qui occupa pendant quelque temps les esprits dans le monde ecclésiastique et qui partagea le faubourg Saint-Jacques ; mais puisque, dans cette édition nouvelle, j'ai usé plus d'une fois des *Journaux* de M. Des Lions, doyen de Senlis, il est juste que je répare cette omission et que je dise quelque chose de l'affaire qui a particulièrement gravé son souvenir. On y gagnera de voir ce qu'était le salon de madame de Longueville dans les derniers temps de sa vie et le genre d'esprit qui y triomphait. M. Des Lions avait une nièce, fille de son frère, procureur du Roi à Pontoise, laquelle avait nom Perrette Des Lions. C'était, autant qu'il semble, une personne honnête et pieuse, mais assez bizarre et variable d'humeur. Elle avait passé sous la conduite de plusieurs directeurs, à commencer par celle de son oncle M. Des Lions ; elle l'avait quitté pour M. Hermant, chanoine de Beauvais, et en dernier lieu, elle avait pour directeur M. Arnauld. Voulant se retirer en religion, déjà majeure et possédant quelque bien du chef de feu sa mère, elle demandait à son père des comptes que celui-ci se montrait peu disposé à lui rendre. Il s'en suivit bien des débats, des chicanes et des procès, dans lesquels M. Arnauld eut peut-être le tort d'intervenir avec sa logique et son raisonnement trop absolus. Sans doute Perrette Des Lions était strictement dans son droit, même en plaidant contre son père ; mais il n'était pas bien nécessaire, ce semble, que M. Arnauld s'engageât à soutenir ce droit si rigoureusement. Cela fâcha et piqua le doyen de Senlis, M. Des Lions, qui, bien que lié jusqu'alors d'estime et de doctrine avec M. Arnauld, et s'étant même fait exclure à cause de lui de la Sorbonne, ne put se contenir et lança un factum contre son ancien ami. C'est dans le cours de ces désagréables débats, et avant qu'on en fût venu aux paroles extrêmes, qu'Arnauld crut devoir adresser une grande lettre, — une lettre de 47 pages, — au doyen de Senlis pour maintenir les droits de cette fille majeure, mais très-peu intéressante. La lettre, avant d'être envoyée, fut communiquée aux illustres amis du faubourg. C'était en 1678, l'année même qui précéda la mort de la duchesse de Longueville ; et cette princesse fut choisie pour arbitre, un peu comme M. le Premier Président de Lamoignon dans l'affaire du *Lutrin*. Mais elle n'y apporta pas le même esprit de modération, et Nicole, qui n'était pas d'avis de suivre cette dispute, eut tort à ses yeux. Tout se passa, d'ailleurs, fort galamment et dans les formes un peu surannées qui rappelaient l'hôtel de Rambouillet et le temps de Voiture. Je laisse parler l'un de nos auteurs (manuscrits), qui tenait le récit de la bouche même de Nicole :

« M. Nicole, dit-il, vit la lettre de M. Arnauld, et il fut d'avis qu'il la supprimât et ne l'envoyât point. M. Arnauld prétendit qu'il n'y avoit rien dans sa lettre, dont M. le doyen de Senlis dût être choqué : on convint que cette lettre seroit lue à madame de Longueville, pour en passer par son avis. M. Nicole connoissoit apparemment Perrette Des Lions . elle passoit pour un esprit difficile et bizarre, dont par conséquent les procédés pouvoient choquer ses proches. M. Arnauld n'envisageoit que la question de droit, qui étoit qu'on peut, sans manquer au respect dû au père, redemander en certaines occasions le bien de la mère ; et sans doute que de ce côté-là M. Des Lions donnoit prise sur lui. C'est à quoi il paroît que le tribunal de la Princesse fut uniquement attentif. Elle prit en badinant, pour juger cette affaire avec elle, deux assesseurs : M Poncet, son intendant, et M. de La Chaise, très-bel esprit, qui demeuroit chez madame la duchesse de Longueville¹. M. Nicole m'a donné la copie d'une lettre que lui écrivit M. de La Chaise, où il rapporte avec beaucoup d'enjouement le jugement de *Thémis* (c'est la Princesse . La lettre fut donc envoyée. M. Nicole fut condamné aux dépens, qui furent évalués à une *paire de gants* qu'il donneroit à M. Arnauld. Cette lettre produisit un fort grand fracas. M. le doyen de Senlis jeta de grands cris : on fit des Mémoires imprimés, et tout le monde eut à juger de l'affaire de Perrette Des Lions.... »

Nicole avait donc fort bien vu dans sa sagesse. On peut lire dans le *Supplément* (in-4°) *au Nécrologe*, pages 283 et suiv., l'espèce de lettre ou de sentence portant la date du 15 novembre 1678, écrite sous la dictée de la Princesse par M. de La Chaise, et contresignée Poncet, au bas de laquelle on lit : « J'approuve tout ceci, Anne de Bourbon. » La pièce d'un goût douteux est une parodie des formules de procédure : on y accorde à Nicole qu'il sera retranché par ci par là dans la lettre de M. Arnauld quelques expressions *durettes* et peu civiles ; mais il reste condamné au fond et en dernier appel : M. Arnauld y est tout au plus condamné « en la

---

1. M. de La Chaise, membre de l'Académie française, auteur de l'*Histoire de saint Louis*. Il logeait à l'hôtel de Longueville, comme M. Du Bois à l'hôtel de Guise, comme l'abbé de Bourzéis à l'hôtel de Liancourt, comme M. Boileau à l'hôtel de Luines.

forme, » et il rendra à M. Nicole « le gant de la main gauche seulement. »

L'oserai-je dire? le détail de cette petite affaire et la manière dont elle fut plaidée par-devant la *Thémis* Sérénissime semble indiquer que le goût de madame de Longueville sur la fin retardait un peu, et que le bel esprit, si en honneur et à la mode dans sa jeunesse, continuait de régner dans sa petite Cour aux dépens même du bon esprit.

Quant à M. Des Lions, il eut plus tard du regret de sa vivacité; il revint à ses premiers et véritables sentiments sur le compte de M. Arnauld pour lequel il avait eu l'honneur de souffrir autrefois persécution en Sorbonne. A la date de février 1699, il n'y avait plus que cinq docteurs survivants des soixante et dix qui avaient soutenu M. Arnauld en 1656 et qui avaient mieux aimé encourir l'exclusion de la Faculté et la privation de leurs droits que de manquer à la défense de la justice en la personne de leur illustre confrère persécuté. M. Des Lions était l'un de ces cinq *athlètes* : « Ce sont tous vieillards vénérables, écrivait M. Vuillart à cette date, et que je respecte comme de vrais confesseurs. Il y a eu quelque foiblesse en M. Des Lions à l'égard de M. Arnauld au sujet de sa nièce...; mais à cela près il est digne de vénération. »

SUR NICOLE.

(Se rapporte à la page 488.)

Voici la lettre de Nicole à Arnauld, la première depuis leur séparation, et qu'il écrivit de Liége dans les premiers jours d'août ou tout à la fin de juillet 1679 : Arnauld y répondit par une lettre du 9 août qui est dans ses Œuvres. On a la minute de la lettre de Nicole, et de sa propre main (Manuscrits de la bibliothèque Mazarine, T. 2297).

« Je réponds, ou plutôt j'écris à M. *d'Urval*[1] sur M. Elzevir et sur divers autres points, mais je crois me devoir adresser à vous en particulier, sur le sujet des plaintes que je sais que l'on fait

1. M. *d'Urval*, c'est M. Guelphe, secrétaire et compagnon de retraite de M. Arnauld.

sur mon sujet et que j'ai apprises tant par M. *d'Urval* que par M. Périer.

« Je vous avoue qu'elles ne font pas un petit surcroît des peines de mon état, mais que plus je les considère et moins je les trouve raisonnables.

« Il y a différentes mesures de force dans les hommes. L'on se contente d'ordinaire qu'ils en aient pour souffrir leur état, principalement si cet état est dur et pénible, sans prétendre qu'ils soient obligés d'en ajouter de nouvelles auxquelles Dieu ne les engage pas manifestement. Nous avons eu et nous avons encore divers amis exilés, M. Feydeau, M. Bourricaut, M. Chardon, M. Ragot[1]. Mais personne ne les a pressés de rendre leur exil plus fâcheux en se chargeant d'un poids qui leur fût incomparablement plus dur que l'exil, et on ne les sollicite point d'écrire, de peur de rendre leur condition pire. Je suis de la même condition qu'eux ; car, entre une chambre garnie de Bruxelles et une maison de Bourges, il n'y a pas grande différence. Cependant on ne me traite pas de la même sorte ; on prétend me faire entrer dans des engagements qui me seroient infiniment plus pénibles, non-seulement que l'exil, mais que la plus affreuse prison, sans avoir égard que, si je puis souffrir l'un, il ne s'ensuit pas que je puisse l'autre.

« On ne propose guère aux gens de se faire mettre en prison, et l'on croit que c'est une bonne excuse pour s'exempter de tout engagement : et néanmoins ce que l'on prétend de moi est tel que je n'en fais aucune comparaison avec la prison. Car, je ne vois rien de plus pénible au monde que d'avoir la conscience en prison, d'être travaillé de continuelles incertitudes, d'être dans un état extraordinaire, non-seulement sans voir que Dieu nous y appelle, mais contre sa lumière intérieure, et cependant d'avoir lieu de regarder cet état comme devant durer autant que la vie.

« Quand je craindrois dans cet état des maux temporels, il semble qu'il y ait quelque lieu de les craindre, et que l'on craint à moins. On me mande de Paris que je ne suis plus en sûreté en Flandre, parce que j'ai découvert à M. de Paris que j'y étois. Je ne suis donc en sûreté nulle part ; car, étant résolu de ne me point enfermer, je suis trop connu pour pouvoir être caché. Il faut donc se résoudre à mener une vie incertaine et vagabonde, à être

---

1. M. Ragot, archidiacre d'Aleth, relégué à Brives par lettre de cachet ; M. Chardon, théologal de Saint Maurille d'Angers, exilé à Riom, en Auvergne ; M. Bourricaut ou Bourigaud, également docteur de la Faculté d'Angers, exilé à Semur, en Bourgogne ; enfin, le docteur Feydeau, ancien vicaire et catéchiste de Saint-Merry, ancien curé de Vitry, en dernier lieu théologal de l'église de Beauvais, exilé à Bourges. Ce dernier, dont les *Mémoires* inédits ont de l'intérêt, mérite une notice à part, et il a droit désormais, puisqu'il y a jour, à un portrait. (Voir dans l'*Appendice* du tome V.)

toujours en crainte d'être chassé du lieu que j'aurois choisi. Croit-on que cet état soit fort commode, et que l'on puisse demander avec justice aux gens qu'ils se rendent cet état comme nécessaire pour toute leur vie? Il y a des choses que l'on ne demande pas proprement aux personnes, on attend qu'elles s'y portent d'elles-mêmes, et ce sont celles qui sont de cette nature. On laisse le monde juge de sa force intérieure, et l'on ne veut point prendre sur soi de les engager aux choses douteuses. Ces messieurs ne gardent pas tant de mesure ; ils proposent des engagements à ce qu'il y a de plus dur dans la vie, comme si ce n'étoit rien. Ils supposent les choses faites, et quand on n'entre pas dans leur pensée, ils se plaignent comme si on leur faisoit tort.

« On en croira néanmoins ce qu'on voudra, mais il est pourtant vrai que ce ne sont point ces inconvénients temporels qui m'occupent l'esprit. Quoique je les envisage tels qu'ils sont, ils ne me font point peur, pourvu que je ne m'y engage point moi-même et que j'aie cette confiance que c'est Dieu qui me les envoie, et que ce n'est pas l'effet de mon caprice et de ma témérité.

« Je puis être excessif dans cette crainte et dans celle que j'ai des écrits de contestation : il faut pourtant reconnoître que cette crainte n'est point si mal fondée. Madame de Longueville m'a avoué qu'elle n'a jamais pu goûter l'*Apologie des Religieuses de Port-Royal*. Je sais que M. de Saint-Cyran (de Barcos) et M. Guillebert l'ont aussi fort désapprouvée, et qu'ils ont soutenu qu'on ne pouvoit écrire de cet air contre un archevêque. J'ai vu des écrits de M. Hamon contre les *Lettres de l'Hérésie imaginaire* ; j'ai relu moi-même des écrits de ce genre que j'avois faits, qui m'ont fort déplu et que je ne ferois jamais présentement. Pensez-vous, Monsieur, qu'il soit fort agréable, lorsque la Providence divine nous met dans un état qui a quelque répugnance avec cet emploi dans la pensée ordinaire du monde, et auquel on peut aisément donner un air ridicule, mais qui certainement n'enferme point l'obligation de s'y engager, est-il, dis-je, fort agréable de s'exposer, en s'y engageant, à des peines continuelles d'esprit, à ne savoir si l'on a bien ou mal fait, et à marcher dans de continuelles ténèbres à l'égard de choses importantes et hors de notre vocation ?

« Il y a des personnes comme vous qui se mettent facilement au-dessus de ces sortes de craintes, mais il y en a d'autres qui s'en troublent. Quand j'ai une grande évidence de la raison, je puis mépriser les jugements des gens de bien ; mais comme je ne l'ai point à l'égard des choses que j'ai marquées, leur jugement me fait impression et me porte à m'accuser d'imprudence de m'être engagé dans ces périls. Tout ce qu'on peut faire, c'est de s'aveugler ; mais cet aveuglement n'arrête pas l'inquiétude de l'esprit.

« J'ai vu qu'on avoit quelque égard aux instincts des âmes. On ne presse point M. Hamon d'écrire, parce, dit-on, qu'il y a trop de répugnance. Cependant on ne sauroit avoir plus de répugnance que j'ai à certains genres d'écrits ; je ne saurois étouffer la peine qu'ils me font, et elle augmente tous les jours. Mon imagination en est pénétrée comme de la crainte du tonnerre, et la raison même n'est pas trop capable de la guérir sur ce point.

« Ce qui m'étonne le plus est que ceux qui font les *étonnés* et les *consternés* ne voient pas qu'ils ont dans leurs mains le remède à cette consternation ; car il n'y a rien si facile que d'écrire au lieu où ils sont, et même avec une sûreté morale, et de vous envoyer ensuite leurs écrits. Vous tireriez de là cent fois plus de secours que vous n'en pourriez tirer de moi. Cependant cet expédient ne leur vient point dans l'esprit ; si on le leur propose, les uns auront mal à la tête, les autres à l'estomac ; et je ne saurois m'empêcher de croire que dans peu de temps ils ne trouveroient pas qu'il fût fort utile d'écrire.

« Je n'ai pu m'empêcher de me décharger un peu sur toutes ces plaintes, d'autant plus que je suis résolu de ne m'en plus décharger à personne et de laisser dire le monde ce qu'il voudra. Leurs plaintes ne sont pas des raisons, et comme elles ne donnent point de lumière, elles ne peuvent aussi obliger à un changement de conduite. La voie que je vais prendre est bien plus naturelle et même unique pour cela, c'est de prendre (passer?) cinq ou six mois dans l'abbaye d'Orval qui m'est maintenant ouverte, et ensuite de prier M. de Sainte-Marthe de faire la moitié du chemin pour résoudre avec lui ce que j'aurai à faire. La lettre qu'il m'a écrite est une lettre vague et qui ne décide rien. Comme la route pour y aller sera longue, que je ferai quelque séjour à Liége, qu'il faudra aller jusqu'en Champagne pour y revenir, je partirai d'ici dans quinze jours pour faire ce voyage qui sera de près de *quatre-vingts lieues*, ce qui n'est pas une petite fatigue. »

ENCORE NICOLE.

(Se rapporte à la page 516.)

J'ai sous les yeux un manuscrit appartenant à mes amis de Hollande et qui porte ce titre naïf :

« Récit de diverses choses, que j'ai entendu dire au célèbre M. Nicole, auteur des *Essais de Morale* et de divers autres ouvrages très-utiles à l'Église ; et à cette occasion je rapporte différents traits d'histoire, dont je suis bien aise de me ressouvenir. »

L'auteur ne m'est pas indiqué avec certitude, et l'on hésite entre « M. Denys ou le Père Rufin de l'Oratoire. » Je ne saurais donner de meilleure explication. Peu importe, quant au fond ; le témoin est sincère et n'invente rien, et son récit est de la dernière simplicité. Besoigne a eu entre les mains ces papiers, et il s'en est servi, dans son tome V, pour la Vie de Nicole. Il a le plus souvent fondu le document dans son texte : j'aime mieux laisser parler directement mon auteur :

« Dans les entretiens que j'ai eus, dit-il, avec M. Nicole, j'ai remarqué que dans le fond de son tempérament il y avoit beaucoup de timidité, ce qui jusqu'à un certain point a influé dans sa conduite ; mais ce défaut n'a pas été dominant dans ce grand homme. Il donnoit à entendre que la raison pour laquelle il n'avoit pas suivi M. Arnauld, depuis que cet illustre docteur se fut retiré de France après la mort de madame la duchesse de Longueville, c'est que, sans blâmer la conduite de M. Arnauld, il ne se sentoit pas assez de forces pour parler, comme faisoit ce docteur dans ses écrits en plusieurs occasions. Il ne le blâmoit pas ; mais il regardoit cela au-dessus de ses forces. M. Arnauld avoit à cœur d'empêcher que son ami ne s'engageât trop avant avec M. de Harlai, alors archevêque de Paris, et j'ai ouï dire qu'il écrivit à M. Nicole que, pour être bien avec ce prélat, *il falloit renoncer à chrême et à baptême.* »

Je lis dans ce manuscrit quantité de traits et d'anecdotes qui sont ailleurs et qui en ont été tirés. On y retrouve l'historiette du clocher, mais avec plus de détails que je n'en ai donné :

« Un jour M. Nicole étant allé chez M. le curé de Saint-Jacques du Haut-Pas (M. Marcel), on lui dit qu'il étoit au bâtiment de son église. M. Nicole, sans y faire réflexion, se laisse mener sur le haut de la tour de l'église, qui étoit une plate-forme sans parapet. Quand M. Nicole se vit sur cette plate-forme, il fut saisi de frayeur et il s'assit à bas, disant à ceux qui l'environnoient : «Mes amis, ayez pitié de moi !» Le remède étoit de descendre ; mais, voyant de grandes fenêtres ouvertes sur l'escalier, il s'imaginoit qu'au moindre choc il tomberoit et qu'il passeroit au travers de ces fenêtres. Le parti qu'on prit pour descendre fut que quelqu'un de ces messieurs passeroit devant, en assurant M. Nicole qu'il n'avoit qu'à tomber sur lui si l'envie lui prenoit de tomber, un autre ami assurant qu'il le retiendroit par derrière et qu'il l'empêcheroit de tomber. Après toutes ces assurances, on se mit en marche en grand silence, M. Nicole étant tout occupé à conduire ses pas pour éviter le danger. Après une assez longue marche, la première parole qu'il dit fut celle-ci : « Suis-je en sureté ? » On lui dit que oui. Alors il ajouta : « Si tous les propos des pécheurs de se convertir étoient aussi fermes que celui que je viens de former de ne jamais monter au clocher, toutes les conversions seroient parfaites. »

Cette timidité physique qu'il avait au suprême dégré, il ne la portait pas également dans les choses morales, et dans certaines démarches auxquelles il se hasardait sans trop de souci de se compromettre : c'est à quoi revient l'anecdote suivante :

« M. Nicole disoit cependant qu'il avoit vu des gens plus timides que lui, et il en apportoit pour exemple, en riant de tout son cœur, M. de Caumartin, conseiller d'État, père de M. l'évêque de Blois. Il (*M. de Caumartin*) s'engagea à passer dans son carrosse une édition du *Wendrock* qu'il falloit aller prendre à Longjumeau. Quand on approcha de Paris, le conseiller d'État fut saisi de crainte et il ne savoit plus que dire, ni quelle figure faire, et M. Nicole rioit intérieurement de son embarras, car il étoit avec lui dans son carrosse. Il n'arriva pourtant rien, et l'édition passa, et le conseiller se trouva hors d'un terrible embarras, dont le ressouvenir faisoit rire M. Nicole. »

Nicole pouvait bien rire, mais le conseiller d'État se fût trouvé dans un fort mauvais cas en effet, s'il avait été surpris introduisant sous son couvert et dans son propre carrosse des livres prohibés.

Nicole avait le talent de narrer en perfection. A table, au dessert, chez des gens de distinction, quand il se mettait à conter une histoire, on n'écoutait que lui.

« M. Nicole, dit notre auteur, avoit un extérieur fort agréable. Il avoit le visage beau, les yeux bleus et vifs, le ton de la voix étoit sonore, l'élocution noble ; mais en parlant il y avoit des rencontres où il y avoit de la prononciation chartraine et quelques mauvais mots : par exemple, il disoit : une *cherette*, au lieu de dire une *charrette*. Ce défaut étoit rare. Celui de ses portraits qui ressemble le mieux est celui qui fut peint chez mademoiselle de La Fuie (?) par mademoiselle Chéron.... Elle prenoit son temps quand M. Nicole dînoit chez mademoiselle de La Fuie, où il alloit quelquefois dîner, lorsque cette demoiselle demeuroit dans la rue d'Enfer, faubourg Saint-Michel.

« Je n'ai jamais vu un homme plus détaché de l'amour de ces sottises, beauté, bon air, ajustement, amour de lui-même, désir de passer à la postérité ou par ses tableaux (*portraits*) ou par bustes. Il méprisoit souverainement toutes ces choses, et il en étoit vraiment ennemi. Il eût été malpropre, s'il n'eût eu un domestique qui avoit soin de le raser une fois la semaine, comme je pense, qui lui peignoit sa perruque et qui la lui mettoit ; ce qui n'empêchoit pas qu'elle ne fût souvent de travers. Il a été longtemps qu'il ne se servoit point de miroir, et il disoit qu'il ne se miroit que lorsqu'il passoit sur le pont Notre-Dame où, en marchant, il s'apercevoit dans les miroirs que l'on vendoit sur ce pont. »

Sur sa littérature, sur sa manière d'aimer les Anciens, jusqu'à un certain point seulement, et de les professer avec choix, on est renseigné en toute précision ; et, chemin faisant, on recueille mainte particularité bonne à savoir sur M. Arnauld, sur Pascal :

« M. Nicole savoit parfaitement les belles-lettres. Peu de temps avant sa mort, il récitoit encore imperturbablement plusieurs vers de *l'Énéide*, et les plus beaux endroits. Il m'avoit dit ceux qu'il falloit apprendre par mémoire, et j'ai écrit ces divers endroits au commencement et à la fin d'un Virgile qui est en la possession de M...... conseiller au Parlement Il vouloit qu'on apprît tout le second livre de l'*Énéide*, le quatrième, hors quelques endroits, et le sixième tout entier. Dans les autres livres, il en choisissoit les plus beaux endroits : il disoit que c'étoient de beaux moules qu'il falloit avoir dans l'esprit pour écrire de beaux ouvrages; qu'un homme qui n'étoit pas pourvu de ces beaux moules et qui se mêloit d'écrire, pouvoit dire de bonnes choses, mais qu'il les imprimoit en gothique, au lieu que celui qui s'est rendu propres ces beaux endroits imprime en beaux caractères romains agréables à lire. Ces divers endroits, avec les trois livres, second, quatrième et sixième, montoient à plus de quatre mille vers, et il paroît que M. Nicole les savoit encore par mémoire à près de 70 ans.

« A l'égard d'Horace, il le savoit comme Virgile. Il me prêta l'Horace de M. Arnauld qu'il avoit parmi ses livres. Au bout du livre, M. Arnauld avoit écrit de sa main le jugement qu'il portoit des Satires et des Épîtres de ce poëte. Un endroit simplement beau étoit marqué d'un grand B, et les endroits distingués pour la beauté étoient marqués d'un double BB. Tous les endroits peu chastes ou obscènes de ce poëte étoient entièrement effacés avec du crayon rouge, sans qu'on pût en rien lire. M. Nicole me le fit remarquer dans cet Horace de M. Arnauld, et il m'ajouta que M Pascal avoit pareillement effacé dans son livre de Montaigne tout ce qui étoit contre la chasteté. Que cette exactitude est édifiante dans ces grands hommes, qui, avec tant de force et tant de vertu, craignoient l'ombre même du danger !

« A l'occasion de M. Pascal, je (me) rappelle que M. Nicole m'a dit que quelquefois il revenoit de la promenade avec les ongles chargés de caractères qu'il traçoit dessus avec une épingle : ces caractères lui remettoient dans l'esprit diverses pensées qui auroient pu lui échapper, en sorte que ce grand homme revenoit chez lui comme une abeille chargée de miel [1].

« M. Nicole ne faisoit que diriger les études des jeunes gens qui étudioient à Port Royal. Les jeunes Messieurs étoient très-portés d'eux-mêmes à l'étude; ils n'avoient besoin que d'être avertis des beaux endroits des auteurs soit grecs, soit latins. M. Nicole étoit là pour leur (en) inspirer le goût. M. Nicole étoit plutôt pour leur servir de moniteur que de maître, comme on conçoit ce nom aujourd'hui. »

Nicole, qui a tant bataillé la plume à la main, n'était pas fort à la polémique de vive voix, même dans une chambre ; à plus forte raison sous une porte cochère :

« Un jour, en parlant de M. de Launoi, M. Nicole me dit que dans une grande averse d'eau il s'étoit retiré sous la porte du couvent des Carmes de la place Maubert à Paris, où M. de Launoi s'étoit mis aussi à couvert. Celui-ci aborda M. Nicole qu'il savoit être auteur de l'ouvrage de la *Perpétuité* et lui demanda brusquement où il avoit trouvé dans les Pères la doctrine de la Transsubstantiation. M. Nicole fut fort surpris de ce discours. Comme il n'aimoit pas entrer en dispute en cet endroit-là avec

1. Pétrarque écrivait ses *memento* sur une veste en cuir qu'il portait d'habitude ; les bords et les manches étaient tout chamarrés de notes.

M. de Launoi, il échappa dès que la pluie le lui permit, et il me dit qu'y ayant dans la tradition peut-être mille textes pour la présence réelle, il y en avoit cinq cents pour la Transsubstantiation. M. Nicole paroissoit très-mécontent de ce discours de M. de Launoi. Il est surprenant ce qu'il échappe quelquefois à des hommes savants qui, en parlant avec réflexion, ne diroient jamais certaines choses, que l'inconsidération et le moindre écart fait dire.... »

Ce docteur de Launoi savait fort bien ce qu'il disait, et il y avait réfléchi plus que ne le supposait notre bon narrateur : sur bien des points, la méthode critique le portant, il était en voie d'être un incrédule.

Je laisserai de côté les crédulités excessives de Nicole qui nous sont rapportées au long, les songes et prédictions des religieuses de Port-Royal qu'il racontait, nous dit-on, en accompagnant ses récits d'une grande abondance et profusion de larmes, et en s'attendrissant comme un Jérémie ; je l'aime mieux voir revenir sur le chapitre des belles-lettres, dût-il, là encore, nous étonner un peu :

« Quoique M. Nicole eût un grand goût pour les belles-lettres grecques et latines, il n'en parloit qu'en passant, et il n'en faisoit ni son occupation ni ses délices. Je l'ai entendu blâmer son ami le comte de Tréville, qui passoit sa vie à lire Homère, et qui étoit toujours occupé et enchanté des beautés de ce poëte. On disoit de ce comte qu'il s'étoit ennuyé d'autres occupations plus solides, pour se repaître du vain son de l'harmonie des vers d'Homère. Je ne crois pas que M. Pascal en ait eu aucune teinture, et cependant quel homme étoit-ce en tout genre que M. Pascal ! M. Domat, son ami intime et son parent, comme je crois, et qui étoit un grand esprit, m'a dit qu'il [1] n'avoit jamais pu goûter Homère. Cependant le jugement du plus grand nombre et le goût général sont en faveur de ce poëte. Mais c'est un dérèglement de consumer ses jours à s'extasier sur ce genre de beautés. Il est avantageux que dans la jeunesse on se fasse des moules des beaux endroits des poëtes, soit grecs, soit latins, pourvu que la pureté des mœurs ne périclite point ; mais, quand on a formé une fois son esprit sur ces moules, il ne convient pas d'être toujours occupé du moule ; cette attention peut souvent gêner l'esprit et le rendre stupide : *O imitatores servum pecus !* »

Dans la querelle des Anciens et des Modernes, notre bonhomme narrateur, on le voit, si on l'avait consulté, n'eût pas été absolument pour les Anciens, et je crois que Nicole lui-même eût fait ses réserves. Mais nous recueillons là encore un trait en passant, à l'avantage du goût exquis de M. de Tréville : il relisait sans cesse Homère.

1. Il, est-ce M. Domat ? est-ce encore Pascal ?

FIN DE L'APPENDICE.

TABLE DES MATIÈRES.

AVERTISSEMENT. . . . . Page 1

LIVRE QUATRIÈME.
ÉCOLES DE PORT-ROYAL (SUITE).

V, pages 5 et suiv.

Type du parfait élève : M. de Tillemont. — Son enfance ; sa vocation. — Ce que c'est que les *orages* de sa jeunesse. — Séjour à Beauvais. — Retour à Paris ; — au vallon des Champs ; — à sa terre de Tillemont. — Régime de vie. — Traits distinctifs. — Tendresse d'âme et sensibilité. — Ses Écrits ; leur caractère. — Éloge par Gibbon. — Encore de Maistre. — L'étude chrétienne.

VI, pages 42 et suiv.

Rancé en face de Port-Royal. — Son caractère propre. — L'idée d'Éternité en elle-même. — Retraite de Véretz. — Originalité de La Trappe. — Discussion de Rancé avec M. Le Roi. — Caractère honorable de ce dernier. — Lettre foudroyante de Rancé. — Bossuet arbitre. — Débats sur les Études monastiques. — Mabillon ; Nicole. — Lettre du Père Quesnel.

VII, pages 74 et suiv.

Suite des démêlés de Rancé. — Sa contestation avec M. de Tillemont. — Lettre de ce dernier. — Projet de réponse de Rancé.

— Fin de M. de Tillemont. — Ses funérailles. — Esprit survivant des livres et méthodes de Port-Royal. — Les derniers maîtres. — Les derniers élèves.

LIVRE CINQUIÈME.

LA SECONDE GÉNÉRATION DE PORT-ROYAL.

I, pages 109 et suiv.

Reprise de la persécution contre le monastère. — Sortie des pensionnaires et des novices. — Mademoiselle de Montglat; Mesdemoiselles de Luines. — M. Bail à la place de M. Singlin. — *Visite* de la maison de Paris et de celle des Champs. — Interrogatoire de la sœur Angélique de Saint-Jean et de la sœur Jacqueline de Sainte Euphémie. — Guérison miraculeuse de la fille du peintre Champagne; tableau commémoratif. — Mort de la mère Angélique.

II, pages 162 et suiv.

Projet d'accommodement de M. de Comminges; Arnauld intraitable. — De la signature du docteur de Sainte-Beuve. — M. de Péréfixe, archevêque de Paris. — Son Mandement et son système de la *Foi humaine*. — Sa visite de la maison de Paris. — M. Chamillard confesseur, et le Père Esprit. — Scènes du 21 et du 26 août. — Enlèvement de douze religieuses. — La mère Eugénie préposée supérieure. — Guerre intestine et pied à pied. — Autre enlèvement le 29 novembre et le 19 décembre. — De l'esprit des filles de Port-Royal et de celui des filles de Sainte-Marie. — Visite de l'Archevêque à la maison des Champs; la mère Du Fargis.

III, pages 226 et suiv.

La mère Angélique de Saint-Jean. — Ses premières années; son esprit. — Relation de sa captivité. — Couvent des *Filles Bleues*; chapelle de l'Immaculée Conception. — Réclusion profonde; larmes et tentation. — Agonie morale : en quoi elle consiste. —

Quatre périodes de la maladie. — Triomphe de la Grâce : vrai christianisme. — Madame de Rantzau et la mère Angélique aux prises. — Distractions et diversions. — Délivrance et sortie. — Réunion des carrosses à la montée de Jouy. — Suite et fin de carrière de la mère Angélique de Saint-Jean. — Grandeur de cœur et d'âme. — De la sœur Eustoquie de Bregy et de la sœur Christine Briquet; défauts et qualités. — L'abbé Bossuet auprès des sœurs de Port-Royal.

IV, pages 279 et suiv.

Réunion aux Champs. — Impression pénible; idée fixe; étouffement. — M. Hamon médecin et directeur; — consolateur. — Sa vie; ses études. — Sa conversion à Jésus-Christ. — Son mysticisme particulier; sa spiritualité. — Comment il est induit à écrire. — Ses petits Traités pour les religieuses. — L'Invisible seul réel; les Sacrements selon l'esprit. — Élévation et scrupule; petitesse et sublimité. — Mort de la sœur Anne-Eugénie; triomphe de la charité. — Prière de M. Hamon.

V, pages 320 et suiv.

M. Hamon sur la *Solitude*. — Ses *Lettres*; la mort du petit jardinier. — Choix de pensées sur la mort des petits enfants. — Le châtaignier de M. Hamon et le hêtre de M. de La Mennais. — Dernières années de M. Hamon; sa fin. — Parfait médecin chrétien. — M. de Sainte-Marthe, le confesseur ordinaire. — Monotonie; vertus. — La prédication au jardin.

VI, pages 352 et suiv.

Les quatre évêques patrons de Port-Royal. — M. Pavillon. — Un saint évêque au dix-septième siècle. — Doctrine chrétienne épiscopale. — Protestation de M. Pavillon contre la Déclaration du roi. — Origine de sa liaison avec Port-Royal. — Son Mandement sur la Bulle d'Alexandre VII. — Menace de jugement par commission. — Avénement de Clément IX. — M. de Gondrin et M. Vialart, prélats médiateurs. — Lettre des dix-neuf évêques au Pape. — Madame de Longueville. — Embarras de faire le procès à M. Pavillon. — Son union intime avec les religieuses de Port-Royal. — Divers projets des Port-Royalistes. — De l'île de Nordstrand; les Jansénistes actionnaires. — Épisode du Nouveau-Testament de Mons. — Vogue de cette traduction. —

M. d'Embrun et son Mandement. — On rit et il se fâche. — Sa
Requête au roi. — La contre-Requête de M. Arnauld; piquantes
scènes de Cour. — Port-Royal en faveur. — Projet de lettre des
quatre évêques au Pape, approuvé par le nonce. — Dernière
résistance de M. Pavillon. — Chacun cède; paix et joie. — Présentation de M. Arnauld au roi; son compliment. — Caractère
de cette paix; médaille et revers. — Signature et délivrance des
Religieuses des Champs. — Cérémonie du rétablissement; la
procession de Magny. — Séparation des deux monastères et
partage des biens. — Belle époque d'automne.

VII, pages 411 et suiv.

Nicole. — Sa famille; son éducation. — Sa curiosité de lecture.—
Ses dissidences avec M. de Barcos. — Son emploi aux Écoles. —
Son union avec Arnauld. — Son jansénisme mitigé et sa diplomatie scolastique. — Querelles de famille au dedans de Port-Royal. — Nicole accusé de gâter M. Arnauld. — Aide de camp
fidèle; âme timide. — Ses scrupules et ses frayeurs. — Embarqué malgré lui. — Un peu indiscret. — Causeur agréable et facile. — Nicole écrivain. — Les *Imaginaires*. — Comparaison
avec Bayle. — Ce que Nicole a d'un peu commun, et ce qu'il a
d'élevé. — Nicole controversiste. — La *petite* et la *grande Perpétuité*. — Méthode de *prescription*. — Nicole compagnon d'armes de Bossuet; discute de haut en bas contre les Protestants.
— Attitude française catholique.

VIII, pages 461 et suiv.

Les *Essais de Morale*; leur origine. — Ce qu'ils sont pour nous.—
Ce qu'ils étaient pour madame de Sévigné. — Défauts de Nicole
moraliste — Images effroyables; *l'oreiller de serpents*. — Nicole
juge de Pascal. — Nicole depuis la Paix de l'Église — Ses logements. — Ses tournées en France. — Fuite en Belgique. — Divorce avec Arnauld. — Lettre à l'Archevêque de Paris. — Colère des amis et lettres fulminantes. — Agréables réponses. —
Nicole et Arnauld amis *à la mort et à la vie*. — *Apologie* de
Nicole; recette pour dormir. — Lettres de parfait moraliste. —
Rentrée de Nicole en France. — Nicole juge de M. de Saci. —
Dernière controverse sur la Grâce. — Retraite finale près de la
Crèche. — Vieillesse douce et honorée. — Mort de Nicole. — Ce
qui a manqué à son talent. — Ce qu'il dit des *femmes*.

APPENDICE.

Sur l'abbé de Rancé. . . . . Page	517
Sur l'abbé et l'abbaye de Sept-Fonts.	526
Sur M. Le Camus.	528
Sur M. de Bernières.	555
Sur M. de Sainte-Beuve.	563
Sur la mère Agnès.	574
Sur M. Hamon.	583
Sur madame Angran.	586
Un arbitrage de madame de Longueville.	591
Sur Nicole.	593
Encore Nicole.	596

FIN DE LA TABLE DES MATIÈRES.

8916 — IMPRIMERIE GÉNÉRALE DE CH. LAHURE,
Rue de Fleurus, 9, à Paris.

www.ingramcontent.com/pod-product-compliance
Lightning Source LLC
Chambersburg PA
CBHW060300230426
43663CB00009B/1531